南水北调中线工程文物保护项目
河南省考古发掘报告
第28号

淅川全寨子墓地

河南省文物局　编　著

科学出版社
北　京

内 容 简 介

浙川全寨子墓地位于南阳市淅川县盛湾镇河扒村，是一处以汉代墓葬为主的墓地。2010 年 10 月至 2011 年 5 月，受河南省文物局南水北调文物保护办公室委托，河南省考古研究院、南阳市文物考古研究所、淅川县文广新局、重庆市文化遗产研究院联合对该墓地进行了发掘。此次共发掘墓葬 151 座、灰坑 1 座，其中战国秦汉墓 140 座、明清墓 11 座、二里头时期灰坑 1 座，出土陶、铜、铁、铅、玉石、漆木、银等各类随葬器物 696 件及部分铜钱。本书以墓葬为主要单位，系统地介绍了 151 座墓和 1 座灰坑的考古发掘成果，尤其是从墓葬布局、形制、随葬器物以及年代等方面进行分析、探讨，为探索豫西南地区战国晚期至东汉以及明清时期的丧葬习俗、文化变迁等，提供了宝贵的资料。

本书适合从事考古学、历史学的研究者、爱好者阅读、参考。

图书在版编目（CIP）数据

淅川全寨子墓地 / 河南省文物局编著. —北京：科学出版社，2016.4
（南水北调中线工程文物保护项目河南省考古发掘报告. 第28号）
ISBN 978-7-03-048065-1

Ⅰ. ①淅… Ⅱ. ①河… Ⅲ. ①墓葬（考古）–发掘报告–淅川县
Ⅳ. ①K878.85

中国版本图书馆CIP数据核字（2016）第083756号

责任编辑：张亚娜 李文静 / 责任校对：李 影
责任印制：肖 兴 / 封面设计：陈 敬

科 学 出 版 社 出版
北京东黄城根北街 16 号
邮政编码：100717
http://www.sciencep.com

中国科学院印刷厂 印刷
科学出版社发行 各地新华书店经销
*
2016 年 4 月第 一 版 开本：889 × 1194 1/16
2016 年 4 月第一次印刷 印张：24 插页：32
字数：690 000

定价：298.00 元

（如有印装质量问题，我社负责调换）

Reports on the Cultural Relics Conservation
in the South-to-North Water Diversion Project
Henan Vol.28

Tombs of Quan Zhaizi in Xi Chuan

Administration of Cultural Heritage of Henan Province

Science Press
Beijing

南水北调中线工程文物保护项目

河南省第28号

《淅川全寨子墓地》

主　　编　刘　新　刘建农

执行主编　乔保同　袁东山

副 主 编　李长周　刘国奇　张朝霞　王凤剑

编　　委　范　海　龚玉龙　李　涛　潘　陟　齐延光　杨三才　李　卫　黄胜坤　李玉山　马新常　李　聪　周光田　赵　军　刘丰一　张广俊　马安义　侯林峰　张　煜　戴新会　张胜泼　刘荣献

项目承担单位

河南省文物考古研究院

南阳市文物考古研究所

重庆市文化遗产研究院

淅川县文化广电新闻出版局

前　　言

作为举世瞩目的特大型水利建设项目，南水北调中线工程的文物保护工作在河南是史无前例的。无论是工程涉及区域之广大，还是文物点分布的密集程度和价值之高，在河南的考古史上都是前所未有的。因此，当黄河小浪底水利枢纽工程和长江三峡库区的文物保护工作结束后不久，随着南水北调中线工程设计规划和施工的渐次展开，世人的目光便开始聚焦古老的中原大地。如何在配合特大型工程建设的同时，使中原大地珍贵的文化遗产得到有效保护，成为河南文物部门的重要任务。

南水北调中线工程包括水源地和总干渠两个主要项目。水源地丹江口水库地跨河南、湖北两省，总淹没面积达370平方千米，其中河南省境内占170平方千米，约占总面积的46%。总干渠起自河南省淅川县的陶岔，流经河南、河北、北京、天津等省市，全长1276千米，其中河南境内达731千米，约占总长度的58%。从南阳盆地沿太行山东麓北行，流经南阳、平顶山、许昌、郑州、焦作、新乡、鹤壁、安阳8个省辖市32个县（市、区），南水北调中线工程纵贯了古代中原的核心区域。在淹没区和总干渠沿线及其附近分布的文物点，既有旧石器时代的化石地点和古人类遗迹，也有新石器时代的大型聚落，更有数量众多、内涵丰富的反映不同文化风格及其交融过程的历史时期的城址、墓葬群、古代建筑和石刻艺术等。可以说，纵贯河南南北的总干渠，在中原大地形成了一条极为难得的融汇各个文化发展时期和各种文化因素的古代文化廊道。

南水北调中线工程河南段的文物保护工作，有以下几个显著特点：

一是全国文物考古队伍积极参与。1994~2005年，河南省组织协调省内外有关文物考古、科研和工程设计单位，对南水北调中线工程丹江口河南淹没区和总干渠沿线进行文物调查、复核和确认工作。经国家有关部门复核确认，南水北调中线工程共涉及河南境内文物点330处。2005年，南水北调中线工程河南段文物保护抢救工作正式启动。河南省文物考古研究所和中国社会科学院考古研究所、武汉大学历史系、陕西省考古研究院等来自全国各地的50余家文物考古单位，先后参加南水北调中线工程河南段的文物保护抢救工作。河南省文物局积极组织协调，在工作中强化大局意识、质量意识、安全意识和服务意识，组织专家现场指导，安排部署市县文物部门进行巡视，为考古发掘单位提供优良的工作环境，确保工程建设和文物保护工程顺利进行。

二是保护抢救了一大批珍贵文物。南水北调文物保护不仅工程浩大，而且总干渠绝大部分是开挖明渠，更容易造成文物的破坏和损害。我们组织考古队伍提前介入，对将要开工渠段的已知文物点进行抢救发掘，有效地保护了文物。其中不乏历史价值、科学价值、艺术价值颇高的珍贵文物。如徐家岭墓地清理的一座战国早期楚国贵族墓葬，出土的一件小口鼎上铸有多达49字的清晰铭文，铭文上有岁星纪年和墓主人身份等，对于研究墓葬年代及墓主人身份提供了重要资料；鹤壁关庄墓地发现的清代西安府守备之墓，出土了一批金质头饰，造型优美，制作精细，特别是一件印有喜鹊登梅图案的金冠，工艺精良，有极高的艺术价值；博爱聂村墓地出土的4件唐代三彩钵，做工精湛，造型精美，是唐三彩器物中不可多得的精品。

三是考古发现具有重要的科学研究价值。如鹤壁刘庄遗址在全国首次发现分布密集、排列规律的大面积先商文化墓地，填补了先商文化发掘和研究工作的一项空白，是该研究领域的重大学术突破；安阳固岸墓地在我国第一次发现了以二十四孝为题材的东魏时期围屏石榻，首次发现了明确纪年的东魏墓葬，出土了大批北齐时期陶俑、瓷器和多方北齐、东魏墓志等重要文物，是研究豫北地区北朝时期的丧葬习俗和陶塑艺术，白瓷、黑瓷的起源和制作工艺，以及北齐和东魏时期的书法艺术的宝贵资料；卫辉大司马墓地唐代乞扶令和夫妇合葬墓的发掘，为研究我国隋唐时期的官吏体制、书法艺术和社会的繁盛提供了新证据；温县徐堡发现了龙山、西周、春秋、战国、汉、宋、明和清时期连续叠压的古城址，是目前黄河流域所发现的龙山文化城址中保存较好、规模较大的一座城址，填补了豫西北龙山城址发现的空白；荥阳薛村遗址为二里头文化晚期到早商文化时期的大型遗址，该遗址的发掘保护工作，对于研究薛村遗址聚落的结构、内部功能区的划分及其特点，探讨夏、商文化的演变的态势和更替有重要的学术意义和科学研究价值；荥阳关帝庙遗址发现了保存完整的商代晚期小型聚落，聚落功能齐全，分居住区、制陶区、祭祀区、墓葬区四部分，在我国商代考古发掘中尚属首次；新郑唐户遗址发现了大面积裴李岗文化时期的居住基址，房址形制结构特点和排水系统的使用，反映了裴李岗文化时期较为先进的建筑理念。

四是考古发掘与课题研究有机结合。在发掘过程中，不仅注重各类文物的抢救保护，而且采用现代科技手段，最大可能地采集各类标本。特别是对于出土的人骨、兽骨进行了性别、年龄、病理以及DNA等方面的鉴定；按照国家地理信息标准，对每处文物点都测量绘制了要素齐全的总平面图，为今后文物普查和保护奠定了基础。如武汉大学历史系对辉县大官庄墓地的一座9个墓室的大型汉墓，进行了发掘现场三维重建和近景摄影测绘技术的全面测绘，通过数字测绘技术、计算机虚拟现实技术，建立了三维的考古对象模型；山东大学在博爱西金城遗址发掘中，设立了主要涉及古地貌、动物、植物、石器、陶器以及遗址资源域十余个子课题的环境考古课题，是开展多学科综合研究的一次重大尝试。

河南省南水北调工程文物保护工作走过了艰辛而光荣的历程。我们积极探索大型项目建设中文物保护抢救工作的新路子，更新管理理念，创新管理机制，培育专业队伍，提升研究层次，取得了非凡的荣誉。安阳固岸墓地、鹤壁刘庄遗址、荥阳娘娘寨遗址、荥阳关帝庙遗址、新郑唐户遗址、新郑胡庄墓地等6个项目先后被评为“全国十大考古新发现”。鹤壁刘庄遗址、荥阳娘娘寨遗址、荥阳关帝庙遗址、新郑唐户遗址、新郑胡庄墓地、淅川沟湾遗址等6个项目荣获“全国田野考古质量奖”。国家文物局授予河南省文物局南水北调文物保护办公室“全国文化遗产保护工作先进集体”荣誉称号。

河南省南水北调中线工程文物保护工作一直受到各级领导的关心和社会各界的支持。全国政协张思卿副主席曾率团视察河南省南水北调工程文物保护工作。国务院南水北调办公室和国家文物局各位领导多次亲临一线检查指导，帮助排忧解难。河南省委、省政府多次召开会议，研究解决文物抢救保护工程中的重大问题。南水北调中线干线工程建设管理局、南水北调中线水源有限责任公司、河南省南水北调中线干线工程领导小组办公室、河南省人民政府移民工作领导小组办公室对南水北调文物保护工作也给予了大力支持和帮助。国家诸多考古学家多次深入到文物保护抢救现场，对重大学术问题和考古发掘质量给予帮助指导。社会各界特别是新闻媒体给予极大关注和广泛宣传。

为了更好地利用考古资料开展学术研究，充分展示河南省南水北调中线工程文物保护项目考古发掘的巨大成果，河南省文物局积极组织考古发掘单位及时对考古发掘资料进行整理和研究，编辑出版考古发掘报告，以期进一步推动文物保护和考古学研究工作。

河南省文物局

2010年5月

目　　录

插图目录

彩版目录

图版目录

第一章 概　　述

第一节　地理位置及历史沿革

一、地 理 位 置

淅川县位于河南省的西南部，北纬32°55′～33°23′，东经110°58′～111°53′。它西接陕西，南与湖北相邻，北有伏牛山脉，东为南阳盆地。淅川县处于秦岭山系东南余脉延伸地段，境内丘陵起伏，重峦叠嶂，地貌高低落差很大，境内北、西、南三面环山，形成西北突起、略向东南倾斜的马蹄地形。境内最高海拔1086米，最低海拔120米，平均海拔567.67米。

丹江，古称丹水、淅江、粉青江，是汉江的最大支流，全长384千米，淅川境内长107千米，流域面积2616平方千米。丹江水库是南水北调中线引水工程的水源地，于1969年建成蓄水，横跨豫、鄂两省，现有的库区水面为745平方千米（128万亩）。丹水发源于陕西省秦岭山脉的南麓，向东南流经陕西省商洛市商州区、丹凤县、商南县，入淅川县境后，在马蹬与北来的淅水汇合，在湖北省丹江口市与汉水汇合。丹江流域的地理位置非常重要，是古代江汉流域通往关中的交通要道。这里有许多河谷阶地与冲积平原，土地肥沃，物产丰富，气候温和，植被繁盛，宜于农作。

全寨子墓群位于河南省淅川县西约20千米的丹江水库南岸由南向北延伸的长岭之上，墓地中部高、四周低，东北和西北被丹江库区环绕，东北约500米为下王岗码头（下王岗遗址），西南约600米为全岗遗址，隔丹江水库与狮子岗码头相望，行政区属淅川县盛湾镇河扒村王岗村民小组（图一）。墓葬中心区地理坐标东经111°12′627″，北纬32°28′276″，海拔148～168米，库区淹没墓地面积约3000平方米（彩版一，1）。

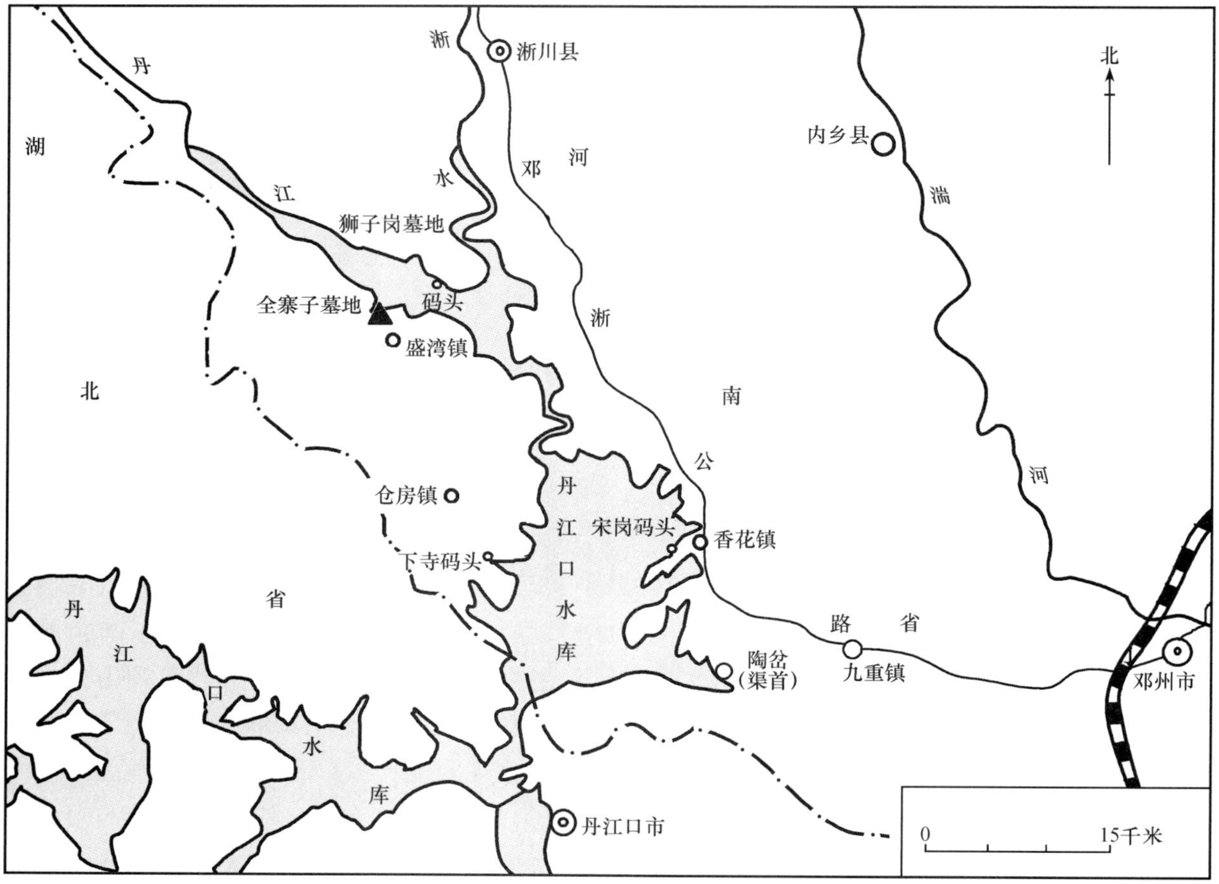

图一　全寨子墓群位置示意图

二、历史沿革

淅川历史久远，早在70万年前人类就在这里聚居生息，尤其南水北调水源地丹江库区是古代人类活动的繁盛地区，南水北调中线工程开工以来，这里发现了坑南[1]、宋湾[2]、台子山、岳沟、东岗、梁家岗和狮子岗[3]等20余处旧石器时代中晚期遗址。更为重要的是在坑南遗址发现了新、旧石器过渡阶段连续的文化堆积，由此可以确立新、旧石器过渡期的新界标[4]。尧舜时，淅川是舜的儿子丹朱的封地。西周时，淅川是楚族熊绎的封地，楚始都丹阳。春秋时，淅川属于楚国及其附庸国鄀国之地。战国时，淅川西北部为秦国商、於之地，余

[1]　李文成、宋国定、吴妍：《河南淅川坑南遗址石制品表面残留淀粉粒的初步分析》，《人类学学报》2014年第1期。

[2]　牛东伟、马宁、裴树文、彭飞：《丹江口库区宋湾旧石器地点发掘简报》，《人类学学报》2012年第1期。

[3]　河南省文物局：《河南省南水北调中线工程2009-2010文物保护年报》（内部刊物）

[4]　李文成、宋国定、吴妍：《河南淅川坑南遗址石制品表面残留淀粉粒的初步分析》，《人类学学报》2014年第1期。

为楚国丹淅地。秦时，秦始皇二十六年设置丹水县，县治今淅川寺湾镇。西汉成帝初年（前31年前后）刘骜封胶东顷王刘音的三子刘共为顺阳侯，封地位于李官桥镇一带。汉成帝去世后，汉哀帝刘欣继位，封孔光为博山简烈侯，改顺阳县为博山县，清人王先谦称之为孔光国，属南阳郡。东汉设立顺阳县，建安十三年（208年），曹操夺荆州，分南阳郡西部设置南乡郡，东晋更名为顺阳郡。北魏置析阳郡，下辖西析阳县和东析阳县，东析阳县治所位于今马蹬镇一带，后改称淅川县。后周并入内乡县。唐朝初，复置淅川县，治所位于马蹬，唐武德三年（620年）设立淅州，辖淅川、丹水、顺阳三县。贞观八年（634年）淅州废，淅川改属山南东道邓州。五代十国和北宋时期，淅川由邓州管辖。金朝和元朝时期，淅川并入内乡县，依旧为邓州领地。

明成化六年（1470年）设置淅川县，县城初设马蹬镇。成化七年（1471年），淅川县城由马蹬再向老城（已被水淹没）迁移。崇祯六年（1633年）10月，李自成攻克淅川城。清朝时，嘉庆七年（1802年），在荆紫关镇设副将、都司等军事长官；道光十二年（1832年）淅川县升为淅川厅，设同知；光绪三十一年（1905年）淅川厅由道辖厅升为省辖淅川直隶厅，县丞驻荆子关，属河南省布政司。

民国元年（1912年）2月，淅川地方绅士响应辛亥革命，宣布淅川独立，清王朝在淅川的统治从此结束。1913年3月撤销淅川厅改为淅川县。1929年9月，淅川与邓县、内乡、镇平结为联防，时称宛西联防，即宛西自治。1948年5月，淅川解放，置淅川县人民民主政府，属南阳地区行政公署。1949年3月改为淅川县人民政府，1956年1月改为淅川县人民委员会，1968年5月，改称淅川县革命委员会，1981年5月复改为淅川县人民政府至今[1]。

第二节 丹江库区的文物保护概况

淅川气候温和，资源丰富，地处于秦岭山系东南余脉延伸地段，特别适宜人们的生产生活与繁衍生息。从旧石器时代开始，我们的祖先就在这里劳动、生息，并且创造了灿烂的古代文化，楚汉时期尤为繁荣。因此淅川境内尤其是丹江库区地下文物埋藏非常丰富。南水北调中线工程的建设为淅川县的文物保护工作带来了千载难逢的机遇。

在丹江口水库建设时期，即20世纪50年代，库区的文物保护工作受到了应有的重视。以原河南省文化局文物工作队为主体，成立了“长办文物考古队河南分队”，负责库区的考古调查和发掘。1960年发现龙城遗址。1972年淅川县文化馆成立文物组，负责库区的文物保护工作。当时主要发掘了新石器时代遗址，如淅川下集、李家庄、双河镇、黄楝树、雷咀、下王岗等遗址，基本上搞清了丹江流域的史前文化序列：仰韶文化、屈家岭文化、龙山文化，尤其是淅川下王岗遗址发现的仰韶文化和龙山文化遗存，分别被学术界确立为“仰韶文化下王岗类型”和

[1] 淅川县地方时志编纂委员会：《淅川县志》，河南人民出版社，1990年，第60～61页。

“龙山文化下王岗类型”这两个考古学文化类型，学术意义深远。

1974年丹江口水库蓄水后，随着库水的消落，许多古墓被冲出，尤其是1977年，下寺岭上冲出一座楚墓，经过淅川县文管会调查，共发现春秋楚墓20余座。1978年4月，淅川县文管会同南阳地区文物工作队对下寺一号墓进行抢救性发掘，出土珍贵文物449件。1979年3月，河南省文化局组成丹江库区考古发掘队，至同年4月30日发掘楚墓20座、车马坑5座。下寺楚墓的发掘轰动了全国，是楚文化考古上的重大发现[1]。

1989年，丹江口库区水位下降，盗掘古墓风日盛，位于下寺附近的和尚岭楚墓多次被盗，公安部门收缴了一部分文物。河南省文物考古研究所与南阳市文物考古研究所、淅川县文物局联合对和尚岭楚墓进行抢救性发掘，出土了“克黄”鼎等大批文物。其后又对徐家岭等处进行发掘，出土一大批珍贵文物，有较高的学术价值[2]。

1994～1995年，河南省文物考古研究所等发掘杨河古墓2座，出土一批带铭文的兵器，证明此墓是楚国的封君墓。1998年，河南省文物考古研究所等在丹江口水库淅川淹没区消落区海拔139米的郭庄老龙岗（又名“九女冢”）发掘大中型战国早中期楚墓15座，其中带车马坑的大型墓9座，中型墓6座。6号墓为甲字型，墓口长13、宽10.3、深9.7米，出土文物200多件，出土器物有铜鼎、壶、敦、簠、缶、方镜、兵器、车饰和玉器等，以带铭文的“竞”戈、菱形纹青铜剑、画像盖豆、透雕四龙方镜等尤为重要，是研究楚文化的重要资料。调查发现，仅这一带消落区露出的古墓即达近千座，其中大中型墓也有百余座之多。

为配合南水北调工程建设，1994年，长江水利委员会委托河南省文物考古研究所、河南省古代建筑与保护研究所、中国科学院古脊椎动物与古人类研究所、南阳市文物考古研究所等科研机构对丹江口水库大坝加高工程河南淅川淹没区进行了文物调查。发现古文化遗址、古墓葬、地面文物等各类文物点151处，古化石和古人类地点19处，总计170处。全面、系统地摸清了丹江口水库淅川淹没区的文物情况，是丹江口水库淹没区河南省文物保护规划的重要基础资料。

1997年，长江水利委员会组织有关专家对调查成果进行了论证，并编撰了《南水北调工程丹江口水库淹没区文物调查报告》，确认河南淅川淹没区古文化遗址、古墓葬、地面文物102处，古化石和古人类地点19处，总计121处。

2003年夏，河南省文物考古研究所会同市、县文物部门对淅川淹没区的地下文物进行了复查。本次复查是在1994年底至1995年初的文物调查工作的基础上，根据《南水北调中线工程丹江口水库淹没区文物调查报告》，并结合近几年的工作情况，对确认无误的遗址和墓葬不再复查，对可能被水冲毁或由于基建等原因而被破坏的遗址和墓葬进行重点复查。经过论证，核定古文化遗址、古墓葬106处，古建筑2处，古代碑刻1处，古化石和古人类地点依据原调查结果

[1]　河南省文物研究所、河南省丹江库区考古发掘队、淅川县博物馆：《淅川下寺春秋楚墓》，文物出版社，1991年。

[2]　河南省文物考古研究所、南阳市文物考古研究所、淅川县博物馆：《淅川和尚岭与徐家岭楚墓》，大象出版社，2004年。

共19处，总计128处。

2004年10月，河南省文物考古研究所等单位配合长江水利委员会长江勘测规划设计院对淅川淹没区的地下、地面文物点进行了重点核查。双方对文物点采取现场与室内相结合的方式进行确定，其中现场确定文物点32处，室内确定文物点100处，共132处。在确定的132处文物点中，古文化遗址34处，古墓葬87处，地面文物11处。同时，中国科学院古脊椎动物与古人类研究所对淅川淹没区的古生物和古人类地点进行了核查，确定古生物和古人类地点37处，共确定各类文物点169处，为淅川县丹江库区的文物保护工作奠定了坚实的基础[1]。

第三节 发掘与整理

2010年受河南省文物管理局南水北调文物保护管理办公室、河南省文物考古研究所委托，南阳市文物考古研究所、淅川县文广新局、重庆市文化遗产研究院联合对南水北调中线工程丹江淹没区考古发掘项目全寨子墓地进行了抢救性发掘。

一、发掘工作

淅川全寨子墓地位于河南省淅川县西约20千米的丹江南岸的丘陵地带，墓地中部高、周围渐低，属于丹江河边台地，对面不远即为丹水和淅水的交汇处——双河镇，这里自古为西出关中的交通要道。二十世纪六十年代丹江水库建成后，仍是县城通往丹江西岸以及湖北等地的重要码头（狮子岗码头）。全寨子墓地东北距淅川下王岗遗址约500米，西南不远有全岗遗址、马川遗址、马山根遗址，丹江对岸有双河镇、狮子岗墓葬区等（图二）。全寨子墓地地表种有小麦等农作物。1971年河南省文物工作队在此发掘西汉墓1座，1983年河南省考古所、淅川县文管会再次发掘西汉墓2座。1974年县文管会普查、1984年全省文物普查确定。1994年由河南省文物考古研究所同南阳市文物考古研究所、淅川县文化局调查。1995年公布为县级文保单位。2003年、2004年河南省文物考古研究所同南阳市文物考古研究所复查确定。

全寨子墓地中部高四周低，根据墓葬区的地形特点，钻探过程中我们将其分为四个区进行工作，它们分别是Ⅰ区、Ⅱ区、Ⅲ区、Ⅳ区（图三）。全寨子墓地的文物钻探和考古发掘工作可分两个阶段进行。

第一阶段：从2010年8月底至2010年10月中旬，对全寨子墓地进行调查、钻探（Ⅰ区、Ⅱ区），确定秦汉、明清时期墓葬63座、灰坑1座，其中Ⅰ区发现墓葬34座、灰坑1座，Ⅱ区发现墓葬29座。

根据钻探结果，按照河南省文物局南水北调文物保护办公室的要求，项目负责人对墓地统

[1] 河南省文物管理局南水北调文物保护管理办公室：《淅川丹江库区文物保护资料汇编》，2004年。

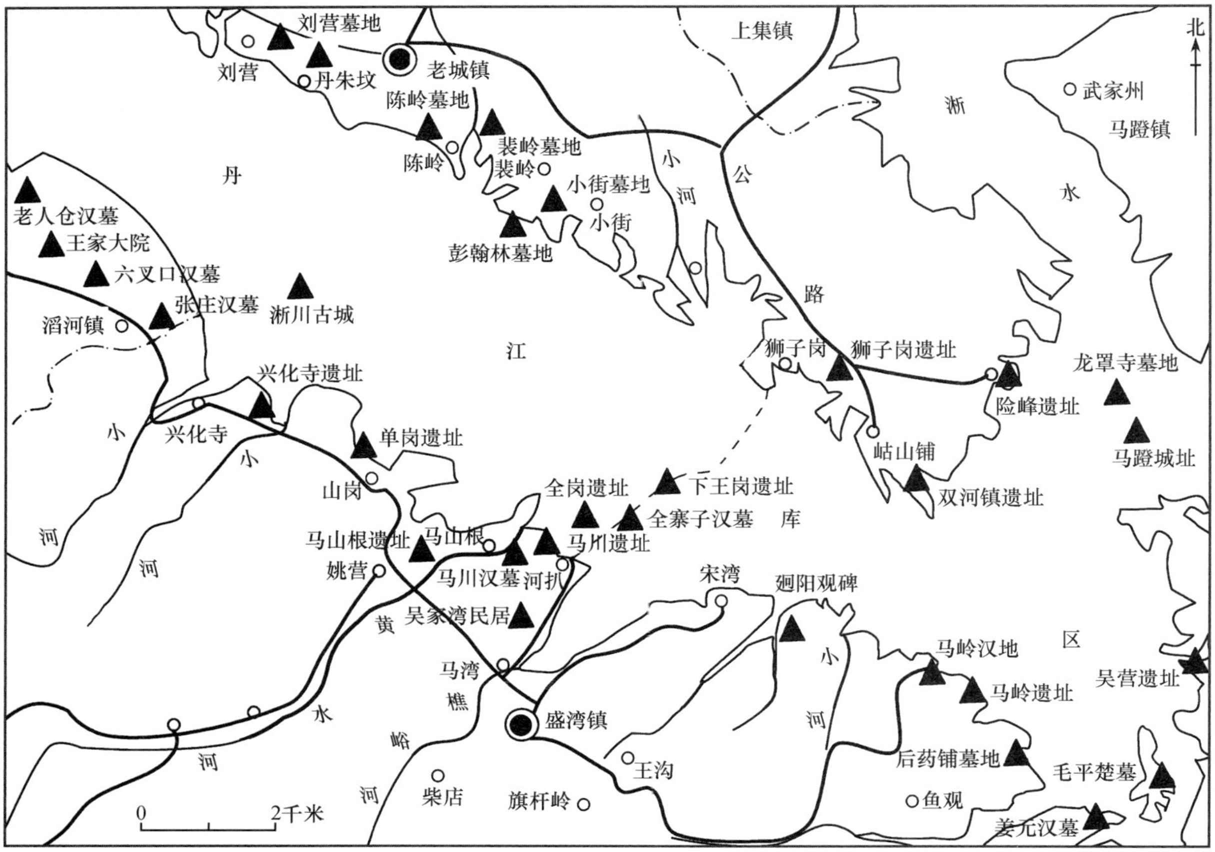

图二　全寨子墓地周边遗址分布图

一进行了布方，正式开始考古发掘工作。本次共布置10米×10米探方42个。参加发掘人员有刘国奇、柴中庆、袁东山、李聪、周光田等。考古发掘工作自2010年10月14日起，至2011年1月7日结束，共发掘墓葬62座、灰坑1座，其中秦汉墓55座，明墓7座，二里头时期灰坑1座。Ⅱ区的M57地势较低，后被水淹没，没有进行发掘（彩版一，2）。

第二阶段：从2010年2月18日至2011年3月12日对Ⅱ区北部、Ⅲ区以及Ⅳ区进行了文物钻探，共发现秦汉、明清时期墓葬90座，其中Ⅱ区北部发现墓葬32座，Ⅲ区发现墓葬10座，Ⅳ区发现墓葬48座。

根据河南省文物局南调办的要求，对墓地统一进行布方，本次共布置10米×10米探方60个。参加发掘人员有刘国奇、柴中庆、袁东山、李聪、周光田等。考古发掘工作自2011年3月14日起，至2011年5月29日结束，共发掘墓葬89座，其中秦汉墓85座，明墓4座。Ⅱ区北部的M85距离当地村民的现代墓葬较近，没有发掘。

全寨子墓地两次共发掘墓葬151座、灰坑1座，其中战国秦汉墓140座、明墓11座、二里头时期灰坑1座，出土陶、铜、铁、铅、玉石、漆木器、银等各类随葬器物696件及部分铜钱。

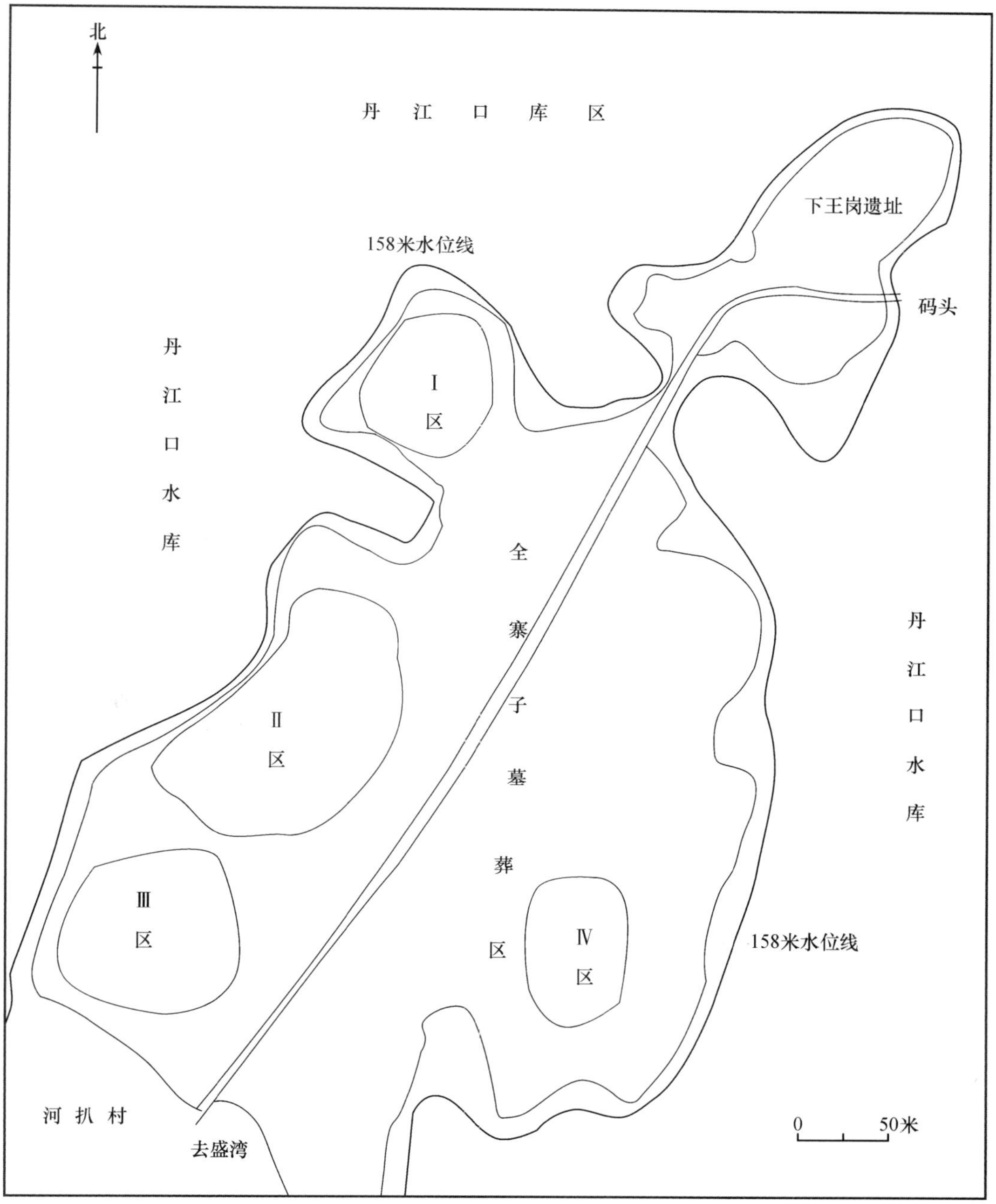

图三　全寨子墓葬区墓葬分区示意图

二、整理工作

全寨子墓地考古发掘资料的整理工作分为三个阶段进行。

第一阶段：2011年6月～8月，淅川县文广新局组织人员对考古发掘资料进行初步整理以及电子化输入。

第二阶段：2011年9月～2013年9月，南阳市文物考古研究所、淅川县文广新局组织人员对出土器物进行拼对、修复、绘图、拍照、制作器物卡片等，具体拼对、修复工作由刘国奇、李聪负责完成，绘图工作由刘国奇、李聪负责完成，器物照相工作由刘国奇、李聪负责完成，器物描述和客片制作由刘国奇、李聪、范海负责完成。

三、报告编写工作

2014年12月，在全寨子墓葬区发掘资料基本完成的情况下，考古发掘报告的编写工作开始启动。由于参加发掘的工作人员多数有新的工作任务等原因，报告的编写工作主要由南阳市文物考古研究所乔保同、淅川县文广新局刘国奇负责。2014年12月～2015年5月，乔保同利用工作之余的时间，对全寨子墓地151座墓葬、1座灰坑以及出土器物等进行了核对，并对图纸、文字描述以及器物名称、照片等进行统一修改以及电脑处理。2015年6、7月，对南阳市区、淅川、湖北襄阳、荆州、陕西商南等地秦汉墓葬进行了考察和调研，对全寨子发掘报告进行了全面的梳理以及文字、图纸、照片进行细化。2015年8月《淅川全寨子墓地》报告定稿，最终交付出版。

第二章　墓地发掘概况以及早期灰坑

第一节　墓地发掘的基本情况

全寨子墓葬区本次经过钻探发现各类遗迹154处，其中灰坑1座，墓葬153座，实际发掘墓葬151座（M57、M85未发掘）、灰坑1座，其中战国秦汉墓140座、明墓11座、二里头时期灰坑1座（图版一，1、2）。

全寨子墓地地势中间高四周低，根据墓葬区的地形特点，同时为方便发掘记录，我们将其分为四个区：

Ⅰ区发掘墓葬34座和灰坑1座，其中战国秦汉时期土坑墓26座、砖室墓8座，二里头时期灰坑1座（图四）。

Ⅱ区发掘墓葬59座，其中战国秦汉时期土坑墓49座、砖室墓3座，明代土坑墓3座、砖室墓4座（图五、图六）。

Ⅲ区发掘墓葬10座，其中秦汉时期土坑墓5座、砖室墓1座，明代土坑墓4座（图七）。

Ⅳ区发掘墓葬48座，秦汉时期土坑墓39座、砖室墓9座（图八）。

全寨子墓地中各区墓葬与灰坑中，除H1、M2、M15、M37、M51、M79、M80、M94、M102间有打破关系外，其余探方墓葬无论形制大小均相对独立，没有叠压和打破关系。总体来看，各时代的墓葬在分布排列上皆显示有一定的规律性。

墓葬之间存在有打破关系的有以下几组：位于Ⅰ区东部的H1被M15打破；位于Ⅰ区东南部的M2被一条晚期沟（G1）打破；位于Ⅱ区东南部的M51北端被M37打破；位于Ⅱ区中北部的M80东端被M79打破；位于Ⅳ区西南部的M102被 M94打破。

全寨子墓地151座墓葬共出土陶、铜、铁、铅、玉石、漆木器、银等不同质地的各类随葬器物696件以及部分铜钱，其中战国秦汉墓葬中出土陶器576件、铜器74件、铁器20件、铅器2件、玉石器3件、漆木器4件，铜钱410枚；明代墓葬出土瓷器、铜器、铁器、银器等各类随葬品17件以及8枚铜钱。

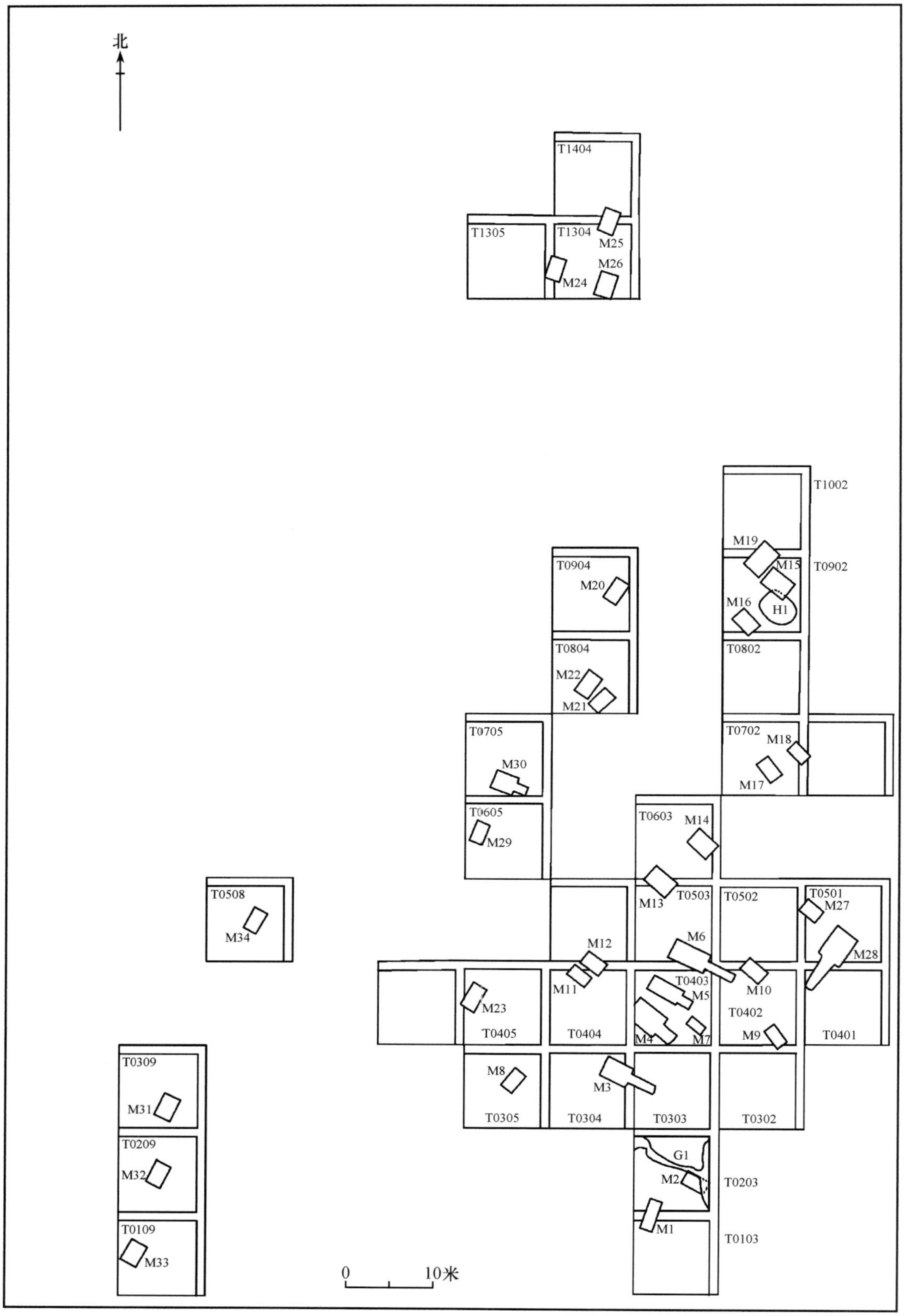

图四 全寨子Ⅰ区墓葬分布图

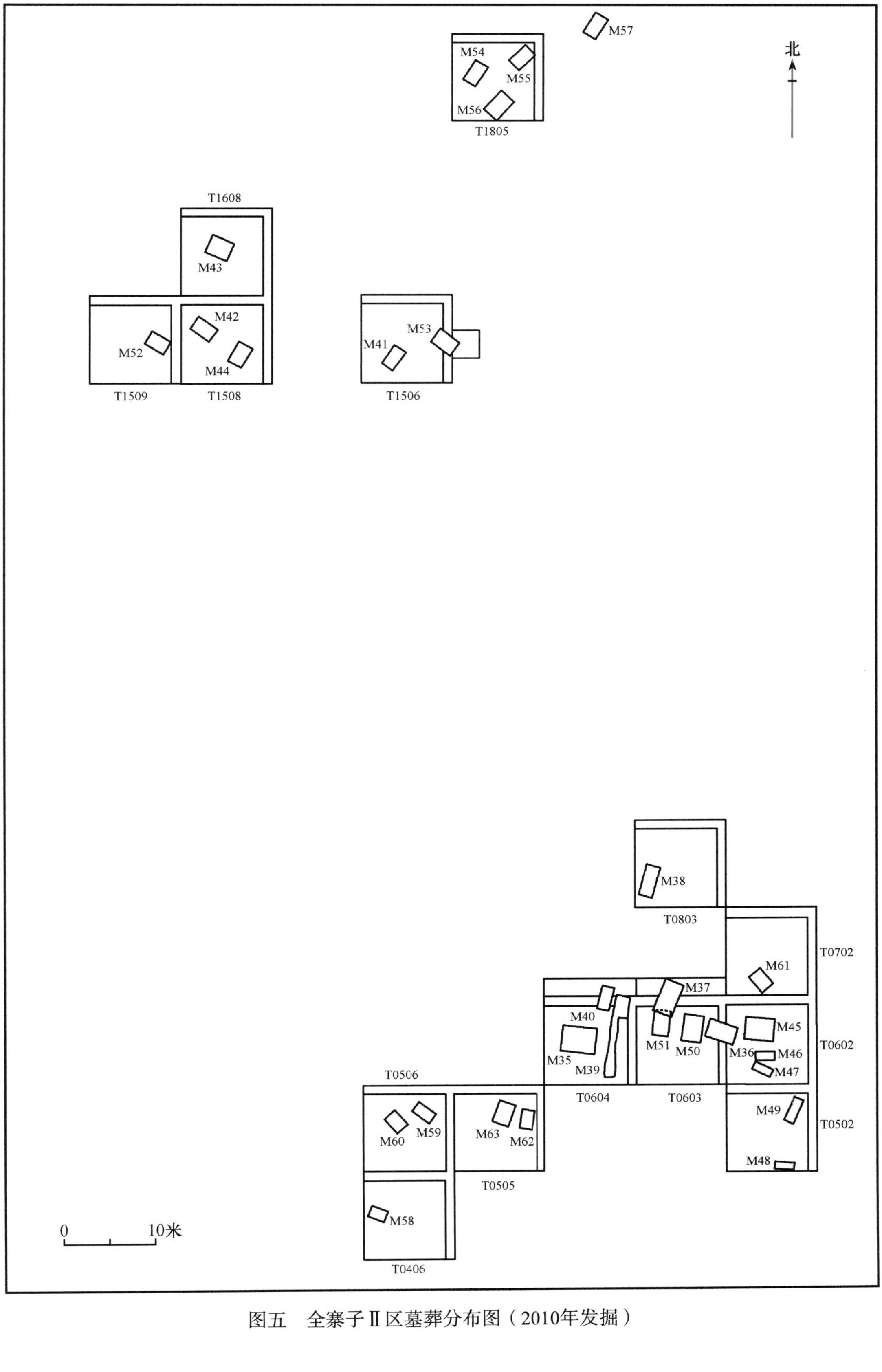

图五　全寨子Ⅱ区墓葬分布图（2010年发掘）

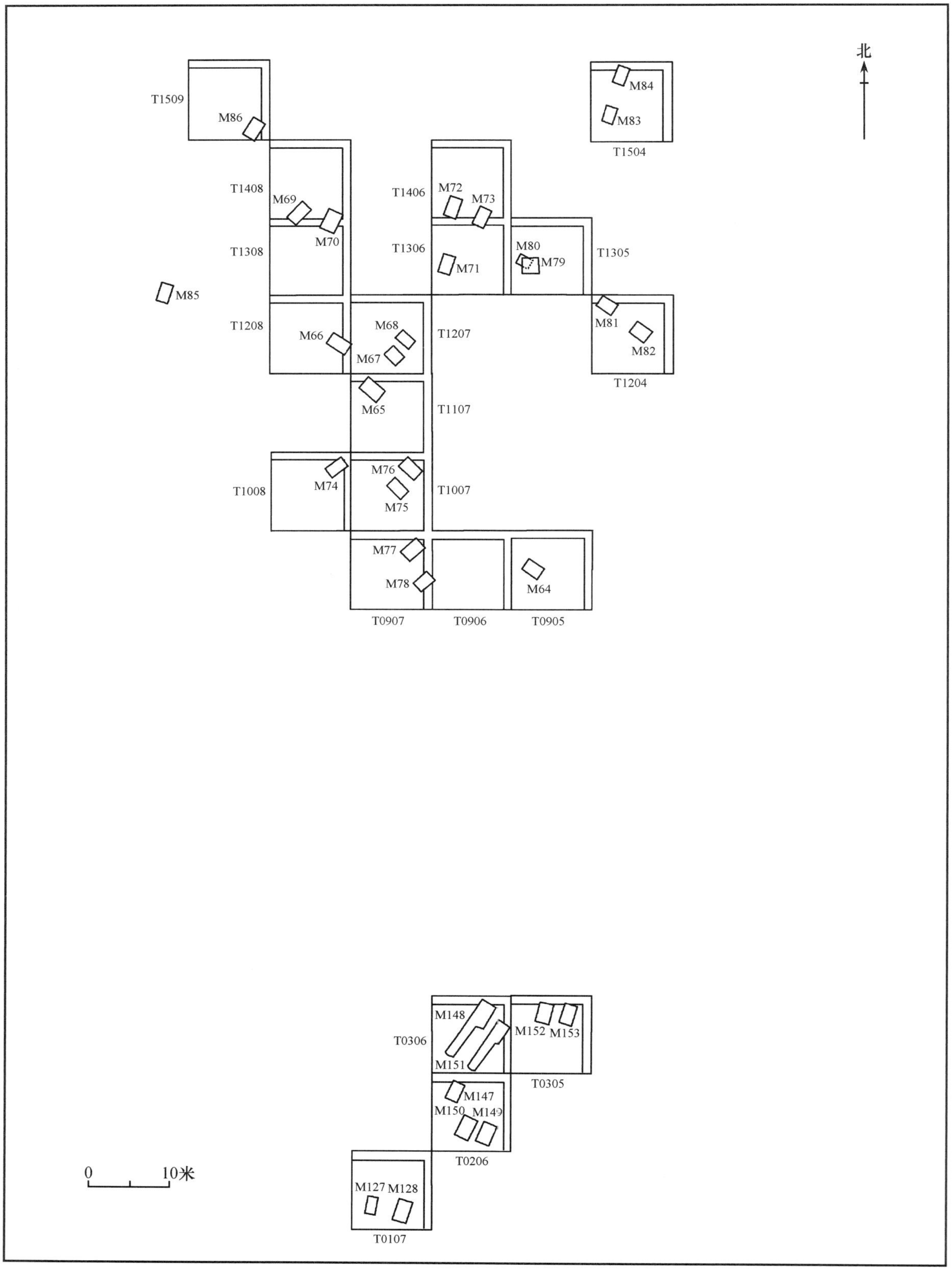

图六　全寨子Ⅱ区墓葬分布图（2011年发掘）

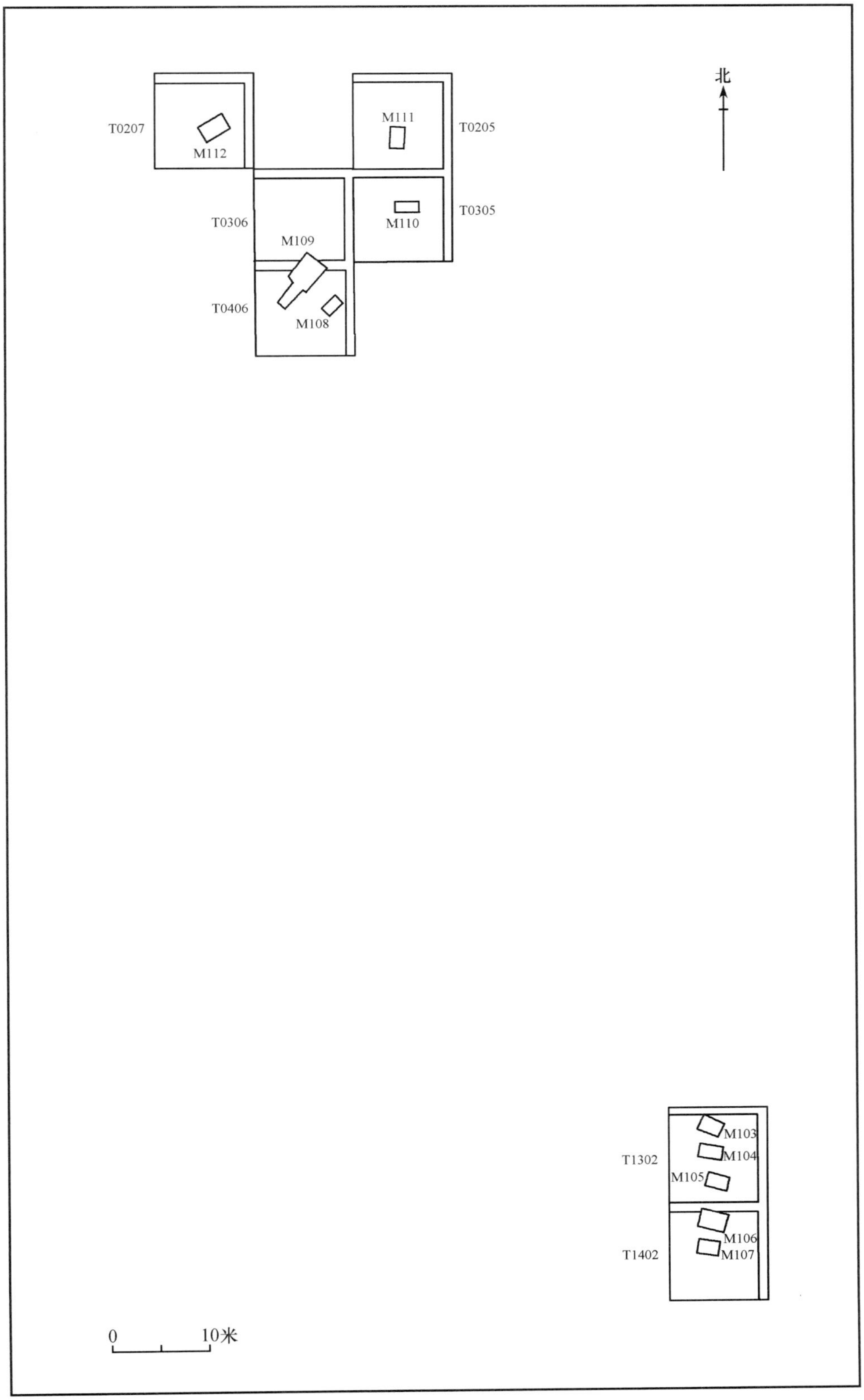

图七　全寨子Ⅲ区墓葬分布图

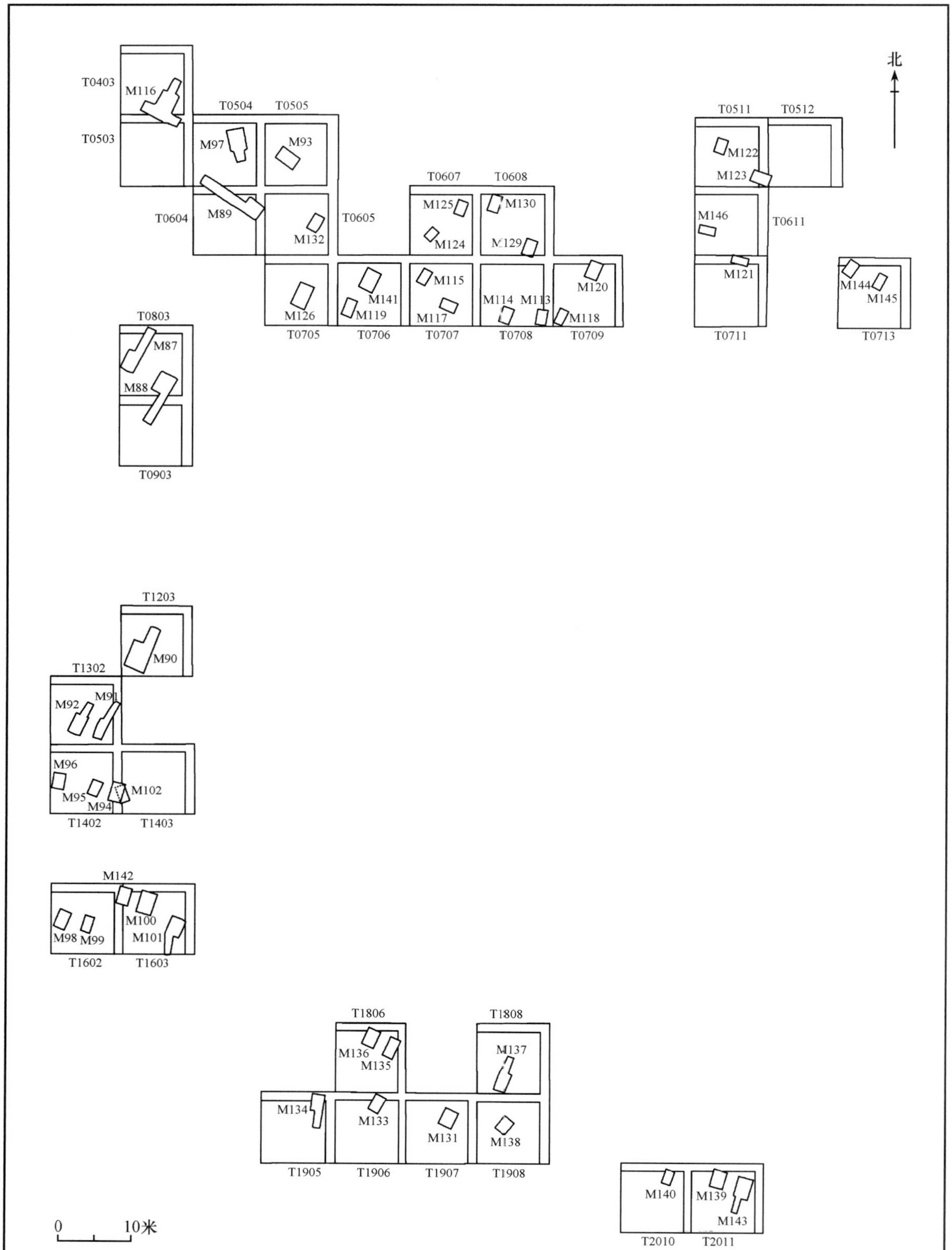

图八　全寨子Ⅳ区墓葬分布图

第二节　早期灰坑（H1）

1. 灰坑形制结构

位置与位层位关系　H1位于T0902东南部。西北、西南分别与M19、M16相邻；开口于第1层下，北部被M15打破，打破生土。

形状与结构　平面呈不规则长方形。斜弧壁，底部近平。长420厘米，宽200～300厘米，深20厘米；坑内填土为深灰色，土质较疏松。包含物中有陶片、石器、红烧土颗粒等物（图九）。

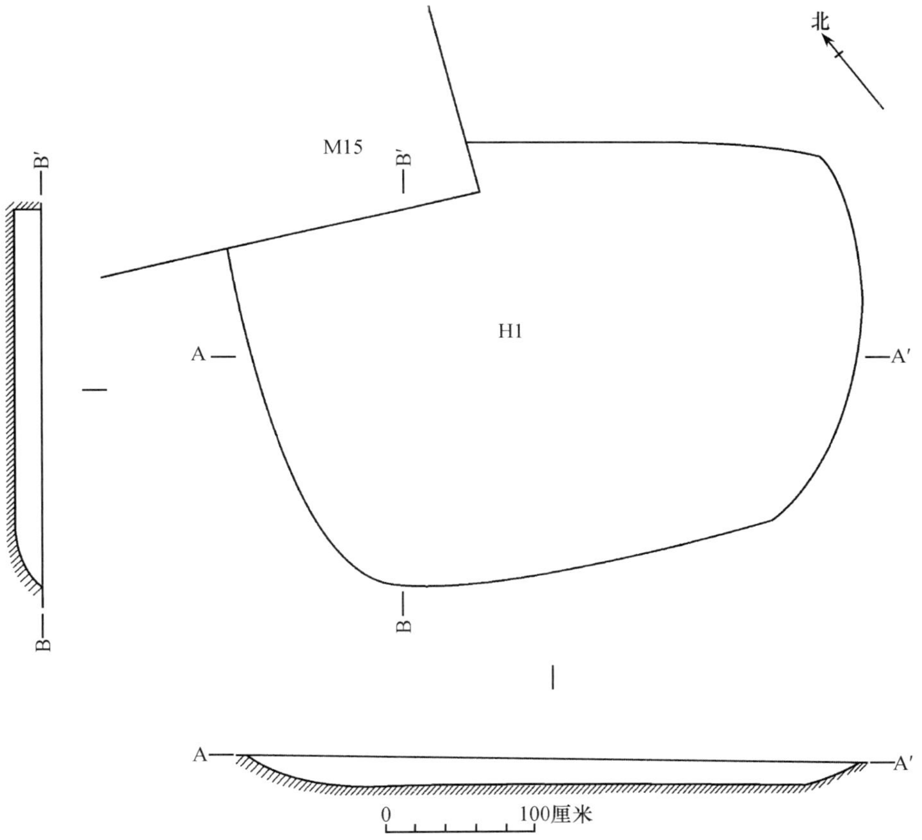

图九　H1平、剖面图

2. 出土器物

该灰坑破坏严重，出土遗物较少，主要有陶器和石器。陶器以夹砂陶灰陶、褐陶为主，可辨器形有鼎、罐、缸等，石器以主要为磨制石器，器形有石铲、石刀等。

（1）陶器　6件。

深腹罐　1件。标本H1：4，夹砂红褐陶。圆唇，卷沿，斜肩，腹下收。口沿以下饰规整的竖向细绳纹。口径31.2厘米，残高6.5厘米（图一〇，1）。

小鼓腹罐　1件。标本H1：5，夹砂灰陶。尖唇，卷沿，短颈。肩下饰绳纹。口径13.0厘米，残高4.1厘米（图一〇，2）。

高领罐　1件。标本H1：6，夹砂灰陶。小口，高领，颈下有一周旋纹。肩下饰交错细绳纹。口径16.2厘米，残高8.4厘米（图一〇，3）。

花边口沿罐　1件。标本H1：7，夹砂黄褐陶。花边口沿，高领，下饰一周旋纹。口径16.8厘米，残高4.2厘米（图一〇，5）。

堆纹缸　1件。标本H1：8，夹砂灰陶。唇残，小折沿，沿下有一周堆纹，堆纹上下均饰规整的细绳纹。口径21.3厘米，残高6.2厘米（图一〇，4）。

鼎　1件。标本H1：9，夹砂灰陶。圆唇，小平沿，溜肩，短颈，以下饰规整的细绳纹。口径18.0厘米，残高5.5厘米（图一〇，6）。

（2）石器　3件。石铲2件，石刀1件。

石铲　2件。标本H1：1，灰质岩。仅存上部，较扁平，正面近长方形，尖弧顶。磨制。残长8.4厘米，宽7.8厘米，厚0～2厘米（图一〇，7）。标本H1：2，灰质岩。仅存下部，长方形，双弧刃。磨制。残长9.2厘米，宽7.6厘米，厚0～2.6厘米（图一〇，8）。

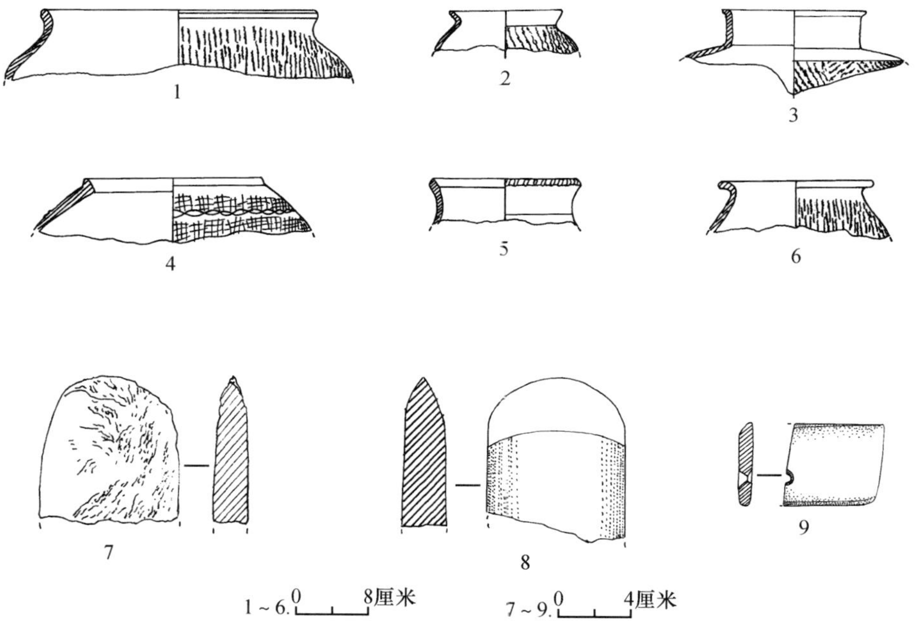

图一〇　H1出土器物

1. 陶深腹罐（H1：4）　2. 陶小鼓腹罐（H1：5）　3. 陶高领罐（H1：6）　4. 陶堆纹缸（H1：8）
5. 陶花边口沿罐（H1：7）　6. 陶鼎（H1：9）　7、8. 石铲（H1：1、H1：2）　9. 石刀（H1：3）

石刀 1件。标本H1：3，灰质岩。长方形，较扁薄，表面光滑，对钻，上有一圆孔，单面刃。残长5.2厘米，宽4.7厘米，厚0～1.3厘米（图一〇，9）。

3. 灰坑的性质时代

全寨子墓地中仅发现灰坑一座，该灰坑出土遗物较少，仅有石铲、石刀以及罐型鼎、高领罐、花边口沿罐、堆纹缸等，这些器物的形制特征与周边下王岗遗址[1]中出土的同类器大体相同或相近，初步判断其时代相当于二里头中晚期。

[1] 河南省文物研究所，长江流域规划办公室考古队河南分队：《淅川下王岗》，文物出版社，1989年。

第三章　战国秦汉时期墓葬

第一节　墓 葬 资 料

一、M1

1. 墓葬概况

位置和层位关系　该墓位于Ⅰ区T0203的西南部，东北与M2相邻；开口于表土层下，距地表30厘米，打破生土。

方向　43°。

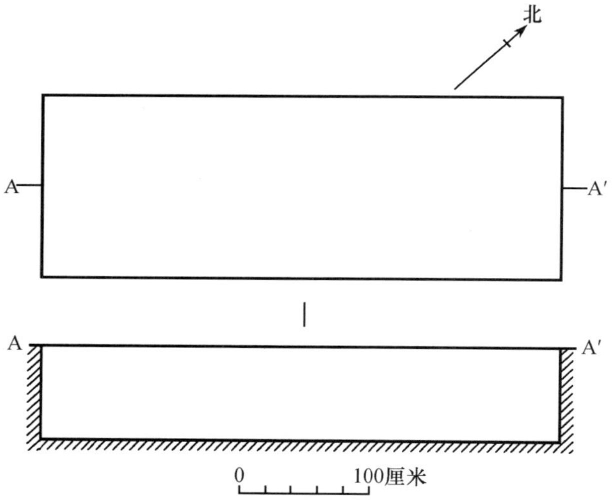

图一一　M1平、剖面图

形制结构　长方形竖穴土坑墓。墓壁规整，近直，墓底平坦。墓口、墓底同大，长400厘米，宽150厘米，深75厘米（图一一）。

填土　黄褐色五花土，土质较黏，结构致密。

葬具　不详。

葬式　不详。

2. 出土器物

无。

二、M2

1. 墓葬概况

位置和层位关系　该墓位于Ⅰ区T0203的东部，东北与M1相邻；开口于表土层下，距地表30厘米，东部被一条现代沟扰乱，该墓打破生土。

方向　108°。

形制与结构　长方形砖室墓。墓室被破坏严重，仅存一土圹。墓口、墓底同大，长316厘米，宽195厘米，深20厘米（图一二）。

填土　黄褐色五花土，土质较硬，结构致密，有少量陶片、砖块等。

葬具　不详。

葬式　不详。

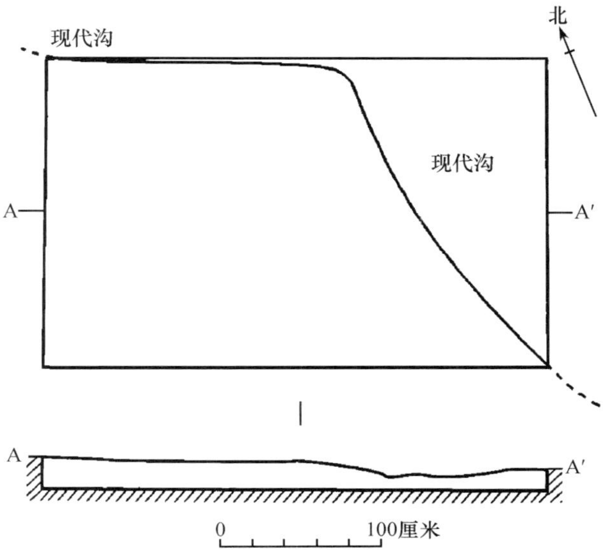

图一二　M2平、剖面图

2. 出土器物

该墓被盗严重，出土有少量陶片，器形无法辨认。

三、M3

1. 墓葬概况

位置和层位关系　该墓位于Ⅰ区T0304的东部，墓道部分延伸至Ⅰ区T0303，北与M4相邻，M3、M4、M5与M6，形制相同，排列有序；开口于表土层下，距地表40厘米，打破生土。

方向　132°。

形制与结构　“甲”字形砖室墓。由墓道、甬道、墓室三部分组成，通长714厘米。墓道位于墓室东侧，西与甬道相连，平面呈长方形，竖穴斜坡状。墓道与甬道之间有一道封门墙，破坏严重，残存二层，复墙，平砖错缝顺砌筑，先铺底，后筑墙。墓道口长238厘米，宽130厘米，坡长260厘米，距地表深0～120厘米；甬道位于墓道和墓室之间。破坏严重，南、北壁下部各残存数层墙砖，单墙，以平砖错缝顺砌叠筑而成。底部以平砖错缝横铺四行、顺铺一行筑成，先铺底，后筑墙。甬道长116厘米，宽130厘米，深120厘米；墓室平面呈长方形，北壁微外弧。墓室四壁下部残存墙砖，单墙，平砖错缝顺砌而成。墓底残存铺底砖，平砖横铺，先铺底，后筑墙。砖单长侧面模印单线菱形纹图案，单面模印绳纹，规格为34厘米×16厘米×6厘米。墓室长360厘米，宽230～250厘米，深120厘米（图一三）。

填土　黄褐色五花土，土质较硬，结构致密，内含大量碎砖块及少量陶片等物。

葬具　不详。

葬式　不详。

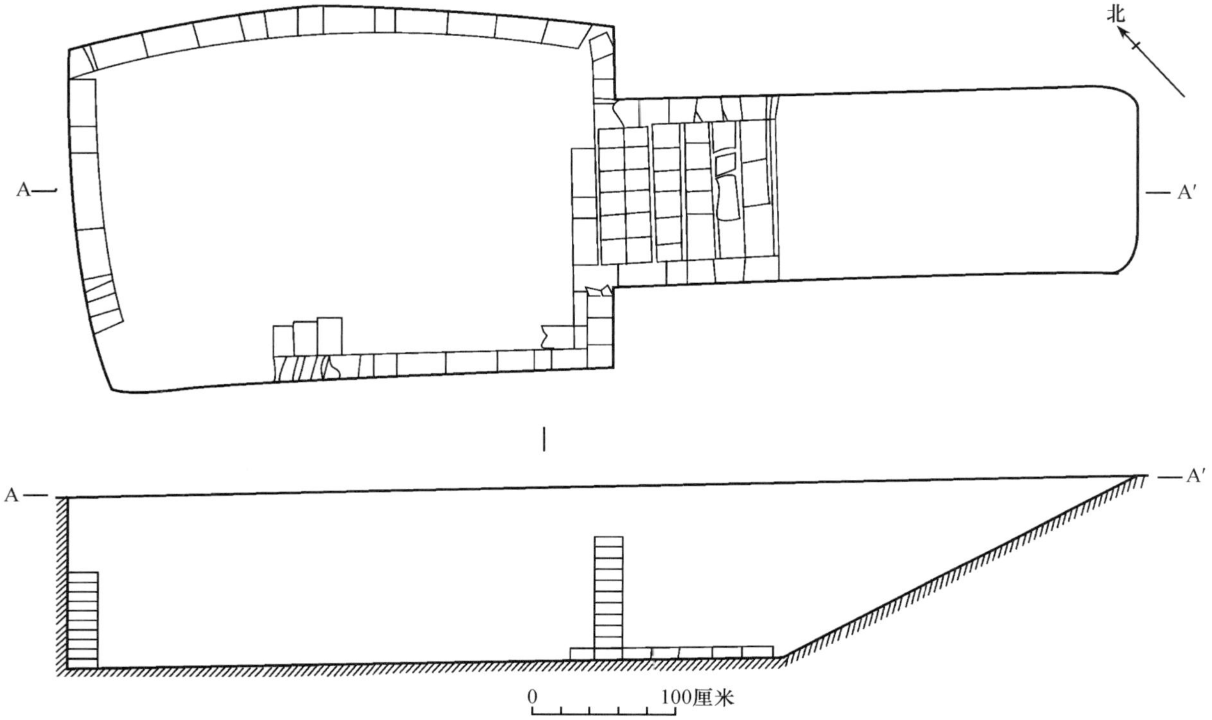

图一三　M3平、剖面图

2. 出土器物

该墓被盗扰严重，填土中出土有少量陶片，多为红陶，可辨器型有鼎、壶、罐、灶、仓、盆等，仅修复陶壶1件。

陶壶　1件。标本M3：1，泥质灰陶。圆唇，侈口，束颈，溜肩，鼓腹斜收，平底。唇部有一凹槽。口径4厘米，最大腹径5.2厘米，底径3.2厘米，高4.8厘米（图一四）。

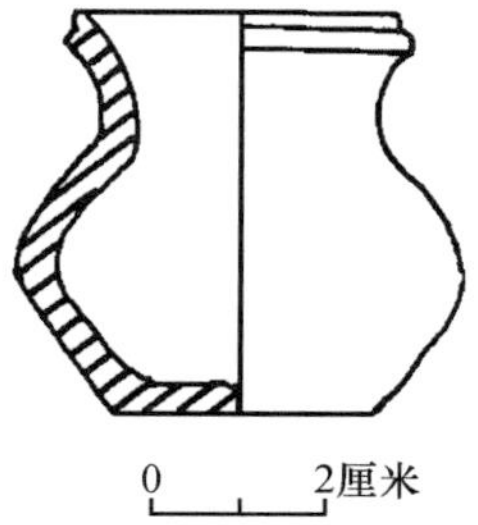

图一四　M3出土陶壶（M3：1）

四、M4

1. 墓葬概况

位置和层位关系　该墓位于Ⅰ区T0403的西南部，东北部与M5相邻，西南与M3相邻，M3、M4、M5与M6，形制相同，排列有序；开口于表土层下，距地表30厘米，打破生土。

方向　128°。

形制与结构　“甲”字形砖室墓。由墓道、甬道、墓室三部分组成，通长734厘米。墓道位于墓室东部，西连甬道，为长方形竖穴斜坡状，口长182厘米，宽132厘米，深0～140厘米，坡长230厘米。墓道与甬道之间有一道封门墙，破坏严重，双墙残留五层，平砖错缝顺砌筑；甬道位于墓道、墓室之间。破坏严重，仅存砖墙。筑法以北壁为例，单墙，下部残存7层，平砖错缝叠筑于生土之上，残存铺底砖纵横均有。甬道长128厘米，宽132厘米，深170厘米；墓室平面呈长方形，分前后两部分。破坏严重，墓顶部不存，四壁残存墙砖17层，平砖错缝叠筑而成，其中前室低于后室12厘米。前室长142厘米，宽290厘米；后室长282厘米，宽290厘米。墓室铺底砖铺法不详。墓室长424厘米，宽290厘米，深170厘米（图一五）。

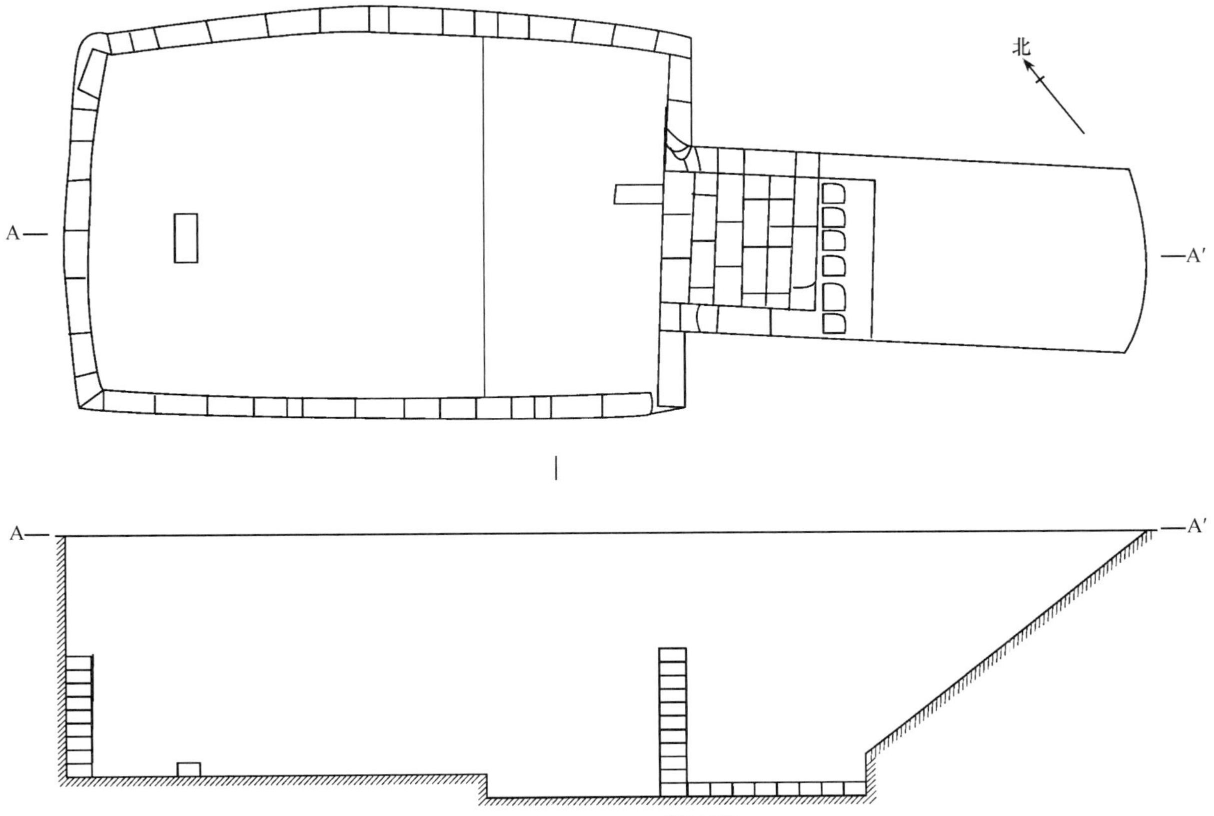

图一五　M4平、剖面图

填土　黄褐色五花土，包含大量碎砖块，少量炭粒、陶片等物。

葬具　不详。该墓所用墓砖为长方形，大小相同，有模印纹饰，其一侧面模印菱纹，平面模印绳纹，另一侧面模印有四组重文同心圆纹，平面模印绳纹，规格均为长36厘米，宽18厘米，厚6厘米。

葬式　不详。

2. 出土器物

该墓被盗扰严重，填土中出土有少量遗物，按质地可分为陶、铜两类。其中陶釜1件、陶井2件以及铜带钩1件，均出自填土之中。

釜　1件。标本M4：3，泥质灰陶。圆唇，敛口，扁鼓腹，小平底。腹饰一周浅凹弦纹。口径8.8厘米，腹径10.5厘米，底径4厘米，高5.2厘米（图一六，3）。

井　2件。标本M4：2，泥质灰陶。方唇，侈口，平折沿，直壁微束，平底。内壁下部饰二周凹弦纹。口径13.2厘米，底径11.2厘米，高8厘米（图一六，2；图版三〇，4）。标本M4：4，泥质灰陶。方唇，侈口，平折沿，直壁微束，平底。内壁饰四周凹弦纹。口径14.4厘米，底径12厘米，高8.8厘米（图一六，1）。

铜带钩　1件。标本M4：1，青绿色，鸭首形钩。扁弧身，背部有一圆形扣纽。器长10.2厘米（图一六，4；彩版一八，3）。

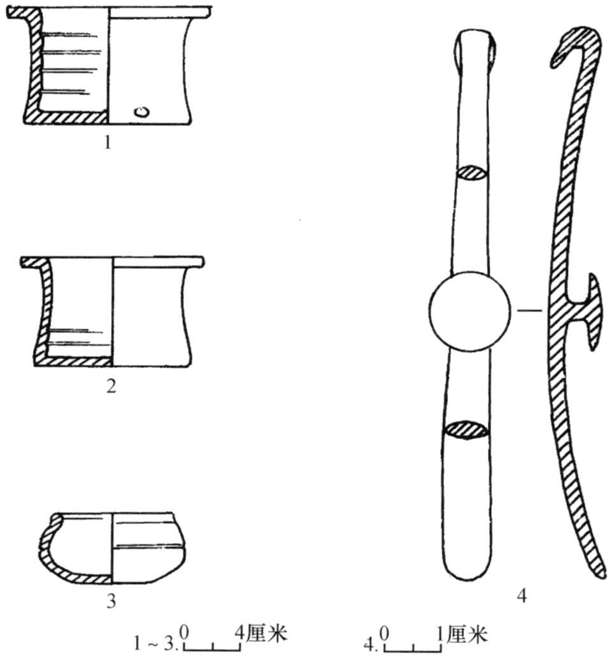

图一六　M4出土器物

1、2. 陶井（M4：4、M4：2）　3. 陶釜（M4：3）　4. 铜带钩（M4：1）

五、M5

1. 墓葬概况

位置和层位关系　该墓位于Ⅰ区T0403中北部，东北部与M6相邻，西南与M4相邻，M3、M4、M5与M6，形制相同，排列有序；开口于表土层下，距地表30厘米，打破生土。

方向　114°。

形制与结构　“甲”字形砖室墓。由墓道、墓室两部分组成，墓室通长578厘米。墓道位于墓室东侧，平面近长方形。口长110厘米，宽112厘米，坡长164厘米，深0～14厘米；甬道位于墓道与墓室之间。破坏严重，残存有少量人字形铺地砖，先铺地后筑墙。甬道长48厘米，宽112厘米，深14厘米；墓室平面呈长方形，破坏严重，墓顶以及四壁砖墙已不存。墓室长420厘米，宽200厘米，深14厘米（图一七）。

填土　黄褐色五花土，结构致密，包含有碎砖块、陶片等杂物。

葬具　不详。该墓所用墓砖为长方形，大小相同，规格均为长36厘米，宽18厘米，厚6厘米。

葬式　不详。

2. 出土器物

该墓被盗扰严重，填土中出土有少量陶片，器形不可辨。

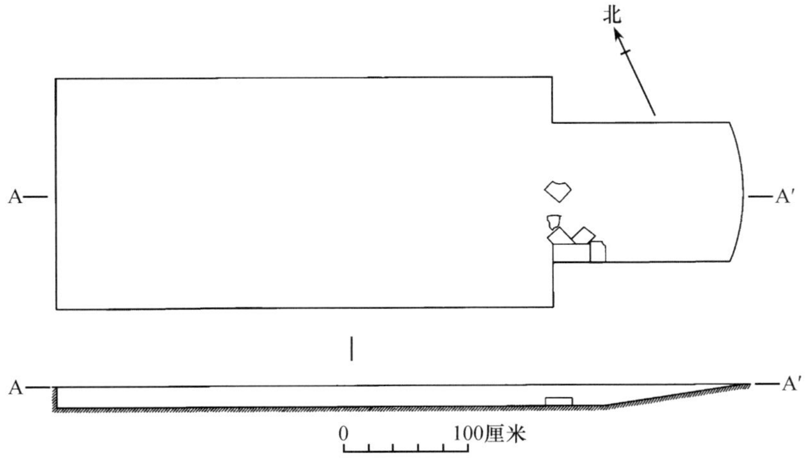

图一七　M5平、剖面图

六、M6

1. 墓葬概况

位置和层位关系　该墓位于Ⅰ区T0402西北部，西南与M5相邻，M3、M4、M5与M6，形制相同，排列有序；开口于表土层下，距地表25厘米，打破生土。

方向　135°。

形制与结构　“甲”字形砖室墓。由墓道、墓室两部分组成，通长830厘米。墓道位于墓室东侧。平面呈长方形斜坡状。坡底中部有一阶梯，口长376厘米，宽100厘米，深0～184厘米，坡长406厘米；墓室平面呈长方形，分前后两部分。顶部不存，四壁以单砖平铺错缝叠筑于生土之上，底部以平砖纵、横铺底。墓室前端低于后端25厘米，前端长160厘米，后端长294厘米。墓室总长454厘米，宽272厘米，深184厘米（图一八）。

填土　墓内为黄褐色五花土，土质较疏松，包含大量碎砖块以及少量陶片等。

葬具　不详。墓内建筑用砖有两种：楔形砖，单长面模印几何纹图案，规格36厘米×22厘米×6～8.5厘米；长方形砖单长面模印四组同心圆纹饰，规格长32厘米，宽18厘米，厚6厘米。

人骨　不详。

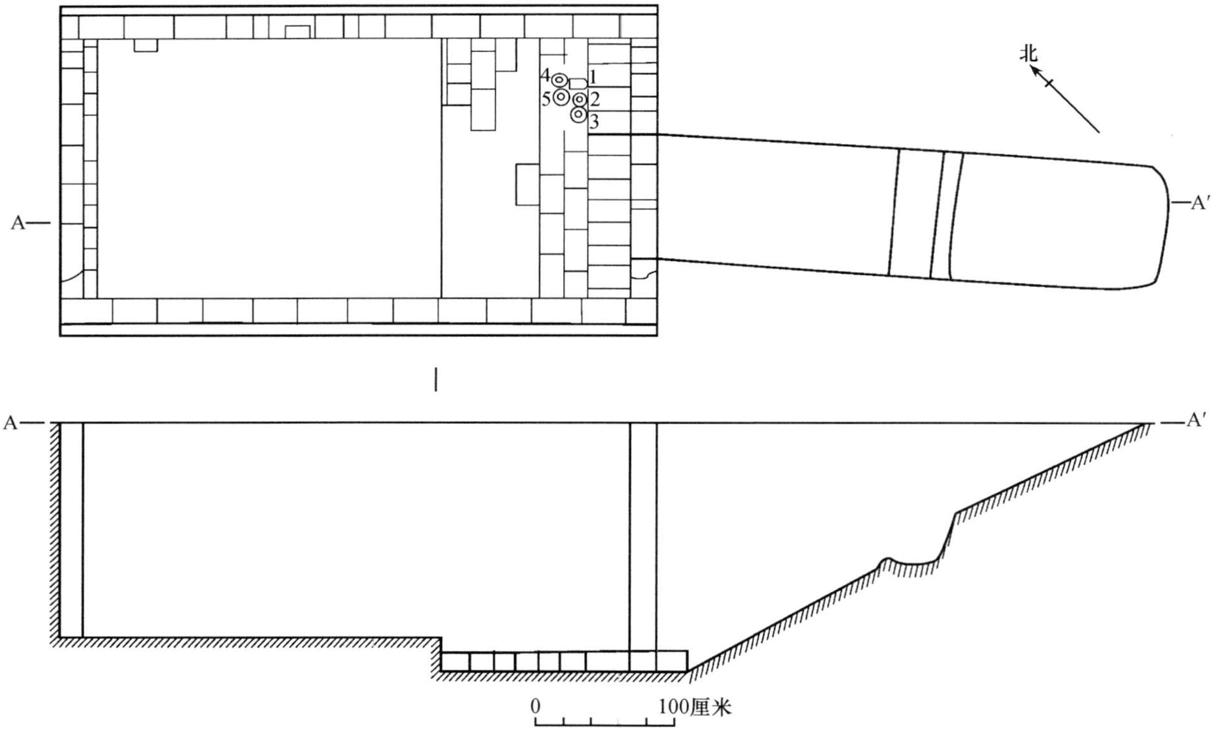

图一八　M6平、剖面图

1～3. 陶仓　4、6、8、9、12. 陶罐　5. 陶井　7. 陶盘　10. 陶案　11. 釉陶狗　13. 陶灶　14. 陶甑　15. 陶釜　16、17. 陶耳杯

（6～17出土填土中，后修复重新编号）

2. 出土器物

该墓被盗扰严重，墓底和填土中出土有大量陶片，墓底器物均置于前室东北部。经修复共17件，其中罐5件、仓3件、灶1件、釜1件、甑1件、盘1件、案1件、耳杯2件、井1件、狗1件。

罐　5件。标本M6：4，泥质灰陶。子口稍敛、鼓腹，下腹弧形内收，平底。素面。口径10厘米，腹径16.8厘米，底径10厘米，高12.4厘米（图一九，5；彩版一四，4；图版二五，6）。标本M6：8，泥质灰陶。子母口，鼓腹，平底。素面。口径8厘米，底径8厘米，高10厘米（图一九，6）。标本M6：6，泥质灰陶。圆唇，直口，短颈，广肩，鼓腹，腹下弧形内收，平底，最大腹径于近肩处。素面。口径8.8厘米，腹径14.8厘米，底径7.2厘米，高10.8厘米（图一九，7）。标本M6：9，泥质灰陶。方唇，敞口，矮领斜直，鼓腹，平底。腹部有二周凹弦纹。口径9.6厘米，腹径15.2厘米，底径8厘米，高10厘米（图一九，8）。标本M6：12，泥质灰陶。方唇，直口，矮直领，广肩，鼓腹，腹下弧内收，平底。口内壁有一周凹槽。素面。口径12厘米，腹径16.8厘米，底径8厘米，高12厘米（图一九，9）。

仓　3件。标本M6：1，泥质灰陶。敛口，无肩，筒腹斜直，平底。腹部饰七周凹弦纹。口径7.2厘米，腹径11.2厘米，底径10.4厘米，高16.8厘米（图一九，1）。标本M6：2，泥质灰陶。敞口，圆唇，圆折肩，筒腹斜直，平底。素面。口径7.6厘米，底径8.8厘米，高13.6厘米（图一九，3；图版三五，5）。标本M6：3，泥质灰陶。圆唇，直口，折肩，直筒腹，平底。腹饰八周凹弦纹。口径6.8厘米，腹径10.4厘米，底径10.4厘米，高16厘米（图一九，2；图版三五，4）。

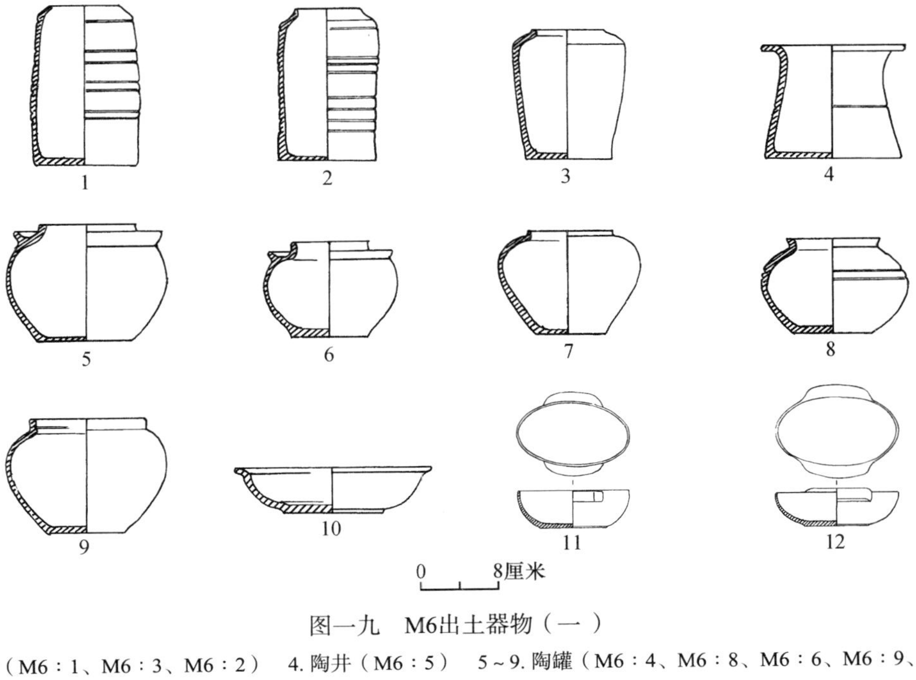

图一九　M6出土器物（一）

1～3. 陶仓（M6：1、M6：3、M6：2）　4. 陶井（M6：5）　5～9. 陶罐（M6：4、M6：8、M6：6、M6：9、M6：12）
10. 陶盘（M6：7）　11、12. 陶耳杯（M6：17、M6：16）

灶　1件。标本M6：13，泥质灰陶。前方后圆，直壁，前端有一拱形灶门，灶面有两个大小相同的火眼。灶台后有一圆筒形烟囱。身长32.4厘米，高15.6厘米，最宽15.5厘米（图二〇，1）。

釜　1件。标本M6：15，泥质灰陶。圆唇，敛口，鼓腹下内收成圜底。素面。口径6.4厘米，腹径8.8厘米，高4.8厘米（图二〇，3）。

甑　1件。标本M6：14，泥质灰陶。方唇，敞口，折沿上仰、斜直，腹内收成平底。素面。口径9.2厘米，底径4厘米，高2.8厘米（图二〇，2）。

盘　1件。标本M6：7，泥质灰陶。圆唇，敞口，沿上翘，弧腹内收，平底，假矮圈足。素面。口径20.4厘米，底径10.4厘米，高4.8厘米（图一九，10）。

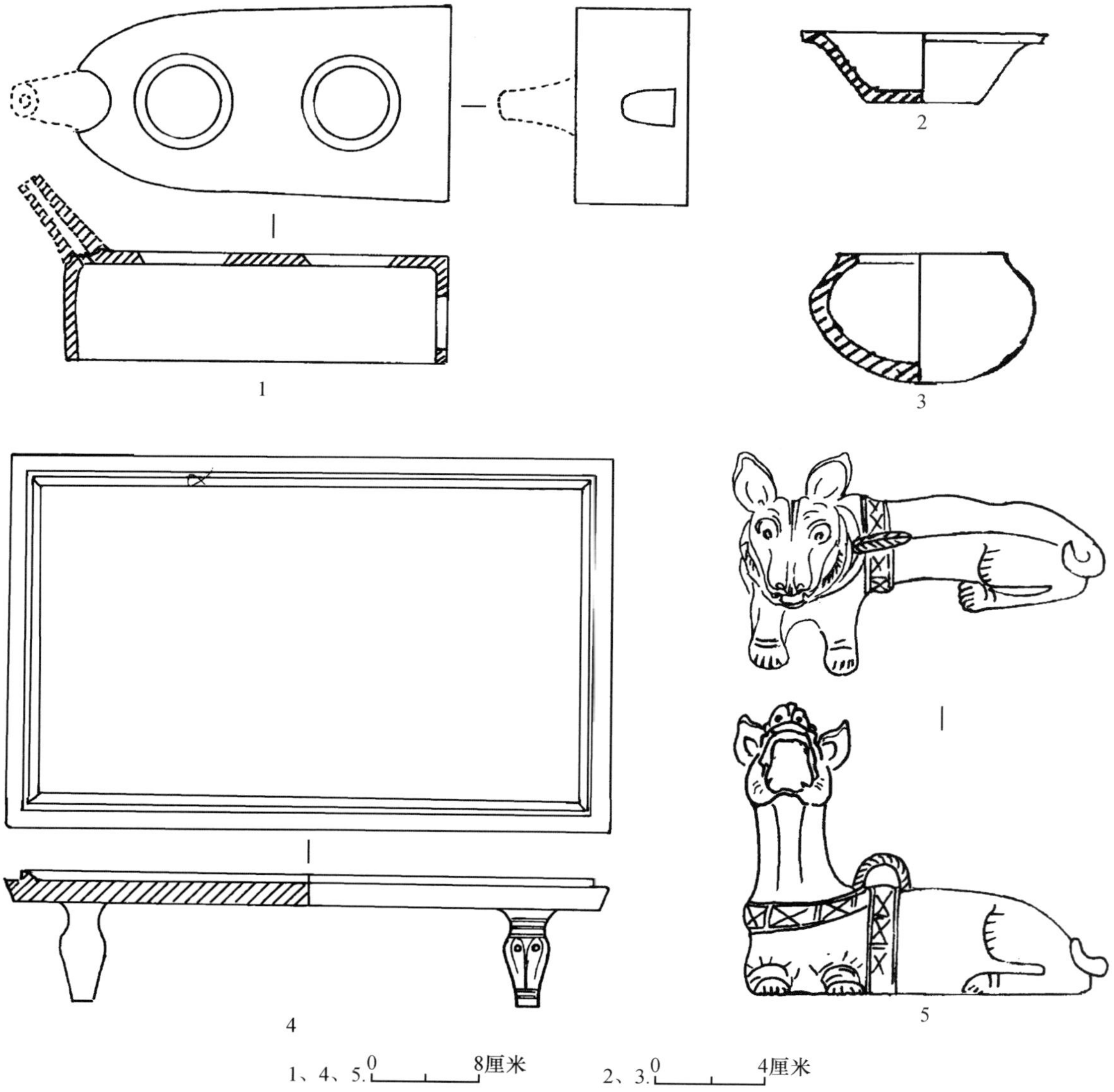

图二〇　M6出土器物（二）

1. 陶灶（M6：13）　2. 陶甑（M6：14）　3. 陶釜（M6：15）　4. 陶案（M6：10）　5. 釉陶狗（M6：11）

案　1件。标本M6：10，泥质灰陶。长方形。案面四周起三角形凹棱，下有四只兽面足。长45.6厘米，宽29.2厘米，高10厘米（图二〇，4；彩版一七，1）。

耳杯　2件。形制相同，大小不一。标本M6：17，泥质红陶。平面呈椭圆形，圆唇，敛口，弧腹内收，假矮圈足，口部两侧有对称弧形耳。素面。长11.6厘米，宽8.8厘米，高4厘米，底径长6.8厘米，底径宽4厘米（图一九，11；图版三一，6）。标本M6：16，长12.8厘米，宽8.9厘米，高4厘米，底径长6.6厘米，底宽3.8厘米（图一九，12；彩版一六，6；图版三一，5）。

井　1件。标本M6：5，泥质灰陶。敞口，宽平沿，斜直腹外撇，平底。素面。口径15.2厘米，底径14.6厘米，高12厘米（图一九，4；彩版一六，2）。

狗　1件。标本M6：11，红陶胎，器表饰深绿釉。昂首，竖耳呈吼状，伏卧，尾卷曲上翘，颈、腹中空。长27.6厘米，高13.2厘米（图二〇，5）。

七、M7

1. 墓葬概况

位置和层位关系　该墓位于Ⅰ区T0403东南部，西、西北与M4、M5相邻；开口于表土层下，距地表20厘米，打破生土。

方向　312°。

形制与结构　长方形竖穴土坑墓。四壁较直，平底。墓口、底同大，长200厘米，宽100厘米，深180厘米（图二一）。

填土　墓内填土为黄褐色五花土，土质较硬，结构致密，无包含物。

葬具　1棺。位于墓室中部，已腐朽，残留痕迹。长190厘米，宽50厘米，高约40厘米，壁厚4厘米。

人骨　1具。保存较差。头向西，仰身直肢葬。性别、年龄不详。

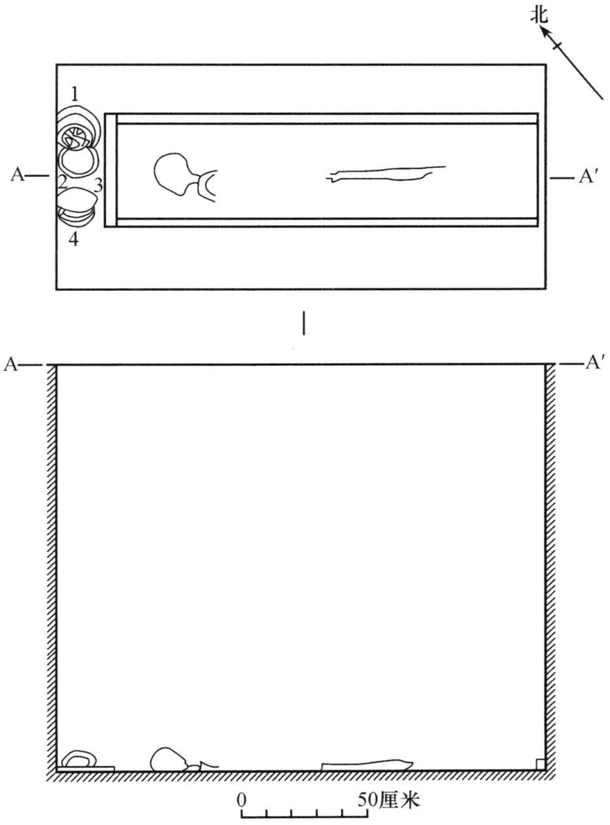

图二一　M7平、剖面图
1. 陶壶　2. 陶甑　3. 陶釜　4. 陶钵

2. 出土器物

4件。均为陶器，置于头端棺外。由东向西依次为陶壶、甑、釜、钵等，其中陶壶1

件、陶甑1件、陶钵1件、陶釜1件（图版一一，1）。

陶壶　1件。标本M7：1，泥质黄褐陶。盘口，高束颈，溜肩，扁鼓腹，平底，高圈足。上承一拱形盖，子口，盖上附有三个等距三角形纽，下腹饰绳纹。口径12厘米，腹径22.8厘米，底径14.1厘米，通高38.3厘米（图二二，1；彩版九，3；图版一九，1）。

甑　1件。标本M7：2，泥质黄褐陶。方唇，直口，平折沿，折腹斜内收，平底。上腹饰凸弦纹一周，下腹饰凹弦纹二周，底部有五个圆孔。口径14.8厘米，底径4.8厘米，高6.4厘米（图二二，2）。

釜　1件。标本M7：3，泥质黄褐陶。方唇，敛口，扁鼓腹，平底。下腹有刮削痕。口径20厘米，腹径16厘米，底径8厘米，高7.6厘米（图二二，3；彩版一二，1）。

钵　1件。标本M7：4，泥质红陶。圆唇，敛口，上腹圆鼓，下腹斜内收，平底。口径15.2厘米，底径6.4厘米，高4.8厘米（图二二，4；彩版一二，5）。

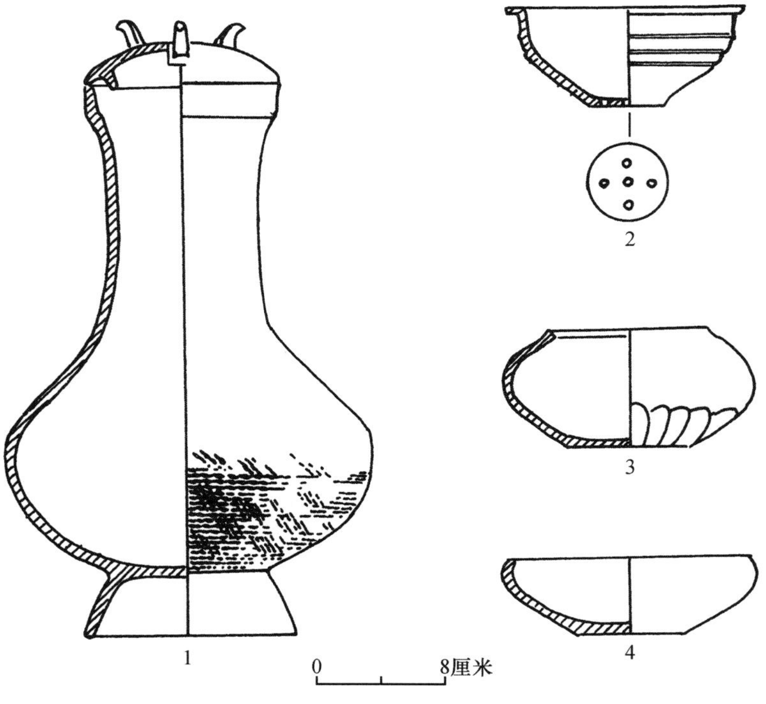

图二二　M7出土器物

1. 陶壶（M7：1）　2. 陶甑（M7：2）　3. 陶釜（M7：3）　4. 陶钵（M7：4）

八、M8

1. 墓葬概况

位置和层位关系　该墓位于Ⅰ区T0305中部，西北与M23相邻；开口于表土层下，距地表30厘米，打破生土。

方向　45°　。

形状与结构　长方形竖穴土坑墓。四壁较直，平底。墓口、底同大，长266厘米，宽176厘米，深324厘米（图二三）。

填土　墓内填土为黄褐色五花土，土质较致密，无包含物。

葬具　不详。

人骨　保存差，骨架腐朽无存，葬式、性别、年龄不详。

图二三　M8平、剖面图
1. 陶盆　2. 陶甑　3. 陶釜　4. 陶盒　5. 陶鼎

2. 出土器物

5件。置于墓室底西北部，自北向南以此为鼎、盆、釜、甑等，甑、釜、盆、盒、鼎各1件。

陶盆　1件。标本M8：1，泥质灰陶。方唇，敞口，平折沿，折腹弧收，平底。腹饰一周凸弦纹。口径19.2厘米，腹径17.8厘米，底径7.2厘米，高8.4厘米（图二四，3）。

陶甑　1件。标本M8：2，泥质灰陶。方唇，敞口，平折沿，直颈，折腹弧内收，平底。腹饰一周凸弦纹，底有五个孔。口径20厘米，底径7.2厘米，高9.2厘米（图二四，1）。

陶釜　1件。标本M8：3，泥质灰陶。敛口，方唇，矮直颈，鼓腹，圜底。素面。口径10.4厘米，腹径16厘米，高8.8厘米（图二四，2）。

陶盒　1件。标本M8：4，泥质灰陶。盖、身形制相同，大小不一，子口承盖，弧腹平底，矮圈足。盖口处饰二周凹弦纹，身腹部饰二周凹弦纹，器表有红彩绘残痕。口径19.2厘米，底径8.8厘米，通高14.4厘米（图二四，4）。

陶鼎　1件。标本M8：5，泥质灰陶，无法修复。

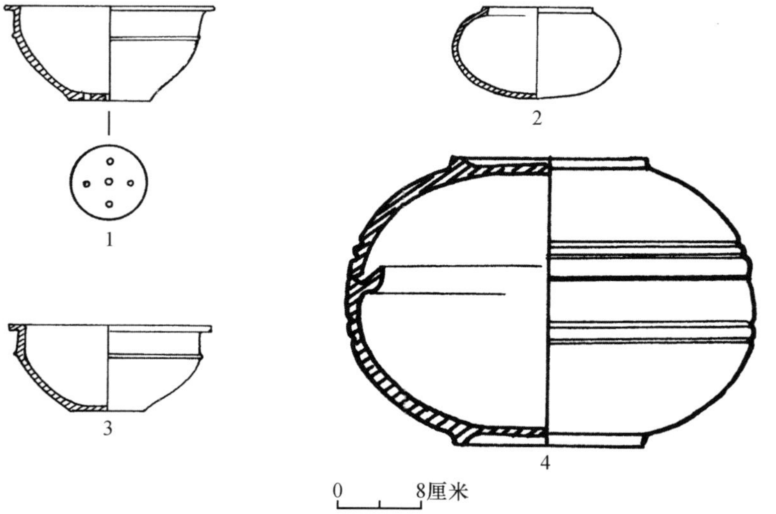

图二四　M8出土器物

1. 陶甑（M8：2）　2. 陶釜（M8：3）　3. 陶盆（M8：1）　4. 陶盒（M8：4）

九、M9

1. 墓葬概况

位置和层位关系　该墓位于Ⅰ区T0402东南部，西、北分别与M7、M10相邻；开口于表土层下，距地表25厘米，打破生土。

方向　135°。

形状与结构　长方形竖穴土坑墓。墓壁规整、光滑，陡直向下，墓底较平。墓口、底同大，底部平整。长250厘米，宽130厘米，深380厘米（图二五；彩版二，1）。

填土　墓内填土为黄褐色五花土，土质较硬，结构致密，无包含物。

葬具　皆已腐朽不存，无任何痕迹，不详。

人骨　骨架腐朽不存，葬式、性别、年龄不详。

2. 出土器物

10件。全部为陶器，均置于墓室的南部，自西向东依次为壶、盒、小壶、鼎、釜、甑等，其中鼎2件、盒2件、大壶2件、小壶2件、釜1件、甑1件。

鼎　2件。标本M9：7，泥质灰陶。子口，内敛，肩附对称方形耳两个，耳上面外平折，直腹，下弧内收成平底，三蹄足。腹上饰三圈凸弦纹。口径17.2厘米，高15.6厘米（图二六，1）。标本M9：6，残，口径17.2厘米，高15.8厘米（图二六，2）。

壶　2件。形制相同，大小不一。标本M9：1，泥质灰陶。上腹弧形盖，盘口，束颈，溜肩。肩附两个对称铺首衔环。鼓腹，腹下内收成圜底，圈足，足面饰二周凸棱。肩、腹饰凹弦纹四周。口径16.8厘米，足径17.6厘米，通高40.4厘米（图二六，10；彩版一〇，3；图版二〇，3）。标本M9：2。口径16.8厘米，腹径32厘米，底径19.2厘米，高40.8厘米（图二六，7）。

甑　1件。标本M9：9，泥质灰陶。方唇，敞口，平折沿，斜腹内收，平底，矮圈足，足外撇。上腹饰凸弦纹一周，底有五个不规则穿孔。口径22.4厘米，足径11.2厘米，高10厘米（图二六，3）。

小壶　2件。形制相同，大小不一。标本M9：4，泥质灰陶。敞口，溜肩，鼓腹下内收，平底。腹部饰三周弦纹。口径6.8厘米，腹径9.2厘米，底径4.4厘米，高10.4厘米（图二六，9）。标本M9：5，泥质灰陶。敞口，溜肩，鼓腹下内收，平底。素面。口径7.2厘米，腹径9.2厘米，底径4.8厘米，高10.4厘米（图二六，8）。

盒　2件。标本M9：3，泥质灰陶。子母口，弧腹内收，平底。器盖、器身各饰二周凹弦纹，近对称。口径20.7厘米，顶径12厘米，器身口径17.5厘米，底径8厘米，通高15.2厘米（图二六，4）。标本M9：10，子母口，弧腹内收，平底。器盖、器身各饰二周凹弦纹，近对称。盖口径20.8厘米，顶径12厘米，器身口径17.6厘米，底径8厘米，通高15.6厘米（图二六，5）。

图二五　M9平、剖面图
1、2、4、5. 陶壶　3、10. 陶盒　6、7. 陶鼎　8. 陶釜　9. 陶甑

釜　1件。标本M9：8，泥质灰陶。方唇，直口，短颈斜直，鼓腹，平底。腹上饰二周凹弦纹，腹部有一周腰檐。口径9.2厘米，最大腹径22.4厘米，底径8.8厘米，高12厘米（图二六，6）。

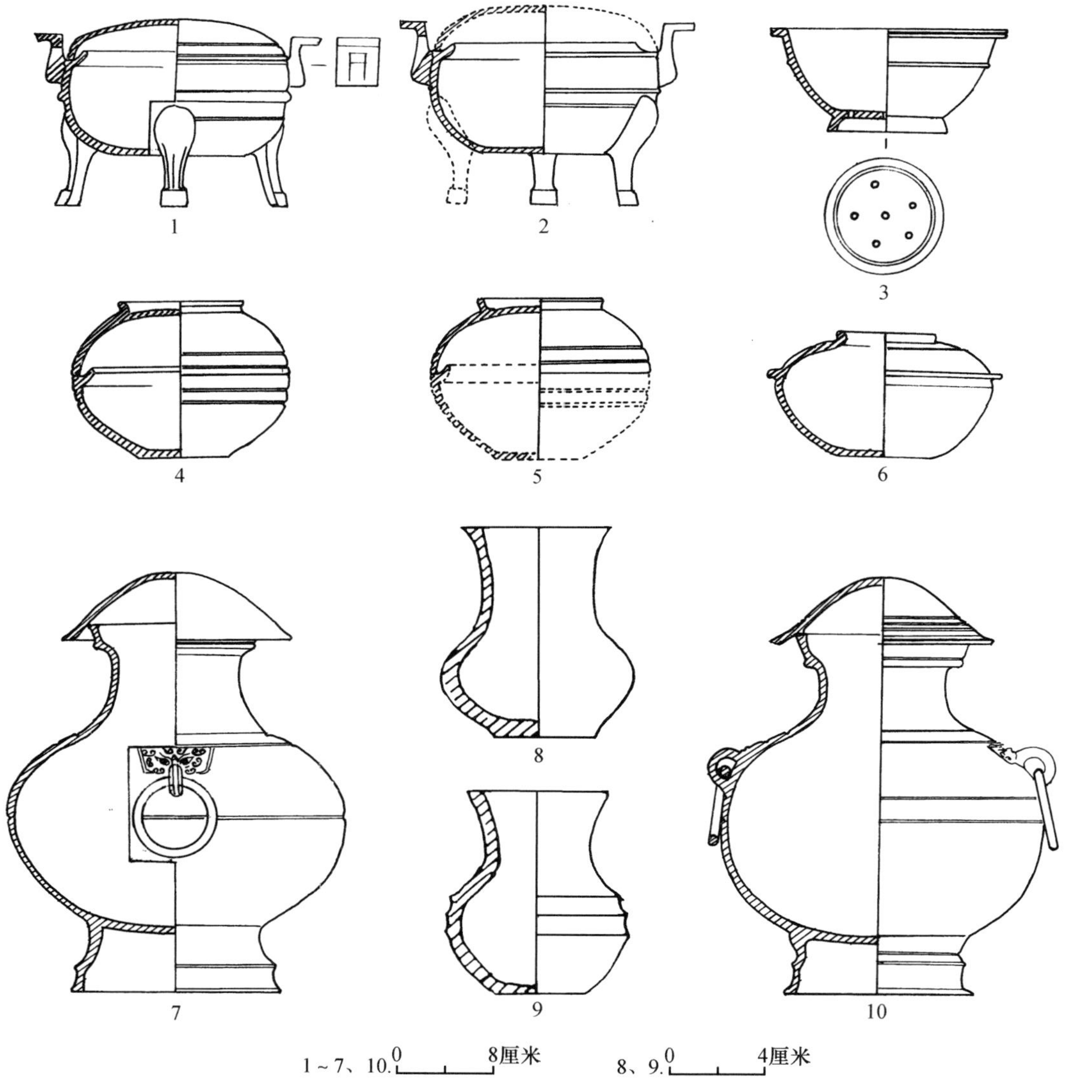

图二六　M9出土器物

1、2. 陶鼎（M9：7、M9：6）　3. 陶甑（M9：9）　4、5. 陶盒（M9：3、M9：10）　6. 陶釜（M9：8）　7、10. 陶壶（M9：2、M9：1）　8、9. 陶壶（M9：5、M9：4）

一〇、M10

1. 墓葬概况

位置和层位关系　该墓位于Ⅰ区T0402西北部，西南、东南分别与M6、M9相邻；开口于表土层下，距地表25厘米，打破生土。

方向　130°　。

形状与结构　长方形竖穴土坑墓。墓壁规整，陡直，底部平整。墓口、底同大。长290厘米，宽196厘米，深390厘米（图二七；彩版二，2）。

填土　墓内填土为黄褐色无花土，质硬，结构致密，无包含物。

葬具　仅存椁痕。长200厘米，宽122厘米，残高60厘米。其他不详。

人骨　1具。保存差，头向东，葬式、性别、年龄不详。

图二七　M10平、剖面图
1. 陶甑　2. 陶釜　3、7～9. 陶壶　4. 陶瓮　5、6. 陶盒　10、11. 陶鼎

2. 出土器物

11件。均置于北侧椁内，自东向西依次为甑、釜、壶、瓮、鼎等，其中鼎2件、盒2件、大壶2件、小壶2件、瓮1件、釜1件、甑1件。

鼎　2件。标本M10：10，泥质灰陶。子母口，折肩，浅腹。近肩部附对称方形耳两个，耳上部外撇，弧腹内收成圜底，底附兽足三个，上承弧形盖，盖顶近平。盖、腹有红色彩绘图案，有三角纹、云纹等。口径17.6厘米，通高16.8厘米（图二八，6；彩版八，2；图版一五，3）。标本M10：11，泥质灰陶。子母口，浅腹。上承弧形盖。盖沿处有一周凹弦纹。折肩，近肩处附对称长方形双耳，弧腹内收成圜底，底附三兽足。腹饰二周凹弦纹，器表残留红彩绘，内容不清。口径14.4厘米，通高16.8厘米（图二八，1）。

盒　2件。标本M10：5，泥质灰陶。子母口，弧腹内收，平底。上承弧形盖。盖上饰二周凹弦纹。腹上部饰红彩方格纹。口径19.2厘米，底径8厘米，通高16.6厘米（图二八，5）。标本M10：6，泥质灰陶。子母口，折肩，腹上直下内收，平底。腹上饰凹弦纹二周，近肩处饰棱形红彩方格纹。口径16厘米，底径8厘米，高10厘米（图二八，4）。

大壶　2件。标本M10：3，泥质灰陶。口残，束颈，溜肩，鼓腹，平底，高圈足。颈、肩饰二周凹弦纹，肩附对称兽首形铺首。腹径30.8厘米，足径18.4厘米，残高41.6厘米（图二八，9）。标本M10：7，形制同上。腹径32厘米，足径18.4厘米，残高41.6厘米（图二八，10）。

小壶　2件。形制相同，大小不一。标本M10：8，泥质灰陶。尖唇，敞口，平沿，下垂，溜肩，鼓腹下内收，平底。器表饰红彩绘，已剥落。口径5.6厘米，腹径9.2厘米，底径5.7厘米，高9.2厘米（图二八，2）。标本M10：9，口径4.1厘米，腹径7.8厘米，底径5.6厘米，高7.6厘米（图二八，3）。

瓮　1件。标本M10：4，泥质灰陶。方唇，侈口，圆肩，鼓腹下斜收，平底，最大腹径于

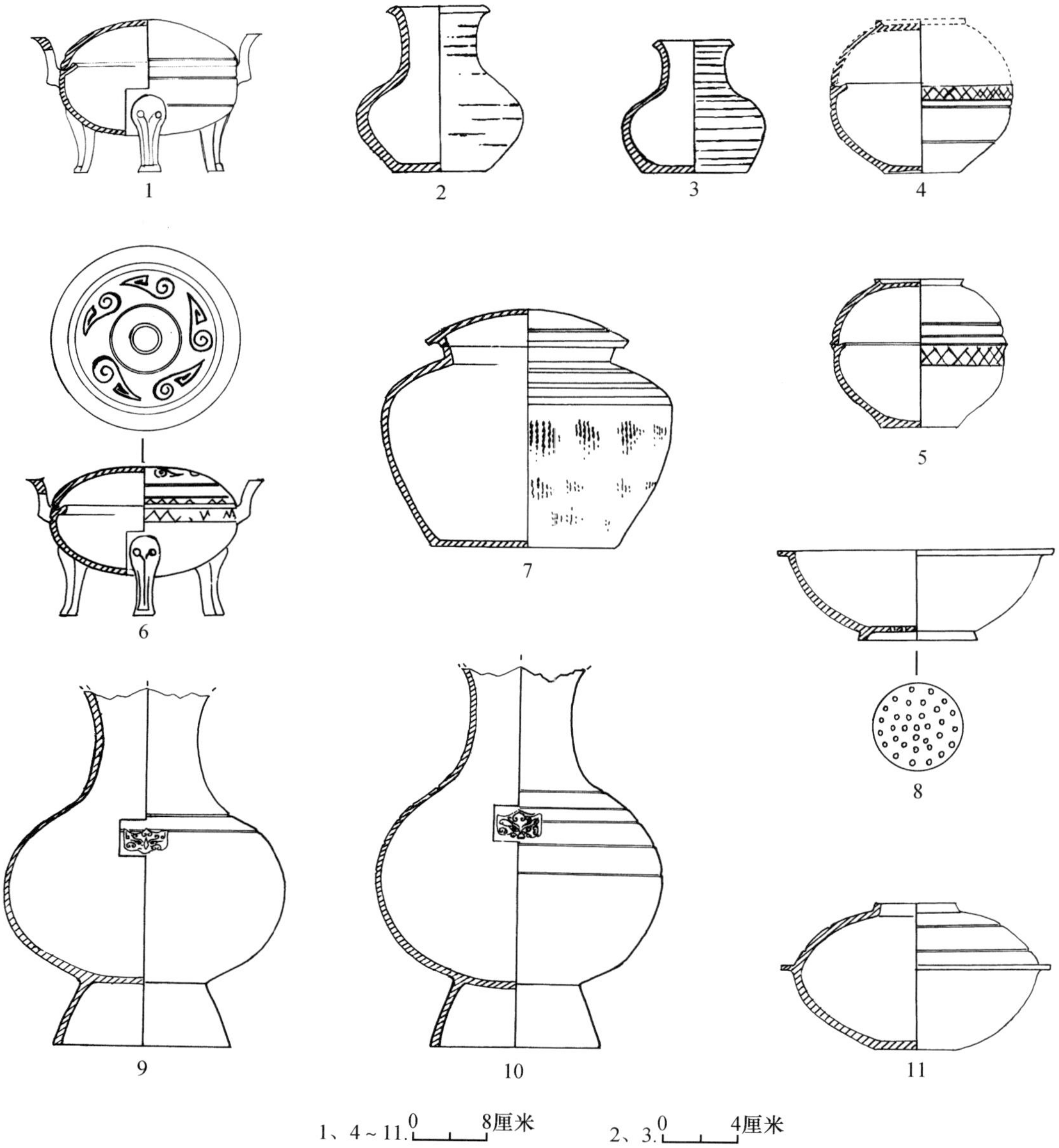

图二八　M10出土器物

1、6. 陶鼎（M10：11、M10：10）　2、3.小陶壶（M10：8、M10：9）　4、5. 陶盒（M10：6、M10：5）　7. 陶瓮（M10：4）　8. 陶甑（M10：1）　9、10. 陶壶（M10：3、M10：7）　11. 陶釜（M10：2）

近肩处。肩部饰六周凹弦纹，腹饰竖绳纹，残留少部，上承弧形盖，盖表饰凹弦纹一周。口径18.4厘米，最大腹径31.2厘米，底径20厘米，通高26.4厘米（图二八，7；彩版一三，4）。

釜　1件。标本M10：2，泥质灰陶。方唇，直口，短颈斜直，鼓腹，平底。腹上饰二周凹弦纹，腹部有一腰檐。口径8.8厘米，腹径29.2厘米，底径8.8厘米，高16厘米（图二八，11）。

甑　1件。标本M10：1，泥质灰陶。方唇，敞口，平折沿，弧腹下内收，平底，矮圈足外撇。口径30厘米，足径12.8厘米（图二八，8）。

一一、M11

1. 墓葬概况

位置和层位关系　该墓位于Ⅰ区T0404北部，北部与M12相邻；开口于表土层下，距地表15厘米，打破生土。

方向　130°。

形制与结构　长方形竖穴土坑墓。四壁规整，陡直，底部平整。口、底同大，长277厘米，宽150厘米，深420厘米（图二九）。

填土　墓内填土为黄褐色五花土，土质较硬，结构致密，无其他包含物。

葬具　棺木朽尽无痕，葬具不详。

人骨　骨架1具。保存差，葬式、性别、年龄不详。

2. 出土器物

6件。均置于墓室的北侧，自东向西依次为盒、鼎、壶等，其中盒、鼎、壶各2件。

鼎　2件。标本M11：3，仅修鼎盖，泥质灰陶，弧形盖，盖顶近平，上有圆形握手。盖径20厘米，高6厘米（图三〇，3）。

壶　2件。标本M11：5，泥质灰陶。盘口，高束颈，溜肩，扁鼓腹，圜底，高圈足，足部外凸。上承弧形盖。盖顶饰三

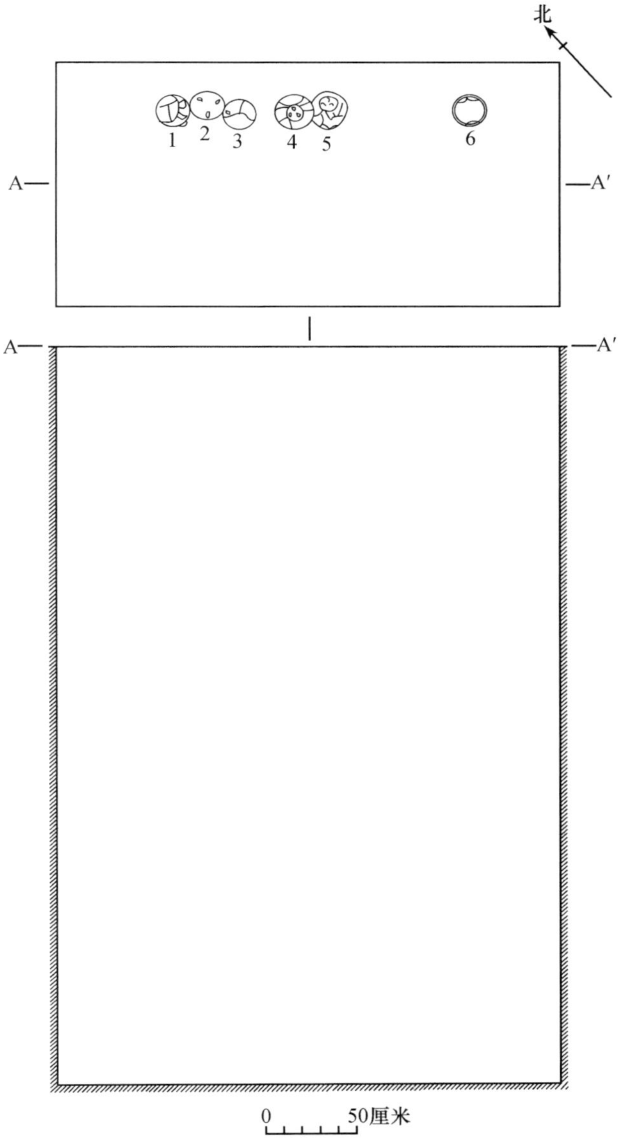

图二九　M11平、剖面图
1、6. 陶盒　2、3. 陶鼎　4、5. 陶壶

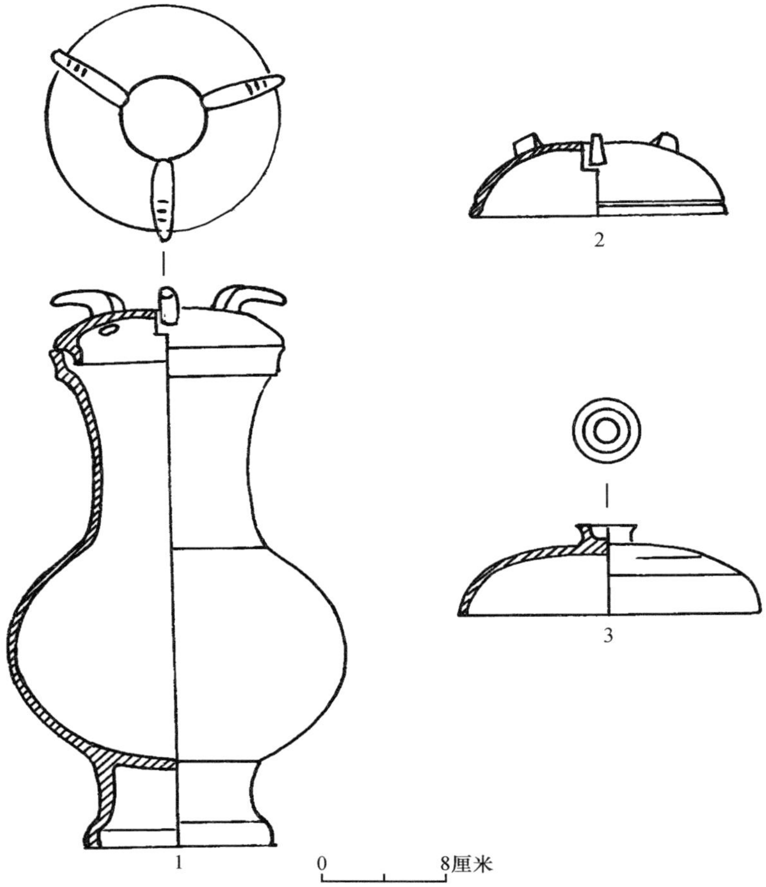

图三〇　M11出土器物

1. 陶壶（M11：5）　2. 壶盖（M11：4）　3. 鼎盖（M11：3）

湾形纽。口径15.2厘米，腹径22.4厘米，底径12.8厘米，通高37.6厘米（图三〇，1）。标本M11：4，仅修壶盖，泥质灰陶，弧形，盖顶饰等距三梯形纽，下部饰一周凹弦纹。口径16.8厘米，高5.5厘米（图三〇，2）。

其他均未能修复。

一二、M12

1. 墓葬概况

位置和层位关系　该墓位于Ⅰ区T0404北部，南与M11相邻；开口于表土层下，距地表15厘米，打破生土。

方向　130°。

形状与结构　长方形竖穴土坑墓。墓壁陡直、规整，底部较平。墓口、底同大，长287厘米，宽160厘米，深410厘米（图三一）。

填土　墓内填土为黄褐色五花土，土质较硬，结构致密，无包含物。

葬具　棺木腐朽无存，葬具不详。

人骨　骨架腐朽无存，葬式、性别、年龄不详。

图三一　M12平、剖面图

1. 陶壶　2. 陶钫　3. 陶盒　4、5. 陶鼎　6. 陶甑　7. 陶釜

2. 出土器物

7件。均置于墓室的东北侧，自东向西依次为甑、釜、鼎、盒、壶、钫等，其中鼎2件，甑、釜、盒、壶、钫各1件（图版九，1）。

鼎　2件。标本M12：4，泥质灰陶。子口，微敛，上承弧形盖。盖饰等距三近三角形纽，弧腹内收，圜底，三兽蹄足，肩饰对称长方形双耳，耳外撇。腹饰凹弦纹一周。口径15.2厘米，通高16厘米（图三二，1）。标本M12：5，泥质灰陶。子口，微敛，上承弧形盖，弧腹内收，圜底，三兽足。肩饰对称长方形双耳，腹饰凸弦纹一周。口径16厘米，通高16厘米（图三二，3）。

盒　1件。标本M12：3，泥质灰陶。子口，承盖，整体由盖、身相扣而成。呈扁圆形，器身，圆唇，敛口，弧腹，平底，矮圈足。腹饰凹弦纹二周。上盖呈覆盘形，顶部较平。有一周凸棱，饰凹弦纹二周。口径16.8厘米，腹径19.2厘米，底径8.4厘米，通高15.2厘米（图三二，5；彩版一一，5；图版二三，2）。

壶　1件。标本M12：1，泥质灰陶。圆唇，盘口，束颈，溜肩，鼓腹，平底，高圈足，足部外撇，上承弧形盖，上饰等距三鸟首形纽。素面。口径11.6厘米，腹径22.4厘米，足径13.6厘米，通高37.6厘米（图三二，4）。

甑　1件。标本M12：6，泥质灰陶。圆唇，敞口，平折沿，直腹内收，平底。内、外均饰红彩，底部有长条形箅孔，口径14.9厘米，底径7.8厘米，高7.9厘米（图三二，2）。

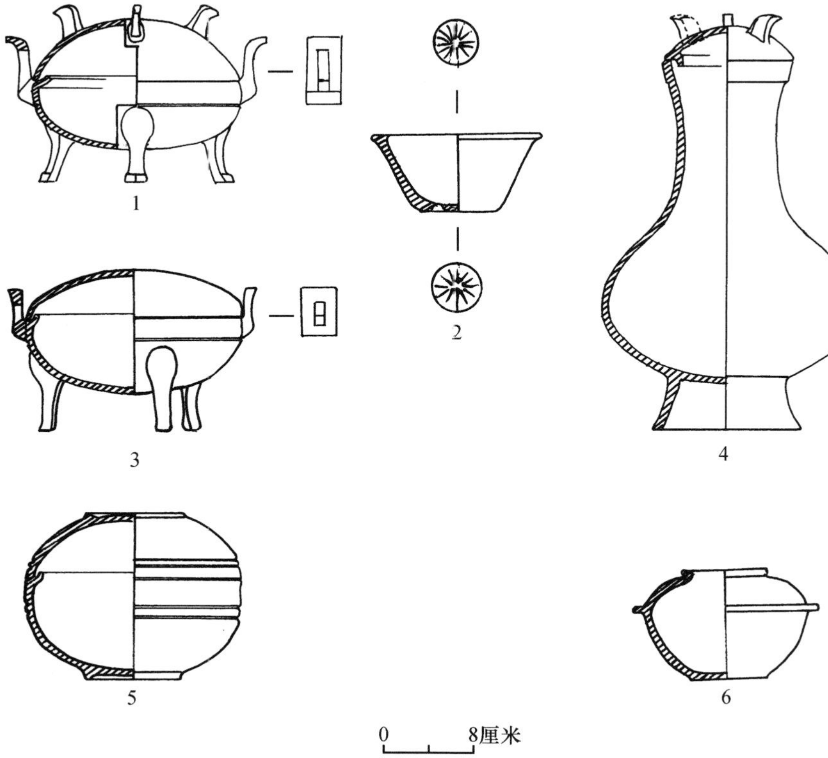

图三二　M12出土器物

1、3. 陶鼎（M12：4、M12：5）　2. 陶甑（M12：6）　4. 陶壶（M12：1）　5. 陶盒（M12：3）　6. 陶釜（M12：7）

釜　1件。标本M12：7，泥质灰陶。尖唇，敛口，扁鼓腹，平底，覆盘形盖。腹中部有一周腰檐。口径4.8厘米，腹径15.2厘米，底径8.4厘米，高7.6厘米，通高8.4厘米（图三二，6）。

陶钫　1件。标本M12：2，未能修复。

一三、M13

1. 墓葬概况

位置和层位关系　该墓位于Ⅰ区T0603南部，北与M14相邻；开口于表土层下，距地表35厘米，打破生土。

方向　320°。

形制与结构　长方形竖穴土坑墓。四壁陡直，墓底较平，底部四周留有生土二层台，台宽6～22厘米，高90厘米。墓口长352厘米，宽220厘米，墓底长320～330厘米，宽180～212厘米，深360厘米（图三三）。

填土　墓内填土为黄褐色五花土，土质较硬，结构致密，内无包含物。

葬具　一椁一棺。位于墓室北侧，皆朽，仅存朽痕，椁痕残长320厘米，残宽180～210厘米，残高90厘米；棺痕残长200厘米，残宽70厘米，其他不详。

人骨　1具。保存较差，葬式、性别、年龄不详。

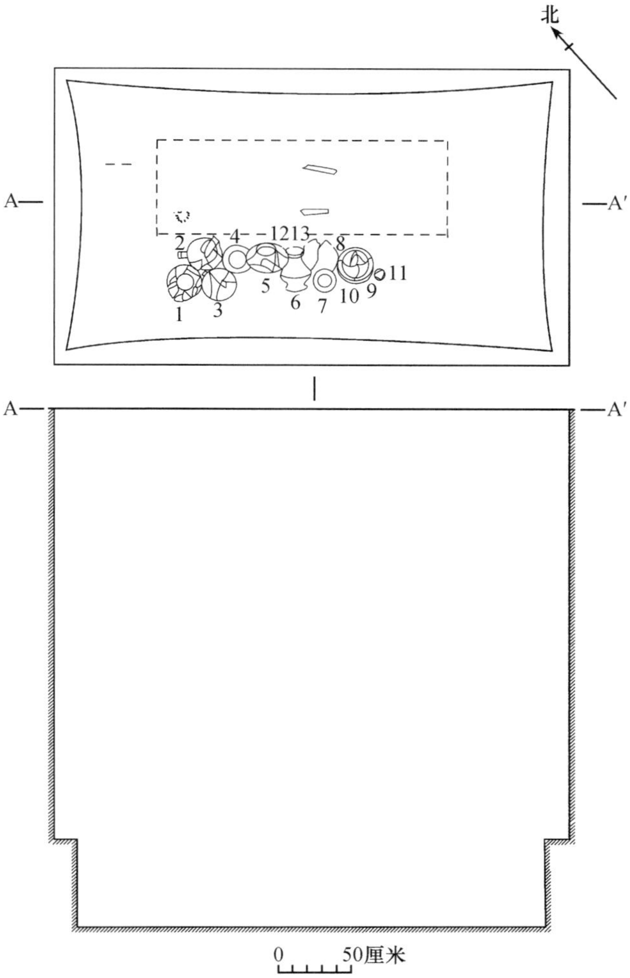

图三三　M13平、剖面图

1. 陶盒　2、3. 陶鼎　4. 陶鍪　5. 陶钫　6. 陶壶　7. 陶釜　8. 陶钵　9. 陶甑　10、13. 陶盆　11. 蛙形盒　12. 陶盘

2. 出土器物

13件。均置于椁内棺外的南部，自西向东依次为陶盒、陶鼎、陶鍪、陶钫、陶壶、陶罐、陶釜等，其中鼎2件、盒1件、蛙形小盒1件、钵1件、壶1件、钫1件、盘1件、罐1件、盆2件、甑1件、釜1件（图版一一，2）。

鼎　2件。标本M13：2，泥质灰陶。子母口，子口内敛，肩附对称长方形双耳，外撇，弧腹，圜底，三蹄足，上承拱形盖。口径20.4厘米，通高14.8厘米（图三四，1）。标本M13：3未能修复。

盒　1件。标本M13：1，泥质灰陶。由盖、身扣合而成。子母口，覆碗形盖，子口内敛，弧腹，平底，矮圈足。盖饰红色宝相花纹和卷云纹彩。器身口沿饰方格纹红彩绘。口径20.4厘米，底径9.6厘米，高16厘米（图三四，9；彩版一一，4；图版二三，3）。

钵　1件。标本M13：8，泥质灰陶。方唇，直口，弧腹，浅弧底，矮圈足。口沿下饰一周凹弦纹。口径19.6厘米，足径10.4厘米，高6.4厘米（图三四，3；图版二九，3）。

蛙形小盒　1件。标本M13：11，泥质灰陶。由盖、身相扣合呈扁圆形。盖、身形制相同。直口，方唇，浅弧腹。盖、身均由“蛙”形图案将外表分成内、外两区，区外饰谷纹。盒内置一小套球。口径9.2厘米，通高3.6厘米（图三四，10；图版三二，2）。

壶　1件。标本M13：6，泥质灰陶。方唇，侈口，高束颈，溜肩，鼓腹，平底，高圈足，上承拱形盖。盖、颈饰三角连贯纹红彩绘，腹饰卷云纹红彩绘。大部脱落。口径12.8厘米，腹

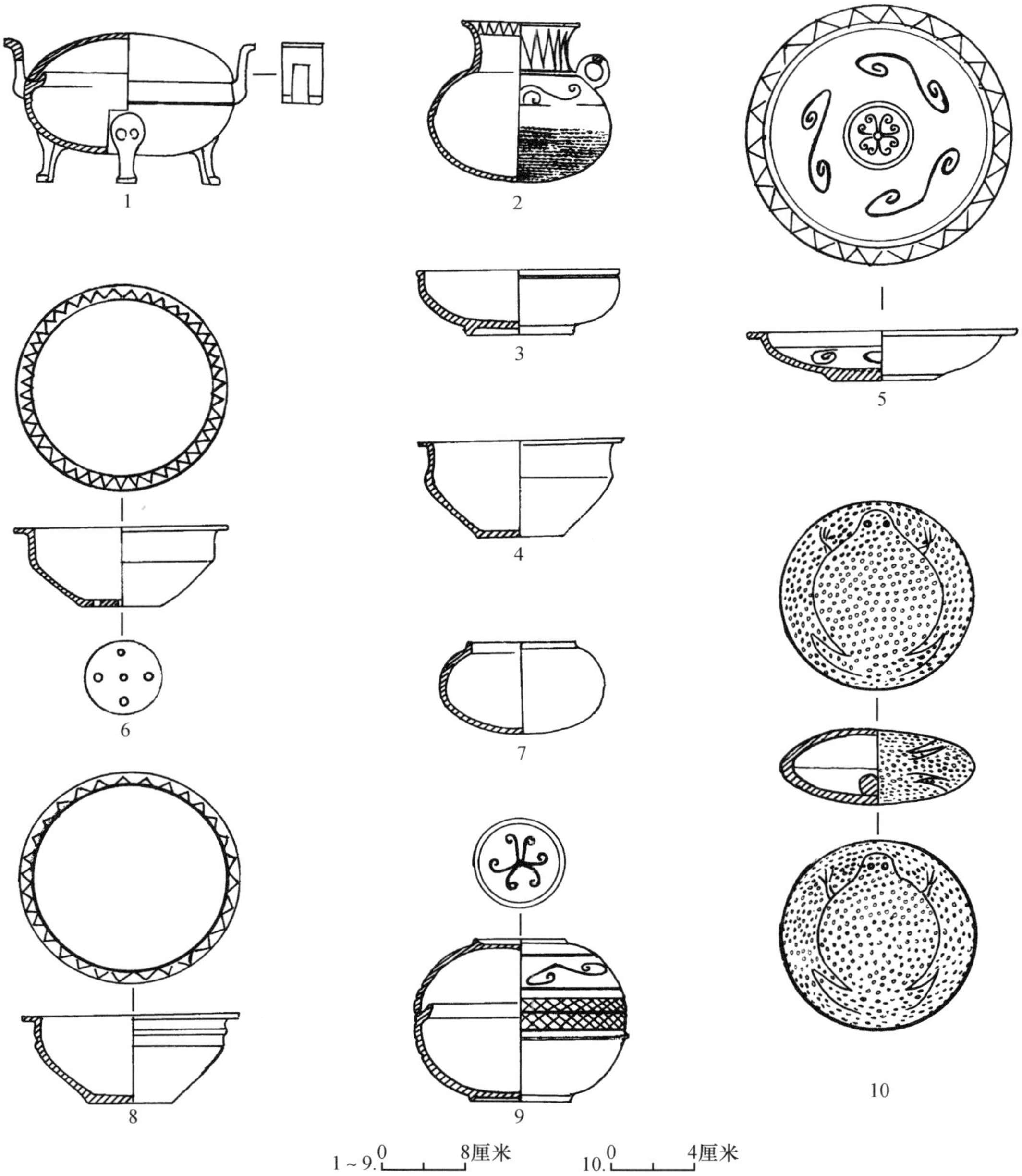

图三四　M13出土器物（一）

1. 陶鼎（M13：2）　2. 陶鏊（M13：4）　3. 陶钵（M13：8）　4、8. 陶盆（M13：10、M13：13）　5. 陶盘（M13：12）　6. 陶甑（M13：9）　7. 陶釜（M13：7）　9. 陶盒（M13：1）　10. 陶蛙纹盒（M13：11）

径22.8厘米，底径14.4厘米，通高36.4厘米（图三五，1；彩版九，4；图版一九，2）。

钫　1件。标本M13：5，泥质灰陶。平面呈方形。方唇，侈口，束颈，溜肩，鼓腹，平底。方圈足。腹饰对称两铺首。上承覆“斗”形盖，子口。盖顶有对称四个小方孔。口径11.2厘米，腹径20厘米，底径12.4厘米，通高38.8厘米（图三五，2；彩版九，2；图版一八，3）。

盘　1件。标本M13：12，泥质灰陶。圆唇，敞口，平折沿，弧腹，假圈足，平底。内壁饰红彩绘图案。口径26厘米，底径10.4厘米，高4.8厘米（图三四，5）。

鍪 1件。标本M13：4，泥质灰陶。圆唇，敞口，束颈，溜肩，鼓腹，圜底。肩单侧饰环形耳，颈、肩饰三角连贯纹和卷云纹彩绘，下腹饰绳纹（图三四，2；彩版一四，5）。

盆 2件。标本M13：10，泥质灰陶。方唇，敞口，平沿，上腹近直，下腹斜折收，平底。口沿一周波折纹红彩绘，上腹饰二周凹弦纹。口径21.6厘米，底径8厘米，高8.8厘米（图三四，4）。标本M13：13，泥质灰陶。方唇，敞口，平沿，折腹斜内收，平底。口径20厘米，底径8厘米，高9.6厘米（图三四，8）。

甑 1件。标本M13：9，泥质灰陶。圆唇，直口，平沿，上腹竖直，下腹折收，平底。口沿饰折纹彩绘，底部有五个圆形箅孔。口径20.8厘米，底径7.2厘米，高8厘米（图三四，6；图版二七，5）。

釜 1件。标本M13：7，泥质灰陶。方唇，直口，扁鼓腹，圜底。口径10.8厘米，腹径16厘米，高8.8厘米（图三四，7；图版二七，5）。

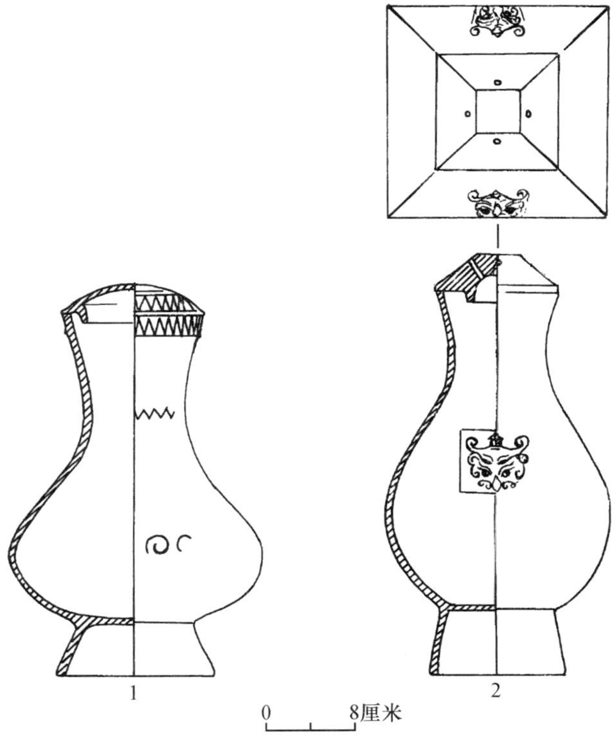

图三五 M13出土器物（二）

1. 陶壶（M13：6） 2. 陶钫（M13：5）

一四、M14

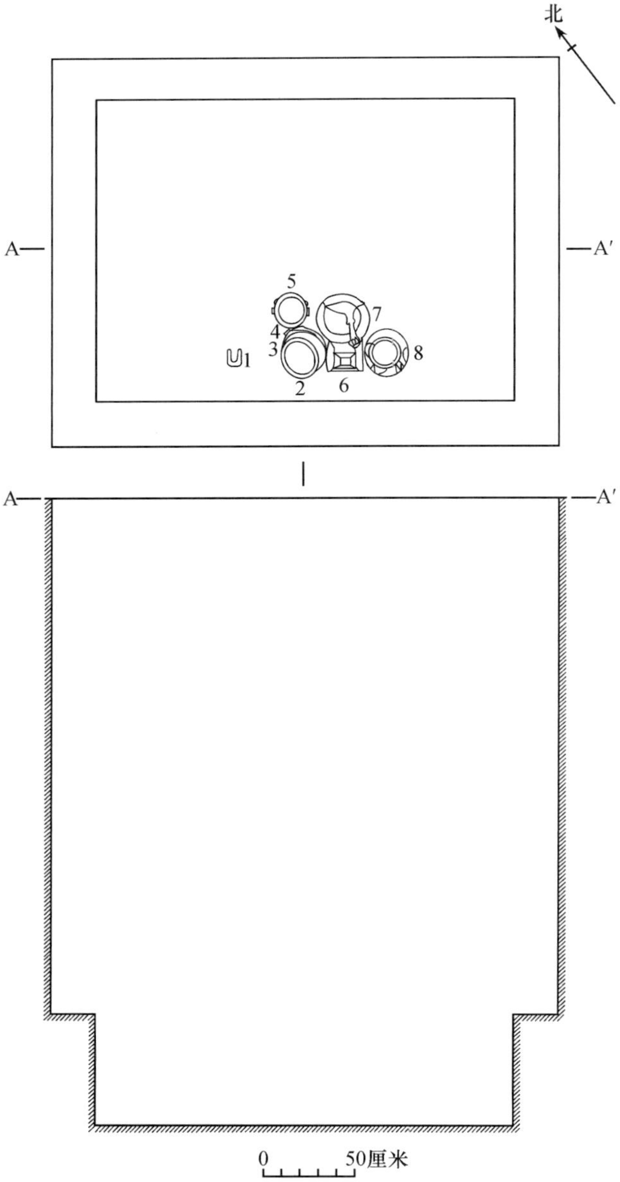

图三六　M14平、剖面图
1. 铁锸　2. 陶甑　3. 陶釜　4、5. 铜鼎　6. 铜钫　7. 铜蒜头壶　8. 陶瓮

1. 墓葬概况

位置和层位关系　该墓位于Ⅰ区T0603东北部，西南与M13相邻；开口于表土层下，距地表35厘米，打破生土。

方向　317°。

形制与结构　长方形竖穴土坑墓。四壁直壁，底部平整，四周均有生土二层台，台宽20～25厘米，高70厘米。墓口长275厘米，宽225厘米；墓底长230厘米，宽180厘米，深340厘米（图三六）。

填土　墓内填土为黄褐色五花土。质硬，结构致密。内无包含物。

葬具　椁、棺皆朽，仅存椁痕。椁痕残长226厘米，残宽175厘米，残高120厘米，棺长、宽、高不详。

人骨　人骨尽腐朽，无痕，葬式、性别、年龄不详。

2. 出土器物

8件，均置于墓室的西南部，自西向东依次为铁锸、陶甑、陶釜、铜鼎、铜钫等，其中陶器3件：陶瓮1件、陶釜1件、陶甑1件；铜器4件：铜鼎2件、铜钫1件、铜蒜头壶1件；铁锸1件。

瓮　1件。标本M14：8，泥质灰陶。斜方唇，直口，圆鼓腹，平底。口径16.4厘米，腹径25.2厘米，底径13.2厘米，高16.4厘米（图三七，4）。

釜　1件。标本M14：3，泥质灰陶。方唇，直口，扁鼓腹，圜底，三椎形足。腹饰一周腰檐。口径8.8厘米，腹径18.4厘米，高11.2厘米（图三七，1）。

甑　1件。标本M14：2，泥质灰陶。圆唇，侈口，平折沿，鼓腹，凹圜底，矮圈足。底部有七个箅孔。口径18.8厘米，底径11.2厘米，高9.6厘米（图三七，2）。

铜鼎　1件。标本M14：4，青绿色。上承弧形盖。盖上饰等距鸟首形三组。鼎身子口内敛，肩附对称两个长方形耳，鼓腹，圜底，三蹄足。口径15厘米，腹径15.6厘米，高15.1厘米（图三七，3）。

其他铜器、铁器，均未能修复。

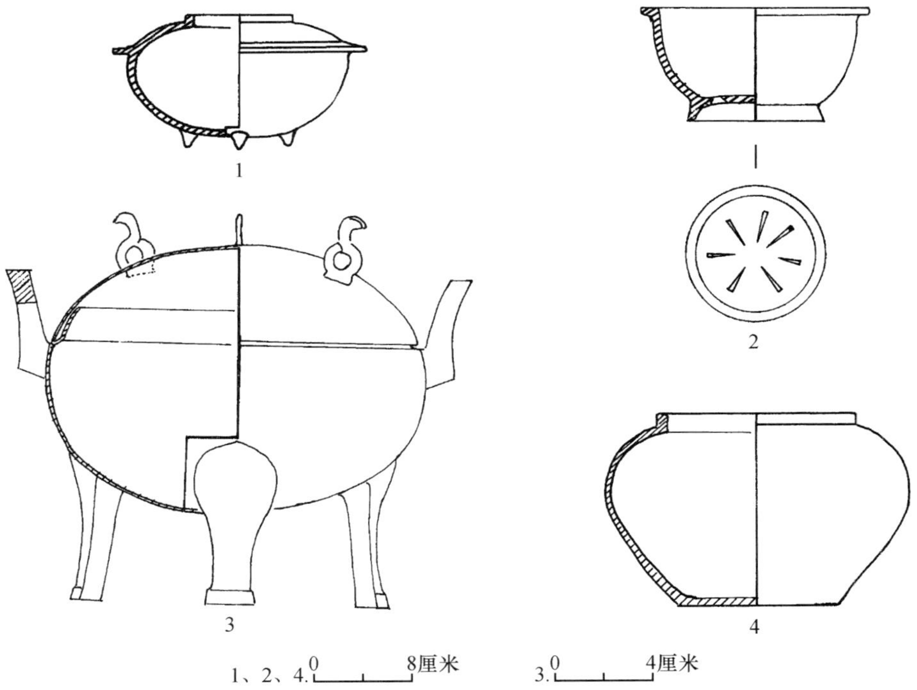

图三七　M14出土器物

1. 陶釜（M14：3）　2. 陶甑（M14：2）　3. 铜鼎（M14：4）　4. 陶瓮（M14：8）

一五、M15

1. 墓葬概况

位置和层位关系　该墓位于Ⅰ区T0902东北部，西北、西南分别M19、M16相邻；开口于表土层下，距地表20厘米，打破一早期灰坑H1和生土。

方向　127°。

形制与结构　长方形竖穴土坑墓。东、西壁较直，南、北壁斜直内收，底部较平。墓口长326厘米，宽240厘米，墓底长326厘米，墓底宽180厘米，深330厘米（图三八）。

填土　墓内填土为黄褐色五花土，土质较硬，结构致密，无包含物。

葬具　木质单椁。平面呈“Ⅱ”形。残长234厘米，残宽114厘米，厚4厘米，残高60

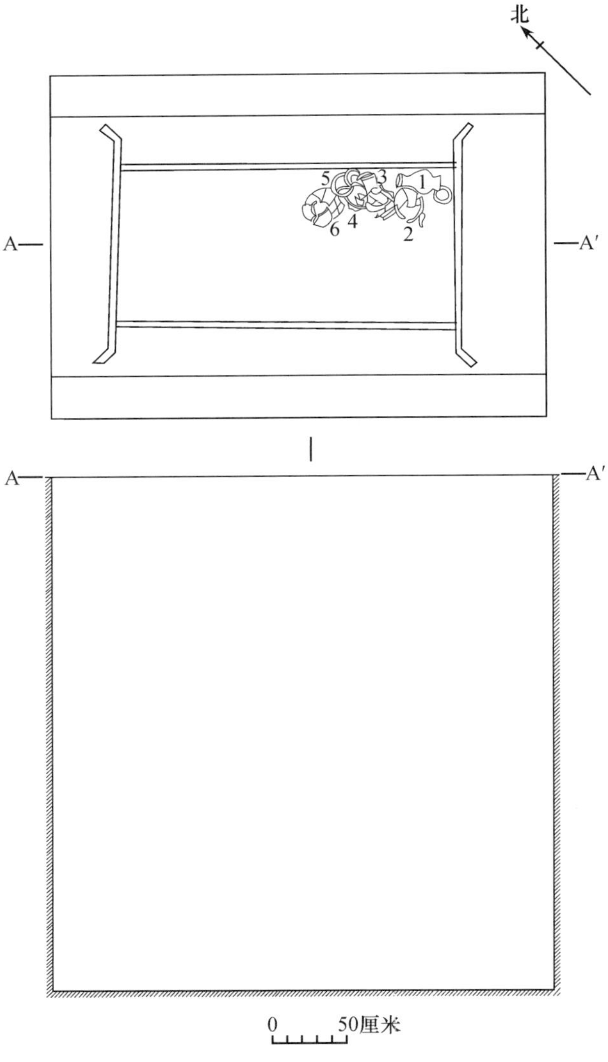

图三八　M15平、剖面图

1、3. 陶壶　2、4. 陶鼎　5. 陶罐　6. 陶瓮

厘米，挡板两端各长出侧板24厘米；其他不详。

人骨　骨架保存差，腐朽不存，葬式、性别、年龄不详。

2. 出土器物

随葬品6件。均置于墓室的东南部，自西向东依次为陶罐、鼎壶、等，其中陶鼎2件、陶壶2件、陶罐1件、瓮1件（彩版六，1；图版一二，2）。

鼎　2件。标本M15：2，泥质红陶。子口承盖，弧腹，圜底，三蹄足。盖弧顶，上附等距三兽角形纽，肩附对称长方形双耳，腹饰一周凹弦纹。口径15.3厘米，腹径18厘米，高14.4厘米（图三九，2；图版一五，1）。标本M15：4，泥质红陶。子口承盖，弧腹，圜底，三蹄足。盖弧顶，上附等距三兽角形纽，肩附对称长方形双耳，腹饰一周凹弦纹。口径15.2厘米，腹径18厘米，高14.4厘米（图三九，3；彩版八，1）。

壶　2件。标本M15：1，泥质灰陶。盘口，束颈，溜肩，扁鼓腹，平底，圈足。器身饰细绳纹。口径12厘米，腹径21厘米，足径13.2厘米，高31.6厘米（图三九，1）。标本M15：3，泥质灰陶。盘口，上承弧形盖，顶附三个三角形纽，束颈，溜肩，扁鼓腹，平底，圈足。口径12厘米，腹径22.8厘米，足径14.2厘米，高38.4厘米（图三九，4）。

瓮　1件。标本M15：6，泥质灰陶。方唇，敛口，直颈，圆肩，鼓腹，平底。肩部饰一周凹弦纹。口径15.2厘米，腹径28.4厘米，底径20厘米，高19.2厘米（图三九，5；彩版一三，3）。

罐　1件。标本M15：5，未能修复。

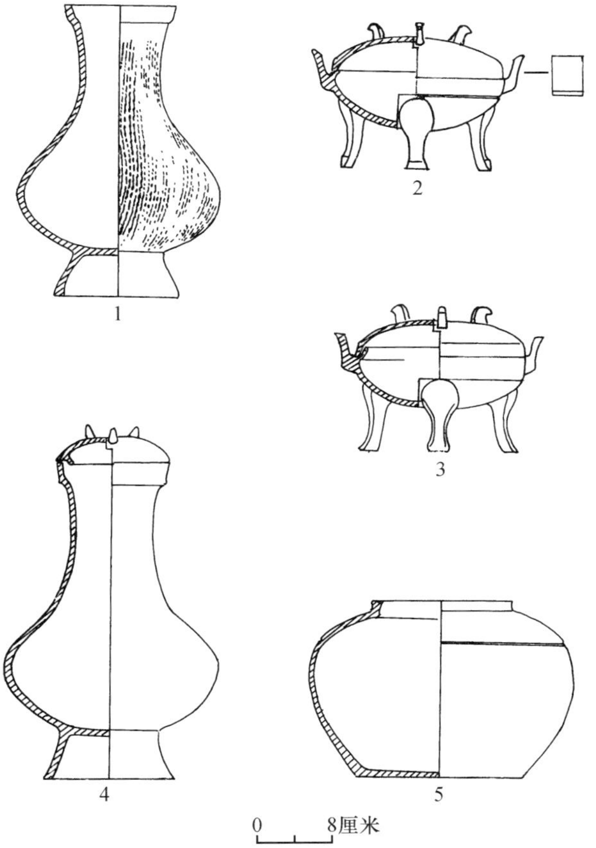

图三九　M15出土器物

1、4. 陶壶（M15：1、M15：3）　2、3. 陶鼎（M15：2、M15：4）　5. 陶瓮（M15：6）

一六、M16

1. 墓葬概况

位置和层位关系　该墓位于Ⅰ区T0902西南部，东北与M15相邻；开口于表土层下，距地表20厘米，打破生土。

方向　130°。

形制与结构　长方形竖穴土坑墓。墓壁陡直、规整，底部较平。口底同大，长280厘米，宽190厘米，墓底深300厘米（图四〇）。

填土　墓内填土为黄褐色五花土，土质较硬，结构致密，无包含物。

葬具　棺椁已朽，不详。

人骨　骨架保存差，腐朽不存。葬式、性别、年龄不详。

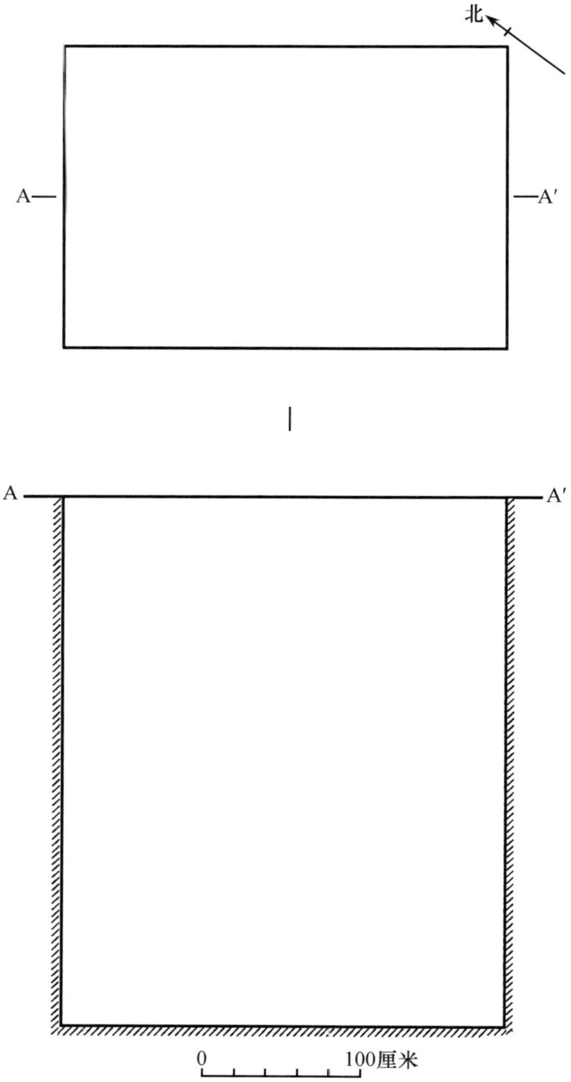

图四〇　M16平、剖面图

2. 出土器物

无。

一七、M17

1. 墓葬概况

位置和层位关系　该墓位于Ⅰ区T0702南部，北与M18相邻；开口于表土层下，距地表40

厘米，打破生土。

方向　320°。

形制与结构　长方形竖穴积炭墓。墓壁陡直，规整，底部较平。墓壁下部黏附2厘米炭粒，底铺约8厘米厚木炭。口底同大，长288厘米，宽170厘米，墓深430厘米（图四一）。

填土　墓内填土为黄褐色五花土，土质较硬，结构致密，含少量木炭颗粒。

葬具　棺木腐朽无存，葬具不详。

人骨　骨架腐朽无存，葬式、性别、年龄不详。

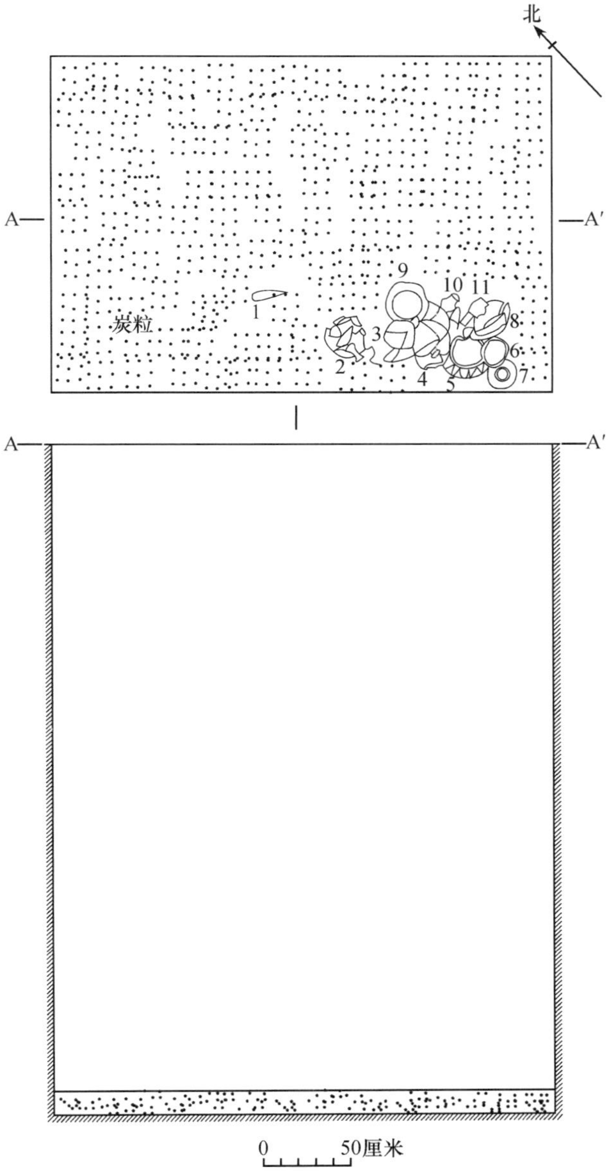

图四一　M17平、剖面图

1. 铁刀　2、4. 陶鼎　3、5. 陶壶　6. 陶甑　7. 陶釜　8. 陶盒　9. 铁鍪　10、11. 小陶壶

2. 出土器物

随葬品11件。均置于墓室东南部，自西向东有铁刀、陶鼎、陶壶、铁鍪、陶甑等，其中陶器9件：陶鼎2件，陶盒1件，大壶2件、小壶2件、陶甑1件、陶釜1件；铁器2件：铁鍪1件、铁刀1件（图版九，2）。

陶盒　1件。标本M17∶8，泥质灰陶。由盖、身扣合而成。子母口，上承覆碗形盖，弧腹平底。盖、身各饰数周凹弦纹。口径25.6厘米，底径10.4厘米，通高19.2厘米（图四二，4；彩版一一，2；图版二二，2）。

小壶　2件。标本M17∶10，泥质灰陶。圆唇，侈口，平折沿，束颈，溜肩，鼓腹，假圈足。口径8.4厘米，腹径11.6厘米，底径6.4厘米，高12.4厘米（图四二，1）。标本M17∶11，泥质灰陶。方唇，侈口，平折沿，束颈，溜肩，扁鼓腹，假圈足。口径8厘米，腹径10.8厘米，底径6厘米，高11.6厘米（图四二，2）。

釜　1件。标本M17∶7，泥质灰陶。敛口，上腹圆鼓，下腹弧内收，平底。上腹有一周腰檐，下饰凹弦纹一周。口径10.8厘米，腹径5.2厘米，底径25.2厘米，高10厘米（图四二，3）。

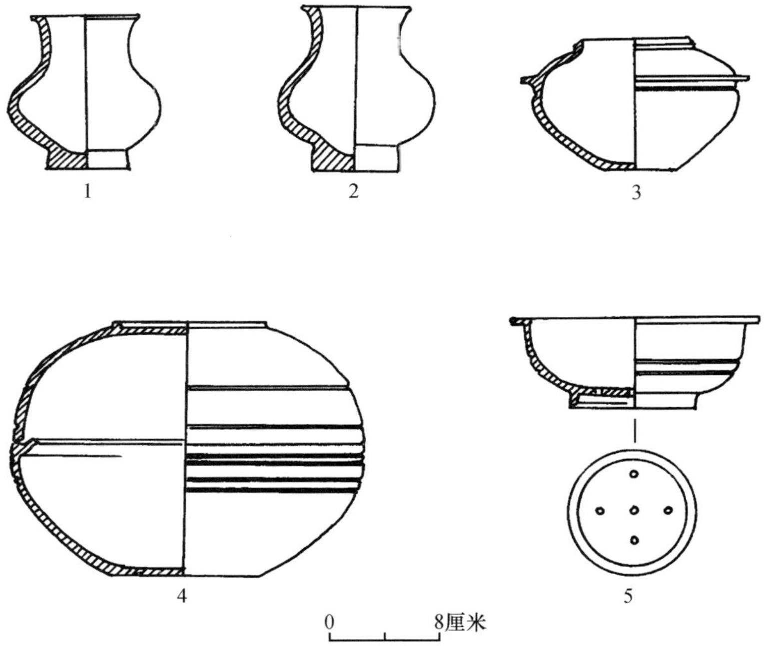

图四二　M17出土器物

1、2. 小陶壶（M17：10、M17：11）　3. 陶釜（M17：7）　4. 陶盒（M17：8）　5. 陶甑（M17：6）

甑　1件。标本M17：6，泥质灰陶。圆唇，敞口，平折沿，弧腹下内收，圜底近平，圈足。腹饰二周凹弦纹，底部有五个箅孔。口径18.4厘米，底径9.6厘米，高6.8厘米（图四二，5）。

其他器物未能修复。

一八、M18

1. 墓葬概况

位置和层位关系　该墓位于Ⅰ区T0702东北部，西南与M17相邻；开口于表土层下，距地表40厘米，打破生土。

方向　320°。

形制与结构　长方形竖穴土坑墓。墓壁较直，规整，底部较平。口底同大，长296厘米，宽180厘米，墓深330厘米（图四三）。

填土　墓内填土为黄褐色五花土，土质较硬，结构致密，无包含物。

葬具　一椁一棺。朽痕残存。椁痕残长234厘米，残宽126厘米；棺痕残长200厘米，宽60厘米，其他不详。

人骨　1具。保存差，葬式、性别、年龄不详。

2. 出土器物

图四三　M18平、剖面图
1. 陶钫　2. 陶壶　3. 陶甑　4. 陶釜　5、6. 陶鼎　7. 小陶壶　8、9. 陶盒

9件。均置于椁内棺外西北部，自南向北依次为陶钫、陶壶、陶甑、陶釜、陶鼎等，其中鼎2件、陶盒2件、陶壶1件、陶钫1件、小壶1件、陶甑1件、陶釜1件（图版一〇，1）。

鼎　2件。标本M18：5，夹砂黄褐陶。子母口，肩附对称长方形双耳，外撇，弧腹，圜底，三蹄足。肩饰凹弦纹一周，并饰波折纹红彩绘，上承拱形盖，上饰卷云纹红彩绘。口径17.4厘米，通高16.5厘米（图四四，4；彩版八，3；图版一五，4）。标本M18：6，泥质灰陶。子母口，子口内敛，上承覆碗形盖，弧腹，圜底，三蹄足。肩附对称长方形双耳。口径18厘米，通高16.4厘米（图四四，1）。

盒　2件。标本M18：8，泥质灰陶。由盖、身扣合而成。子母口，上承覆碗形盖，弧腹，平底，矮圈足。盖、身各饰二周凹弦纹。口径20厘米，腹径20.4厘米，底径10厘米，通高14厘米（图四四，7）。标本M18：9，泥质灰陶。子口承盖，盖身形制相同，大小不一。弧腹，平底，矮圈足。盖顶饰数周弦纹，上刻“小”符号。口径17.6厘米，底径8厘米，通高13.2厘米（图四四，5）。

钫　1件。标本M18：1，泥质灰陶。方盘口，上承正方椎形盖，盖顶有对称四个长方形穿孔，束颈，溜肩，弧腹，平底，方圈足，足外撇。口径12厘米，腹径20.8厘米，足径14厘米（图四四，8；图版一八，1）。

小壶　1件。标本M18：7，泥质灰陶。盘口，束颈，溜肩，扁鼓腹，圜底，假圈足。上承拱形盖，子口。盖沿下饰一周凹弦纹。口径4.8厘米，腹径9.2厘米，底径4.4厘米，通高13.6厘米（图四四，3）。

甑　1件。标本M18：3，泥质灰陶。方唇，敞口，平折沿，弧腹，平底，圈足。唇部饰一周凹弦纹，上腹饰一周凹弦纹，底部数周三角形放射状穿孔。口径23.2厘米，底径12厘米，高

11.2厘米（图四四，2）。

釜　1件。标本M18∶4，泥质灰陶。直口，矮颈，溜肩，上腹圆鼓，下腹弧内收，圜底。肩附两个对称铺首环，饰凹弦纹一周，腹饰一周凸方棱。口径9.2厘米，腹径21.6厘米，高4.4厘米（图四四，6）。

大陶壶　1件。标本M18∶2，泥质灰陶，残破严重，未能修复。

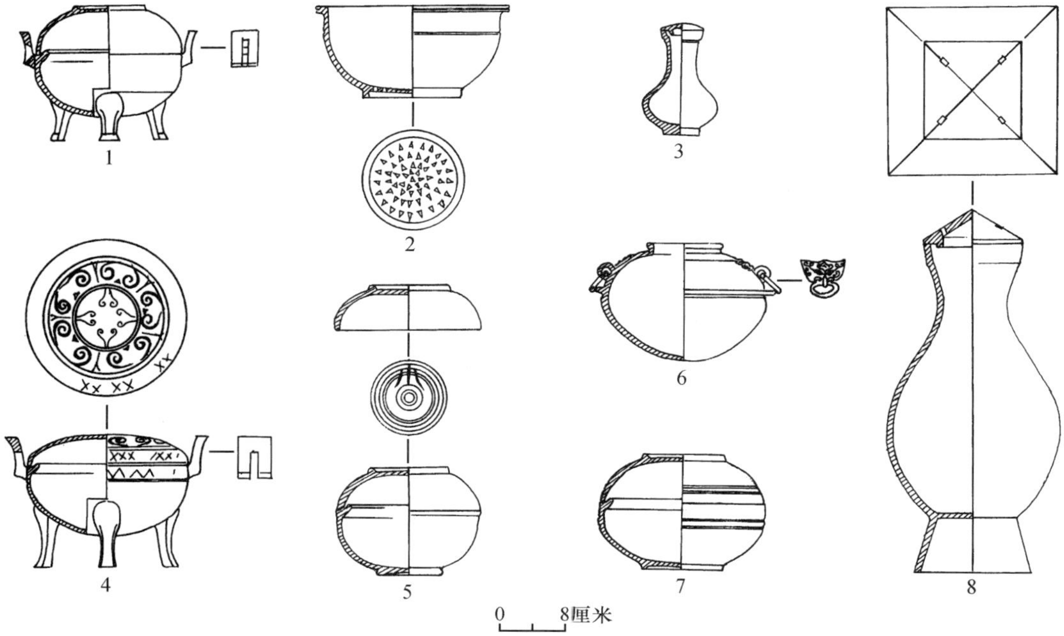

图四四　M18出土器物

1、4. 陶鼎（M18∶6、M18∶5）　2. 陶甑（M18∶3）　3. 小陶壶（M18∶7）　5、7. 陶盒（M18∶9、M18∶8）　6. 陶釜（M18∶4）　8. 陶钫（M18∶1）

一九、M19

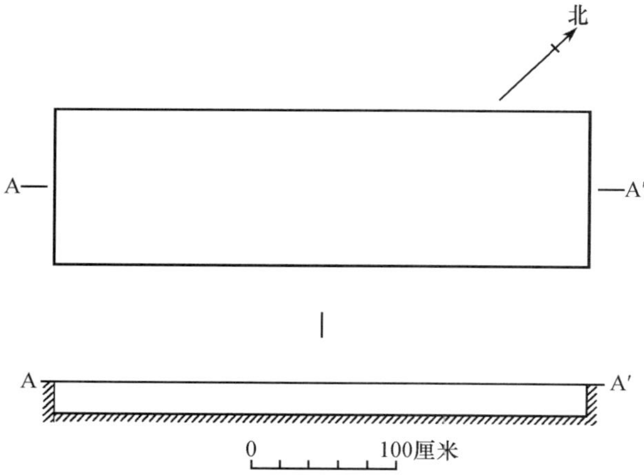

图四五　M19平、剖面图

1. 墓葬概况

位置和层位关系　该墓位于Ⅰ区T0902的北部，东南与M15相邻；开口于表土层下，距地表20厘米，打破生土。

方向　22°。

形制与结构　长方形砖室墓，墓室被破坏，仅存一土圹。口底同大，长370厘米，宽230厘米，墓深18厘米（图四五）。

填土　黄褐色五花土，土质较硬，结构致

密，有少量陶片及砖块等。

葬具　不详。

葬式　不详。

2. 出土器物

该墓被盗扰严重，陶片全部出自填土中，可辨器形有釉陶壶、陶井、罐等。

二〇、M20

1. 墓葬概况

位置和层位关系　该墓位于Ⅰ区T0904东部，南与M21、M22相邻；开口于表土层下，距地表10厘米，打破生土。

方向　40°。

形制与结构　长方形竖穴土坑墓。墓壁陡直，平底壁面光滑、规整，墓底平坦。底部有熟土二层台，台面平整，壁直，台宽14～34厘米，高40厘米。口、底同大，墓口长244厘米，宽168厘米，墓深230～240厘米（图四六）。

填土　黄褐色五花土，结构致密，无包含物。

葬具　一椁一棺，皆朽，仅留残痕。椁痕残长210厘米，宽110厘米，残高40厘米；棺痕残长210厘米，宽70厘米，高度不详。

人骨　1具，保存差。葬式、性别、年龄不详。

2. 出土器物

4件。置于椁内、棺外西南侧，自南向北依次为陶钵、陶罐等，其他陶钵1件、陶罐2件、陶鍪1件（图版一〇，2）。

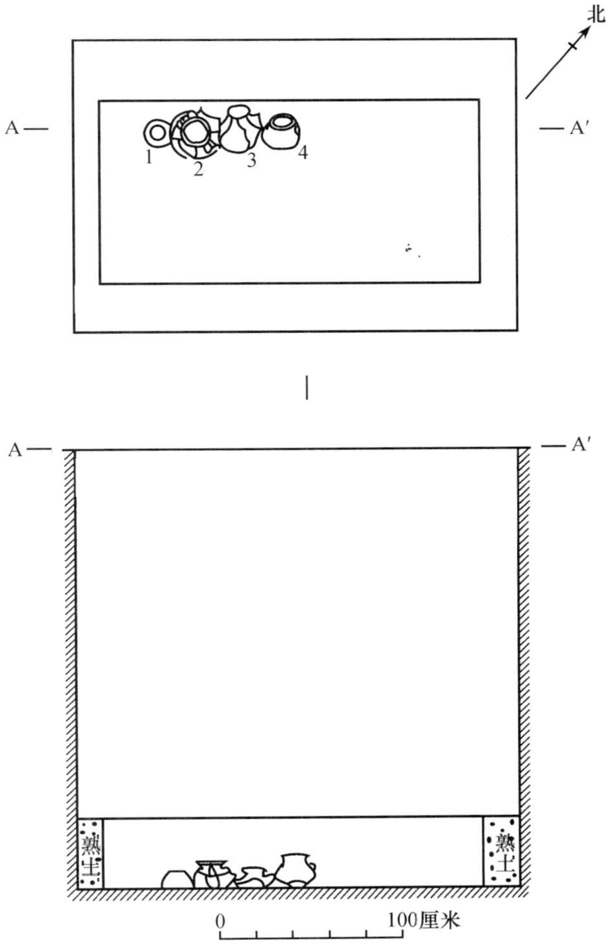

图四六　M20平、剖面图

1. 陶钵　2、4. 陶罐　3. 陶鍪

陶钵　1件。标本M20：1，泥质灰陶。圆唇，敛口，腹弧内收，平底，底有两个穿孔。素面。口径16厘米，底径8厘米，高5.2厘米（图四七，3）。

陶鍪　1件。标本M20：3，泥质灰陶。尖唇，直口，卷沿，束颈，溜肩，鼓腹，圜底。肩附环形单耳，腹饰绳纹。口径12厘米，腹径17.2厘米，高15.6厘米（图四七，1；图版三〇，1）。

陶罐　2件。标本M20：4，泥质灰陶。圆唇，直口，平折沿，束颈，溜肩，鼓腹，圜底内凹。肩饰对称环形双耳，身饰绳纹。口径12.8厘米，腹径16.8厘米，高17.6厘米（图四七，2）。标本M20：2，泥质灰陶，残破严重，未能修复。

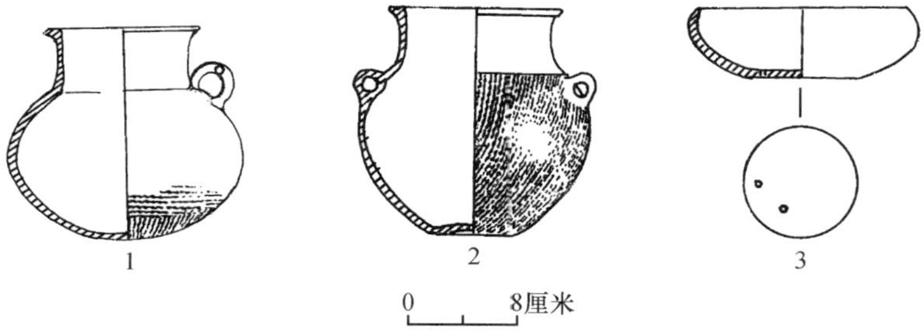

图四七　M20出土器物

1. 陶鍪（M20：3）　2. 陶罐（M20：4）　3. 陶钵（M20：1）

二一、M21

1. 墓葬概况

位置和层位关系　该墓位于Ⅰ区T0804东南部，西北与M22相邻；开口于表土层下，距地表20厘米，打破生土。

方向　40°。

形制与结构　长方形竖穴土坑墓，墓壁规整，陡直，底部较平。口底同大，墓口长250厘米，宽170厘米，墓深90厘米（图四八）。

填土　墓内填土为黄褐色五花土，土质较硬，结构致密，无包含物。

葬具　葬具朽尽，未发现痕迹。

人骨　保存差，未见痕迹。

2. 出土器物

9件。置于墓底东南侧，自北向南依次为陶甑、釜、铜铃、陶罐、陶鼎等，其中陶器7件，罐、甑、壶、鼎、釜、瓮、盒各1件；铜铃2件。

陶罐　1件。标本M21：1，泥质灰陶。圆唇，直口，卷沿，束颈，折肩，鼓腹内收，平

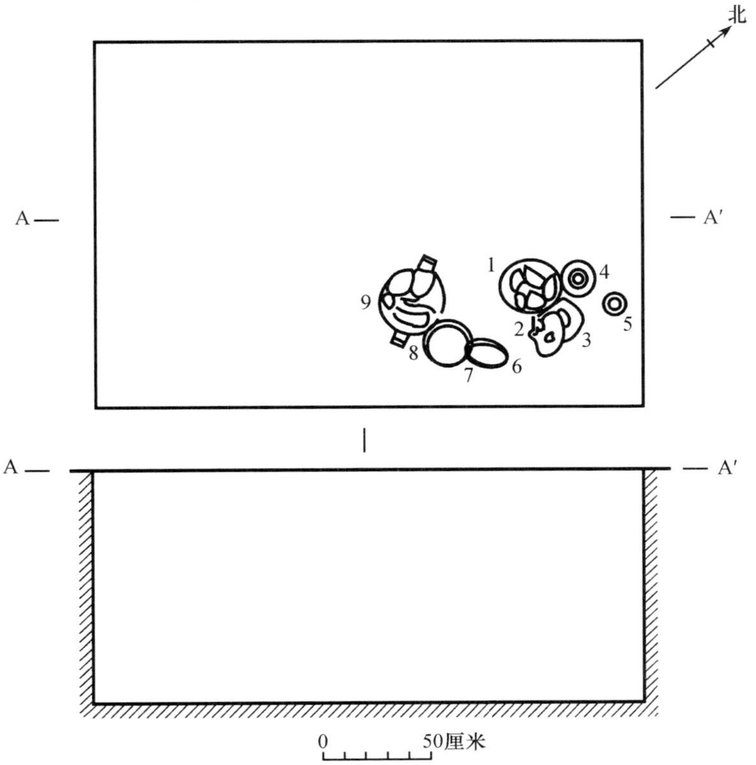

图四八　M21平、剖面图

1. 陶罐　2. 陶釜　3. 陶甑　4、5. 铜铃　6. 陶瓮　7. 陶盒　8. 陶壶　9. 陶鼎

底。肩腹处有一折棱，腹中下部饰凹弦纹一周。口径7.6厘米，腹径14.4厘米，底径6厘米，高9厘米（图四九，5）

陶瓮　1件。M21：6，泥质灰陶。方唇，直口，溜肩，鼓腹，平底。素面。口径16厘米，腹径28厘米，底径15.2厘米，高19.2厘米（图四九，6）。

陶甑　1件。标本M21：3，泥质灰陶。敞口，折沿，沿面内凹，腹斜内收，平底。底有对称五箅孔，下腹饰一周凹弦纹。口径20.8厘米，底径5.6厘米，高8厘米（图四九，2）。

陶盒　1件。标本M21：7，泥质灰陶。尖唇，子口微敛，腹弧内收，平底。腹饰一周凹弦纹。口径20.4厘米，底径15.2厘米，高8.4厘米（图四九，1）。

陶壶　1件。标本M21：8，泥质灰陶。仅修一盖，素面，弧形盖上饰三扁方纽。口径17.2厘米，高5.4厘米（图四九，3）。

陶鼎　1件。标本M21：9，泥质灰陶。子口微敛，上承弧盖，腹弧内收，平底。盖上饰彩绘，肩附对称长方形双耳，外撇，三蹄足。口径18.8厘米，底径18.8厘米，高20.8厘米（图四九，4）。

陶釜1件（M21：2）、铜铃2件（M21：4、M21：5）破坏严重，无法修复。

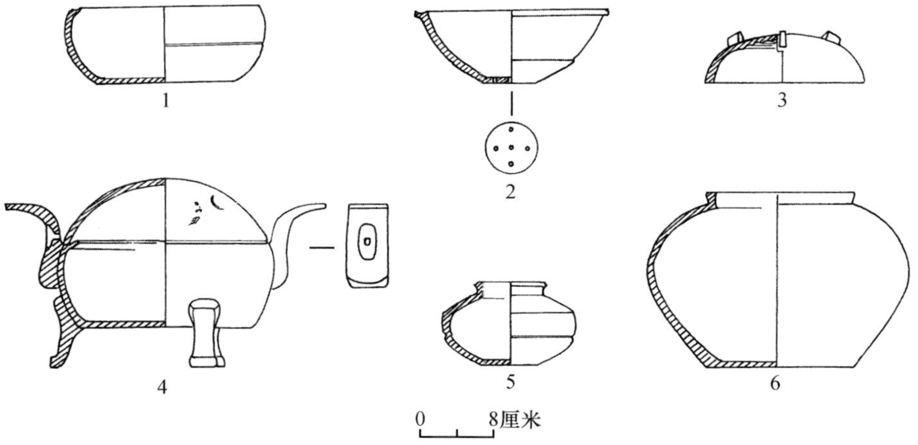

图四九　M21出土器物

1. 陶盒（M21∶7）　2. 陶甑（M21∶3）　3. 陶壶盖（M21∶8）　4. 陶鼎（M21∶9）　5. 陶罐（M21∶1）　6. 陶瓮（M21∶6）

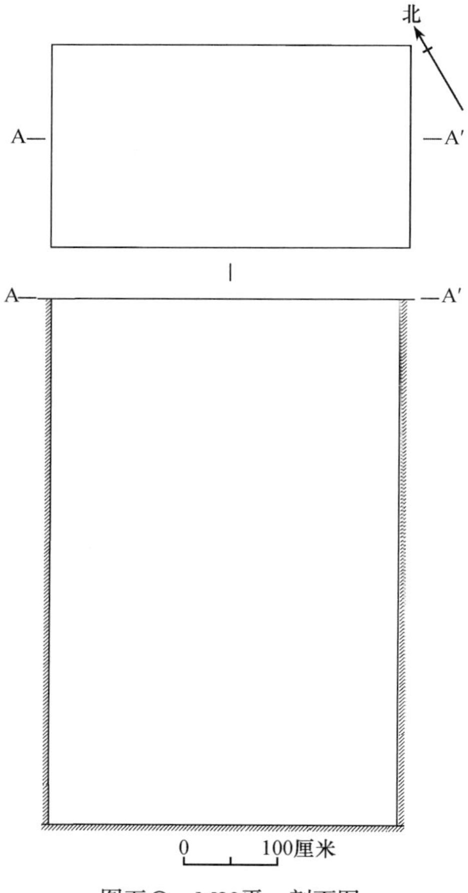

图五〇　M22平、剖面图

二二、M22

1. 墓葬概况

位置和层位关系　该墓位于Ⅰ区T0804中部，东南与M21相邻；开口于表土层下，距地表20厘米，打破生土。

方向　30°。

形制与结构　长方形竖穴土坑墓，墓壁规整、陡直，底部较平。口底同大，口长380厘米，宽200厘米，墓底深580厘米（图五〇）。

填土　墓内填土为黄褐色五花土，土质较硬，结构致密，无包含物。

葬具　葬具朽尽，未发现痕迹。

人骨　保存差，未见痕迹。

2. 出土器物

无。

二三、M23

1. 墓葬概况

位置和层位关系　该墓位于Ⅰ区T0405西部，东南与M8相邻；开口于表土层下，距地表15厘米，打破生土。

方向　40°。

形状与结构　长方形竖穴土坑。四壁陡直，平底。墓底有生土台，宽10～26厘米，高60厘米。口底同大，长320厘米，宽220厘米，墓深395厘米（图五一）。

填土　黄褐色五花土，土质较硬，结构致密，无其他包含物。

葬具　一椁一棺，皆朽，仅留腐痕。椁痕残长270厘米，宽180厘米，残高60厘米；棺痕长250厘米，宽100厘米，高度不详。

人骨　1具。保存差，葬式、性别、年龄不详。

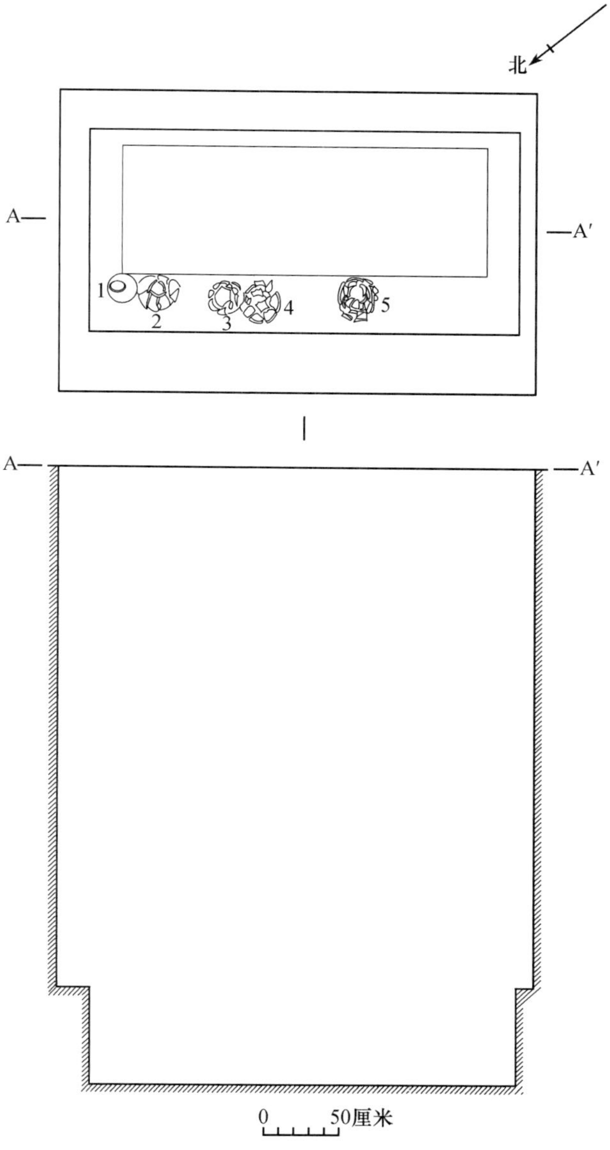

图五一　M23平、剖面图
1、2. 陶壶　3、4. 陶鼎　5. 陶罐

2. 出土器物

共5件。置于椁室内棺外西侧，自北向南依次为陶壶、陶鼎、陶罐等，其中陶鼎2件、陶壶2件、陶罐1件。

陶鼎　2件。标本M23：3，泥质灰陶，子口，肩附对称方形耳，腹上直，腹下弧内收成圜底，三蹄足。素面。口径19.2厘米，高12.4厘米（图五二，1）。M23：4，泥质灰陶。子口，折肩，肩附两个对称方形耳，弧腹内收，圜底，三蹄足。素面。口径19.2厘米，高13.2厘米（图五二，2）。

陶壶　2件。标本M23：1，泥质灰陶。侈口，束颈，溜肩，鼓腹，腹下弧内收成平底，圜足外撇。口径12.8厘米，腹径22.8厘米，足径10.4厘米，高27.6厘米（图五二，3；图版一九，4）。标本M23：2，形制相同。口径11.6厘米，腹径23.2厘米，足径11.2厘米，高27.6厘米（图五二，4）。

陶罐　1件。标本M23：5，泥质灰陶，残破严重，未能修复。

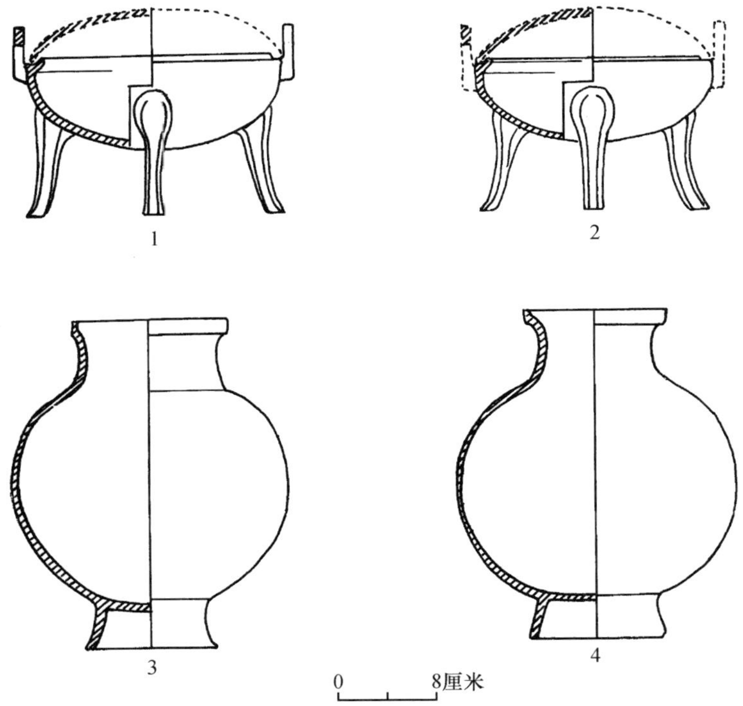

图五二　M23出土器物

1、2. 陶鼎（M23：3、M23：4）　3、4. 陶壶（M23：1、M23：2）

二四、M24

1. 墓葬概况

位置和层位关系　该墓位于Ⅰ区T1304的西侧，东、东北与M25、M26相邻；开口于表土层下，距地表10厘米，打破生土。

方向　25°。

形状与结构　长方形竖穴土坑墓。直壁规整，表面粗糙，底部较平。口、底同大，口长270厘米，宽190厘米，墓深180厘米（图五三）。

填土　墓内填土为黄褐色五花土，土质较硬，结构致密，上下一致，无包含物。

葬具　因腐朽严重，葬具不详。

人骨　1人。保存较差，头向向北，其余不详。

2. 出土器物

置于墓底北侧中部稍偏西，出土玉璧、铜带钩各1件。

铜带钩　1件。标本M24：2，青绿色。钩呈鸟首状，身呈鸟形，钩体微凹，整器较短，纽在尾部。长4.6厘米，宽3厘米，握手高0.5厘米（图五四；彩版一八，1）。

玉璧　1件。标本M24∶1，青玉，半透明，局部有褐色沁斑，有内外廓，两面均饰隆起的谷纹，谷纹间可以看到均称的菱形格，厚薄均匀。直径14.9厘米，好径4.3厘米，厚0.4厘米，内外郭宽0.5厘米（图五五；彩版一七，3）。

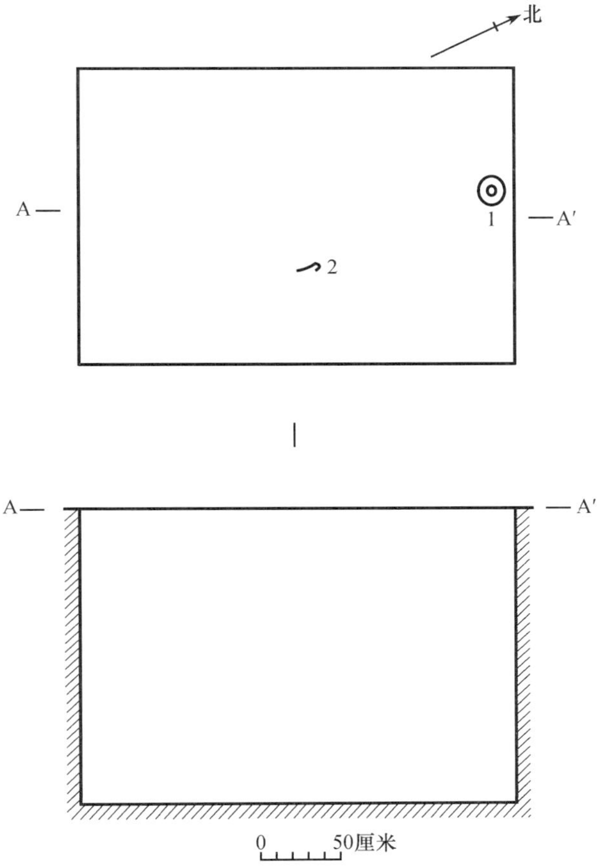

图五三　M24平、剖面图
1. 玉璧　2. 铜带钩

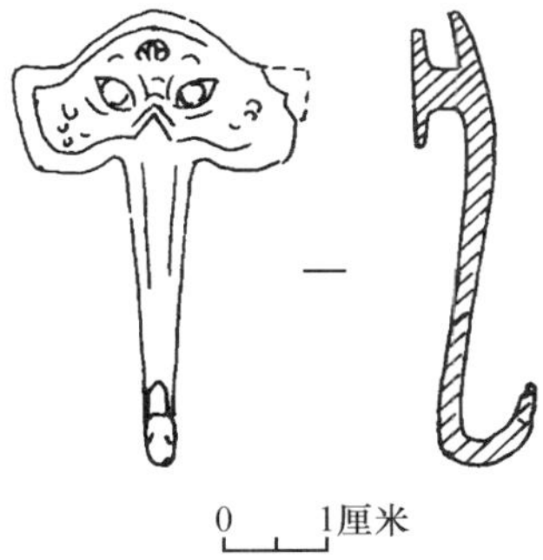

图五四　M24出土铜带钩
（M24∶2）

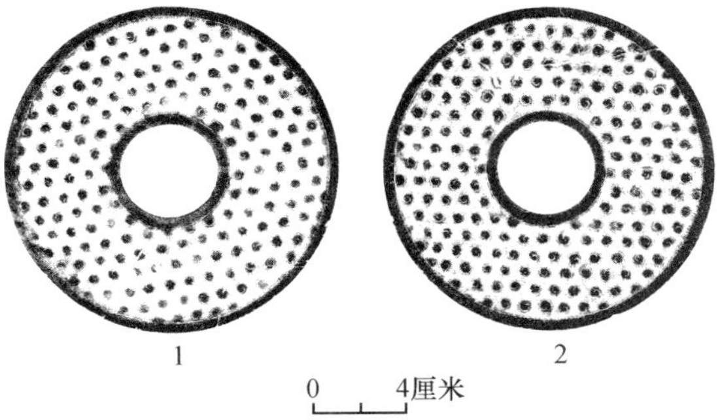

图五五　M24出土玉璧拓片
（M24∶1）

二五、M25

1. 墓葬概况

位置和层位关系　该墓位于Ⅰ区T1304北部、T1404的南侧，南、西南与M26、M24相邻；开口于表土层下，距地表5～10厘米，打破生土。

方向　30°。

形状与结构　长方形竖穴土坑墓。墓壁规整，陡直向下，表面光滑，墓底平坦。口、底同大，长250厘米，宽160厘米，墓深175～180厘米（图五六）。

填土　墓内黄褐色五花土，土质较硬，结构较密，包含物少量陶片。

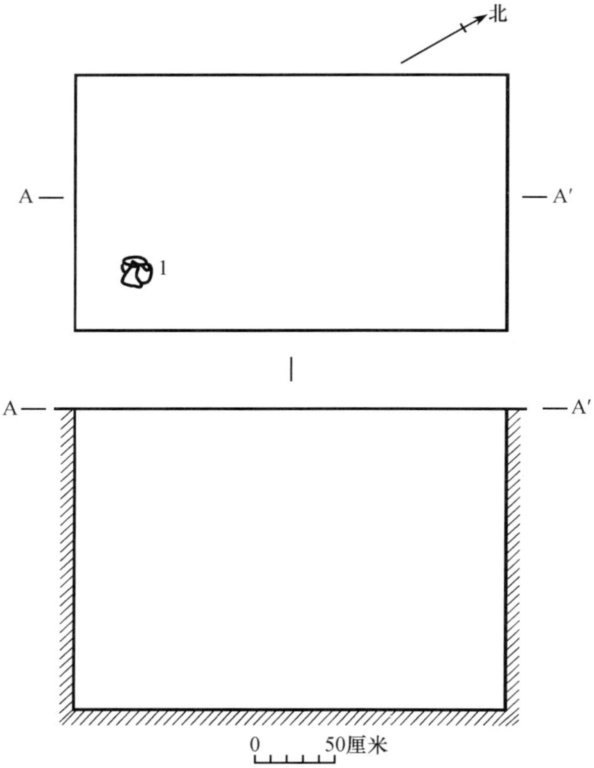

图五六　M25平、剖面图
1. 陶罐

葬具　盗扰、腐朽严重，葬具未留下痕迹。

人骨　保存差，不详。

2. 出土器物

该墓盗扰严重，出土少量陶片，墓底出陶罐1件，破碎严重，无法修复。

二六、M26

1. 墓葬概况

位置和层位关系　该墓位于Ⅰ区T1304南部，西北、北部与M24、M25相邻；开口于表土层下，距地表5～10厘米，打破生土。

方向　15°。

形状与结构　长方形竖穴土坑墓。墓壁规整，陡直向下，表面光滑，墓底平坦。口、底同大，口长320厘米，宽210～250厘米，底宽210厘米，深255～275厘米（图五七）。

填土　墓内填黄褐色五花土，土质较硬，结构较密，上下一致，包含物中有少量灰陶片。

葬具　盗扰、腐朽严重，葬具未留下痕迹。

人骨　保存差。

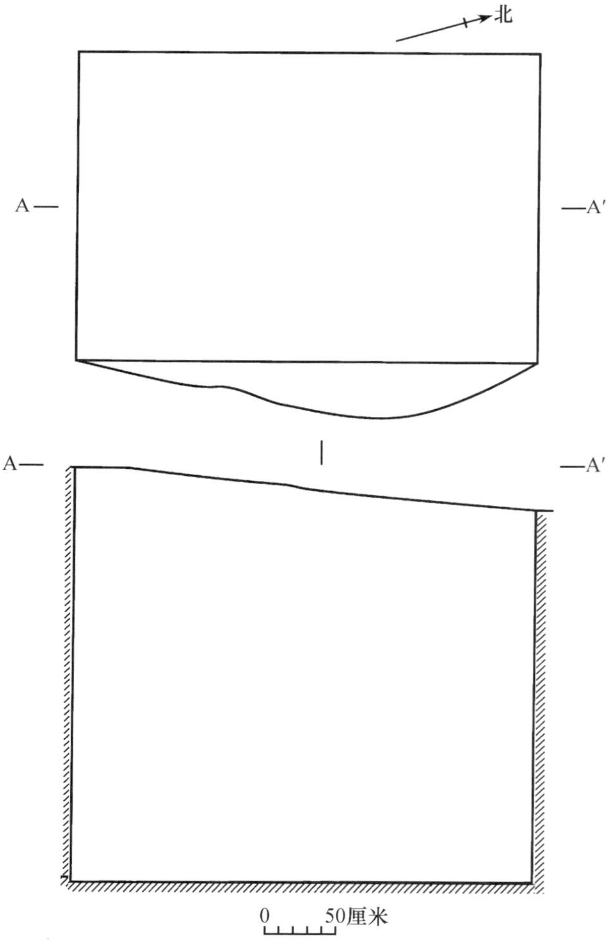

图五七　M26平、剖面图

2. 出土器物

该墓盗扰严重，出土少量灰陶片，器形不可辨。

二七、M27

1. 墓葬概况

位置和层位关系　该墓位于Ⅰ区T0501西部，东南与M28相邻；开口于表土层下，距地表35厘米，打破生土。

方向　320°。

形状与结构　长方形竖穴土坑墓。墓壁规整，陡直向下，表面光滑，墓底平坦。口底同大，墓口长254厘米，宽160厘米，墓深220厘米（图五八）。

填土　墓内填黄褐色五花土，土质较硬，结构较密，无包含物。

葬具　腐朽严重，葬具未留下痕迹。

人骨　保存差。

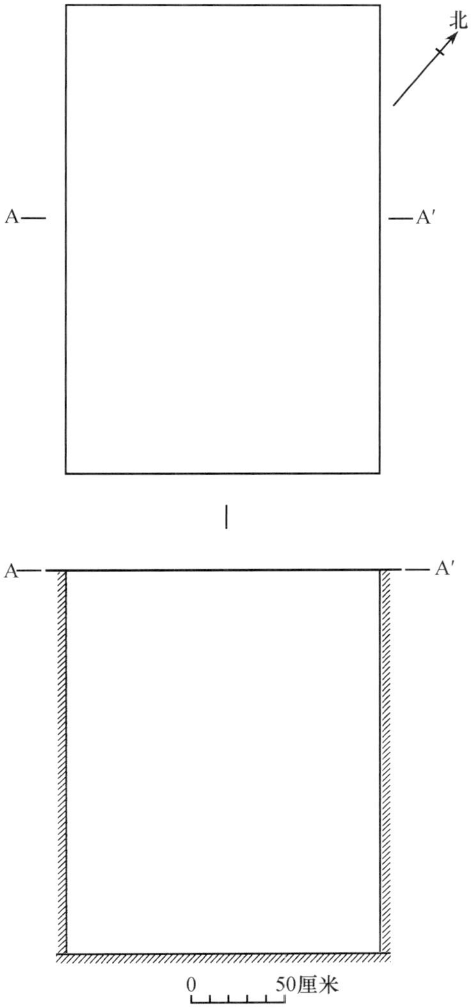

图五八　M27平、剖面图

2. 出土器物

无。

二八、M28

1. 墓葬概况

位置和层位关系　该墓位于Ⅰ区T0501南部，西北与M27相邻；开口于表土层下，距地表35厘米，打破生土。

方向　220°。

形状与结构　“甲”字形竖穴砖室墓。由墓道、甬道、墓室三部分组成，墓室通长846厘米。墓道位于墓室南部，北连甬道，平面呈梯形。填黄褐色五花土。长282厘米，宽104～124厘米，深174厘米，坡长330厘米；甬道位于墓道、墓室之间。长154厘米，宽124厘米。封门墙、复墙，以平砖错缝筑于甬道口内侧，残存三层。甬道墙壁：单墙，下部残存9层，以平砖错缝筑于生土之上。底部以平砖纵横铺底；墓室平面呈长方形。顶部破坏不存，四壁墙以单砖平铺错缝筑于生土之上，残存19层。底部以平砖纵横铺底。墓室前端低于后端24厘米。墓室长410厘米，宽300厘米，深174厘米（图五九；彩版五，1；图版七，2）。

填土　墓内填土为黄褐色五花土，土质较软，结构疏松，内含大量砖块以及少量炭粒、漆皮、陶片等物等。

葬具　无见棺木朽痕，葬具不详。墓室用砖均为泥质灰陶、长方形，单侧面模印复线菱形纹，单面模印绳纹，长36厘米，宽18厘米，厚6厘米。

人骨　未见人骨朽痕，葬式、性别、年龄不详。

2. 出土器物

共10件。由于该墓被盗扰严重，大部分随葬品出土于填土中，仅陶仓出土于墓底东南部，其中陶鼎、陶仓、陶樽、陶炙炉、博山炉、熏炉、陶狗、壶、灯、案各1件。

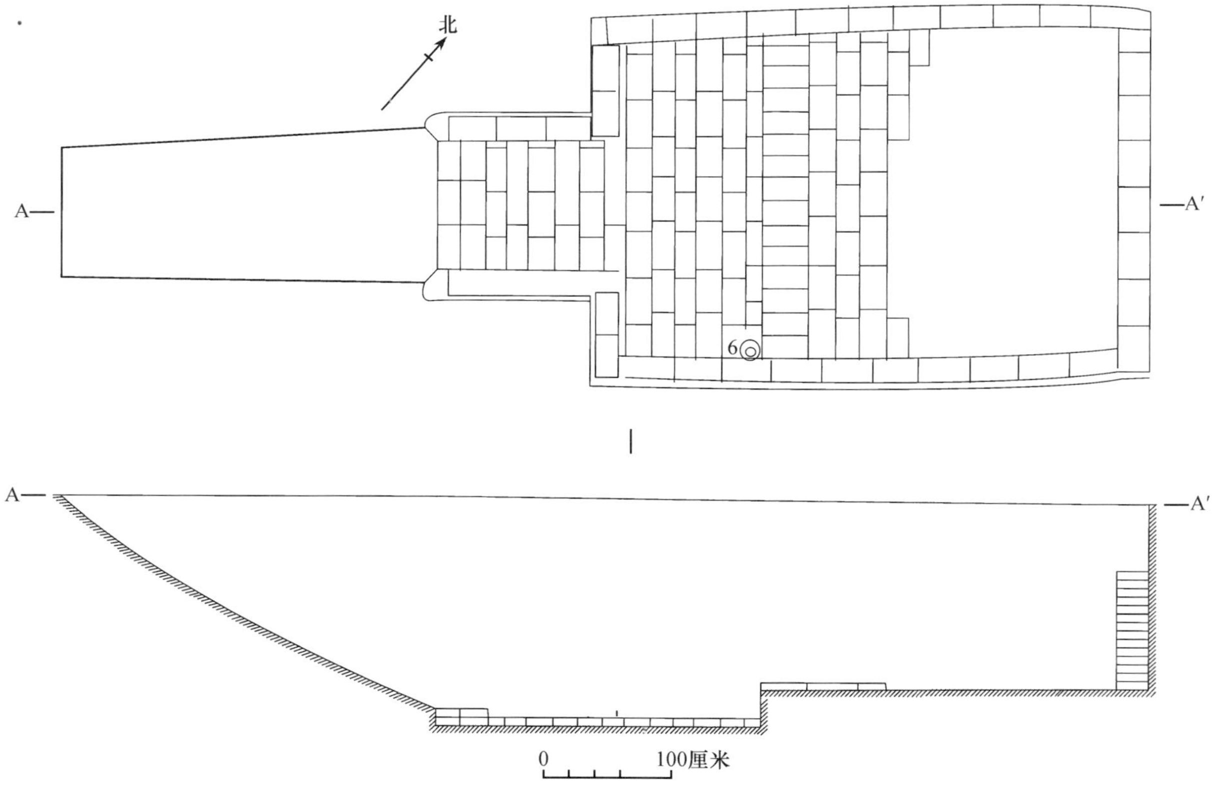

图五九　M28平、剖面图

1. 陶狗　2. 陶鼎　3. 陶熏炉　4. 陶樽　5. 陶炙炉　6. 陶仓　7. 陶壶　8. 陶博山炉　9. 陶案　10. 陶灯

（除陶仓出自墓室外，其余全部出自填土中）

陶鼎　1件。标本M28：2，泥质绿釉红陶。子母口，近肩部附对称方形双耳，外撇，耳上部向外延伸，侧面饰“※”纹饰。弧腹内收成圜底，三蹄足。口径11.2厘米，高12厘米（图六〇，3；彩版八，6）。

陶樽　1件。标本M28：4，泥质绿釉红陶。筒腹，直壁，方唇，平底。腹下附三个兽面矮足，腹上饰两组凹弦纹，每组二周。口径13.2厘米，底径12.8厘米，高10厘米（图六〇，2）。

陶仓　1件。标本M28：6，泥质绿釉红陶，敛口无肩，筒腹斜直内收，平底。口径7.2厘米，底径8厘米，高13.2厘米（图六〇，1；图版三四，4）。

陶炙炉　1件。标本M28：5，泥质绿釉红陶。敛口，口沿附近三角形纽，折腹内收，平底，底部有规则多个圆穿孔，圈足外撇，足内有多周凹槽。高13.6厘米（图六〇，4；图版三一，2）。

陶博山炉　2件。标本M28：8，泥质绿釉红陶。直口圆唇，弧腹内折成圜底，高圈足，足上内束，足下成喇叭形。盖上镂空成多个相间的三角和圆形穿孔。口径12厘米，高22.4厘米（图六〇，5；彩版一六，3；图版三一，3）。

陶熏炉　1件。标本M28：3，子口，折肩，弧腹内收成圜底，高圈足，足上内凹。圈足内有三周凹弦纹，底部有五个“十”字形穿孔。盖残。口径8.8厘米，腹径10.4厘米，足径0.4厘米，高12厘米（图六〇，6）。

陶狗、陶壶、陶灯、陶案各1件，残破严重，未能修复。

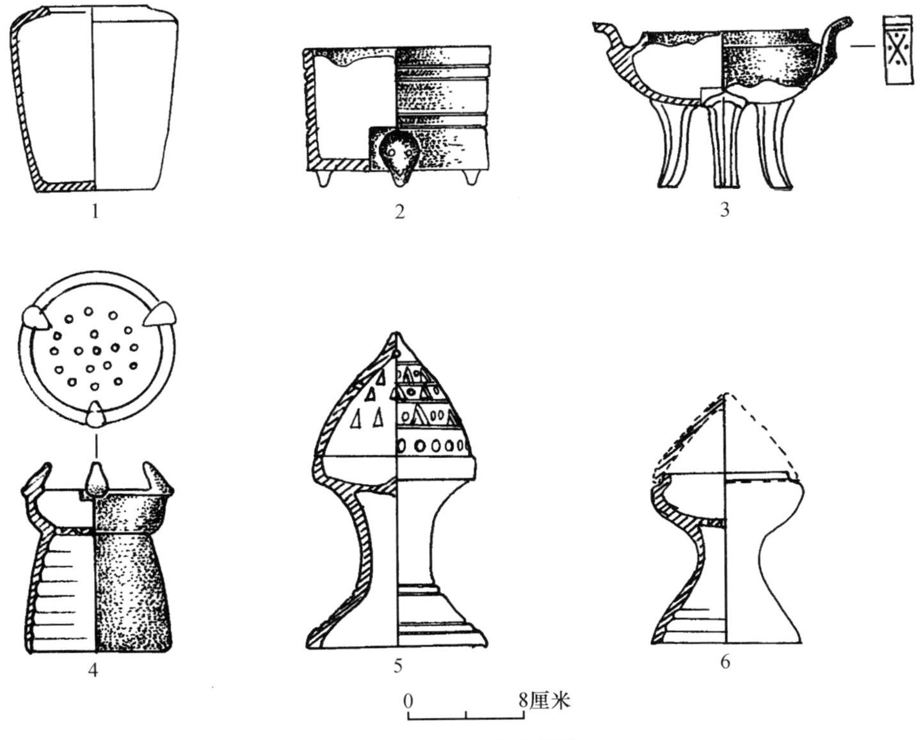

图六〇　M28出土器物

1. 陶仓（M28：6）　2. 釉陶樽（M28：4）　3. 陶鼎（M28：2）　4. 陶炙炉（M28：5）　5. 陶博山炉（M28：8）　6. 陶熏炉（M28：3）

二九、M29

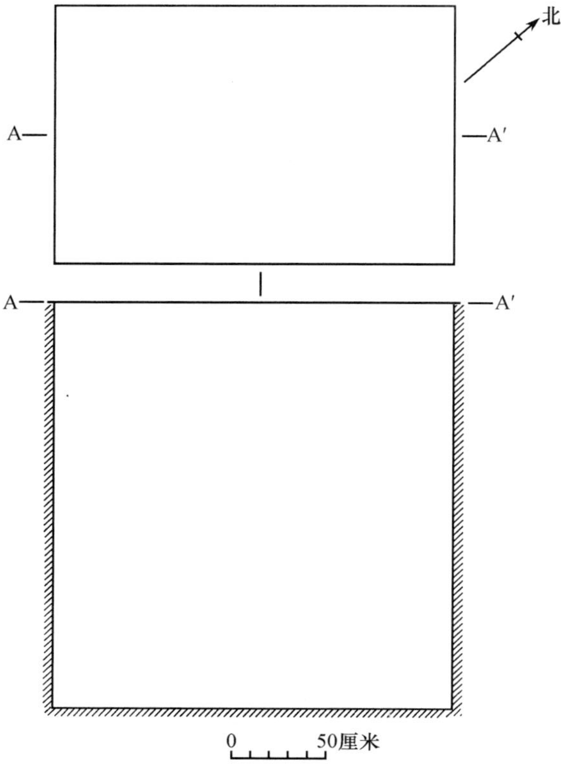

图六一　M29平、剖面图

1. 墓葬概况

位置和层位关系　该墓位于Ⅰ区T0605西北部，东北与M30相邻；开口于表土层下，距地表15厘米，打破生土。

方向　220°。

形状与结构　长方形竖穴土坑墓，墓壁规整，陡直向下，表面光滑，墓底平坦。墓口墓底同大，长220厘米，宽170厘米，墓底深300厘米（图六一）。

填土　墓内填黄褐色五花土，土质较硬，结构较密，无包含物。

葬具　不详。

人骨　保存较差。

2. 出土器物

无。

三〇、M30

1. 墓葬概况

位置和层位关系　该墓位于Ⅰ区T0705的西南部，西南与M29相邻；开口于表土层下，距地表15厘米，打破生土。

方向　128°。

形状与结构　“甲”字形砖室墓，由墓道、甬道、墓室三部分组成，总长720厘米。墓道位于墓最东部，西连甬道。平面呈长方形，斜坡状。口长232厘米，宽80厘米，坡长240厘米，深0～60厘米；甬道位于墓道西部，西连墓室，平面呈长方形。砖墙以单砖平错缝叠砌，南北存15层墙砖，封门砖残存五层。口长108厘米，宽120厘米，深80厘米；墓室位于整座墓的西部，东连甬道，墓室平面呈长方形。墓室仅存西壁墙砖二层，以单砖平错缝叠砌。墓室分前后两室。前室与甬道在同一平面上，低于后室20厘米。墓室底部铺底砖已不存在。墓室口长380

厘米，宽300厘米，深60厘米（图六二）。

填土　黄褐色五花土，土质较软，结构疏松，含部分残砖及少量炭灰，上下一致。

葬具　墓内未发现棺椁痕迹。墓砖规格为长34厘米，宽16厘米，厚6厘米，单侧面模印“同心”半圆纹饰。

人骨　人骨保存差。

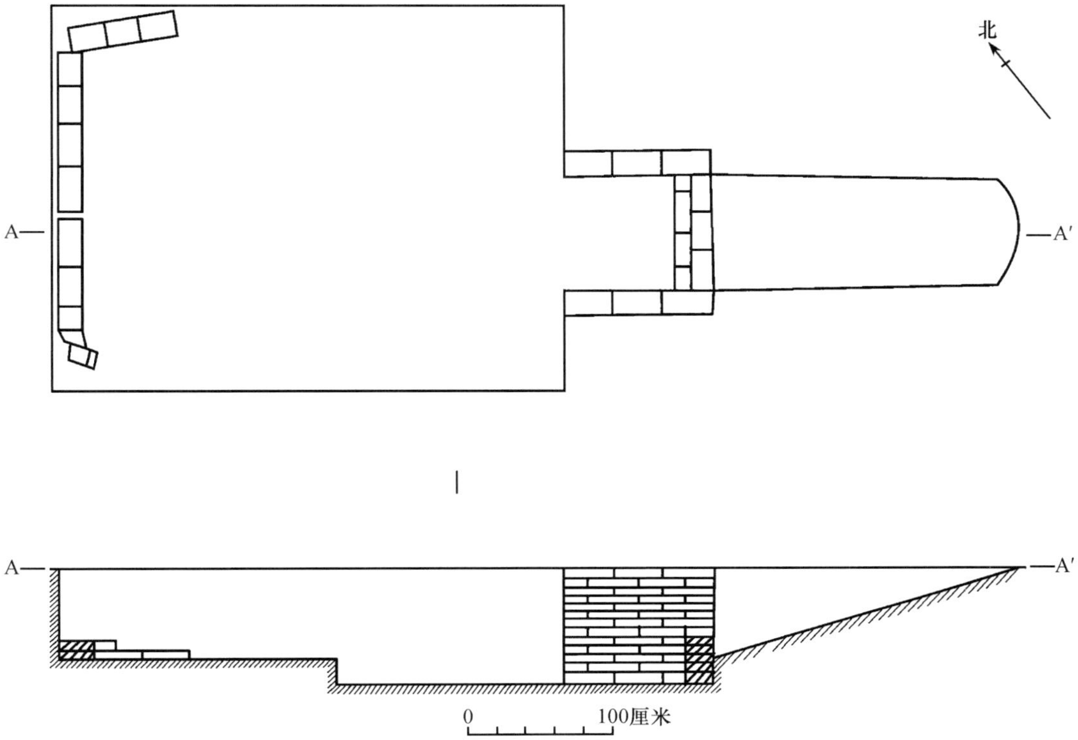

图六二　M30平、剖面图

2. 出土器物

该墓被盗扰严重，填土中出土少量陶片，无法辨器形。

三一、M31

1. 墓葬概况

位置和层位关系　该墓位于Ⅰ区T0309中南部，南与M32相邻；由于雨水冲刷，墓口暴露于地表，打破生土。

方向　26°。

形状与结构　长方形竖穴土坑墓，墓壁规整，陡直向下，表面光滑，墓底平坦。墓口墓底

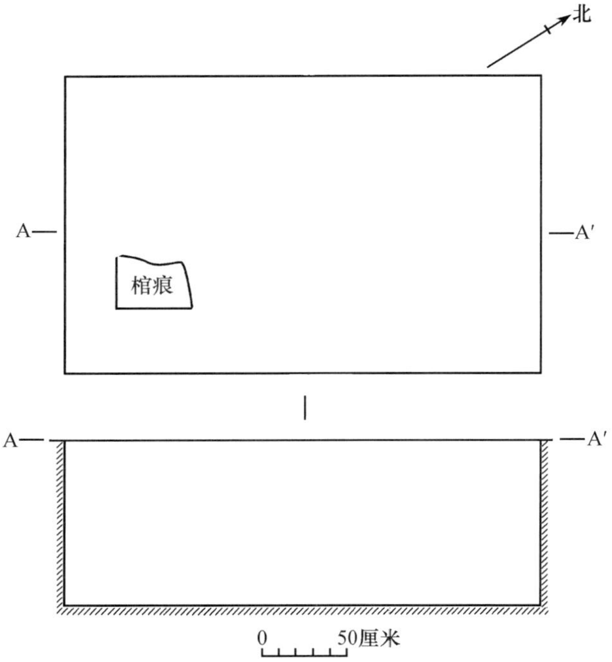

图六三　M31平、剖面图

同大，长280厘米，180厘米，墓底深100厘米（图六三）。

填土　墓内填黄褐色五花土，土质较硬，结构较密，包含物中有部分陶片。

葬具　盗扰严重，有棺痕，尺寸不详。

人骨　保存较差。

2. 出土器物

该墓被盗严重，填土中出土有部分灰陶片，仅可辨器形，有鼎、釜、盆等。

三二、M32

1. 墓葬概况

位置和层位关系　该墓位于Ⅰ区T0209的中部，南北分别与M33、M31相邻；由于雨水冲刷，墓口暴露于地表，墓口呈坡状，打破生土。

方向　30°。

形状与结构　近长方形竖穴土坑墓。直壁，表面光滑，底部较平。南壁与东壁壁面呈波浪状。墓室四周设生土二层台，台面较宽，东台面宽22厘米，南台面宽20厘米，西台面宽26厘米，北台面宽20厘米，生土二层台高144厘米。墓口大底小，墓口长326厘米，宽220厘米，墓底长286厘米，宽170厘米，墓底距地表244～304厘米（图六四）。

填土　墓内填土为黄褐色五花土，土质较硬，结构致密，纯净无包含物，盗洞部分为灰褐色淤土，含少量陶片和现代生活用品。

葬具　一棺一椁，椁平面呈Ⅱ形，长248厘米，宽118厘米，挡板两端各长于侧板约15厘米，其他不详。

人骨　未见痕迹。

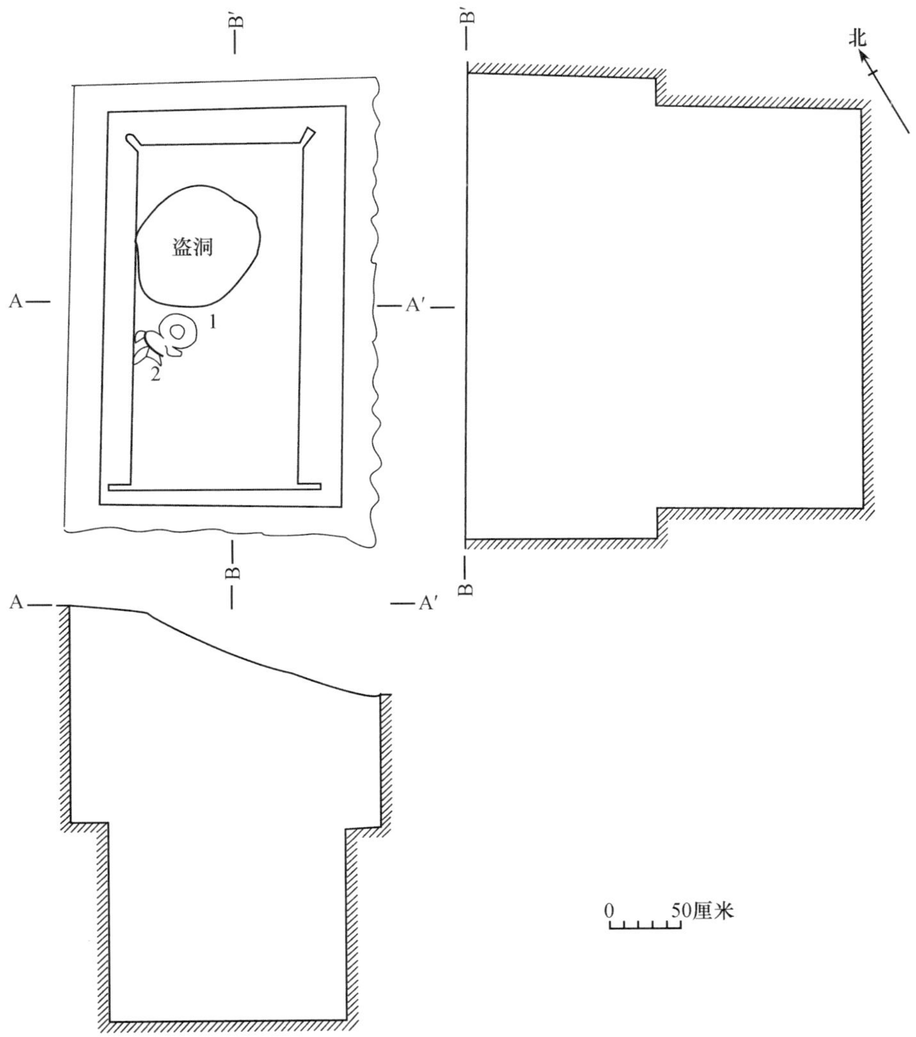

图六四　M32平、剖面图
1. 陶鼎　2. 铜鍪　3. 陶盒　4. 陶釜（3、4出土填土中）

2. 出土器物

共4件。随葬品置于椁内西侧中部，少量陶片出土于填土中，陶鼎、釜、盒各1件，铜鍪1件。

陶鼎　1件。标本M32：1，泥质灰陶，子母口，肩附对称长方形双耳，弧腹圜底，矮三蹄足，腹饰一周凸弦纹，上承一拱形盖。盖上饰红色彩绘。口径21.6厘米，高20厘米（图六五，1；图版一六，3）。

陶釜　1件。标本M32：4，泥质灰陶。方唇，敛口，扁鼓腹，圜底。上腹饰一周凹弦纹，中腹饰一周凸棱。口径8.8厘米，腹径21.2厘米，高14厘米（图六五，3）。

陶盒　1件。标本M32：3，泥质灰陶。盖残，盒身子口内敛，弧腹下收，凹圜底。腹饰三

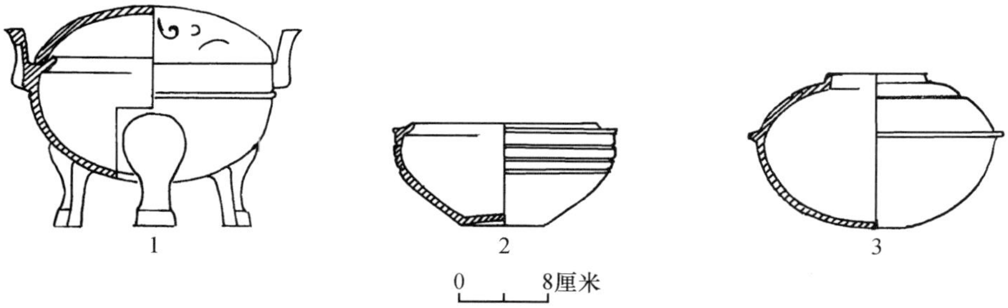

图六五　M32出土器物

1. 陶鼎（M32：1）　2. 陶盒（M32：3）　3. 陶釜（M32：4）

周凹弦纹。口径19.6厘米，底径7.2厘米，高9.6厘米（图六五，2）。

铜鍪　1件。标本M32：2，铜质较差，残破严重，未能修复。

三三、M33

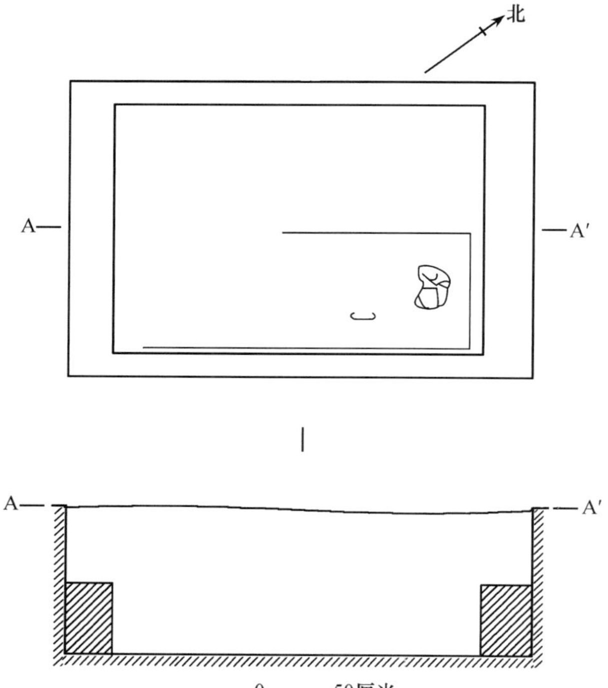

图六六　M33平、剖面图

1. 墓葬概况

位置和层位关系　该墓位于Ⅰ区T0109中部，北部与M32相邻；由于雨水冲刷，墓口暴露于地表，打破生土。

方向　32°。

形状与结构　长方形竖穴土坑墓，墓壁规整，陡直向下，表面光滑，墓底平坦，墓底四周有熟土台。墓口墓底长280厘米，180厘米，墓底深90厘米（图六六）。

填土　墓内填黄褐色五花土，土质较硬，结构较密，包含物中有部分灰陶片。

葬具　一棺一椁，仅存痕迹，椁痕长2.2米，宽1.6米；棺痕长1.64米，宽0.8米，高度不详。

人骨　保存较差。

2. 出土器物

该墓被盗扰严重，填土中出土有部分灰陶片，可辨器形有鼎等。

三四、M34

1. 墓葬概况

位置和层位关系　该墓位于Ⅰ区T0508中部；由于雨水冲刷，墓口暴露于地表，墓口呈坡状，打破生土。

方向　40°。

形状与结构　长方形竖穴土坑墓。墓壁规整，陡直向下，表面光滑，墓底平坦。墓口、墓底同大，长280厘米，160厘米，墓底深110～160厘米（图六七）。

填土　墓内填黄褐色五花土，土质较硬，结构较密，包含物中有部分灰陶片。

葬具　盗扰严重，有棺痕，尺寸不详。

人骨　保存较差。

2. 出土器物

墓被盗扰严重，填土中出土有部分灰陶片，可辨器形有鼎、壶等。

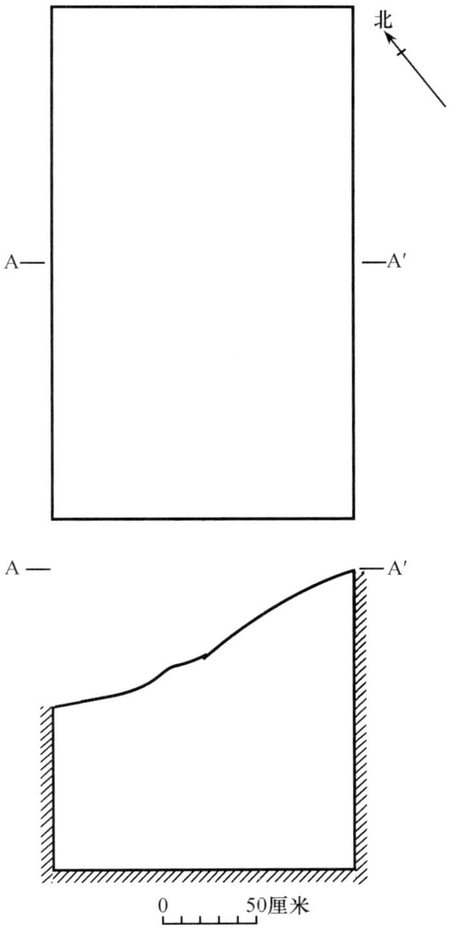

图六七　M34平、剖面图

三五、M35

1. 墓葬概况

位置和层位关系　该墓位于Ⅱ区（2010年发掘）的西南部T0604中部，东、北分别与M39、M40相邻；开口于表土层下，距地表20厘米，打破生土。

方向　96°。

形状与结构　长方形砖室墓。破坏严重，墓顶无存，砖墙以单砖平错缝叠砌，起砌于生土之上。铺底砖以单砖对缝平铺，底砖上面仅存两行棺床，以平砖横砌而成，仅存一层。尺寸墓口墓底同大，长360厘米，宽280厘米，墓底深48厘米（图六八）。

填土与包含物　填土为黄褐色五花土，土质较软，结构疏松，含大量残砖及少量炭粒。

葬具　严重扰乱，未发现棺椁痕迹，葬具不详。墓砖大小相同，有模印纹饰，其一侧面模印菱纹图案，平面模印绳纹，砖长34厘米，宽16厘米，厚6厘米。

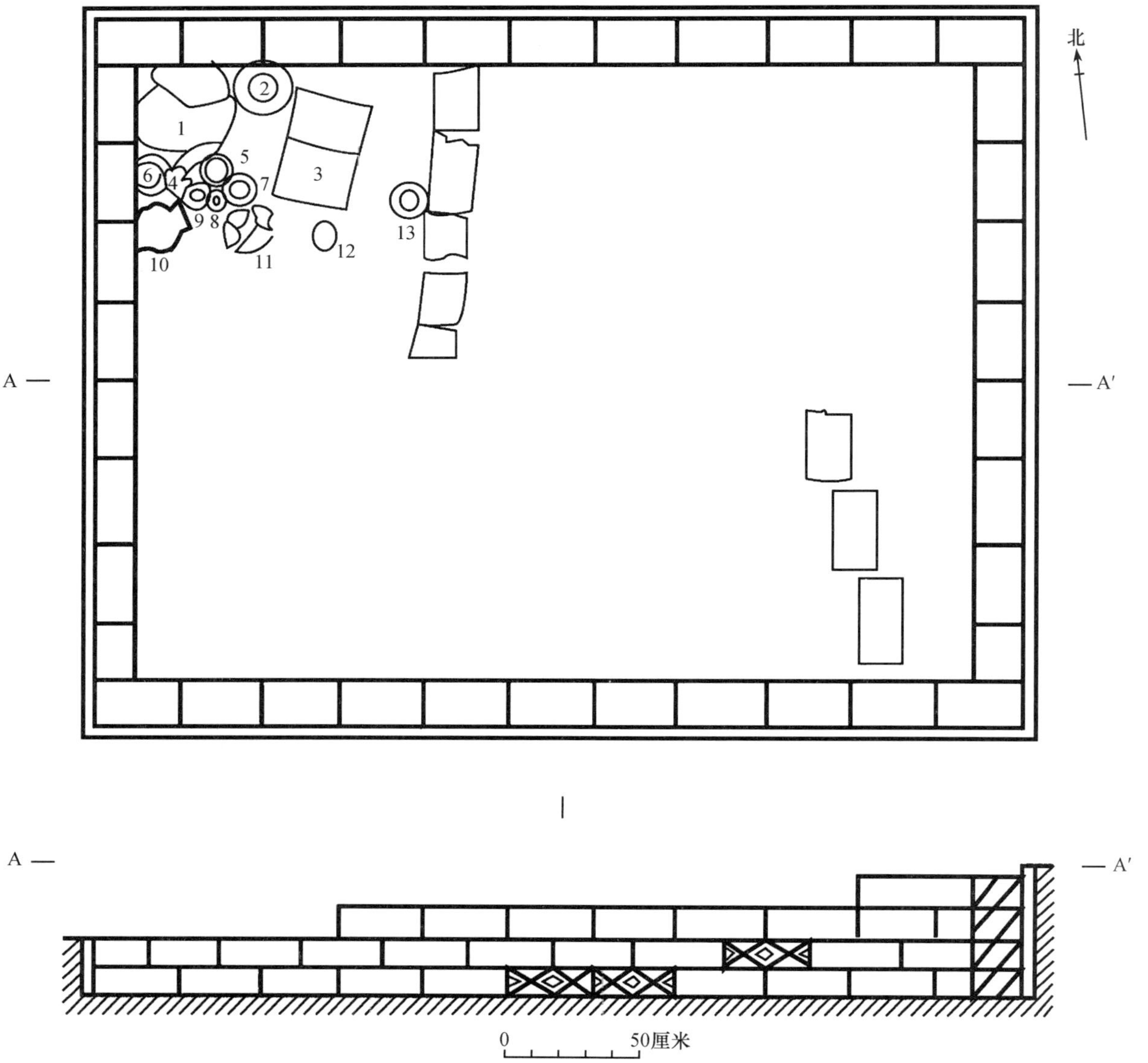

图六八　M35平、剖面图

1. 陶瓮　2、10. 陶壶　3. 陶案　4. 陶狗　5. 陶井　6、12、13. 陶罐　7、9. 陶仓　8. 小陶壶　11、19. 陶盆　14. 铜镜　15. 陶灶　16. 陶鼎　17. 陶樽　18. 陶盘　20. 陶勺　21. 铜钱（14～21出土于填土中）

人骨　人骨保存差。

2. 出土器物

20件。置于墓室西北角，器物摆放无规律，其中陶器19件：罐3件，壶、仓、盆各2件，鼎、案、井、灶、盘、勺、瓮、樽、狗、小壶各1件；铜镜1件，另外在填土中出有部分铜钱。

陶井　1件。标本M35∶5，泥质灰陶。方唇，敞口，平折沿，方唇筒腹下外撇，平底。素面。口径8厘米，底径11.6厘米，高10.8厘米（图六九，5；图版三一，1）。

陶壶　2件。标本M35：2，红陶。盘口，束颈，溜肩，鼓腹，假圈足，盘口处一周凸弦纹，肩部附两个对称兽首衔环。腹部饰弦纹两周。器表及盘口施青绿釉。口径14厘米，腹径22厘米，底径16.8厘米，高30厘米（图七〇，4；图版二一，3）。标本M35：10，形制、尺寸相同（图七〇，5；图版二一，4）。

陶案　1件。标本M35：3，红陶，器表施青绿釉。长方形案面，四周有三角形凸棱，面下四角各有一个兽面足。长44厘米，宽28.8厘米，高8.4厘米（图七一，1）。

陶狗　1件。标本M35：4，泥质红陶，外施绿釉。伏卧姿，昂首，双耳竖直，呈怒吼状，尾弯曲上翘，颈腹各有圈箍，与半环形相扣。长27.2厘米，高23.6厘米（图七一，2；彩版

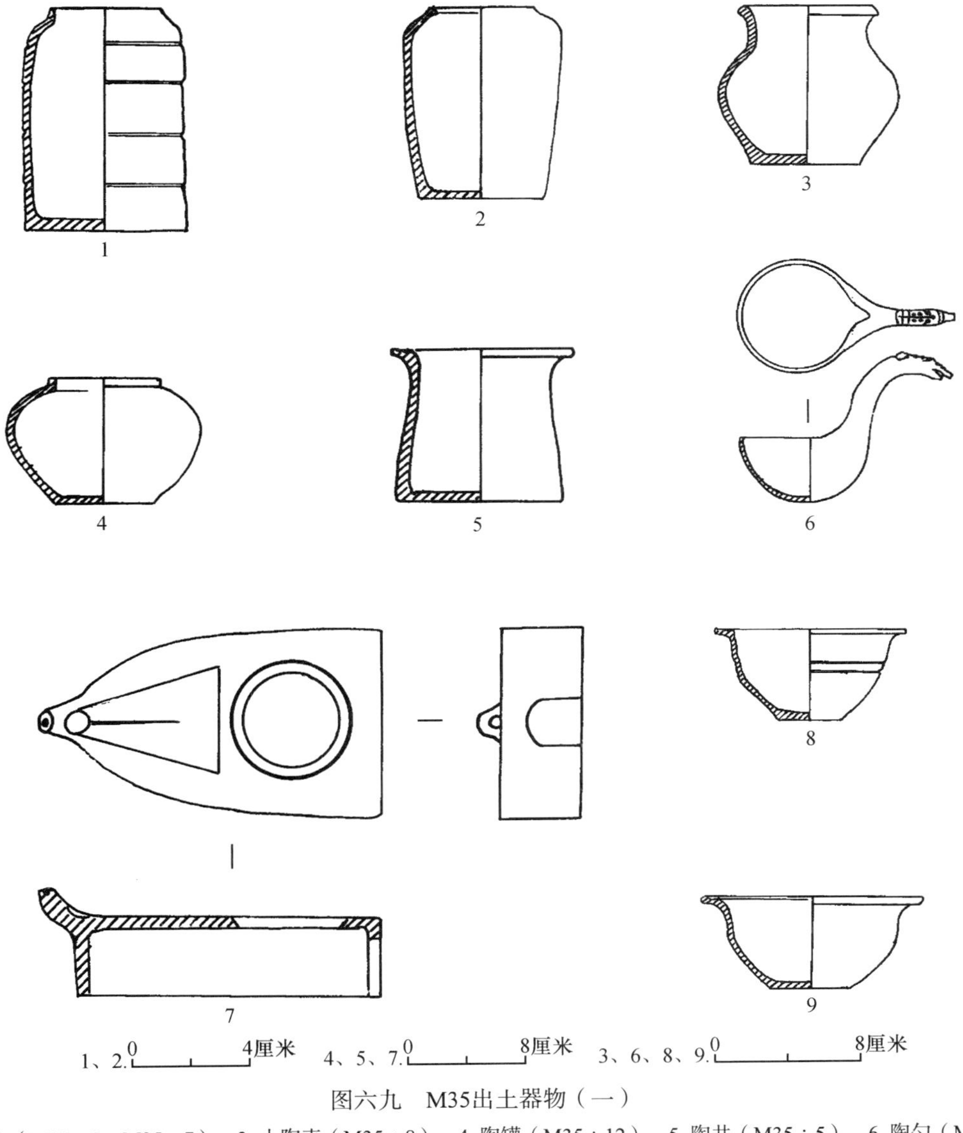

图六九　M35出土器物（一）

1、2. 陶仓（M35：9、M35：7）　3. 小陶壶（M35：8）　4. 陶罐（M35：12）　5. 陶井（M35：5）　6. 陶勺（M35：20）　7. 陶灶（M35：15）　8、9. 小陶盆（M35：19、M35：11）

一七，2）。

陶仓　2件。标本M35：7，泥质灰陶。筒腹内收，平底。素面。口径7.2厘米，腹径11.2厘米，底径8.8厘米（图六九，2；彩版一五，5；图版三四，3）。标本M35：9，泥质灰陶。圆唇，直口，溜肩，筒腹，平底。腹上饰凹弦纹四周。口径7.6厘米，底径11.2厘米，高15.6厘米（图六九，1；图版三五，3）。

陶罐　1件。标本M35：12，泥质灰陶。方唇，直口，矮颈，圆肩，鼓腹，下腹斜内收，平底。素面。口径8厘米，腹径13.6厘米，底径6.8厘米，高8.8厘米（图六九，4）。

小陶壶　1件。标本M35：8，泥质灰陶。敞口，圆唇，沿下垂，束颈，鼓腹，弧形内收，平底。素面。口径4.8厘米，腹径5.2厘米，底径2.8厘米，高4.6厘米（图六九，3）。

陶灶　1件。标本M35：15，泥质灰陶。平面呈三角形，直壁，有一火眼，拱形灶门，柱形烟囱。全长23.6厘米，通高7.6厘米（图六九，7）。

陶樽　1件。标本M35：17，泥质灰陶，器表外施青灰釉。圆唇，直口，直腹，平底，底缘附马面形三足。腹上有四周弦纹。口径13.6厘米，高9.2厘米（图七〇，1）。

陶盘　1件。标本M35：18，泥质红胎，器表内外均施青黑釉，底无釉。圆唇，敞口，卷沿，上翘较甚，斜折腹内收，假圈足较矮。素面。口径31.2厘米，足径18.4厘米，高6.4厘米（图七〇，2；彩版一六，5）。

陶盆　2件。标本M35：11，泥质灰陶。敞口，卷沿，沿面内凹，折腹下腹斜收，平底。口径12.4厘米，底径4.4厘米，高5.2厘米（图六九，9）。标本M35：19，泥质灰陶。圆唇，平折沿，弧腹内收，平底。腹上有二周凹弦纹。口径10.8厘米，底径3.6厘米，高5.2厘米（图六九，8）。

陶勺　1件。标本M35：20。红陶。弧腹，圜底，鸭首形把，器表施青绿釉。长12厘米，高8.6厘米（图六九，6；彩版一六，4）。

陶鼎　1件。标本M35：16，红陶。子口内敛，肩部附两个对称长方形耳，弧腹内收，平底，有兽足，器表施青黑釉。通高12.4厘米，口径6.4厘米，壁厚0.5～0.7厘米（图七〇，3；图版一七，6）。

铜镜　1件。标本M35：14，圆形。半圆纽，纽外环绕三虎，其中两虎对峙。其外一周铭文和一周直线纹，铭文为："尚方做竟出来有位置三公单采□子"。铭文首尾以圆圈纹相隔，其外一周锯齿纹和一周单线波折纹，面径9.6厘米，背径9.1厘米（图七二；彩版一七，4）。

铜钱　32枚。锈蚀严重，可辨钱文的全部为五铢。郭径2.5～2.55厘米。根据钱文不同，可分为两类：

第一种　16枚。"五"字交笔弯曲，体型较大，"铢"字"金"头较小，呈三角形，四点较长，平于"朱"字，五字较窄，"朱"头圆折，下圆折，标本M35：21-1～M35：21-6（图七三，1～6）。

第二种　12枚。"五"字交笔弯曲，"铢"字"金"头较小，呈三角形，四点呈短线，

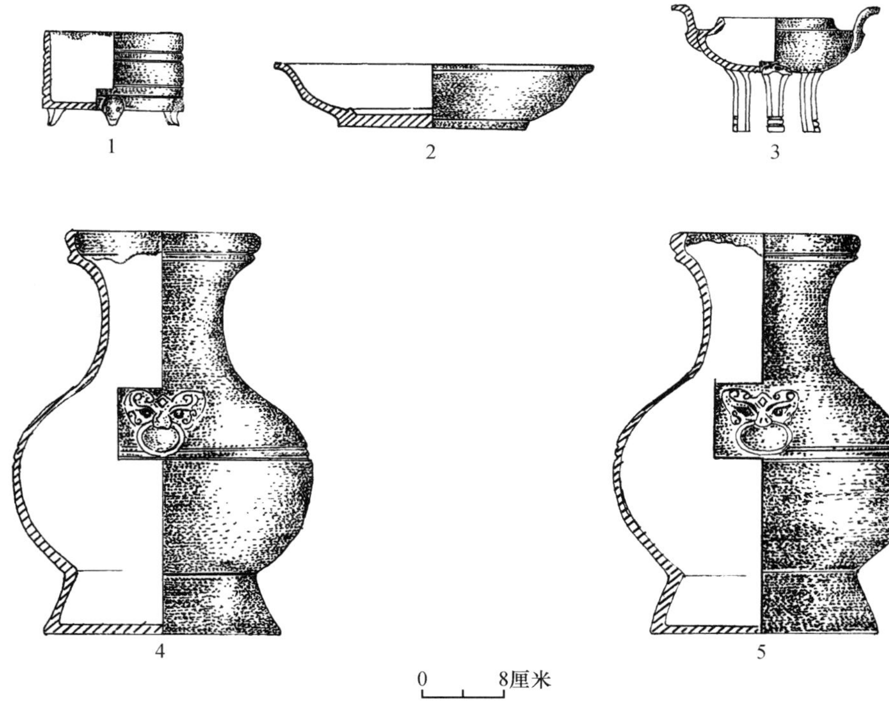

图七〇　M35出土器物（二）

1. 陶樽（M35：17）　2. 陶盘（M35：18）　3. 陶鼎（M35：16）　4、5. 陶壶（M35：2、M35：10）

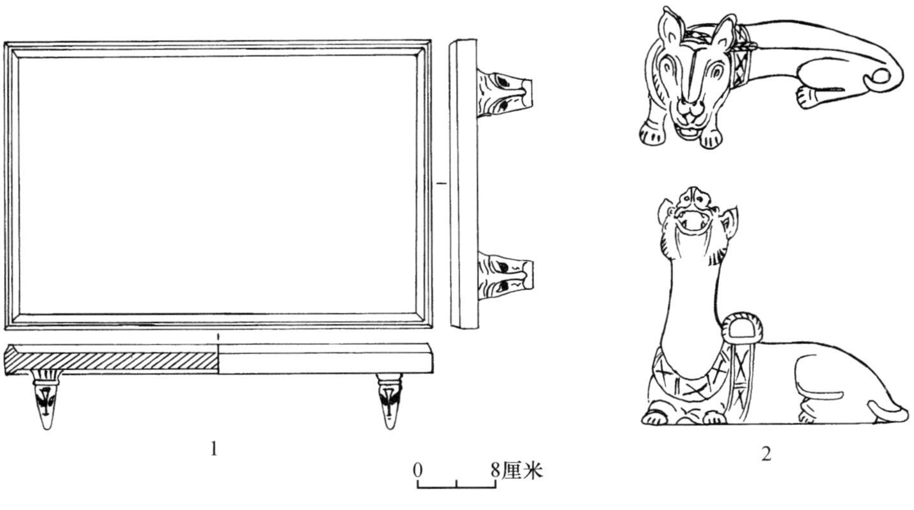

图七一　M35出土器物（三）

1. 陶案（M35：3）　2. 陶狗（M35：4）

平于"朱"字，"朱"头近圆折，两笔略外撇，下圆折，标本M35：21-7～M35：21-10（图七三，7～10）。

另外，陶瓮1件（M35：1）、陶罐2件（M35：6、M35：13），残破严重，未能修复。

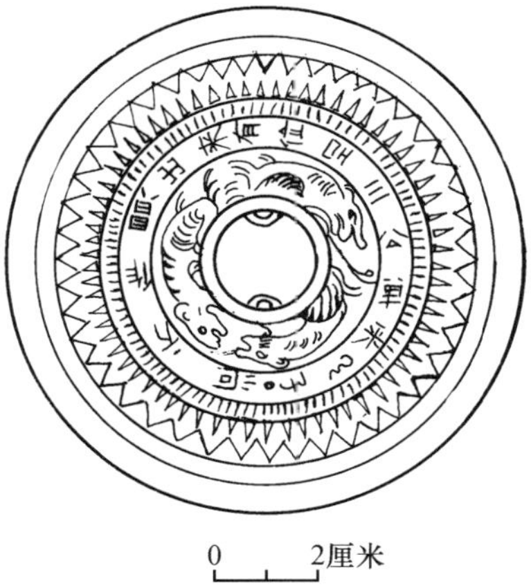

图七二　M35出土铜镜（M35：14）

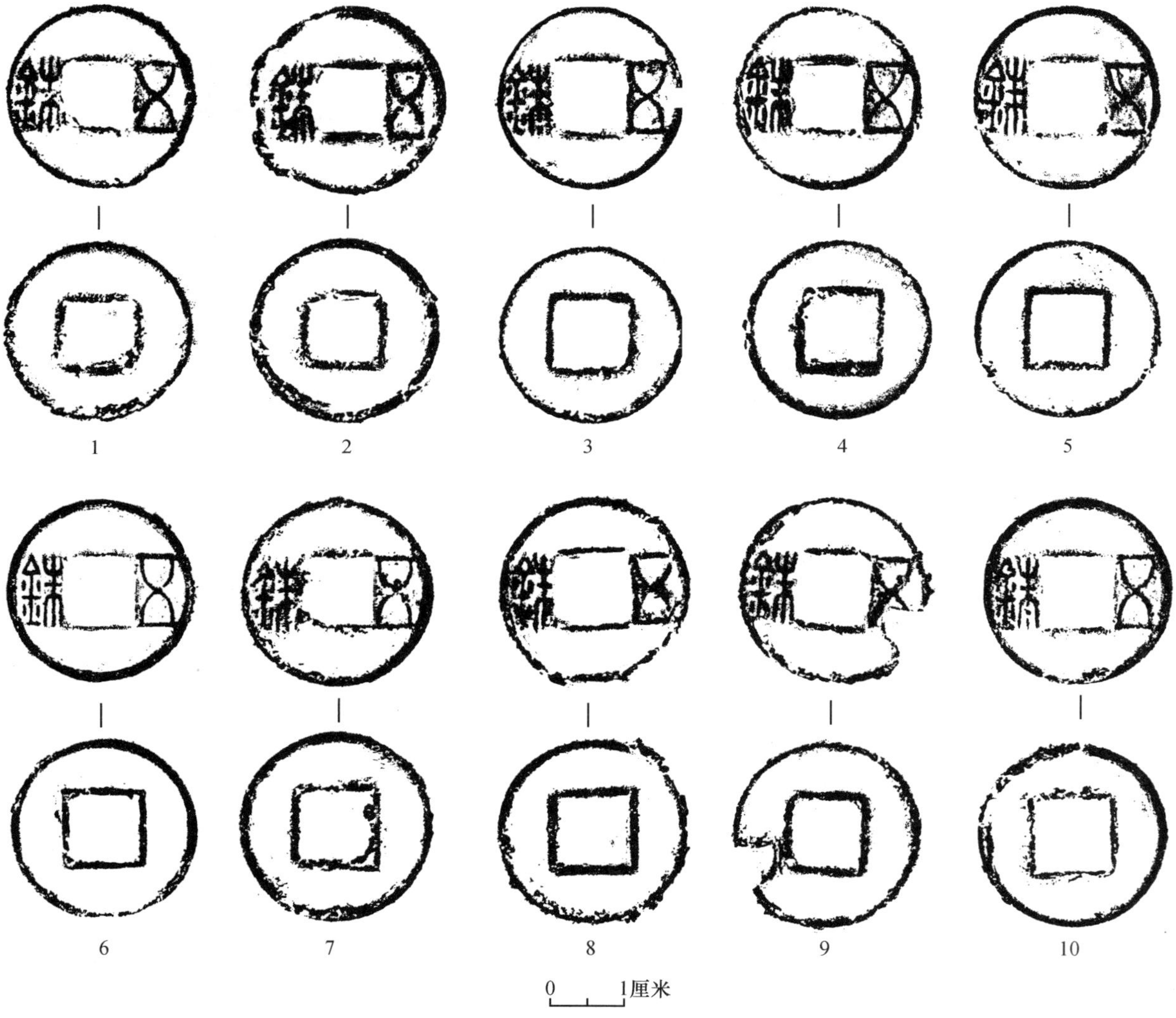

图七三　M35出土五铢钱

1～6. 第一种（M35：21-1～M35：21-6）　7～10. 第二种（M35：21-7～M35：21-10）

三六、M37

1. 墓葬概况

位置和层位关系　该墓位于Ⅱ区（2010年发掘）的西南部T0603北部，南部打破M51（图七四），东、西分别于M39、M40、M50相邻；开口于表土层下，距地表20厘米，打破M51和生土。

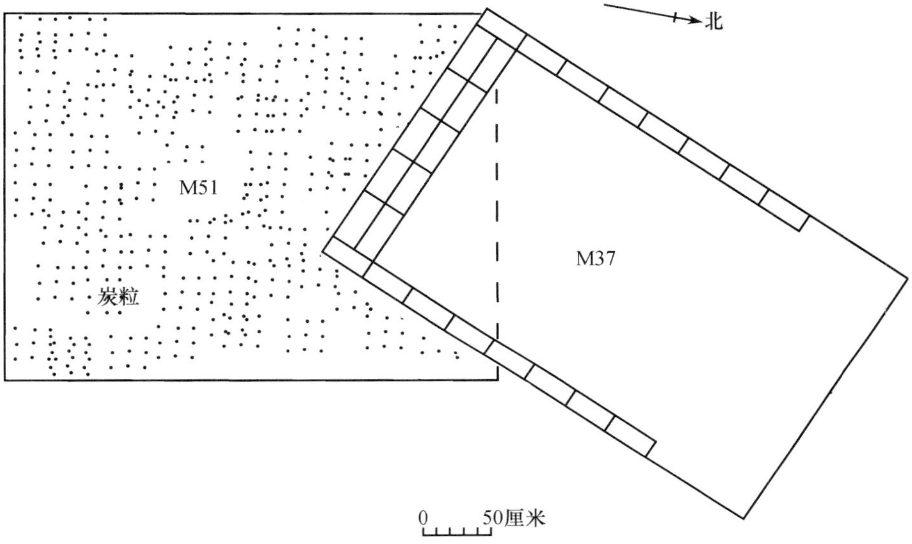

图七四　M37与M51打破关系图

方向　20°。

形状与结构　长方形砖室墓。破坏严重，墓顶无存，砖墙仅存两层，起砌于生土之上。铺底砖以单砖横铺。墓口、墓底同大，长360厘米，宽200厘米，墓底深12厘米（图七五）。

填土与包含物　填土为黄褐色五花土，土质较硬，含部分残砖、陶片等。

葬具　严重扰乱，未发现棺椁痕迹，葬具不详。

人骨　人骨保存差。

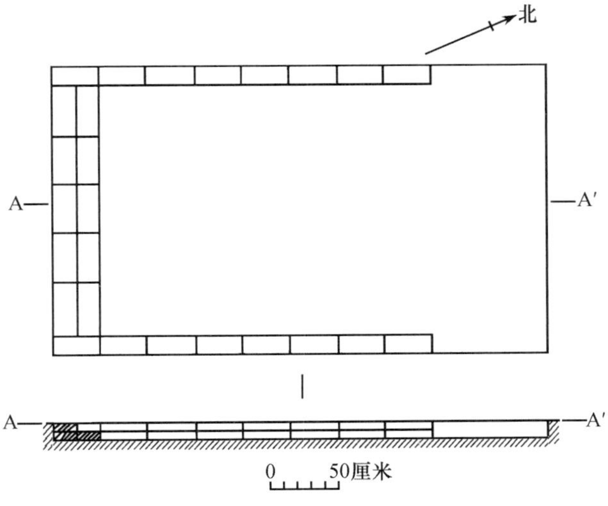

图七五　M37平、剖面图

2. 出土器物

该墓被盗严重，填土中出土有部分残陶片，无法辨器形。

三七、M38

1. 墓葬概况

位置和层位关系　该墓位于Ⅱ区的西南部T0803西南部，西南与M37相邻；开口于表土层下，距地表15厘米，打破生土。

方向　15°。

形状与结构　长方形砖室墓。被破坏严重，墓顶无存。砖墙以单砖平错缝叠砌，起砌于生土之上铺底砖不详。墓口长366厘米，宽144厘米，深18厘米（图七六）。

填土与包含物　填土为黄褐色五花土，含少量残砖及陶片等。

葬具　严重扰乱，未发现棺椁痕迹，葬具不详。墓砖大小相同，有模印纹饰，其一侧面模印四组半同心圆图案，平面模印绳纹，砖长36厘米、宽16厘米、厚6厘米。

人骨　人骨保存差。

2. 出土器物

该墓被盗严重，填土中出土有部分残陶片，无法辨器形。

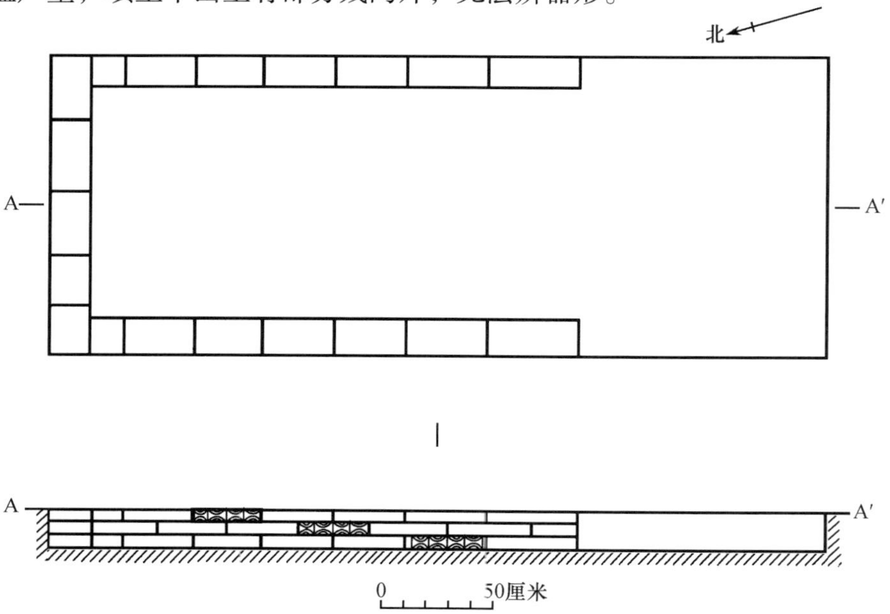

图七六　M38平、剖面图

三八、M39

1. 墓葬概况

位置和层位关系　该墓位于Ⅱ区（2010年发掘）的西南部T0604东部，西侧与M35、M40为邻；开口于表土层下，距地表20厘米，打破生土。

方向　195°。

形状与结构　平面呈“刀”字形竖穴土坑墓。由墓道，墓室两部分组成，通长964厘米。墓道位于墓室南部西侧，为斜坡状，平面长734厘米，宽160厘米，坡长758厘米；一端底部与墓室同深，墓室西南侧与墓道相连。四壁陡直，底部平整，铺约4厘米炭粒。墓室长230厘米，宽180～200厘米，深186厘米（图七七）。

填土　黄褐色五花土，土质较软，结构疏松，内含少量炭粒等。

葬具　腐朽不存，痕迹无，葬具不明。

人骨　保存较差，未见朽痕，葬式、性别、年龄不详。

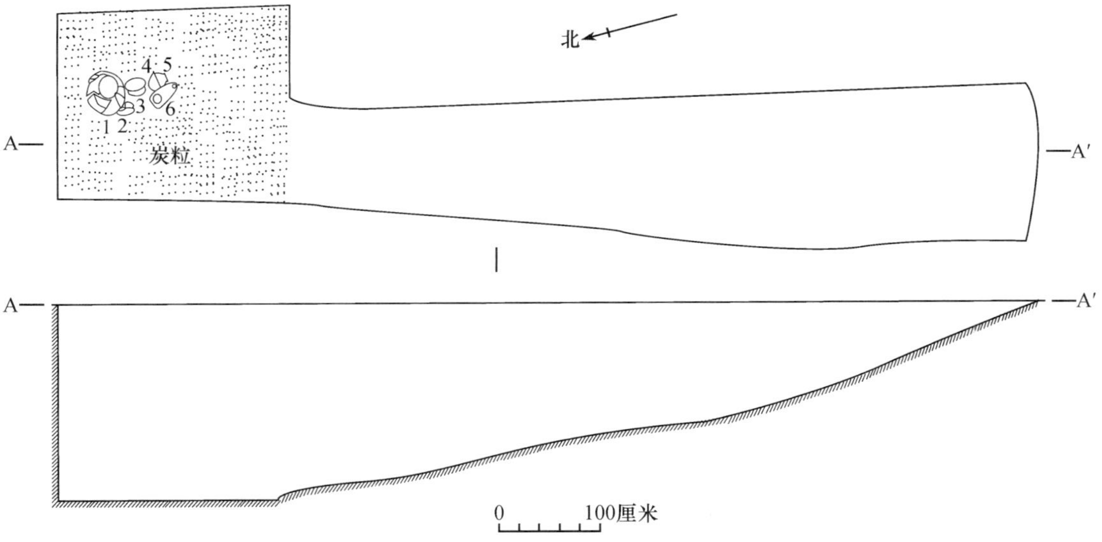

图七七　M39平、剖面图

1. 陶瓮　2. 铜鼎　3. 铜洗　4. 陶釜　5. 陶甑　6. 陶灶

2. 出土器物

随葬品共6件，置于墓室中部，其中铜鼎、洗各1件；陶器4件：瓮、灶、釜、甑各1件。铜器残破严重，无法复原。

陶瓮　1件。标本M39∶1，泥质灰陶。尖唇，敞口，矮颈，广肩，鼓腹，腹下微收，平底。素面。口径19.2厘米，腹径33.6厘米，底径20厘米，高23.2厘米（图七八，3）。

陶灶　1件。标本M39：6，泥质灰陶。平面呈梯形，壁面微弧。灶面置两个圆形火口，前壁有一拱形落地火门，后壁上部有一筒状烟囱。全长28厘米，通高12.4厘米（图七八，1）。

陶釜　1件。标本M39：4，泥质灰陶。方唇，敛口，折腹，圜底。口径6.4厘米，腹径9.6厘米，高5.6厘米（图七八，2）。

陶甑　1件。标本M39：5，泥质灰陶。方唇，敞口，平沿，弧腹内收，平底。底部有五个圆形箅孔。口径14.4厘米，底径4.4厘米，高5.6厘米（图七八，4）。

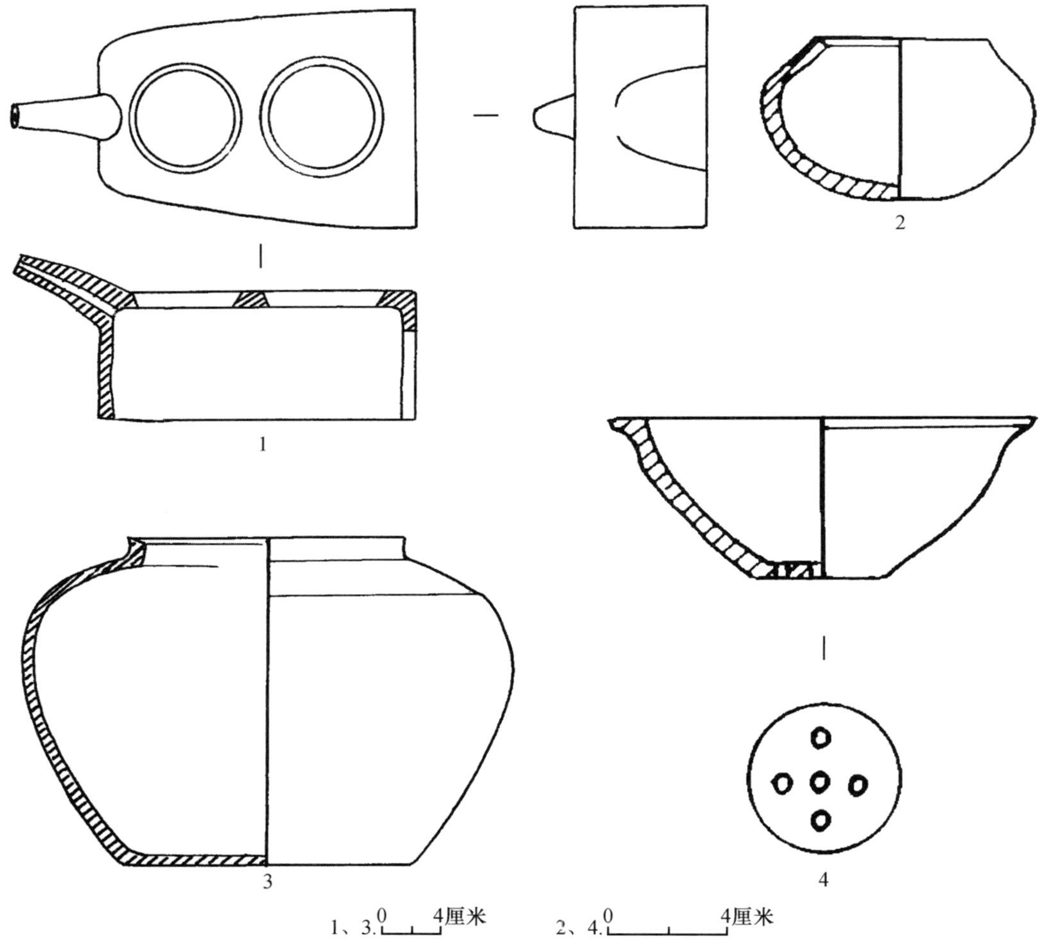

图七八　M39出土器物

1. 陶灶（M39：6）　2. 陶釜（M39：4）　3. 陶瓮（M39：1）　4. 陶甑（M39：5）

三九、M40

1. 墓葬概况

位置和层位关系　该墓位于Ⅱ区（2010年发掘）的西南部T0604北部，东与M39相临，南与M35相邻；开口于表土层下，距地表20厘米，打破生土。

方向　5°。

形状与结构　长方形竖穴土坑墓。四壁陡直、规整，面光滑，底部平整。口、底同大，长250厘米，宽120厘米，墓底深230厘米（图七九）。

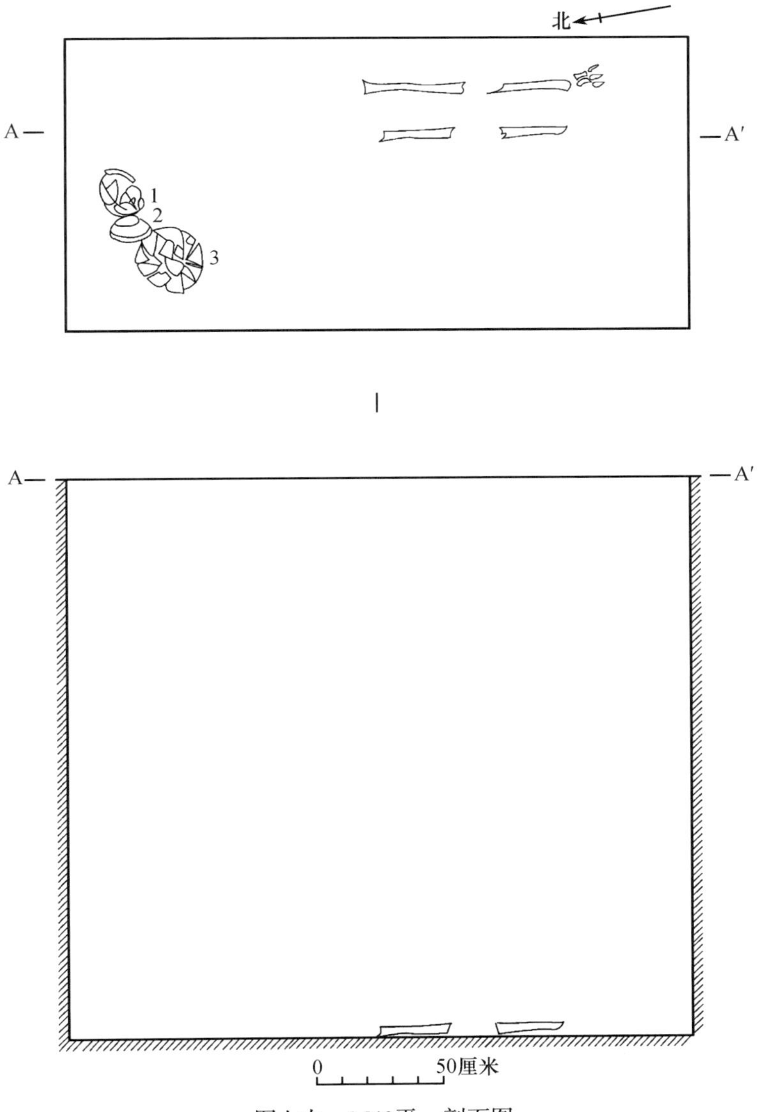

图七九　M40平、剖面图
1. 陶甑　2. 陶釜　3. 陶罐

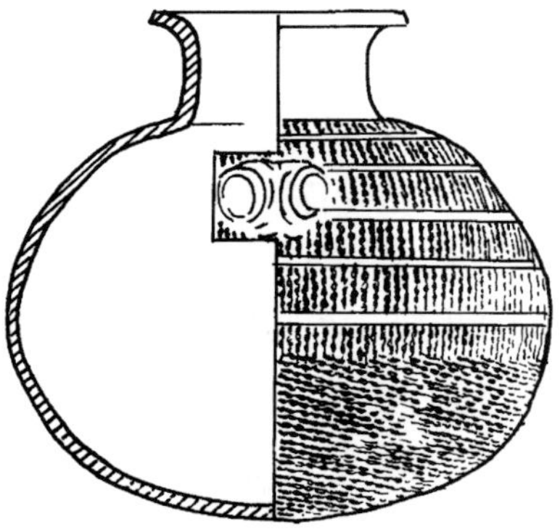

图八〇　M40出土陶罐
（M40：3）

填土　黄褐色五花土，土质较硬，结构致密，内含少量炭粒。

葬具　皆腐朽无存，葬具不详。

人骨　1具，保存差，葬式、性别、年龄不详。

2. 出土器物

陶器共3件，置于墓室北部，其中甑、釜、罐各1件。其中仅陶罐可复原，其他无法修复。

陶罐　1件。标本M40：3，泥质灰陶。侈口，束颈，溜肩，鼓腹内收成圜底。近肩部附对称两个环形耳。肩与腹部饰弦断绳纹，腹下饰斜绳纹。口径12.8厘米，腹径27.2厘米，高26厘米（图八〇；图版二五，2）。

四〇、M41

1. 墓葬概况

位置和层位关系　该墓位于Ⅱ区（2010年发掘）的西南部T1506南部，东与M53相邻；开口于表土层下，距地表15厘米，打破生土。

方向　30°。

形状与结构　长方形竖穴土坑墓。四壁陡直，墓底有生土台，台宽10～18厘米，高40厘米，口长240厘米，宽150厘米，墓底长210厘米，宽124厘米，墓底深262厘米（图八一）。

填土　黄褐色五花土。土质较硬，结构致密，包含物中有少量陶片。

葬具　一棺一椁，椁痕长210厘米，宽124厘米。

人骨　1具，保存差，葬式、性别、年龄不详。

2. 出土器物

该墓被盗严重，出土器物置于墓底西南部，共2件，其中陶鼎、壶各1件，陶壶无法修复。

陶鼎　1件。标本M41：1，泥质灰陶。子口，上承拱形盖，上附三个三角形纽。肩附对称长方形平折双耳，直腹，近平底，三蹄足。盖沿饰一周凹弦纹，腹饰一周凸弦纹。腹径21.6厘米，高21.2厘米（图八二）。

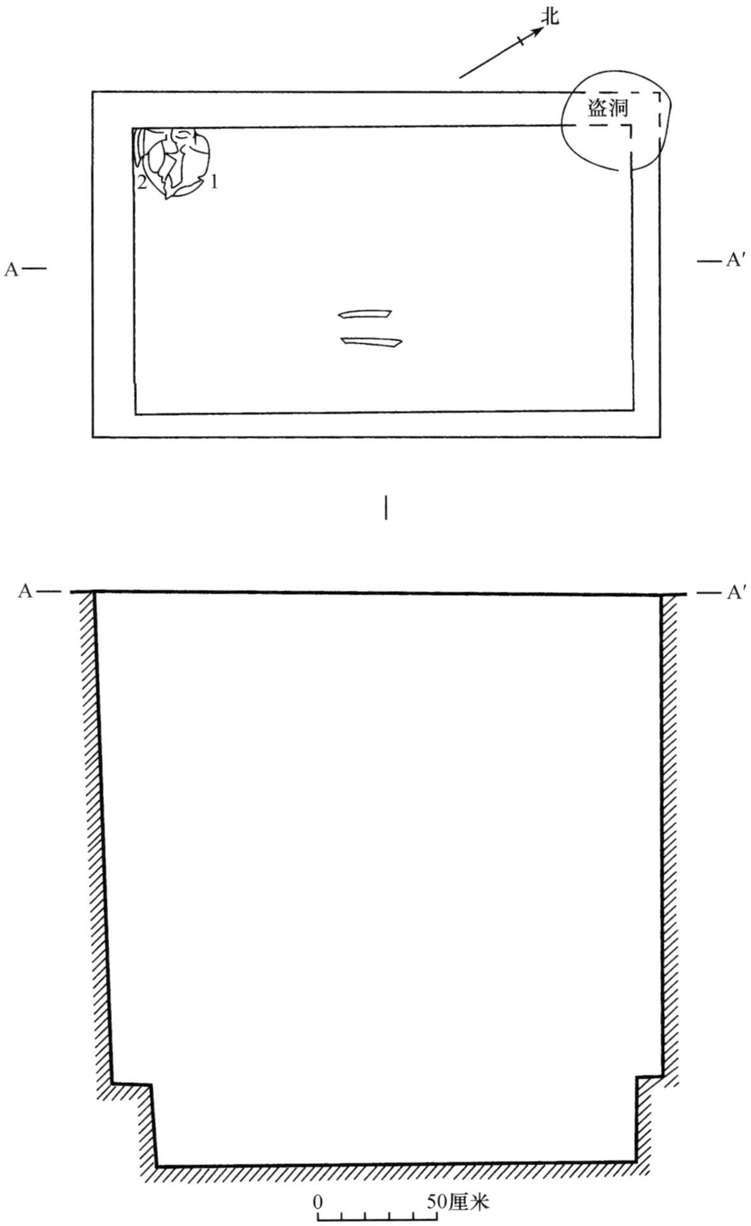

图八一　M41平、剖面图
1. 陶鼎　2. 陶壶

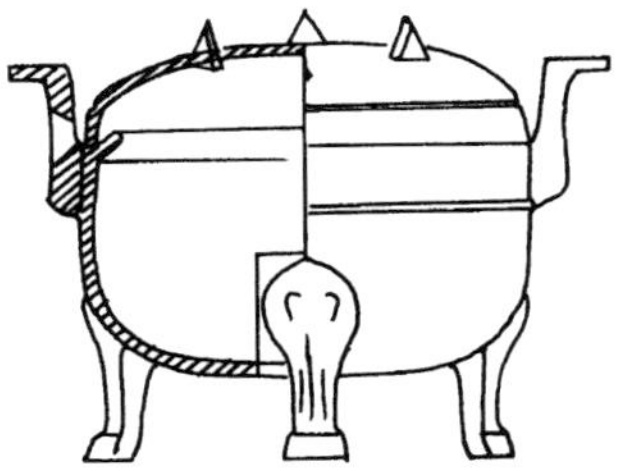

图八二　M41出土陶鼎（M41：1）

四一、M42

1. 墓葬概况

位置和层位关系　该墓位于Ⅱ区（2010年发掘）的西南部T1508西北部，西、北分别与M52、M43相邻；开口于表土层下，距地表15厘米，打破生土。

方向　310°。

形状与结构　长方形竖穴土坑墓。四壁陡直，规整，底部平整。口、底同大，长250厘米，宽160厘米，墓深150厘米（图八三）。

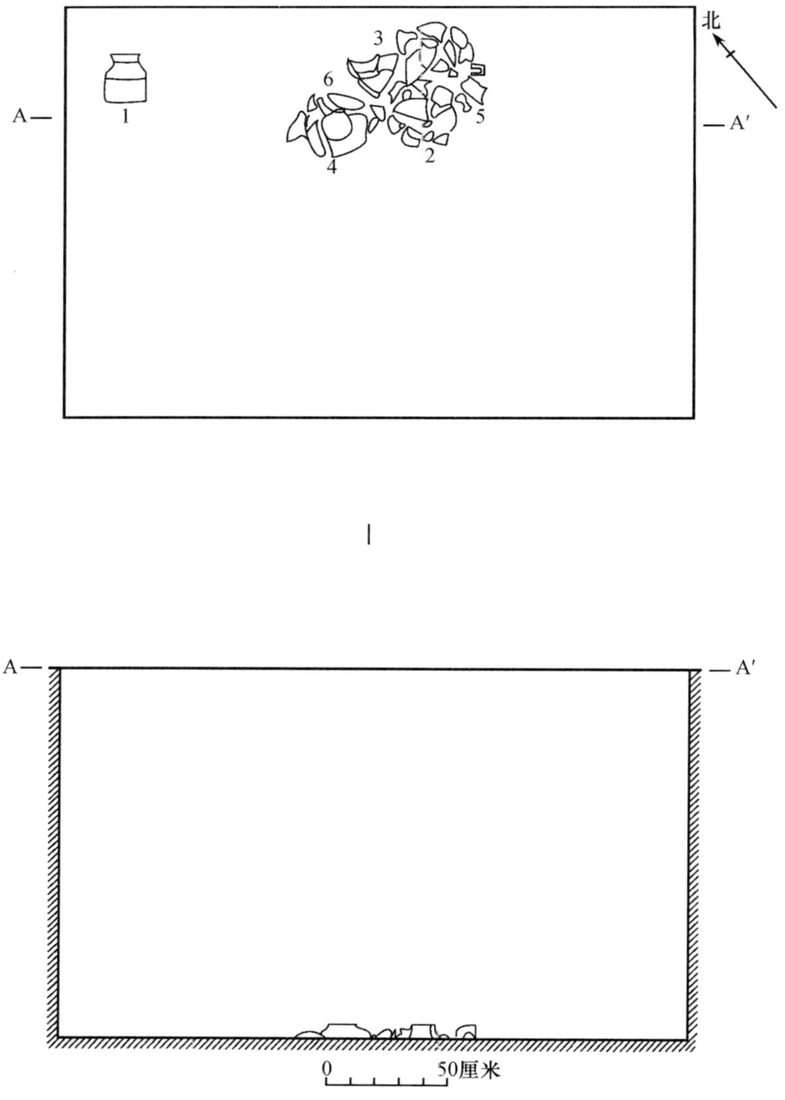

图八三　M42平、剖面图

1. 陶钫　2. 陶鼎　3. 陶釜　4. 陶盒　5. 陶釜　6. 陶甑

填土　黄褐色五花土，土质松软，结构疏松，内含少量炭粒。

葬具　腐朽无存，不详。

人骨　1具，保存差，葬式、性别、年龄不详。

2. 出土器物

随葬器物6件。置于墓底北侧，自西向东依次为陶钫、鼎、釜、甑、盒、壶等，其中陶鼎、盒、钫、釜、甑、盒各1件，其中鼎、盒、壶无法修复。

陶钫　1件。标本M42∶1，泥质灰陶。侈口，上承正方椎形盖，顶平，面正方形，束颈，溜肩，弧腹平底，方圆足。口径12厘米，腹径18.4厘米，底径14.4厘米，通高37.6厘米（图八四，1；彩版九，1；图版一八，2）。

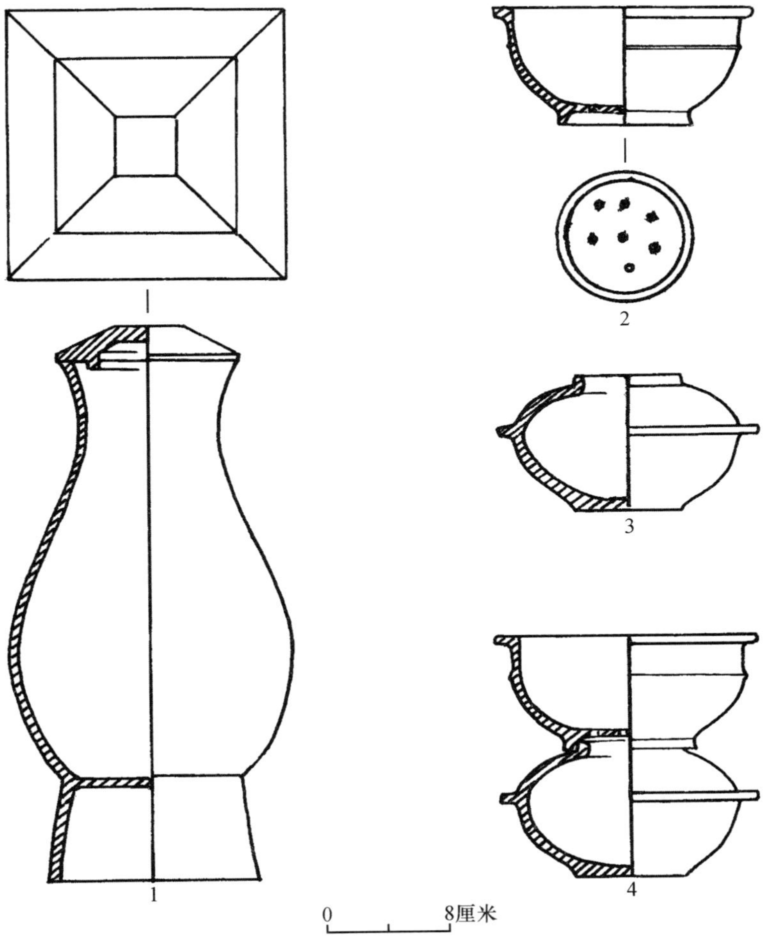

图八四　M42出土器物

1. 陶钫（M42∶1）　2. 陶甑（M42∶2）　3. 陶釜（M42∶3）　4. 陶甑、陶釜器物组合（M42∶2、M42∶3）

陶釜　1件。标本M42：3，泥质黄灰陶。尖唇，侈口，广肩，鼓腹，腹下内收，平底。素面。腹中上部饰凸方棱一周。口径7.2厘米，最大直径17.2厘米，底径7.2厘米，高9.2厘米（图八四，3）。

陶甑　1件。标本M42：2，泥质黄灰陶。方唇，敞口，平折沿，弧腹，平底，矮圈足。上腹饰一周凸弦纹，底部有七个箅孔。口径17.2厘米，底径8.8厘米，高8厘米（图八四，2）。

釜甑组合（图八四，4；图版二八，4）。

四二、M43

1. 墓葬概况

位置和层位关系　该墓位于Ⅱ区（2010年发掘）的西南部T1608中部，南侧与M42相邻；由于表层土被江水冲刷，墓口暴露于地表，墓口东高西低，打破生土。

方向　300°。

形状于结构　长方形竖穴土坑墓。墓口东高西低，呈坡状，壁直，平底。口、底同大，长270厘米，宽188厘米，墓深228～300厘米（图八五）。

填土及包含物　填土为黄色五花土，土质较硬，无包含物。

葬具　棺木朽尽，残留棺痕长180 厘米，宽90厘米。

人骨　人骨保存较差，仅残存部分牙骨，墓主人头向西。葬式、性别、年龄不详。

2. 出土器物

随葬器物共7件，放置于墓底东南角与西南角，其中鼎2件、壶2件、小壶1件、釜1件、甑1件。

陶鼎　2件。标本M43：3，泥质灰陶。圆唇，子口微敛，上腹盘形盖，盖面饰三鸟形纽，肩腹对称长方形双耳，外撇，上腹直，下腹内收，圜底，三蹄足。腹饰凹弦纹一周。口径20厘米，腹径22.8厘米，通高25.6厘米（图八六，1）。标本M43：4，泥质灰陶。方唇，子口微敛，肩附对称长方形双耳，外撇，弧腹内收，圜底，三蹄足。腹饰一周凹弦纹。口径20.8厘米，腹径22.4厘米，高22厘米（图八六，2）。

陶壶　2件。标本M43：6，泥质灰陶，口覆弧形盖，盖面附三折形扁纽，盘口，束颈，溜肩，近肩处附两个对称铺首衔环，鼓腹内收，圜底，高圈足，足面上有一周凸棱。口径17.6厘米，腹径31.2厘米，底径17.6厘米，通高41.2厘米（图八六，5；彩版一〇，4；图版二〇，4）。标本M43：7形制、尺寸相同（图八六，4）。

陶釜　1件。标本M43：1，泥质灰陶。尖唇，直口，鼓腹，平底，腹中部有一周腰檐。素

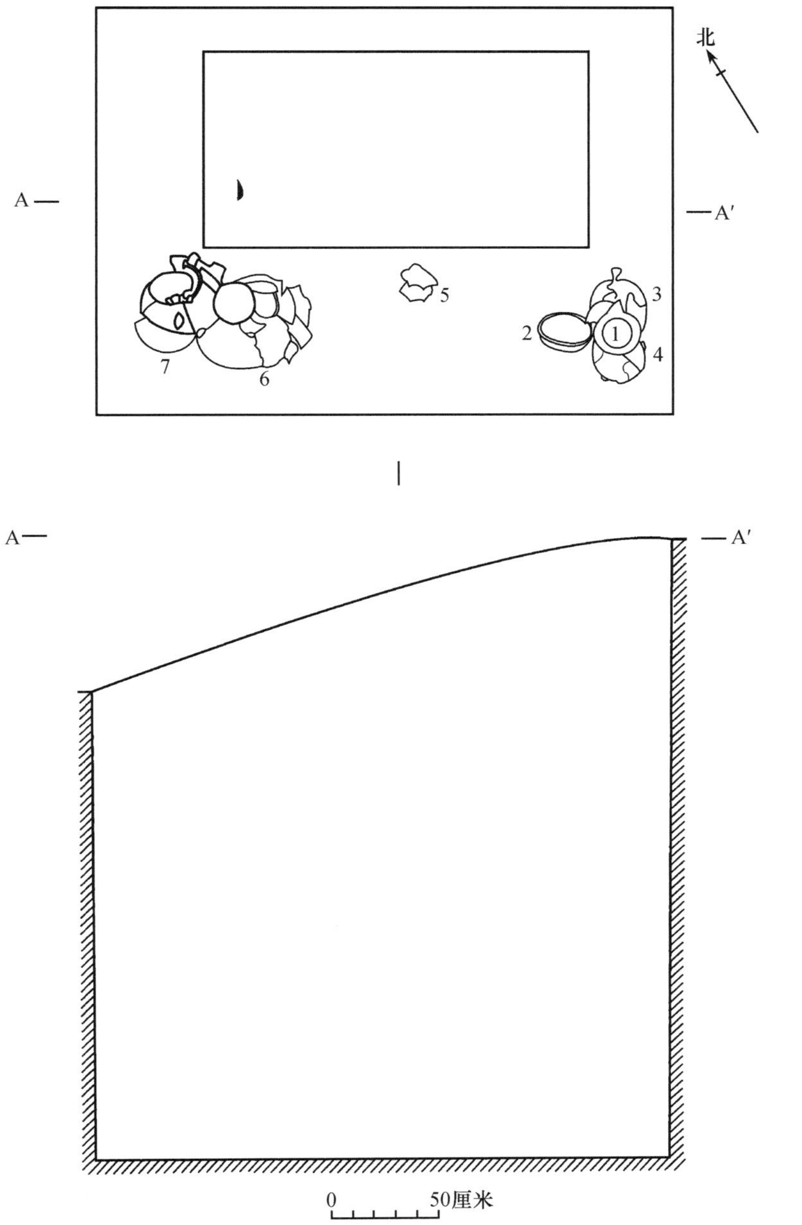

图八五　M43平、剖面图

1. 陶釜　2. 陶甑　3、4. 陶鼎　5. 小陶壶　6、7. 陶壶

面。口径8.8厘米，腹径20.8厘米，底径13.6厘米，高12.8厘米（图八六，3）。

陶甑　1件。标本M43：2，泥质灰陶。方唇，敞口，平折沿，斜腹内收，平底，圜足外撇。腹上部饰一周凸弦纹一周，底部有长条形箅孔。口径25.6厘米，底径12.4厘米，高14.4厘米（图八六，6）。

小陶壶　1件。标本M43：5，残破严重，无法修复。

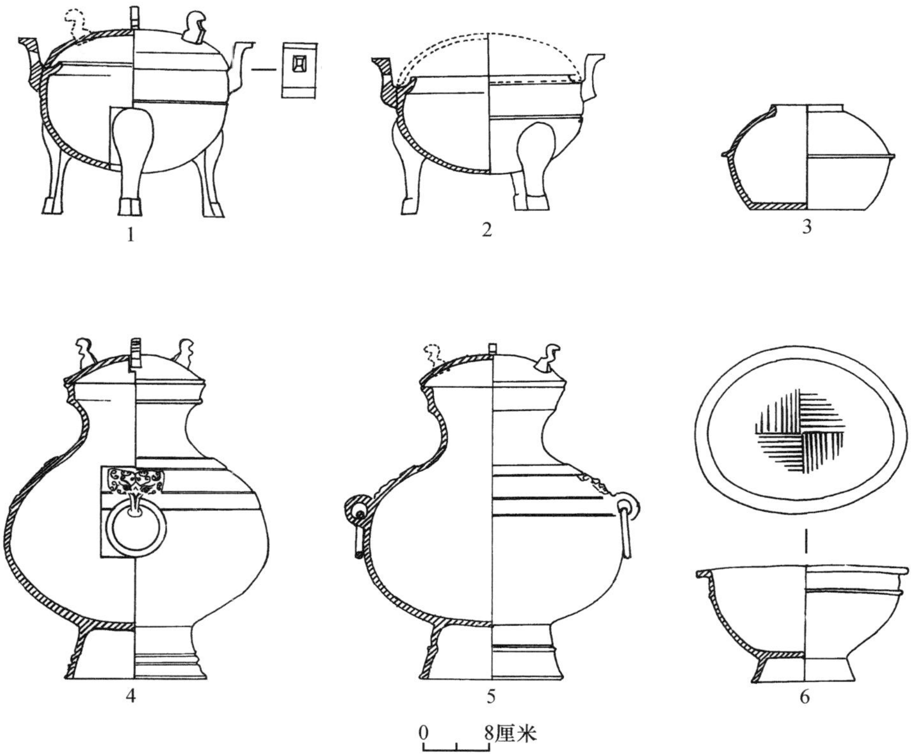

图八六　M43出土器物

1. 陶鼎（M43：3）　2. 陶鼎（M43：4）　3. 陶釜（M43：1）　4、5. 陶壶（M43：7、M43：6）　6. 陶甑（M43：2）

四三、M44

1. 墓葬概况

位置和层位关系　该墓位于Ⅱ区（2010年发掘）的西南部T1508东南部，北与M42相临；开口于表土层下，距地表15厘米，打破生土。

方向　30°。

形状与结构　长方形竖穴土坑墓。四壁陡直、规整，底部平整。口、底同大，长262厘米，宽172厘米，墓底深230厘米（图八七）。

填土　黄褐色五花土，土质较软，结构疏松，内无其他包含物。

葬具　皆朽无存，无发现痕迹。

人骨　1具。残存下肢骨，头向北，葬式为仰身直肢，其余不详。

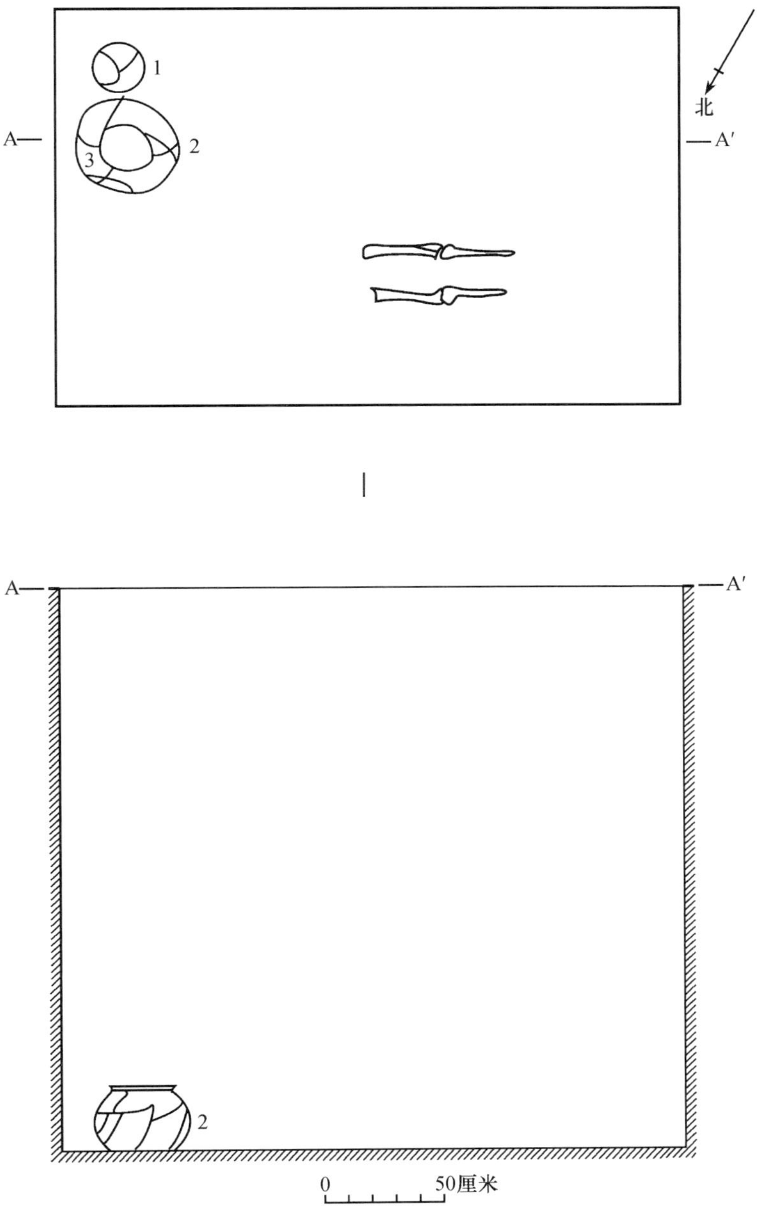

图八七　M44平、剖面图
1. 陶甑　2. 陶瓮　3. 铜镜

2. 出土器物

3件。随葬器物置于墓底东北角，其中陶甑、陶瓮、铜镜各1件。

陶瓮　1件。标本M44：2，泥质灰陶。方唇，直口，溜肩，鼓腹，平底。上腹饰凹弦纹和堆纹各一周，下腹有绳纹残痕。口径23.2厘米，腹径40厘米，底径22.4厘米，高30厘米（图八八；图版二六，4）。

铜镜　1件。标本M44：3，昭明镜。标本M44：3，半圆纽，座部残，纽座外一周内向连弧纹，之外两周短斜线纹间有一周铭文带。铭文为“内而□□一而昭而□□□”。面径8.5厘米，背径8.1厘米（图八九；彩版一七，5）。

陶甑　1件。标本M44：1，残破严重，未能修复。

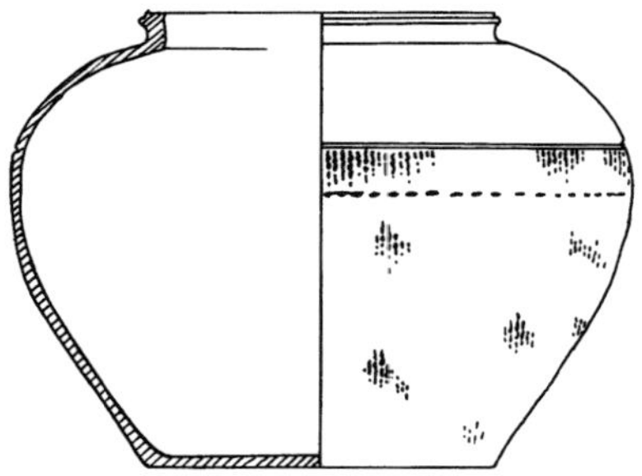

图八八　M44出土陶瓮（M44：2）

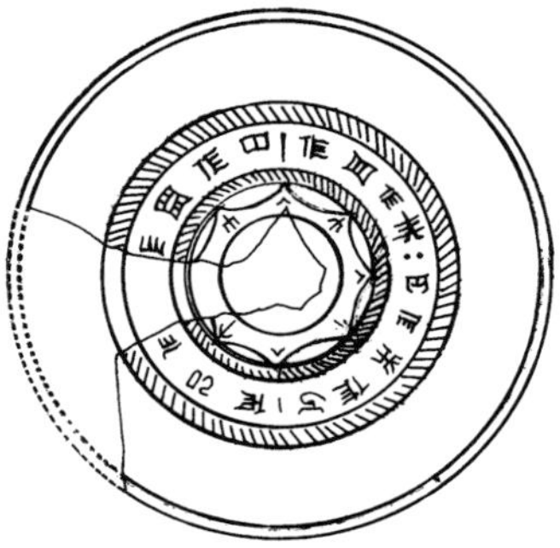

图八九　M44出土铜镜（M44：3）

四四、M50

1. 墓葬概况

位置和层位关系　该墓位于Ⅱ区（2010年发掘）的西南部T0603北部，西侧与M51相邻；开口于表土层下，距地表20厘米，打破生土。

方向　130°。

形状与结构　长方形竖穴土坑积石积炭墓。四壁陡直、规整，底部平整。沿墓口下120厘米处北、东、南三壁下出现积石，至墓底，墓底部积炭约2厘米。口、底同大，墓口长270厘米，宽210厘米，墓底深200厘米（图九○）。

填土与包含物　填土为黄褐色五花土。土质较硬，结构致密，内含部分陶片。

葬具　未见其痕，不详。

人骨　保存较差。

2. 出土器物

共5件。置于墓底东南角，均为陶器，其中灶、釜、甑、鼎、罐各1件。

陶灶　1件。M50：1，泥质灰陶。前方后弧，前侧面一正方形灶门，两侧有折棱。素面。上面有一火眼，后有一圆柱状烟囱外斜。长35.2厘米，高8.4厘米。烟囱长5.6厘米（图九一，1）。

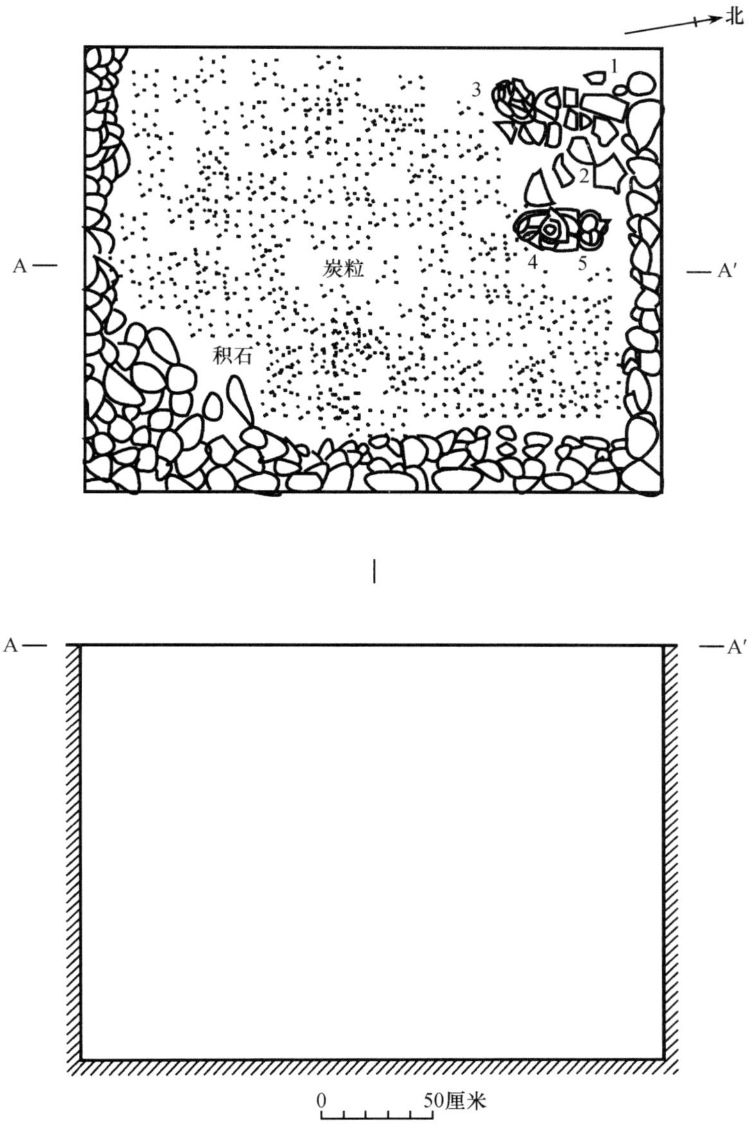

图九〇　M50平、剖面图

1. 陶灶　2. 陶罐　3. 陶鼎　4. 陶釜　5. 陶甑

陶釜　1件。标本M50：4，泥质灰陶。方唇，敛口，扁鼓腹，圜底。口径6厘米，腹径10.4厘米，高7.2厘米（图九一，3）。

陶甑　1件。标本M50：5，泥质灰陶。方唇，敞口，平折沿，折腹，弧收，平底。底有六个近圆形箅孔。口径12.8厘米，高6.4厘米（图九一，2）。

另外，鼎1件（M50：3）、罐1件（M50：2），残破严重，无法修复。

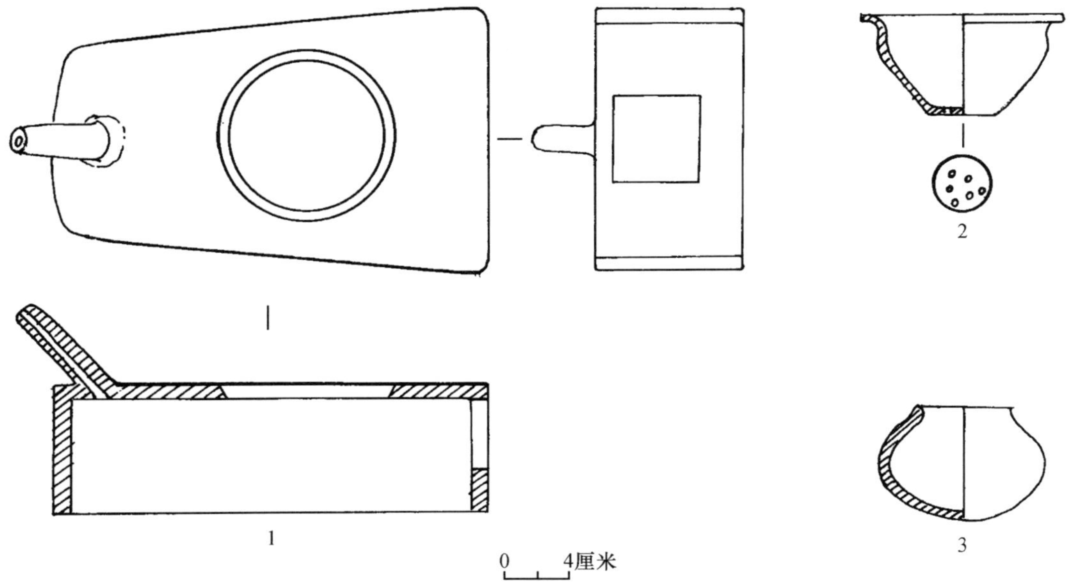

图九一 M50出土器物
1. 陶灶（M50：1） 2. 陶甑（M50：5） 3. 陶釜（M50：4）

四五、M51

1. 墓葬概况

位置和层位关系　该墓位于Ⅱ区（2010年发掘）的西南部T0603西北部，东侧与M50相邻，北端被M37打破；开口于表土层下，距地表15厘米，打破生土。

方向　150°。

形状与结构　长方形竖穴土坑墓。四壁陡直，底部较平，底铺2厘米炭灰。口、底同大，长240厘米，宽180厘米，墓深150厘米（图九二）。

填土与包含物　黄褐色五花土，土质较硬，结构疏松，无包含物。

葬具　未见其痕迹，不详。

人骨　保存差，未见骨痕。

2. 出土器物

1件铜带钩及少量铜钱，置于墓室北部。

铜带钩　1件。M51：2，青绿色。钩呈鸭首状，钩体似鸭腹，脊背部呈弧形，稍凹。上附一圆形纽。身长6.2厘米，宽0.3厘米～1.2厘米，厚0.2～0.5厘米，纽高0.8厘米（图九三；彩版一八，2）。

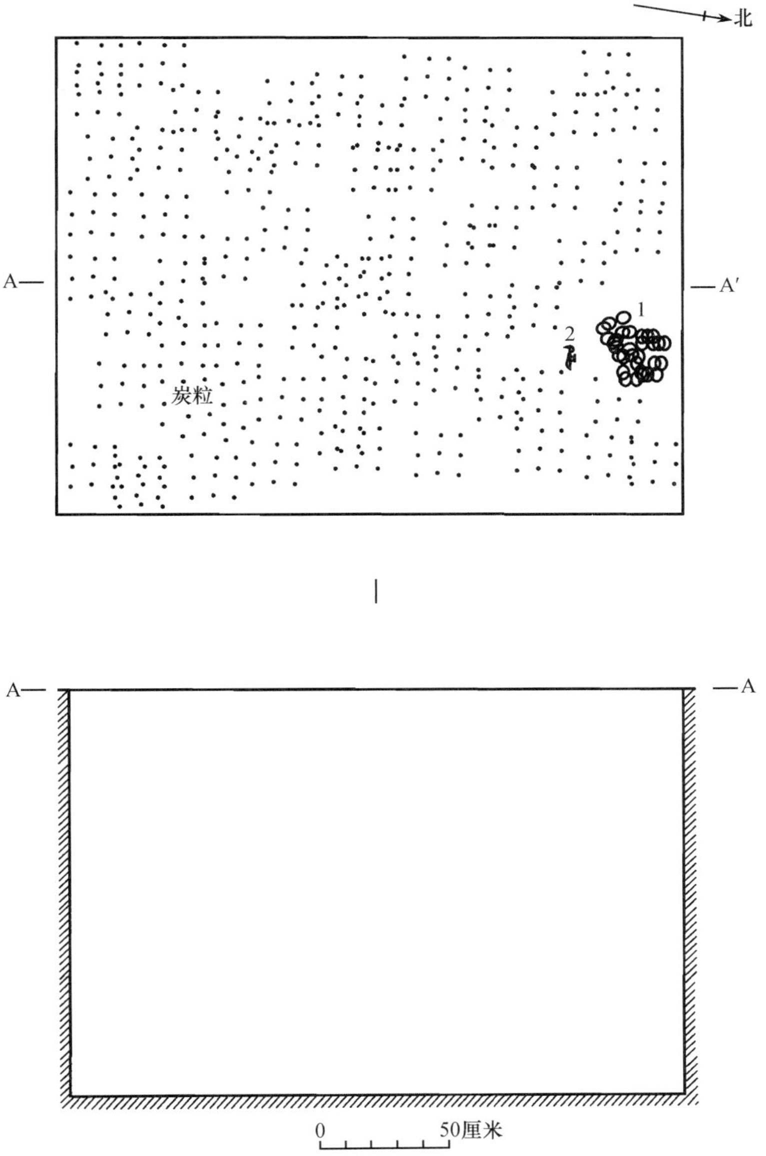

图九二　M51平、剖面图
1. 铜钱　2. 铜带钩

铜钱　27枚。全部为五铢钱。锈蚀严重。正反有内外郭，外郭径2.5厘米。根据钱文不同，可分为两类：

第一种　共22枚。“五”字交笔较直，其中上下两横多出头接于外郭或内郭，体型较窄，“铢”字“金”头较小，呈三角形或箭镞形，四点较短，“朱”头方折，下圆折，标本M51：1-1～M51：1-7（图九四，1～7）。

第二种　共5枚。“五”字交笔略带弯曲，它与上下两横相接的地方是垂直的，“铢”字“金”头较小，呈三角形，四点较短，“朱”头方折，下圆折，标本M51：1-8（图九四，8）。

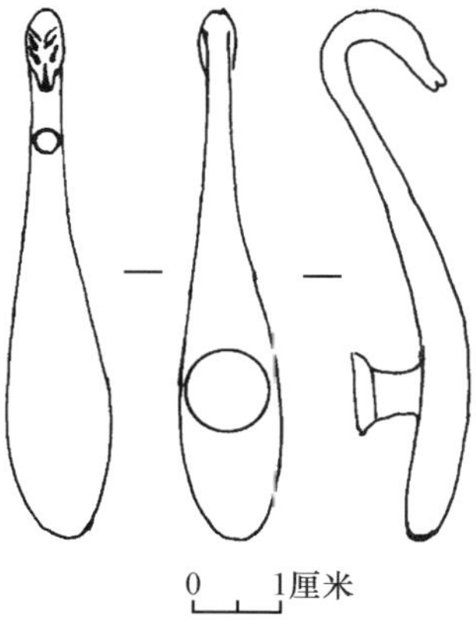

图九三　M51出土铜带钩（M51：2）

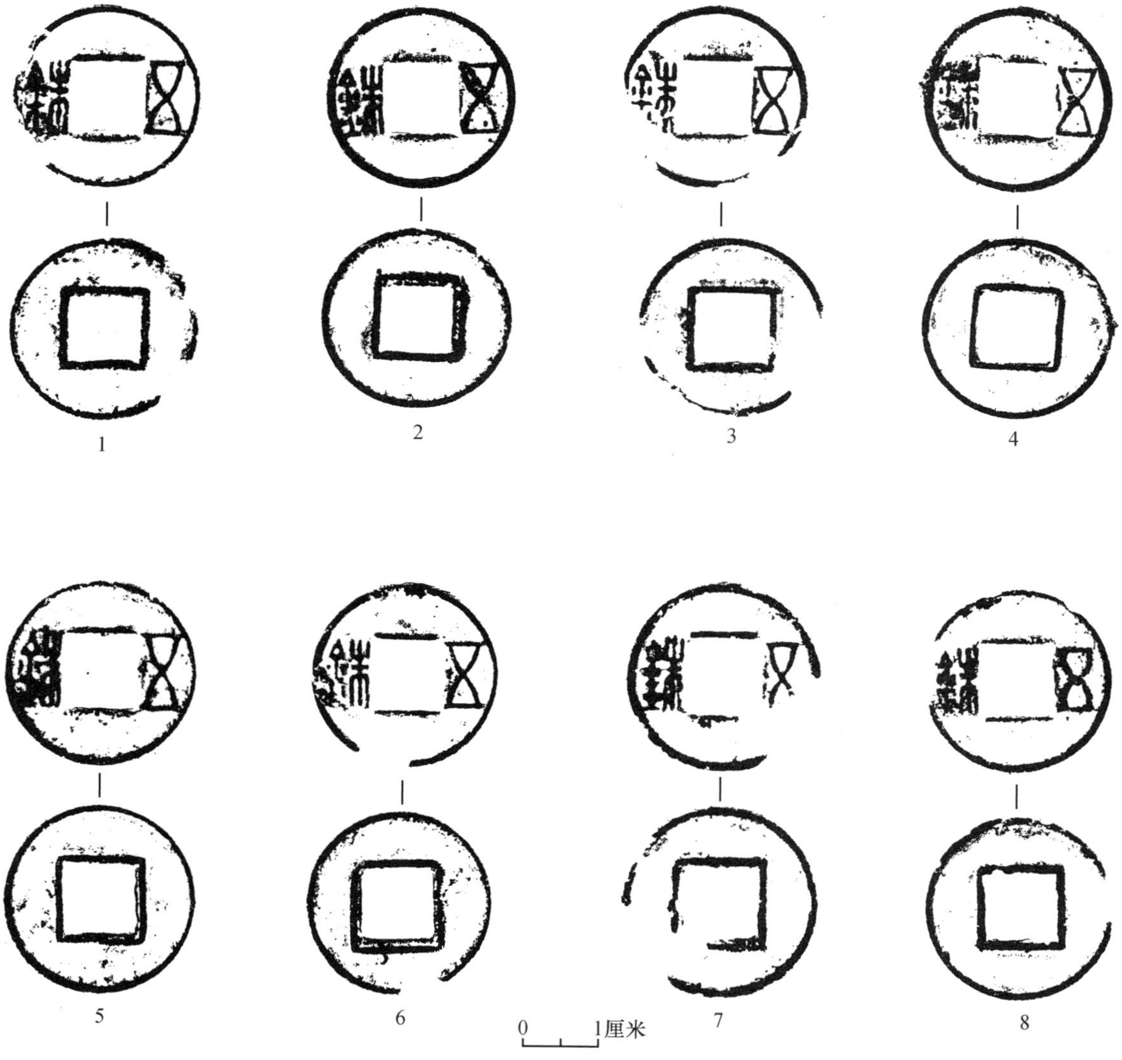

图九四　M51出土五铢钱

1～7. 第一种（M51：1-1～M51：1-7）　8. 第二种（M51：1-8）

四六、M52

1. 墓葬概况

位置和层位关系　该墓位于Ⅱ区（2010年发掘）的西南部T1509东部，东北与M42相邻；由于表土层被江水冲刷，墓口暴露于地表，东高西低，打破生土。

方向　125°。

形状与结构　长方形竖穴土坑墓。四壁陡直，底部较平。口、底同大，长250厘米，宽180厘米，墓底深100～160厘米（图九五）。

填土　黄褐色五花土，土质疏松，无包含物。

葬具　未见其痕，棺椁不详。

人骨　保存较差，年龄、尺寸等不详。

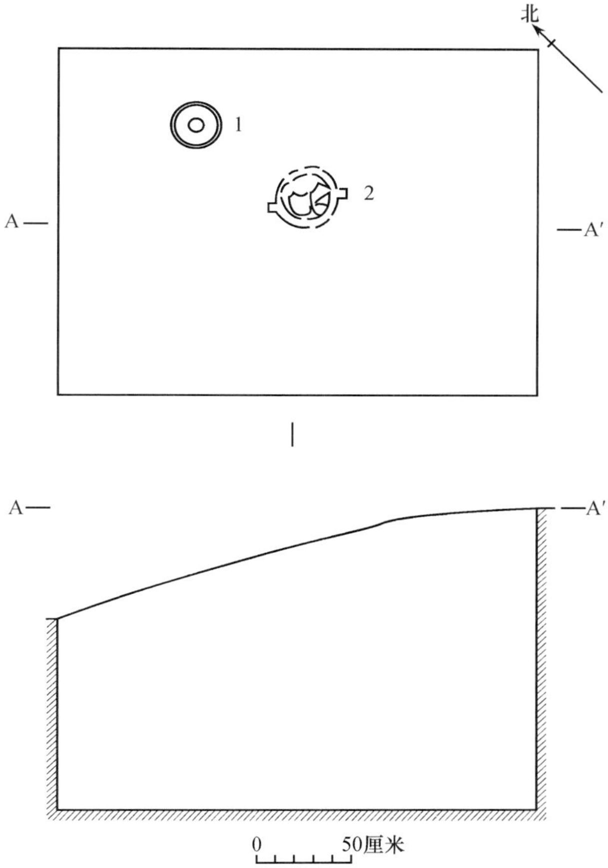

图九五　M52平、剖面图

1. 陶盒　2. 陶鼎　3. 陶釜　4. 陶壶（3、4出土填土中）

2. 出土器物

4件。均为陶器，陶盒、陶鼎置于墓底西北部，陶壶、陶釜出自填土中，其中釜、鼎、壶、盒各1件。

陶鼎　1件。标本M52：2，泥质灰陶。圆唇，子口内敛，弧形盖，平顶，弧腹，平底，三蹄足。肩腹部饰两个对称方耳，腹中部饰一周凹弦纹。口径24厘米，底径16厘米，通高21.2厘米（图九六，1）。

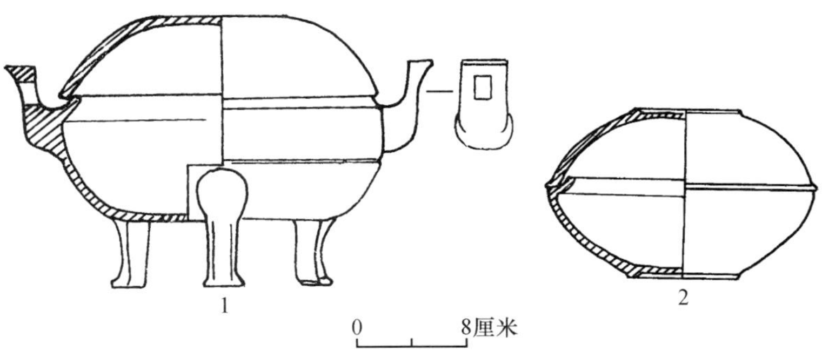

图九六　M52出土器物

1. 陶鼎（M52：2）　2. 陶盒（M52：1）

陶盒　1件。标本M52：1，泥质灰陶。方唇，子口内敛，覆碗形盖，尖圆唇，弧腹，浅弧顶，弧腹，浅弧底，矮圈足。上饰一周尖凸棱。口径17.6厘米，底径8.8厘米，通高13.2厘米（图九六，2）。

另外釜（M52：3）、壶（M52：4）各1件，残破严重，无法修复。

四七、M53

1. 墓葬概况

位置和层位关系　该墓位于Ⅱ区（2010年发掘）的西南部T1506东部，与M41相临；开口于表土层下，距地表15厘米，打破生土。

方向　125°。

形状与结构　长方形竖穴土坑墓。四壁陡直，底部较平。口、底同大，长260厘米，宽170厘米，墓底深118厘米（图九七）。

填土　黄褐色五花土，土质硬较，结构致密，无包含物。

葬具　未见棺椁痕迹，尺寸不详。

人骨　保存较差，年龄、尺寸等不详。

2. 出土器物

共9件。置于底部南侧，自东向西依次为：大壶、钵、鼎、釜、小壶、盒，其中陶鼎、大壶、小壶各2件，陶盒、钵、釜各1件。

陶鼎　2件。标本M53：4，泥质灰陶。子口内敛，上承弧形盖，盖饰二周凹弦纹，弧腹内收，圜底，三鸟首状足。肩附对称长方形双耳，耳顶部向外平折。口径19.2厘米，高18.4厘米（图九八，5）。标本M53：5，泥质黄褐陶。子口内敛，上承弧形盖，肩附对称双耳，耳顶部向外平折，上腹直，下腹内收，圜底，三蹄足。口径20厘米，通高18.4厘米（图九八，6）。

陶钵　1件。标本M53：3，泥质灰褐陶。尖圆唇，敛口，折沿，弧腹内收，平底圈足。口沿下饰二周凹弦纹。口径19.2厘米，足径6.6厘米，高10厘米（图九八，1；图版二九，5）。

小壶　2件。标本M53：8，泥质黄褐陶。尖唇，侈口，溜肩，鼓腹，平底。素面。口径4厘米，底径4.8厘米，高7.2厘米（图九八，4）。标本M53：9，泥质黄褐陶。圆唇，直口，溜肩，鼓腹，平底。素面。口径4.4厘米，腹径8.8厘米，底径5.6厘米（图九八，2）。

陶釜　1件。标本M53：7，泥质灰陶。圆唇，直口，鼓腹，圜底。上腹饰一周凹弦纹，中有一腰檐，下腹饰二周凹弦纹。口径8厘米，高11.6厘米（图九八，3）。

另外，盒1件（M53：6）、大陶壶2件（M53：1、M53：2），残破严重，无法修复。

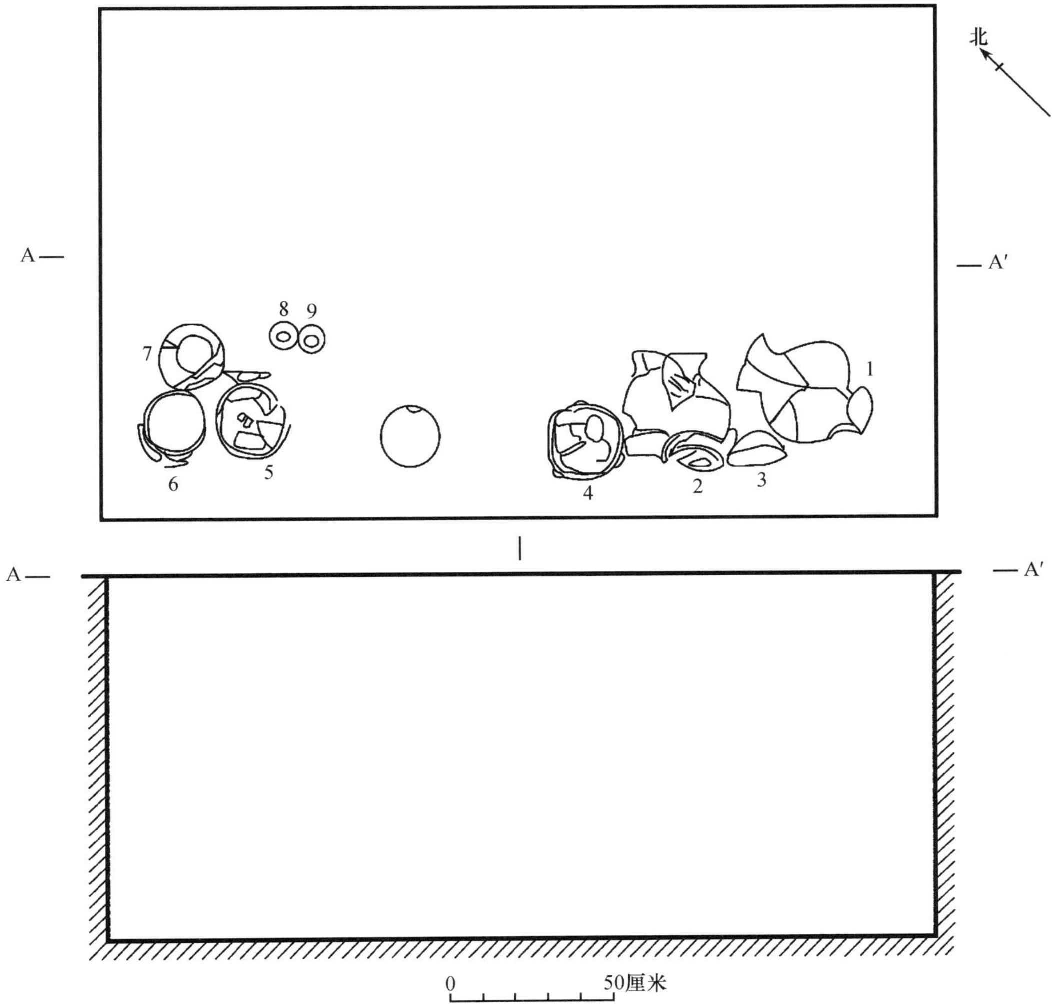

图九七　M53平、剖面图

1、2. 大陶壶　3. 陶钵　4、5. 陶鼎　6. 陶盒　7. 陶釜　8、9. 小陶壶

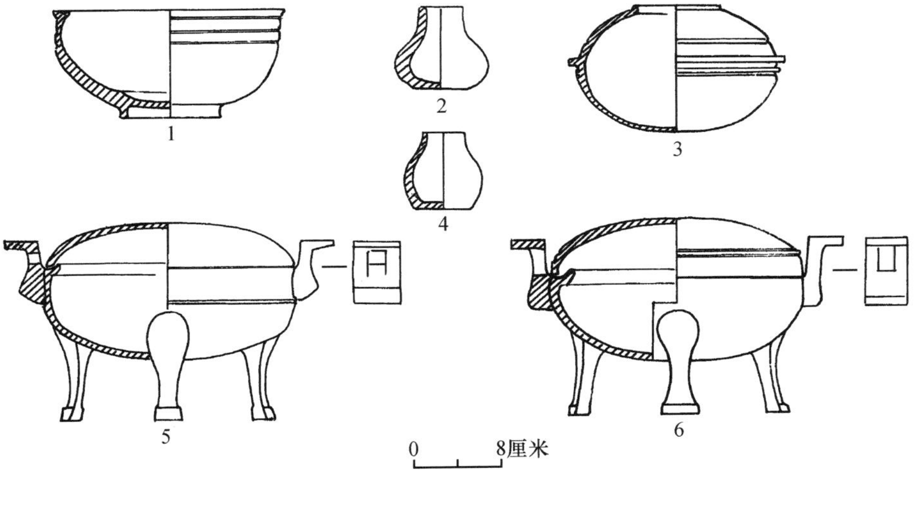

图九八　M53出土器物

1. 陶钵（M53：3）　2、4. 小陶壶（M53：9、M53：8）　3. 陶釜（M53：7）　5、6. 陶鼎（M53：4、M53：5）

四八、M54

1. 墓葬概况

位置和层位关系　该墓位于Ⅱ区（2010年发掘）的西南部T1805西部，东、南分别与M55、M56相邻；由于表土层被江水冲刷，墓口暴露于地表，东高西低，打破生土。

方向　30°。

形状与结构　长方形竖穴土坑墓。四壁陡直，底部较平。口、底同大，长260厘米，宽160厘米，深46～70厘米（图九九）。

填土　黄褐色五花土，土质较硬，结构致密，包含物中有部分灰陶片。

葬具　未见棺椁痕迹。

人骨　保存较差。

2. 出土器物

该墓被盗严重，填土中出土有部分灰陶片，可辨器形有鼎、釜、甑等。

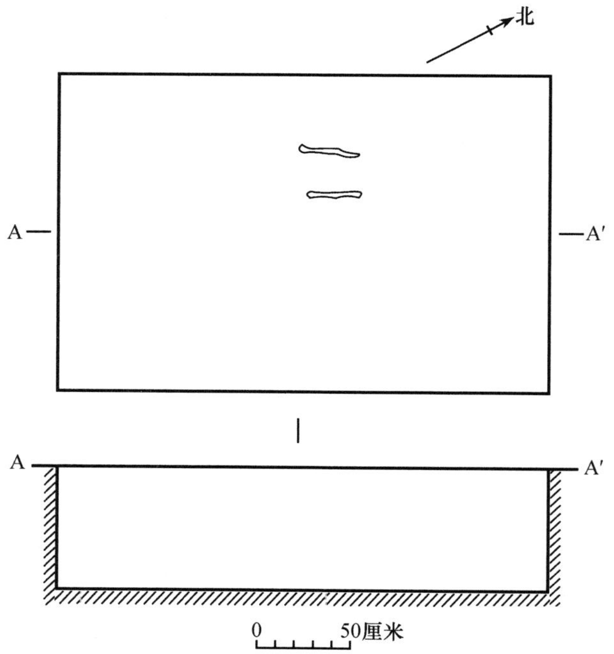

图九九　M54平、剖面图

四九、M55

1. 墓葬概况

位置和层位关系　该墓位于Ⅱ区（2010年发掘）的西南部T1805东北部，西、南分别与M54、M56相邻；由于表土层被江水冲刷，墓口暴露于地表，打破生土。

方向　45°。

形状与结构　长方形竖穴土坑墓。四壁陡直，底部较平。墓底有一层厚约2厘米的炭粒。口、底同大，长254厘米，宽180厘米，墓底深330厘米（图一〇〇）。

填土　黄褐色五花土，土质较硬，结构致密，无包含物。

葬具　未见棺椁痕迹。

人骨　保存较差。

2. 出土器物

无。

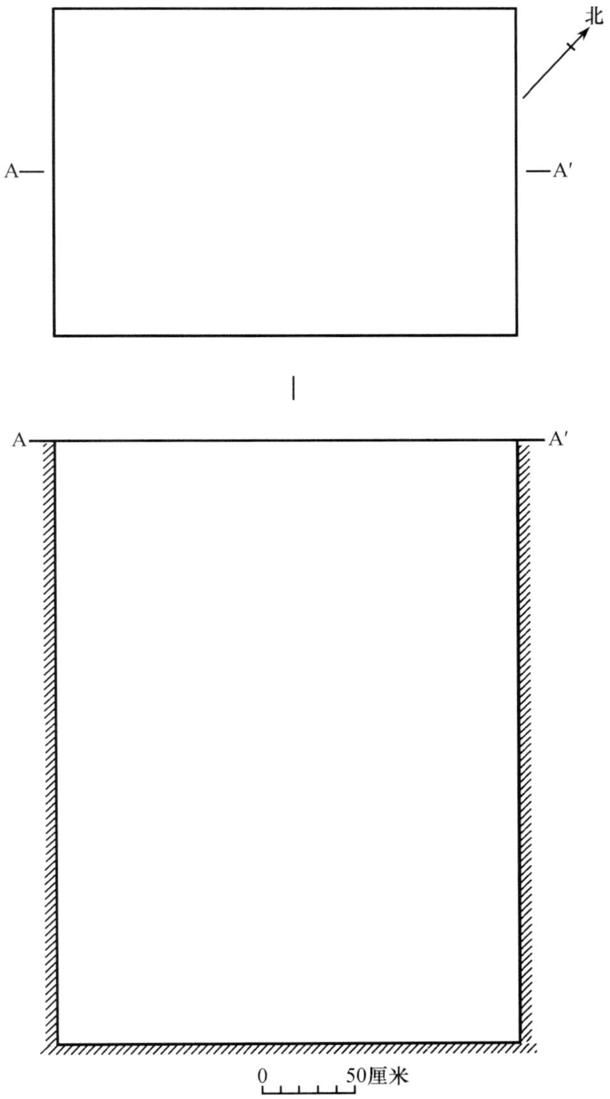

图一〇〇　M55平、剖面图

五〇、M56

1. 墓葬概况

位置和层位关系　该墓位于Ⅱ区（2010年发掘）的西南部T1805南部，北与M54、M55相临；由于表土层被江水冲刷，墓口暴露于地表，打破生土。

方向　45°。

形状与结构　长方形竖穴土坑墓。四壁陡直，底部较平。底周有生土台，台面宽19～20厘米，高125厘米。墓口长298厘米，宽210厘米，墓底长260厘米，宽180厘米，深290厘米。

填土　黄褐色五花土，土质致密无包含物（图一〇一）。

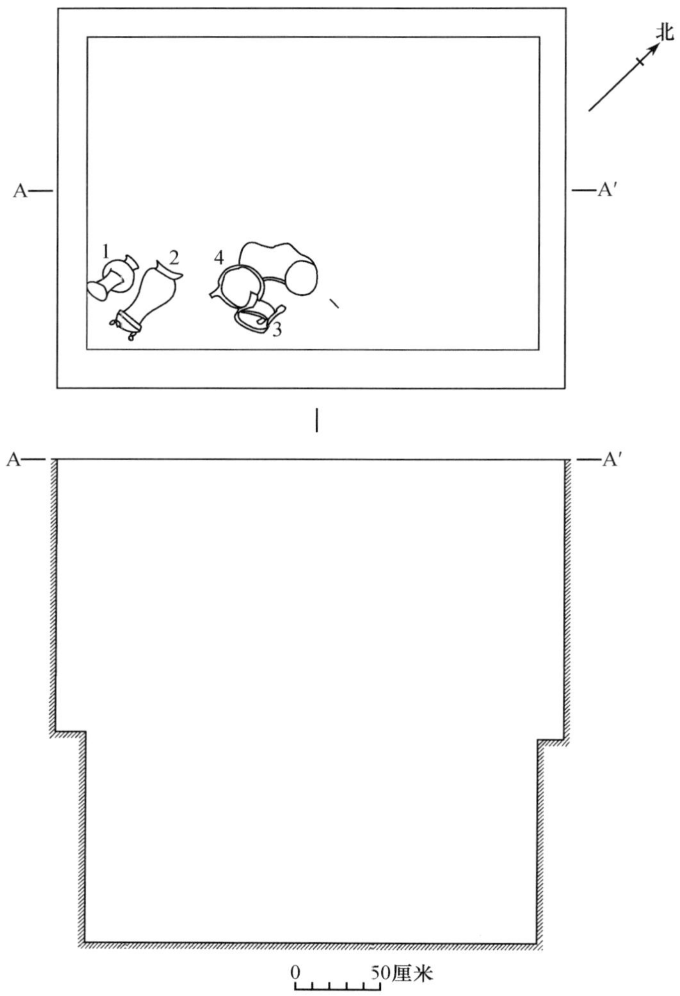

图一〇一　M56平、剖面图

1. 陶壶　2. 铜钫　3. 陶鼎　4. 铜鼎

葬具　未见痕迹，棺椁不详。

人骨　保存较差，年龄、尺寸等不详。

2. 出土器物

共4件。置于墓底东南部，分陶器与铜器两类，其中陶鼎、陶壶各1件；铜鼎、铜钫各1件。

陶鼎　1件。标本M56：3，泥质灰陶。子口承弧形盖，盖上附三兽角形纽并饰一周浅凹弦纹。弧腹圜底，肩腹部附两个对称长方形耳，中部饰一周凹弦纹，下部接三兽足。口径16.8厘米，通高18.4厘米（图一〇二，2；图版一五，2）。

陶壶　1件。标本M56：1，泥质灰陶。方唇，敞口，高束颈，溜肩，扁鼓腹平底，高圈足外撇。口径11.2厘米，腹径22.6厘米，底径13.6厘米，高32.8厘米（图一〇二，3）。

铜鼎　1件。标本M56：4，青绿色。子口承弧形盖，上附三鸟形纽，深弧腹，圜底。肩腹部附对称双方耳，腹中部饰一周凸弦纹，下部接三熊足。口径12.6厘米，通高12厘米（图一〇二，1）。

铜钫　1件。标本M56：2，残破严重，不能修复。

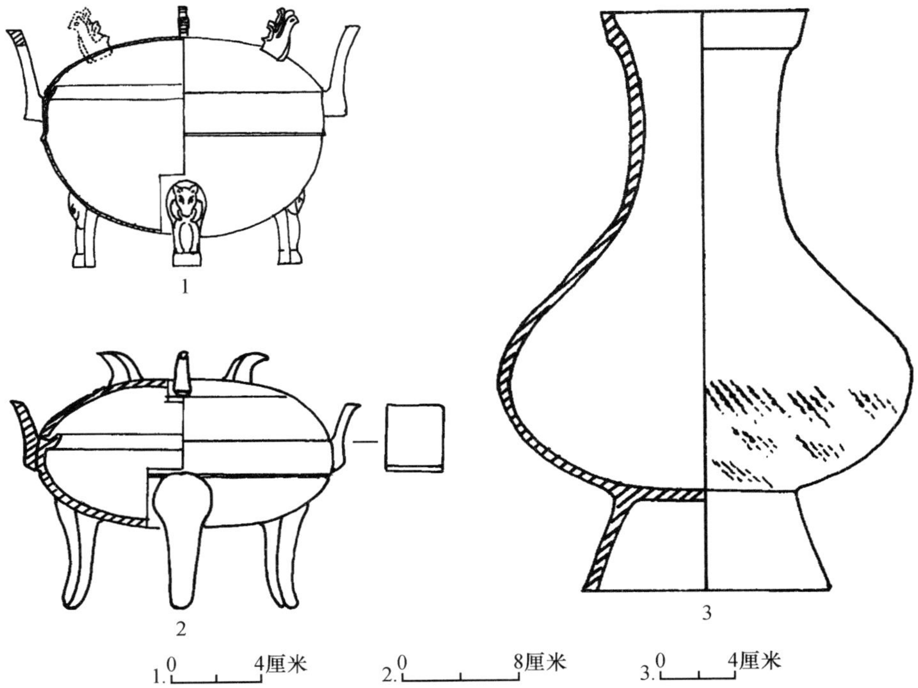

图一〇二　M56出土器物
1. 铜鼎（M56：4）　2. 陶鼎（M56：3）　3. 陶壶（M56：1）

五一、M58

1. 墓葬概况

位置和层位关系　该墓位于Ⅱ区（2010年发掘）的西南部T0406西部，北侧与M60、M59相邻；由于表土层被江水冲刷，墓口暴露于地表，打破生土。

方向　110°。

形状与结构　长方形竖穴土坑墓。四壁陡直，底部较平。底部铺有厚约2厘米的炭灰。口、底同大，墓室长200厘米，宽140厘米，墓深150厘米（图一〇三）。

填土　黄褐色五花土，土质致密，无包含物。

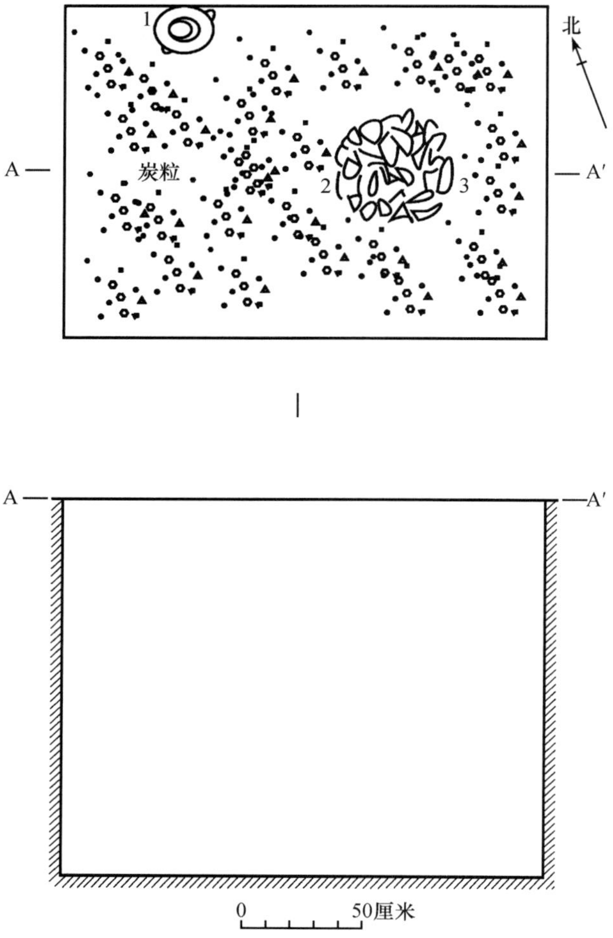

图一〇三　M58平、剖面图
1、3. 陶罐　2. 陶双口罐

葬具　未见痕迹，棺椁不详。

人骨　保存较差，年龄、尺寸等不详。

2. 出土器物

3件。陶罐放置于墓底西北角，另一陶罐与陶瓮置于墓底中部偏东，其中陶罐2件，陶瓮1件。

陶罐　2件。标本M58：1，泥质灰陶。方唇，侈口，唇面内凹，微束颈，溜肩，肩附对称桥形双耳，鼓腹弧收，凹圜底。肩及腹饰弦断绳纹，下腹及底饰斜绳纹。口径14厘米，腹径23.2厘米，底径9.6厘米，高23.4厘米（图一〇四，2）。标本M58：3，泥质灰陶。直口，翻沿，方唇微凹，直颈，溜肩，肩附两对称桥形耳，鼓腹弧收，圜底。肩及腹饰弦断绳纹，腹下及底分别饰竖向绳纹和斜向绳纹。口径12厘米，腹径20.4厘米，高23.6厘米（图一〇四，3）。

陶双口罐　1件。标本M58：2，泥质灰陶。敛口，矮颈，广肩，肩饰一周上卷棱，鼓腹弧收，平底微凹。口径17.2厘米，腹径30.4厘米，底径14.4厘米，高22.4厘米（图一〇四，1；彩版一四，3）。

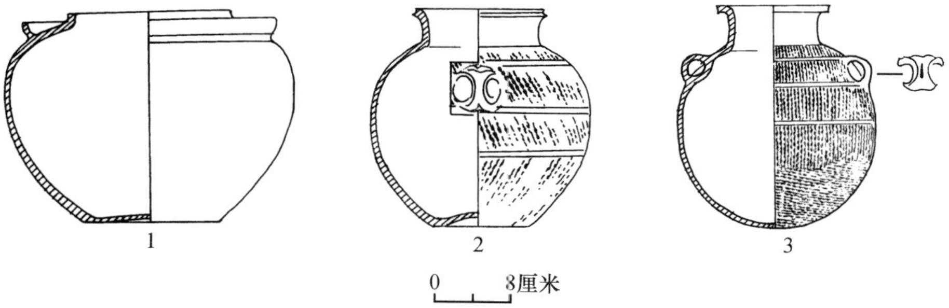

图一〇四　M58出土器物
1. 陶双口罐（M58：2）　2、3. 陶罐（M58：3、M58：1）

五二、M59

1. 墓葬概况

位置和层位关系　该墓位于Ⅱ区（2010年发掘）的西南部T0506东北部，西、南分别与M58、M60相邻；由于表土层被江水冲刷，墓口暴露于地表，打破生土。

方向　120°。

形状与结构　长方形竖穴土坑墓。四壁陡直，底部较平。底部铺一层厚两厘米积炭。口、底同大，墓长230厘米，宽150厘米，墓深160厘米（图一〇五）。

填土　黄褐色五花土，土质致密，无包含物。

葬具　未见痕迹，棺椁不详。

人骨　保存较差，年龄、尺寸等不详。

2. 出土器物

10件。全部置于墓底东北部，分陶器，铜器和铅器三类，其中陶器8件：分别为陶瓮1件、陶网坠1件、陶鼎1件、陶盒1件、陶灶1件、陶釜2件、陶甑1件；铜洗1件；铅饰件1件（彩版七，1；图版一二，1）。

陶鼎　1件。标本M59：3，泥质灰陶。子口承弧形盖，上饰一周凹弦纹，肩腹部附两个对称方耳，耳上部外撇。深直腹弧收，平底下接人面蹄足。腹饰一周凹弦纹。口径21.6厘米，通高22.8厘米（图一〇六，1）。

陶瓮　1件。标本M59：1，泥质灰陶。敛口，沿面内凹，上承弧形盖，矮颈，广肩，弧腹，平底。口径20厘米，腹径34.4厘米，底径20.8厘米，通高30.4厘米（图一〇六，4；图版二七，3）。

陶盒　1件。标本M59：6，泥质灰陶。子口内敛，覆碗形盖，弧腹平底；盖、身共饰四周凹弦纹。口径14.4厘米，底径8.8厘米，通高16.8厘米（图一〇六，6）。

陶灶　1件。标本M59：7，泥质灰陶。前方后圆，壁直，前侧有拱形灶门，后有一圆柱状烟囱，台面前有一圆形火眼，后有一方形凹陷坑。灶长27.6厘米，最宽16厘米，高12厘米（图一〇六，8；彩版一五，2）。

陶甑　1件。标本M59：9，泥质灰陶。方唇，敛口，平折沿，鼓腹斜收，平底。底有六个箅孔。口径16.8厘米，底径6.4厘米，高7.2厘米（图一〇六，3）。

陶釜　2件。标本M59：8，泥质灰陶。尖唇，敛口，鼓腹斜收，平底。腹饰二周凹弦纹。口径9.6厘米，腹径15.2厘米，底径7.2厘米，高10.4厘米（图一〇六，2）。标本M59：10，泥质灰陶。敛口，圆唇，扁鼓腹，圜底。口径5.6厘米，腹径8厘米，高4厘米（图一〇六，5）。

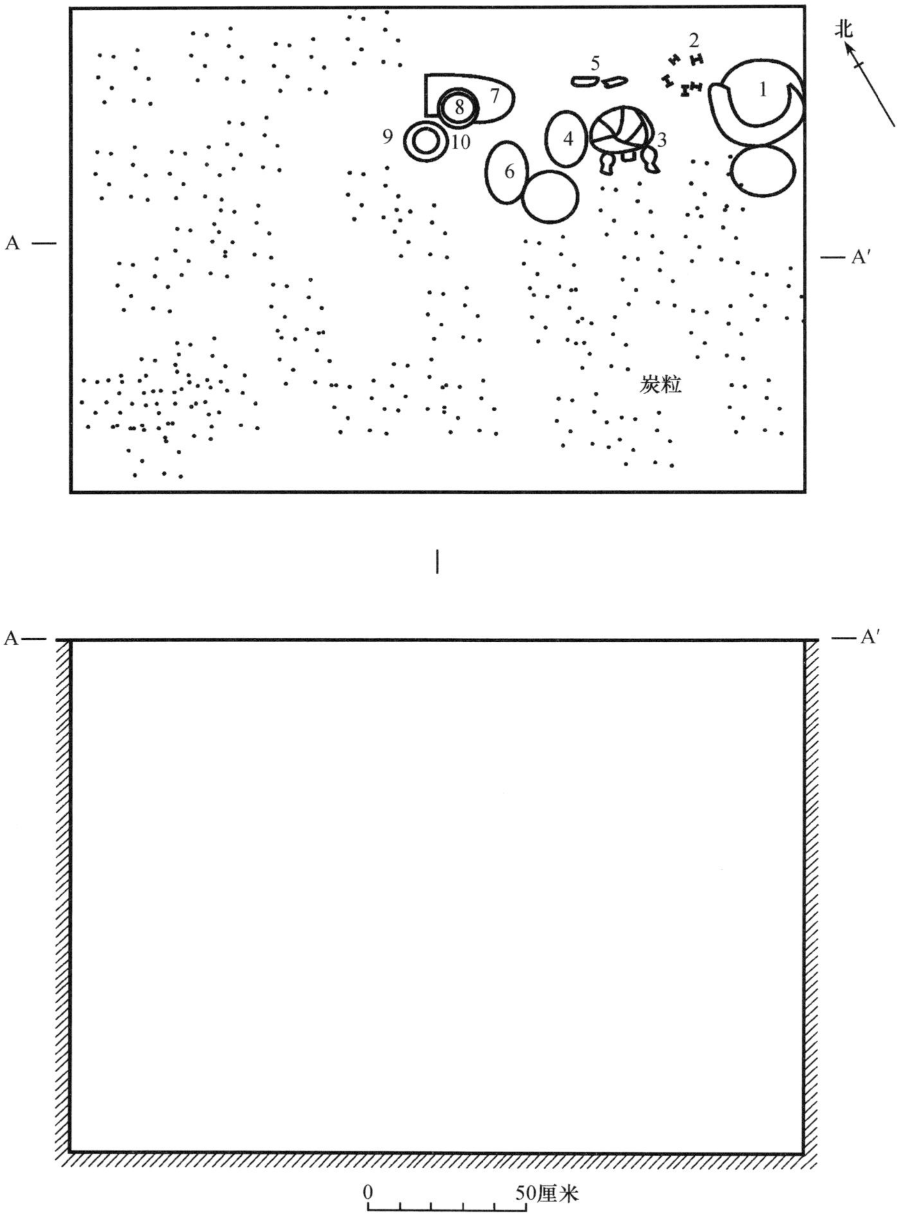

图一〇五 M59平、剖面图

1. 陶瓮 2. 网坠 3. 陶鼎 4. 铜洗 5. 铅饰件 6. 陶盒 7. 陶灶 8、10. 陶釜 9. 陶甑

铜洗 1件。标本M59：4。侈口，折沿，鼓腹，下弧内收，圜底。口径18.8厘米，腹径17.6厘米，高8.4厘米（图一〇六，7）。

铅器1件（M59：5）、陶网坠1件（M59：2），残破严重，未能修复。

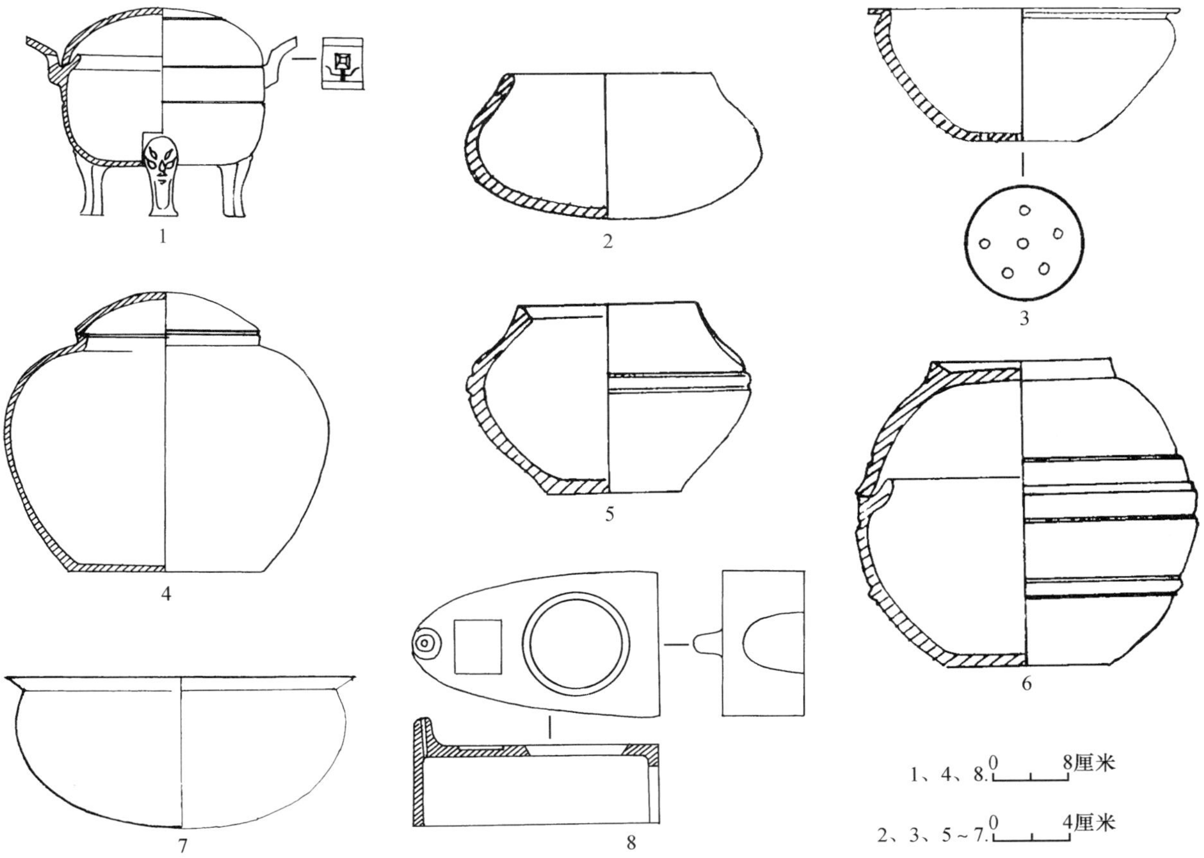

图一〇六　M59出土器物

1. 陶鼎（M59：3）　2、5. 陶釜（M59：8、M59：10）　3. 陶甑（M59：9）　4. 陶瓮（M59：1）　6. 陶盒（M59：6）　7. 铜洗（M59：4）　8. 陶灶（M59：7）

五三、M60

1. 墓葬概况

位置和层位关系　该墓位于Ⅱ区（2010年发掘）的西南部T0506中部，东与M59，南与M58相邻；由于表土层被江水冲刷，墓口暴露于地表，打破生土。

方向　135°。

形状与结构　长方形竖穴积石积炭墓。四壁陡直，底部较平。墓室北、东、南三壁下积石，宽20～27厘米，高100厘米，底部铺一厚约2厘米的炭粒。口、底同大，长280厘米，宽200厘米，墓深230厘米（图一〇七）。

填土　黄褐色五花土，土质疏松，无包含物。

葬具　不详。

人具　不详。

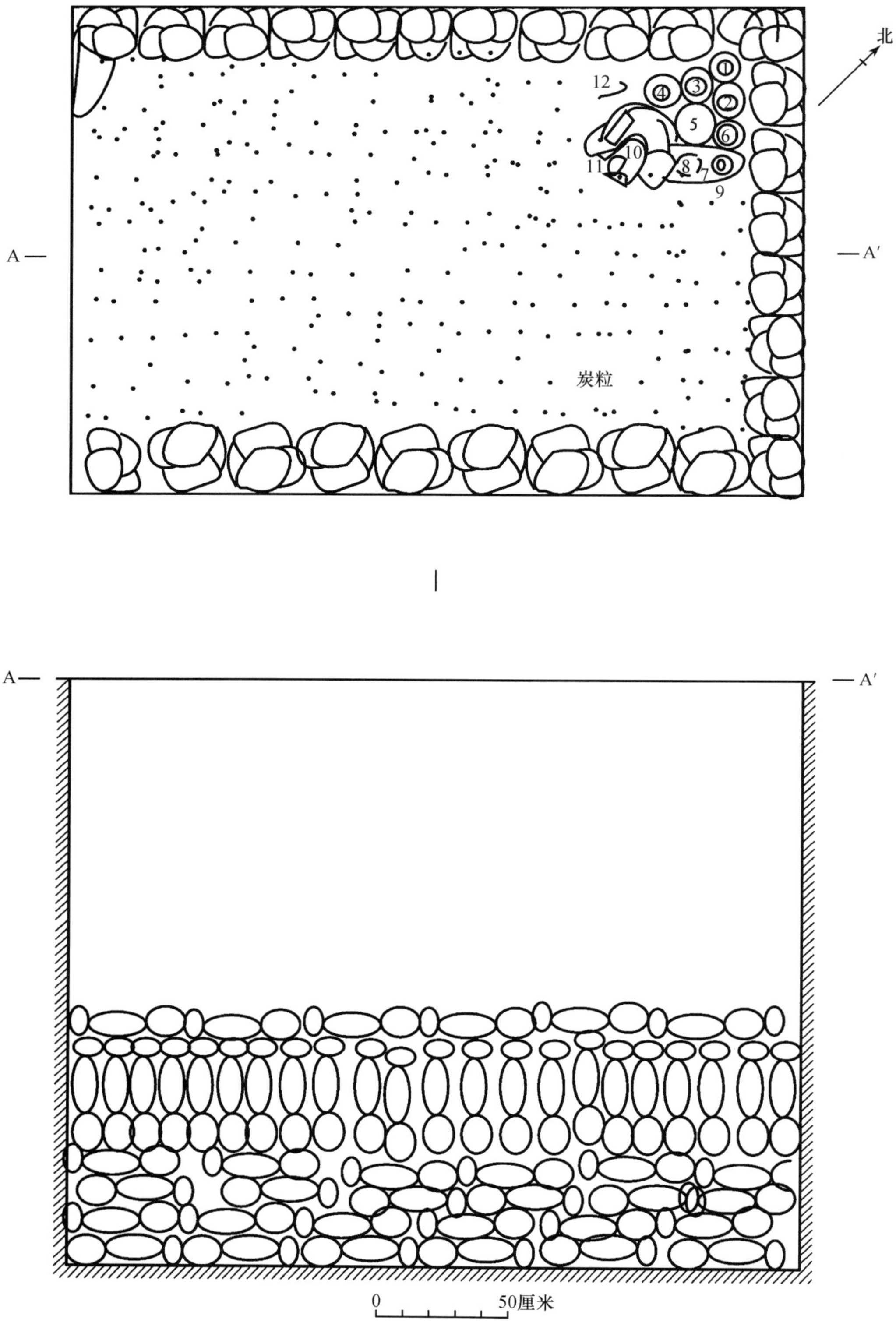

图一〇七　M60平、剖面图

1～4. 陶仓　5. 陶罐　6. 陶盆　7. 陶釜　8. 陶甑　9. 陶灶　10. 陶釜　11. 铜洗　12. 铁刀

2. 出土器物

12件。集中置放于墓底东北角，分为陶器，铜器和铁器三类，其中陶器10件：分别为陶仓4件、陶罐1件、陶灶1件、陶甑1件、陶盆1件、陶釜2件；铜洗1件；铁刀1件。

陶仓　4件。标本M60：1，泥质灰陶。方唇，敛口，折肩，筒腹，平底。腹上残留弦断绳纹痕迹。口径10.7厘米，腹径17.2厘米，底径16.4厘米，高24.8厘米（图一〇八，1；彩版一五，4）。标本M60：2，泥质灰陶。方唇，敛口，折肩，筒腹，平底。腹饰数周浅凹弦纹。口径9.6厘米，底径14.4厘米，高25.2厘米（图一〇八，3）。标本M60：3，泥质灰陶。方圆唇，敛口，弧折肩，筒腹，平底。腹上残留弦断绳纹痕迹。口径10.8厘米，腹径17.6厘米，底径16.8厘米，高25.2厘米（图一〇八，2）。标本M60：4，泥质灰陶。方唇，敛口，折肩，筒腹，平底。腹部残留弦断绳纹痕迹。口径10.4厘米，底径13.8厘米，高22.8厘米（图一〇八，4）。

陶罐　1件。标本M60：5，泥质灰陶。圆唇，敛口，矮颈，圆肩，弧腹，平底。口径10.4

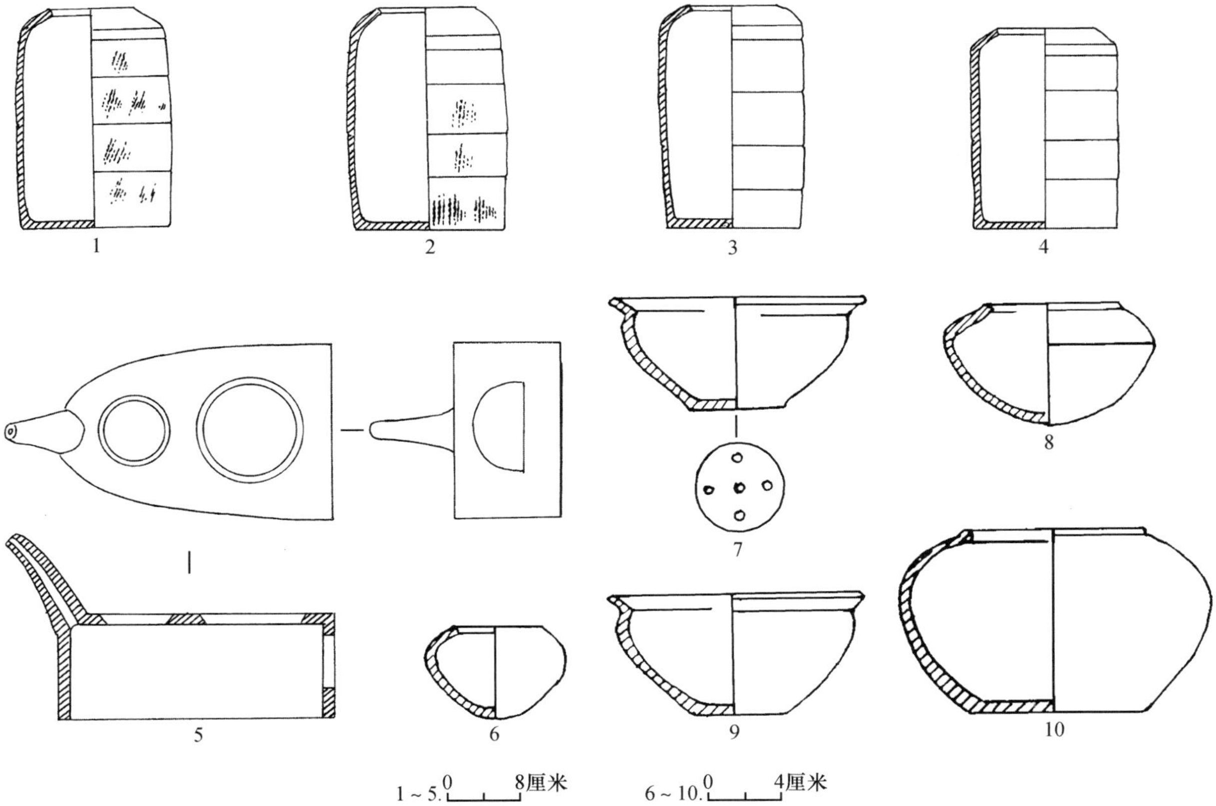

图一〇八　M60出土器物

1～4. 陶仓（M60：1、M60：3、M60：2、M60：4）　5. 陶灶（M60：9）　6、8. 陶釜（M60：10、M60：7）　7. 陶甑（M60：8）　9. 陶盆（M60：6）　10. 陶罐（M60：5）

厘米，腹径17.0厘米，底径9.6厘米，高10.4厘米（图一〇八，10）。

陶灶　1件。标本M60：9，泥质灰陶。前方后圆，直壁。前壁有一拱形火门，后有一圆柱形烟囱，上细下粗。灶台面有两个圆形灶眼，大小不一，上置两釜一甑。灶长36厘米，宽19.5厘米，高11.6厘米。烟囱长9.2厘米（图一〇八，5；彩版一五，3）。

陶甑　1件。标本M60：8，泥质灰陶。敛口，仰折沿，鼓腹斜收，平底。底部有五个圆形箅孔。口径14厘米，底径4.8厘米，高6.4厘米（图一〇八，7）。

陶盆　1件。标本M60：6，泥质灰陶。敛口，仰折沿，鼓腹弧收，平底。口径14厘米，顶径5.2厘米，高6.8厘米（图一〇八，9）。

陶釜　2件。标本M60：7，泥质灰陶。圆唇，敛口，折腹下弧收，圜底。口径7.6厘米，腹径11.6厘米，高6.4厘米（图一〇八，8）。标本M60：10，敛口，方唇，鼓腹，下腹斜直，小圜底。口径5.2厘米，腹径8厘米，高5.2厘米（图一〇八，6）。

铜洗1件（M60：11）、铁刀1件（M60：12），锈蚀严重，未能修复。

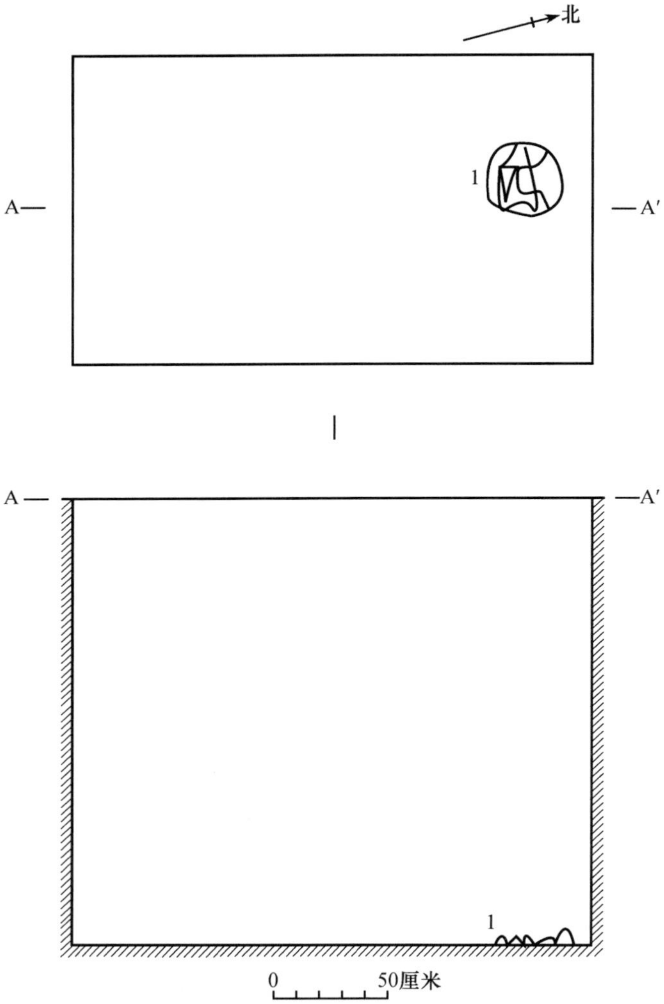

图一〇九　M62平、剖面图
1. 陶罐

五四、M62

1. 墓葬概况

位置和层位关系　该墓位于Ⅱ区（2010年发掘）的西南部T0505东北部，西与M63相邻；开口于表土层下，距地表15厘米，打破生土。

方向　15°。

形状与结构　长方形竖穴土坑墓。四壁陡直，底部较平。口、底同大，长230厘米，宽140厘米，墓深200厘米（图一〇九）。

填土　黄褐色五花土，土质较疏松，无包含物。

葬具　不详。

人骨　不详。

2. 出土器物

陶罐1件。置于底北端。

陶罐　1件。标本M62：1，泥质灰陶。圆唇，侈口，束颈，溜肩，鼓腹，凹圜底。肩附两个对称桥形耳，肩及腹饰弦断绳纹，下腹及底饰斜向绳纹。口径14厘米，腹径28厘米，底径6.4厘米，高18厘米（图一一〇）。

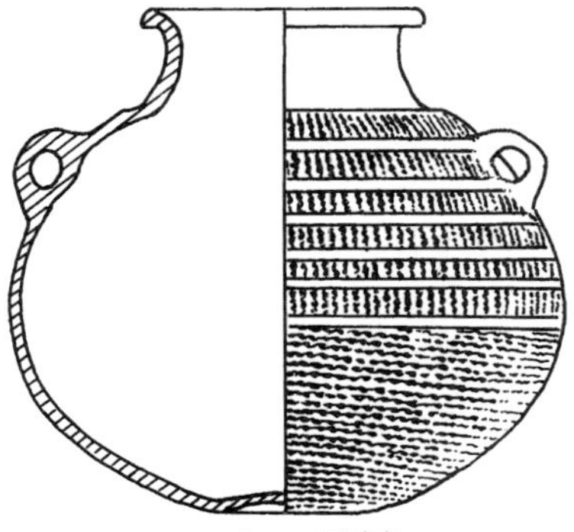

图一一〇　M62出土陶罐（M62：1）

五五、M63

1. 墓葬概况

位置和层位关系　该墓位于Ⅱ区（2010年发掘）的西南部T0505北部，东与M62相邻；开口于表土层下，距地表15厘米，打破生土。

方向　15°。

形状与结构　长方形竖穴土坑墓。四壁陡直，底部较平。底部铺有一层厚约2厘米的炭灰。口、底同大，墓长230厘米，宽170厘米，墓深200厘米（图一一一）。

填土　黄褐色五花土，土质较疏松，无包含物。

葬具　不详。

人骨　1具。头向北，仰身直肢，性别、年龄等不详。

2. 出土器物

8件。集中置于墓底西南部，分为陶器和铁器两类，其中陶器7件：分别为陶罐1件、陶壶1件、陶灶1件、陶釜2件、陶甑1件、陶盆1件；铁器为鼎1件。

陶罐　1件。标本M63：1，泥质灰陶。圆唇，敛口，卷沿，束颈，溜肩，鼓腹，凹圜底。肩附两个对称桥形耳，肩及腹饰弦断绳纹，下腹及底饰斜向绳纹。口径12厘米，腹径21.6厘米，底径6.4厘米，高22.8厘米（图一一二，6）。

陶灶　1件。标本M63：2，泥质灰陶。平面呈梯形，直壁。前有一拱形灶门，后有一斜柱状烟囱，灶台上有两个大小不一的火口。灶长32厘米，宽12～22厘米，高10.4厘米（图

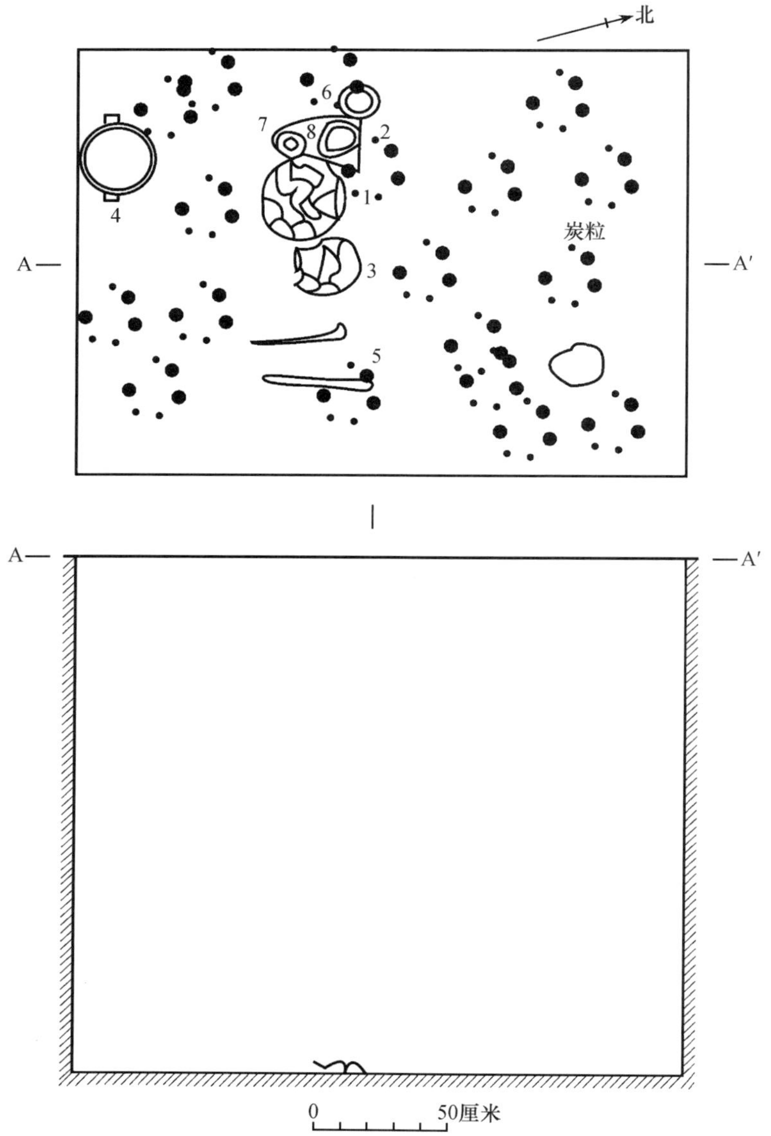

图一一一　M63平、剖面图

1. 陶罐　2. 陶灶　3. 陶壶　4. 铁鼎　5. 陶盆　6、7. 陶釜　8. 陶甑

一一二，1；图版三三，2）。

陶釜　2件。标本M63：6，泥质灰陶。敛口，斜沿，折腹弧收，圜底近平。口径6厘米，腹径9.6厘米，高4厘米（图一一二，3）。标本M63：7，敛口，泥质灰陶。弧腹圜底。口径6.4厘米，高4厘米（图一一二，5）。

陶甑　1件。标本M63：8，泥质灰陶。方唇，敞口，平折沿，弧腹斜收，平底。底部有五个圆形箅孔。口径14.4厘米，底径4.8厘米，高5.2厘米（图一一二，4）。

陶盆　1件。标本M63：5，泥质灰陶。方圆唇，敞口，平折沿，弧腹斜收，平底。腹上有刮削痕。口径12.8厘米，顶径4.8厘米，高4.4厘米（图一一二，2）。

陶灶组合（图一一三）。

陶壶1件（M63：3）、铁鼎1件（M63：4）锈蚀严重，未能修复。

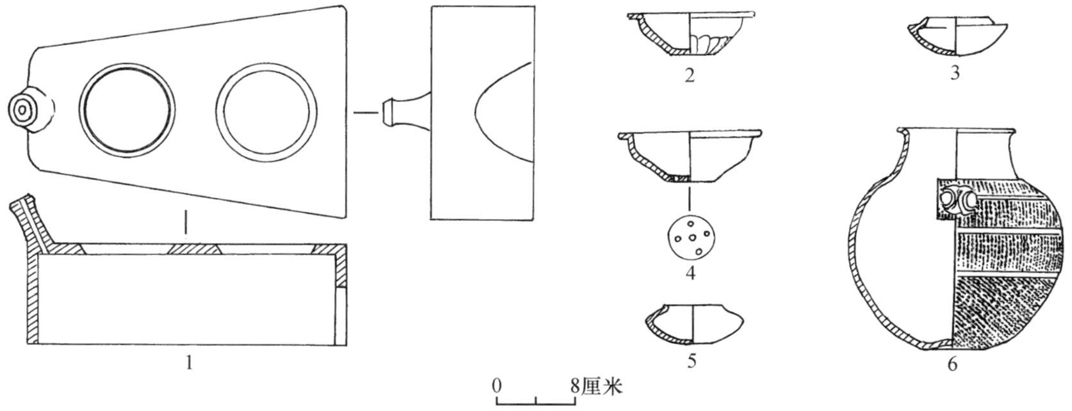

图一一二　M63出土器物

1. 陶灶（M63：2）　2. 陶盆（M63：5）　3、5. 陶釜（M63：6、M63：7）　4. 陶甑（M63：8）　6. 陶罐（M63：1）

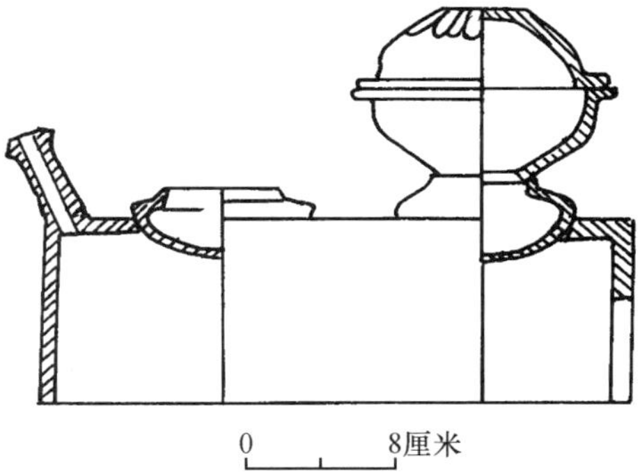

图一一三　M63出土陶灶组合（M63：2、M63：5、M63：6、M63：7、M63：8）

五六、M64

1. 墓葬概况

位置和层位关系　该墓位于Ⅱ区（2011年发掘）东北部T0905西部，西与M77、M78相邻；开口于表土层下，距地表15厘米，打破生土。

方向　115°。

形状与结构　长方形竖穴土坑墓，墓壁规整，直壁向下，表面粗糙，底部较平。口、底同大，长240厘米，宽160厘米，墓底深330厘米（图一一四）。

填土　黄褐色五花土，土质松软，结构疏松，无包含物。

葬具　不详。

人骨　不详。

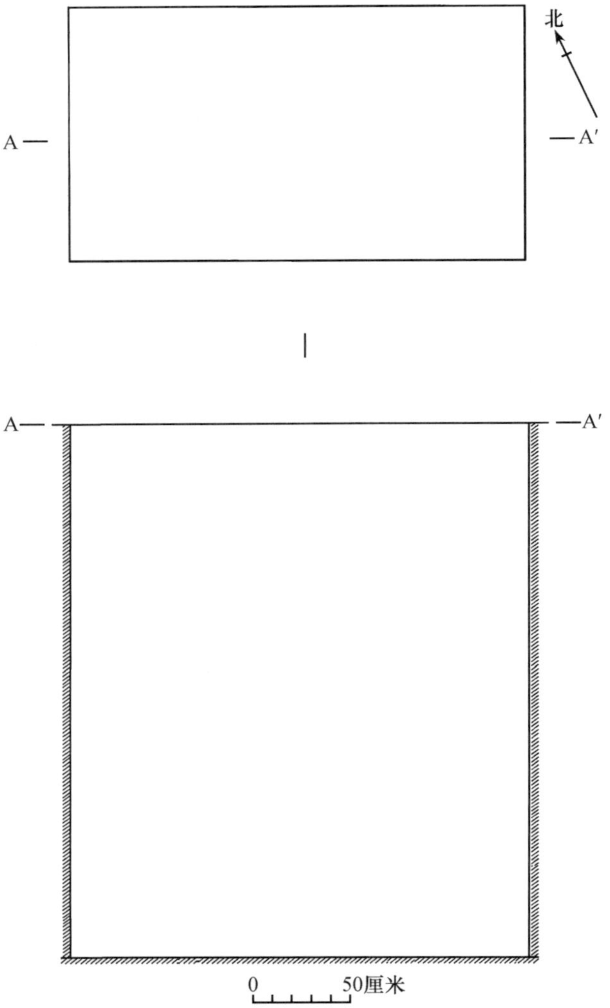

图一一四　M64平、剖面图

2. 出土器物

无。

五七、M65

1. 墓葬概况

位置和层位关系　该墓位于Ⅱ区（2011年发掘）东北部T1107西北部，东北与M67相邻，西北与M66相邻；开口于表土层下，距地表25厘米，打破生土。

方向　310°。

形状与结构　长方形竖穴土坑墓。四壁陡直，底部较平。近底部东、南、北三壁有生土二层台。墓底铺有一层约2厘米的炭粒。墓口长280厘米，宽190厘米，墓底长264厘米，宽150厘米，深450厘米（图一一五，彩版三，1、2）。

填土　黄褐色五花土，土质较疏松，无包含物。

葬具　一椁一棺，仅留朽痕，棺痕长240厘米，宽90厘米，椁痕长264厘米，宽150厘米。

人骨　不详。

2. 出土器物

20件。均置于棺外椁内西南部，分为陶器、铁器两类，其中陶器19件：陶甑2件、陶釜2件、陶鼎4件、陶盒4件、陶壶2件、陶方壶2件、小陶壶2件、陶罐1件；铁器1件。

陶鼎　4件。标本M65∶11，泥质灰陶。子口内敛，肩附两个对称方耳，弧腹，圜底，下接人面三蹄足。腹中部饰一周凹弦纹。上承一弧形盖。口径18.4厘米，通高18.8厘米（图一一六，7；图版一五，5）。标本M65∶15，泥质灰陶。子口内敛，肩附两个对称方耳，上部平折。直腹弧收，圜底，下接三蹄足。腹中部饰一周凸弦纹。上承一弧形盖，顶近平，中间饰喇叭形握手。口径20.3厘米，残高21.6厘米（图一一六，8）。标本M65∶19，泥质灰陶。子口内

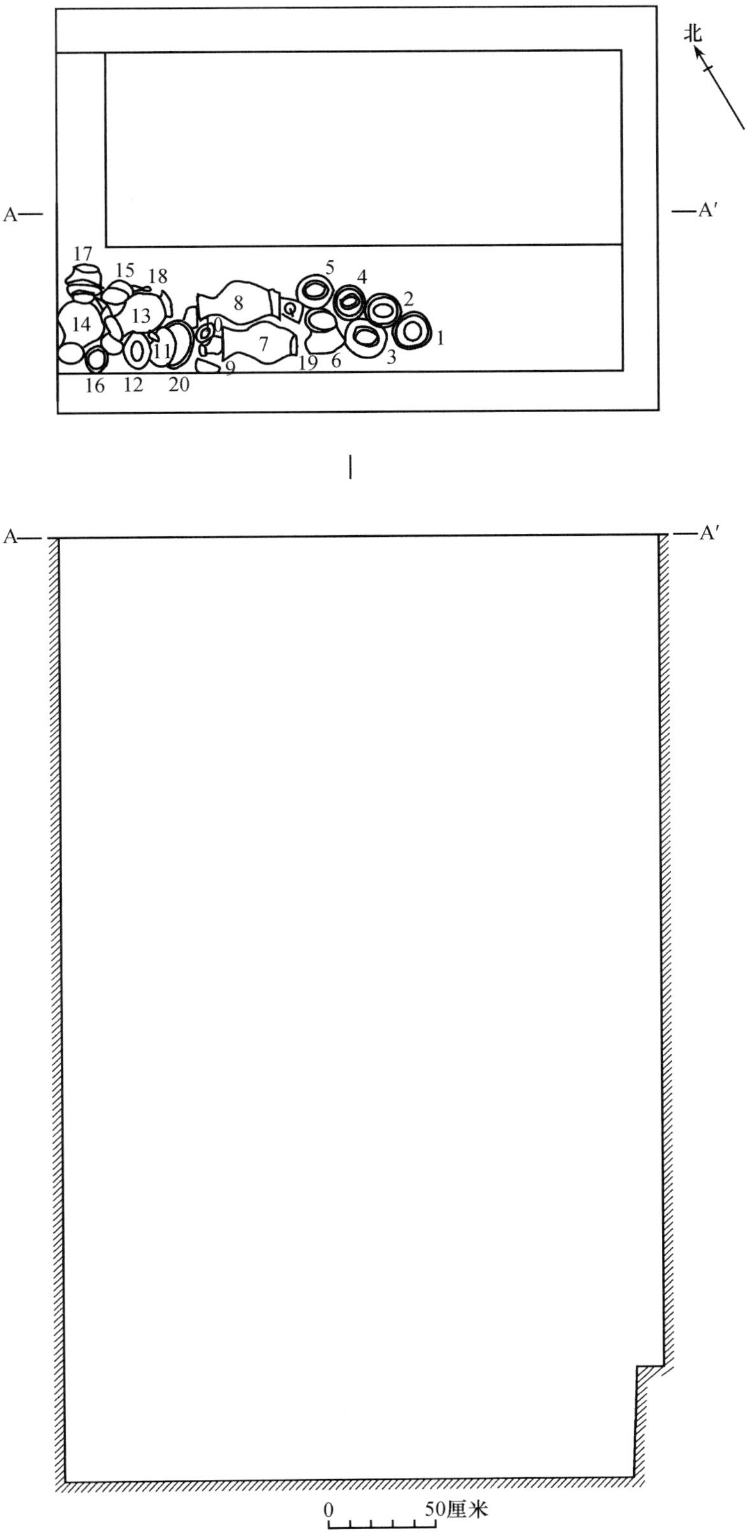

图一一五　M65平、剖面图

1、16. 陶甑　2、3. 陶釜　4、5、12、17. 陶盒　6. 铁器　7、8. 陶钫　9、10. 小陶壶　11、15、19、20. 陶鼎　13、14. 陶壶　18. 陶罐

收，肩附两个对称方耳，弧腹，圜底近平，下接三蹄足。腹中饰一周凹弦纹。上承一弧形盖。口径16厘米，通高15.2厘米（图一一六，4；图版一六，2）。标本M65：20，泥质灰陶。子口内敛，肩附两个对称方耳，直腹弧收，圜底，下接三蹄足。腹中部饰一周凸弦纹。上承一盖，盖似覆盘，弧顶，上饰三个凸形纽。口径24厘米，通高26.4厘米（图一一六，9）。

陶壶　2件。标本M65：13，泥质灰陶。盘口，沿面有一周凹槽，束颈，广肩，鼓腹弧收，平底，高圈足。肩附两个对称铺首衔环，颈、肩相交处起折棱一周，肩及腹饰三周凹弦

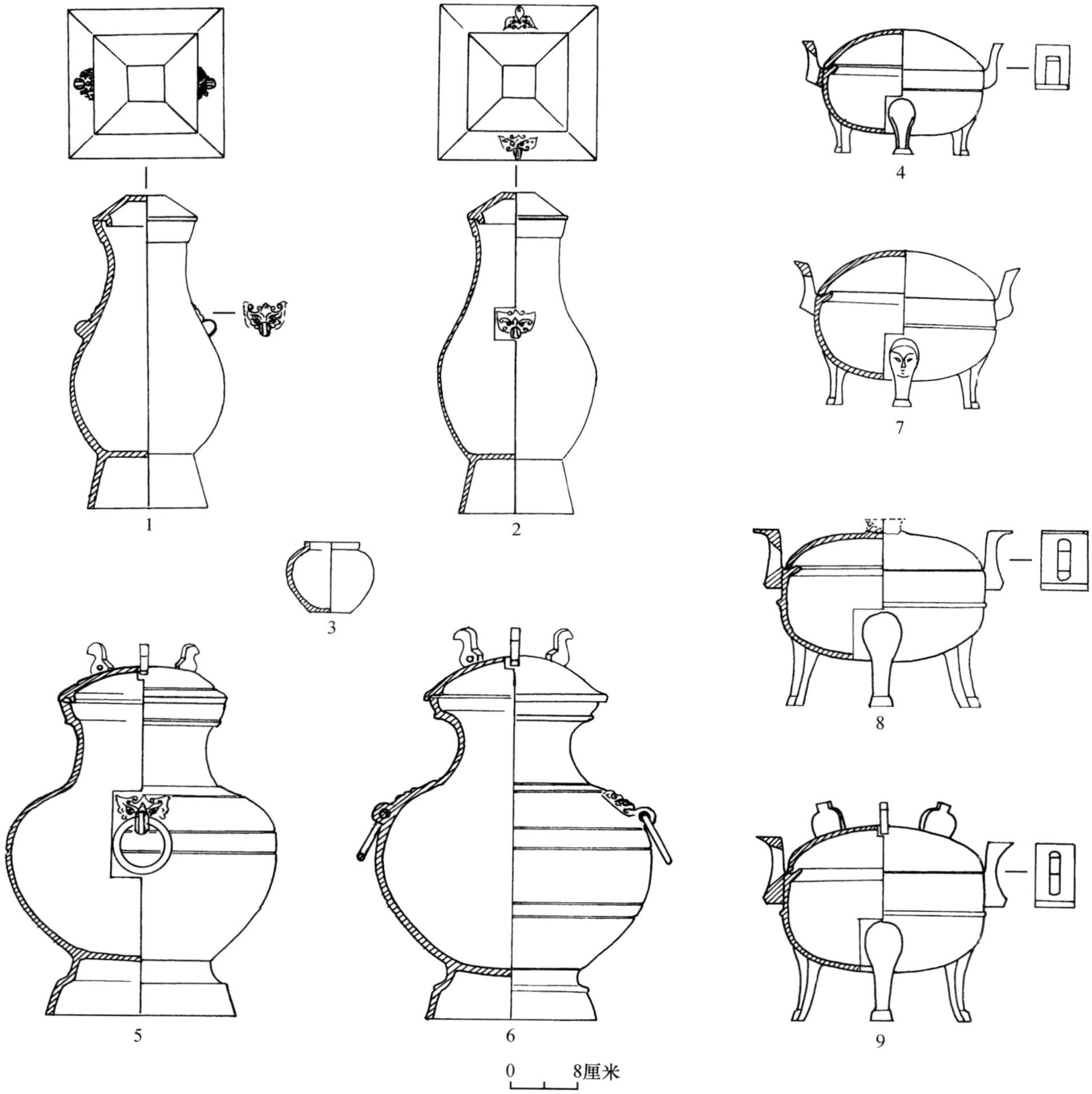

图一一六　M65出土器物（一）

1、2. 陶钫（M65：7、M65：8）　3. 陶罐（M65：18）　4、7～9. 陶鼎（M65：19、M65：11、M65：15、M65：20）

5、6. 陶壶（M65：13、M65：14）

纹，足壁起折棱一周。上承一弧形盖，饰三个鸟形纽及一周凹弦纹。口径20厘米，腹径32.3厘米，底径22.5厘米，通高45.2厘米（图一一六，5；彩版一〇，1；图版二一，1）。标本M65：14，泥质灰陶。盘口，平沿，尖圆唇，束颈，广肩，鼓腹弧收，圜底近平，高圈足。肩附两个对称铺首衔环，肩及腹饰三组凹弦纹，每组二周。足壁下折，外饰一周凸弦纹。上承一弧形盖，饰三个鸟形纽，口沿下卷。口径20厘米，腹径32.8厘米，底径20.5厘米，通高47.6厘米（图一一六，6）。

陶钫　2件。标本M65：7，泥质灰陶。方体，有盖。盖为盝顶，四角有脊线，较直，方形子口，其中两侧有对称的铺首。器身，方口，长颈，溜肩，平底，高方圈足外撇。肩附两个对称的铺首。口边长12.4厘米，底边长14.4厘米，通高36.4厘米（图一一六，1；图版一八，4）。标本M65:8，泥质灰陶。方体，有盖。盖为盝顶，四角有脊线，较直，方形子口，其中两侧有对称的铺首。器身，方口，长颈，溜肩，平底，高方圈足外撇。肩附两个对称的铺首。口边长11.5厘米，底边长13.6厘米，通高38.4厘米（图一一六，2）。

小陶壶　2件。标本M65：9，泥质灰陶。圆唇，溜肩，鼓腹，假圈足，平底。口径4.4厘米，腹径8厘米，底径4.8厘米，高9.2厘米（图一一七，6）。标本M65：10，泥质黄褐陶。方唇，侈口，平沿，束颈，鼓腹，假圈足，平底。口径大于底径。口径7.2厘米，腹径8.8厘米，底径4.8厘米，高8厘米（图一一七，5）。

陶盒　4件。标本M65：5，泥质灰陶。子口内敛，弧腹斜收，平底，矮圈足。腹饰数周

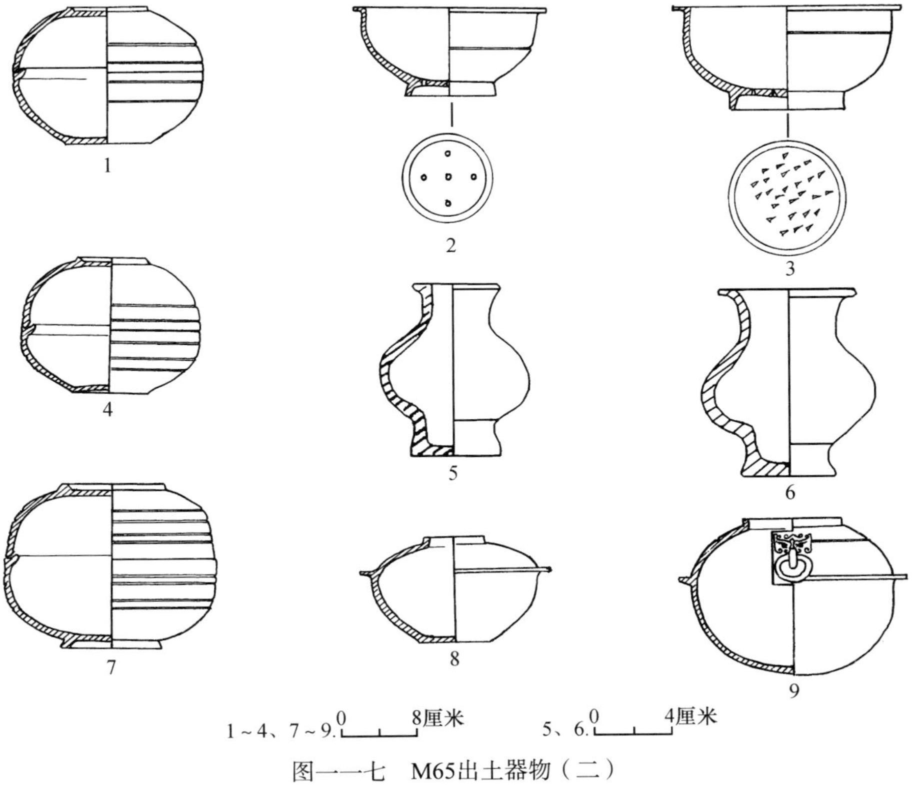

图一一七　M65出土器物（二）

1、4、7. 陶盒（M65：17、M65：12、M65：5）　2、3. 陶甑（M65：16、M65：1）　5、6. 小陶壶（M65：10、M65：9）
8、9 .陶釜（M65：2、M65：3）

凹弦纹。上承一覆碗形盖，饰数周凹弦纹。口径18厘米，腹径18.4厘米，底径10.4厘米，通高17.6厘米（图一一七，7）。标本M65：12，泥质灰陶。子口内敛，弧腹斜收，平底微凹。腹饰数周凹弦纹。上承一覆碗形盖，饰两周凹弦纹。口径18.4厘米，底径7.8厘米，通高14.4厘米（图一一七，4）。标本M65：17，夹砂灰陶。子口内敛，尖圆唇，弧腹，平底。腹饰二周凹弦纹。上承一覆碗形盖，饰二周凹弦纹。口径20厘米，底径9.2厘米，通高14.8厘米（图一一七，1）。标本M65：4无法复原。

陶罐　1件。标本M65：18，泥质灰陶。直口，方唇，鼓腹，平底。口径6.4厘米，腹径10.4厘米，底径4.8厘米，高8.8厘米（图一一六，3）。

陶甑　2件。标本M65：1，泥质灰陶。直口，平折沿，方唇，弧形腹，平底，圈足。腹饰一周凹弦纹，底部有数个三角形箅孔。口径24厘米，腹径22厘米，底径12厘米，高11.2厘米（图一一七，3）。标本M65：16，泥质灰陶。直口，平折沿，方唇，弧形腹，平底，圈足。腹饰一周凹弦纹，底部有五个圆形箅孔。口径20.4厘米，底径9.6厘米，高6.6厘米（图一一七，2）。

陶釜　2件。标本M65：2，泥质灰陶。直口，鼓腹，上腹饰一周凸棱。素面。口径6.4厘米，最大腹径20厘米，底径7.2厘米，壁厚0.5～0.7厘米，高11.2厘米（图一一七，8）。标本M65：3，泥质灰陶。直口，鼓腹，腹上部饰两对称的铺首衔环和一周凸棱，圜底。口径10.4厘米，最大腹径24厘米，高16.4厘米，壁厚0.6～0.7厘米（图一一七，9）。

铁器　1件。标本M65：6，未能修复。

五八、M66

1. 墓葬概况

位置和层位关系　该墓位于Ⅱ区（2011年发掘）东北部T1208东部，北、东、南分别与M70、M67、M68、M79相邻；开口于表土层下，距地表15厘米，打破生土。

方向　312°。

形状与结构　长方形竖穴土坑墓。斜直壁，底部较平。口大底小，墓口长270厘米，宽180厘米，墓底长230厘米，宽120厘米，墓底深240～250厘米（图一一八）。

填土　黄褐色五花土，土质较硬。无包含物。

葬具　一椁一棺，仅留朽痕，椁痕长240厘米，宽120厘米；其他不详。

人骨　1具。头向西北，仰身直肢，性别、年龄等不详。

2. 出土器物

8件。集中放置在椁内棺外北侧，按质地可分为陶、铜、漆器三类，其中陶器6件：分别为陶壶2件、陶鼎2件、陶盒1件、陶釜1件；铜器为带钩1件；漆盒1件。

陶鼎　2件。标本M66：2，泥质灰陶。子母口，肩附两个对称方耳，耳上部平折。深弧腹，平底，下接三蹄足。腹饰一周凸弦纹。上承一弧形盖，近口沿处饰一周凸弦纹。口径21.2厘米，通高21.6厘米（图一一九，6）。标本M66：3，泥质灰陶。子母口，肩附两个对称方耳，上部平折。腹上部竖直，下部近折，平底，下接三蹄足。腹饰一周凸弦纹。上承一弧形盖，近口部有一周折棱。口径21.6厘米，通高20.8厘米（图一一九，1；图版一七，1）。

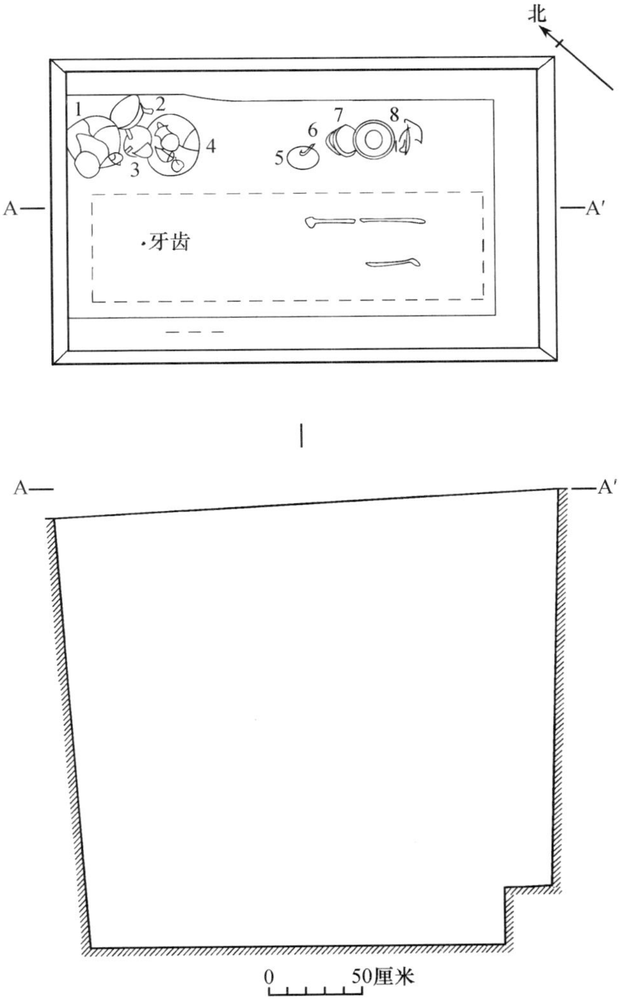

图一一八　M66平、剖面图
1、4. 陶壶　2、3. 陶鼎　5. 漆盒　6. 铜带钩　7. 陶盒　8. 陶釜

陶壶　2件。标本M66：1，泥质灰陶。盘口，束颈，溜肩，鼓腹弧收，圜底，圈足外撇。肩附两个对称铺首衔环，肩、腹部各饰二周凹弦纹，足饰一周凸弦纹。上承一弧形盖。口径17.6厘米，腹径31.2厘米，底径19.2厘米，通高40厘米（图一一九，4）。标本M66：4，夹砂灰陶。盘口，束颈，溜肩，鼓腹，圜底，圈足外撇。肩附两个对称铺首衔环，肩、腹部各饰二周凹弦纹。口底部均残。腹径30.4厘米，残高27.2厘米（图一一九，5）。

陶盒　1件。标本M66：7，泥质灰陶。子母口，深弧腹，平底，圈足。腹饰四周凹弦纹。上承一覆碗形盖，近口处饰二周凹弦纹。口径20厘米，底径10厘米，通高16.8厘米（图一一九，3）。

陶釜　1件。标本M66：8，泥质灰陶。直口，鼓腹，上腹饰一周凸棱。素面。口径8.8厘米，最大腹径22.4厘米，底径6.4厘米，壁厚0.6～0.8厘米，高9.6厘米（图一一九，2）。

漆盒1件（M66：5）、铜带钩1件（M66：6）无法修复。

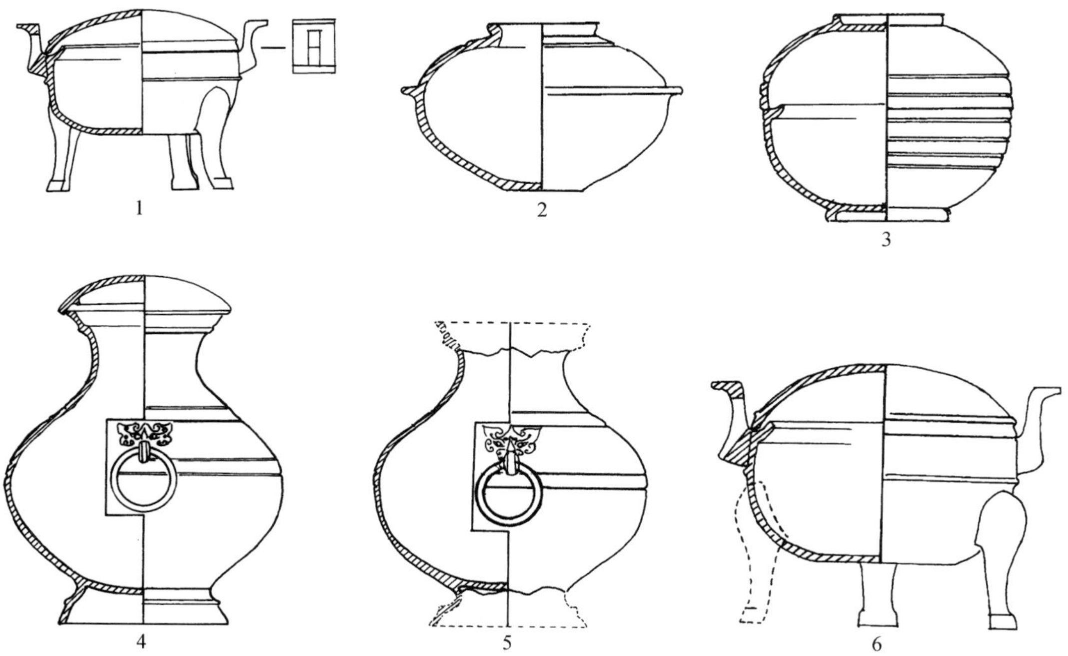

1、4、5. 0 8厘米　2、3、6. 0 4厘米

图一一九　M66出土器物

1、6. 陶鼎（M66：3、M66：2）　2. 陶釜（M66：8）　3. 陶盒（M66：7）　4、5. 陶壶（M66：1、M66：4）

五九、M67

1. 墓葬概况

位置和层位关系　该墓位于Ⅱ区（2011年发掘）东北部T1207南部，南、西、北分别与M65、M66、M68相邻；开口于表土层下，距地表15厘米，打破生土。

方向　310°。

形状与结构　长方形竖穴土坑墓。斜直壁，底部较平。口大、底小，墓口长230厘米，宽150厘米；墓底长210厘米，宽130厘米，墓深180～200厘米（图一二〇）。

填土　黄褐色五花土，土质致密。无包含物。

葬具　不详。

人骨　不详。

2. 出土器物

7件。全部是陶器，除1件陶罐放置在墓底西南角外，余皆放置在墓底西北部，其中陶钵1件、陶瓮1件、陶盒2件、陶釜1件、陶鼎1件。

陶钵　1件。标本M67：1，泥质灰陶。斜方唇，敛口，弧腹内收，平底。口径14.2厘米，腹径15.2厘米，底径6.4厘米，高5.2厘米（图一二一，2）。

陶瓮　1件。标本M67：3，泥质灰陶。方唇，敛口，矮直颈，广肩，上腹圆鼓，下腹弧内收，平底。肩、下腹部各饰二周凹弦纹。口径22.1厘米，腹径38.2厘米，底径19.8厘米，高25.2厘米（图一二一，3）。

陶鼎　1件。标本M67：7，泥质黄褐陶。子口内敛，上承弧形盖，肩附对称双耳，耳顶部向外平折，上腹直，下腹内收，圜底，三蹄足。口径25厘米，通高18.4厘米（图一二一，1）。

其他器物均未能修复。

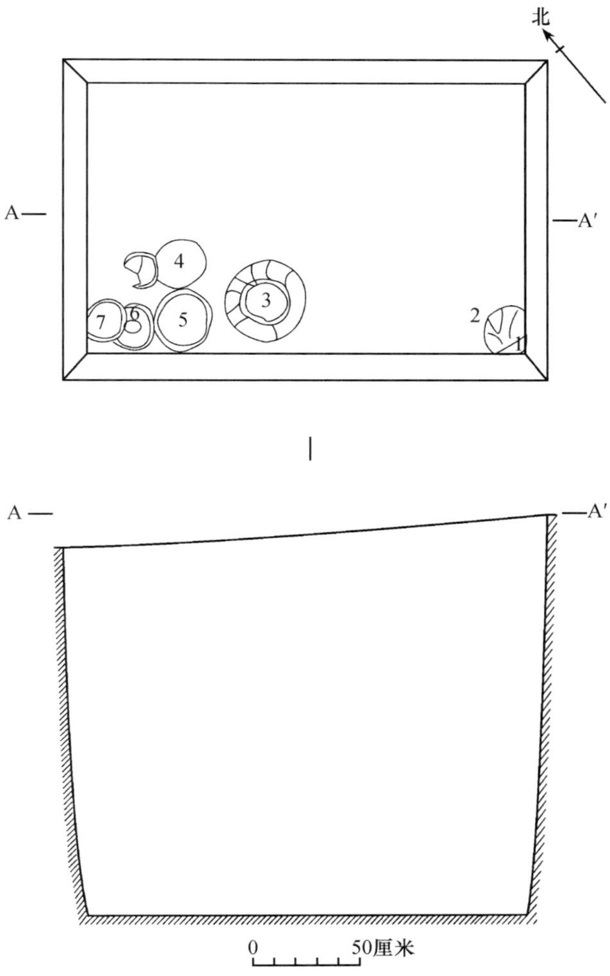

图一二〇　M67平、剖面图

1. 陶钵　2. 陶罐　3. 陶瓮　4、5. 陶盒　6. 陶釜　7. 陶鼎

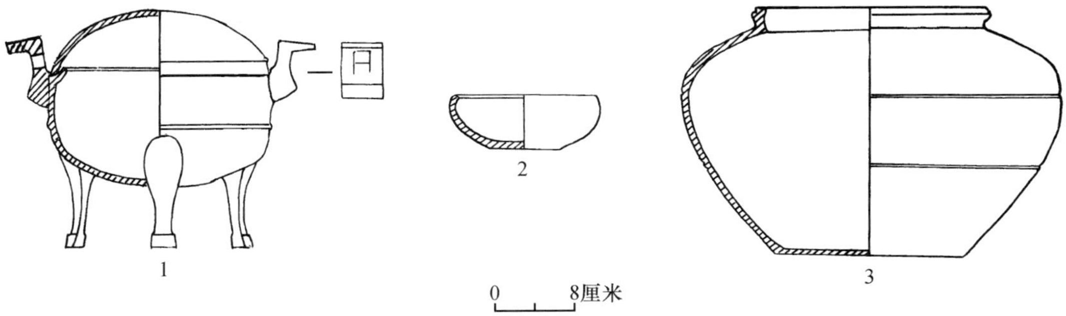

图一二一　M67出土陶器

1. 陶鼎（M67：7）　2. 陶钵（M67：1）　3. 陶瓮（M67：3）

六〇、M68

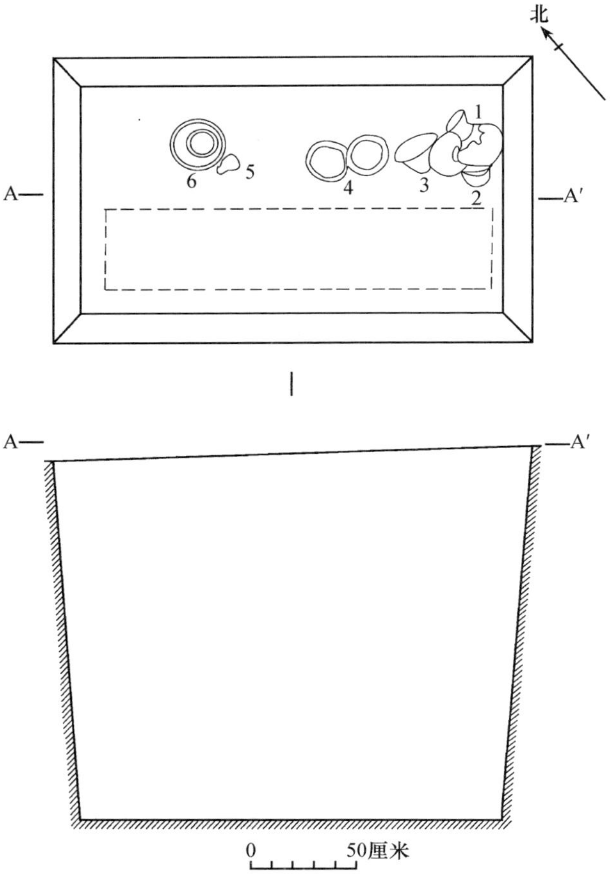

图一二二　M68平、剖面图
1. 陶罐　2. 陶鼎　3. 陶甑　4. 陶盒
5. 陶壶　6. 陶釜

1. 墓葬概况

位置和层位关系　该墓位于Ⅱ区（2011年发掘）东北部T1207中部略偏东南，南部与M67相邻；开口于表土层下，距地表15厘米，打破生土。

方向　310°。

形状与结构　长方形竖穴土坑墓。四壁陡直，底部较平。口大、底小，墓口长230厘米，宽140厘米；墓底长200厘米，宽112厘米，深174～182厘米（图一二二）。

填土　黄褐色五花土，土质致密，无包含物。

葬具　一椁一棺。仅留朽痕，椁长200厘米，宽112厘米；棺长184厘米，宽40厘米。

人骨　不详。

2. 出土器物

6件。均为陶器，放置在墓底北侧。由东到西依次为陶罐1件、陶鼎1件、陶甑1件、陶盒1件、陶小壶1件、陶釜1件。

陶鼎　1件。标本M68：2，泥质灰陶。子口内敛，上腹近直，下腹弧收，平底，下接三蹄足。肩腹两个对称方耳，耳上部平折，腹饰一周凸弦纹，上承一弧形盖。口径17.6厘米，通高20.4厘米（图一二三，3）。

陶罐　1件。标本M68：1，泥质灰陶。圆唇，敞口，仰折沿，口沿面有一周凹槽，束颈，溜肩，鼓腹，凹圜底。肩附两个对称环形耳，腹饰弦断绳纹。口径13.6厘米，腹径28.4厘米，高27.6厘米（图一二三，4）。

陶甑　1件。标本M68：3，夹砂灰陶。方唇，敛口，平折沿，弧腹，平底。底部开九个箅孔。口径27.2厘米，底径9.2厘米，高10.8厘米（图一二三，1）。

陶盒　1件。标本M68：4，夹砂灰陶。由盖和身扣合而成。盖、身形制相同，敛口，上腹近直，下腹弧收，平底。盖、身各饰三周凹弦纹。口径17.6厘米，腹径20.8厘米，底径7.2厘

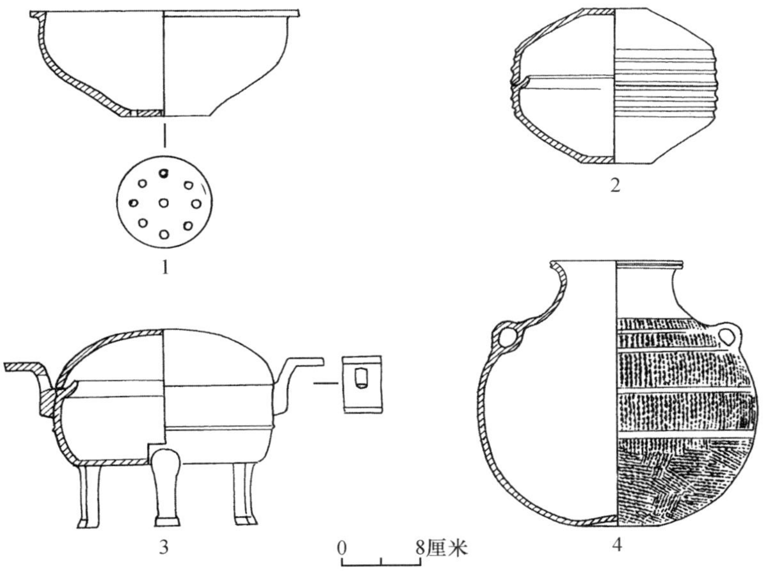

图一二三　M68出土器物

1. 陶甑（M68：3）　2. 陶盒（M68：4）　3. 陶鼎（M68：2）　4. 陶罐（M68：1）

米，通高16厘米（图一二三，2；彩版一一，6；图版二三，6）。

陶小壶1件（M68：5）、陶釜1件（M68：6），残破严重，未能修复。

六一、M69

1. 墓葬概况

位置和层位关系　该墓位于Ⅱ区（2011年发掘）东北部T1408南部偏西，少部分延伸至T1308，东与M70相邻；开口于表土层下，距地表15厘米，打破生土。

方向　45°。

形状与结构　长方形竖穴土坑墓，直壁平底，墓底有一层厚约2厘米的炭粒。口、底同大，长280厘米，宽180厘米，墓深280～300厘米（图一二四；图版二，1、2）。

填土　黄褐色五花土，土质致密，无包含物。

葬具　一椁一棺，仅留朽痕，椁痕长238厘米，宽160厘米；棺痕不明显。

人骨　不详。

2. 出土器物

9件。集中置于棺外西北角，其中陶器8件：陶盒2件、陶壶2件、陶鼎2件、陶甑1件、陶釜

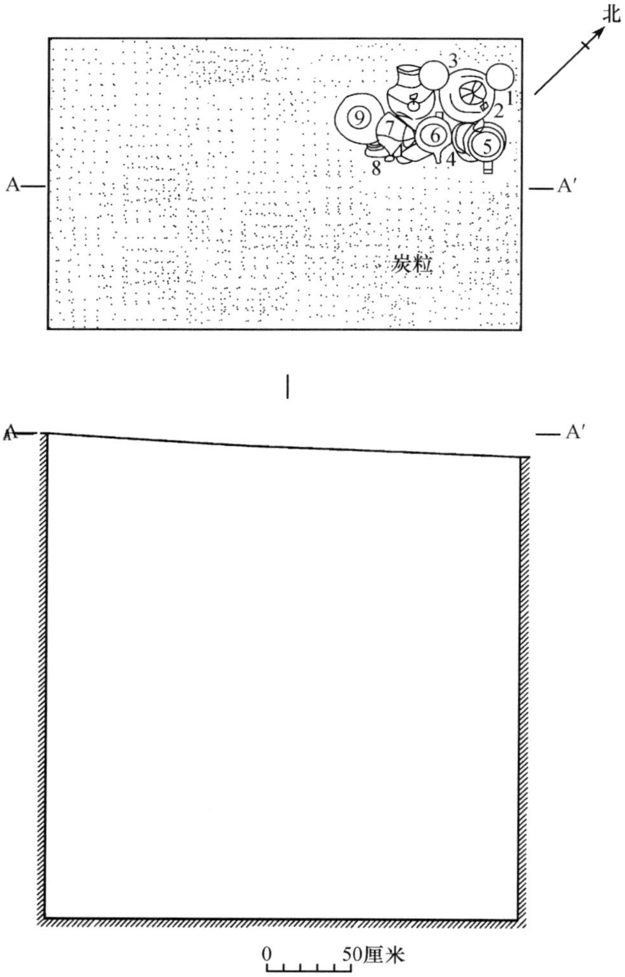

图一二四　M69平、剖面图

1、3. 陶盒　2、4. 陶壶　5、6. 陶鼎　7. 陶甑　8. 陶釜　9. 铁鐅

1件；铁鐅1件。

陶鼎　2件。标本M69：5，泥质灰陶。子口内敛，肩附两个对称方耳，弧腹，圜底，下接三蹄足。腹饰一周凸弦纹。上承一弧形盖，顶有梯形纽衔环。口径21.5厘米，通高22厘米（图一二五，2）。标本M69：6，泥质灰陶。子口内敛，肩附两个对称方耳，弧腹，圜底，下接三蹄足。腹饰一周凸弦纹。上承一弧形盖。口径20.8厘米，通高21.2厘米（图一二五，1；图版一六，4）。

陶盒　2件。标本M69：1，泥质黄褐陶。盖呈覆碗形，近口部饰二周凹弦纹。盒身子口内敛，上腹近直，下腹弧收，平底，矮圈足。腹饰五周凸弦纹。口径16.8厘米，腹径17.6厘米，底径9.2厘米，通高13.2厘米（图一二五，4；图版二三，5）。标本M69：3，泥质黄褐陶。盖呈覆碗形，饰三周凹弦纹。盒身子口内敛，弧腹，平底，矮圈足。腹饰数周凹弦纹。口径17.2厘米，腹径20厘米，底径10.4厘米，通高18.4厘米（图一二五，5）。

陶壶　2件。标本M69：2，泥质灰陶。盘口，束颈，溜肩，鼓腹，圜底，高圈足。肩附两个对称铺首，腹饰数周凹弦纹，足饰凸弦纹一周。上承一弧形盖。口径16.8厘米，腹径30.4厘米，底径16.8厘米，通高40.8厘米（图一二五，6）。标本M69：4，泥质灰陶。盘口，束颈，溜肩，鼓腹，圜底，圈足。肩附两个对称铺首衔环，肩饰二周、腹饰四周凹弦纹，腹、足较接处内凹。上承一弧形盖、饰二周凹弦纹。口径16.8厘米，腹径31.2厘米，底径16.8厘米，通高42.8厘米（图一二五，7）。

陶甑　1件。标本M69：7，泥质灰陶。敛口，平折沿，圆唇，腹斜直内收，小平底。底部有七个箅孔。口径25.3厘米，底径7.2厘米，高11.6厘米（图一二五，3）。

陶釜1件（M69：8）、铁鐅1件（M69：9），锈蚀严重，未能修复。

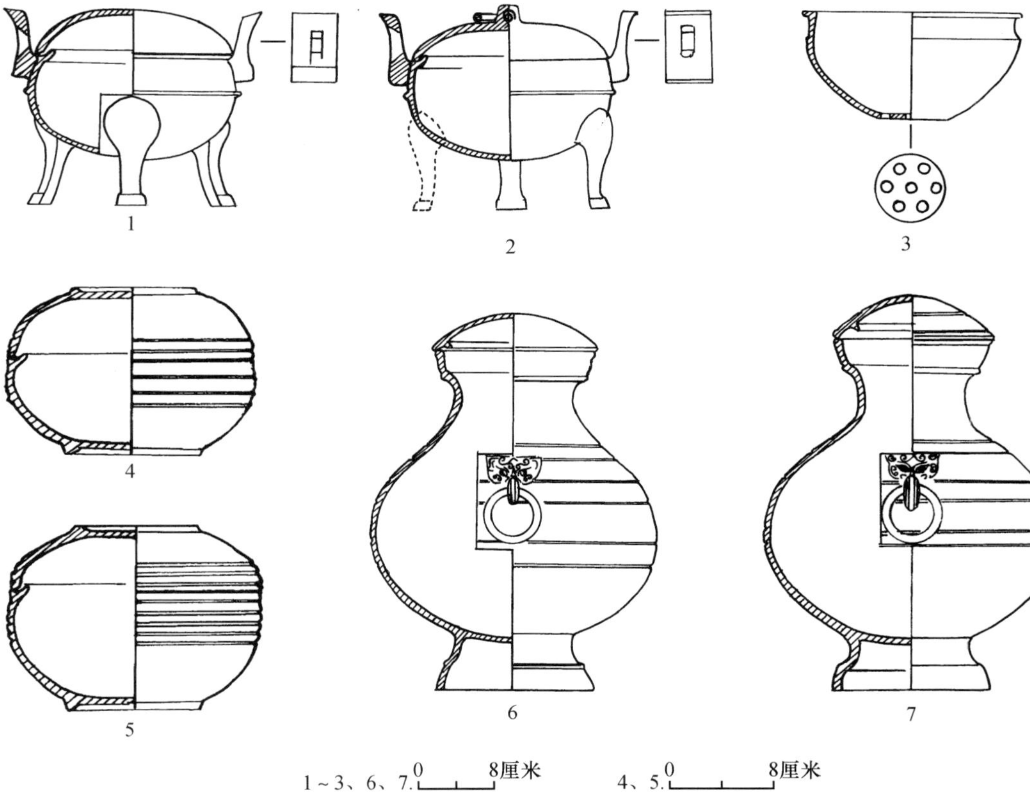

图一二五　M69出土器物

1、2. 陶鼎（M69：6、M69：5）　3. 陶甑（M69：7）　4、5. 陶盒（M69：1、M69：3）　6、7. 陶壶（M69：2、M69：4）

六二、M70

1. 墓葬概况

位置和层位关系　该墓位于Ⅱ区（2011年发掘）东北部T1408、T1308之间，西与M69相邻；开口于表土层下，距地表15厘米，打破生土。

方向　30°。

形状与结构　长方形竖穴土坑墓。四壁陡直，底部较平。口、底同大，长260厘米，宽170厘米，墓深230～250厘米（图一二六）。

填土　黄褐色五花土，土质较致密，无包含物。

葬具　不详

人骨　不详。

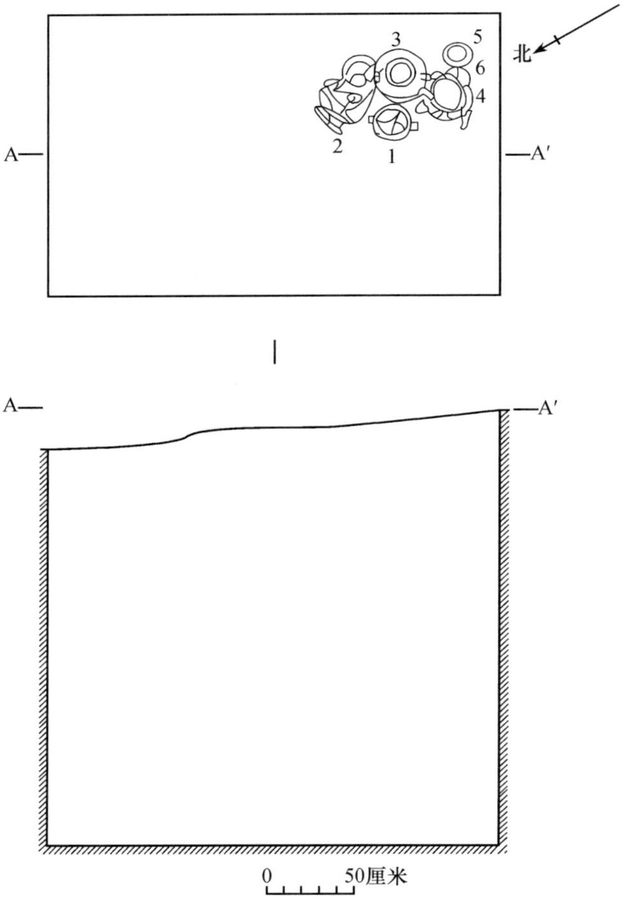

图一二六　M70平、剖面图
1、4. 陶鼎　2、3. 陶壶　5. 陶甑　6. 陶盆

2. 出土器物

6件，置放于墓底东南部，其中陶鼎2件、陶壶2件、陶甑1件、陶盆1件。

陶鼎　2件。标本M70：1，泥质灰陶。子口内敛，肩附两个对称方耳，耳顶部平折。直腹弧收，底近平，下接三蹄足。上承一弧形盖，近口沿处饰一周凸弦纹。口径22厘米，通高23.2厘米（图一二七，1；图版一六，6）。标本M70：4，泥质灰陶。子口内敛，肩附对称方耳，耳上部平折。上腹直，下腹弧收，底近平，下接三蹄足。腹中部饰一周凸弦纹。上承一弧形盖。口径19.2厘米，通高24厘米（图一二七，2；图版一六，5）。

陶壶　2件。标本M70：2，泥质灰陶。盘口，束颈，溜肩，鼓腹，圜底，高圈足外撇。肩附两个对称铺首衔环，肩、腹各饰二周凹弦纹。腹径30.4厘米，底径18.4厘米，残高32厘米（图一二七，4）。标本M70：3，泥质灰陶。盘口，束颈，溜肩，鼓腹，圜底，高圈足外撇。肩附两个对称铺首衔环，项肩相交处有一周折棱，肩、腹饰三周凹弦纹。上承一弧形盖。腹径30.4厘米，底径18.4厘米，残高39.2厘米（图一二七，3）。

陶甑　1件。标本M70：5，泥质灰陶。泥质灰陶。由盖、身两部分组成。形制相近，直口，平折沿，方唇，弧腹，平底（图一二七，5）。

陶盆　1件。标本M70：6，泥质灰陶。盖腹部饰一周凸弦纹和二周凹弦纹。口径19.2厘米，足径8厘米，高10厘米。甑身饰一周凸棱，底部有五个箅孔。口径20厘米，底径8厘米，高10厘米（图一二七，6）。

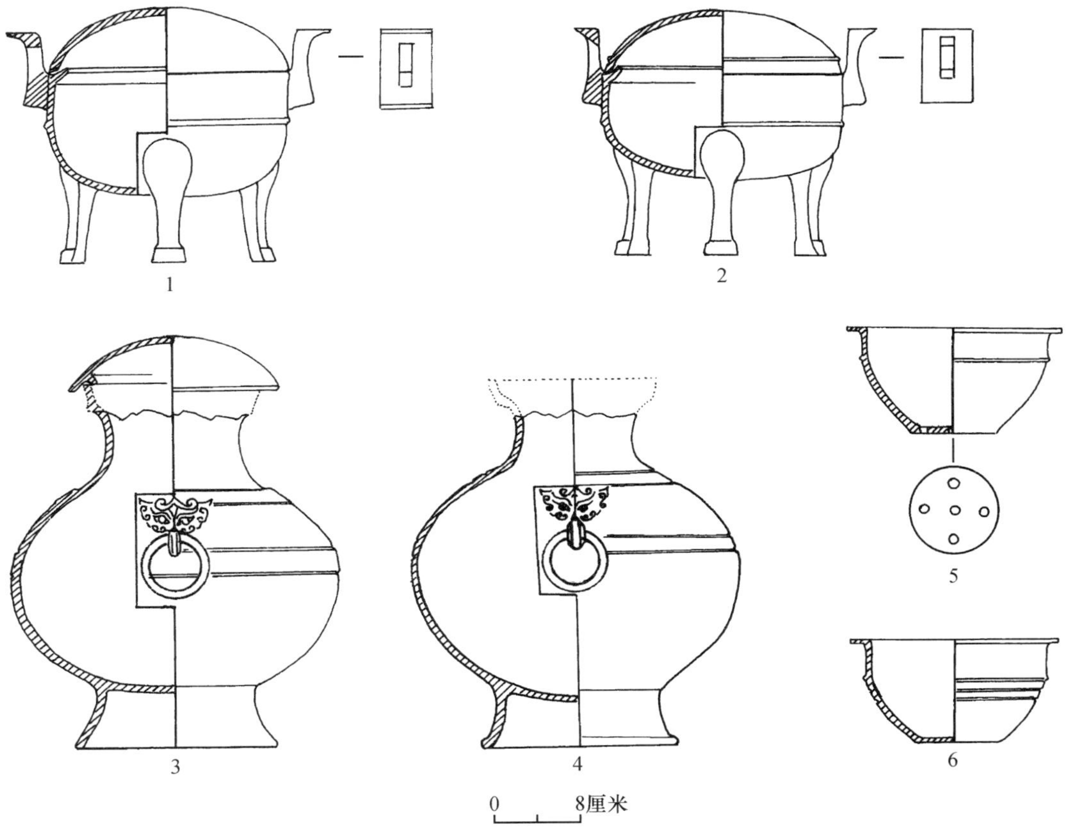

图一二七　M70出土器物

1、2. 陶鼎（M70：1、M70：4）　3、4. 陶壶（M70：3、M70：2）　5. 陶甑（M70：5）　6. 陶盆（M70：6）

六三、M71

1. 墓葬概况

位置和层位关系　该墓位于Ⅱ区（2011年发掘）东北部T1306西南部，北与M72相邻，东与M79相邻；开口于表土层下，距地表10厘米，打破生土。

方向　20°。

形状与结构　长方形竖穴土坑墓。直壁、平底。口底同大，长240厘米，宽160厘米，墓深230～250厘米（图一二八）。

填土　黄褐色五花土，土质致密，无包含物。

葬具　一棺，仅留朽痕，棺痕长182厘米，宽50厘米。

人骨　不详。

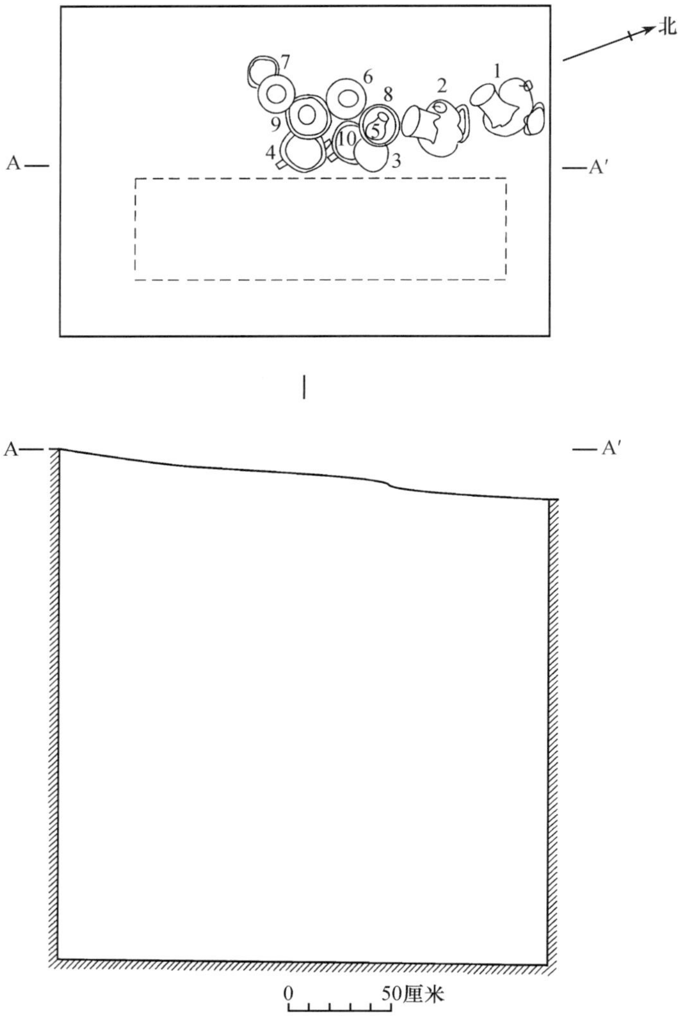

图一二八　M71平、剖面图
1、2. 陶壶　3、4. 陶鼎　5、10. 小陶壶　6、7. 陶盒
8. 陶甑　9. 陶釜

2. 出土器物

10件。置于棺外西侧，墓底西部，其中陶壶2件、陶鼎2件、小陶壶2件、陶盒2件、陶甑1件、陶釜1件。

陶鼎　2件。标本M71：3，泥质灰陶。子口，肩附对称两方耳，外弧，假穿。深直腹，弧收近折，平底，下接三蹄足。腹中部饰一周凸弦纹，上承一弧形盖。口径19.2厘米，通高20.6厘米（图一二九，1）。标本M71：4，泥质灰陶。子口内敛，肩附两个对称方耳，耳外撇。鼓腹弧收，底近平，下接三蹄足。腹中饰一周凸弦纹，上承一弧形盖。口径17.6厘米，通高20.8厘米（图一二九，2）。

陶壶　2件。标本M71：1，泥质灰陶。盘口，束颈，广肩，上腹圆鼓，下腹弧收，圜底，高圈足外撇。肩附两个对称铺首衔环，肩、腹各饰二周凹弦纹，足饰一周凸弦纹，上承一弧形盖。口径17.6厘米，腹径31.2厘米，底径19.2厘米，通高40厘米（图一二九，4）。标本M71：2，泥质灰陶。盘口，束颈，广肩，球形腹，圜底，短圈足外撇。肩附两个对称铺首衔环，肩、腹各饰二周凹弦纹，足饰一周凸弦纹，上承一弧形盖。口径17.8厘米，腹径32.2厘米，底径19厘米，通高41厘米（图一二九，5）。

小陶壶　2件。标本M71：10，夹砂灰陶。圆唇，侈口，矮束颈，溜肩，扁鼓腹，平底。口径5.2厘米，腹径9.2厘米，底径6.4厘米，高7.2厘米（图一二九，7）。标本M71：5，夹砂灰陶。圆唇，侈口，束颈，溜肩，扁鼓腹，平底。口径5.2厘米，腹径9.2厘米，底径6厘米，高8.8厘米（图一二九，6）。

陶盒　2件。标本M71：6，泥质灰陶。盖呈覆碗形，近口沿饰二周凹弦纹。盒身子口内敛，弧腹斜收，平底。腹饰二周凹弦纹。口径20.8厘米，底径12.4厘米，通高18厘米（图一二九，9）。标本M71：7，泥质灰陶。盖呈覆碗形，近口饰数周凹弦纹。盒身子口内敛，弧腹斜收，平底。腹饰数周凹弦纹。口径20.8厘米，腹径21.6厘米，底径12厘米，通高18.2厘米（图一二九，8）。

陶甑　1件。标本M71∶8，泥质灰陶。方唇，直口，平折沿，弧腹，圜底近平，圈足。底部有六个箅孔。口径19.2厘米，底径11.2厘米，高8.8厘米（图一二九，3）。

陶釜　1件。标本M71∶9，泥质灰陶。方唇，子口，扁鼓腹，平底。腹中部附有一周腰檐。口径8.8厘米，腹径20厘米，底径11.2厘米，高11.2厘米（图一二九，10）。

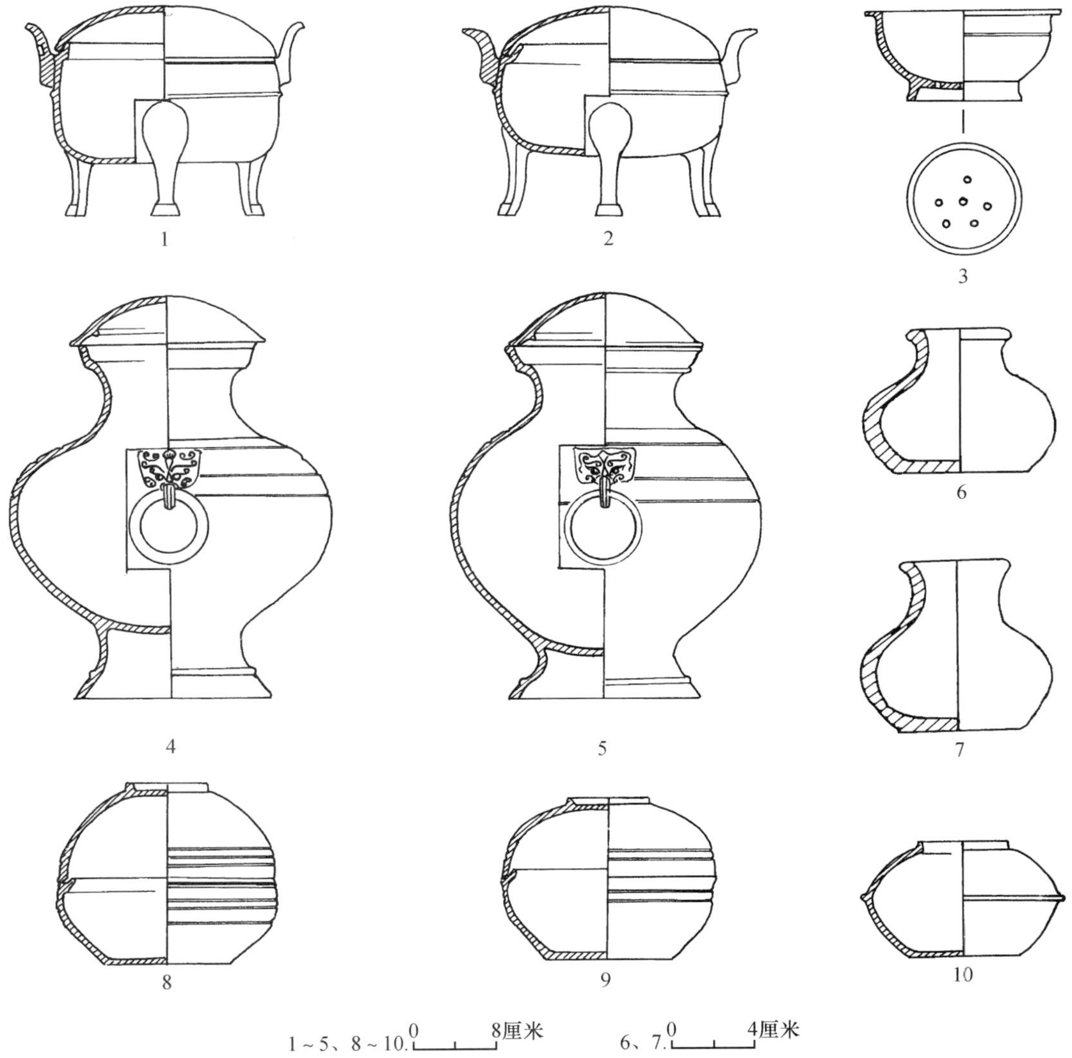

图一二九　M71出土器物

1、2. 陶鼎（M71∶3、M71∶4）　3. 陶甑（M71∶8）　4、5. 陶壶（M71∶1、M71∶2）　6、7. 小陶壶（M71∶5、M71∶10）　8、9. 陶盒（M71∶7、M71∶6）　10. 陶釜（M71∶9）

六四、M72

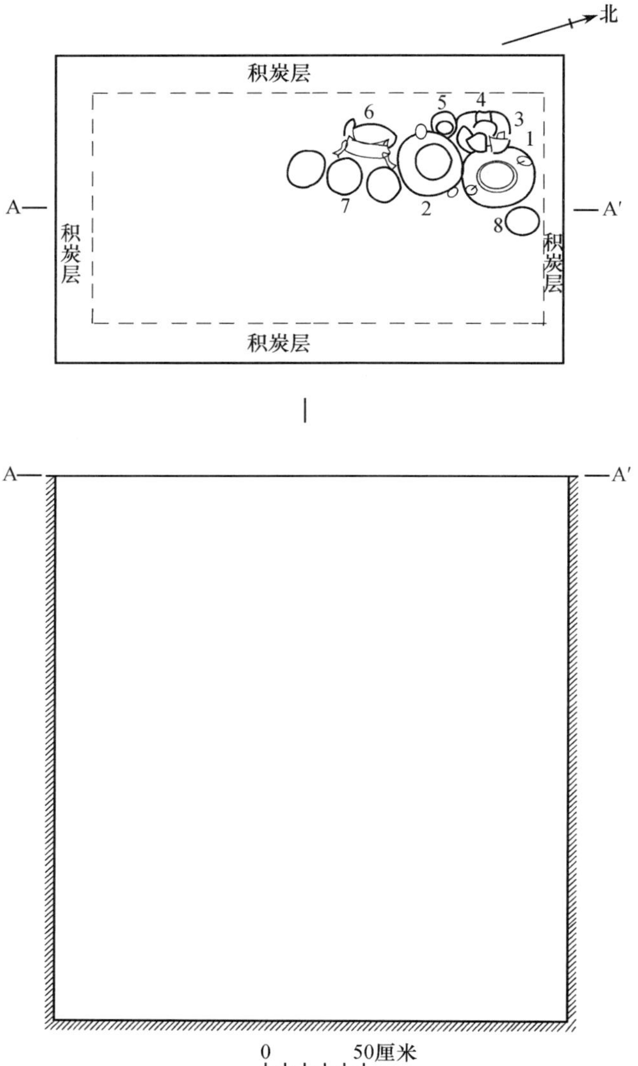

图一三〇　M72平、剖面图

1. 陶壶　2. 陶瓮　3. 陶甑　4. 陶盒　5. 小陶壶　6. 铁鍪　7. 陶鼎　8. 铜洗

1. 墓葬概况

位置和层位关系　该墓位于Ⅱ区（2011年发掘）东北部T1406南部，东、南分别与M73、M71相邻；开口于表土层下，距地表15厘米，打破生土。

方向　17°。

形状与结构　长方形竖穴土坑墓。直壁、平底。距墓口深约200厘米处，平铺一层炭粒，四周薄、中间厚，积炭厚10～20厘米。口、底同大，长260厘米，宽160厘米，墓深270～280厘米（图一三〇）。

填土　红褐色五花土，土质致密，无包含物。

葬具　一棺一椁，椁痕长230厘米，宽120厘米，高80厘米，其他不详。

人骨　不详。

2. 出土器物

8件。置于墓底椁内西北部，其中陶器6件：分别为陶鼎1件、陶盒1件、陶壶2件、陶瓮1件、陶甑1件；铜洗1件；铁鍪1件。

陶鼎　1件。标本M72：7，泥质灰陶。子口内敛，肩附两个对称方耳，耳上部平折。深弧腹，平底，下接三蹄足。腹中部饰一周凸弦纹。上承一弧形盖，近口处饰一周凹弦纹。口径19.6厘米，通高37.6厘米（图一三一，4）。

陶壶　1件。标本M72：1，泥质灰陶。方唇，盘口，矮束颈，圆鼓腹，圜底，圈足外弧。肩附两个对称铺首衔环，口沿，肩、腹各饰二周凹弦纹，足中部饰一周凸弦纹。口径19.6厘米，腹径37.6厘米，底径20厘米，高37.6厘米（图一三一，6）。

小陶壶　1件。标本M72：5，泥质灰陶。圆唇，侈口，束颈，弧折肩斜直腹，小平底。口径7.2厘米，腹径12厘米，底径6.4厘米，高10厘米（图一三一，3）。

陶盒　1件。标本M72：4，泥质灰陶。由盖、身扣合而成。盖呈覆碗形饰二周凹弦纹。盒身子口内敛，方唇，弧腹斜收，平底。腹饰两周凹弦纹。口径20厘米，底径8.8厘米，通高20.4厘米（图一三一，5；彩版一一，3；图版二二，3）。

陶瓮　1件。标本M72：2，夹砂灰陶。直口，唇面有一道凹槽，矮颈，广肩，弧腹，平底。口径8.8厘米，腹径32厘米，底径16厘米，高22.8厘米（图一三一，1）。

陶甑　1件。标本M72：3，泥质灰陶。方唇，敛口，平折沿，沿面有一道凹槽。弧腹斜收，平底。底有七个箅孔。口径24.8厘米，底径9.6厘米，高11.2厘米（图一三一，2）。

铜洗1件、铁鍪1件锈蚀严重，无法修复。

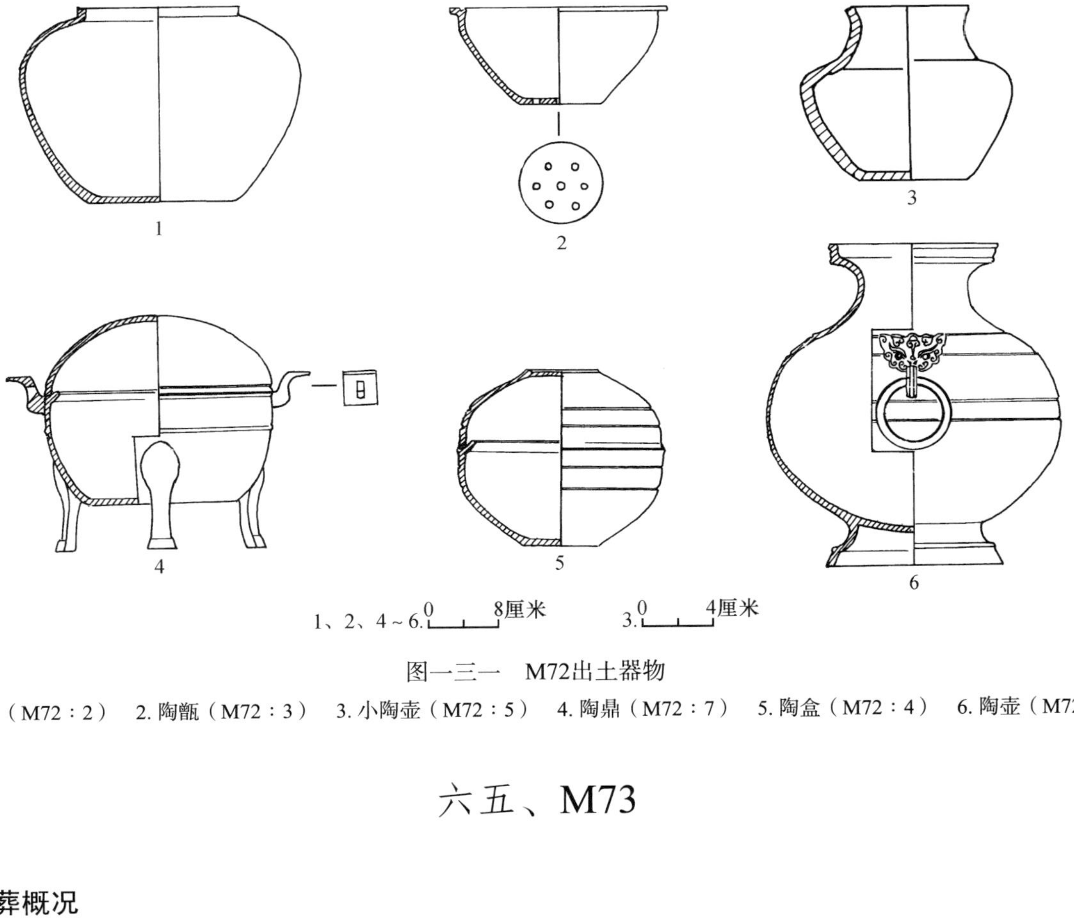

图一三一　M72出土器物

1. 陶瓮（M72：2）　2. 陶甑（M72：3）　3. 小陶壶（M72：5）　4. 陶鼎（M72：7）　5. 陶盒（M72：4）　6. 陶壶（M72：1）

六五、M73

1. 墓葬概况

位置和层位关系　该墓位于Ⅱ区（2011年发掘）东北部T1406和T1306之间，东南与M79相邻，西与M72相邻；开口于表土层下，距地表15厘米，打破生土。

方向　26°。

形状与结构　长方形竖穴土坑墓。斜直壁，底部较平。墓底平铺一层12～15厘米厚的炭

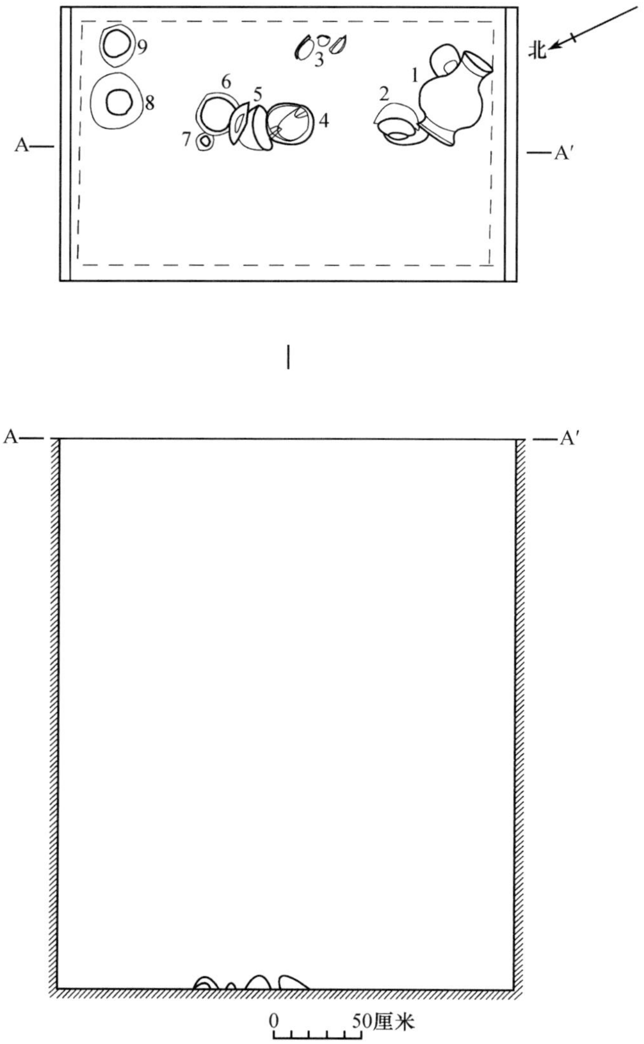

图一三二　M73平、剖面图

1. 陶壶　2. 陶釜　3. 铜洗　4. 陶鼎　5. 陶甑　6. 陶盒　7. 小陶壶　8. 陶瓮　9. 陶罐

粒。口大、底小，墓口长260厘米，宽160厘米；墓底长250厘米，宽160厘米；深310～320厘米（图一三二；图版三，1）。

填土　黄褐色五花土，土质致密，无包含物。

葬具　一棺一椁，椁痕长240厘米，宽130厘米，高90厘米，其他不详。

人骨　不详。

2. 出土器物

9件。集中置于椁内东侧，其中陶器，共8件：分别为陶壶1件、小陶壶1件、陶釜1件、陶鼎1件、陶甑1件、陶瓮1件、陶罐1件、陶盒1件；铜洗1件。

陶鼎　1件。标本M73：4，泥质灰陶。子母口，肩附两个对称方耳，耳上部平折。深直腹，平底，下接三蹄足，腹中部饰一周凹弦纹，上承一弧形盖。口径26.4厘米，底径18厘米，通高26厘米（图一三三，7；图版一七，2）。

陶盒　1件。标本M73：6，泥质灰陶。由盖、身扣合而成。盖呈覆碗形腹饰两周凹弦纹，盒身子口内敛，弧腹斜收，平底。腹饰三周凹弦纹。口径23.6厘米，底径8.8厘米，通高20厘米（图一三三，8）。

陶壶　1件。标本M73：1，泥质灰陶。盘口，矮束颈，广肩，鼓腹，圜底近平，圈足外撇。肩附两个对称铺首衔环，并饰二周凹弦纹，足壁中部起折。上承一弧形盖。口径18.4厘米，腹径33.6厘米，底径20厘米，通高40.6厘米（图一三三，5）。

小陶壶　1件。标本M73：7，泥质灰陶。圆唇，侈口，束颈，溜肩，鼓腹弧收，平底。口径8厘米，腹径12厘米，底径7.2厘米，高10.4厘米（图一三三，3）。

陶瓮　1件。标本M73：8，泥质灰陶。方唇，直口，矮颈，广肩，鼓腹斜内收，平底。腹部饰二周凹弦纹。口径15.2厘米，腹径25.6厘米，底径13.2厘米，高16厘米（图一三三，2）。

陶釜　1件。标本M73：2，泥质灰陶。直口，广肩，鼓腹弧收，平底。腹中部有一周腰檐。口径9.2厘米，腹径25.6厘米，底径11.2厘米，高18.8厘米（图一三三，1；彩版一二，4）。

陶甑　1件。标本M73：5，泥质灰陶。敞口，仰折沿，深弧腹，平底圈足外撇。腹饰二周凹弦纹，底部有五个圆形箅孔。口径24.8厘米，底径13.2厘米，高12.4厘米（图一三三，4；图版二八，5）。

陶罐　1件。标本M73：9，泥质灰陶。尖唇，敛口，仰折沿，折肩，鼓腹，平底。腹上饰一周点状压印纹。口径15.6厘米，腹径30厘米，底径20厘米，高29.8厘米（图一三三，6；图版二七，1）。

铜洗1件，锈蚀严重，无法修复。

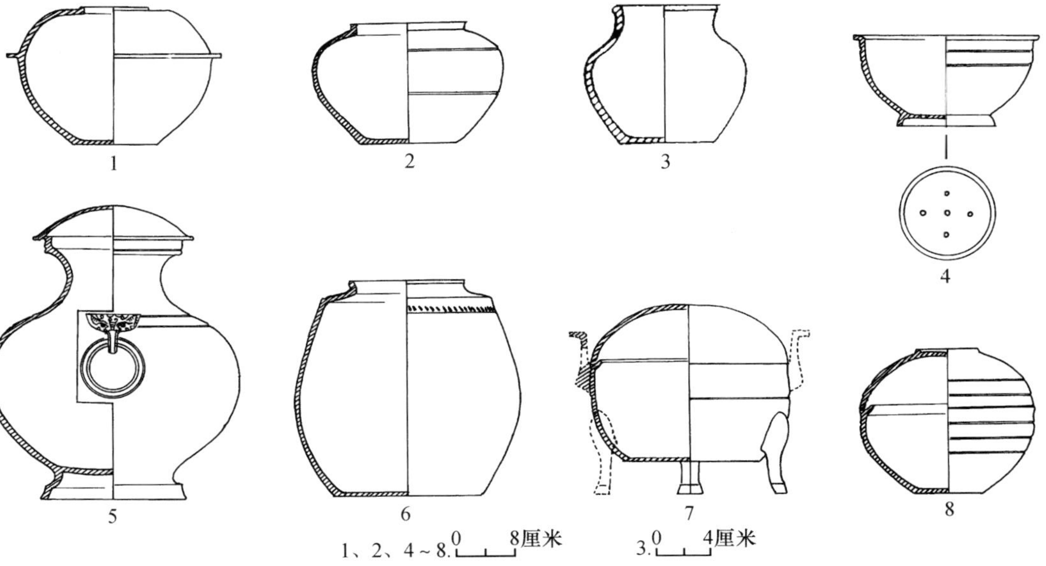

图一三三　M73出土器物

1. 陶釜（M73：2）　2. 陶瓮（M73：8）　3. 小陶壶（M73：7）　4. 陶甑（M73：5）　5. 陶壶（M73：1）　6. 陶罐（M73：9）　7. 陶鼎（M73：4）　8. 陶盒（M73：6）

六六、M74

1. 墓葬概况

位置和层位关系　该墓位于Ⅱ区（2011年发掘）东北部T1008东北部，北与M66相邻，东与M75，M76相邻；开口于表土层下，距地表10厘米，打破生土。

方向　45°。

形状与结构　长方形竖穴土坑墓。壁四陡直，底部较平。口、底同大，墓长250厘米，宽160厘米，墓深180厘米（图一三四）。

填土　黄褐色五花土，土质致密，无包含物。

葬具　不详。

人骨　1具。头向北，仰身直肢，性别，年龄等不详。

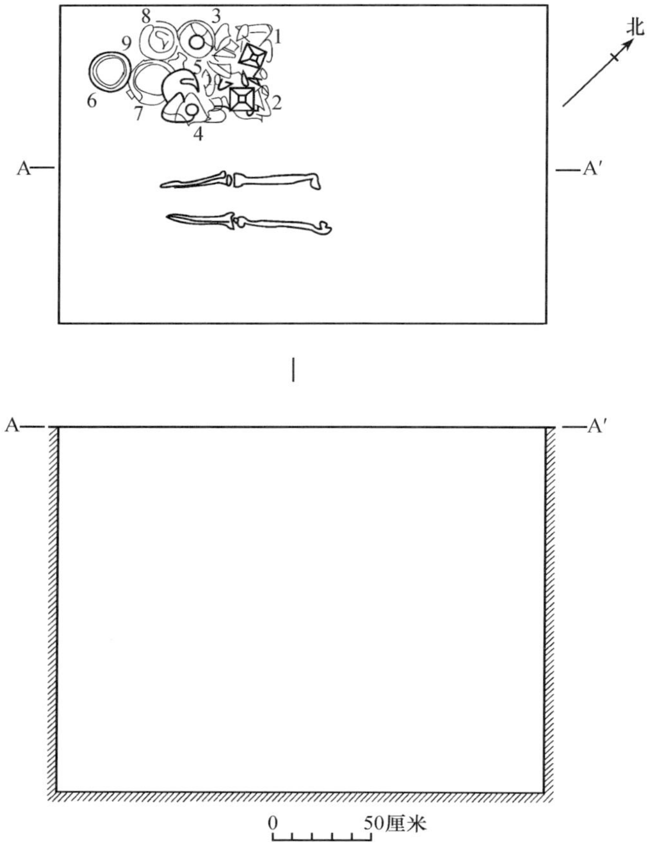

图一三四　M74平、剖面图
1、2. 陶钫　3. 陶甑　4、8. 陶盒　5、10. 小陶壶　6、7. 陶鼎　9. 陶釜

2. 出土器物

10件。均为陶器，置放于墓底西北部，其中有陶鼎2件、陶盒2件、陶钫2件、陶小壶2件、陶甑1件、陶釜1件。

陶鼎　2件。标本M74：6，泥质灰陶。子口内敛，肩附两个对称方耳，弧腹，圜底，下接三蹄足。腹中部饰一周浅凹弦纹。上承一弧形盖。口径16.8厘米，通高15.6厘米（图一三五，8；图版一五，6）。标本M74：7，泥质灰陶。子口内敛，肩附两个对称方耳，直壁弧收，圜底近平，下接三蹄足。腹中部饰一周凹弦纹。上承一弧形盖，近口处饰一周凹弦纹。口径16.8厘米，通高16.8厘米（图一三五，7）。

陶盒　2件。标本M74：4，泥质灰陶。由盖、身扣合而成，盖呈覆碗形，近口处饰二周凹弦纹。盒身子口内敛，弧腹斜收，平底。腹饰二周凹弦纹。口径16.8厘米，底径8.4厘米，通高14.8厘米（图一三五，1）。标本M74：8，泥质灰陶。由盖、身扣合而成。盖呈覆碗形，近口处饰两周凹弦纹。盒身子口内敛，弧腹平底。腹饰三周凹弦纹。口径17.6厘米，底径7.6厘米，通高14.4厘米（图一三五，2）。

小陶壶　2件。标本M74：5，泥质灰陶。方唇，侈口，束颈，溜肩，圆鼓腹，假圈足。口径4.6厘米，腹径6.8厘米，底径4.0厘米，高9.0厘米（图一三五，4）。标本M74：10，泥质灰陶。侈口，方唇，溜肩，扁鼓腹，假圈足。口径4.8厘米，腹径7.4厘米，底径4.4厘米，高9.0厘米（图一三五，5）。

陶甑　1件。标本M74：3，泥质灰陶。尖唇，敞口，平沿，弧腹，圜底，圈足。腹中部有一周凸弦纹，底部有六个箅孔。口径19.2厘米，底径9.2厘米，高8.8厘米（图一三五，6；彩版一二，3；图版二八，3）。

陶釜　1件。标本M74：9，泥质灰陶。方唇，敛口，广肩，弧腹，平底。肩下有一周腰檐，下饰一周凹弦纹。口径6.4厘米，腹径18厘米，底径8.4厘米，高8.8厘米（图一三五，3；彩版一二，3；图版二八，3）。

陶钫　2件。标本M74：1、M74：2，均残破严重，未能修复。

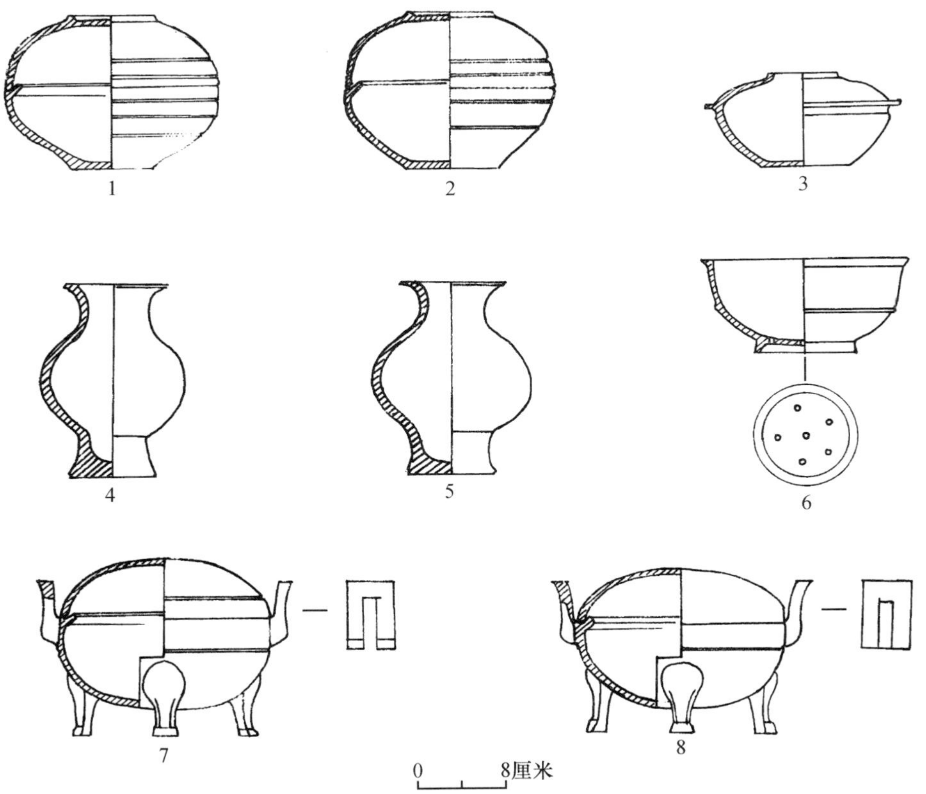

图一三五　M74出土器物

1、2. 陶盒（M74：4、M74：8）　3.陶釜（M74：9）　4、5. 小陶壶（M74：5、M74：10）　6. 陶甑（M74：3）
7、8.陶鼎（M74：7、M74：6）

六七、M75

1. 墓葬概况

位置和层位关系　该墓位于Ⅱ区（2011年发掘）东北部T1007中部，北、南、西分别与M66、M77、M74相邻；开口于表土层下，距地表10厘米，打破生土。

层位关系　开口于第1层下，打破生土。

方向　132°。

形状与结构　长方形竖穴土坑墓。壁四陡直，底部较平。口、底同大，墓长260厘米，宽180厘米，墓深180厘米（图一三六；图版三，2）。

填土　黄褐色五花土，土质致密，无包含物。

葬具　一棺一椁。棺痕长210厘米，宽160厘米，其他不详。

人骨　1具。头向东，仰身直肢，葬式、性别、年龄等不详。

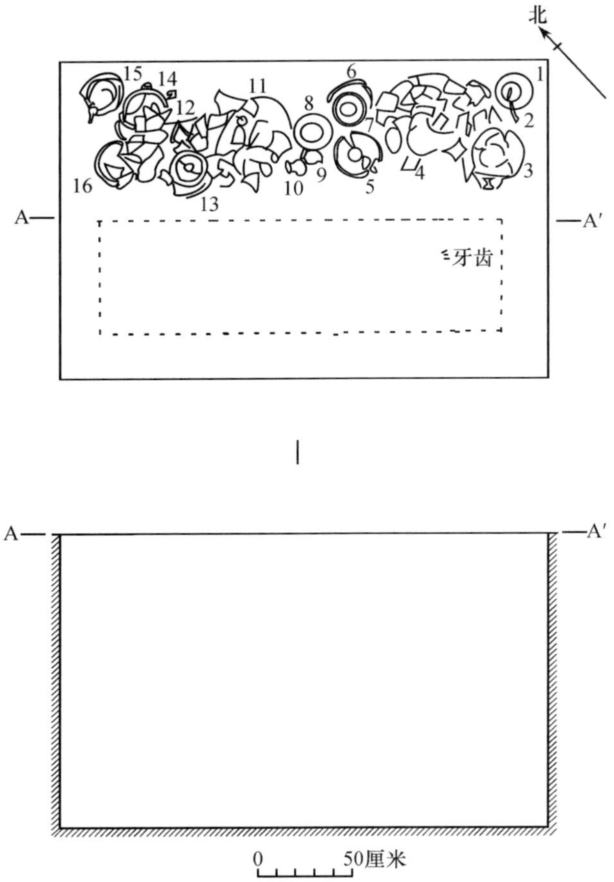

图一三六　M75平、剖面图

1. 铁鍪　2. 铜勺　3. 陶罐　4、13. 陶甑　5、8. 陶盒
6. 铜洗　7. 陶釜　9、10. 小陶壶　11、12. 陶壶
14、15. 陶鼎　16. 陶盆

2. 出土器物

16件。全部置于墓底北部，分为陶器、铜器和铁器三类，其中陶器13件：有陶鼎2件、陶盒2件、陶壶2件、小陶壶2件、陶罐1件、陶甑2件、陶釜1件、盆1件；铜勺、铜洗各1件；铁鍪1件（图版一三，1）。

陶鼎　2件。标本M75：14，泥质灰陶。直口，唇面浅凹，直腹弧收，平底，下接人面三蹄足。肩附两个对称方耳，耳上部外撇，腹中饰一周凹弦纹。上承一弧形盖。口径22厘米，通高17厘米（图一三七，1）。标本M75：15，泥质灰陶。直口，唇面浅凹，肩附两个对称方耳，深直腹弧收，圜底，下接人面三蹄足，腹中部饰一周凹弦纹。上承一弧形盖。口径22厘米，通高19.2厘米（图一三七，2）。

陶壶　2件。标本M75：11，泥质灰陶。圆唇，敞口，束颈，溜肩，扁鼓腹，圜底近平，高圈足外撇。肩附两对称铺首，肩、腹部各饰二周凹弦纹，足根部饰一周凸弦纹。上承一拱形盖，弧顶。口径24厘米，腹径35.2厘米，底径20厘米，通高48.8厘米（图一三七，4；图版二〇，2）。标本M75：12，泥质灰陶。方圆唇，敞口，束颈，溜肩，扁鼓腹，圜底近平，高圈足外弧。近口沿内壁饰一周凹弦纹，肩附两个对称铺首，肩、腹部各饰二周凹弦纹，足饰一周凸弦纹。上承一拱形盖，平顶。盖上饰数周弦纹。盖、颈、上腹均有红色彩绘残痕。口径22.4厘米，腹径36厘米，底径24.8厘米，通高51.6厘米（图一三七，3）。

小陶壶　2件。标本M75：10，泥质灰陶。方唇，直口，矮颈，溜肩，扁鼓腹，假圈足，平底。上腹残留部分红彩绘。口径5.6厘米，腹径10.4厘米，底径6厘米，高8.4厘米（图一三八，8）。标本M75：9，泥质灰陶。方唇，直口，矮颈，溜肩，圆鼓腹，假圈足，平底。口径4.6厘米，腹径8.4厘米，底径5.4厘米，高8.4厘米（图一三八，9）。

陶盒　2件。标本M75：5，泥质灰陶。敛口，斜沿，弧腹斜收，平底。腹饰二周凹弦纹。弧形盖，顶近平。口径22.4厘米，底径11.6厘米，通高16.4厘米（图一三八，1；图版二二，6）。标本M75：8，泥质灰陶。敛口，沿面内凹，深弧腹，平底。腹饰一周凹弦纹。弧形盖。

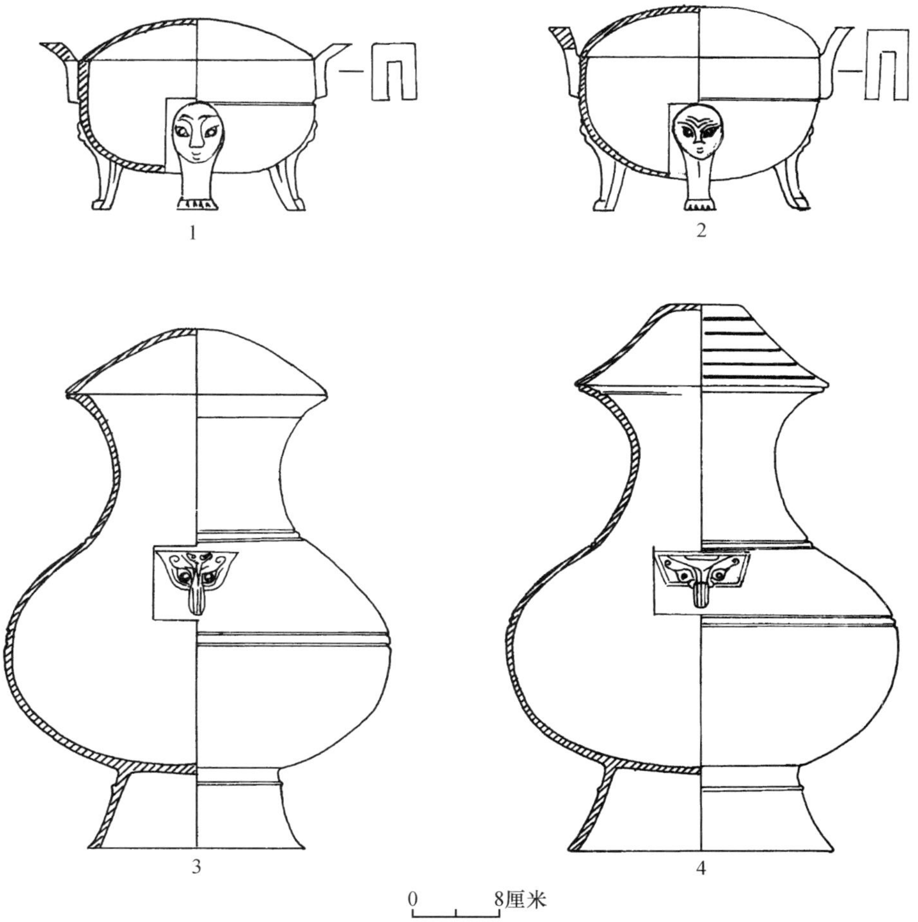

图一三七　M75出土器物（一）
1、2. 陶鼎（M75：14、M75：15）　3、4. 陶壶（M75：12、M75：11）

口径20.8厘米，底径10.8厘米，通高17.2厘米（图一三八，2；图版二三，1）。

陶罐　1件。标本M75：3，泥质灰陶。方唇，敛口，翻沿，唇面内凹。直颈圆肩，鼓腹，凹圜底。肩附两个对称桥形耳，肩及腹中部饰弦断绳纹，下腹及底饰交叉斜绳纹。口径12.5厘米腹径26.4厘米，高26.4厘米（图一三八，7；彩版一三，6；图版二四，2）。

陶甑　2件。标本M75：13，泥质灰陶。直口，翻沿，唇面内凹，折腹斜收，平底。底部有五个箅孔。口径16.4厘米，底径4厘米，顶径6.4厘米，通高13.2厘米（图一三八，5）。标本M75：4，泥质灰陶。方唇，敞口，平折沿，弧腹，平底。底有五个圆箅孔。口径17.6厘米，底径6.8厘米，高5.6厘米（图一三八，6）。

陶釜　1件。标本M75：7，泥质灰陶。方唇，敛口，鼓腹，小平底。腹中部起一周扁凸棱。口径7.6厘米，腹径17.2厘米，底径5.6厘米，高12.4厘米（图一三八，3）。

陶盆　1件。标本M75：16，泥质灰陶。折沿，斜腹，素面。口径16.8厘米，底径6.4厘米，高5.6厘米，壁厚0.4～0.6厘米（图一三八，4）。

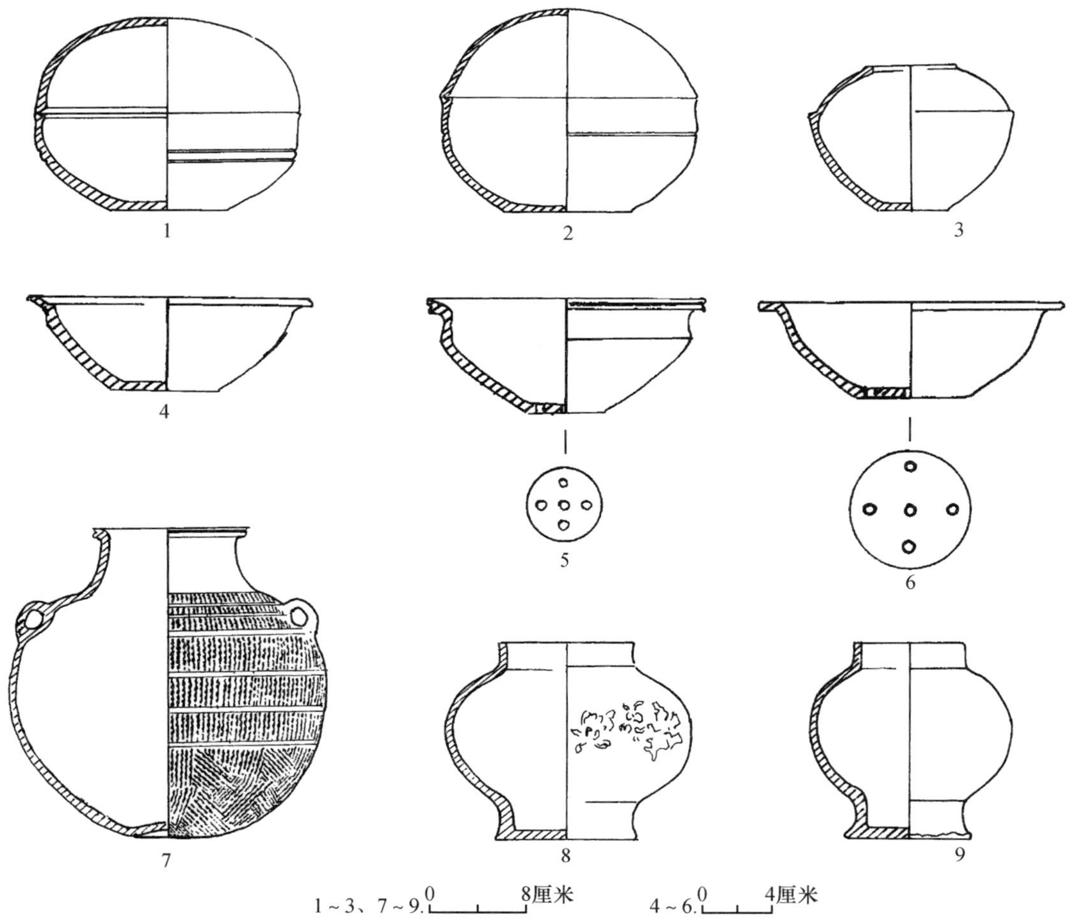

图一三八　M75出土器物（二）

1、2. 陶盒（M75：5、M75：8）　3. 陶釜（M75：7）　4. 陶盆（M75：16）　5、6. 陶甑（M75：13、M75：4）　7. 陶罐（M75：3）　8、9. 小陶壶（M75：10、M75：9）

铜勺1件（M75：2）、铜洗1件（M75：6）、铁錾1件（标本M75：1）锈蚀严重，未能修复。

六八、M76

1. 墓葬概况

位置和层位关系　该墓位于Ⅱ区（2011年发掘）东北部T1007东北部，南、西分别与M75，M74相邻；开口于表土层下，距地表15厘米，打破生土。

方向　130°。

形状与结构　长方形竖穴土坑墓。四壁规整，向内倾斜，底部较平。墓穴四壁黏附一层厚约2～30厘米，高约60厘米的炭粒，墓底也平铺一层厚约2厘米的炭粒。口小底大，墓口长282厘米，宽192厘米；墓底长270厘米，宽180厘米，墓深340厘米（图一三九）。

填土　黄褐色五花土，土质致密，无包含物。

葬具　一棺一椁。椁痕长230厘米，宽140厘米，其他不详。

人骨　不详。

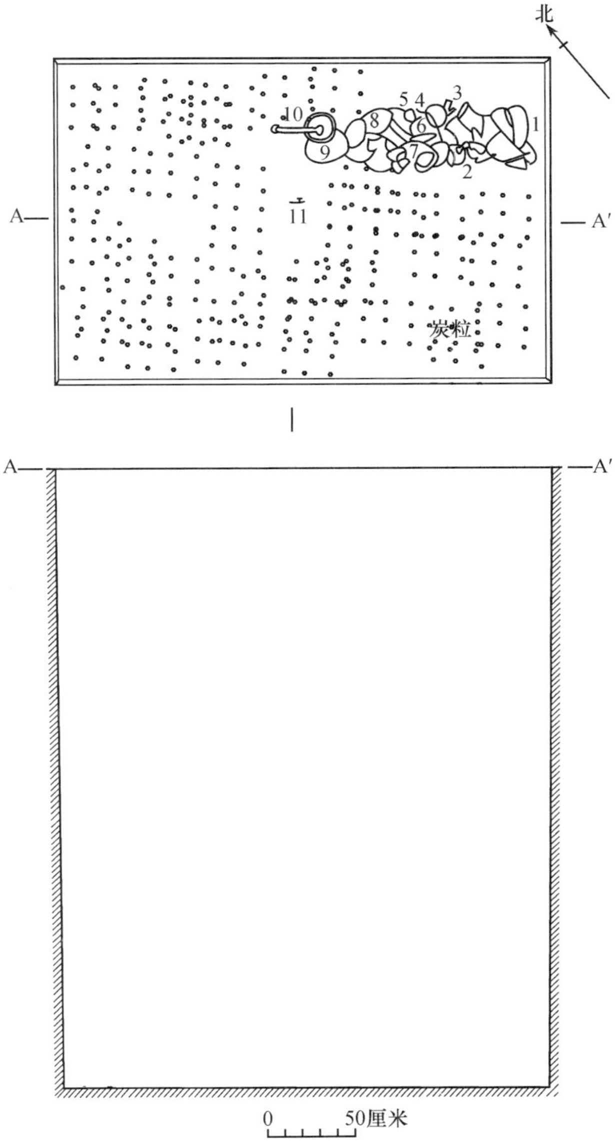

图一三九　M76平、剖面图
1. 铁器　2、3. 陶鼎　4. 铜洗　5. 小陶壶　6、7. 陶盒　8. 陶釜　9. 陶甑　10. 铜勺　11. 铜带钩

2. 出土器物

11件。分为陶器、铜器、铁器三类。陶器7件，分别是陶鼎2件、陶盒2件、小陶壶1件、陶甑1件、陶釜1件；铜器3件：铜洗1件、铜勺1件、铜带钩1件；铁器1件。全部置于椁底东北部。

陶盒　2件。标本M76：6，泥质灰陶。由盖和身扣合而成，上下不对称。盖呈覆碗形，腹饰一周凹弦纹。盒身子口内敛，方唇，直腹弧收，平底。腹饰二周凹弦纹。口径19.2厘米，底径8厘米，通高17.6厘米（图一四〇，1）。标本M76：7，泥质灰陶。由盖和身扣合而成，上下不对称。盖呈覆碗形，腹饰二周凹弦纹，盒身子口内敛，方唇直腹弧收，平底。腹饰二周凹弦纹。口径19.2厘米，底径8厘米，通高17.6厘米（图一四〇，3；图版二二，4）。

陶釜　1件。标本M76：8，泥质灰陶。敛口，矮颈，折腹，平底。腹中部有一周腰檐。口径7.2厘米，腹径17.2厘米，底径6.4厘米，高8.9厘米（图一四〇，4）。

陶甑　1件。标本M76：9，泥质灰陶。方圆唇，直口，平折沿，弧腹，平底，圈足。腹饰二周凹弦纹，底部有五个箅孔。口径18.4厘米，底径10.4厘米，高8.8 厘米（图一四〇，2）。

铜勺　1件。标本M76：10，青绿色。仅存扁条形勺把，断面呈弧形，首端卷环。残长24厘米，宽2厘米，环径0.7厘米（图一四一，1）。

铜带钩　1件。标本M76：11，青绿色。钩首残。腹呈琵琶状，圆形纽。残长5.3厘米，宽

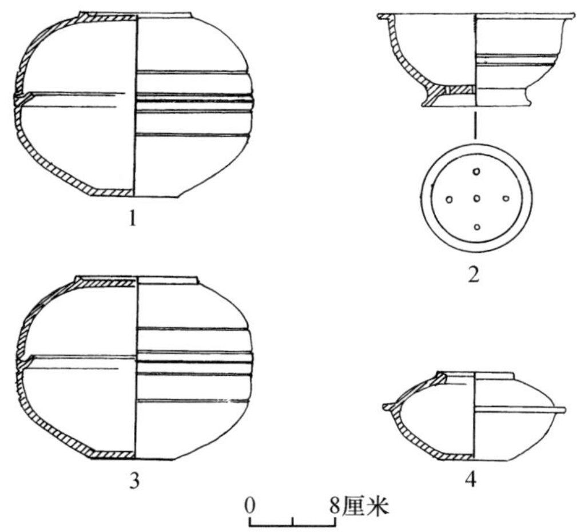

图一四〇　M76出土器物（一）
1、3. 陶盒（M76：6、M76：7）　2. 陶甑（M76：9）
4. 陶釜（M76：8）

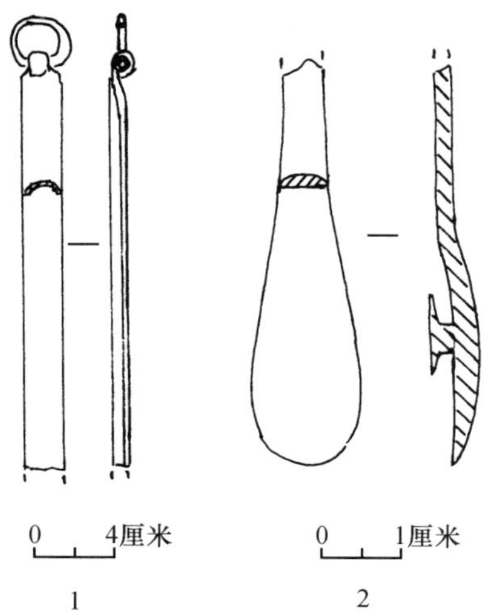

图一四一　M76出土器物（二）
1. 铜勺（M76：10）　2. 铜带钩（M76：11）

0.5～1.4厘米（图一四一，2）。

其他5件铜、陶、铁器均未能修复。

六九、M77

1. 墓葬概况

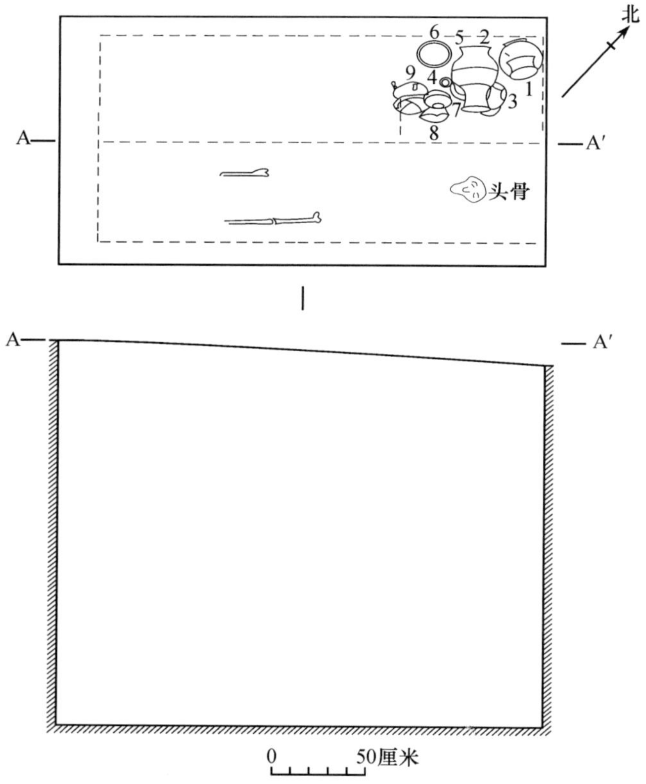

图一四二　M77平、剖面图
1、2. 陶壶　3、6. 陶盒　4、5. 小陶壶　7. 陶釜　8. 陶甑
9. 陶鼎

位置和层位关系　该墓位于Ⅱ区（2011年发掘）东北部T0907的东北部，南与M78相邻；开口于表土层下，距地表15厘米，打破生土。

方向　52°。

形状与结构　长方形竖穴土坑墓。墓壁竖直规整，表面较粗糙，墓底较平。口底同大，长260厘米，宽160厘米，深220～240厘米（图一四二）。

填土　黄褐色五花土，土质较松软，为一次性填土，无包含物。

葬具　一棺一椁，皆已朽尽，仅存朽痕。棺痕长236厘米，宽64厘米；椁痕长

238厘米，宽132厘米。

人骨　1具。保存较差，仅剩头骨和两段肢骨，墓主人头向东北。葬式、性别、年龄不详。

2. 出土器物

9件。均置于墓室西北部棺外椁内，其中陶鼎1件、陶盒2件、陶壶2件、小陶壶2件、陶甑1件、陶釜1件。

陶壶　2件。标本M77：1，泥质灰陶。尖唇，敞口，束颈，溜肩，鼓腹，圜底，高圈足。底与足交接处内凹。肩附两个对称模印铺首，肩、腹饰五周凹弦纹。上承一拱形盖，盖沿超出壶口沿较多，子口。口径17.6厘米，腹径26.4厘米，底径17.6厘米，通高39.2厘米（图一四三，6）。标本M77：2，泥质灰陶。尖唇，敞口，束颈，溜肩，鼓腹，圜底，高圈足。底与足交接处内凹。肩附两个对称模印铺首，颈、肩、腹饰五周凹弦纹。上承一拱形盖，盖沿超出壶口沿较多，子口。口径17.2厘米，腹径26.4厘米，底径17.6厘米，通高40.8厘米（图一四三，7）。

小陶壶　2件。标本M77：4，夹砂灰陶。侈口，平折沿，束颈，溜肩，鼓腹内收，平底，假圈足。口径5.0厘米，腹径8.0厘米，底径4.4厘米，高9.6厘米（图一四三，9）。标本M77：5，夹砂灰陶。方唇，敞口，平折沿，圆唇，束颈，溜肩，鼓腹内收，平底，假圈足。口径4.6厘米，腹径7.2厘米，底径3.2厘米，高7.6厘米（图一四三，4）。

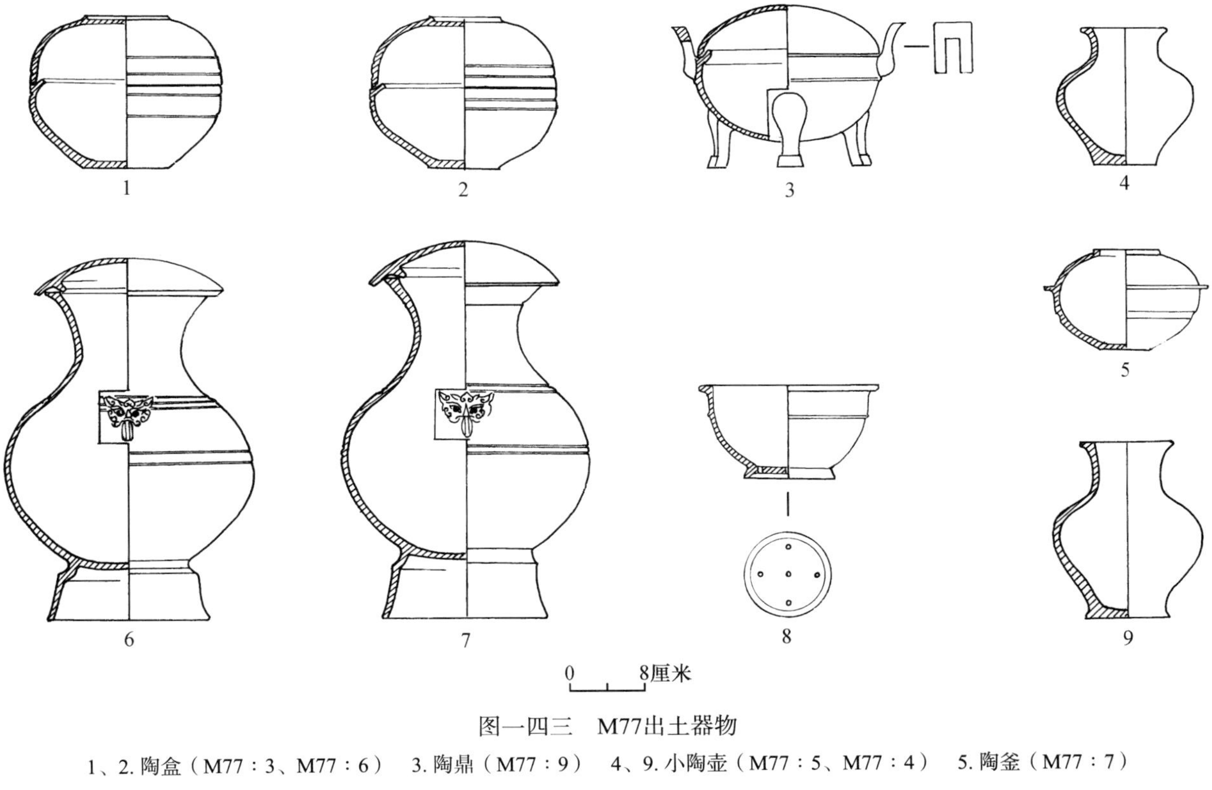

图一四三　M77出土器物

1、2. 陶盒（M77：3、M77：6）　3. 陶鼎（M77：9）　4、9. 小陶壶（M77：5、M77：4）　5. 陶釜（M77：7）　6、7. 陶壶（M77：1、M77：2）　8. 陶甑（M77：8）

陶盒　2件。标本M77：3，夹砂灰褐陶。由盖和身扣合而成，上下对称。盖呈覆碗形。盒身子口内敛，弧腹内收，平底。盖、身各饰二周凹弦纹。口径20.4厘米，底径8.8厘米，通高16.8厘米（图一四三，1；彩版一一，1；图版二二，1）。标本M77：6，夹砂灰陶。由盖和身扣合而成，上下对称。盖呈覆碗形。盒身子口内敛，上腹竖直，下腹斜内收，平底。盖、身各饰二周凹弦纹。口径17.6厘米，底径7.6厘米，通高16.4厘米（图一四三，2）。

陶釜　1件。标本M77：7，泥质灰陶。方唇，直口，溜肩，鼓腹，平底。上腹附一周扁方形凸棱，下腹饰一周凹弦纹。口径7.2厘米，腹径15.6厘米，底径5.6厘米，高10.8厘米（图一四三，5）。

陶甑　1件。标本M77：8，泥质灰陶。圆唇，直口，平折沿，上腹直，下腹弧内收，平底，矮圈足。上腹饰一周凸弦纹，底部有五个圆形箅孔，口径19.2厘米，底径9.6厘米，高10厘米（图一四三，8）。

陶鼎　1件。标本M77：9，泥质灰陶。子母口。直口内敛，肩附对称长方形双耳，耳外撇。弧腹，圜底下接三蹄足。腹饰一周凸弦纹。上承一拱形盖。口径19.6厘米，通高17.6厘米（图一四三，3；图版一六，1）。

七〇、M78

1. 墓葬概况

位置和层位关系　该墓位于Ⅱ区（2011年发掘）东北部T0907的东部，北与M77相邻；开口于表土层下，距地表15厘米，打破生土。

方向　50°。

形状与结构　长方形竖穴土坑墓。墓壁竖直，表面较粗糙，墓底较平，墓底四周有熟土二层台。口底同大，长230厘米，宽160厘米，墓底深220厘米（图一四四）。

填土　墓内填土为黄褐色五花土，结构致密，无包含物，

葬具　已朽尽，仅存椁痕。椁痕平面呈长方形，长198厘米，宽140厘米，残高40厘米，其他不详。

人骨　1具。保存较差，仅有两段肢骨。头向东北，葬式、性别、年龄等不详。

2. 出土器物

7件。均置于椁内的西侧和北侧，其中陶鼎2件、陶盒2件、陶壶1件、小陶壶2件（彩版六，2；图版一三，2）。

陶壶　1件。标本M78：1，泥质灰陶。尖唇，敞口，高束颈，溜肩，鼓腹，高圈足外撇。肩附两个对称铺首。颈上部饰凸弦纹一周，肩、腹各饰凹弦纹二周，圈足上部饰凸弦纹一周。上承一弧形盖，盖顶稍平。壶身及盖残存红色彩绘。口径22.8厘米，腹径35.6厘米，底径19.6厘米，通高43.2厘米（图一四五，1）。

小陶壶　2件。标本M78：3，泥质灰陶。圆唇，侈口，矮直颈，溜肩，鼓腹内收，向下转成直壁，平底。素面。口径4.8厘米，腹径8.2厘米，底径5.8厘米，高7.4厘米（图一四四，3）。标本M78：7，泥质灰陶。斜方唇，敞口，束颈，溜肩，鼓腹内收向下转成直壁，平底。素面。口径5.2厘米，腹径8.4厘米，底径5.2厘米，高8.4厘米（图一四五，6）。

陶鼎　2件。标本M78：2，泥质灰陶。子口内敛，上承一弧形盖。肩附对称长方形双耳，弧腹近直，圜底。下接兽面三蹄足。腹饰二周凹弦纹。口径20厘米，通高21.6厘米（图一四五，7）。标本M78：5，泥质灰陶。子口内敛，上承一弧形盖。肩附两个对称长方形盲耳，腹上直，下弧内收，圜底。下接兽面三蹄足。器身饰红色彩绘。口径22.4厘米，高18.8厘米（图一四五，4）。

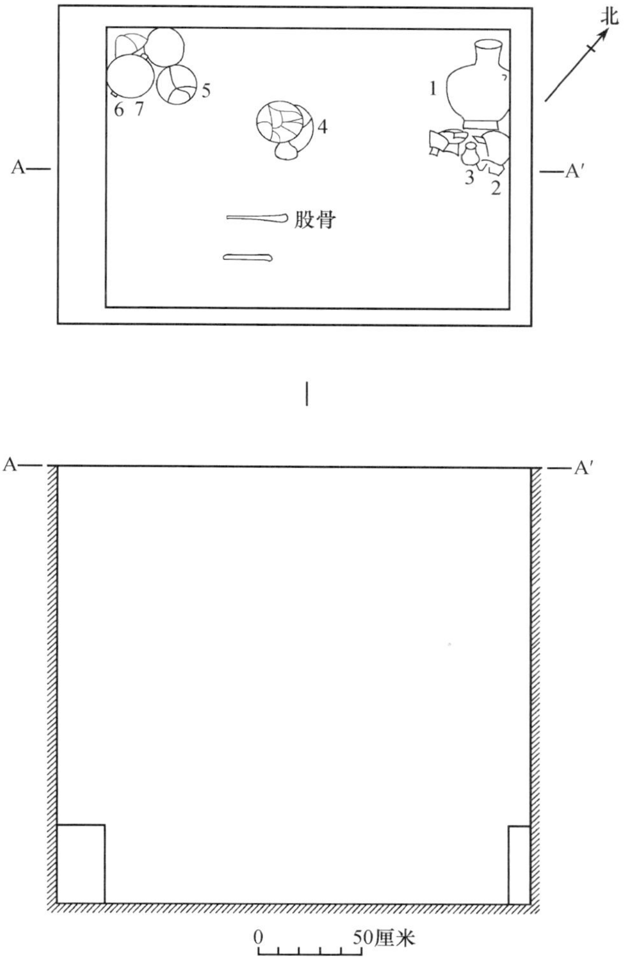

图一四四　M78平、剖面图
1. 陶壶　2、5. 陶鼎　3、7. 小陶壶　4、6. 陶盒

陶盒　2件。标本M78：4，泥质灰陶。由盖和身扣合而成，上下不对称。盒身，敛口方唇，敛口，弧腹内收，平底，假圈足。上承一弧形盖，底稍内凹。器身红彩残存。口径20.8厘米，底径10.0厘米，高16.0厘米（图一四五，5）。标本M78：6，夹砂灰陶。由盖和身扣合而成，上下不对称。盒身，斜方唇，敛口，斜方唇，弧腹内收，平底，假圈足。上腹饰一周凹弦纹。上承一弧形盖，底稍内凹。口径21.2厘米，底径7.6厘米，高17.2厘米（图一四五，2；图版二二，5）。

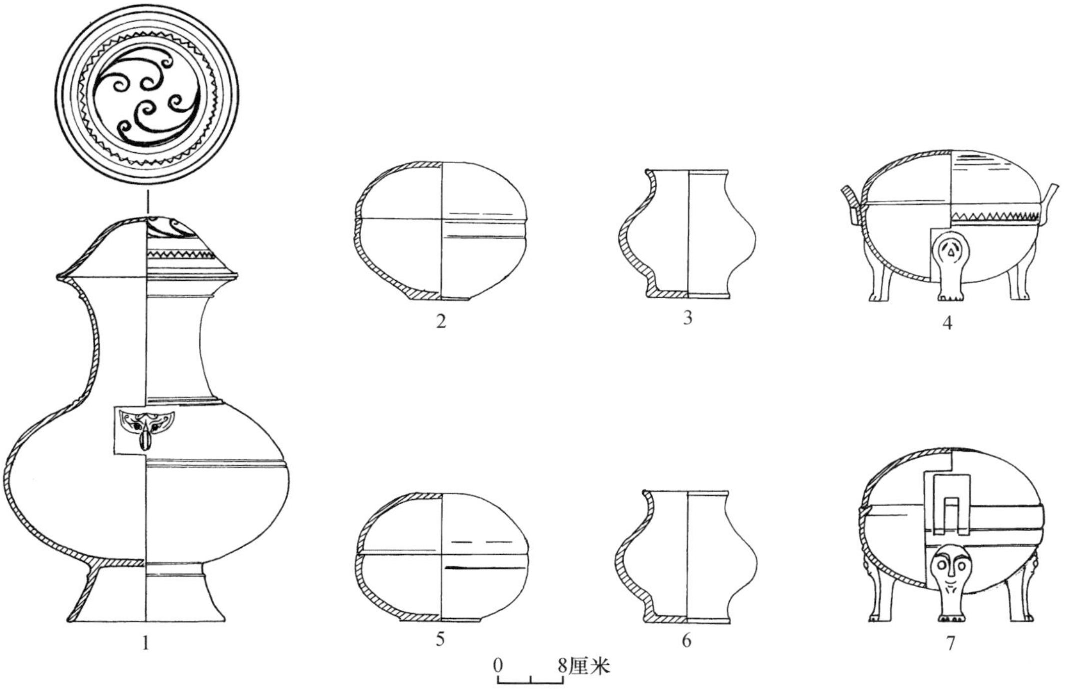

图一四五　M78出土器物

1. 陶壶（M78：1）　2、5. 陶盒（M78：6、M78：4）　3、6. 小陶壶（M78：3、M78：7）　4、7. 陶鼎（M78：5、M78：2）

七一、M79

1. 墓葬概况

位置和层位关系　该墓位于Ⅱ区（2011年发掘）东北部T1305西部，西北与M71、M72、M73相邻，打破M80的东端；开口于表土层下，距地表15厘米，打破M80和生土（图一四六）。

方向　0°。

形状与结构　近正方形竖穴土坑墓。墓壁竖直规整，表面较粗糙，墓底较平。口底同大，长200厘米，宽190厘米，墓底深30厘米（图一四七）。

填土　黄褐色五花土，土质较松软，无包含物。

葬具　棺椁已朽，尺寸不详。

人骨　保存较差，葬式、性别、年龄等不详。

2. 出土器物

无。

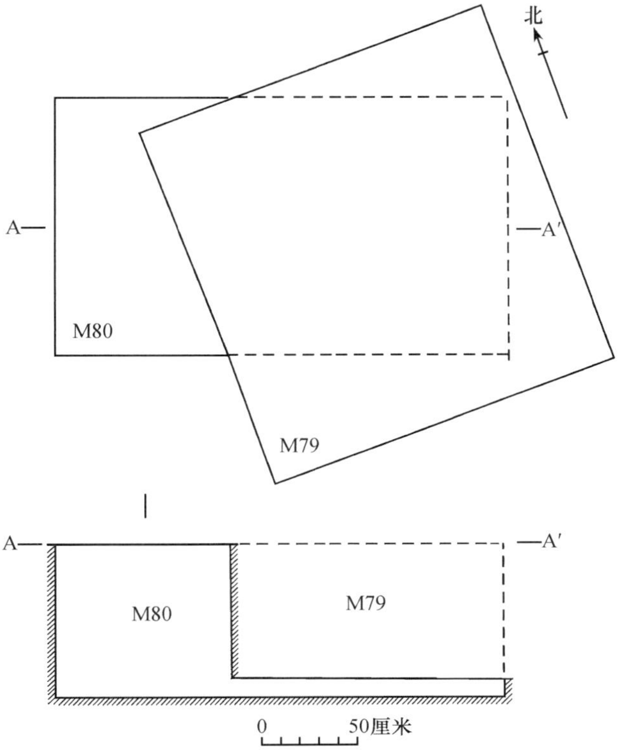

图一四六　M79与M80平、剖面图

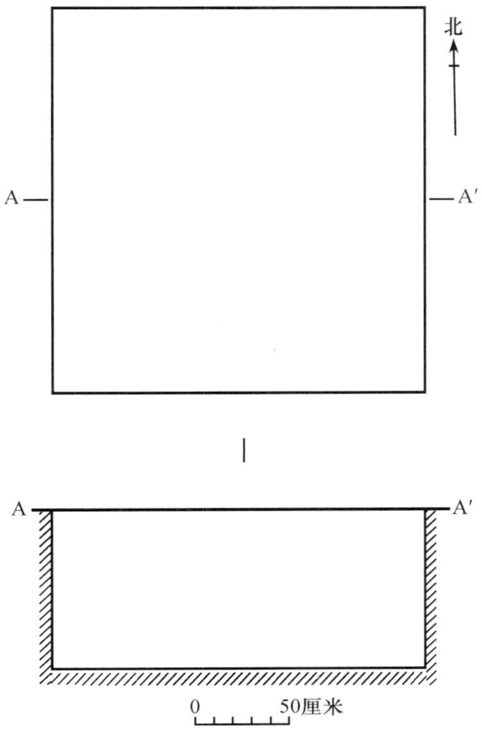

图一四七　M79平、剖面图

七二、M80

1. 墓葬概况

位置和层位关系　该墓位于Ⅱ区（2011年发掘）东北部T1305西部，东南与M81、M82相邻，东端被M79打破；开口于表土层下，距地表15厘米，被M79打破，打破生土（图一四八）。

方向　290°。

形状与结构　长方形竖穴土坑墓。四壁陡直，底部较平。东南部大部分被M79打破。口底同大，长234厘米，宽134厘米，墓深84厘米（图一四八）。

填土　黄褐色五花土，结构致密，土质较硬，包含物有少量陶片。

葬具　未见棺椁及朽痕。

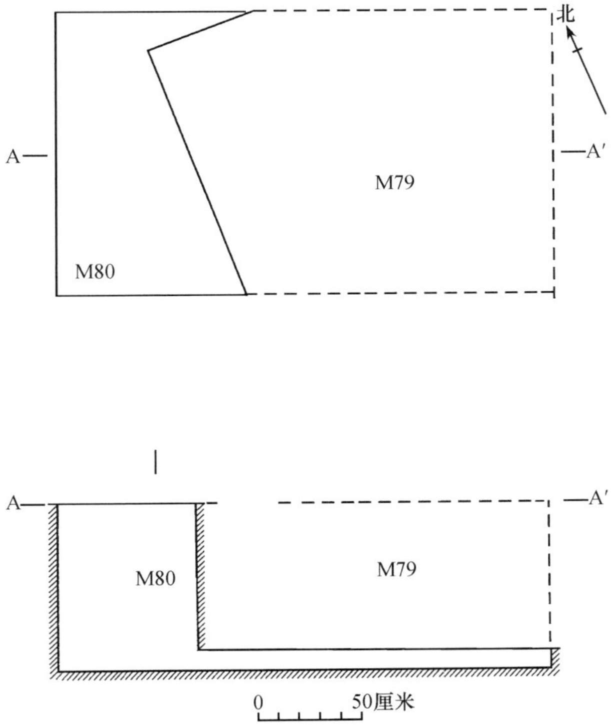

图一四八　M80平、剖面图

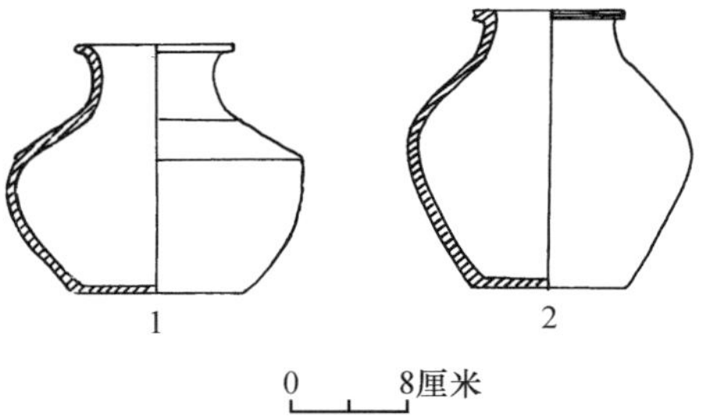

图一四九　M80出土器物
1. 陶壶（M80：1）　2. 陶壶（M80：2）

人骨　未见人骨。葬式、性别、年龄等不详。

2. 出土器物

陶壶2件，出土于填土中。

标本M80：1，泥质黄褐胎。圆唇，敞口，仰折沿，束颈，折肩，鼓腹，平底。颈、肩部饰一周划线纹。素面。口径11.2厘米，腹径20.4厘米，底径11.6厘米，高17.2厘米（图一四九，1）。标本M80：2，泥质灰陶。圆唇，敞口，仰折沿，束颈，折肩，鼓腹，平底。口沿唇面有一凹槽。素面。口径10.8厘米，腹径19.2厘米，底径10.4厘米，高19.2厘米（图一四九，2）。

七三、M81

1. 墓葬概况

位置和层位关系　该墓位于Ⅱ区（2011年发掘）东北部T1204西北部，东南、西北分别与M82、M80相邻；开口于表土层下，距地表15厘米，打破生土。

方向　310°。

形状与结构　长方形竖穴土坑墓。壁竖直规整，底部较平。口底同大，长230厘米，宽168厘米，墓底深160厘米（图一五〇；图版四，1）。

填土　红褐色花土，土质较软，无包含物。

葬具　木质单板。位于墓室的南部仅存朽痕。长180厘米，宽50厘米，厚4厘米，其他不详。

人骨　1具。保存较差，仅存两颗牙齿和一段腿骨，头向西，葬式、性别、年龄等不详。

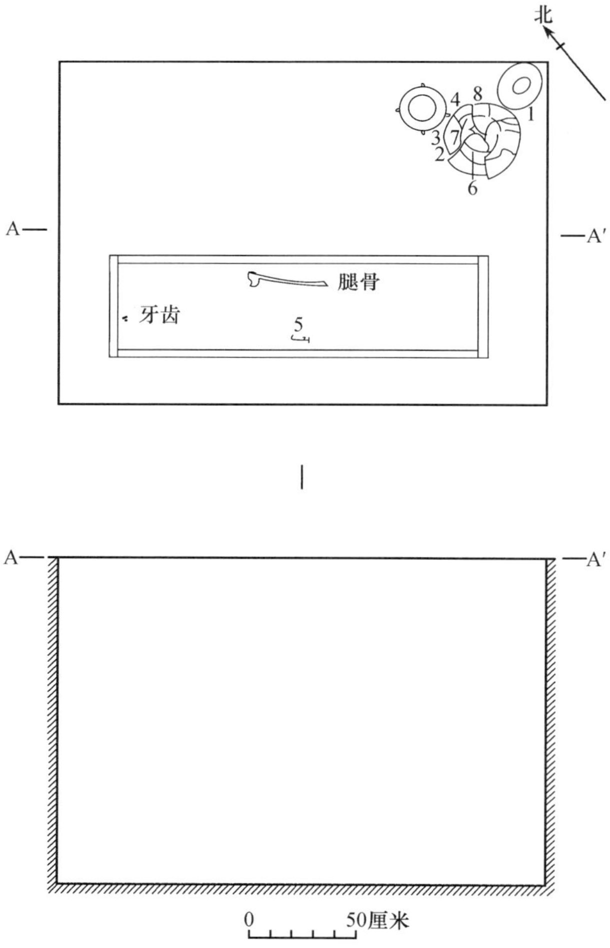

图一五〇　M81平、剖面图
1. 铁器　2、3. 陶罐　4、8. 陶豆　5. 铜带钩
6. 陶甑　7. 陶釜

2. 出土器物

8件。主要放置在棺外墓室的东北部，铜带钩在棺内人骨右侧，其中陶器6件：陶豆2件、陶罐2件、陶甑1件、陶釜1件；铜带钩1件；铁器1件。

陶豆　2件。标本M81：4，泥质灰陶。圆唇，敞口，浅弧盘。圆柱柄中空，下半部残。口径12.4厘米，残高7.2厘米，壁厚0.4～0.7厘米（图一五一，2）。标本M81：8，泥质灰陶。圆唇，敛口，上有一周弦纹，深弧盘。短柄中空，喇叭形足。口径12.2厘米，底径6.5厘米，高9.2厘米（图一五一，3）。

陶罐　2件。标本M81：2，泥质灰陶。圆唇，侈口，矮颈，折肩，弧腹，凹圜底。最大腹径接近底部。上腹饰弦断绳纹，下腹至底饰斜向绳纹。口径20.8厘米，腹径34.0厘米，底径10.4厘米，高26.0厘米（图一五一，4；彩版一四，2）。标本M81：3，泥质红陶。圆唇，敛口，鼓腹内收，平底。上腹饰四个对称扁穿孔耳。口径12.0厘米，腹径18.4厘米，底径8.8厘米，高10.4厘米（图一五一，5）。

陶甑　1件。标本M81：6，泥质灰陶。方唇，敛口，平折沿，弧腹，平底，圈足。腹饰一周凹弦纹，底内附凸棱一周，底下有五个圆形箅孔（图一五一，6）。

陶釜　1件。标本M81：7，泥质灰陶。方唇，敛口，折腹，平底。腹中部附一周凸方棱。口径6.4厘米，腹径14.8厘米，底径8.8厘米，高8.4厘米（图一五一，1）。

铁器1件（M81：1）、铜带钩1件（M81：5）锈蚀严重，无法修复。

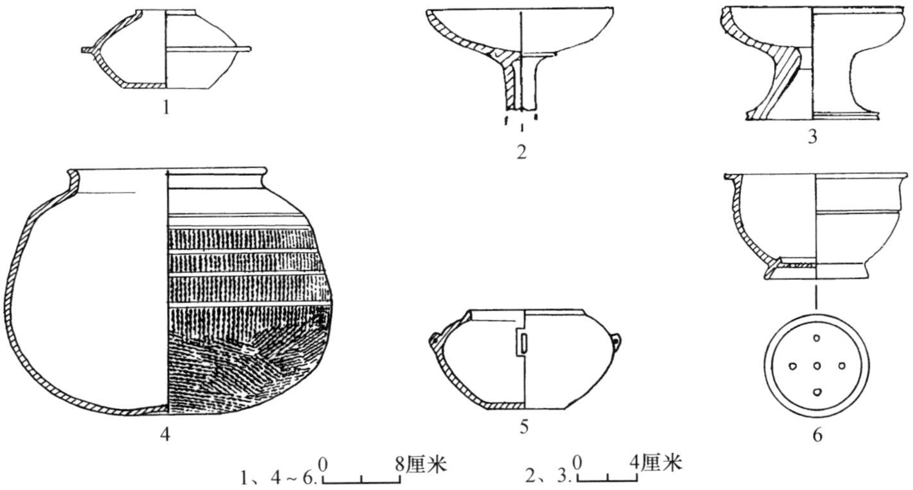

图一五一　M81出土器物

1. 陶釜（M81：7）　2、3. 陶豆（M81：4、M81：8）　4、5. 陶罐（M81：2、M81：3）　6. 陶甑（M81：6）

七四、M82

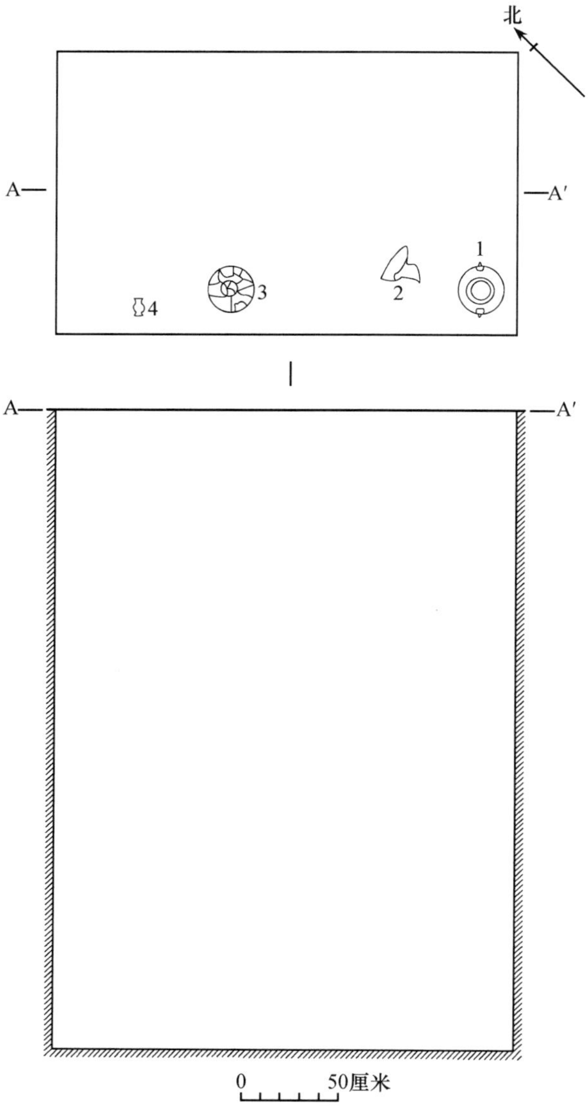

图一五二　M82平、剖面图

1. 陶壶　2. 漆木器　3. 陶盒　4. 小陶壶

1. 墓葬概况

位置和层位关系　该墓位于Ⅱ区（2011年发掘）东北部T1204的中部，西北与M80、M81相邻；开口于表土层下，距地表15厘米，打破生土。

方向　125°。

形状与结构　长方形竖穴土坑墓。壁竖直规整，表面较光滑，底部较平。口底同大。长240厘米，宽150厘米，墓底深340厘米（图一五二）。

填土　深褐色五花土，土质较硬，为一次性填土，无包含物。

葬具　不详。

人骨　不详。

2. 出土器物

4件。均置于墓室南侧，自东向西分别是陶壶1件、漆木器1件、陶盒1件、小陶壶1件。

陶壶　1件。标本M82：1，泥质灰陶。圆唇，敞口，束颈，溜肩，鼓腹，平底，高圈足外撇。肩附两个对称铺首，并饰二周凹弦纹。足上部有一周凸棱。口径16.8厘米，腹径26.8厘米，底径16.4厘米，高34厘米（图一五三，1）。

小陶壶　1件。标本M82：4，泥质灰陶。尖唇，敞口，束颈，溜肩，圆鼓腹，圜底，假圈足。口径4.4厘米，腹径7.6厘米，底径5.2厘米，高7.4厘米（图一五三，2）。

陶盒　1件。标本M82：3，泥质灰陶。盖呈覆碗形，沿面饰二周凹弦纹。盒身残破。盖口径20.0厘米，顶径10.4厘米，高7.6厘米（图一五三，3）。

漆木器　1件。标本M82：2，已朽尽。

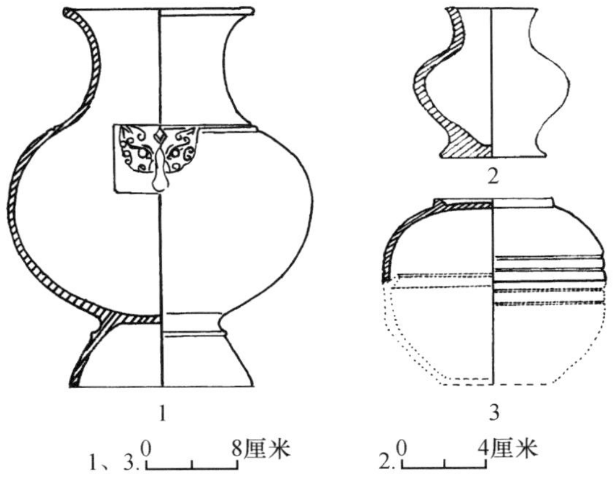

图一五三　M82出土器物

1. 陶壶（M82：1）　2. 小陶壶（M82：4）　3. 陶盒（M82：3）

七五、M83

1. 墓葬概况

位置和层位关系　该墓位于Ⅱ区（2011年发掘）东北部T1504西南部，北与M84相邻；开口于表土层下，距地表15厘米，打破生土。

方向　20°。

形状与结构　长方形竖穴土坑墓。四壁陡直，底部较平。距墓口170厘米见生土二层台，除南端外，西、北、东三面台宽20厘米。口大底小，墓口长210厘米，宽120厘米；墓底长190厘米，宽92厘米，墓底深200厘米（图一五四）。

填土　黄褐色五花土，土质较硬，无包含物。

葬具　不详。

人骨　不详。

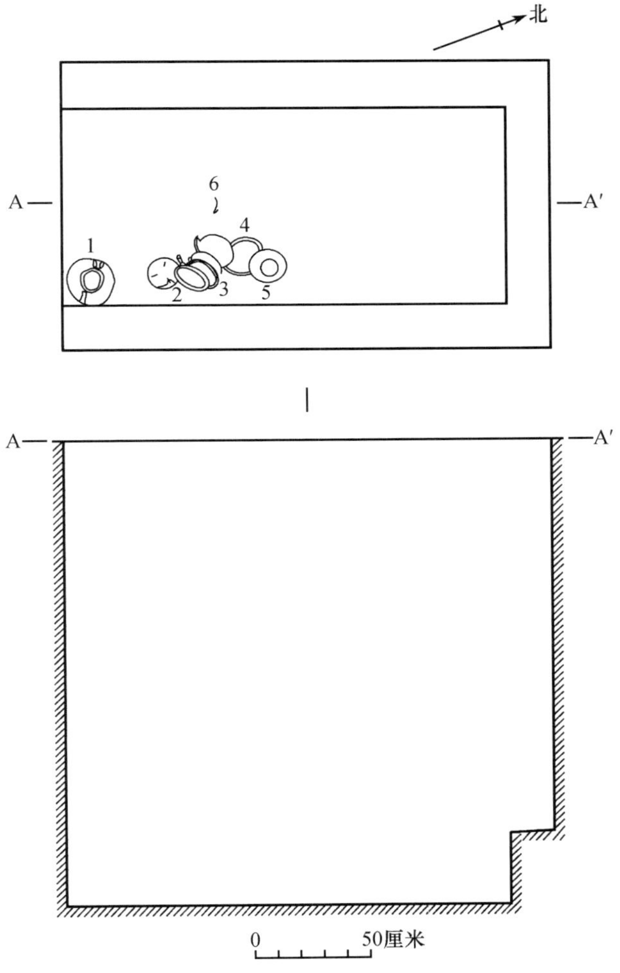

图一五四　M83平、剖面图

1. 陶罐　2. 陶鼎　3. 陶壶　4. 陶甑　5. 陶釜　6. 铜带钩

2. 出土器物

6件。放置在墓室的东南部，其中陶鼎1

件、陶盒1件、陶罐1件、陶甑1件、陶釜1件、铜带钩1件。

陶鼎　1件。标本M83：2，泥质灰陶。子口内敛，肩附对称长方形双耳，耳外撇。弧腹，圜底，下接三蹄足。上承一拱形盖，顶较平，上附三个三角形竖纽，纽根基口沿部各饰一周凹弦纹。口径18.8厘米，通高18.4厘米（图一五五，1）。

陶罐　1件。标本M83：1，夹砂灰褐陶。圆唇，侈口，束颈，折肩，圆鼓腹，凹圜底。肩附对称双耳，颈以下至腹饰弦断绳纹，下腹及底饰交叉斜绳纹。口径14.4厘米，腹径26.8厘米，底径8.8 厘米，高24.8厘米（图一五五，4；图版二四，3）。

陶盒　1件。标本M83：3，夹砂灰陶。由盖和身扣合而成，上下对称。盖呈覆碗形。盒身子口内敛，深弧腹，平底矮圈足。盖、身各饰二周凹弦纹。口径19.2厘米，底径9.6厘米，通高16.4厘米（图一五五，5；图版二三，4）。

陶甑　1件。标本M83：4，夹砂灰陶。方唇，直口，平折沿。上腹直，下腹折内收，平底。上腹饰一周凸棱，底部有五个圆形箅孔。口径18.4厘米，底径7.2厘米，高8.8厘米（图一五五，3）。

陶釜　1件。标本M83：5，夹砂灰陶。圆唇，直口，平沿，鼓腹，圜底。下饰横向绳纹。口径9.2厘米，腹径16.4厘米，高11.6厘米（图一五五，2）。

铜带钩　1件。M83：6，钩首呈鸟首状，身子呈鸟形，尾部有一圆纽。残长5厘米（图一五五，6）。

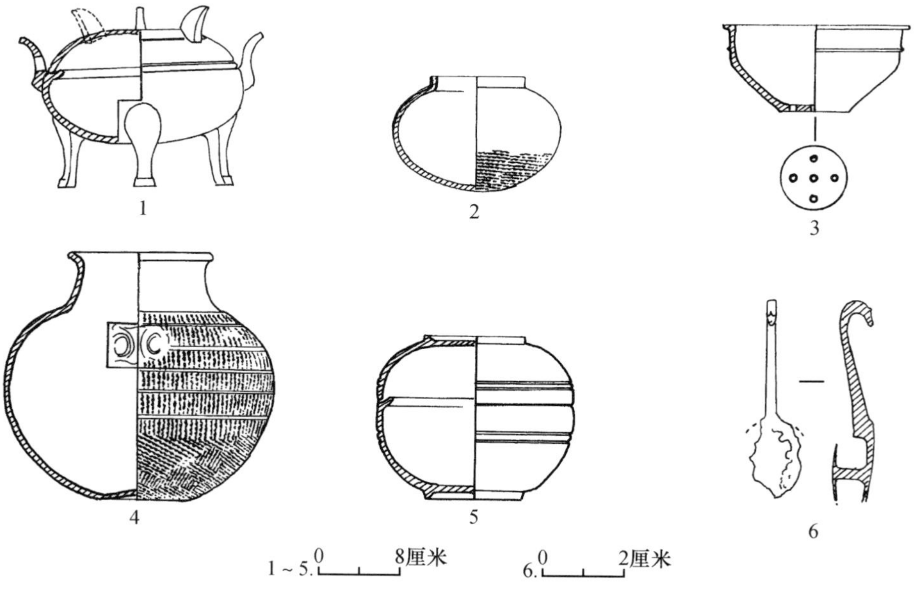

图一五五　M83出土器物

1. 陶鼎（M83：2）　2. 陶釜（M83：5）　3. 陶甑（M83：4）　4. 陶罐（M83：1）　5. 陶盒（M83：3）　6. 铜带钩（M83：6）

七六、M84

1. 墓葬概况

位置和层位关系　该墓位于Ⅱ区（2011年发掘）东北部T1504北部，南与M83相邻；开口于表土层下，距地表15厘米，墓口北高南低，打破生土。

方向　20°。

形状与结构　长方形竖穴土坑墓。四壁竖直，面较粗糙，墓底较平。口底同大，长230厘米，宽140厘米，墓底深180～190厘米（图一五六）。

填土　黄褐色五花土，土质较硬，无包含物。

葬具　不详。

人骨　不详。

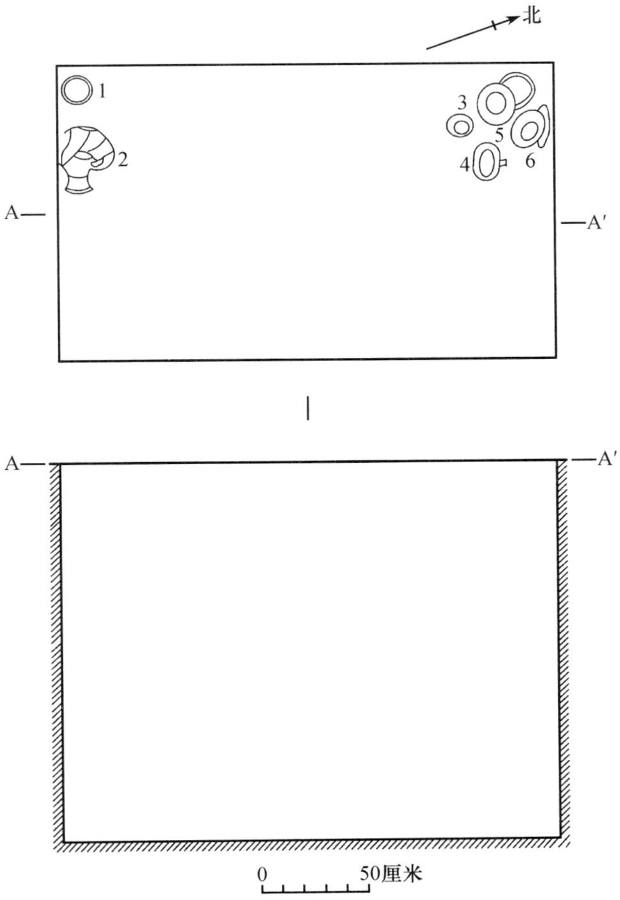

图一五六　M84平、剖面图
1. 陶钵　2. 陶罐　3. 小陶壶　4. 陶温鋬　5、6. 陶盒

2. 出土器物

6件。置于墓室的西南角和西北角，其中陶钵1件、陶罐1件、小陶壶1件、陶温鋬1件、陶盒2件。

陶罐　1件。标本M84：2，夹砂灰陶。圆唇，侈口，圆唇，束颈，溜肩，圆鼓腹，圜底。肩附对称环形双耳，肩和上腹饰弦断绳纹，下腹及底饰交叉斜绳纹。口径14厘米，腹径25.6厘米，高26.8厘米（图一五七，1；彩版一四，1；图版二五，1）。

陶盒　2件。标本M84：5，泥质灰陶。由盖和身扣合而成，上下对称。盖呈覆碗形。盒身子口内敛，弧腹，平底，矮圈足。盖、身各饰二周凹弦纹。口径19.2厘米，底径10厘米，通高14.4厘米（图一五七，4）。标本M84：6未修复。

陶钵　1件。标本M84：1，泥质灰陶。斜方唇，敛口，弧腹内收，平底。口径14.4厘米，腹径15.2厘米，底径6.4厘米，高4.8厘米（图一五七，3；彩版一二，6）。

陶温鋬　1件。标本M84：4，夹砂灰陶。方唇，侈口，鼓腹，圜底。腹上有一圆形把手，

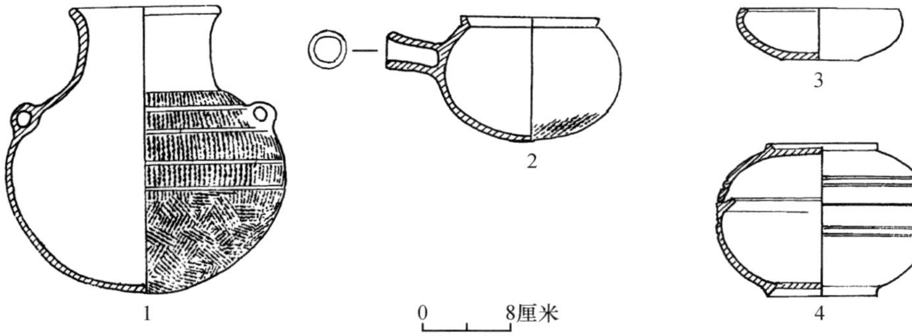

图一五七　M84出土器物

1. 陶罐（M84：2）　2. 陶温鍪（M84：4）　3. 陶钵（M84：1）　4. 陶盒（M84：5）

中空。底饰斜绳纹。口径12.8厘米，腹径16.8厘米，高11.6厘米。把手长5.2厘米，直径3.6厘米（图一五七，2；彩版一四，6）。

小陶壶　1件。标本M84：3，未能修复。

七七、M86

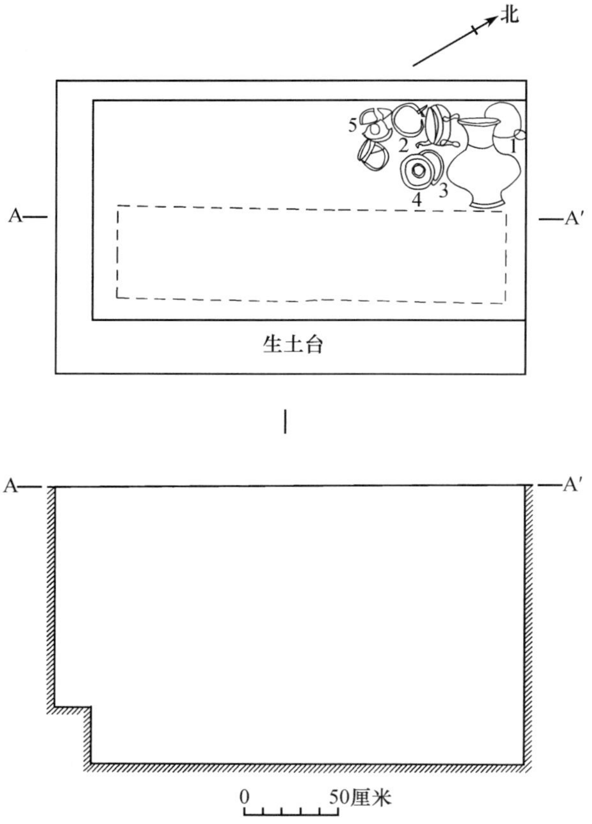

图一五八　M86平、剖面图

1. 陶壶　2. 陶鼎　3. 陶盒　4. 陶釜　5. 陶甑

1. 墓葬形式结构与葬式

位置和层位关系　该墓位于Ⅱ区东北部（2011年发掘）T1509东南部，东南部与M60、M70相邻；开口于表土层下，距地表15厘米，打破生土。

方向　32°。

形状与结构　长方形竖穴土坑墓。四壁陡直，底部较平。距墓口120厘米处见生土二层台，除北端外，西、南、东三面台宽10～30厘米，进深30厘米后见墓底。口大底小，墓口长250厘米，宽160厘米；墓底长230厘米，宽120厘米，墓深150厘米（图一五八）。

填土　红褐色五花土，土质较硬，为一次性填土，无包含物。

葬具　木质单棺，位于墓室的偏东部，仅存朽痕，棺痕长205厘米，宽50厘米，其他不详。

人骨　1具。已朽尽，葬式，性别，年龄等不详。

2. 出土器物

5件。均置于墓室的西北角，其中陶鼎1件、陶盒1件、陶壶1件、陶釜、甑各1件。

陶鼎　1件。标本M86：2，泥质灰陶。子口内敛，上承一弧形盖。上腹直，下腹弧收，平底，下接三蹄足。肩附对称长方形双耳，耳上部平折。腹中部饰一周凸弦纹。口径19.2厘米，腹径22.4厘米，通高21.6厘米（图一五九，4）。

陶壶　1件。标本M86：1，泥质灰陶。盘口，束颈，溜肩，鼓腹，圜底，高圈足外撇。肩附对称铺首衔环双耳，饰凹弦纹二周；腹饰凸弦纹二周；足中下部起凸棱一周。上承一弧形盖。口径17.6厘米，腹径32.4厘米，底径23厘米，通高42.4厘米（图一五九，1）。

陶盒　1件。标本M86：3，泥质灰陶。由盖和身扣合而成，上下部对称。盖呈覆碗形，圈足，下部饰凹弦纹二周。盒身上腹直，下腹弧收，平底，微凹。盒身中上部饰三周凹弦纹。口径16.8厘米，腹径19.2厘米，底径8.0厘米，通高16.4厘米（图一五九，5）。

陶釜　1件。标本M86：4，泥质灰陶。方唇，敛口，鼓腹，圜底微凹。腹上部饰一周凹弦纹，腹中附一周腰檐。口径9.2厘米，腹径21.2厘米，高15.6厘米（图一五九，2；图版二八，6）。

陶甑　1件。标本M86：5，泥质灰陶。方唇，直口，平折沿，上腹直，下腹弧收，平底，矮圈足。腹中部饰凸弦纹一周，底部二周三角形箅孔。口径22.4厘米，底径10.8厘米，高9.6厘米（图一五九，3；图版二八，6）。

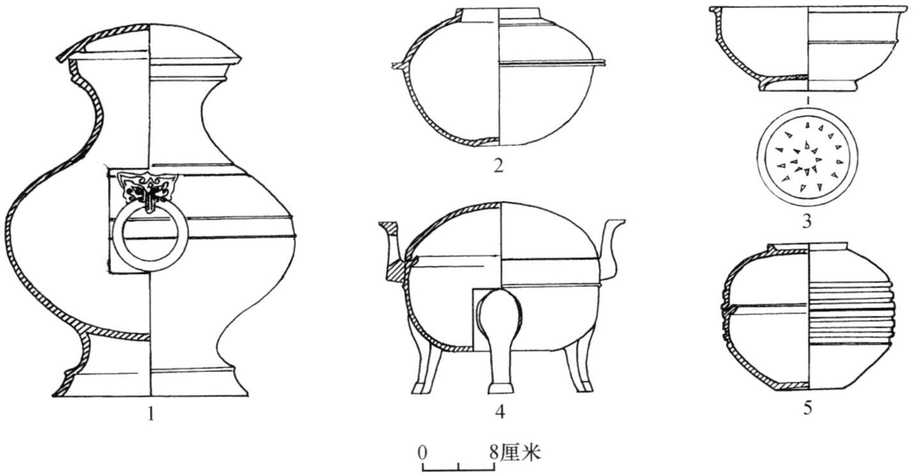

图一五九　M86出土器物

1. 陶壶（M86：1）　2. 陶釜（M86：4）　3. 陶甑（M86：5）　4. 陶鼎（M86：2）
5. 陶盒（M86：3）

七八、M87

1. 墓葬概况

位置和层位关系　该墓位于Ⅳ区T0803西北部，东南与M88相邻；开口于表土层下，距地表15厘米，打破生土。

方向　28°。

形状与结构　“刀”形竖穴土坑墓。由墓道、墓室两部分组成，通长700厘米。墓道位于墓室的北部，平面呈梯形，斜坡状北向南渐深，底部高于墓室底部。上口长400厘米，宽110～130厘米，坡底长416厘米；墓室呈长方形，直壁平底。墓壁四周黏附一层炭粒，墓底铺一层薄炭粒。口底同大，长300厘米，宽200厘米，墓深160厘米（图一六〇；图版五，1）。

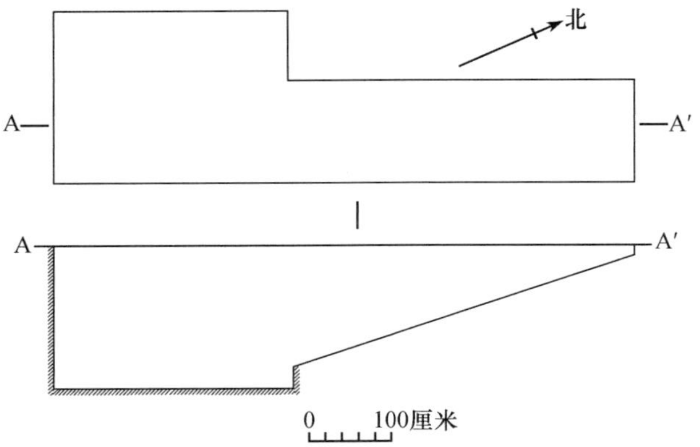

图一六〇　M87平、剖面图

填土　深褐色五花土，土质疏松，无包含物。

葬具　不详。

人骨　保存差。葬式、年龄、性别不详。

2. 出土器物

无。

七九、M88

1. 墓葬概况

位置和层位关系　该墓位于Ⅳ区T0803与T0903之间，北与M87相邻；开口于表土层下，距地表15厘米，打破生土。

方向　125°。

形状与结构　“刀”形积石积炭墓。由墓道、甬道、墓室三部分组成，通长700厘米。墓道位于甬道之南斜坡状。上口长300厘米，宽120厘米；坡底长330厘米，深0～124厘米；甬道位于墓道与墓室的中间，为洞穴式。上部为拱形，生土厚60～80厘米。底部为斜坡状。甬道封门全部用鹅卵石封口。甬道长110厘米，宽120厘米，高90厘米，坡长120厘米；墓室位于甬道北部，平面呈长方形。墓室东、西、南三壁用鹅卵石垒砌成石墙，石墙厚薄不匀，厚约20～40厘米，残高约130厘米。北壁除两角外，大部分石壁已被破坏无存。墓底铺一层炭粒，厚约2厘米。墓室口底同大，长290厘米，宽250厘米，墓深170厘米（图一六一）。

填土　黄褐色五花土，质较疏松，内含有炭粒、石块以及残陶片等。

葬具　不详。

人骨　不详。

2. 出土器物

由于被盗扰破坏严重，只在填土中清理出部分陶片，可辨器形有仓、灶、壶等，均未修复。

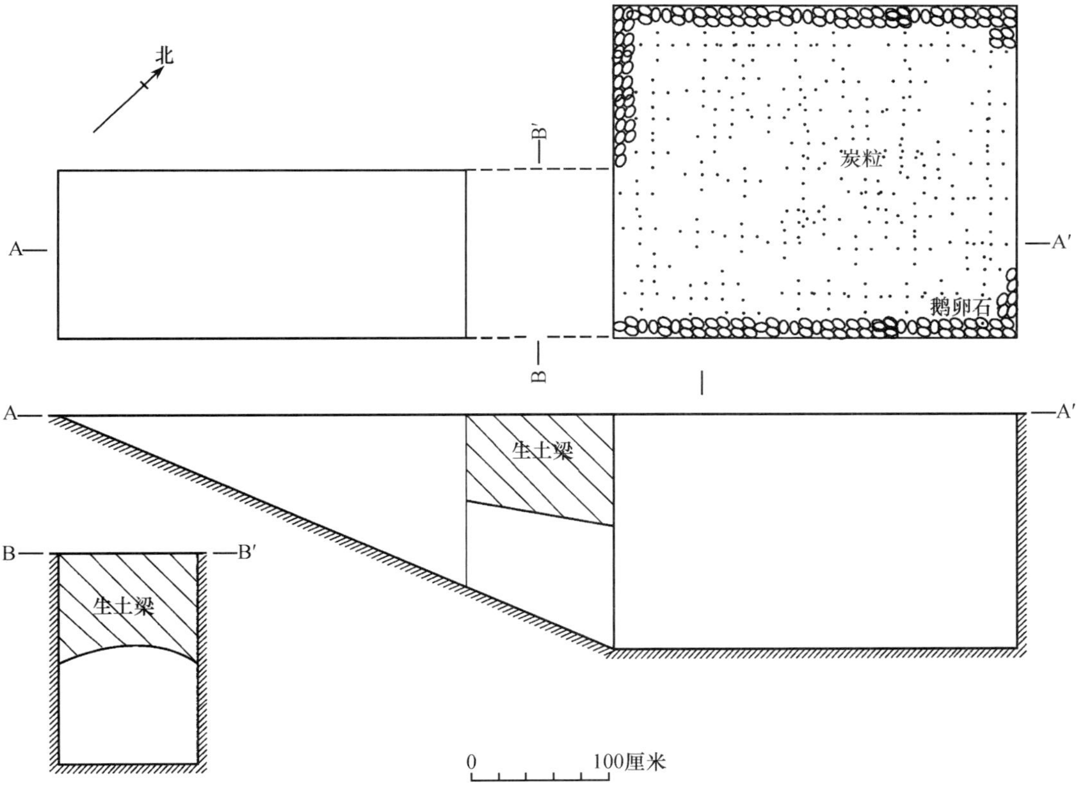

图一六一　M88平、剖面图

八〇、M89

1. 墓葬概况

位置和层位关系　该墓位于Ⅳ区T0604与T0504之间，北、东、西分别与M97、M93、M132相邻；开口于表土层下，距地表10厘米，打破生土。

方向　315°。

形状与结构　“刀”形积石积炭墓。由墓道、甬道、墓室三部分组成，通长940厘米。墓道位于甬道的北部，呈斜坡状由北向南渐深。上口长590厘米，宽140厘米，深0～216厘米，坡长630厘米。在连接甬道口处的墓道东壁底部，距上口160厘米，深处留有一生土二层台。台长150厘米，宽40厘米，高3～56厘米；甬道位于墓道与墓室的中间，为洞穴式。上部为拱形，生土层厚100厘米。底部近平，与墓底高度一致，铺有一层厚约5厘米的炭粒。甬道长100厘米，宽100厘米，高120厘米；墓室位于甬道南部，墓壁倾斜内收，黏附一层高约100厘米，厚约2厘米的炭粒。墓底较平，铺有一层鹅卵石，石上铺一层炭粒。口大底小呈覆斗形，上口长260厘米，宽240厘米；下口长220厘米，宽180厘米，墓深220厘米（图一六二；彩版四，1；图版六，1～3）。

填土　褐色五花土，土质较硬，含有石块、炭粒等物。

葬具　不详。

人骨　仅有一段肢骨。葬式、性别、年龄不详。

2. 出土器物

23件以及部分铜钱。大部分置于墓室的东部、北部，按质地分有铜、铁、陶三类，其中陶器17件：鼎1件、罐3件、仓4件、瓮2件、甑2件、釜2件、盘1件、纺轮1件、灶1件；铜器5件：鼎1件、洗1件、熏炉1件、其他2件；铁器1件；另有铜钱33枚。

陶罐　3件。标本M89：4，夹砂灰陶。斜方唇，敛口，鼓腹内收，平底。上腹附四个对称桥形耳。口径14厘米，腹径20.4厘米，底径8.8厘米，高11.2厘米（图一六三，16）。标本M89：11，泥质灰陶。尖唇，直口，溜肩，鼓腹，平底。腹饰一周划线段。口径10.8厘米，腹径16.8厘米，底径6.8厘米，高9.6厘米（图一六三，13）。标本M89：16，泥质灰陶。圆唇，侈口，溜肩，折腹，平底。口径10.8厘米，腹径16.0厘米，底径6.8厘米，高9.6厘米（图一六三，12）。

陶仓　4件。标本M89：9，泥质灰陶。敛口，直腹，平底。腹饰弦断绳纹。腹底部有长方形仓门，上饰一桥形纽，仓门两侧各饰一个桥形纽。上承一拱形盖，顶部近平。口径9.6厘米，底径14厘米，通高20厘米（图一六三，1）。标本M89：18，泥质灰陶。敛口，直腹，平

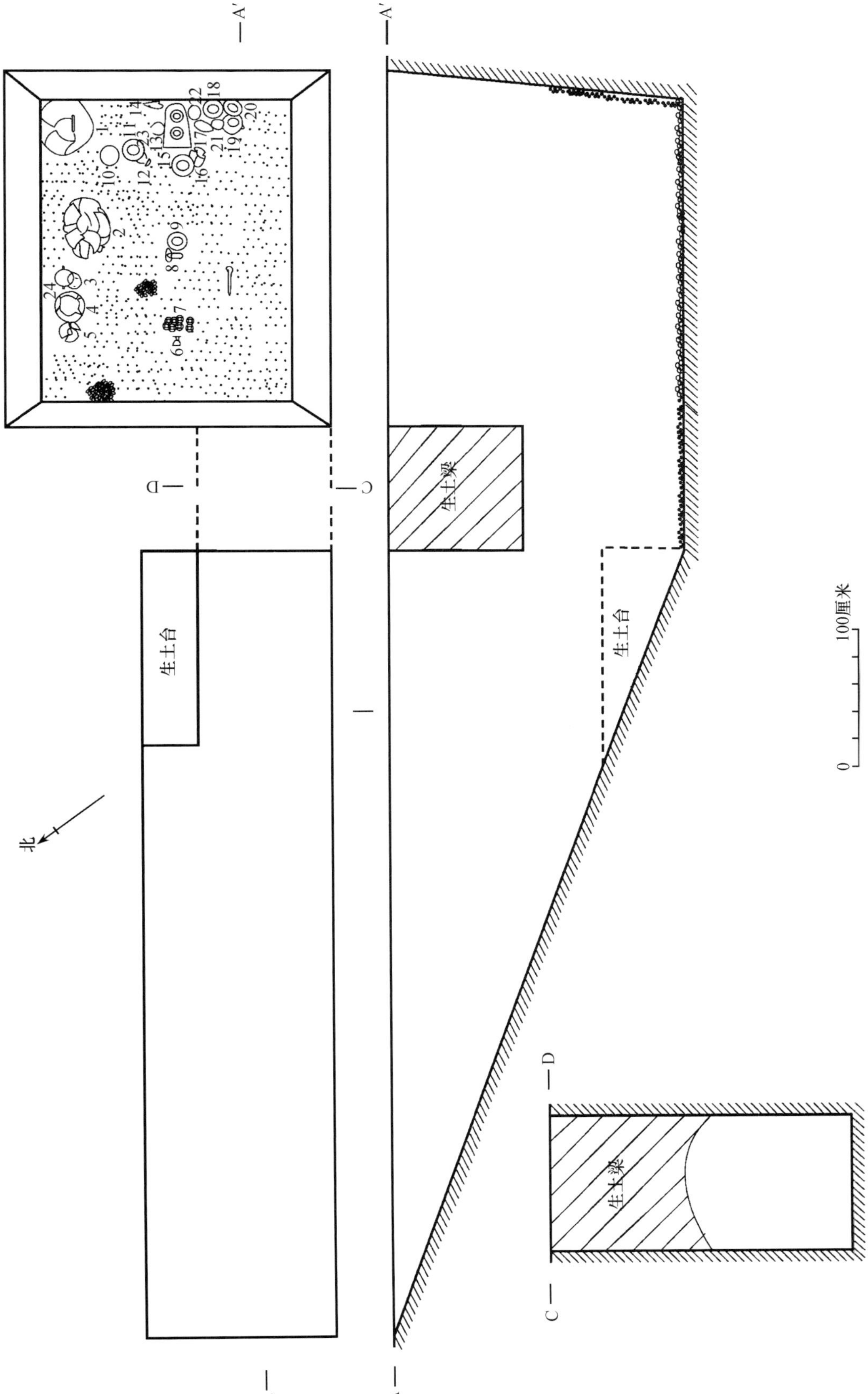

图一六二　M89平、剖面图

1、2. 陶瓮　3. 陶鼎　4、11、16. 陶罐　5. 陶甑　6. 铜熏炉　7. 铜钱　8. 铁器　9、18～20. 陶仓　10. 陶盘　12. 铜洗　13. 陶盆　14、17. 铜器　15. 陶灶　21、22. 陶釜　23. 陶纺轮　24. 陶鼎

底。腹饰弦断绳纹。腹底部有一长方形仓门，上附一桥形纽，仓门两侧各附一个桥形纽。上承一拱形盖。口径8.0厘米，底径14.4厘米，通高20.4厘米（图一六三，2）。标本M89：19，泥质灰陶。敛口，直腹，平底。腹饰弦断绳纹。腹底部有一长方形仓门，上附一桥形纽，仓门两

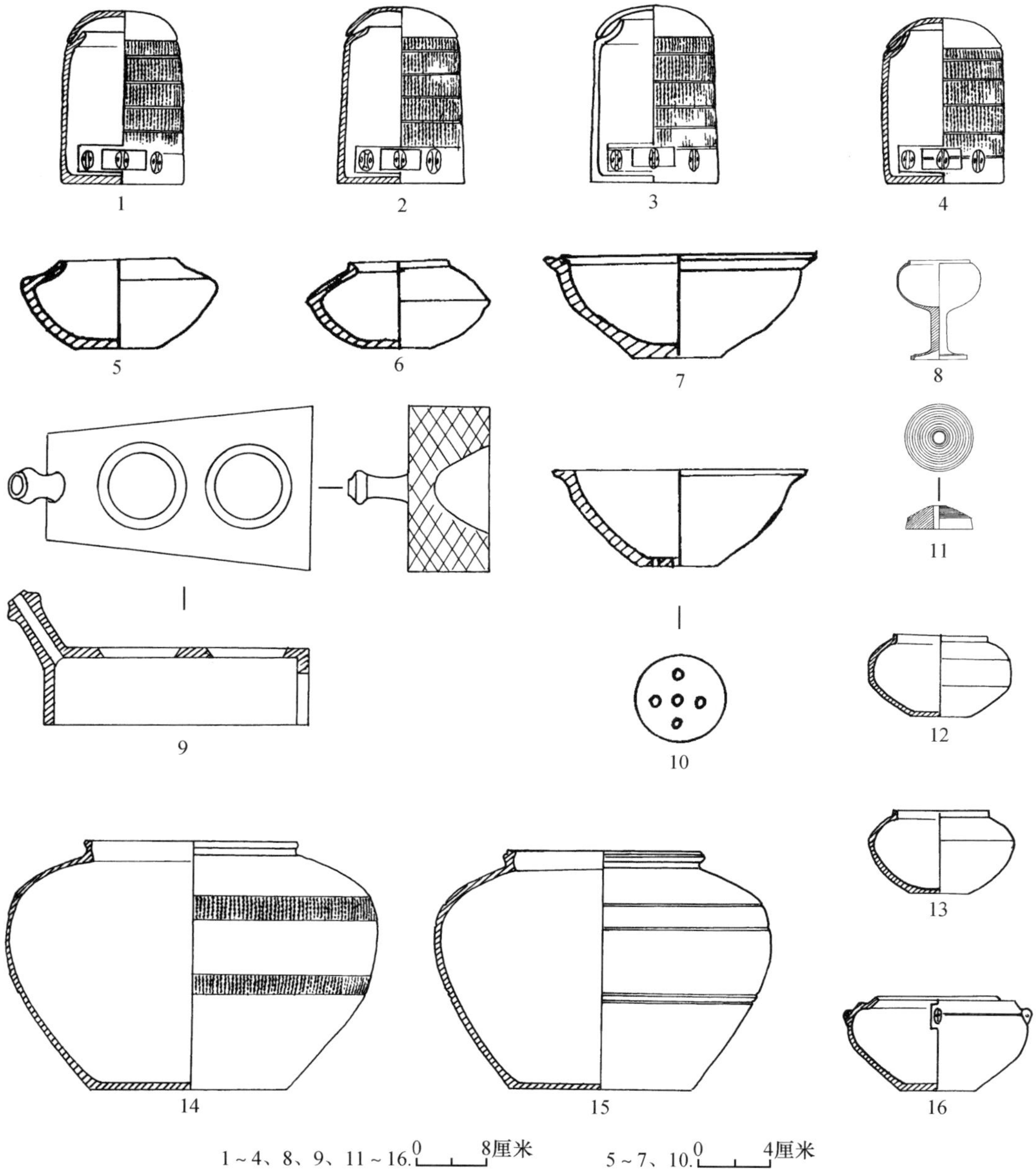

图一六三　M89出土器物

1～4. 陶仓（M89：9、M89：18、M89：19、M89：20）　5、6. 陶釜（M89：21、M89：22）　7. 陶盆（M89：13）　8. 铜熏炉（M89：6）　9. 陶灶（M89：15）　10. 陶甑（M89：5）　11. 陶纺轮（M89：23）　14、15. 陶瓮（M89：1、M89：2）　12、13、16. 陶罐（M89：16、M89：11、M89：4）

侧各附一个桥形纽。上承一拱形盖。口径8.0厘米，底径14.8厘米，通高20.4厘米（图一六三，3；彩版一五，6；图版三五，2）。标本M89：20，泥质灰陶。敛口，直腹，平底。腹饰弦断绳纹。腹底部有一个长方形仓门，上附一桥形纽仓门两侧各附一个桥形纽。上承一拱形盖。口径8.8厘米，底径13.6厘米，通高19.2厘米（图一六三，4；图版三五，1）。

陶瓮　2件。标本M89：1，泥质灰陶。圆唇，敛口，广肩，上腹圆鼓，下腹弧内收，平底。腹饰二周弦断绳纹。口径24.8厘米，腹径42.0厘米，底径22.4厘米，高28.8厘米（图一六三，14；图版二六，5）。标本M89：2，泥质灰陶。方唇，敛口，唇上有一凹槽，矮直颈，广肩，上腹圆鼓，下腹弧内收，平底。肩、腹部各饰二周凹弦纹。口径22.8厘米，腹径38.4厘米，底径20.8厘米，高28.0厘米（图一六三，15）。

陶甑　1件。标本M89：5，泥质灰陶。方唇，敞口，平沿，弧腹内收，平底。底部有五个圆形箅孔。口径14.4厘米，底径4.4厘米，高5.6厘米（图一六三，10）。

陶盆　1件。标本M89：13，泥质灰陶。圆唇，敞口，仰折沿，弧腹内收，平底。口径15.6厘米，底径5.2厘米，高6.0厘米（图一六三，7）。

陶灶　1件。标本M89：15，泥质灰陶。平面呈梯形，直壁。灶面有两个圆形火口。前壁有一个拱形落地火门，火门周围壁面饰网格纹。后壁上部有一个筒状烟囱，近口部凸起，形似“炮口”。长34.4厘米，宽12.4～19.2厘米，高16厘米（图一六三，9；图版三三，3）。

陶釜　2件。标本M89：21，泥质灰陶。圆唇，敛口，折腹，平底。口径6.8厘米，腹径11.2厘米，底径4.0厘米，高5.2厘米（图一六三，5）。标本M89：22，泥质灰陶。尖唇，敛口，折腹，平底。口径5.6厘米，腹径10.4厘米，底径4.0厘米，高4.8厘米（图一六三，6）。

陶纺轮　1件。标本M89：23，泥质黄褐陶。平面呈圆形，正视近锥形。中间有一圆形穿孔，表面饰数周凹弦纹。顶径1.2厘米，底径6.0 厘米，高2.1厘米（图一六三，11）。

铜燻炉　1件。标本M89：6，青铜。直口，方唇，鼓腹，圆柱柄，中空，喇叭形底座。底座起台，口沿下卷。无盖。口径5.4厘米，腹径7.5厘米，足径5.0厘米，高9.0厘米（图一六三，8）。

铜钱　33枚。全部为五铢钱。锈蚀严重。正反有内外郭，外郭径2.4～2.5厘米。“五”字交笔略带弯曲，它与上下两横相接的地方是垂直的，“铢”字“金”头较小，呈三角形，四点较短，有的明显低于“朱”字，“朱”头方折，下圆折，标本M89：7-1～M89：7-3（图一六四）。

陶鼎、盘各1件，铜鼎、洗等4件以及铁器1件，无法复原。

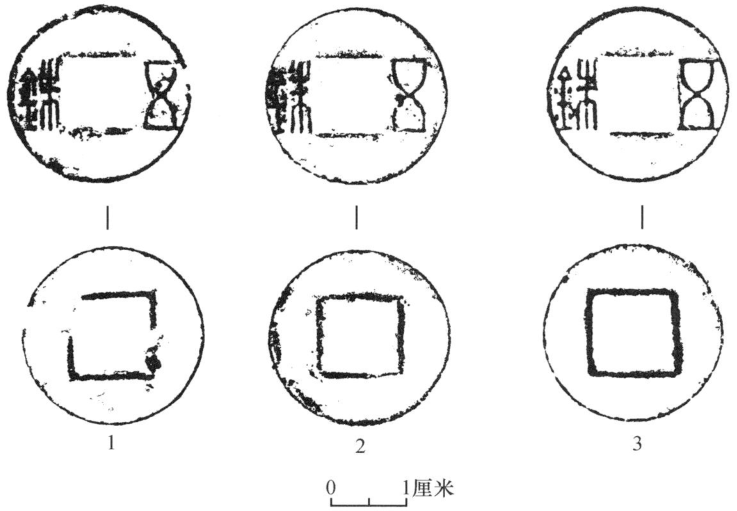

图一六四　M89出土五铢钱
1. M89：7-1　2. M89：7-2　3. M89：7-3

八一、M90

1. 墓葬概况

位置和层位关系　该墓位于Ⅳ区T1203西部，西南与M91，M92相邻；开口于表土层下，距地表15厘米，打破生土。

方向　32°。

形状与结构　刀形砖室墓。由墓道，墓室两部分组成，通长640厘米。墓道位于墓室的北部平石梯形，呈斜坡状由北向南渐深渐宽。上口长240厘米，宽128～144厘米，坡260厘米，深0～94厘米；墓室平面呈长方形。墓室被破坏严重，四壁只留3～6层残砖。壁砖起砌于铺底砖之上，平砖错缝顺铺而成。墓底部残存部分铺底砖。平砖错缝横铺而成。墓室西北角残存两块画像砖，正面饰长青树和上山虎图案。墓砖大小相同，有模印纹饰，正面素面，背面饰绳纹，单侧画面被一短竖线分为两部分，饰对称的单线交叉“五”字文。墓砖长32厘米，宽16厘米，厚8厘米。墓口底同大，长400厘米，宽270厘米，墓底深100厘米（图一六五）。

填土　黄褐色五花土，土质较疏松，含有大量砖块和少量陶片，炭粒等物。

葬具　不详。

人骨　不详。

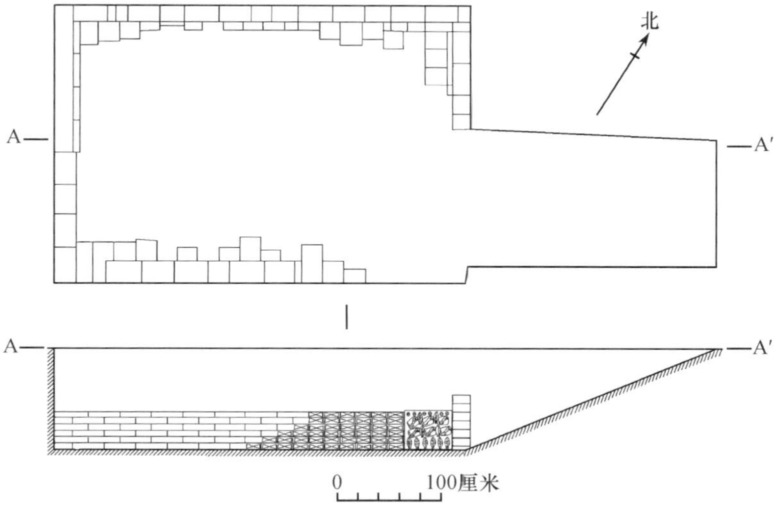

图一六五　M90平、剖面图

2. 画像砖位置和内容

虎、长青树画像砖　2块。残存画像砖两块，近方形，大小尺寸相同，边长49厘米。用于墓室西北角，两砖分别紧贴墓室北壁、西壁内侧，竖直摆放。两砖画像模印而成，画面上部为两两一组的圆形图案，其间由两颗长青树将砖分割为三组画面，每组有两幅上山虎图案，下部为一组六颗长青树（图一六六；彩版五，3；图版三二，5）。

3. 出土器物

该墓盗扰严重，仅在填土中清理出少量陶片，可辨器形有仓、壶等。

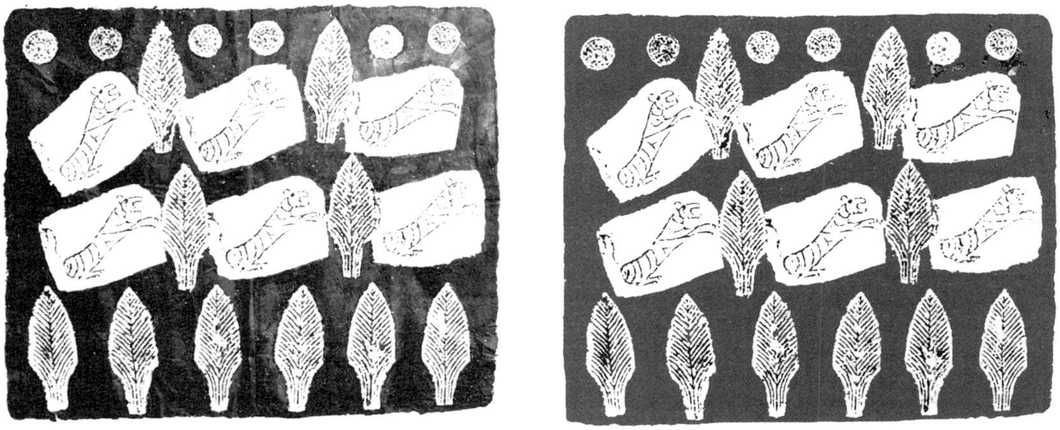

图一六六　M90出土画像砖

八二、M91

1. 墓葬概况

位置和层位关系　该墓位于Ⅳ区T1302东南部，北与M90，西与M92，南与M94、M95、M96相邻；开口于表土层下，距地表15厘米，打破生土。

方向　30°。

形状与结构　“刀”形竖穴土坑墓。由墓道、墓室两部分组成，通长650厘米。墓道位于墓室的北部，平面呈梯形，斜坡状北向南渐深渐宽，底部与墓室底部相连。上口长380厘米，宽100～110厘米，坡底长406厘米，深4～110厘米；墓室呈长方形，直壁平底。墓壁黏附一层炭粒，墓底铺一层薄炭。口底同大，长270厘米，宽170厘米，墓深110厘米（图一六七）。

填土　深褐色五花土，土质疏松，无包含物。

葬具　不详。

人骨　保存差，仅存三段肢骨，头向北。葬式、年龄、性别不详。

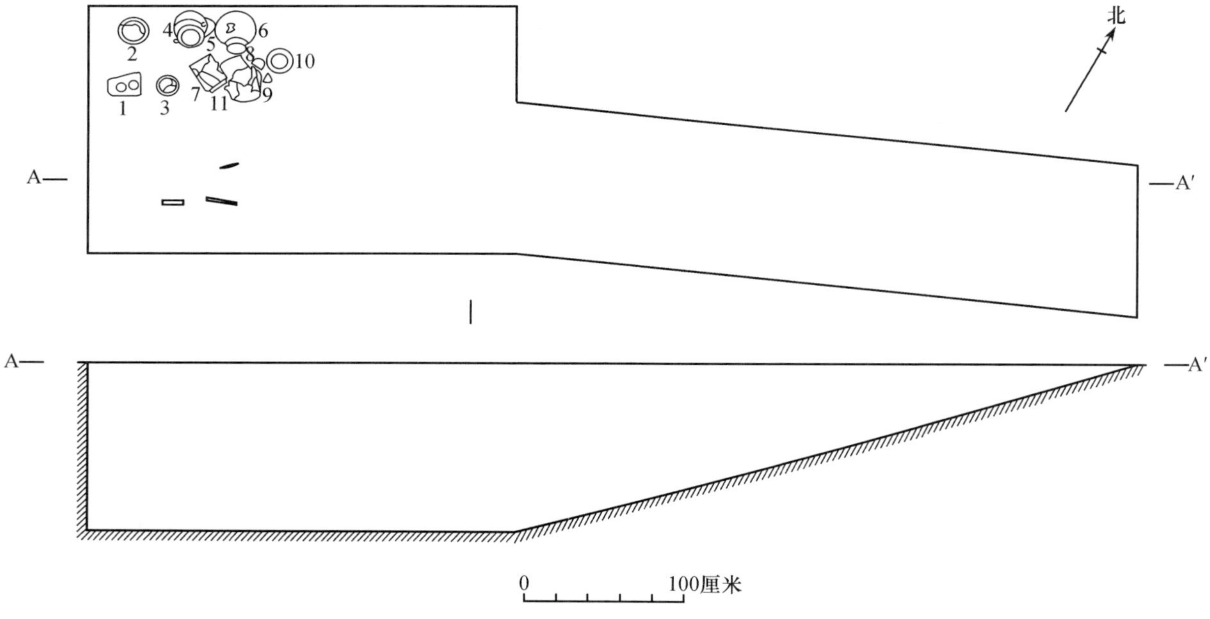

图一六七　M91平、剖面图

1. 陶灶　2. 陶盒　3. 陶盆　4、6、9. 陶罐　5、11. 陶釜　7、8、10. 陶仓

2. 出土器物

11件。置放于墓室的西侧，其中陶罐3件、陶仓3件、陶盒1件、陶灶1件、陶盆1件、陶釜2件。

陶罐　3件。标本M91：4，泥质灰陶。侈口，口沿面有一周凹槽。束颈、溜肩、球形圆鼓腹，凹圜底。肩附对称环形双耳，肩以下及腹饰弦断绳纹，下腹及底饰斜绳纹。口径12.8厘米，腹径20.8厘米，底径6.4厘米，高21.2厘米（图一六八，11）。标本M91：6，泥质灰陶。方唇，侈口，束颈，折肩，球形圆鼓腹，凹圜底。肩附对称环形双耳，肩以下及腹饰弦断绳纹，下腹及底饰斜绳纹。口径12.8厘米，腹径24.8厘米，底径6.4厘米，高25.2厘米（图一六八，9）。标本M91：9，泥质灰陶。圆唇，侈口，广肩，鼓腹，凹圜底。腹饰斜绳纹。口径16.0厘米，腹径28.4厘米，底径10厘米，高23.6厘米（图一六八，10）。

陶仓　3件。标本M91：7，泥质灰陶。斜方唇，敛口，折肩、筒腹，平底。腹饰四周划线

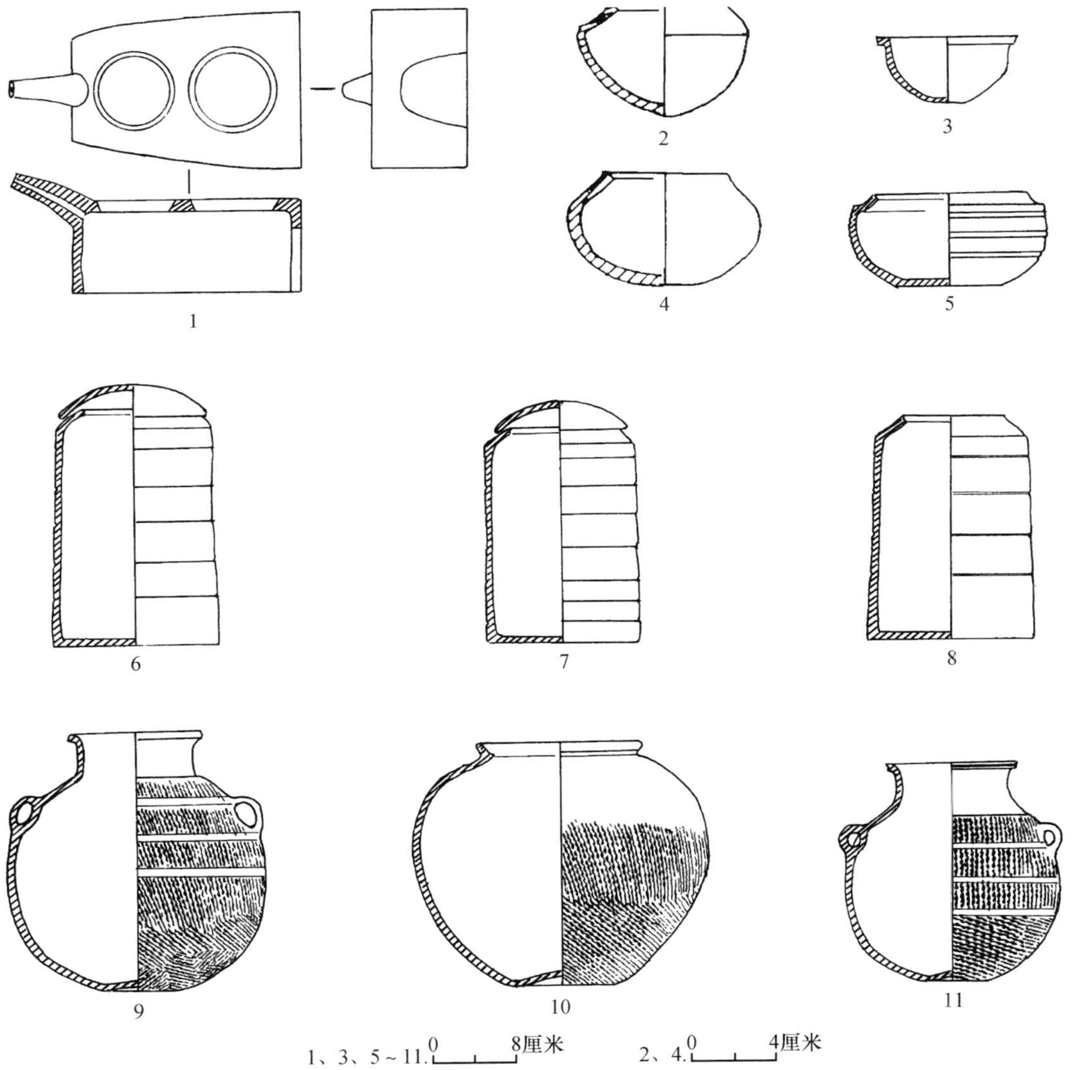

图一六八　M91出土器物

1. 陶灶（M91：1）　2、4. 陶釜（M91：5、M91：11）　3. 陶盆（M91：3）　5. 陶盒（M91：2）　6～8. 陶仓（M91：8、M91：10、M91：7）　9～11. 陶罐（M91：6、M91：9、M91：4）

纹。口径9.6厘米，底径16.0厘米，高22.0厘米（图一三一，8）。标本M91：8，泥质灰陶。圆唇，敛口，折肩，筒腹，平底。腹饰五周划线纹。上承一拱形盖。口径9.6厘米，底径16.0厘米，通高25.6厘米（图一三一，6）。标本M91：10，泥质灰陶。方唇，敛口，折肩，铜腹，平底。腹饰七周划线纹。上承一拱形盖。口径9.6厘米，底径15.2厘米，高24.0厘米（图一六八，7）。

陶盒　1件。标本M91：2，泥质灰陶。斜方唇、敛口，弧腹、平底。腹饰六周划线纹。盖残。口径14.4厘米，腹径19.2厘米，底径10.4厘米，高9.2厘米（图一六八，5）。

陶灶　1件。标本M91：1，泥质灰陶。平面呈梯形，壁面微弧。灶面置两个圆形火口，前壁有一拱形落地火门，后壁上部有一筒状烟囱。全长28.0厘米，通高12.4厘米（图一六八，1）。

陶盆　1件。M91：3，夹砂灰陶。方唇，敞口，平折沿，弧腹，凹圜底。口径14.0厘米，高6.4厘米（图一六八，3）。

陶釜　2件。标本M91：5，泥质灰陶。方唇，敛口，折腹，圜底。口径6.4厘米，腹径9.6厘米，高5.6厘米（图一六八，2）。标本M91：11，泥质灰陶。方唇，敛口，折腹，圜底。口径5.6厘米，腹径8.4厘米，高5.6厘米（图一六八，4）。

八三、M92

1. 墓葬概况

位置和层位关系　该墓位于Ⅳ区T1302中部，北、东、南分别与M90、M91、M94、M95、M96相邻；开口于表土层下，距地表15厘米，打破生土。

方向　28°。

形状与结构　“刀”形砖室墓。由墓道，墓室两部分组成，通长500厘米，墓道位于墓室的北部，平面呈长方形，斜坡状自北向南渐深，底部高出墓室底部。上口长220厘米，宽94厘米，坡底长234厘米，深0～86厘米；墓室呈长方形。东、西两壁残砖由于受到挤压，弧形内凸，底部较平整。墓室被盗扰严重，四壁只留二层残砖，起砌于生土之上，以平砖错缝顺砌而成。墓底砖保存较为完好，大部分平砖对缝横铺而成，只有一行为平砖纵铺。口底同大，长280厘米，宽200厘米，墓深100厘米（图一六九）。

填土　灰褐色五花土，土质较疏松，内含大量陶片、砖块和炭粒等。

葬具　不详。墓砖尺寸相同，模印有绳纹，长32厘米，宽16厘米，厚8厘米。

人骨　不详。

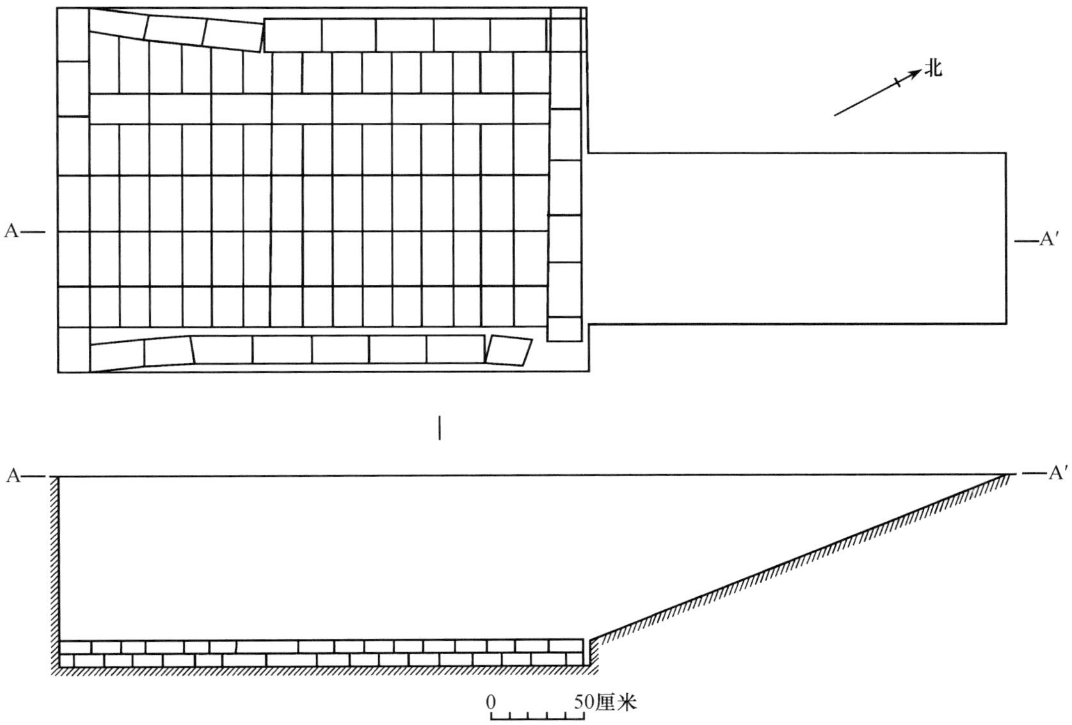

图一六九　M92平、剖面图

2. 出土器物

该墓被盗扰严重，墓室填土中清理出少量碎陶片和1件铅耳杯（图一七〇）。

铅耳杯　1件。标本M92：1，灰白色。平面呈椭圆形，圆唇，敛口，弧腹内收，假矮圈足。口部两侧有对称弧形耳。素面。口长4.2厘米，宽3.5厘米，高1.0厘米，底径长2.4厘米。

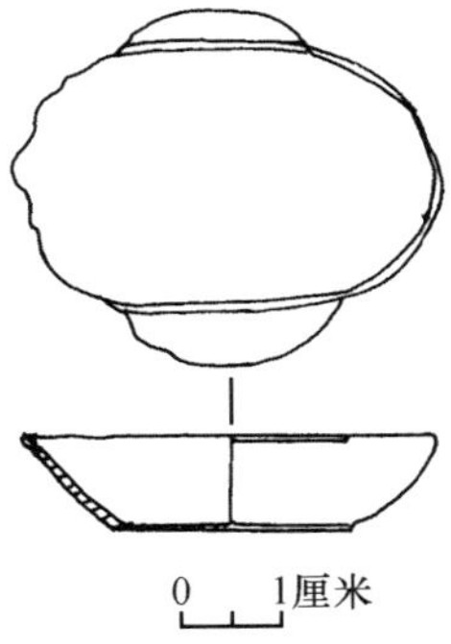

图一七〇　M92出土铅耳杯（M92：1）

八四、M93

1. 墓葬概况

位置和层位关系　该墓位于Ⅳ区T0505的中部偏西，西、南分别与M97、M89相邻；开口于表土层下，距地表10厘米，打破生土。

方向　315°。

形状与结构　长方形竖穴积石积炭墓。墓壁斜直内收，墓底平坦。底部铺有一层鹅卵石，四壁及底部鹅卵石之上均由一层炭粒。口大底小，呈覆斗形，口长310厘米，宽212厘米；墓底长280厘米，宽180厘米，墓深240厘米（图一七一）。

填土　黄褐色五花土，土质较松散，内含有炭粒等物。

葬具　不详。

人骨　不详。

2. 出土器物

7件。置于墓室的东端，按质地分有铜、陶两类，其中陶器4件：陶罐1件、陶甑1件、陶釜1件、陶灶1件；铜器3件：铜鍪1件，其他铜器2件以及铜钱数枚。

陶罐　1件。标本M93∶6，泥质灰陶。口部变形，圆唇，敛口，口沿饰一周凹槽，斜直颈，折肩，弧腹，凹圜底。肩附对称双耳，颈以下及腹饰弦断绳纹，下腹及底饰斜绳纹。口径14厘米，腹径24.8厘米，底径6.4厘米，高27.6厘米（图一七二，1）。

陶甑　1件。标本M93∶4，泥质灰陶。圆唇，侈口，弧腹，平底。底部有一圆形孔。口径14.4厘米，底径3.6厘米，高6.8厘米（图一七二，3）。

陶釜　1件。标本M93∶8，泥质灰陶。敛口，鼓腹，圜底。腹上部饰二周凹弦纹。口径4.4厘米，腹径7.0厘米，高5.6厘米（图一七二，4）。

陶灶　1件。标本M93∶3，泥质灰陶。平面近梯形，弧壁，抹角。灶面有一圆形火口，前壁中间有一半圆形不落地火门，后壁上部有一圆柱形斜烟囱。全长28.0厘米，通高14厘米（图一七二，2）。

铜钱　29枚。全部为五铢钱。锈蚀严重。正反有内外郭，外郭径2.4～2.5厘米。“五”字交笔略带弯曲，它与上下两横相接的地方近垂直的，“铢”字“金”头较小，呈三角形，不清晰，四点较短，低于或平于“朱”字，“朱”头方折，下圆折，标本M93∶5-1～M93∶5-4（图一七三）。

铜器3件，锈蚀严重，未能修复。

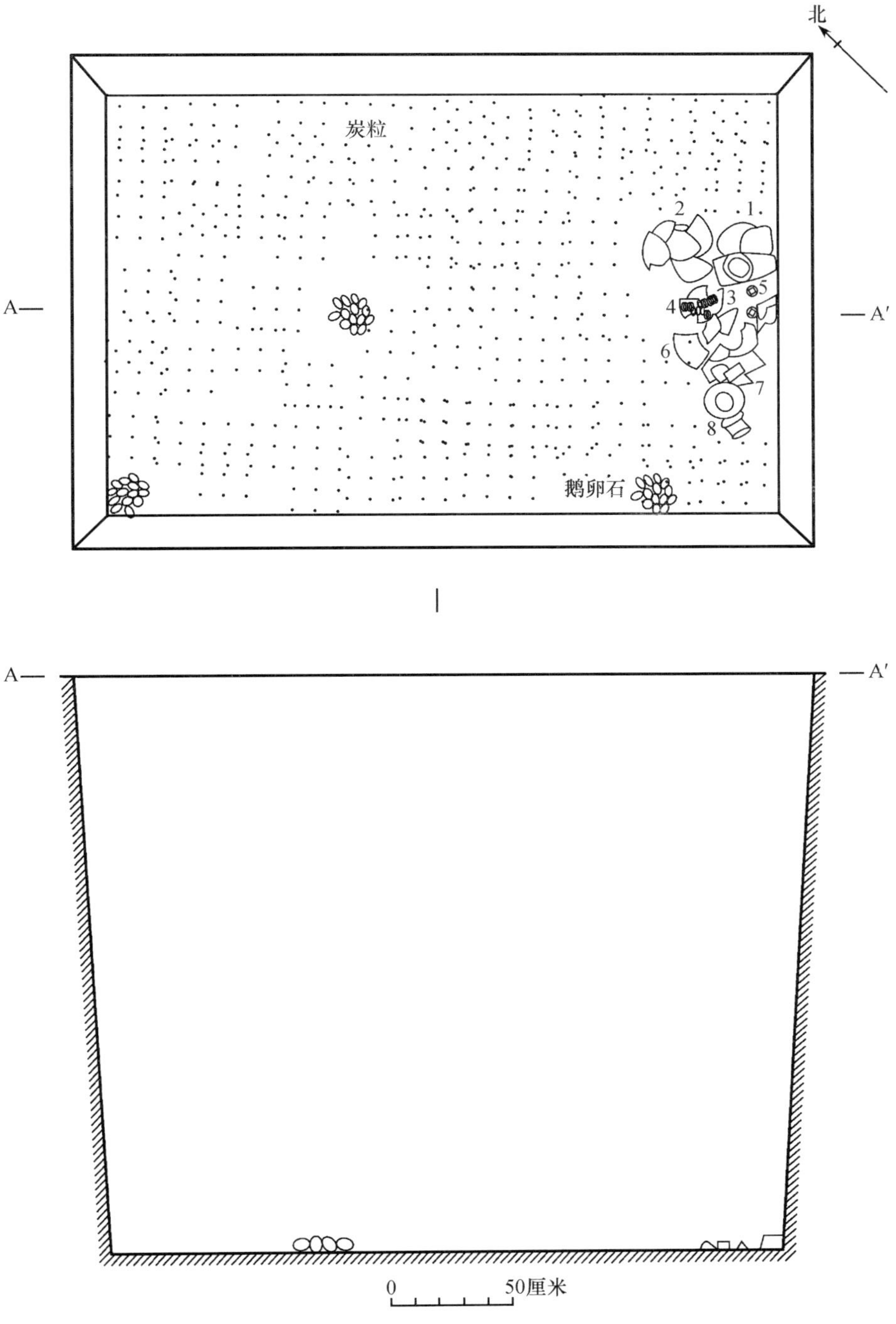

图一七一 M93平、剖面图

1、2. 铜器 3. 陶灶 4. 陶甑 5. 铜钱 6. 陶罐 7. 铜鍪 8. 陶釜

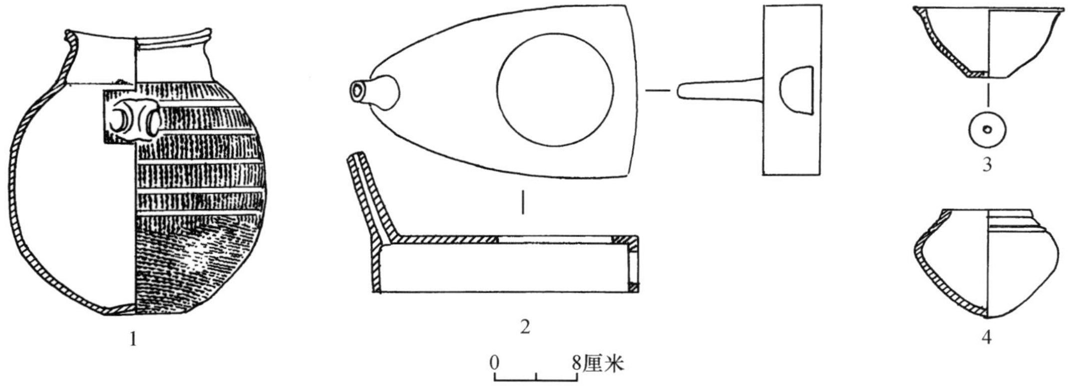

图一七二　M93出土器物
1. 陶罐（M93：6）　2. 陶灶（M93：3）　3. 陶甑（M93：4）　4. 陶釜（M93：8）

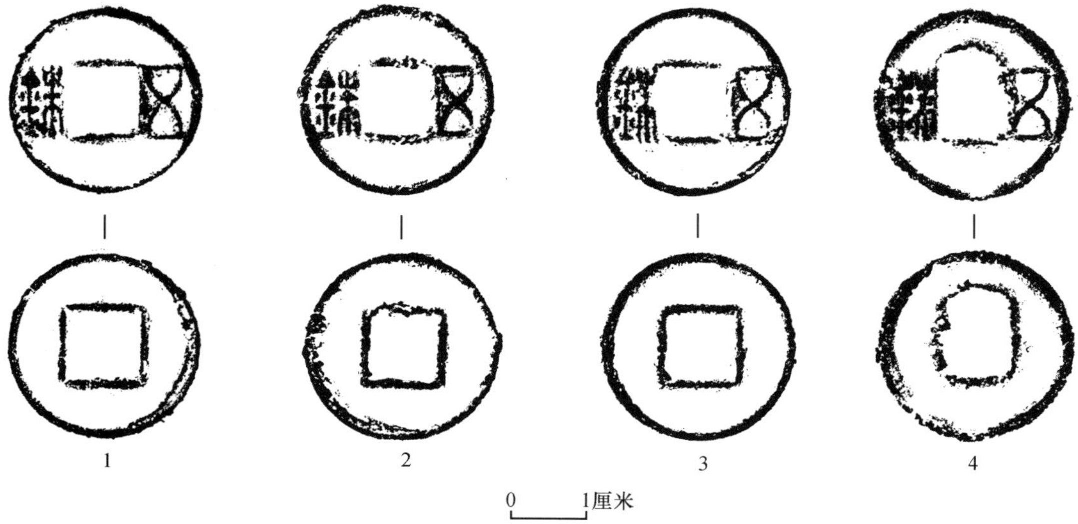

图一七三　M93出土五铢钱
1. M93：5-1　2. M93：5-2　3. M93：5-3　4. M93：5-4

八五、M94

1. 墓葬概况

位置和层位关系　该墓位于Ⅳ区T1402东侧，西邻M95、M96，东北部打破M102的西北部；开口于表土层下，距地表15厘米，打破M102和生土。

方向　192°。

形状与结构　长方形竖穴土坑墓。南、北两壁斜内收东西两壁竖直，壁面较粗糙，底较平整。口大底小，墓口长290厘米，宽170厘米；墓底长270厘米，宽170厘米，墓深180厘米（图一七四）。

填土　红褐色五花土，土质较硬，为一次性填土，无包含物。

葬具　不详。

人骨　不详。

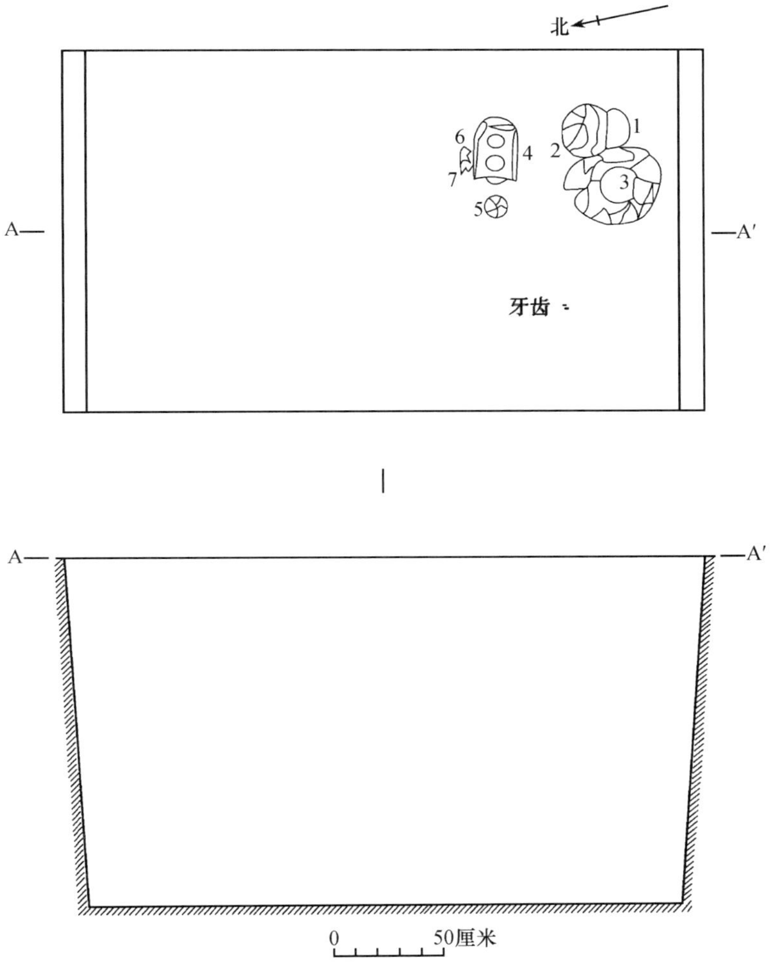

图一七四　M94平、剖面图

1. 铜器　2. 陶罐　3. 陶瓮　4. 陶灶　5. 陶盆　6. 陶甑　7. 陶釜

2. 出土器物

7件。置于墓室的东南部，其中铜器1件；陶器6件：罐、瓮、灶、盆、甑、釜各1件。

陶罐　1件。标本M94：2，泥质灰陶。圆唇，敞口，束颈，溜肩，鼓腹，平底。肩附对称环形双耳，腹饰弦断绳纹。口径12.4厘米，腹径24厘米，底径9.6厘米，高24.8厘米（图一七五，5）。

陶瓮　1件。标本M94：3，泥质灰陶。方唇，侈口，矮直颈，广肩，鼓腹，平底。上腹饰凸弦纹一周。口径18.8厘米，腹径33.6厘米，底径19.2厘米，高25.2厘米（图一七五，4）。

陶盆　1件。标本M94：5，泥质灰陶。圆唇，敞口，折沿，弧腹内收，平底。素面。口径15.2厘米，底径5.6厘米，高5.2厘米（图一七五，2）。

陶甑　1件。标本M94：6，泥质灰陶。圆唇，侈口，平折沿，弧腹内收，平底。底部有五个圆形箅孔。口径15.2厘米，底径4.0厘米，高6.0厘米（图一七五，1）。

陶釜　1件。标本M94：7，泥质灰陶。斜方唇，敛口，鼓腹，下部残。口径5.6厘米（图一七五，3）。

陶灶　1件。标本M94：4，泥质灰陶。平面弧方形，前方后圆，弧壁，抹角。灶面有两个圆形火口，前壁中间有一拱形不落地火门，后壁上部有一圆柱形斜烟囱。全长35.2厘米，通高13.2厘米（图一七五，6）。

铜器　1件。标本M94：1，锈蚀严重，未能修复。

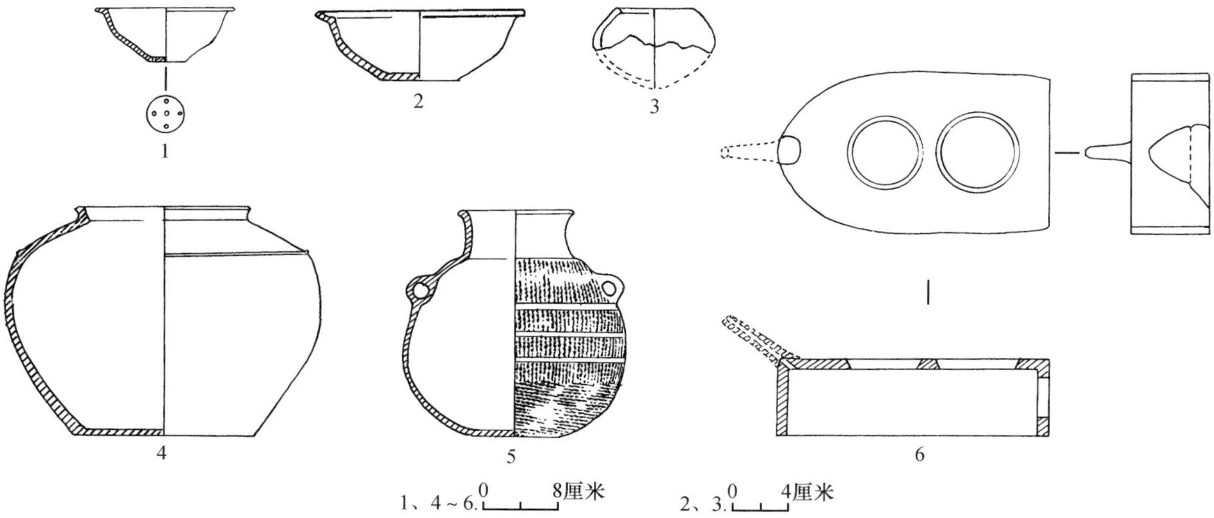

图一七五　M94出土器物

1. 陶甑（M94：6）　2. 陶盆（M94：5）　3. 陶釜（M94：7）　4. 陶瓮（M94：3）　5. 陶罐（M94：2）　6. 陶灶（M94：4）

八六、M95

1. 墓葬概况

位置和层位关系　该墓位于Ⅳ区T1402中部，东、西分别与M94、M96相邻；开口于表土层下，距地表15厘米，打破生土。

方向　25°。

形状与结构　长方形竖穴土坑墓。四壁较直，底部较平。口底同大，长230厘米，宽140厘米，墓深30厘米（图一七六）。

填土　灰褐色五花土，质较硬，为一次性填土，无包含物。

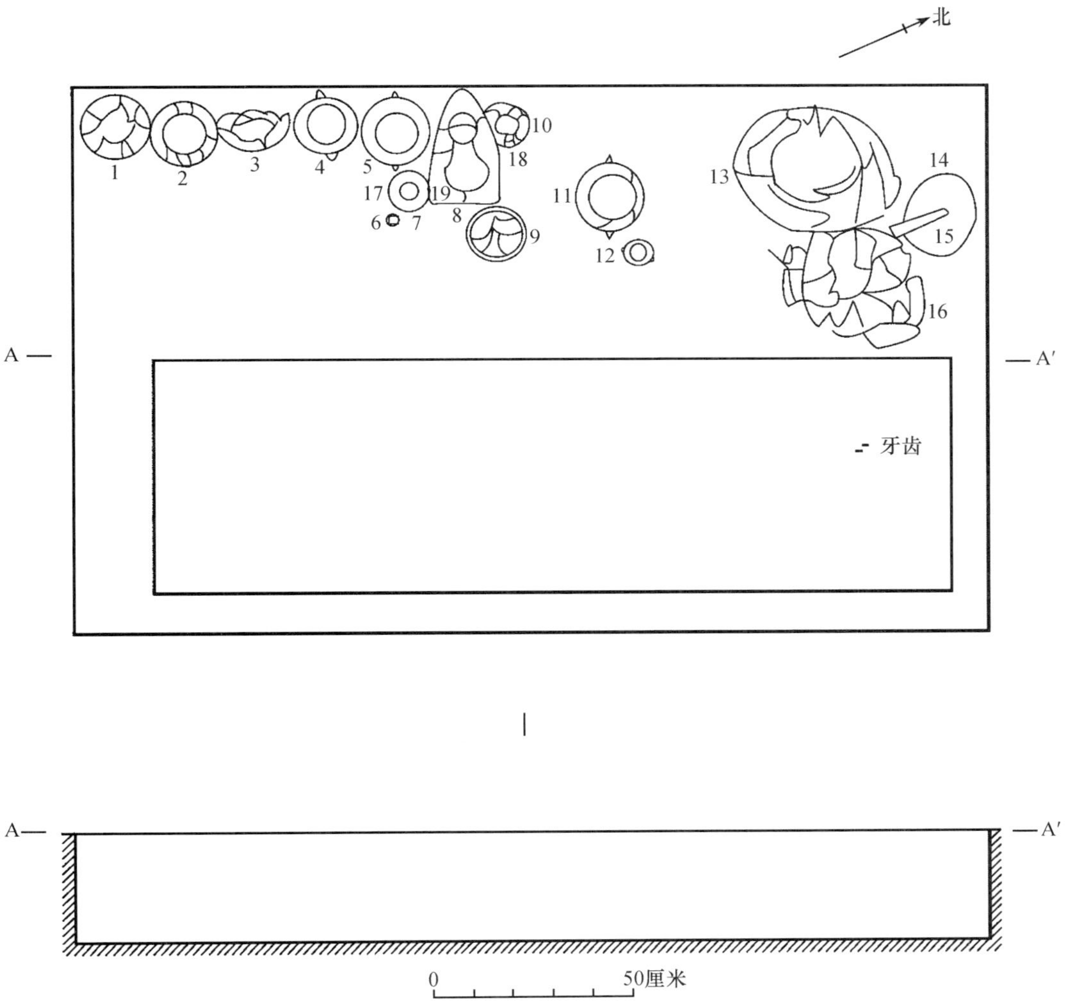

图一七六　M95平、剖面图

1～3. 陶仓　4～6. 陶罐　7. 小陶罐　8. 陶灶　9. 陶甑　10. 陶盆　11. 陶井　12. 陶鍪　13. 陶瓮　14. 铜洗　15. 铜勺　16. 铜钱　17～19. 陶釜

葬具　木质单棺位于墓室的东侧。仅存朽痕，长200厘米，宽60厘米，其他不详。

人骨　1具。保存较差，仅有两颗牙齿，头向北。葬式、性别、年龄不详。

2. 出土器物

18件以及部分铜钱。均放置在墓室西侧，按质地可分为陶器、铜器、铁器，其中陶器16件：仓3件、罐3件、小罐1件、鍪1件、灶1件、釜3件、甑1件、井1件、瓮1件、盆1件；铜洗1件、铜勺1件。

陶仓　3件。标本M95：1，夹砂黄褐陶。斜方唇，敛口，折肩，筒腹，平底。腹饰四周划线纹。口径10.4厘米，腹径16厘米，底径15.2厘米，高23.6厘米（图一七七，3）。标本

M95：2，夹砂灰陶。斜方唇，敛口，筒腹，平底。腹饰四周划线纹。口径10.4厘米，腹径16厘米，底径15.2厘米，高25.6厘米（图一七七，2）。标本M95：3，夹砂黄褐陶。斜方唇，敛口，折肩，筒腹，平底。腹饰四周划线纹。口径9.6厘米，腹径15.2厘米，高24.0厘米（图一七七，4）。

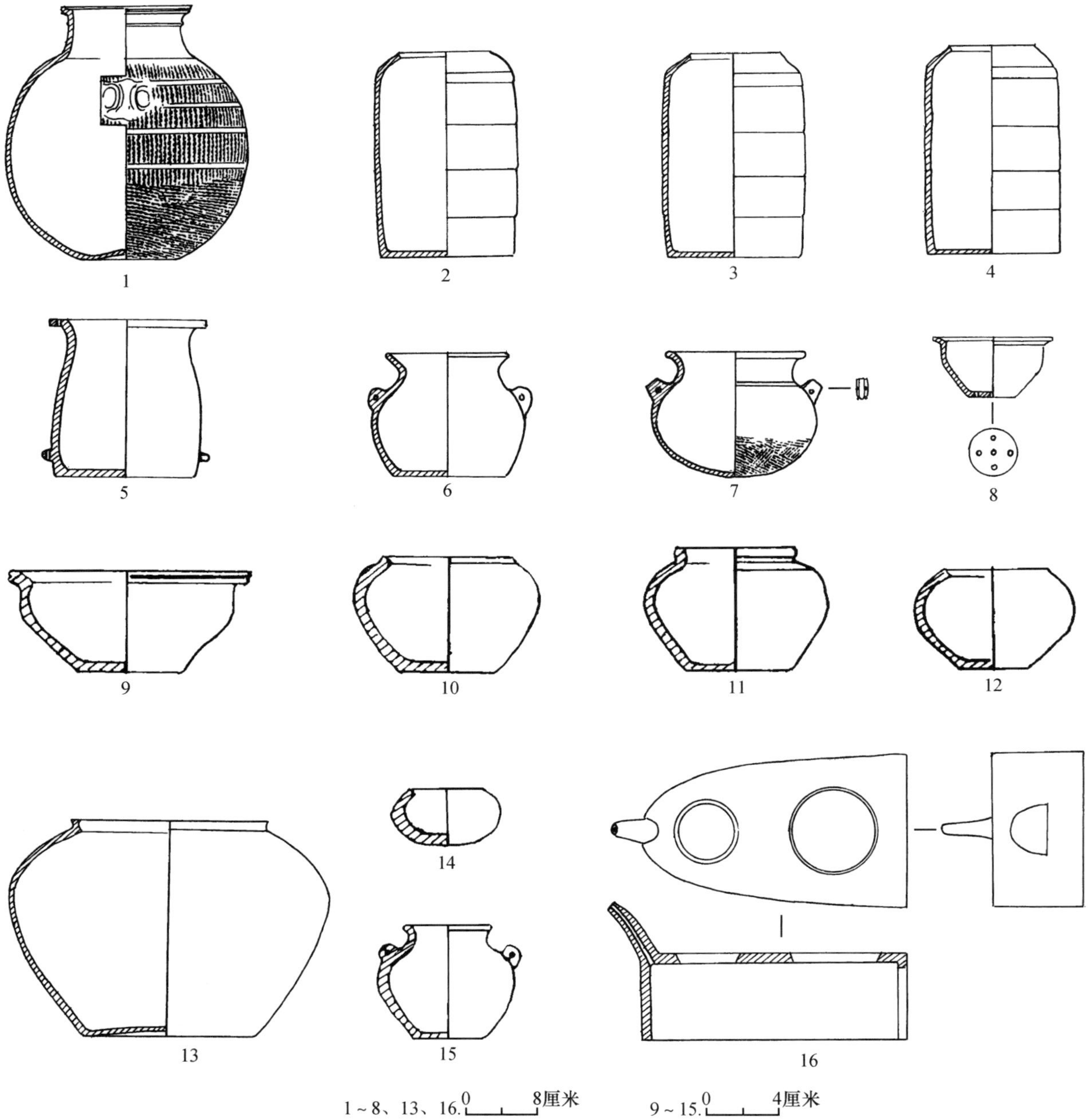

图一七七　M95出土器物

1、6、7. 陶罐（M95：6、M95：4、M95：5）　2～4. 陶仓（M95：2、M95：1、M95：3）　5. 陶井（M95：11）　8. 陶甑（M95：9）　9. 陶盆（M95：10）　11. 小陶罐（M95：7）　15. 陶鍪（M95：12）　10、12、14. 陶釜（M95：17、M95：18、M95：19）　13. 陶瓮（M95：13）　16. 陶灶（M95：8）

陶罐　3件。标本M95：4，夹砂灰陶。圆唇，侈口，束颈，溜肩，鼓腹，平底。肩附对称双耳。素面。口径13.2厘米，腹径17.6厘米，底径12.8厘米，高14厘米（图一七七，6）。M95：5，夹砂灰陶。圆唇，敞口，束颈，溜肩，鼓腹，平底。肩附对称双耳。素面。口径5.2厘米，腹径8.0厘米。底径4.0厘米，高6.6厘米（图一七七，7）。标本M95：6，夹砂灰陶。圆唇，侈口，折沿，束颈，溜肩，球形圆鼓腹，凹圜底。口沿有一周凹槽，颈饰一周凸弦纹，肩附对称桥形双耳，腹饰弦断绳纹。口径14.8厘米，腹径27.2厘米，底径9.6厘米，高29.6厘米（图一七七，1）。

小陶罐　1件。标本M95：7，夹砂灰陶。圆唇，侈口，矮颈，溜肩，鼓腹，平底。素面。口径6.8厘米，腹径10.4厘米，底径6厘米，高7.2厘米（图一七七，11）。

陶鍪　1件。标本M95：12，夹砂黄灰陶。圆唇，敞口，束颈，溜肩，鼓腹，圜底。肩腹对称双耳。下腹饰绳纹。口径16厘米，腹径18.8厘米，高14.4厘米（图一七七，15）。

陶灶　1件。标本M95：8，夹砂灰陶。平面近梯形，前方后圆，弧壁。前壁中间有一半圆形不落地火门，后壁上部有一圆柱状斜向烟囱，灶面有一大一小两个圆形火口。灶通长33.6厘米，宽17.6厘米，通高10厘米，壁厚0.4～1.0厘米（图一七七，16）。

釜　3件。标本M95：17，夹砂灰陶。敛口，鼓腹，平底。口径7.2厘米，腹径10.4厘米，底径5.6厘米，高6.5厘米，壁厚0.5～0.7厘米（图一七七，10）。标本M95：18，夹砂灰陶。敛口，鼓腹，平底。口径6厘米，腹径9.2厘米，底径3.2厘米，高5.6厘米，壁厚0.5～0.6厘米（图一七七，12）。标本M95：19，夹砂灰陶。素面。折沿，沿上有一周凹弦纹。口径4.4厘米，底径6.4厘米，通高3.2厘米（图一七七，14）。

陶盆　1件。标本M95：10，夹砂灰陶。圆唇，折沿，沿上有一周凹弦纹。素面。口径13.6厘米，底径5.6厘米，通高6厘米，壁厚0.5～0.6厘米（图一七七，9）。

陶甑　1件。标本M95：9，夹砂灰陶。方唇，侈口，仰折沿，上腹直，下腹斜内收，平底。底部有五个圆形箅孔。口径13.6厘米，底径5.6厘米，高6.8厘米，壁厚0.5～0.6厘米（图一七七，8）。

陶井　1件。标本M95：11，夹砂灰陶。方唇，侈口，平折沿，沿面有两个竖向对称穿孔。束颈，弧腹，平底。素面。下腹饰对称半圆形纽，中有穿孔。口径17.6厘米，腹径16.8厘米，底径11.6厘米，高18厘米（图一七七，5）。

陶瓮　1件。标本M95：13，泥质灰陶。方唇，敛口，矮颈，广肩，鼓腹，平底内凹。口径22.4厘米，腹径36厘米，底径19.2厘米，高24.8厘米（图一七七，13）。

铜钱　12枚。全部为五铢钱。锈蚀严重，可辨

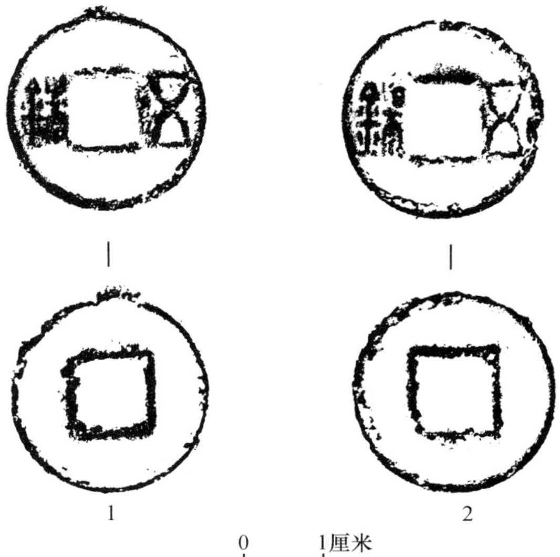

图一七八　M95出土五铢钱
1. M95：16-1　2. M95：16-2

钱文的有12枚，正反有内外郭，外郭径2.4～2.5厘米。“五”字交笔略带弯曲，它与上下两横相接的地方近垂直的，“铢”字“金”头较小，呈三角形，不清晰，四点较短，低于“朱”字，“朱”头方折，下圆折，标本M95：16-1、M95：16-2（图一七八）。

铜洗、铜勺各1件，锈蚀严重，未能修复。

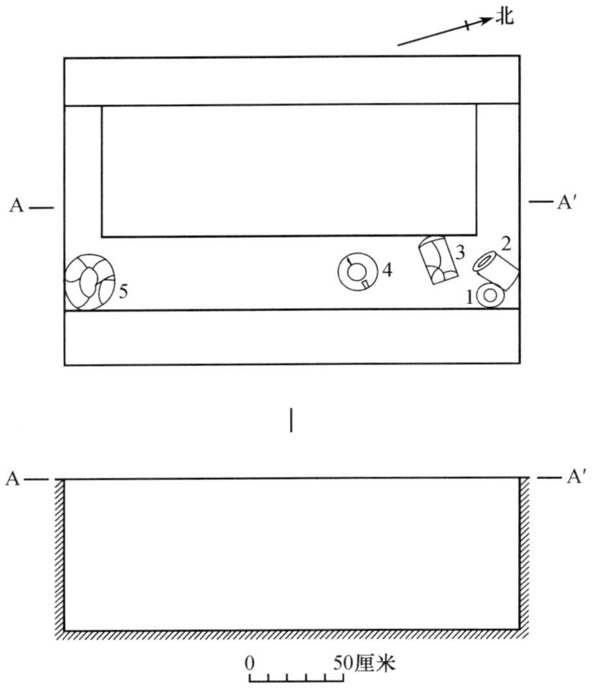

图一七九　M96平、剖面图
1～3. 陶仓　4. 陶鍪　5. 陶瓮

八七、M96

1. 墓葬概况

位置和层位关系　该墓位于Ⅳ区T1402的西部，东与M95相邻；开口于表土层下，距地表15厘米，打破生土。

方向　16°。

形状与结构　长方形竖穴土坑墓。四壁较直，底部较平。口底同大，长240厘米，宽164厘米，墓底深80厘米（图一七九）。

填土　黄褐色五花土，土质较硬，为一次性填土，无其他包含物。

葬具　一椁一棺。位于墓室的中部，仅存朽痕。椁痕长240厘米，宽110厘米；棺痕长194厘米，宽70厘米。

人骨　不详。

2. 出土器物

5件。置放于椁内棺外的东侧，其中陶仓3件、陶鍪1件、陶瓮1件。

陶仓　3件。M96：1，泥质灰陶。敛口，折肩，筒腹，平底。腹饰四周划线纹。口径8.8厘米，腹径16.8厘米，底径16厘米，高27.6厘米（图一八〇，1）。标本M96：2，夹砂灰陶。敛口，折肩，筒腹，平底。腹饰四周划线纹。口径7.6厘米，腹径16.8厘米，底径15.2厘米，高28厘米（图一八〇，2）。标本M96：3，夹砂灰陶。敛口，折肩，筒腹，平底。腹饰四周划线纹。口径8.8厘米，腹径16.8厘米，底径17.2厘米，高32厘米（图一八〇，3）。

陶鍪　1件。标本M96：4，泥质灰陶。圆唇，敞口，平沿。矮束颈，广肩，鼓腹，圜底。肩附对称环形双耳，下腹饰斜绳纹。口径14.4厘米，腹径22.4厘米，高18.7厘米（图一八〇，4）。

陶瓮　1件。标本M96：5，未能修复。

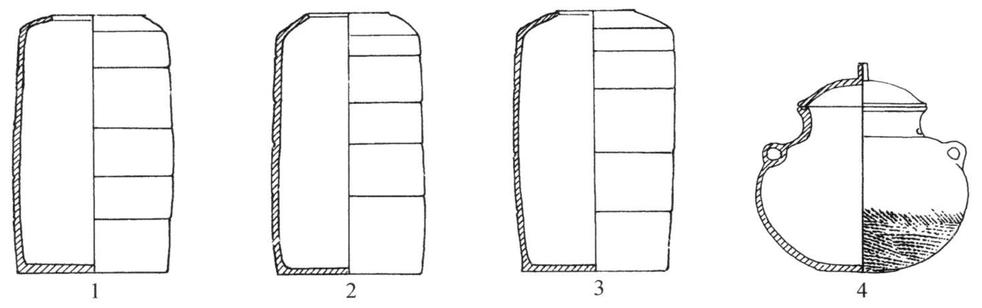

图一八〇　M96出土器物
1～3. 陶仓（M96：1、M96：2、M96：3）　4. 陶鍪（M96：4）

八八、M97

1. 墓葬概况

位置和层位关系　该墓位于Ⅳ区T0504的中部，东南分别与M97、M89相邻；开口于表土层下，距地表10厘米，打破生土。

方向　132°。

形制与结构　平面呈“甲”形竖穴砖墓。通长430厘米。由墓道、墓室两部分组成。墓道位于墓室东部，西连墓室，斜坡状，口长160厘米，宽130厘米，深0～56厘米，坡长176厘米；墓室平面呈长方形，墓顶部、四壁不存。口底同大，长270厘米，宽240厘米，墓底深40～56厘米（图一八一）。

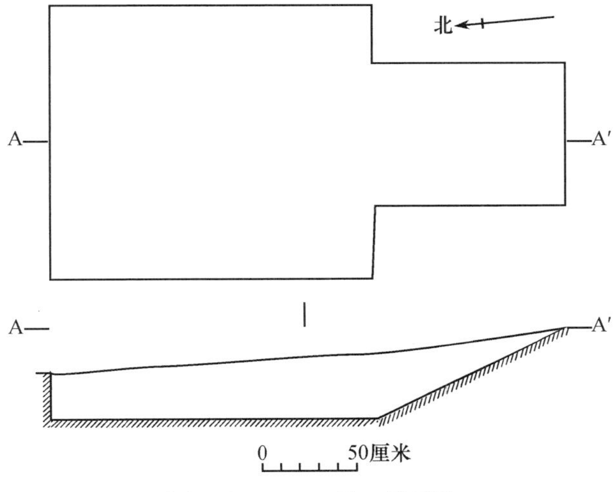

图一八一　M97平、剖面图

填土　黄褐色五花土，包含大量碎砖块以及少量陶片等。

葬具　不详。

葬式　不详。

2. 出土器物

该墓被盗扰严重，填土出土少量碎陶片，器形不可辨。

八九、M98

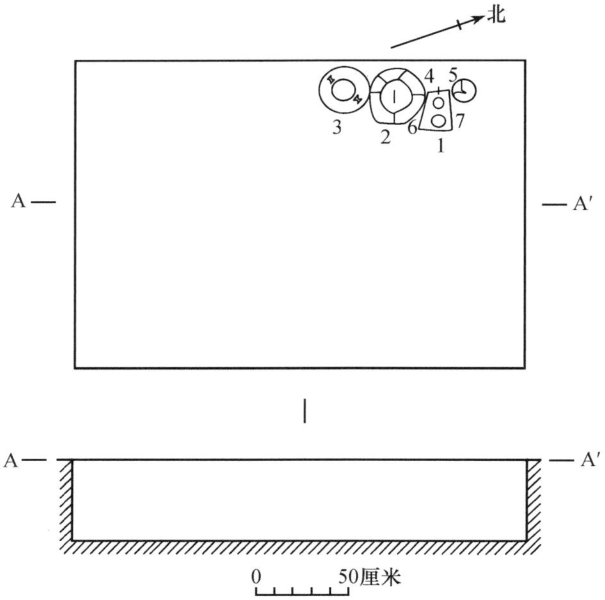

图一八二　M98平、剖面图

1. 陶灶　2. 陶瓮　3. 陶罐　4. 陶甑　5～7. 陶釜

1. 墓葬概况

位置和层位关系　该墓位于Ⅳ区T1602中西部，东与M99相邻；开口于表土层下，距地表15厘米，打破生土。

方向　19°。

形状与结构　长方形竖穴土坑墓。墓壁规整，陡直，表面粗糙，底部较平。口底同大，长238厘米，宽168厘米，墓底深40厘米（图一八二）。

填土　黄褐色五花土，结构致密，无其他包含物。

葬具　未见痕迹，不详。

人骨　保存差，不详。

2. 出土器物

共7件，自北向南放置于墓底西北部，其中陶灶、陶甑、陶瓮、陶罐各1件，陶釜3件。

陶灶　1件。标本M98：1，泥质灰陶。前宽后窄，呈梯形；直壁，两侧饰棱形刻划纹，前侧有拱形灶门，后端置柱状烟囱外倾，台面有两灶口。灶长2.4厘米，宽12.4～19.2厘米，高8厘米（图一八三，7）。

陶甑　1件。标本M98：4，泥质黄褐陶。方唇，侈口，平折沿，弧腹，平底，底有“十”字形五圆孔。口径12.4厘米，底径3.6厘米，高4.8厘米（图一八三，1）。

陶釜　3件。标本M98：6，泥质黄褐陶。方唇，敛口，鼓腹，圜底。口径6.4厘米，腹径9.2厘米，高5.2厘米（图一八三，2）。标本M98：7。泥质灰陶。尖唇，敛口，鼓腹，圜底。口径4.8厘米，腹径8.8厘米，高5.2厘米（图一八三，3）。标本M98：5。夹砂灰陶。方唇，侈口，平折沿，弧腹，平底。口径120厘米，高4.4厘米（图一八三，4）。

陶瓮　1件。标本M98：2，泥质灰陶。方唇，侈口，矮直颈，广肩，鼓腹，平底。素面。口径18厘米，腹径32.8厘米，底径20厘米，高22厘米（图一八三，5）。

陶罐　1件。标本M98：3，泥质黑陶。圆唇，敞口，平沿，束颈（口颈部已残），溜肩，鼓腹，平底。腹径23.2厘米，底径5.6厘米，残高22.4厘米（图一八三，6）。

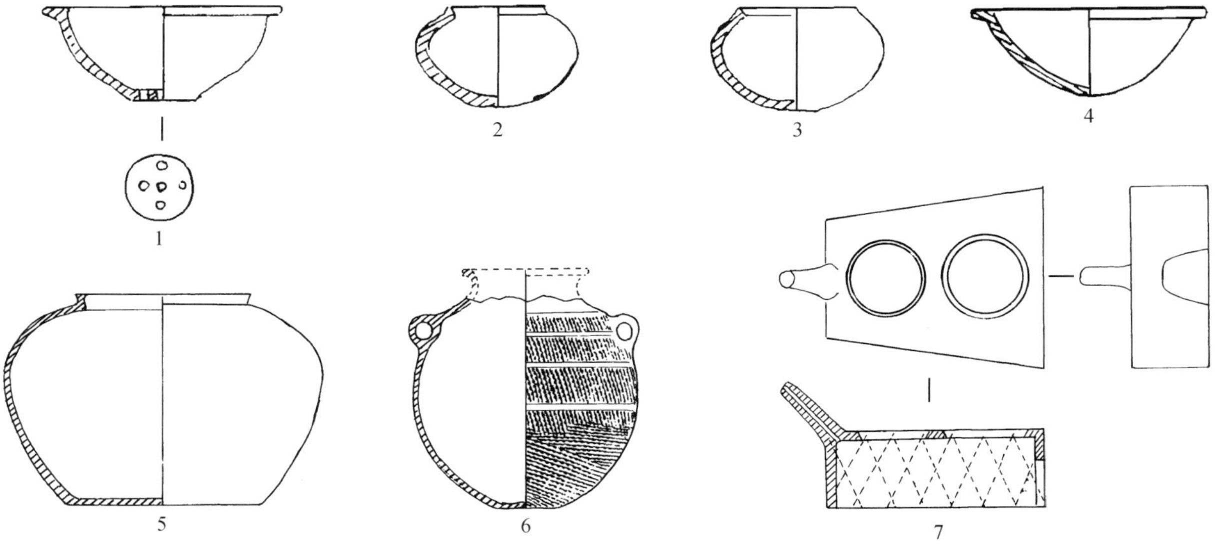

图一八三 M98出土器物

1. 陶甑（M98：4） 2～4. 陶釜（M98：6、M98：7、M98：5） 5. 陶瓮（M98：2） 6. 陶罐（M98：3） 7. 陶灶（M98：1）

九〇、M99

1. 墓葬概况

位置和层位关系 该墓位于Ⅳ区T1602中部，西与M98相邻；开口于表土层下，距地表15厘米，打破生土。

方向 20°。

形状与结构 长方形竖穴土坑墓。墓壁规整，陡直，表面粗糙，底部较平。口底同大，长220厘米，宽140厘米，墓深120厘米（图一八四）。

填土 黄褐色五花土，土质较硬，结构致密，无其他包含物。

葬具 未发现痕迹，具体不详。

人骨 保存差，具体不详。

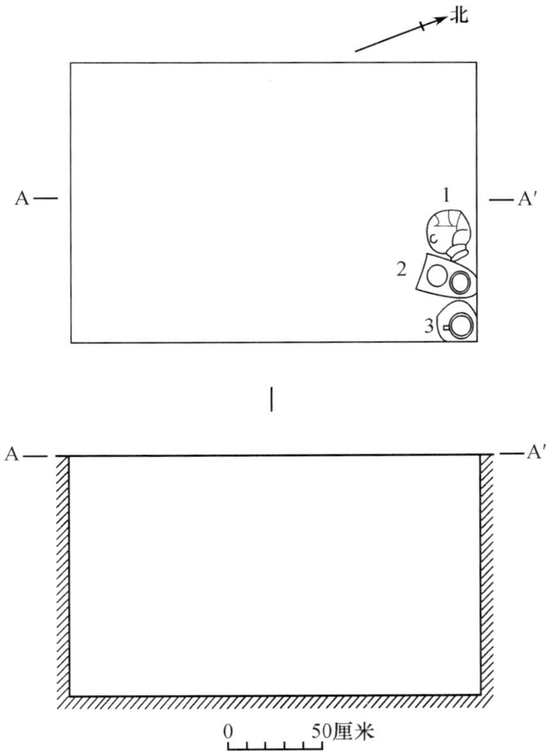

图一八四 M99平、剖面图

1. 陶壶 2. 陶灶 3. 陶罐

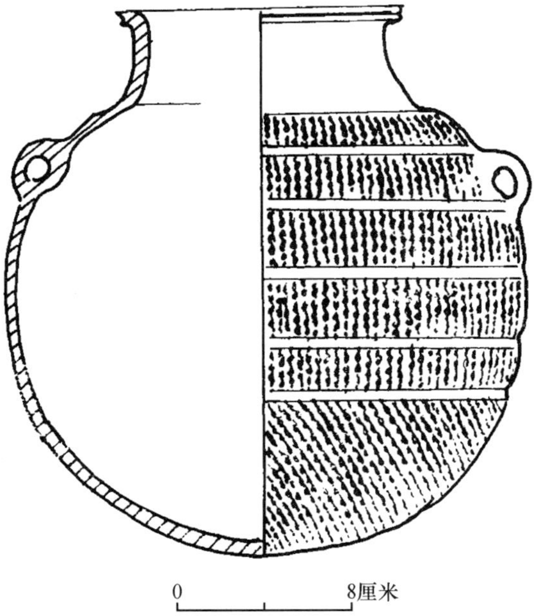

图一八五　M99出土陶罐（M99：3）

2. 出土器物

3件。置于墓底东北侧，东西摆放，其中陶壶、灶、罐各1件。

陶罐　1件。标本M99：3，泥质灰陶。尖唇，敞口，束颈，折肩，弧腹，圜底。肩附两个对称半环形耳，颈下饰弦断细绳纹。口径13.6厘米，腹径24.4厘米，高26.4厘米（图一八五）。

其他无法修复。

九一、M100

1. 墓葬概况

位置和层位关系　该墓位于Ⅳ区T1603的西北部，西北、东南分别与M142、M101相邻；开口于表土层下，距地表15厘米，打破生土。

方向　15°。

形制与结构　长方形竖穴积炭墓。四壁较直，底部较平。底部铺有一层2厘米积炭。口底同大，长280厘米，宽200厘米，墓底深120厘米（图一八六）。

填土　黄褐色五花土，结构疏松，含大量炭粒及部分陶片。

葬具　未见其痕，具体不详。

人骨　未见其痕，具体不详。

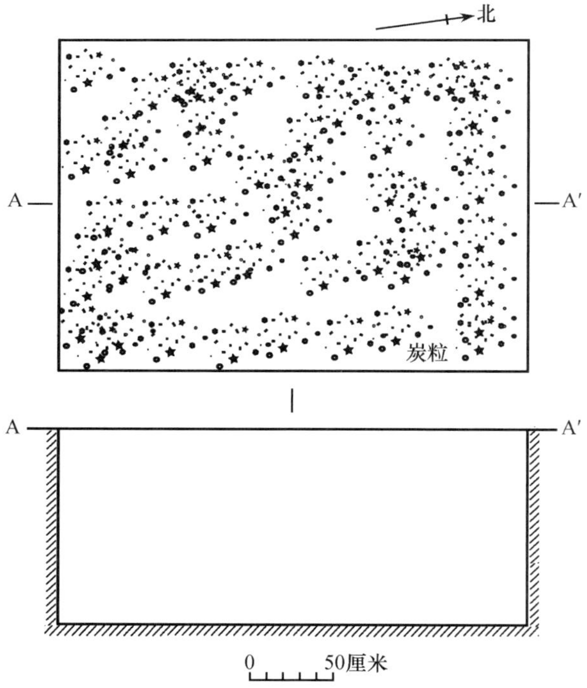

图一八六　M100平、剖面图

2. 出土器物

该墓被盗严重，仅在填土中出土部分陶片，可辨器形有瓮、罐、仓等。

九二、M101

1. 墓葬概况

位置和层位关系　该墓位于Ⅳ区T1603东南部，西与M100相邻；开口于表土层下，距地表15厘米，打破生土。

方向　190°。

形状与结构　“刀”形土坑墓。由墓道、墓室两部分组成，总长580厘米。墓道位于墓室的西南侧。平面呈长方形；直壁，底斜坡状，最低处与墓底同深表面粗糙，长320厘米，宽110厘米，深0～70厘米。墓室平面呈长方形，南角与墓道相连，壁直，面粗糙，墓底铺有一层炭粒，厚4厘米。口底同大，长260厘米，宽220厘米，墓深70厘米（图一八七；彩版四，2；图版五，2）。

填土与包含物　墓内填土为黄褐色五花土。土质较软，结构疏松，含大量炭粒。

葬具　未见痕迹，具体不详。

人骨　未见痕迹，具体不详。

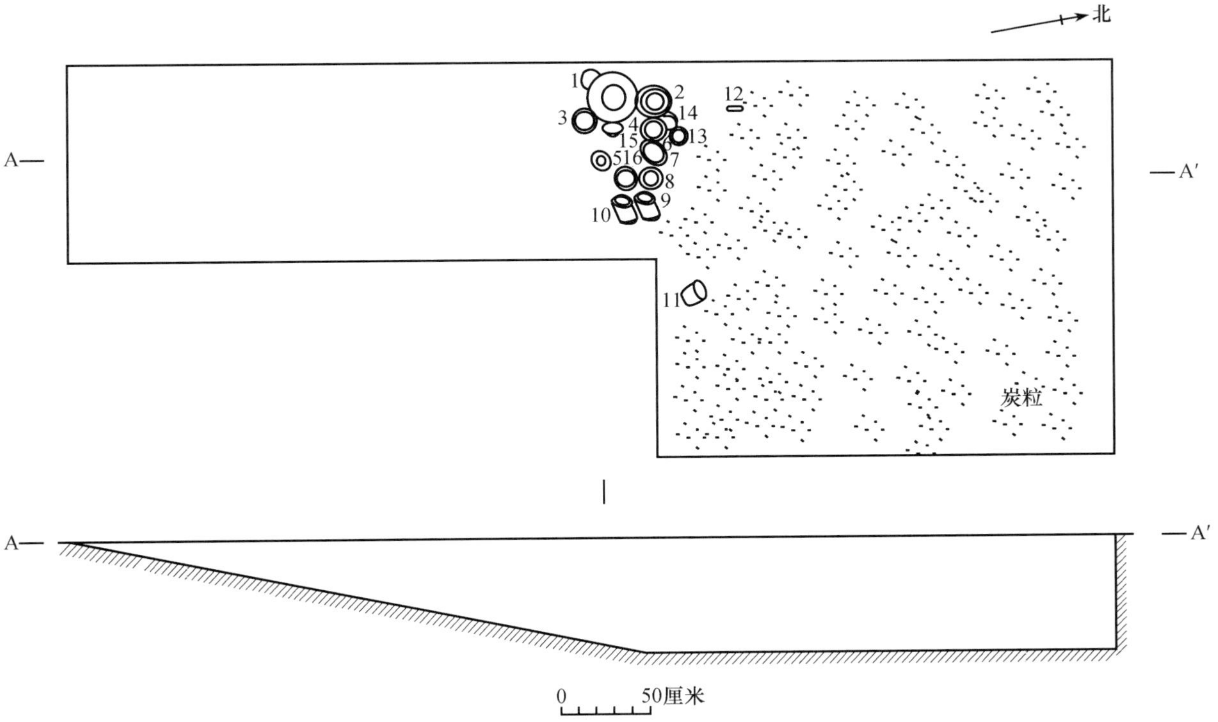

图一八七　M101平、剖面图

1. 陶壶　2. 陶鼎　3. 陶井　4、5. 陶盆　6、7、9～11. 陶仓　8. 陶灶　12. 铜饰　13. 陶罐　14、15. 陶釜　16. 陶甑

2. 出土器物

16件。置于墓道北端与墓室连接处，其中陶器15件：鼎1件、盆2件、仓5件、罐1件、釜2件、灶1件、井1件、壶1件、甑1件；铜饰1件（图版一四，1）。

陶鼎　1件。标本M101：2，泥质灰陶。子口承盖，斜肩上附对称长方形双耳，折腹圜底，三蹄足。耳外面饰模制印纹，盖弧，中部尖凸为花心，外饰四花瓣纹。盖径16厘米，腹径20厘米，高17.6厘米（图一八八，10；图版一七，4）。

陶井　1件。标本M101：3，夹砂灰陶。方唇，敞口，平折沿，筒腹外斜，平底。素面。口径15.2厘米，底径12厘米，高8.8厘米（图一八八，12；彩版一六，1）。

陶盆　2件。标本M101：4，泥质灰陶。方唇，敞口，平折沿，斜弧腹，小平底，底部有刀削痕。口径11.6厘米，底径3.6厘米，高4.4厘米（图一八八，7）。标本M101：5，泥质灰陶。方唇，敞口，折沿，斜弧腹，平底。素面。口径11.6厘米，底径4厘米，高4.4厘米（图一八八，6）。

陶仓　5件。标本M101：6，泥质灰陶。方唇，敛口，折肩，筒腹，平底。腹饰九周凹弦

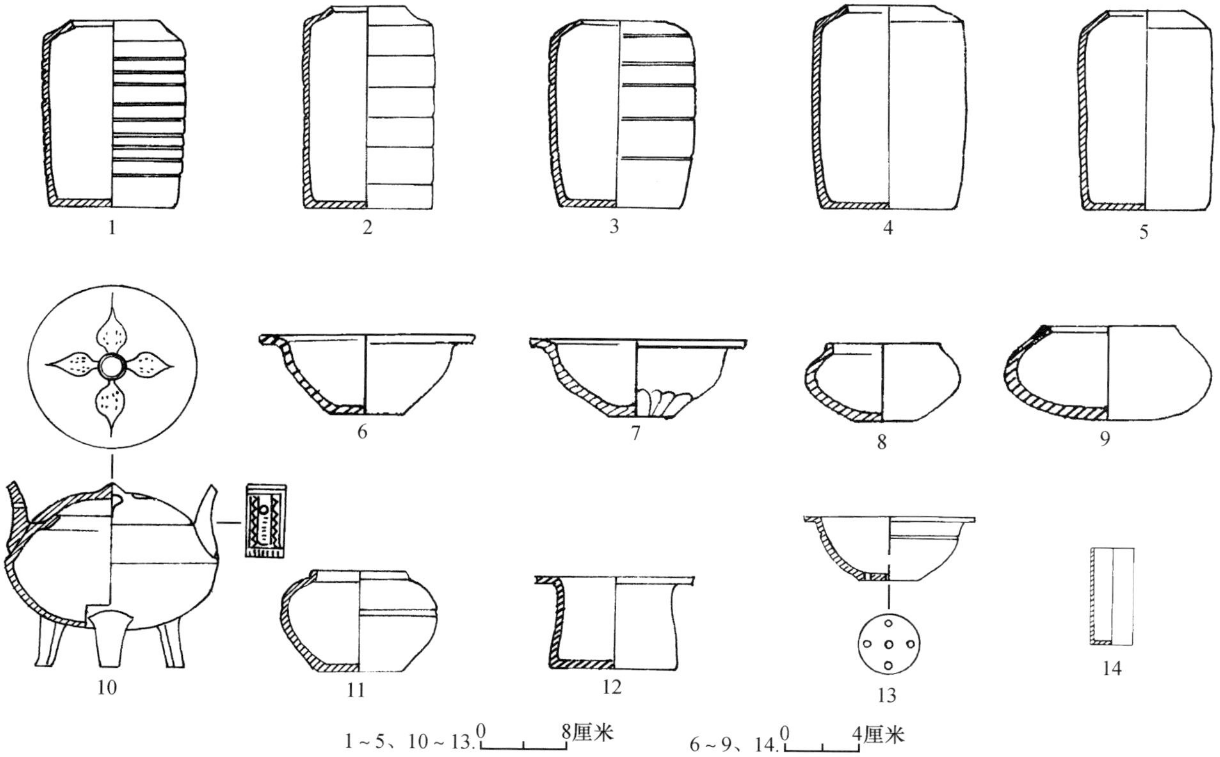

图一八八　M101出土器物

1～5. 陶仓（M101：6、M101：7、M101：9、M101：11、M101：10）　6、7. 陶盆（M101：5、M101：4）　8、9. 陶釜（M101：15、M101：14）　10. 陶鼎（M101：2）　11. 陶罐（M101：13）　12. 陶井（M101：3）　13. 陶甑（M101：16）　14. 铜饰（M101：12）

纹。口径8厘米，腹径13.2厘米，底径11.6厘米，高17厘米（图一八八，1）。标本M101：7，夹砂灰陶。敛口，折肩，筒腹，平底。腹饰五周凹弦纹。口径7.2厘米，底径12厘米，高19.6厘米（图一八八，2）。标本M101：9，泥质灰陶。敛口，折肩，筒腹，平底。腹饰五周凹弦纹。口径8厘米，腹径14厘米，底径11.2厘米，高18厘米（图一八八，3）。标本M101：10，泥质灰陶。敛口，折肩，筒腹，平底。素面。口径7.6厘米，腹径12.8厘米，底径11.2厘米，高19.2厘米（图一八八，5）。标本M101：11，泥质灰陶。敛口，折肩，筒腹，平底。素面。口径8厘米，腹径14.4厘米，底径12.4厘米，高19.6厘米（图一八八，4；图版三四，2）。

陶罐　1件。标本M101：13，泥质灰陶。方唇，敛口，矮直颈，圆肩鼓腹弧收，平底。腹饰一周凹弦纹，口径9.2厘米，腹径14.4厘米，底径8厘米，高9.2厘米（图一八八，11）。

陶釜　2件。标本M101：14，泥质灰陶。方唇，敛口，鼓腹，圜底。素面。口径7.2厘米，腹径11.2厘米，高5.2厘米（图一八八，9）。标本M101：15，泥质灰陶。圆唇，直口，鼓腹，平底。素面。口径6.1厘米，腹径8.1厘米，高4.0厘米（图一八八，8）。

陶甑　1件。标本M101：16，泥质灰陶。敞口，方唇，平折沿，弧腹上有一周弦纹，平底。底有五个圆形箅孔。口径16厘米，底径5.6厘米，高6厘米，壁厚0.4～0.6厘米（图一八八，13）。

铜饰　1件。标本M101：12，铜质绿锈。圆柱筒形，直径2.4厘米，高5.4厘米（图一八八，14）。

其中陶壶（M101：1）、灶（M101：8）各1件，无法修复。

九三、M102

1. 墓葬概况

位置和层位关系　该墓位于Ⅳ区T1403中西部，西与M95、M96相邻，西北部被M94打破；开口于表土层下，距地表15厘米，被M94打破，打破生土（图一八九）。

方向　165°。

形状与结构　长方形竖穴土坑墓。北段被M94打破，直壁，面粗糙，底部较平。口底同大，长约230厘米，宽130厘米，墓深120厘米（图一九〇）。

填土　黄褐色五花土，土质较硬，结构致密。

葬具　墓底有痕迹，尺寸不详。

人骨　未见痕迹，具体不详。

2. 出土器物

该墓盗扰严重，无随葬品。

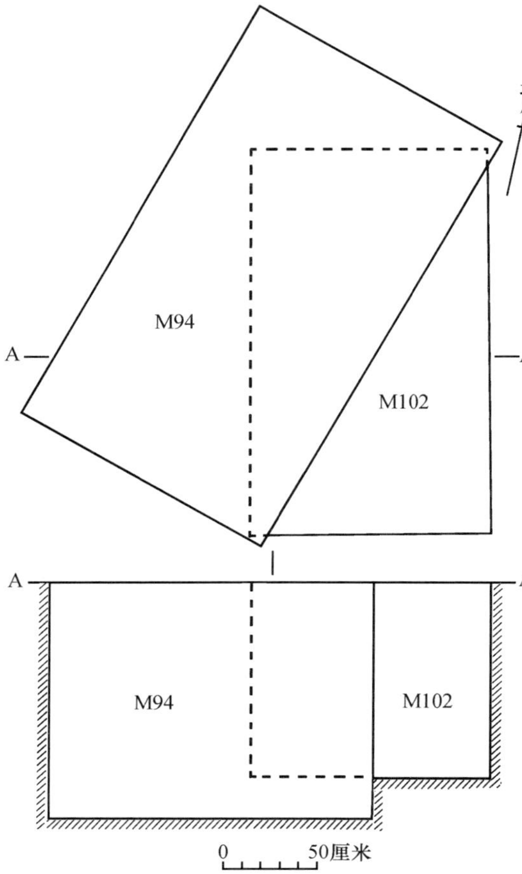

图一八九　M102与M94打破关系图

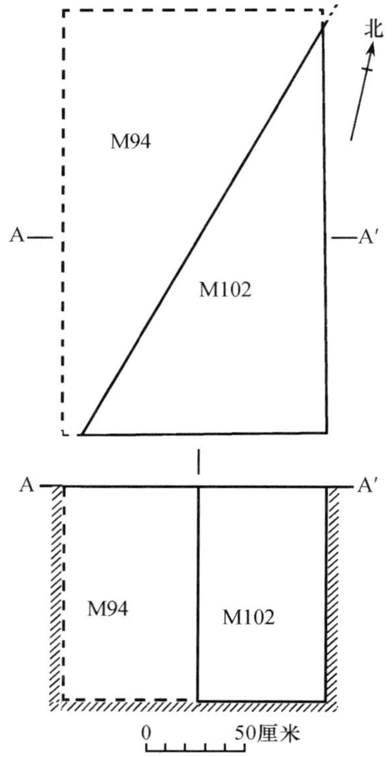

图一九〇　M102平、剖面图

九四、M103

1. 墓葬概况

位置和层位关系　该墓位于Ⅲ区东南部T1302北部，南与M104相邻；由于表层面被江水冲刷，墓口直接暴露于地表，西高东低，打破生土。

方向　115°。

形状与结构　长方形竖穴土坑墓。壁直，规整，表面粗糙，墓底平坦，铺有一层2厘米炭粒。墓口西高东低，口底同大，长240厘米，宽170厘米，墓深40～140厘米。

填土　黄褐色五花土。土质松散，结构疏松，包含有少量炭粒（图一九一）。

葬具　未见痕迹，尺寸不详。

人骨　保存较差，尺寸、年龄等不详。

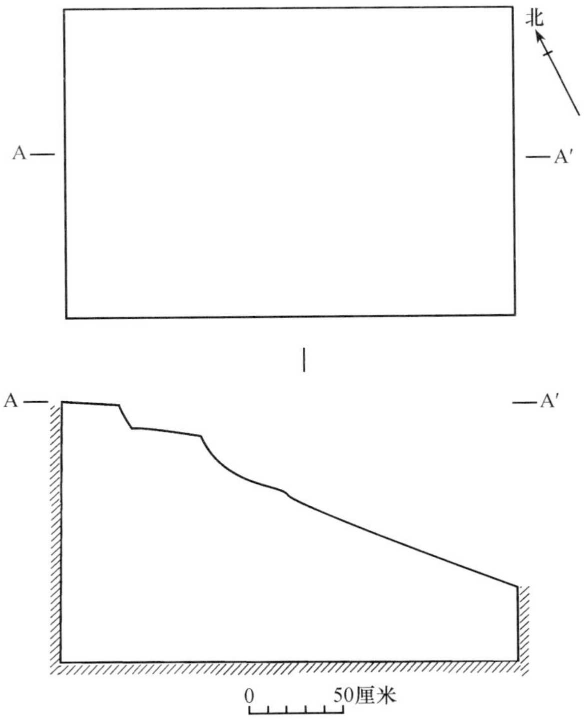

图一九一　M103平、剖面图

2. 出土器物

无。

九五、M104

1. 墓葬概况

位置和层位关系　该墓位于Ⅲ区东部T1302中部，南北分别与M105、M103相邻；由于表层面被江水冲刷，墓口直接暴露于地表，西高东低，打破生土。

方向　110°。

形状与结构　长方形竖穴土坑墓。壁直，规整，表面粗糙，墓底平坦，铺有一层厚2厘米的炭粒。墓口西高东低，口底同大，长260厘米，宽160厘米，墓底深50～140厘米（图一九二）。

填土　黄褐色五花土，土质松散，结构疏松。

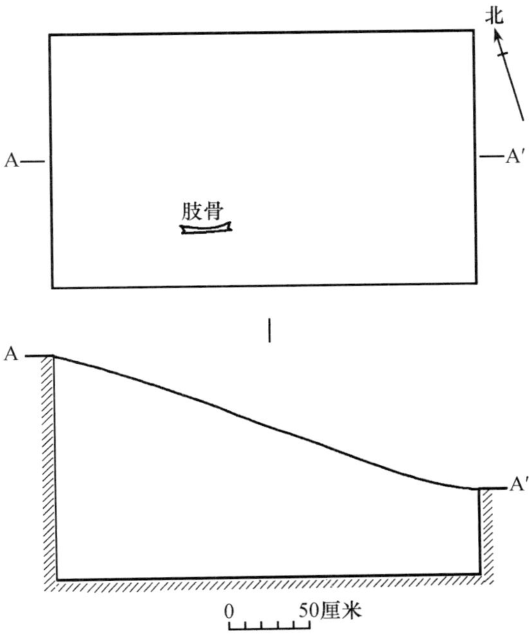

图一九二　M104平、剖面图

葬具　未见痕迹，尺寸不详。

人骨　1人，保存较差，尺寸、年龄等不详。

2. 出土器物

无。

九六、M105

1. 墓葬概况

位置和层位关系　该墓位于Ⅲ区东部T1302南部，北与M104相临，南与M106相临；由于表层面被江水冲刷，墓口直接暴露于地表，西高东低，打破生土。

方向　120°。

形状与结构　长方形竖穴土坑墓。壁直，规整，表面粗糙，墓底铺有一层厚2厘米的炭粒。墓口东高西低，口底同大，长220厘米，宽140厘米，墓底深50～100厘米（图一九三）。

填土　黄褐色五花土，土质较硬，结构致密，内含炭粒。

葬具　未见痕迹。其他不详。

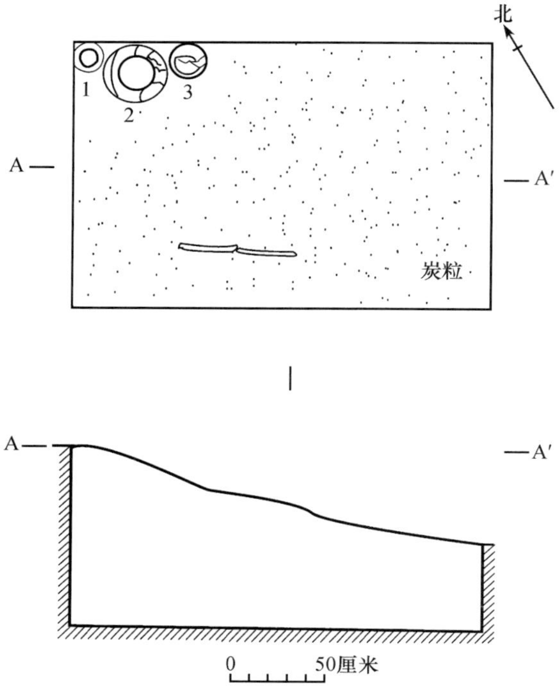

图一九三　M105平、剖面图

1. 陶仓　2. 陶瓮　3. 陶罐

人骨　1具，发现一侧腿骨，仰身直肢。头向东，其他不详。

2. 出土器物

陶器3件，置于墓底西北部，其中陶仓、陶瓮、陶罐各1件。

陶仓　1件。标本M105：1，泥质灰陶。尖唇，直口，折肩，筒腹，平底。肩以下饰弦断绳纹。口径11.2厘米，底径16.8厘米，高26.8厘米（图一九四，1）。

陶瓮　1件。标本M105：2，泥质灰陶。圆唇，侈口，矮颈，鼓腹，平底。肩腹处饰一周凸弦纹。口径18.8厘米，腹径31.2厘米，底径21.6厘米，高21.2厘米（图一九四，3）。

陶罐　1件。标本M105：3，泥质灰陶。由盖身两部分组成。盖顶有一纽，残，罐身上腹部饰等距离的鸡冠耳三个，上有穿孔。最大腹径17.6厘米，底径7.2厘米，通高12.4厘米（图一九四，2）。

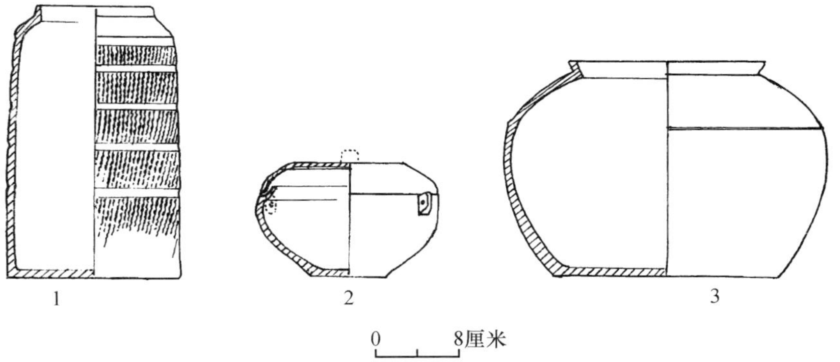

图一九四　M105出土器物
1. 陶仓（M105：1）　2. 陶罐（M105：3）　3. 陶瓮（M105：2）

九七、M106

1. 墓葬概况

位置和层位关系　该墓位于Ⅲ区东南部，T1402西北侧，北与M105相临，南与M107相临；由于表层面被江水冲刷，墓口直接暴露于地表，西高东低，打破生土。

方向　110°。

形状与结构　长方形竖穴土坑墓。壁直，规整，面粗糙，底部较平，墓底铺有一层炭粒，墓壁黏附一层炭粒。墓口西高东低，口底同大，长270厘米，宽190厘米，墓底深70～100厘米（图一九五）。

填土　黄褐色五花土，土质较软，结构疏松，内含炭粒。

葬具　未见痕迹，不详。

人骨　保存差，不详。

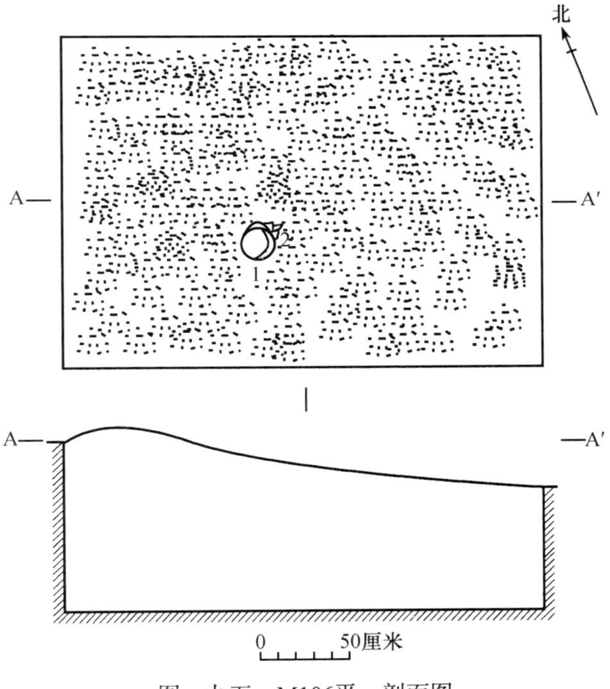

图一九五　M106平、剖面图
1. 陶仓　2. 陶盆

2. 出土器物

2件，置于墓底中部稍偏西南，其中陶仓、陶盆各1件。

陶仓　1件。标本M106：1，泥质灰陶。方唇，侈口，上承弧形盖。折肩，筒腹，平底。腹饰弦断绳纹。口径8.8厘米，底径17.6厘米，高27.6厘米（图一九六，1）。

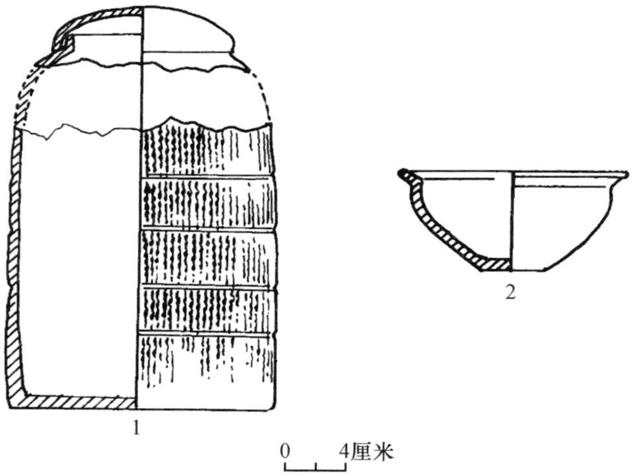

图一九六　M106出土器物
1. 陶仓（M106：1）　2. 陶盆（M106：2）

陶盆　1件。标本M106：2，夹砂灰陶。圆唇，侈口，仰折沿，下直上弧斜内收，平底。素面。口径15.2厘米，底径4.0厘米，高6.8厘米（图一九六，2）。

九八、M107

1. 墓葬概况

位置和层位关系　该墓位于Ⅲ区东部T1402中部，北与M106相邻；由于表层面被江水冲刷，墓口直接暴露于地表，西高东低，打破生土。

方向　110°。

形状与结构　长方形竖穴土坑墓，壁直，规整，表面粗糙，墓底平坦，铺有一层厚2厘米的炭粒。墓口西高东低，口底同大，长270厘米，宽190厘米，墓底深90～120厘米（图一九七）。

填土　黄褐色五花土，土质松散，结构疏松，包含物中有残陶片。

葬具　未见痕迹，尺寸不详。

人骨　1人，保存较差，尺寸不详。

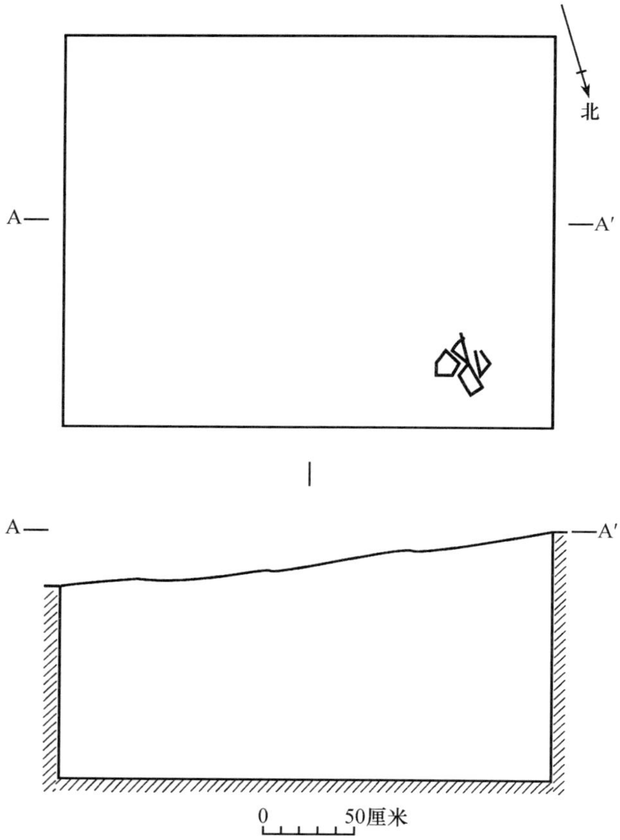

图一九七　M107平、剖面图

2. 出土器物

该墓盗扰严重，出土有部分碎陶片，可辨器形有瓮、仓等。

九九、M109

1. 墓葬概况

位置和层位关系　该墓位于Ⅲ区北部T0406北部，南与M108相临；开口于地表层下，距地表10厘米，打破生土。

方向　220°。

形状与结构　平面呈“甲”字形砖室墓。由墓道、甬道、墓室三部分组成，全长595厘米。墓道平面为长方形，壁直，底斜坡状，最深处与甬道一致。长164厘米，宽112厘米，深0～80厘米。坡长185厘米；东北部与甬道相接，甬道位于墓道北端与之相接，在墓室南侧与之相连，与墓室同底。墙砖和封门砖均残存10 层。墙砖以单砖平顺错缝叠砌而成。封门砖外弧。长106厘米，宽112厘米，深80厘米；墓室平面呈近长方形，墓壁除与甬道相接处为直壁外，其余壁稍向外弧，后壁墙砖无存，两侧墙砖长度约325～166厘米。均以单砖平错缝叠砌而成。以横错缝平铺。墓室长325厘米，宽220～250厘米，墓深80厘米（图一九八；图版八，1）。

填土　为黄褐色五花土，土质较软，结构疏松，内含大量残砖。

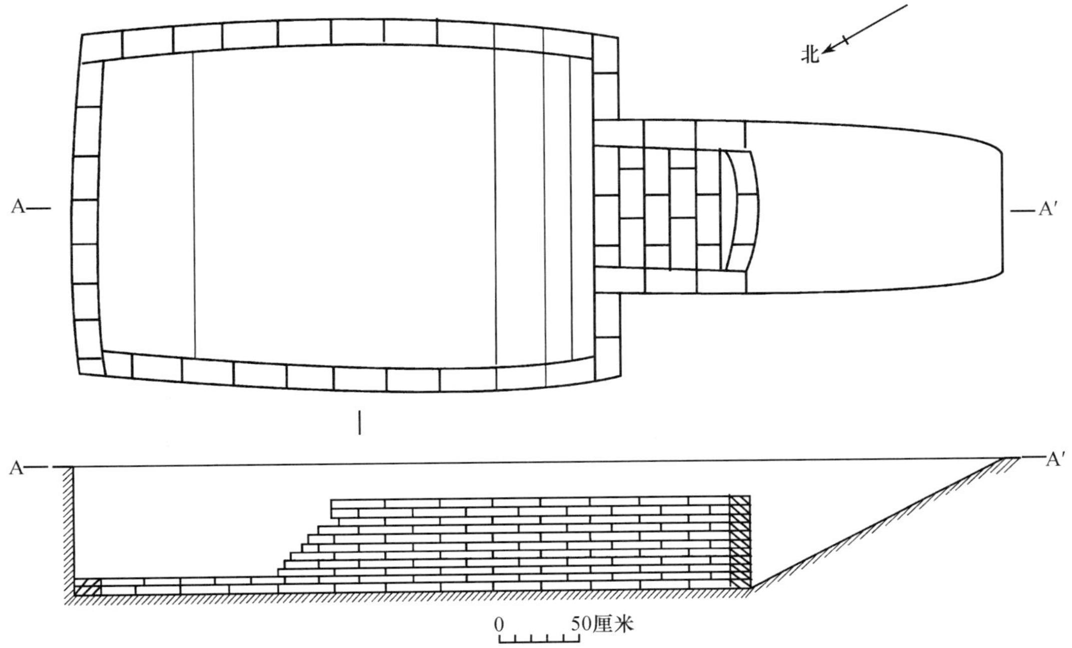

图一九八　M109平、剖面图

葬具　未见痕迹，不详。墓砖为泥质灰陶，墓砖大小相同，有模印纹饰，砖侧面模印有两组单线交叉“五”字文，平面模印绳纹，砖长32厘米，宽20厘米，厚6厘米。

人骨　未见痕迹，不详。

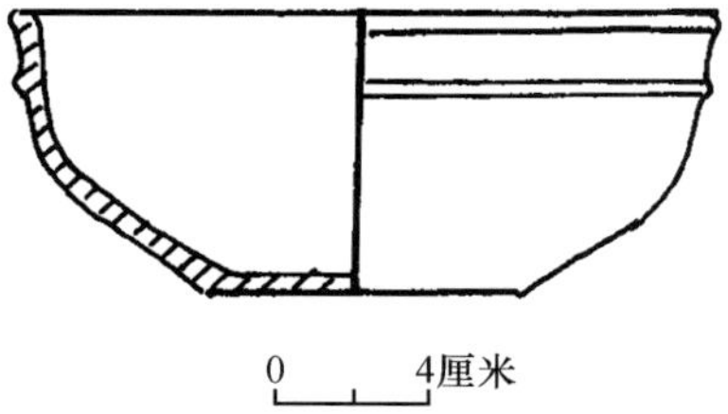

图一九九　M109出土陶钵（M109：1）

2. 出土器物

1件。陶钵出自填土中。

陶钵　1件。标本M109：1，泥质灰陶。圆唇，口稍敛，折弧腹，假圈足。腹上饰一周凸弦纹，口径18.4厘米，底径8厘米，高7.6厘米（图一九九；图版二九，6）。

一〇〇、M113

1. 墓葬概况

位置和层位关系　该墓位于Ⅳ区T0708东南部，西临M114；开口于表土层下，距地表15厘米，打破生土。

方向　10°。

形状与结构　长方形竖穴土坑墓。墓壁陡直，墓底较平。口底同大，长210厘米，宽140厘米，墓底深80厘米（图二〇〇）。

填土　黄褐色五花土，土质致密，无包含物。

葬具　未见痕迹，具体不详。

人骨　1具。保存差，仅存两颗牙齿，其他不详。

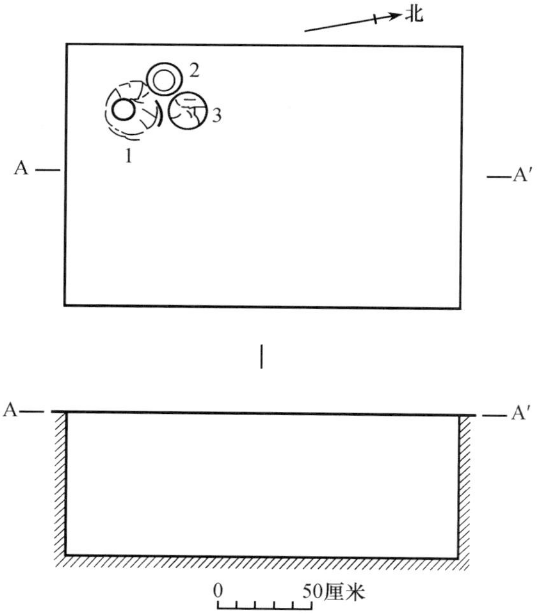

图二〇〇　M113平、剖面图
1. 陶罐　2. 陶釜　3. 陶甑

2. 出土器物

共3件，均为陶器置于墓室西侧偏南，其中陶罐、陶釜、陶甑各1件（彩版七，2）。

陶罐　1件。标本M113：1，泥质灰陶。器体口部变形，敞口，束颈溜肩，鼓腹，下腹弧收成圜底，肩附两个对称环形耳。肩腹上饰弦断绳纹，下腹及底饰斜绳纹。口径12.8厘米，腹径26.8厘米，底径7.2厘米，高26.8厘米（图二〇一，1）。

陶釜　1件。标本M113：2，泥质灰陶。方唇，敛口，鼓腹，下腹斜收平底，腹饰一周腰檐。口径11.2厘米，腹径17.8厘米，底径7.2厘米，高12厘米（图二〇一，2；图版二八，2）。

陶甑 1件。标本M113：3，泥质灰陶。方唇，敞口，平折沿，弧腹内收，平底，底部有五个圆形箅孔。口径21.6厘米，底径6.4厘米，高9.2厘米（图二〇一，3；图版二八，2）。

釜甑组合（图二〇一，4）。

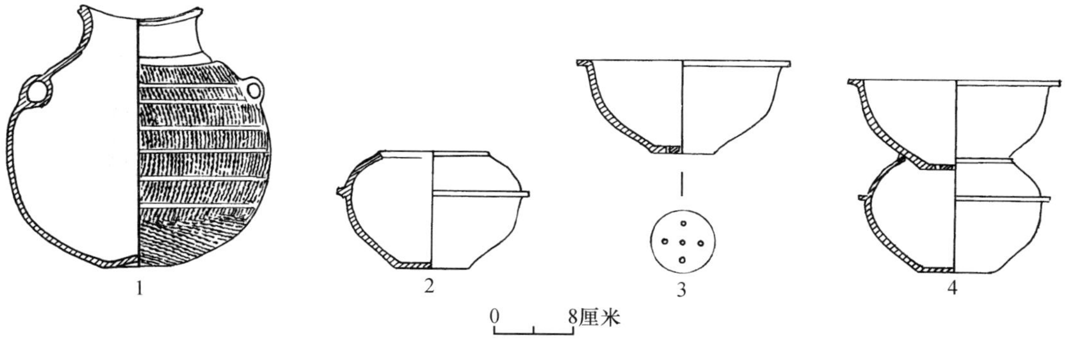

图二〇一 M113出土器物

1. 陶罐（M113：1） 2. 陶釜（M113：2） 3. 陶甑（M113：3） 4. 釜甑组合（M113：2、M113：3）

一〇一、M114

1. 墓葬概况

位置和层位关系 该墓位于ⅣT0708南部，东与M113、M118相邻；开口于表土层下，距地表15厘米，打破生土。

方向 23°。

形状与结构 长方形竖穴土坑墓。墓壁陡直，底部较平。口底同大，长240厘米，宽170厘米，墓深160厘米（图二〇二）。

填土 黄褐色五花土，土质较密，无包含物。

葬具 未见痕迹，具体不详。

人骨 1具，位于墓室的北侧，仅见下肢骨少许，其他不详。

2. 出土器物

共11件，置于墓室北侧，均为陶器，其中陶灶1件、釜1件、罐1件、甑1件、盆1件、钵1件、小壶3件、瓮1件、壶1件。

陶灶 1件。标本M114：1，泥质灰陶。前方后圆，直壁，前侧有方形灶门，后置一柱状烟囱，灶面有一搭一小两个灶眼，上置一釜一甑。灶长35.2厘米，宽20～40厘米，高18.4厘米（图二〇三，1）。

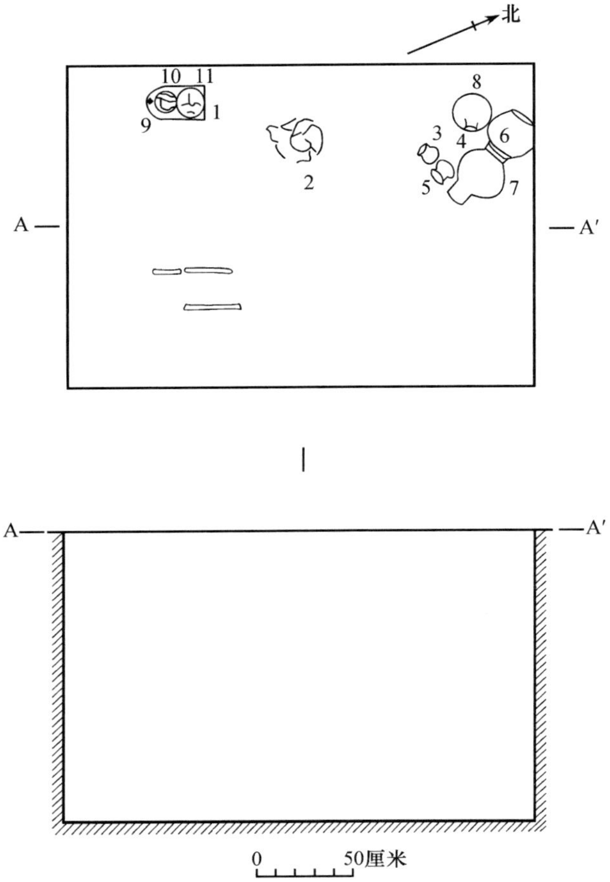

图二〇二　M114平、剖面图
1. 陶灶　2. 陶盆　3～5. 陶小壶　6. 陶壶　7. 陶瓮　8. 陶钵
9. 陶釜　10. 陶罐　11. 陶甑

陶釜　1件。标本M114：9，泥质灰陶。尖唇，敛口，鼓腹，平底。口径5.8厘米，腹径6.8厘米，底径5厘米，高5.6厘米（图二〇三，3）。

陶罐　1件。标本M114：10，泥质灰陶。圆唇，敞口，短颈，溜肩，球形腹，平底。素面。口径7.6厘米，腹径8厘米，底径6.4厘米，高7.2厘米（图二〇三，4）。

陶甑　1件。标本M114：11，泥质灰陶。圆唇，侈口，仰折沿，弧腹内收，平底。底部有五个圆形箅孔。口径18厘米，底径7.2厘米，高8.4厘米（图二〇三，2）。

陶小壶　3件。标本M114：3，泥质灰陶。方唇，直口，平折沿，腹上直，下斜收，平底。素面。口径9.2厘米，底径7.2厘米，高7.2厘米（图二〇三，7）。标本M114：4，泥质灰陶。圆唇，敞口，束颈，广肩，鼓腹，平底。素面。口径8厘米，腹径12.8厘米，底径6.4厘米，高10.4厘米（图二〇三，6）。标本M114：5，泥质灰陶。尖唇，侈口，直颈，溜肩，弧腹斜收，平底。素面。口径8.4厘米，腹径12厘米，底径7.2厘米，高11.2厘米（图二〇三，11）。

陶壶　1件。标本M114：6，泥质灰陶。尖唇，敞口，束颈，溜肩，鼓腹弧收成圜底，接高圈足，外撇。口径12厘米，腹径24厘米，底径16厘米，高28厘米（图二〇三，8；图版一九，3）。

陶瓮　1件。标本M114：7，泥质灰陶。方唇，敛口，矮颈，折肩，鼓腹，平底。素面。口径17.6厘米，腹径29.2厘米，底径17.6厘米，高19.2厘米（图二〇三，9）。

陶钵　1件。标本M114：8，夹砂灰陶。方唇，侈口，弧腹，腹饰一周凸棱，圈足。口径18.8厘米，底径7.6厘米，高6厘米（图二〇三，5）。

陶盆　1件。标本M114：2，夹砂灰陶。方唇，侈口，平沿，弧腹。口径19.28厘米，底径7.2厘米，高7.2厘米，壁厚0.4～0.6厘米（图二〇三，10）。

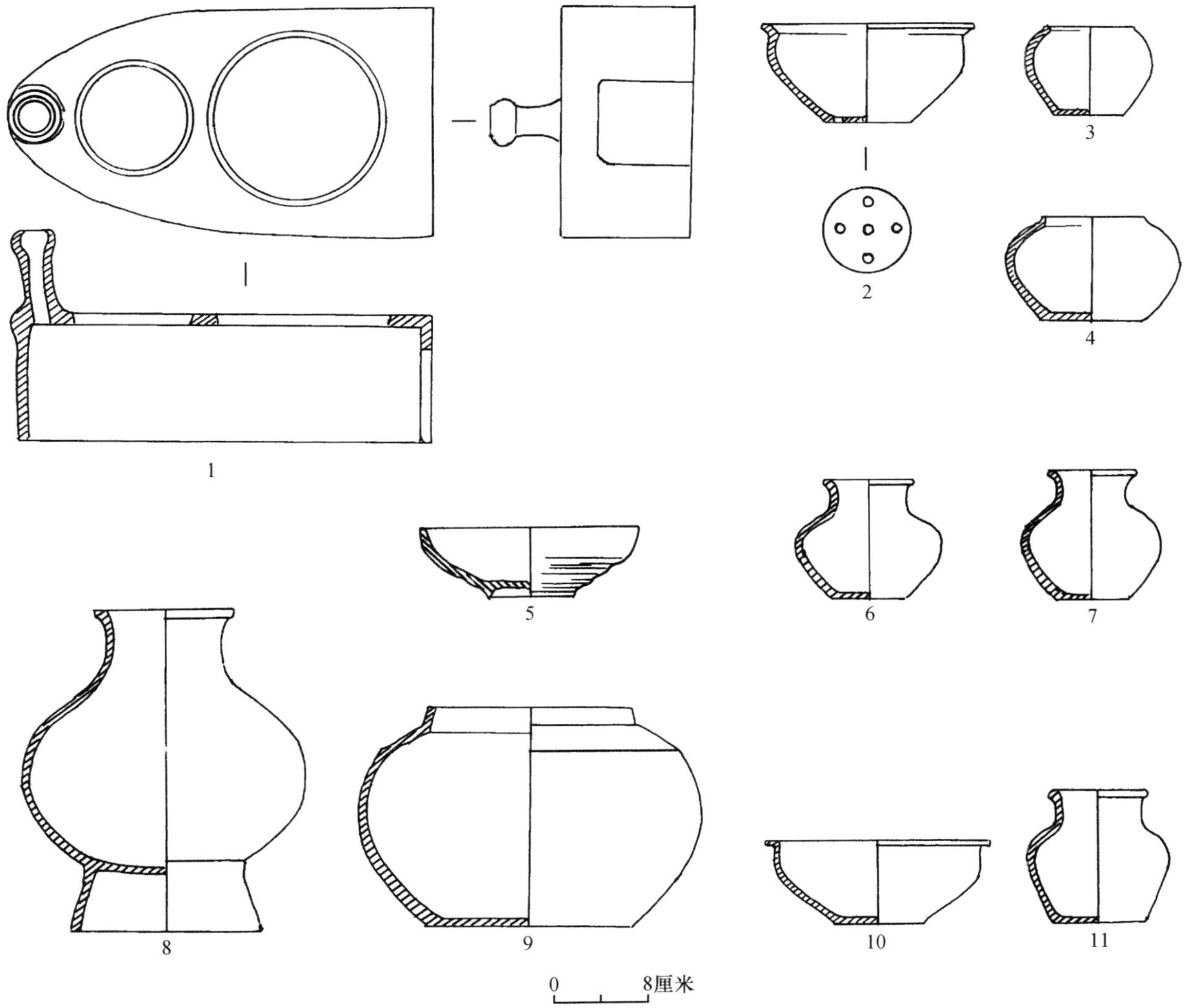

图二〇三　M114出土器物

1. 陶灶（M114：1）　2. 陶甑（M114：11）　3. 陶釜（M114：9）　4. 陶罐（M114：10）　5. 陶钵（M114：8）　6、7、11. 陶小壶（M114：4、M114：3、M114：5）　8. 陶壶（M114：6）　9. 陶瓮（M114：7）　10. 陶盆（M114：2）

一〇二、M115

1. 墓葬概况

位置和层位关系　该墓位于Ⅳ区T0707西北部，北、东、西与M124、M141、M117相邻；开口于表土层下，距地表15厘米，北高南低，打破生土。

方向　30°。

形状与结构　长方形竖穴积石墓。北、南、西皆直壁，仅东壁斜直内收及底，底部较平，铺有一层小鹅卵石，鹅卵石大小不等。口大底小，口长260厘米，宽140厘米，深15厘米；底长260厘米，宽120厘米，墓底深26～35厘米（图二〇四）。

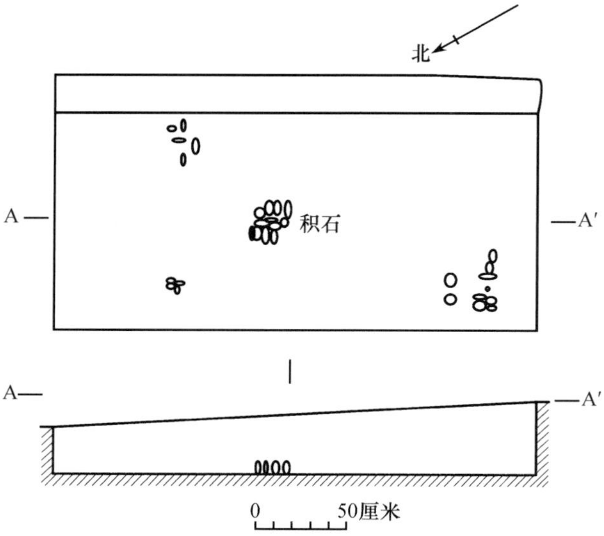

图二〇四　M115平、剖面图

填土　黄褐色五花土，质较疏松，无包含物。

葬具　未见痕迹，具体不详。

人骨　未见痕迹，具体不详。

2. 出土器物

无。

一〇三、M116

1. 墓葬概况

位置和层位关系　该墓位于Ⅳ区T0403东南部，东与M97相邻；表土层由于长期被江水冲刷，墓口暴露于地表，打破生土。

方向　20°。

形状与结构　平面呈“凸”字形多室墓，墓圹通长592厘米。由墓道、前庭、两侧耳室、后室四部分组成。墓道平面呈长方形，直壁，底斜坡状，口长190厘米，宽100厘米，深0～80厘米，坡长215厘米，壁面光滑；前室平面为长方形，北连墓道，南接后室，底部平，无残留底砖，东西壁残存6层墙砖，以平砖错缝叠砌；前室口底同大，口长256厘米，宽244厘米，墓底深80厘米；后室低于前室20厘米，两侧有耳室。西侧耳室宽174厘米，长150厘米，与后室底部同平，无残留底砖，东侧耳室宽184厘米，长130厘米，底与后室同平，无残留底砖。与后室同残存四层砖墙以平砖错缝砌成。后室宽196厘米，长146厘米，深60厘米（图二〇五）。

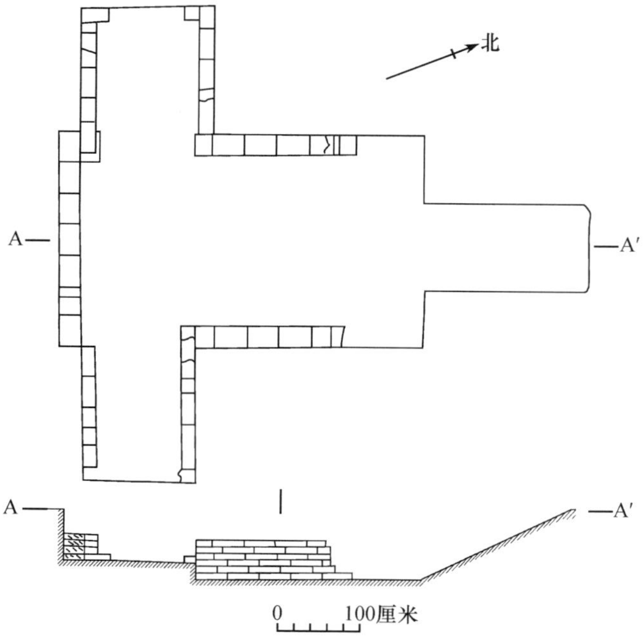

图二〇五　M116平、剖面图

填土　黄褐色五花土，土质较疏松，含残砖、碎陶片等。

葬具　未见痕迹，具体不详。长方形墓砖，模印有绳纹，长32厘米，宽16厘米，厚6厘米。

人骨　未见痕迹，具体不详。

2. 出土器物

该墓被盗扰严重，部分陶片出自填土中，多泥质红陶，有少量泥质灰陶，可辨器形有瓮、壶、罐、灶等。

一〇四、M117

1. 墓葬概况

位置和层位关系　该墓位于Ⅳ区T0707南部，东与M114相邻；开口于表土层下，距地表15厘米，打破生土。

方向　290°。

形状与结构　长方形竖穴土坑墓。墓壁陡直，墓底较平。墓口长200厘米，宽110厘米，深150厘米（图二〇六）。

填土及包含物　填土为黄褐色五花土，结构紧密，无包含物。

葬具　未见痕迹，具体不详。

人骨　保存差，具体不详。

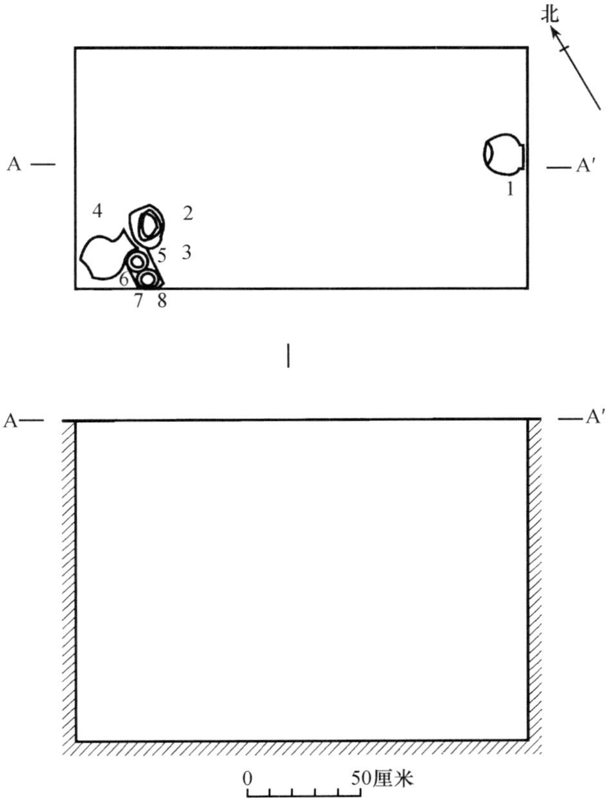

图二〇六　M117平、剖面图

1、2. 陶罐　3. 陶灶　4. 陶壶　5、6. 陶釜　7. 陶甑　8. 陶盆

2. 出土器物

8件。置于墓室西南角和东侧中部，其中陶灶1件、甑1件、釜2件、盆1件、罐2件、壶1件。

陶罐　2件。标本M117∶1，泥质灰陶。圆唇，敞口，束颈，广肩，鼓腹，下腹弧收成圜底内凹。肩附两个对称桥形耳，腹上饰数周弦断绳纹，腹下饰斜纹。口径10.4厘米，高22厘米（图二〇七，7）。标本M117∶2，泥质灰陶。子口，少盖，鼓腹，下腹斜收，平底。肩附三个半圆形纽，有穿。口径16厘米，腹径21.2厘米，底径7.2厘米，高12.4厘米（图二〇七，8）。

陶灶　1件。标本M117∶3，泥质灰陶。平面呈梯形，直壁，前端有一长方形灶门，面饰棱形方格纹，后置一圆柱形烟囱，灶面有两个大小相同的灶眼，上置一釜一甑（甑上有盖）。灶长27.2厘米，高8厘米（图二〇七，1）。

陶釜　2件。标本M117∶5。夹砂灰陶。尖唇，敛口，鼓腹弧收，平底。素面。口径5.2厘米，底径3.6厘米，高6厘米（图二〇七，3）。标本M117∶6。夹砂灰陶。尖唇，敛口，鼓腹弧收，平底。素面。口径6.5厘米，底径3.8厘米，高5.8厘米（图二〇七，5）。

陶甑　1件。标本M117：7，夹砂灰陶。圆唇，敞口，平折沿，弧腹，平底。底部有五个箅孔。口径11.6厘米，底径4.4厘米，高4.8厘米（图二〇七，4）。

陶盆 1件　标本M117：8，夹砂灰陶。方唇，侈口仰沿，弧腹平底。素面。口径11.2厘米，底径5.6厘米（图二〇七，2）。

陶壶　1件。标本M117：4，泥质灰陶。方唇，束颈，溜肩，弧腹，平底。肩附两个对称环形耳。口径12厘米，底径16厘米，高28.8厘米（图二〇七，6）。

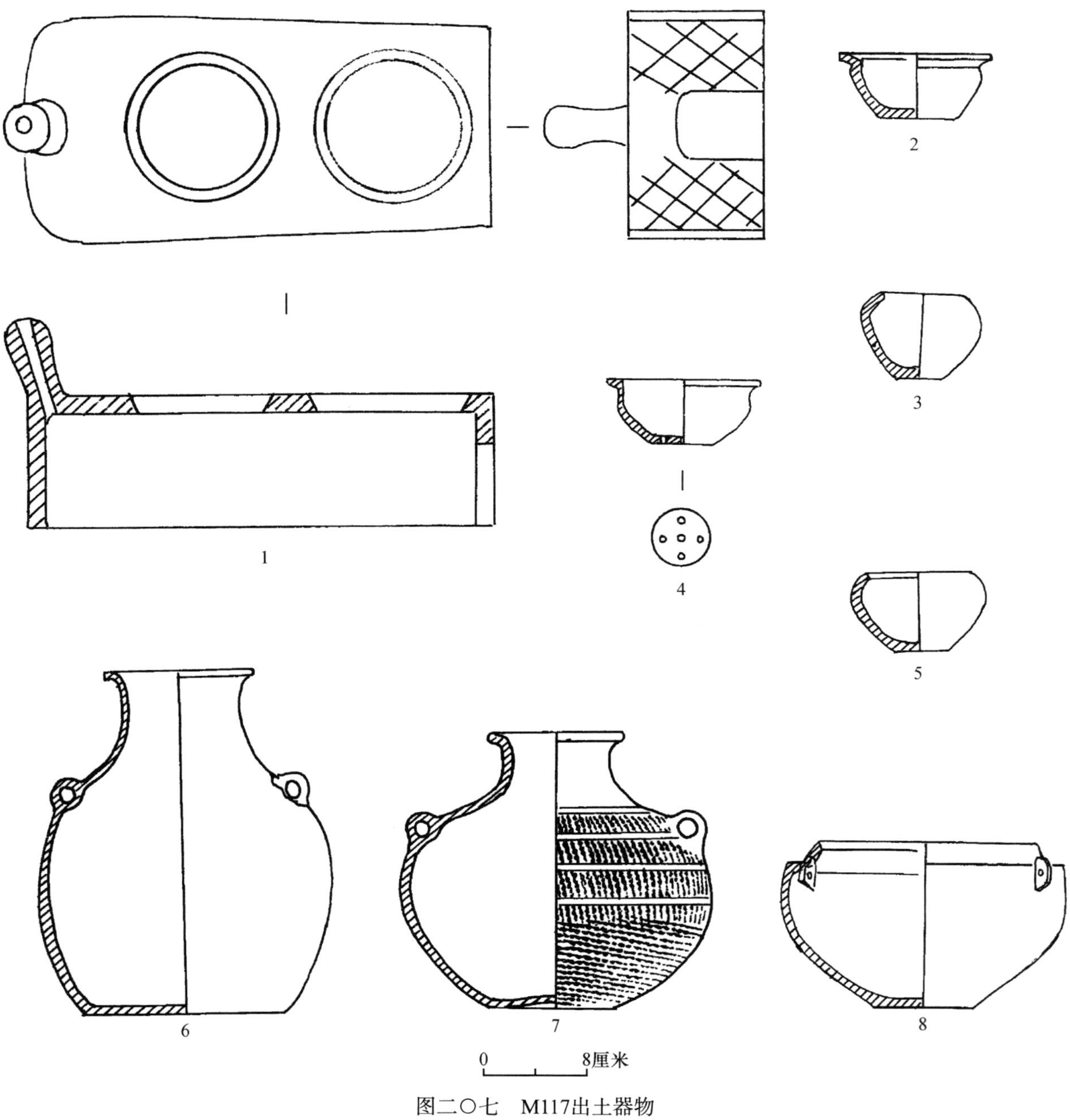

图二〇七　M117出土器物

1. 陶灶（M117：3）　2. 陶盆（M117：8）　3、5. 陶釜（M117：5、M117：6）　4. 陶甑（M117：7）　6. 陶壶（M117：4）　7、8. 陶罐（M117：1、M117：2）

一〇五、M118

1. 墓葬概况

位置和层位关系　该墓位于Ⅳ区T0709西南角，西、北与M113、M120相邻；开口于表土层下，距地表15厘米，打破生土。

方向　190°。

形状与结构　长方形竖穴土坑墓。直壁，平底。口底同大，长230厘米，宽130厘米，墓底深180厘米（图二〇八）。

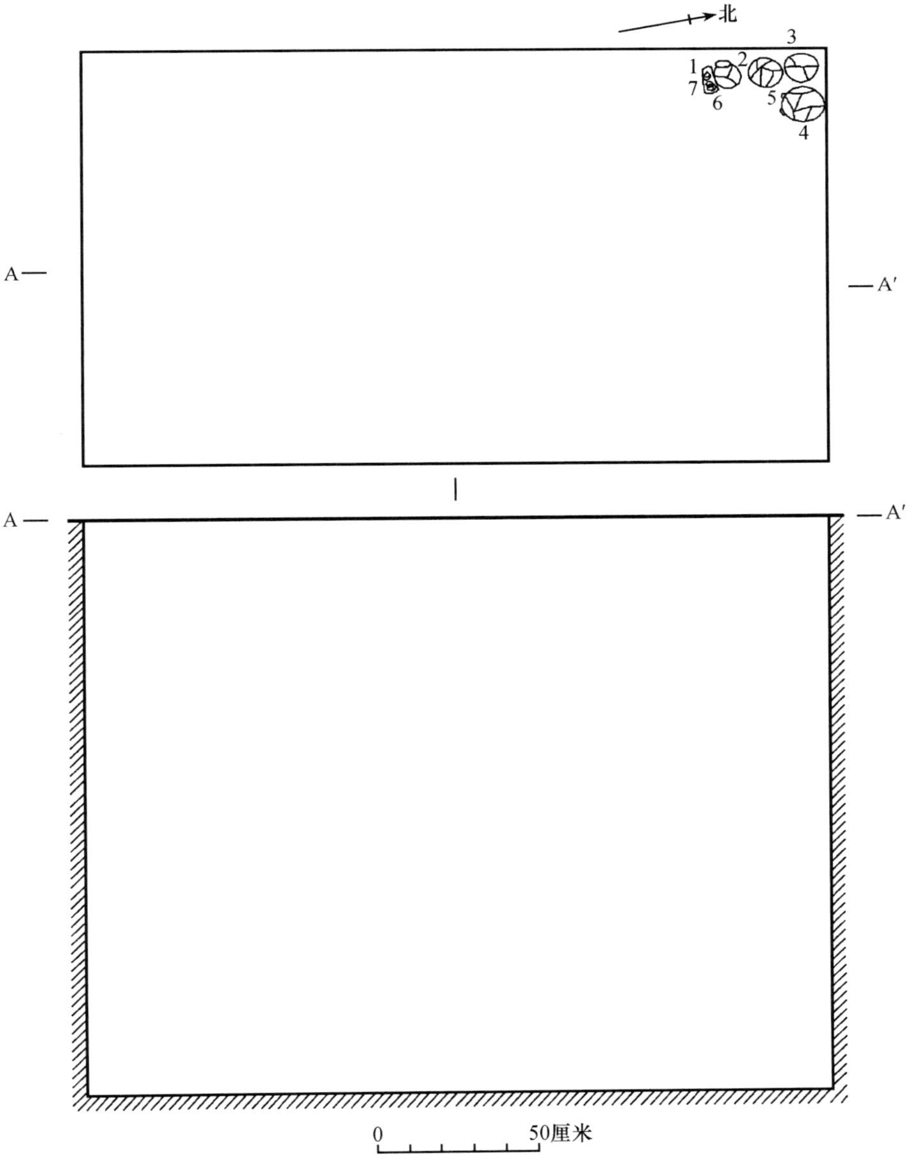

图二〇八　M118平、剖面图

1. 陶灶　2. 陶瓮　3. 陶盒　4. 陶鼎　5. 陶罐　6. 陶甑　7. 陶釜

填土　黄褐色五花土，结构疏松，无包含物。

葬具　一棺，位于墓室西侧，仅余棺痕，痕长206厘米，宽56厘米，其他不详。

人骨　1具。保存较差，余几颗牙齿，置于墓室南侧，头向南，其他不明。

2. 出土器物

7件。置于墓室东南角，均为陶器，自北至南：灶、甑、釜、瓮、盒、鼎、罐各1件（图版一四，2）。

陶鼎　1件。标本M118：4，泥质灰陶。上承一弧形盖，子口内敛，折肩，近肩处附两个对称方形耳，外撇，弧腹内收，平底，人面三蹄足。腹上饰凸弦纹一周。口径21.2厘米，通高21.2厘米（图二〇九，1）。

陶罐　1件。标本M118：5，泥质灰陶。尖唇，敞口，矮颈，溜肩，鼓腹斜收，平底。肩附两个对称桥形耳。口径4.4厘米，腹径7.2厘米，底径3.2厘米，高6厘米（图二〇九，7）。

陶瓮　1件。标本M118：2，泥质灰陶。直口，矮颈，鼓腹弧收，平底。口沿上饰一周凹槽，肩、腹饰凹弦纹三周。口径19.6厘米，腹径36.4厘米，底径19.2厘米，高39.6厘米（图二〇九，5；彩版一三，2）。

陶盒　1件。标本M118：3，夹砂灰陶。盖身扣合而成，上下不对称。子口承碗形盖，直

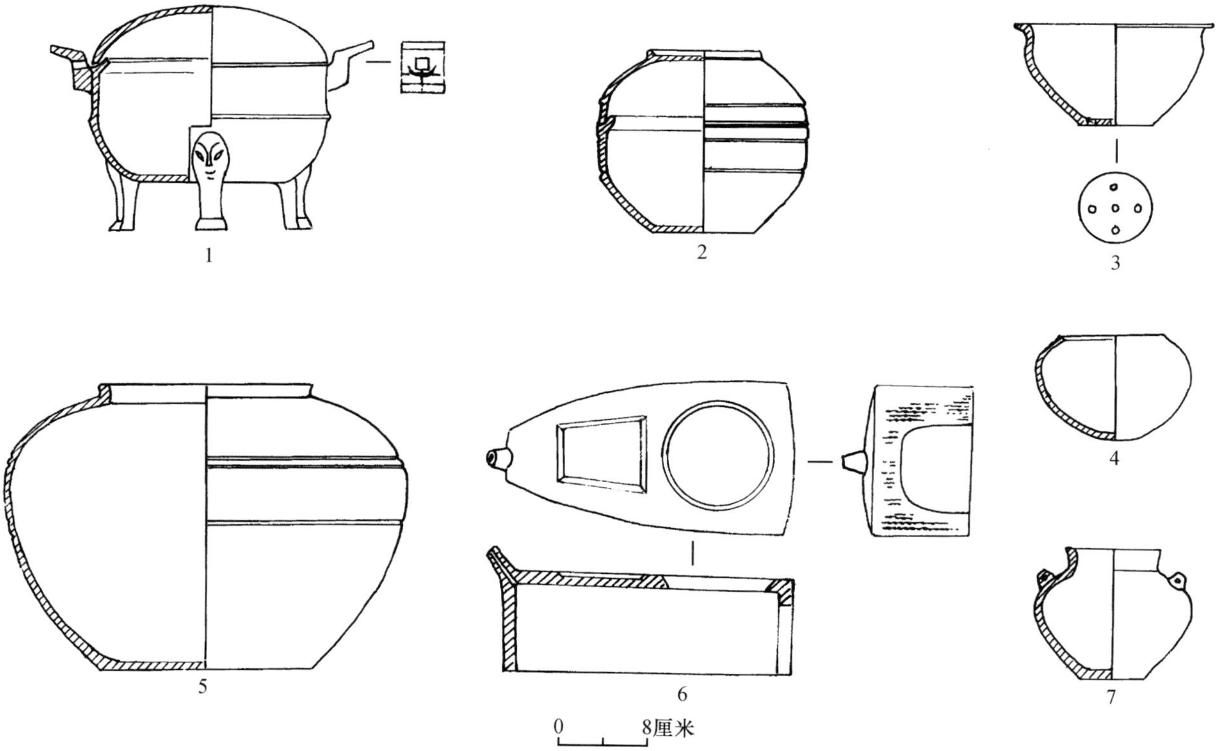

图二〇九　M118出土器物

1. 陶鼎（M118：4）　2. 陶盒（M118：3）　3. 陶甑（M118：6）　4. 陶釜（M118：7）　5. 陶瓮（M118：2）　6. 陶灶（M118：1）　7. 陶罐（M118：5）

壁，器身饰一周凹弦纹，圈足，器身上腹近直，下腹斜收，平底。盖身饰凹弦纹三周。口径19.2厘米，底径9.6厘米，通高16.8厘米（图二〇九，2）。

陶灶　1件。标本M118：1，泥质灰陶。平面呈长方形，直壁，前端有拱形灶门，灶面上有一灶眼，后端设一锥形外斜烟囱，侧面饰竖绳纹，部分残缺。长26.4厘米，高9.2厘米（图二〇九，6）。

陶釜　1件。标本M118：7，泥质灰陶。方唇，敛口，鼓腹，圜底。口径4.2厘米，腹径4.8厘米（图二〇九，4）。

陶甑　1件。标本M118：6，泥质灰陶。圆唇，敞口，仰沿，鼓腹斜收，平底。底有五个圆形箅孔。口径14.8厘米，底径4.8厘米，高9.2厘米（图二〇九，3）。

一〇六、M119

1. 墓葬概况

位置和层位关系　该墓位于Ⅳ区T0706西南部，北、东、西与M141、M117、M126相邻；开口于表土层下，距地表15厘米，打破生土。

方向　20°。

形状与结构　平面呈梯形竖穴土坑墓。直壁，平底。口底同大，墓口长220厘米，宽133～140厘米，深70厘米（图二一〇）。

填土　黄褐色五花土，土质较软，结构疏松，无包含物。

葬具　墓底有少量红漆皮，其他不详。

人骨　未见痕迹，具体不详。

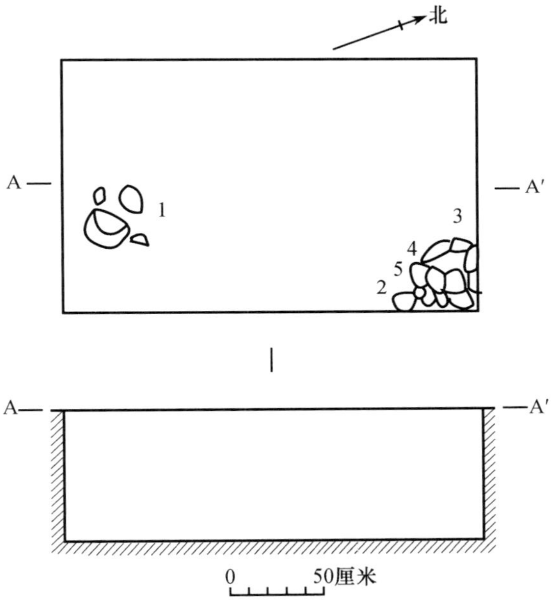

图二一〇　M119平、剖面图

1. 陶鼎　2. 陶灶　3. 陶瓮　4. 陶罐　5. 陶釜

2. 出土器物

5件。置于墓室东北部及西侧中部偏东，其中陶鼎、灶、瓮、罐、釜各1件。

陶鼎　1件。标本M119：1，夹砂灰陶。子口内敛，上承一弧形盖，肩附长方形对称双耳，顶端外折伸，弧腹近直，平底，三蹄足。腹饰一周凸弦纹。口径20.8厘米，通高24厘米（图二一一，4）。

陶灶　1件。标本M119：2，泥质灰陶。平面近梯形，直壁，灶面前端有一圆形灶眼，后端有一凹槽，灶前壁有一拱形火门及底，后置一圆柱形烟囱。灶长27.6厘米，高8.8厘米（图二一一，1）。

陶瓮　1件。标本M119：3，泥质灰陶。圆唇，敛口，广肩，鼓腹，平底。腹部饰二周凹弦纹。口径8厘米，腹径32.8厘米，底径8厘米，高30.4厘米（图二一一，3）。

陶罐　1件。标本M119：4，泥质灰陶。圆唇，敞口，仰沿，微束颈鼓腹斜收，平底。口径11.6厘米，腹径13.2厘米，底径6.4厘米，高8厘米（图二一一，2）。

陶釜　1件。标本M119：5，无法复原。

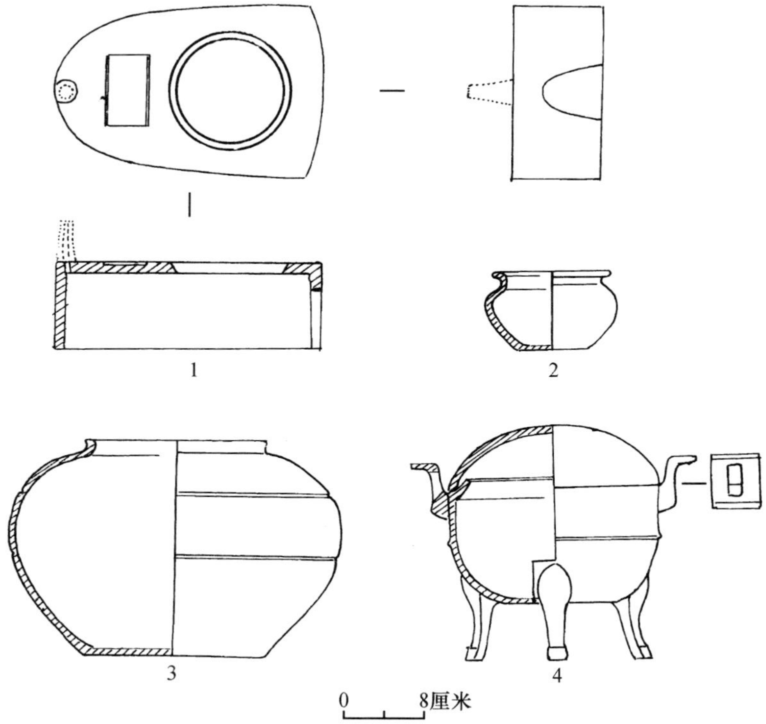

图二一一　M119出土器物

1. 陶灶（M119：2）　2. 陶罐（M119：4）　3. 陶瓮（M119：3）　4. 陶鼎（M119：1）

一〇七、M120

1. 墓葬概况

位置和层位关系　该墓位于Ⅳ区T0709北部，西、南与M129、M118相邻；开口于表土层下，距地表15厘米，打破生土。

方向　15°。

形状与结构　长方形竖穴土坑墓。直壁，平底。口底同大，长250厘米，宽170厘米，墓底深40厘米（图二一二）。

填土　黄褐色五花土，结构疏松，包含物中有少量炭粒及部分陶片。

葬具　不详。

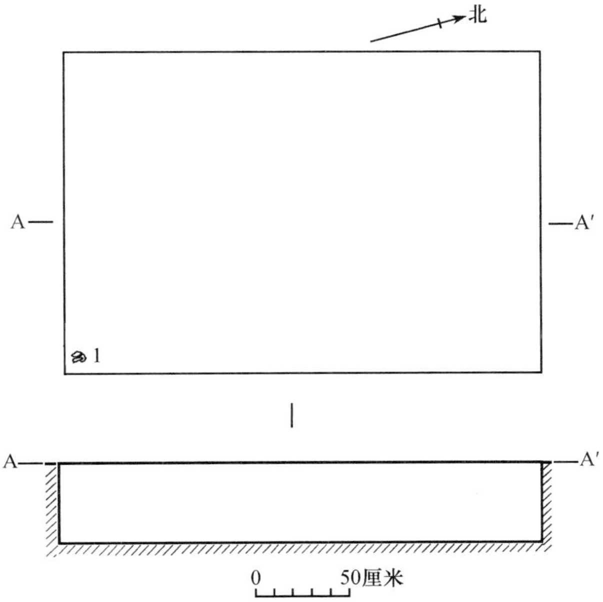

图二一二　M120平、剖面图
1. 陶瓮

人骨　保存较差。

2. 出土器物

该墓盗扰严重，出土有部分陶片，可辨器形有瓮等。

一〇八、M121

1. 墓葬概况

位置和层位关系　该墓位于Ⅳ区T0711北部，西北与M146相邻；开口于表土层下，距地表15厘米，打破生土。

方向　290°。

形状与结构　长方形竖穴土坑墓。四壁陡直，底部较平。口底同大，口长210厘米，宽110厘米，深110厘米（图二一三）。

填土　黄褐色五花土，结构疏松，无包含物。

葬具　一棺一椁，椁痕长192厘米，宽96厘

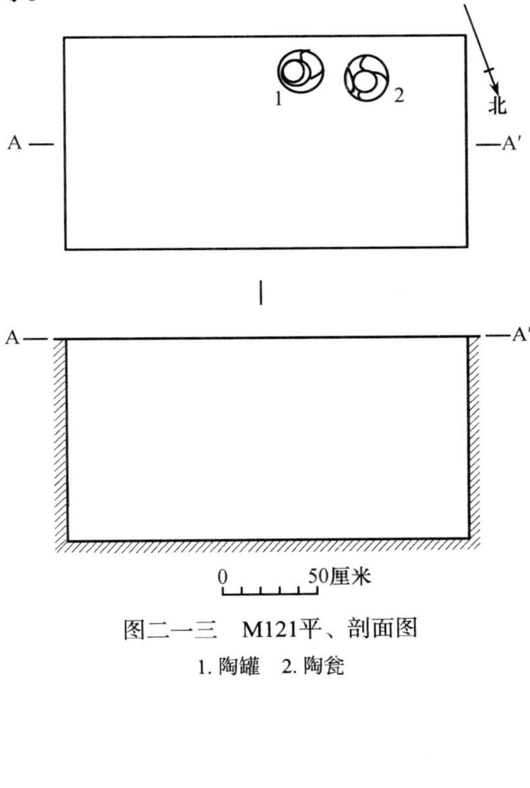

图二一三　M121平、剖面图
1. 陶罐　2. 陶瓮

米，其他不详。

人骨　保存差，具体不详。

2. 出土器物

2件。置于南侧中部偏西椁内，东侧为陶罐，西侧为陶瓮各1件。

陶罐　1件。标本M121：1，泥质灰陶。圆唇，敞口，平折沿，束颈，溜肩，鼓腹，下腹弧收成圜底，肩附两个对称环形耳。肩腹部饰弦断绳纹。口径12厘米，腹径23.2厘米，底径6.4厘米，高23.6厘米（图二一四，1；图版二四，5）。

陶瓮　1件。标本M121：2，泥质灰陶。方唇，直口，矮束颈，广肩最大腹径在近肩处，下腹弧收，平底。口径11.2厘米，腹径20.8厘米，底径8厘米，高17.6厘米（图二一四，2）。

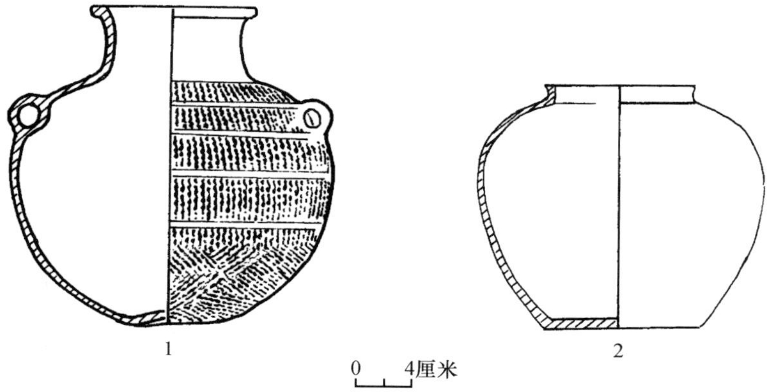

图二一四　M121出土器物

1. 陶罐（M121：1）　2. 陶瓮（M121：2）

一〇九、M122

1. 墓葬概况

位置和层位关系　该墓位于Ⅳ区T0511中部，南与M123相邻；开口于表土层下，距地表15厘米，打破生土。

方向　30°。

形状与结构　长方形竖穴土坑墓。四壁陡直，底部较平。口底同大，口长210厘米，宽160厘米，深60厘米（图二一五）。

填土　黄褐色五花土，结构疏松，无包含物。

葬具　未见痕迹，具体不详。

人骨　保存较差，仅见头骨于墓室北侧，面向上，头向北，其他不详。

2. 出土器物

3件及铜钱，置于墓室西北部，分三类为陶、铜、铅，其中陶器2件：陶壶1件、陶罐1件；铅饰1件以及铜钱1枚。

陶罐　1件。标本M122：2，夹砂灰陶。子母口，缺盖。鼓腹，平底。上腹等距离饰三个长方形纽，上有穿孔。口径12.8厘米，腹径20厘米，底径9.6厘米，高12厘米（图二一六）。

铜钱　1枚。标本M122：3，锈蚀严重，仅可辨出为五铢钱。

其他无法修复。

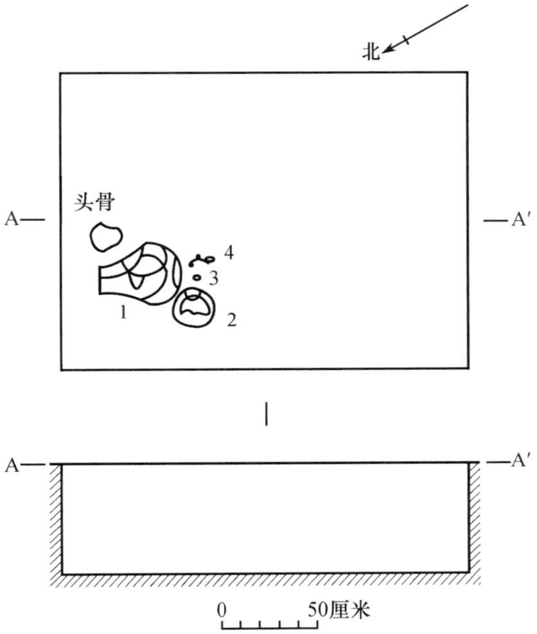

图二一五　M122平、剖面图

1. 陶壶　2. 陶罐　3. 铜钱　4. 铅饰

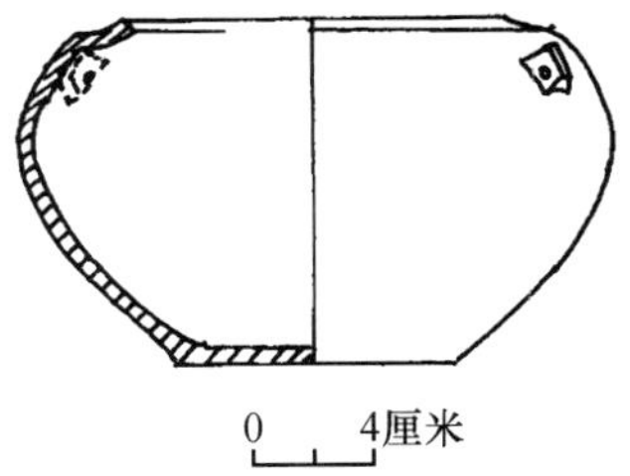

图二一六　M122出土陶罐

（M122：2）

一一〇、M123

1. 墓葬概况

位置和层位关系　该墓位于Ⅳ区T0511东南角，延伸至探方外，北与M122相邻；开口于表土层下，距地表15厘米，打破生土。

方向　300°。

形状与结构　长方形竖穴土坑墓。四壁陡直，底部较平。口底同大，口长240厘米，宽170厘米，墓底深80厘米（图二一七）。

填土　黄褐色五花土。结构疏松，无包含物。

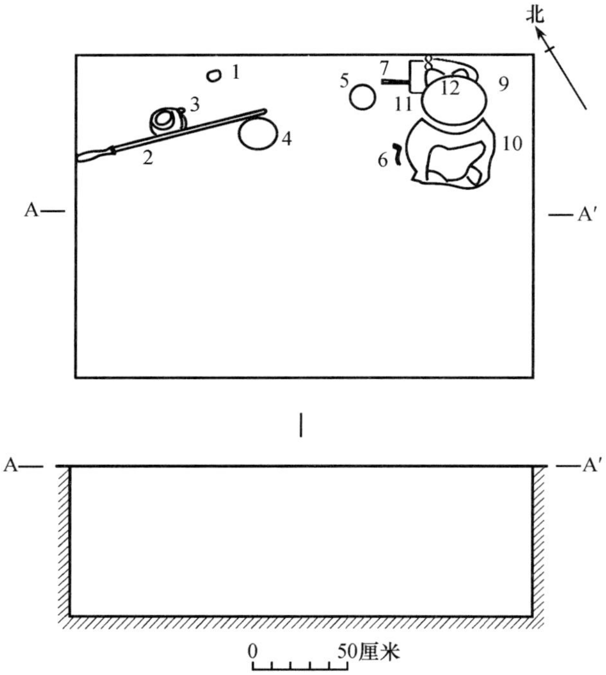

图二一七　M123平、剖面图

1.铁器　2. 铁剑　3. 铜提链壶　4、9. 铜洗　5. 铜镜　6. 铜带钩　7. 铁饼　8. 陶灶　10. 陶瓮　11、12. 陶釜

葬具　未见痕迹，具体不详。

人骨　未见痕迹，具体不详。

2. 出土器物

12件。位于墓室两侧，分三类为铁、铜、陶，其中陶器4件：灶1件、釜2件、瓮1件；铜器5件：提链壶1件、洗2件、镜1件、带钩1件；铁器3件：剑1件、饼1件、其他1件。

陶灶　1件。标本M123：8，泥质灰陶。直壁，前方后圆。前侧壁面有一拱形灶门及底，后端上置柱形烟囱。灶面有一大一小两个灶眼。通长31.2厘米，宽19.2厘米，高9.6厘米（图二一八，3）。

釜　2件。标本M123：12，泥质灰陶。斜方唇，敛口，鼓腹，平底。口径7.6厘米，最大幅径10.4厘米，底径6.4厘米，高5.2厘米（图二一九，3）。标本M123：11，泥质灰陶。斜方唇，敛口，鼓腹，平底。口径8.8厘米，腹径13.6厘米，底径7.2厘米，高8厘米（图二一九，2）。

陶瓮　1件。标本M123：10，泥质灰陶。圆唇，敛口，广肩，鼓腹，下腹弧收，平底。唇上有一周凹槽，肩部饰一周凸弦纹。口径（变形）22～26厘米。腹径40厘米，底径28.6厘米，高33.2厘米（图二一八，1；图版二六，6）。

铜提链壶　1件。标本M123：3，绿锈。上承钟形盖，子口内敛，高颈，溜肩，肩附两对称“凸”形耳，耳与两端饰有双龙的提梁衔环相连，扁鼓腹，圜底，三矮蹄足。口径8.0厘米，最大腹径16厘米，通高19.8厘米（图二一八，2；彩版一八，5）。

铜洗　2件。标本M123：4，青绿色。圆唇，直口仰沿，直腹内收成圜底，底残。口径18厘米，残高4.8厘米（图二一九，1）。标本M123：9，青绿色。圆唇，直口折沿，直腹下收，平底。口径28.6厘米，高8.0厘米，底径17.5厘米（图二一九，4；彩版一八，6）。

铜镜　1件。标本M123：5，平面为圆形，圆形连峰纽，纽上饰星云纹。纽外一周内向连弧纹与双弦纹圈带之间为主纹带，其间饰带圆座大乳钉，并间以两枚小乳钉，其外有十六个双线内向连弧纹。面径10.8厘米，背径10.5厘米（图二一八，4；彩版一七，6）。

铜带钩　1件。标本M123：6，青绿色。钩呈鸭首状，钩体似琵琶，上附一圆形纽。残长5.8厘米。

铁器锈蚀严重，无法修复。

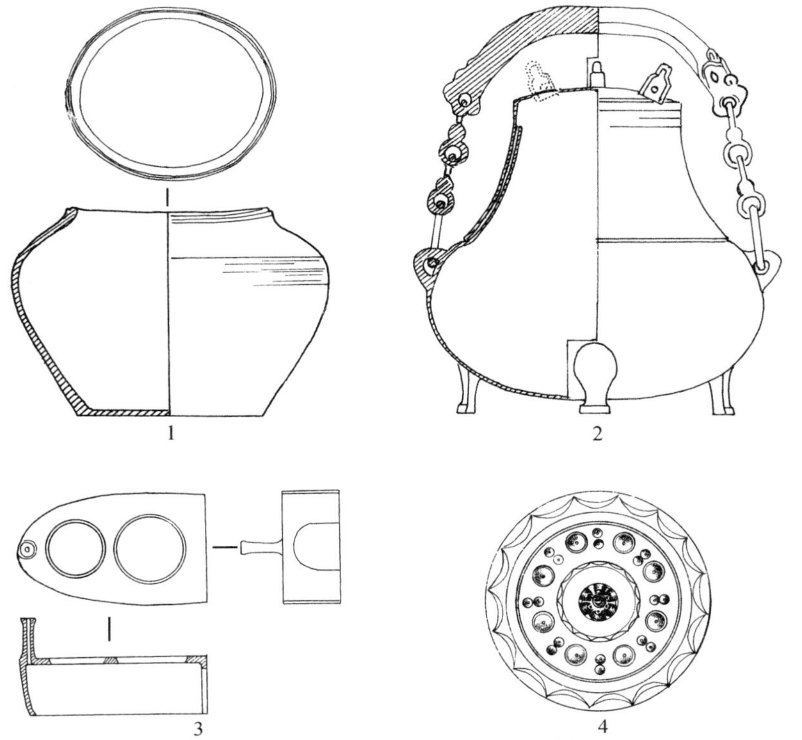

1、3. 0 8厘米　　2、4. 0 2厘米

图二一八　M123出土器物（一）

1. 陶瓮（M123：10）　2. 铜提链壶（M123：3）　3. 陶灶（M123：8）　4. 铜镜（M123：5）

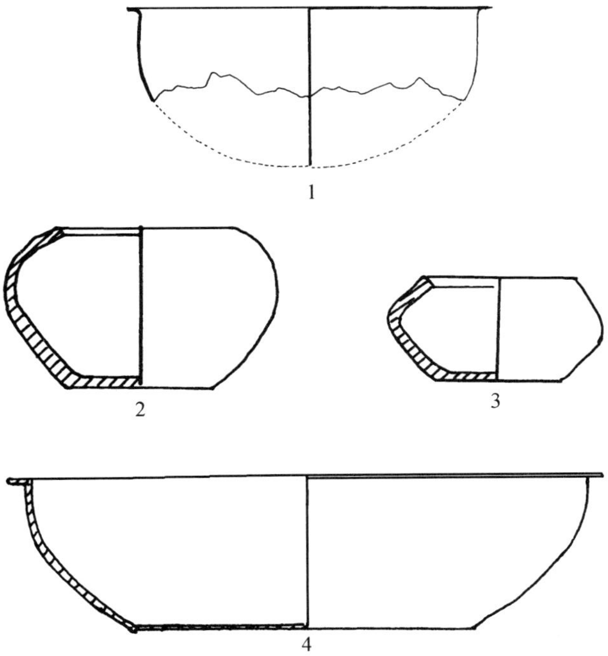

1、4. 0 4厘米　　2、3. 0 4厘米

图二一九　M123出土器物（二）

1、4. 铜洗（M123：4、M123：9）　2、3. 陶釜（M123：11、M123：12）

一一一、M124

1. 墓葬概况

位置和层位关系　该墓位于Ⅳ区T0607西南部，北、东、南与M125、M129、M115相邻；开口于表土层下，距地表15厘米，打破生土。

方向　40°。

形状与结构　长方形竖穴土坑墓。四壁陡直，底部较平。口底同大，墓口长220厘米，宽140厘米，墓底深150厘米（图二二〇）。

葬具　未见其痕，具体不详。

人骨　保存较差，具体不详。

2. 出土器物

1件。置于墓室东北角。

陶罐　1件。标本M124∶1，泥质灰陶。方唇，敞口，仰沿。广肩，鼓腹，下腹弧收成圜底。近肩部附两个对称环形耳，肩、腹部弦断绳纹，下腹及底饰横绳纹。口径12.8厘米，腹径27.2厘米，底径8厘米，高26厘米（图二二一；图版二四，6）。

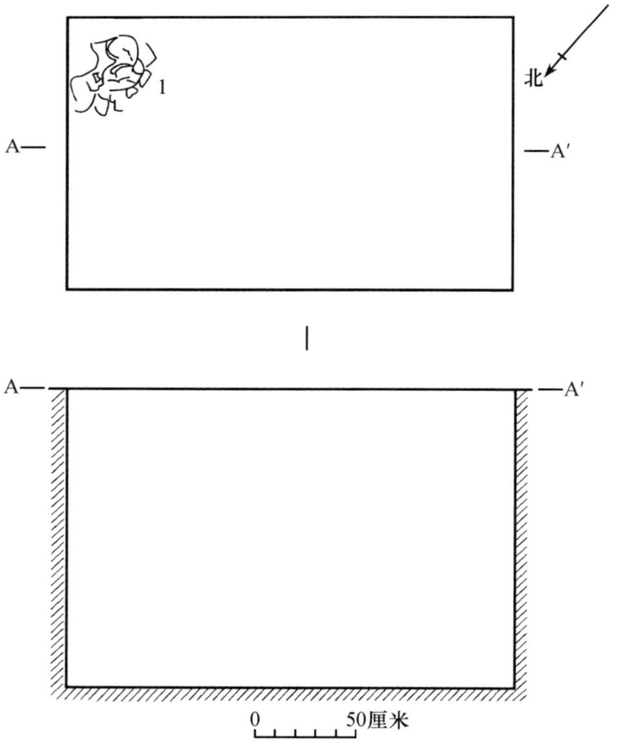

图二二〇　M124平、剖面图
1. 陶罐

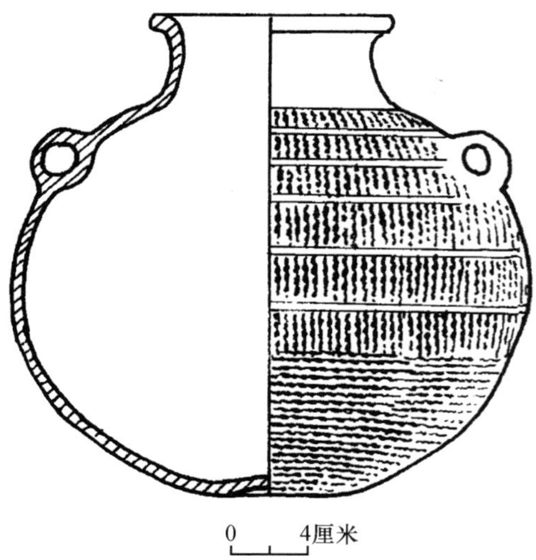

图二二一　M124出土陶罐（M124∶1）

一一二、M125

1. 墓葬概况

位置和层位关系　该墓位于Ⅳ区T0607东北部，东南与M130、M124相邻；开口于表土层下，距地表15厘米，打破生土。

方向　20°。

形状与结构　长方形竖穴土坑墓。四壁陡直，底部较平。口底同大，长190厘米，宽130厘米，墓底深60厘米（图二二二）。

填土　黄褐色五花土，结构疏松，无包含物。

葬具　仅留棺痕，尺寸不详。

人骨　1具。保存较差，在墓室西侧北部有几颗牙骨，其他不详。

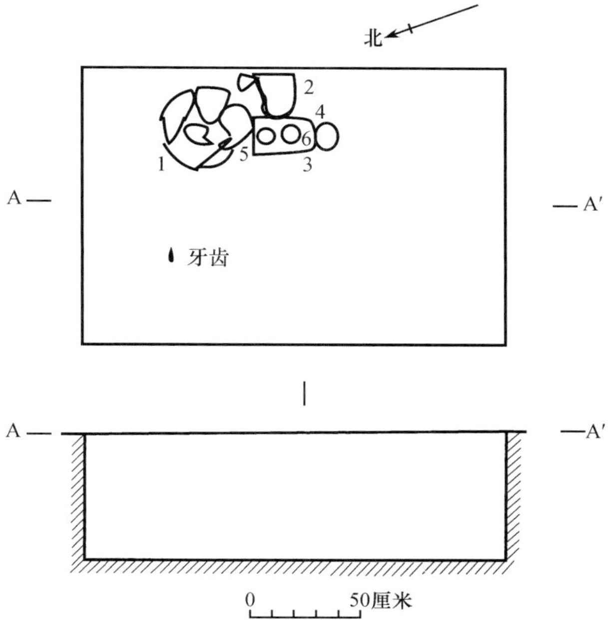

图二二二　M125平、剖面图
1. 陶瓮　2. 陶仓　3. 陶灶　4. 陶甑　5、6. 陶釜

2. 出土器物

6件。置于墓室东侧中部偏北，皆为陶器，其中瓮、仓、灶、甑各1件，釜2件。

陶瓮　1件。标本M125：1，泥质灰陶。圆唇，敛口，平折沿，束颈，广肩，鼓腹，下腹弧收，平底。沿面有一周凹槽。口径18.8厘米，腹径33.2厘米，底径11.6厘米，高23.6厘米（图二二三，5）。

陶仓　1件。标本M125：2，夹砂灰陶。尖唇，直口，短颈，斜折肩，筒腹，腹上饰对称两个桥形耳，平底。口径12.4厘米，底径16厘米，高21.2厘米（图二二三，6；图版三五，6）。

陶灶　1件。标本M125：3，泥质灰陶。前宽后窄呈梯形，直壁，前壁有方形灶门及底，后端置柱状烟囱，灶面有两个形制相同，大小不一致灶眼，上置两釜一甑。灶长27.2厘米，宽6.2～19.2厘米，高8厘米（图二二三，1；图版三三，1）。

釜　2件。标本M125：5，泥质灰陶。方唇，敛口，鼓腹，平底。口径5.2厘米，腹径7.6厘米，底径3.2厘米，高4厘米（图二二三，2）。标本M125：6，泥质灰陶。方唇，敛口，鼓腹，平底。口径6.4厘米，腹径8.8 厘米，底径4厘米，高4.4厘米（图二二三，3）。

甑　1件。标本M125：4，夹砂灰陶。斜方唇，敞口，折沿，弧腹，平底。腹饰两周凹弦纹。底有五个箅孔。口径12.4厘米，底径4.4厘米，高4.8厘米（图二二三，4）。

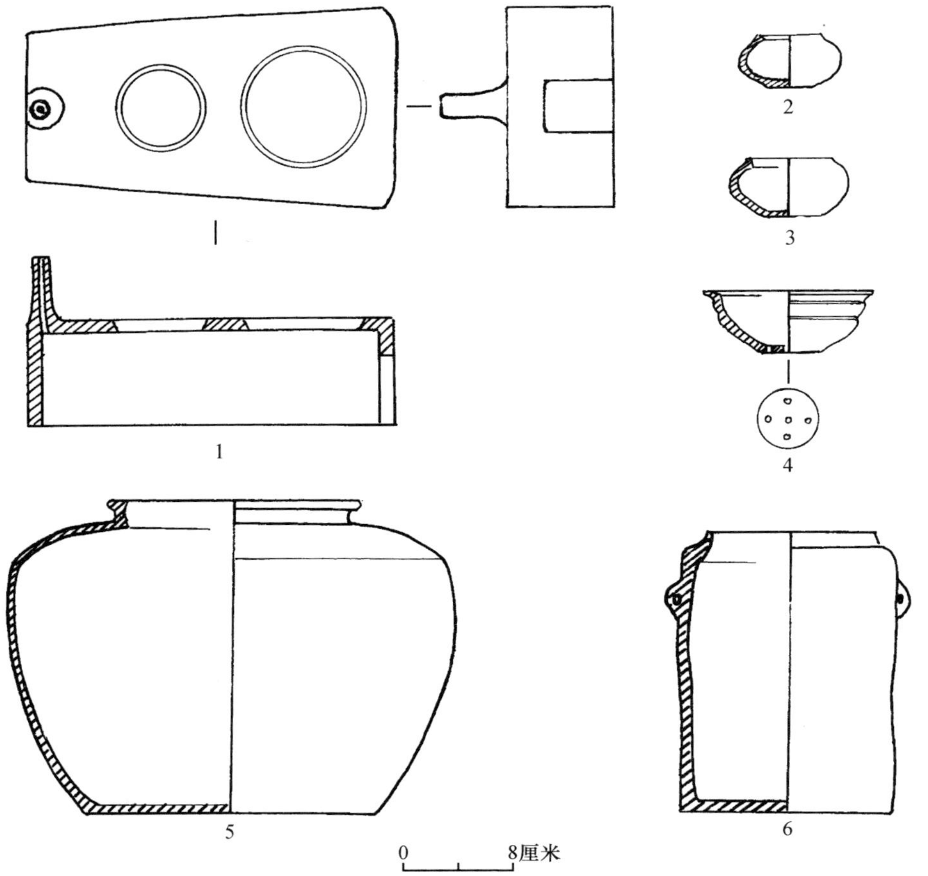

图二二三　M125出土器物
1. 陶灶（M125：3）　2、3. 陶釜（M125：5、M125：6）　4. 陶甑（M125：4）　5. 陶瓮（M125：1）　6. 陶仓（M125：2）

一一三、M126

1. 墓葬概况

位置和层位关系　该墓位于Ⅳ区T0705中部，北、东与M132、M119相邻；开口于表土层下，距地表15厘米，打破生土。

方向　220°　。

形状与结构　长方形竖穴积炭墓。四壁陡直，底部较平。四壁附有高约80厘米的一层炭粒层。南壁有一壁龛，面宽180厘米，高70厘米，进深170厘米。底铺一层厚6厘米炭粒。口底同大，口长310厘米，宽220厘米，深墓底240厘米（图二二四）。

填土　黄褐色五花土，结构疏松，含大量炭粒。

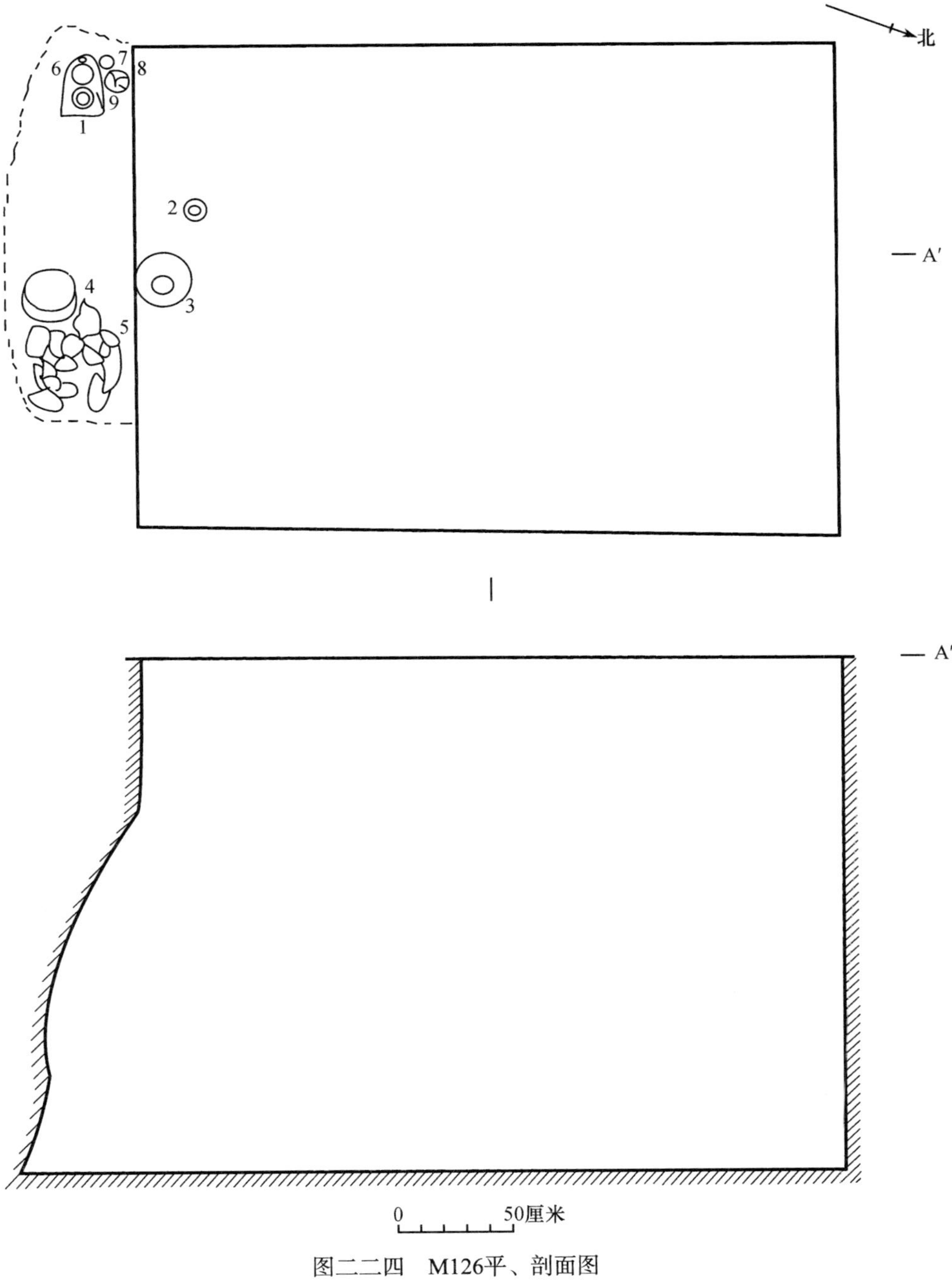

图二二四　M126平、剖面图
1. 陶灶　2. 陶壶　3. 铜洗　4. 铁器　5. 陶瓮　6. 陶甑　7、8. 陶釜　9. 陶盆

葬具　未见其痕，具体不详。

人骨　保存较差，具体不详。

2. 出土器物

9件。置于墓室的南部和壁龛内，墓室内为陶壶1件、铜洗1件；壁龛内有陶灶、铁器、陶瓮等。该墓共出陶器7件：壶1件、灶1件、釜2件、甑1件、盆1件、瓮1件；铜洗1件；铁器1件。

陶灶　1件。标本M126：1，泥质灰陶。面呈圆角三角形，上面有大小两火眼，前壁有一圆形灶门及底。后端置一柱状烟囱。灶长34厘米，高6.4厘米（图二二五，4；彩版一五，1）。

陶釜　2件。标本M126：7，泥质灰陶。尖唇，侈口，鼓腹斜收，平底。口径6.4厘米，腹径9.6厘米，底径3.6厘米，高5.6厘米（图二二五，2）。标本M126：8，泥质灰陶。尖唇，侈口，鼓腹斜收，平底。口径8.8厘米，腹径13.2厘米，底径5.2厘米，高7.6厘米（图二二五，3）。

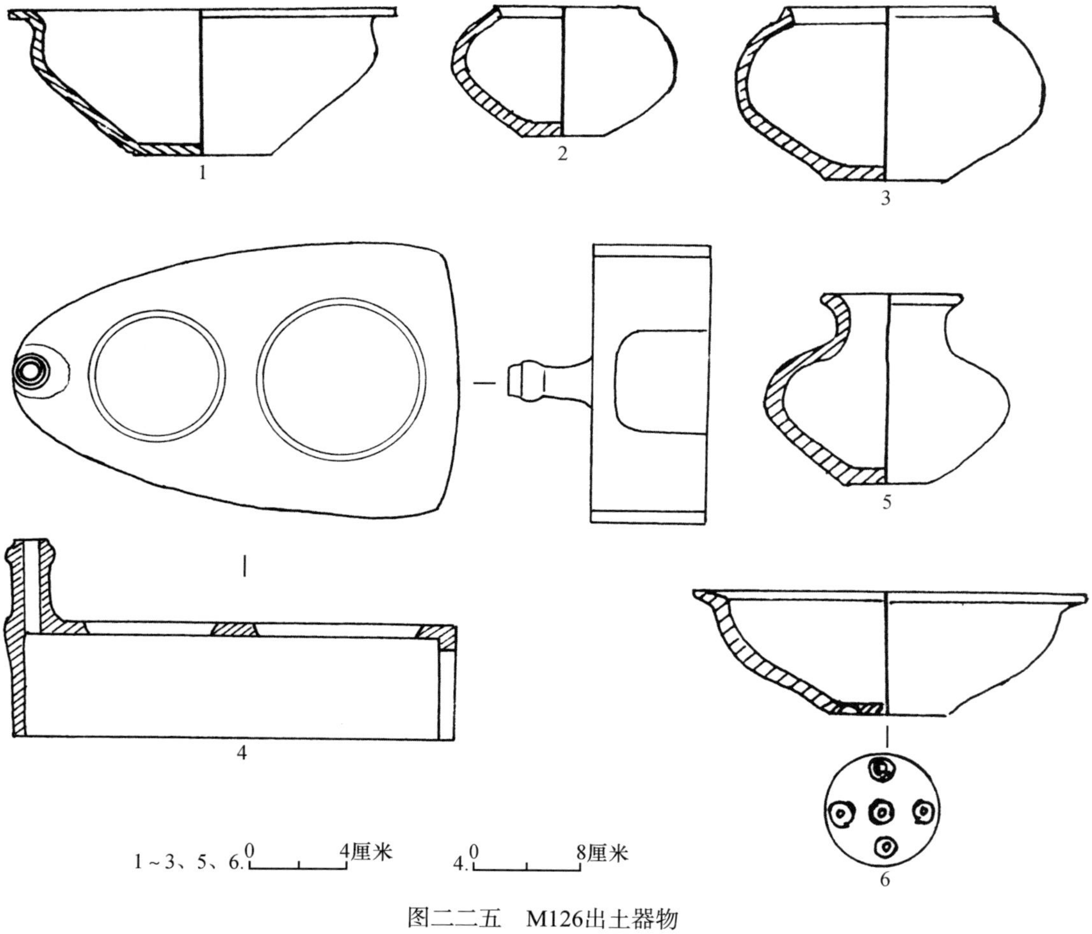

图二二五　M126出土器物

1. 陶盆（M126：9）　2、3. 陶釜（M126：7、M126：8）　4. 陶灶（M126：1）　5. 陶壶（M126：2）　6. 陶甑（M126：6）

陶甑　1件。标本M126：6，泥质灰陶。尖唇，敞口，仰折沿，弧腹平底。底部有五个圆形箅孔。口径16.8厘米，底径4.8厘米，高7.2厘米（图二二五，6）。

陶盆　1件。标本M126：9，泥质灰陶。方唇，敞口，平折沿，鼓腹斜收，平底。口径8.4厘米，腹径14.8厘米，高6.4厘米（图二二五，1）。

陶壶　1件。标本M126：2，泥质灰陶。圆唇，敞口，广肩，鼓腹斜收，平底。口径6厘米，腹径10.8厘米，底径3.6厘米，高8.4厘米（图二二五，5）。

其中铜洗、铁器和陶瓮各1件，无法修复。

一一四、M127

1. 墓葬概况

位置和层位关系　该墓位于Ⅱ区东北部T0107西部，东与M128相邻；开口于表土层下，距地表15厘米，打破生土。

方向　15°。

形状与结构　长方形竖穴土坑墓。四壁陡直，底部较平。口底同大，口长200厘米，宽140厘米，墓底深130厘米（图二二六）。

填土及包含物　填土为红褐色五花土，结构疏松，无包含物。

葬具　未见痕迹，不详。

人骨　保存较差，不详。

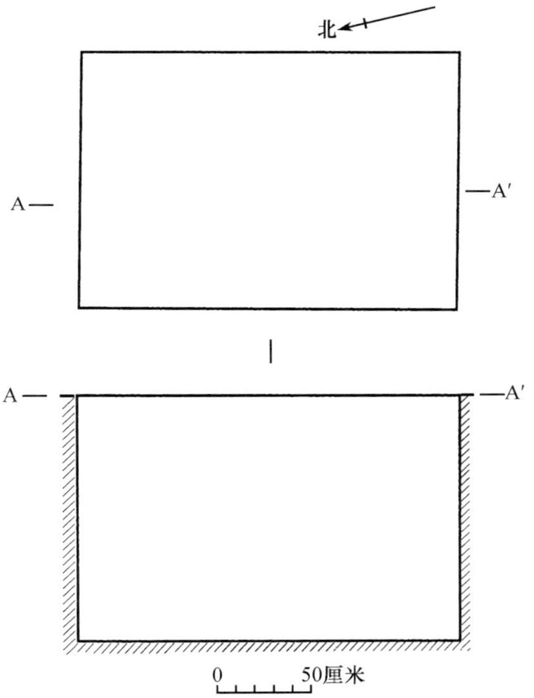

图二二六　M127平、剖面图

2. 出土器物

无。

一一五、M128

1. 墓葬概况

位置和层位关系　该墓位于Ⅱ区东北部T0107西部，西与M127相邻；开口于表土层下，距地表15厘米，打破生土。

方向　20°。

形状与结构　长方形竖穴土坑墓。四壁斜直内收，平底。口大底小，口长280厘米，宽180厘米；底长230厘米，宽160厘米，墓底深180厘米（图二二七）。

填土及包含物　填土为红褐色五花土，结构疏松，无包含物，有少量积炭。

葬具　未见痕迹，不详。

人骨　保存较差，不详。

2. 出土器物

陶瓮1件。置于墓室西北角。

陶瓮　1件。标本M128：1，泥质灰陶。圆唇，直口，矮颈，广肩，鼓腹，平底。腹饰凹弦纹二周。口径22厘米，腹径31.2厘米，底径8.4厘米，高24.4厘米（图二二八）。

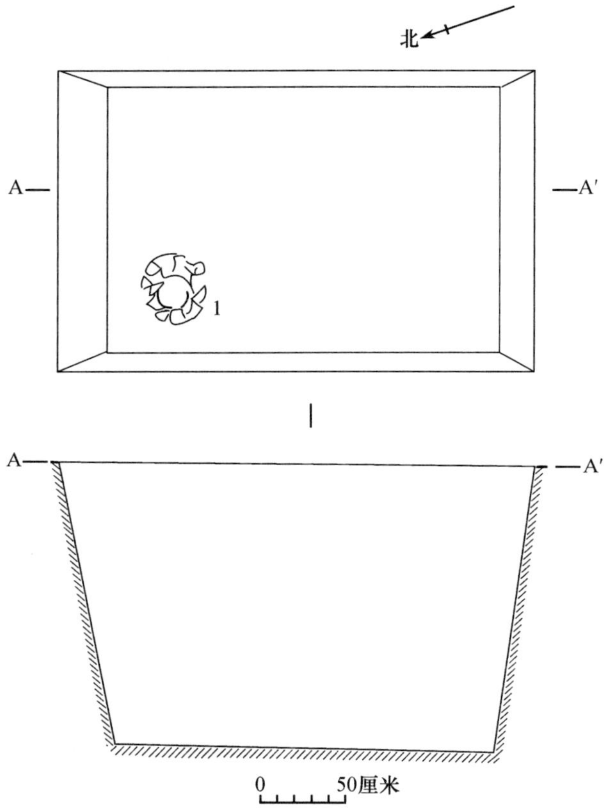

图二二七　M128平、剖面图

1. 陶瓮

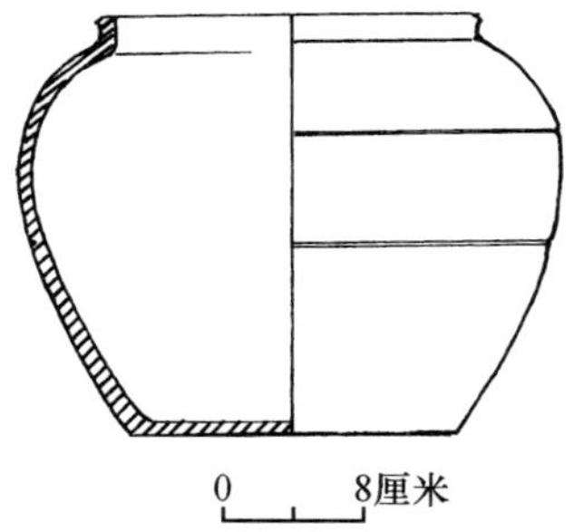

图二二八　M128出土陶瓮

（M128：1）

一一六、M129

1. 墓葬概况

位置和层位关系　该墓位于Ⅳ区T0608南部，北东与M130、M120相邻；开口于表土层下，距地表15厘米，打破生土。

方向　20°。

形状与结构　长方形竖穴积炭墓。壁直，底部较平。西壁下有生土二层台，台高、宽各30厘米，底部铺垫有一层约10厘米厚积炭。口大底小，口长250厘米，宽170厘米；底长250厘米，宽140厘米，墓底深210厘米（图二二九）。

填土　黄褐色五花土。结构疏松，内含炭粒。

葬具　未见其痕，具体不详。

人骨　未见其痕，具体不详。

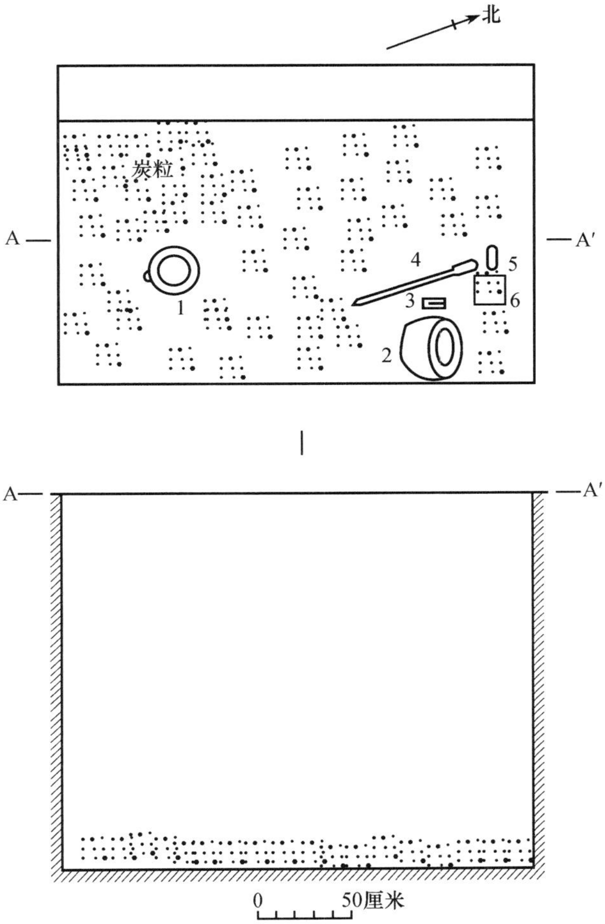

图二二九　M129平、剖面图
1. 陶鼎　2. 陶瓮　3. 铜饰　4. 铁剑　5. 砺石　6. 方石

2. 出土器物

6件。置于墓室东北部及南部偏东，自南向北有陶鼎、陶瓮、铜饰件、铁剑等，其中陶器2件；鼎1件、瓮1件；铜饰件1件；铁剑1件；砺石1件、方石1件。

陶鼎　1件。标本M129：1，夹砂灰陶。上承弧形盖，顶部有一纽。子口内敛，肩附两个对称方形耳，外撇，鼓腹，下腹弧收成圜底，人面三柱足。口径16.8厘米，腹径26厘米（图二三〇，2；彩版八，5；图版一七，3）。

陶瓮　1件。标本M129：2，泥质灰陶。尖唇，直口，广肩，鼓腹弧收，平底。肩饰二周凹弦纹。口径16.8厘米，腹径31.2厘米，底径18.4厘米，高22.8厘米（图二三〇，1）。

方石　1件。标本M129：6，岩石。正方形，磨制。长2.8厘米，厚1厘米（图二三一，3）。

砺石　1件。标本M129：5，青石。长方形，磨制（已残）。长9.2厘米，宽5.8厘米，厚0.4厘米（图二三一，2）。

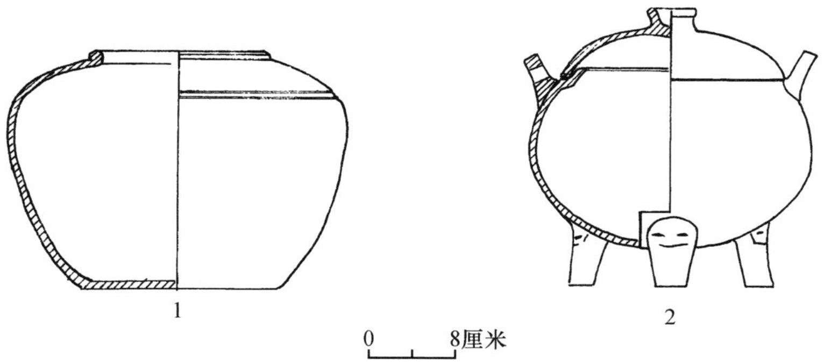

图二三〇　M129出土器物（一）
1. 陶瓮（M129：2）　2. 陶鼎（M129：1）

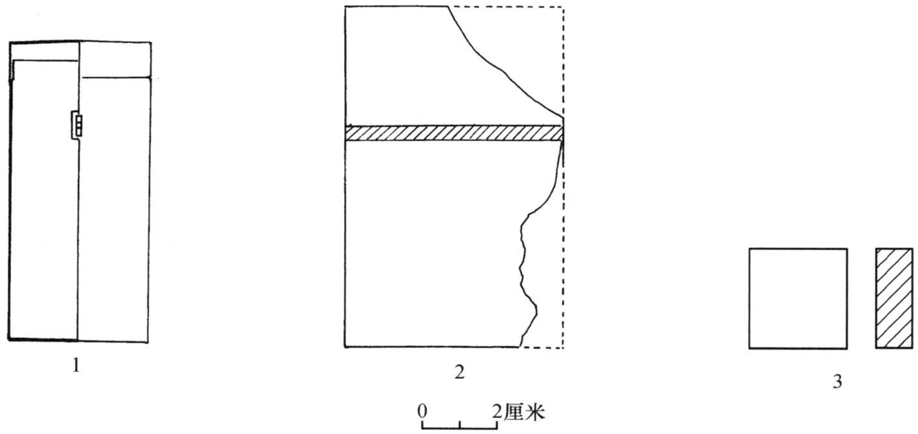

图二三一　M129出土器物（二）
1. 铜饰（圆形器）（M129：3）　2. 砺石（M129：5）　3. 方石（M129：6）

铜饰　1件。标本M129：3，绿锈。上承平顶圆形盖直壁，筒腹，平底。底径3.8厘米，通高8.3厘米（图二三一，1）。

其中铁剑1件，无法修复。

一一七、M130

1. 墓葬概况

位置和层位关系　该墓位于Ⅳ区T0608西北部，西南与M125、M129相临；开口于表土层下，距地表15厘米，打破生土。

方向　20°。

形状与结构　长方形竖穴土坑墓，壁斜直，底部较平，底部铺一薄层炭灰。口大底小，口长240厘米，宽170厘米；底长220厘米，宽150厘米，墓底深220厘米（图二三二）。

填土　黄褐色五花土。结构疏松，内含炭粒。

葬具　未见其痕，具体不详。

人骨　未见其痕，具体不详。

2. 出土器物

10件。置于墓室东侧，自北向南是陶灶、铜甑、陶釜等，其中陶器7件：灶2件、釜2件、甑2件、瓮1件；铜器3件：鼎1件、钫1件、洗1件。

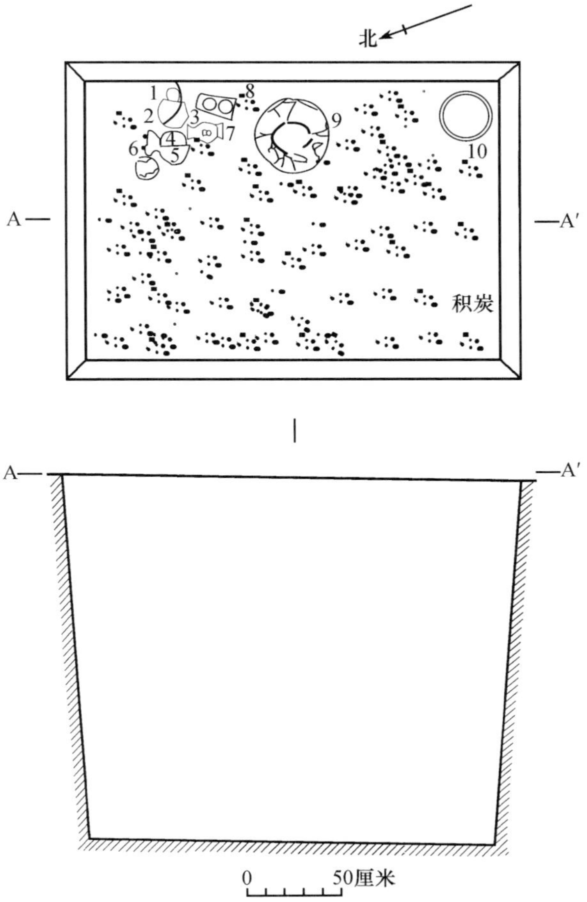

图二三二　M130平、剖面图
1、8. 陶灶　2、4. 陶甑　3、5. 陶釜　6. 铜鼎　7. 铜钫　9. 陶瓮　10. 铜洗

陶灶　2件。标本M130∶1，泥质灰陶。前宽后窄近梯形，直壁，前壁有一拱形灶门及底，后端置一烟囱（已残），灶面有两个火眼。长20.8厘米，宽4～6厘米，高6.8厘米（图二三三，3）。标本M130∶8，夹砂灰陶。前方后圆，直壁，前壁面有一拱形灶门及底，后端置一柱状烟囱，灶面有两个火眼。灶身长28厘米，宽12.8厘米，高10.4厘米（图二三三，5）。

陶瓮　1件。标本M130∶9，泥质灰陶。圆唇，敛口，平沿，沿面有一周凹槽。束颈，广肩，鼓腹斜收，平底。腹饰绳纹。口径22.8厘米，腹径36.8厘米，底径21.6厘米，高30.8厘米（图二三三，2；彩版一三，1）。

陶釜　2件。标本M130∶3，夹砂灰陶。尖唇，敛口，扁鼓腹，圜底。腹饰一周凹弦纹。口径6.4厘米，腹径9.6厘米，高4.4厘米（图二三三，4）。标本M130∶5，泥质灰陶。尖唇，敛口，扁鼓腹，圜底。口径7.2厘米，腹径9.2厘米，高4.8厘米（图二三三，6）。

铜钫　1件。标本M130∶7，青绿色。平面呈正方形。方唇，盘口，束颈，溜肩，鼓腹，平底，方圈足外撇。口径7.2厘米，底径7.6厘米，高18厘米（图二三三，1；彩版一八，4）。

其中铜洗、鼎以及陶甑各1件，无法修复。

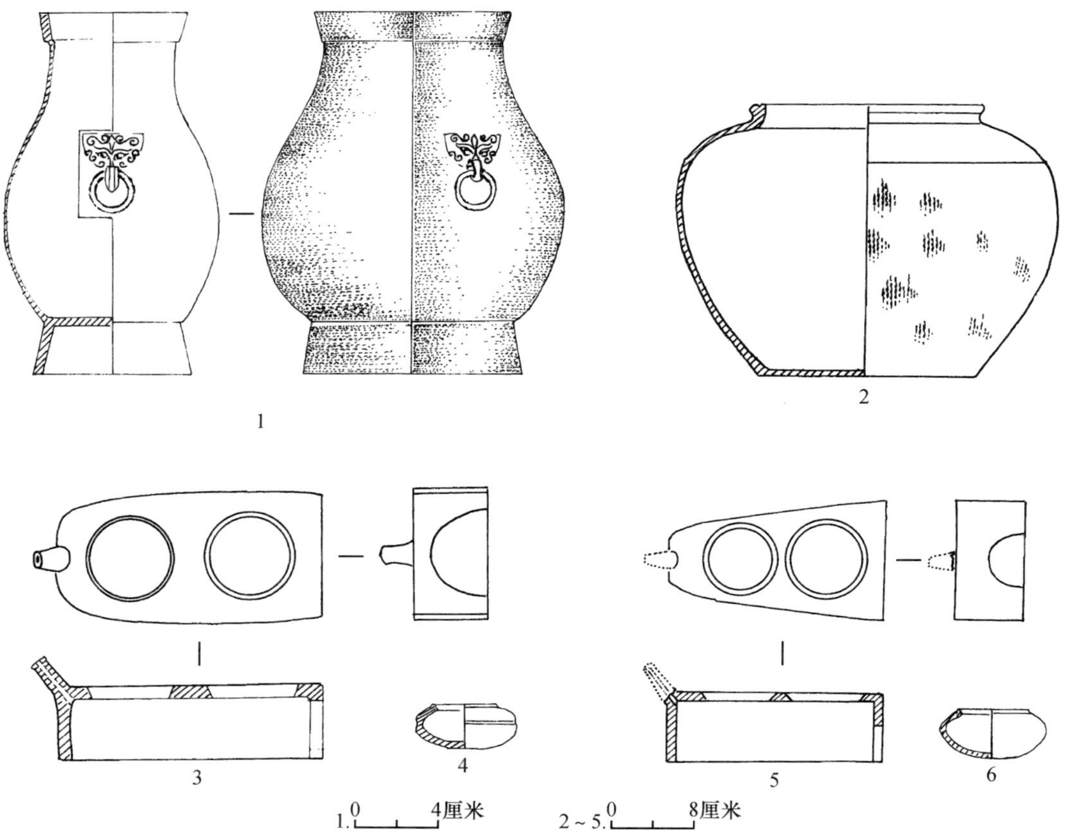

图二三三　M130出土器物

1. 铜钫（M130：7）　2. 陶瓮（M130：9）　3、5. 陶灶（M130：1、M130：8）　4、6. 陶釜（M130：3、M130：5）

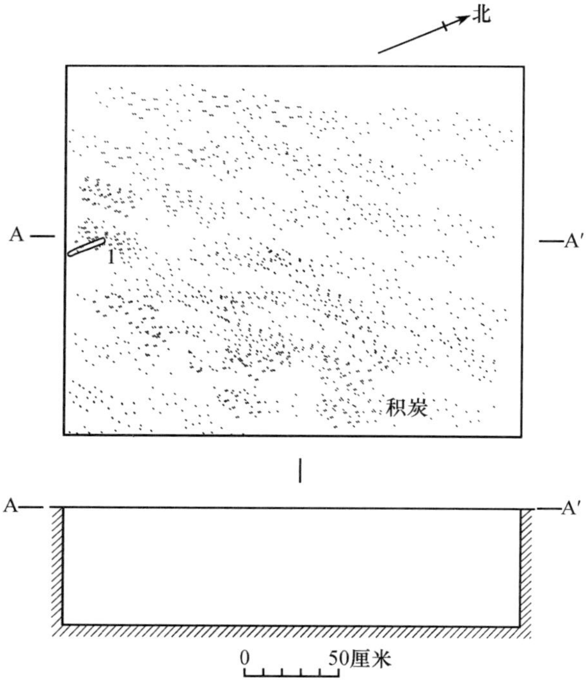

图二三四　M131平、剖面图

1. 铁矛

一一八、M131

1. 墓葬概况

位置和层位关系　该墓位于Ⅳ区T1907东北部，西、东分别与M133、M138相邻；开口于表土层下，距地表15厘米，打破生土。

方向　23°。

形状与结构　长方形竖穴积炭墓。四壁陡直，底部较平。四壁及底部均有一层2厘米厚的炭粒。口底同大，口长240厘米，宽200厘米，深60厘米（图二三四）。

填土　黄褐色五花土，结构疏松，内含大量炭粒及部分陶片。

葬具　未见其痕，具体不详。

人骨　未见其痕，具体不详。

2. 出土器物

1件。出土于墓室西部中间遗迹自填土中，其中铁矛1件以及部分陶片。

铁矛　1件。标本M131：1，锈蚀严重，未能修复。

一一九、M132

1. 墓葬概况

位置和层位关系　该墓位于Ⅳ区T0605东部，北、南、西分别与M93、M126、M89相邻；开口于表土层下，距地表15厘米，打破生土。

方向　30°。

形状与结构　长方形竖穴积炭墓。壁斜直内收，平底，底部铺一层厚4厘米炭粒。口大底小，口长250厘米，宽180厘米；底长220厘米，宽130厘米，墓底深110厘米（图二三五；图版四，2）。

填土　黄褐色五花土，结构疏松，内含大量炭粒。

葬具　未见其痕，具体不详。

人骨　未见其痕，具体不详。

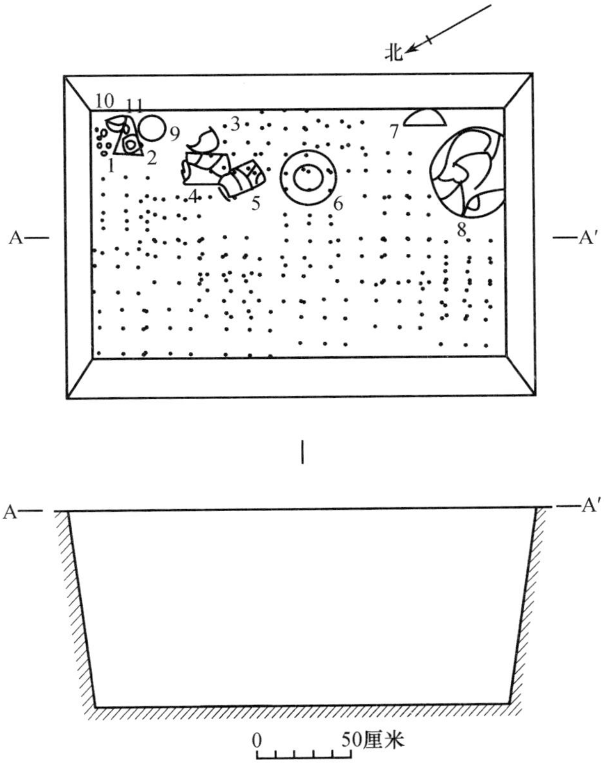

图二三五　M132平、剖面图

1. 铜钱　2. 陶灶　3. 铜洗　4、5. 陶仓　6、8. 陶瓮　7. 陶盆　9. 陶甑　10、11. 陶釜

2. 出土器物

10件及部分铜钱件。置于墓室东侧，自北向南有陶灶、铜洗、陶仓、陶瓮、陶盆、陶瓮等，其中陶器9件：灶1件、釜2件、甑1件、盆1件、仓2件、瓮2件；铜洗1件、铜钱31枚。

陶瓮　2件。标本M132：6，泥质灰陶。方唇，直口，广肩，鼓腹，平底。口径18.4厘米，腹径32.4厘米，底径21.6厘米，高28.4厘米（图二三六，3）。标本M132：4，泥质灰陶。无法复原。

陶盆　1件。标本M132：7，泥质灰陶。方唇，敞口，折沿，弧腹内收，平底。口径14厘米，底径4.8厘米，高6厘米（图二三六，8）。

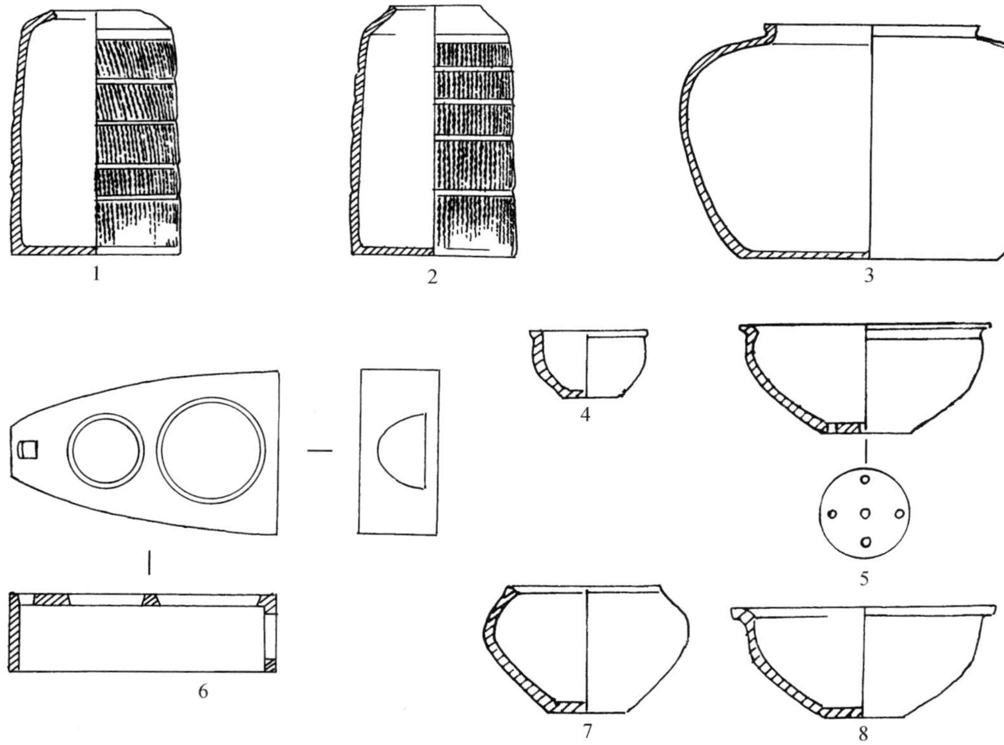

1～3、6. 0　8厘米　4、5、7、8. 0　4厘米

图二三六　M132出土器物

1、2. 陶仓（M132：4、M132：5）　3. 陶瓮（M132：6）　4、7. 陶釜（M132：10、M132：11）　5. 陶甑（M132：9）　6. 陶灶（M132：2）　8. 陶盆（M132：7）

陶仓　2件。标本M132：5，夹砂灰陶。敛口，斜折肩，直壁筒腹，平底。腹饰弦断绳纹。口径8厘米，底径14.4厘米，高21.6厘米（图二三六，2）。标本M132：4，形制相同，大小相近。口径8.8厘米，底径14.3厘米，高21.1厘米（图二三六，1）。

陶灶　1件。标本M132：2，泥质灰陶。前宽后窄，近梯形，直壁，前壁面有一拱形灶门，及底，后端置一烟囱，灶面上有两个火眼，上置两釜一甑（图二三六，6）。

陶釜　2件。标本M132：10，泥质灰陶。尖唇，敛口，弧腹内收，平底。口径8.8厘米，底径4.4厘米，高6.8厘米（图二三六，4）。标本M132：11，形制相同，大小不一。口径6.4厘米，底径3.2厘米，高3.6厘米（图二三六，7）。

陶甑　1件。标本M132：9，泥质灰陶。尖唇，敞口，平折沿，弧腹，平底。底部有五个箅孔。口径13.6厘米，底径4.8厘米，高6厘米（图二三六，5）。

铜洗　1件。标本M132：3，青绿色。铜胎较薄，残。未能修复。

铜钱　31枚。全部为五铢钱。锈蚀严重。正反有内外郭，外郭径2.4～2.5厘米。“五”字交笔略带弯曲，它与上下两横相接的地方近垂直的，“铢”字“金”头较小，呈三角形，不清晰，四点呈短线或原点，低于“朱”字，“朱”头方折或近圆折，下圆折，标本M132：1-

1～M132：4（图二三七）。

其中铜洗、陶瓮各1件，无法修复。

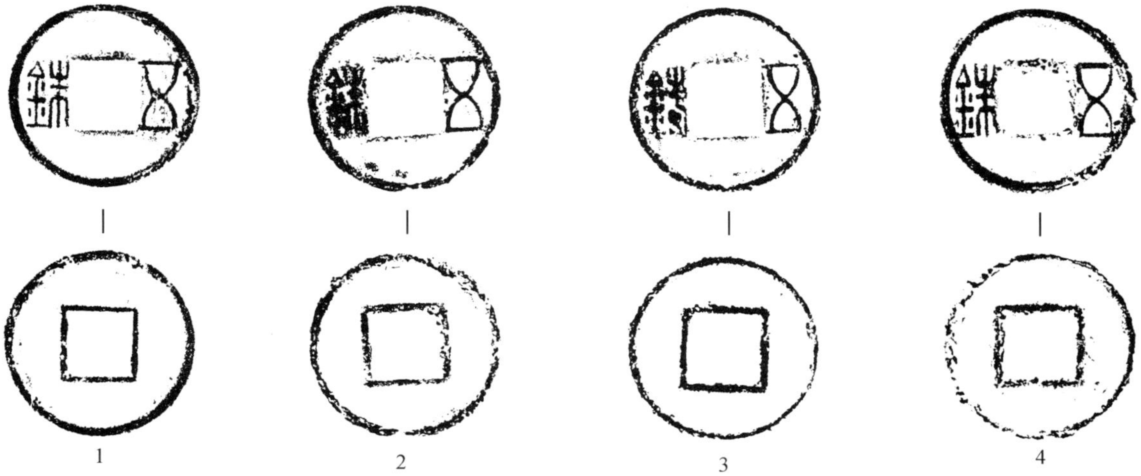

图二三七　M132出土五铢钱

1. M132：1-1　2. M132：1-2　3. M132：1-3　4. M132：1-4

一二〇、M133

1. 墓葬概况

位置和层位关系　该墓位于Ⅳ区T1906北部，东与M131相邻；开口于表土层下，距地表15厘米，打破生土。

方向　25°。

形状与结构　长方形竖穴积炭墓。四壁陡直，底部较平。四壁及底部均有一层2厘米厚炭粒。口底同大，口长220厘米，宽170厘米，墓深60厘米（图二三八）。

填土　黄褐色五花土，结构疏松，内有大量炭粒及少量陶片。

葬具　未见其痕，具体不详。

人骨　未见其痕，具体不详。

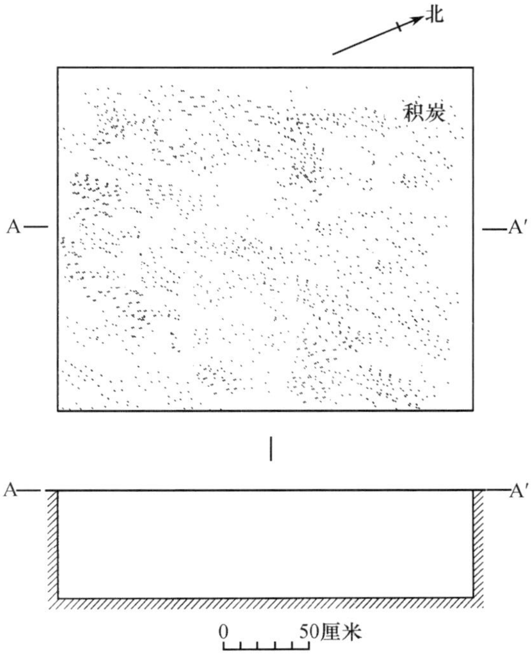

图二三八　M133平、剖面图

2. 出土器物

该墓被盗严重，出土有少量陶片，可辨器形有灶、罐等。

一二一、M134

1. 墓葬概况

位置和层位关系　该墓位于Ⅳ区T1905东北部，东与M133相邻；开口于表土层下，距地表15厘米，打破生土。

方向　190°。

形状与结构　平面为“刀”形砖室墓。由墓道，墓室两部分组成，墓口总长450厘米，最宽180厘米。墓道位于墓室南壁偏东处，平面呈长方形，壁直，底斜坡状。口长240厘米，宽90厘米，坡长260厘米，深0～70厘米；墓室位于墓道北侧，由于盗扰严重，券顶已不存在，仅存部分砖墙，砌于底砖之上。平错缝叠砌而筑，底砖平错缝铺底。墓室口长210厘米，宽180厘米，墓底深50厘米（图二三九）。

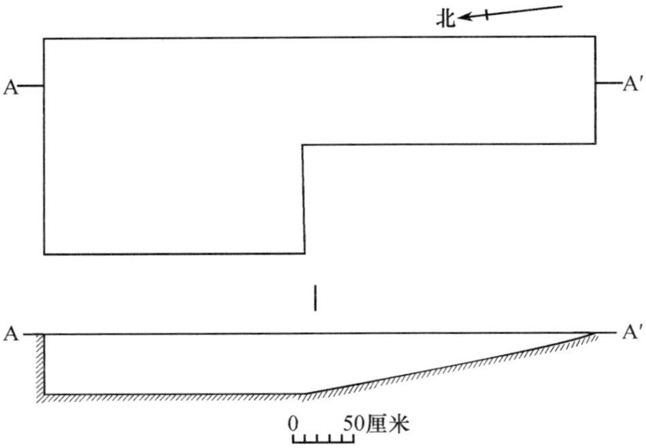

图二三九　M134平、剖面图

填土　红褐色五花土，结构疏松，含大量残砖。

葬具　未见其痕，具体不详。

人骨　未见其痕，具体不详。

2. 出土器物

该墓被盗扰严重，没有出土任何器物。

一二二、M135

1. 墓葬概况

位置和层位关系　该墓位于Ⅳ区T1806的东北部，西、南分别与M136、M133相邻；开口于表土层下，距地表15厘米，打破生土。

方向　200°。

形制与结构　长方形竖穴积炭墓。四壁陡直，底部较平。底部铺有一层2厘米积炭。口底同大，口长290厘米，宽130厘米，墓底深55厘米（图二四〇）。

填土　黄褐色五花土，结构疏松，含大量炭粒。

葬具　未见其痕，具体不详。

人骨　未见其痕，具体不详。

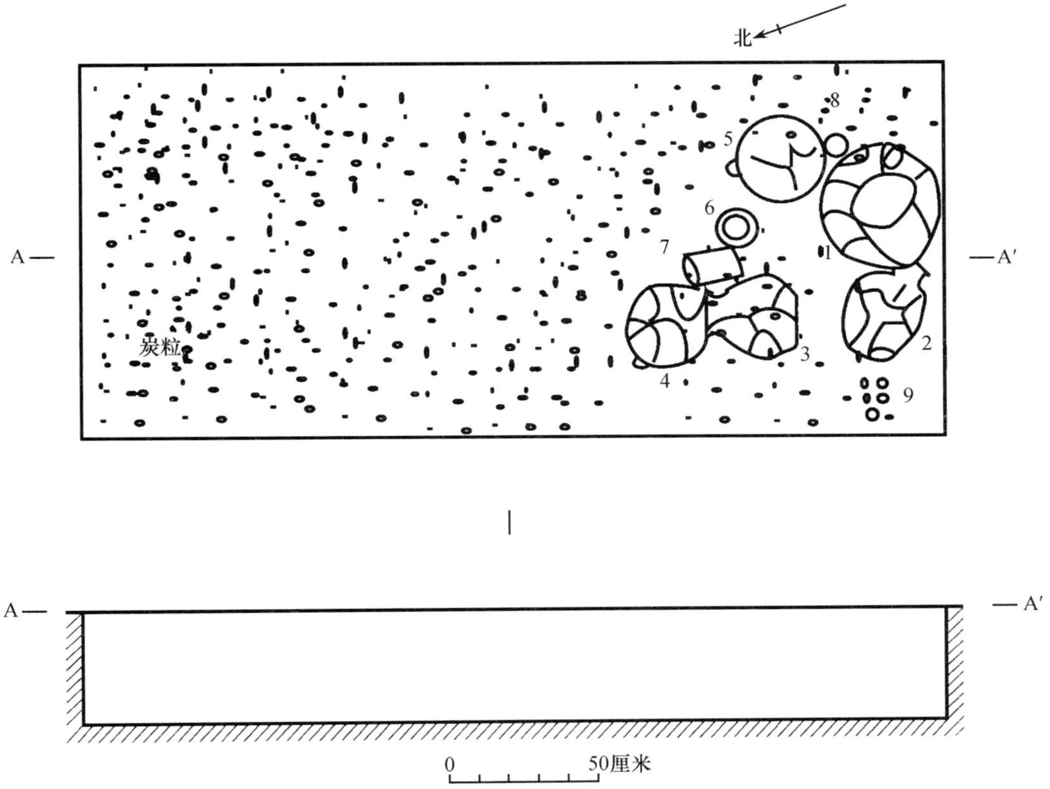

图二四〇　M135平、剖面图

1. 陶瓮　2～4. 陶罐　5～7. 陶仓　8. 铁器　9. 铜钱

2. 出土器物

8件及部分铜钱。置于墓室的南部，其中陶器7件：仓3件、罐3件、瓮1件；铁器1件；铜钱61枚。

陶瓮　1件。标本M135：1，泥质灰陶。方唇，侈口，广肩，鼓腹，平底。口径25.2厘米，腹径41.6厘米，底径20厘米，高29.2厘米（图二四一，1）。

陶罐　2件。标本M135：2，泥质灰陶。圆唇，敞口，束颈，溜肩，鼓腹弧收成凹圜底。肩附两个对称环形耳。腹饰弦断绳纹。口径13.6厘米，腹径25.6厘米，底径8.4厘米，高28.4厘米（图二四一，5；图版二四，4）。标本M135：3，泥质灰陶。圆唇，敞口，束颈，溜肩，鼓腹弧收成凹圜底。肩附两个对称环形耳。腹饰弦断绳纹。口径13.6厘米，腹径27.2厘米，底径8.8厘米，高28厘米（图二四一，4）。

陶仓　3件。形制相同，大小不一。方唇，敛口，折肩，筒腹，平底。腹饰弦断绳纹。标本M135：5，泥质灰陶。口径10厘米，底径15.2厘米，高21.2厘米（图二四一，2）。标本M135：6，泥质灰陶。口径8.8厘米，底径15.2厘米，高21.6厘米（图二四一，3）。标本M135：7，泥质灰陶。口径8.4厘米，底径15.2厘米，高22.8厘米（图二四一，6）。

铜钱　61枚。全部为五铢钱。锈蚀严重。正反有内外郭，外郭径2.4～2.5厘米。"五"字交笔略带弯曲，它与上下两横相接的地方近垂直的，"铢"字"金"头较小，呈三角形，四点呈短线或原点，低于"朱"字，"朱"头方折或近圆折，下圆折，标本M135：9-1～M135：9-5（图二四二）。

另有陶罐、铁器各1件，无法修复。

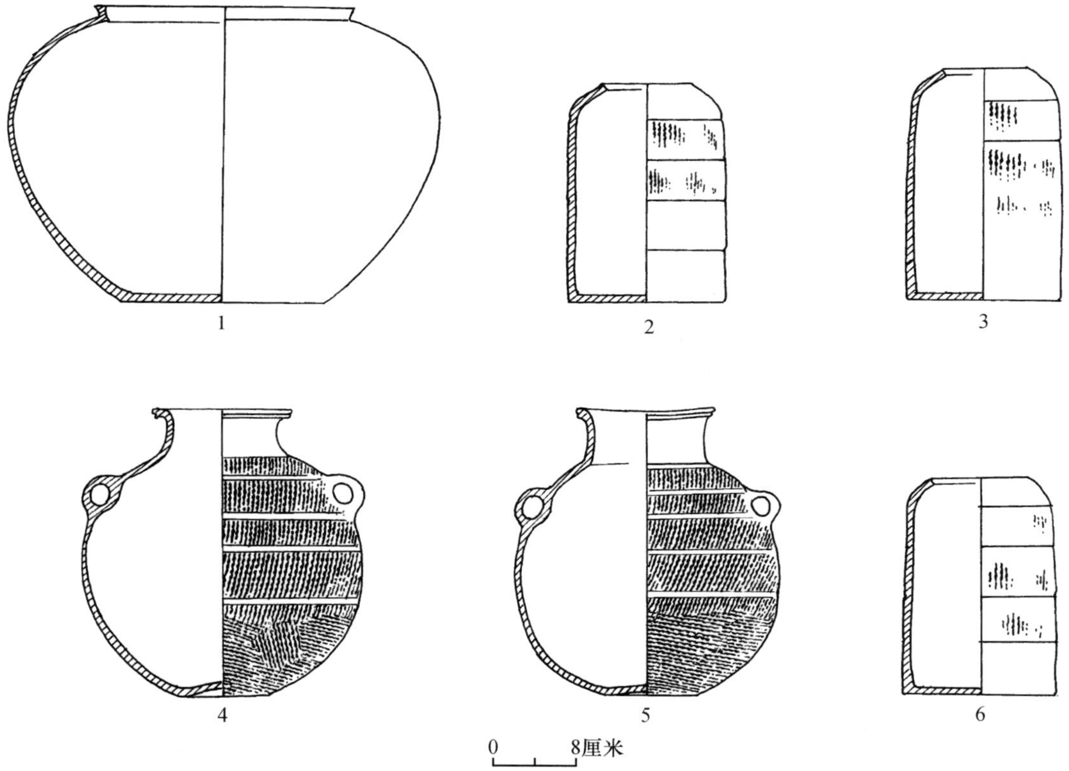

图二四一　M135出土器物

1. 陶瓮（M135：1）　2、3、6. 陶仓（M135：5、M135：6、M135：7）　4、5. 陶罐（M135：3、M135：2）

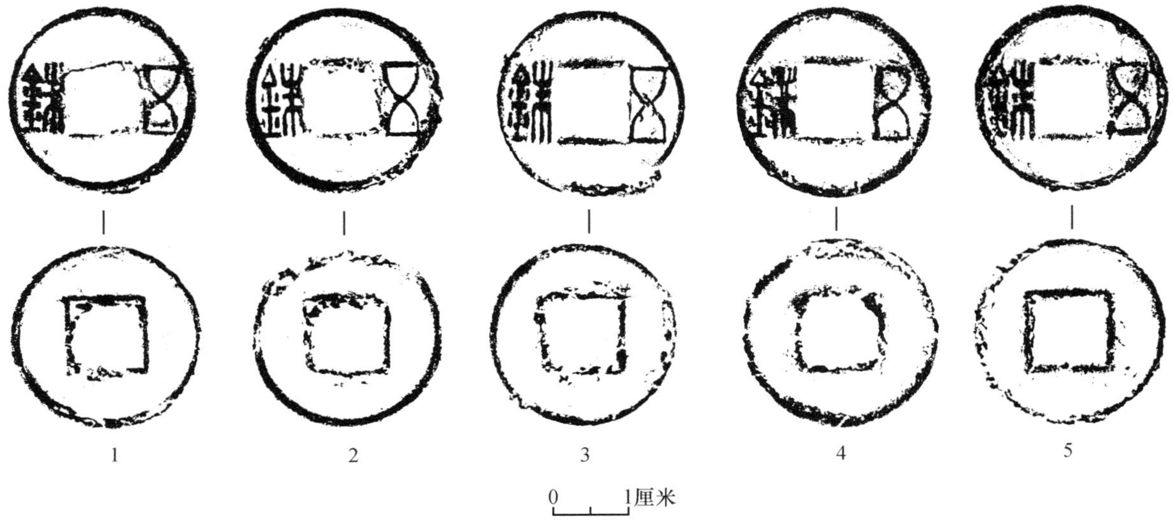

图二四二　M135出土五铢钱

1. M125：9-1　2. M125：9-2　3. M125：9-3　4. M125：9-4　5. M125：9-5

一二三、M136

1. 墓葬概况

位置和层位关系　该墓位于Ⅳ区T1806北部，西与M135相邻；开口于表土层下，距地表15厘米，打破生土。

方向　250°。

形状与结构　长方形竖穴土坑墓。四壁陡直，底部较平。口底同大，口长240厘米，宽160厘米，墓底深50厘米（图二四三）。

填土为黄褐色五花土。结构疏松，无包含物。

葬具　未见其痕，具体不详。

人骨　未见其痕，具体不详。

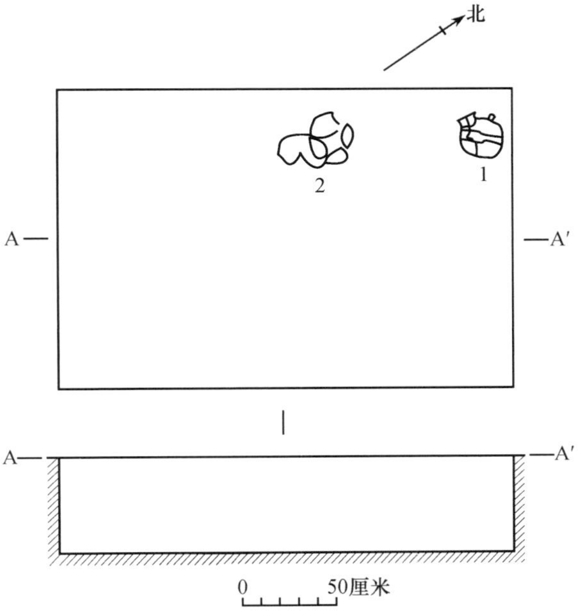

图二四三　M136平、剖面图

1. 陶罐　2. 陶瓮

2. 出土器物

2件。置于墓室西侧北部，自北向南，依次是陶罐1件、陶瓮1件。

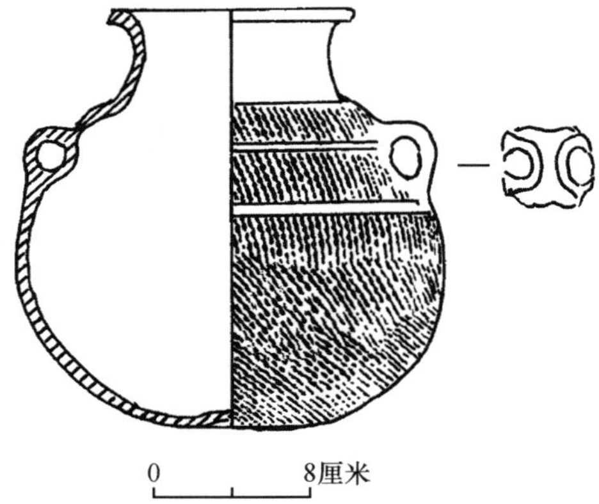

图二四四　M136出土陶罐（M136：1）

陶罐　1件。标本M136：1，泥质灰陶。方唇，敞口，卷沿，束颈，圆肩，肩部饰两个对称桥形耳。鼓腹内收成凹圜底。腹饰弦断绳纹，下腹及底饰斜较绳纹。口径13.8厘米，腹径22.4厘米，底径6.4厘米，高22.4厘米（图二四四）。

陶瓮　1件。标本M136：2，未能修复。

一二四、M137

1. 墓葬概况

位置和层位关系　该墓位于Ⅳ区T1808南部，南与M138相邻；开口于表土层下，距地表15厘米，打破生土。

方向　23°。

形状与结构　平面为“刀”形砖室墓。墓口长500厘米，宽96～174厘米。由墓道，墓室两部分组成：墓道位于墓室北壁偏西处，平面呈长方形，壁直，底斜坡状。口长212厘米，宽96厘米，坡长222厘米，深0～70厘米；墓室位于墓道南侧，由于盗扰严重，券顶已不存在，仅存6层砖墙，砌于底砖之上，四壁平错缝叠砌而筑，底砖平错缝铺底。口长288厘米，宽174厘米，墓深70厘米（图二四五；图版八，2）。

填土　红褐色五花土，结构疏松，包含物中有大量残砖。

葬具　未见其痕，具体不详。墓砖大小相同，有模印纹饰，侧面中间以柿蒂纹间隔，将菱形纹分为两部分，平面模印绳纹，砖长32厘米，宽16厘米，厚6厘米（彩版五，2）。

人骨　未见其痕，具体不详。

2. 出土器物

该墓被盗严重，没有发现任何遗物。

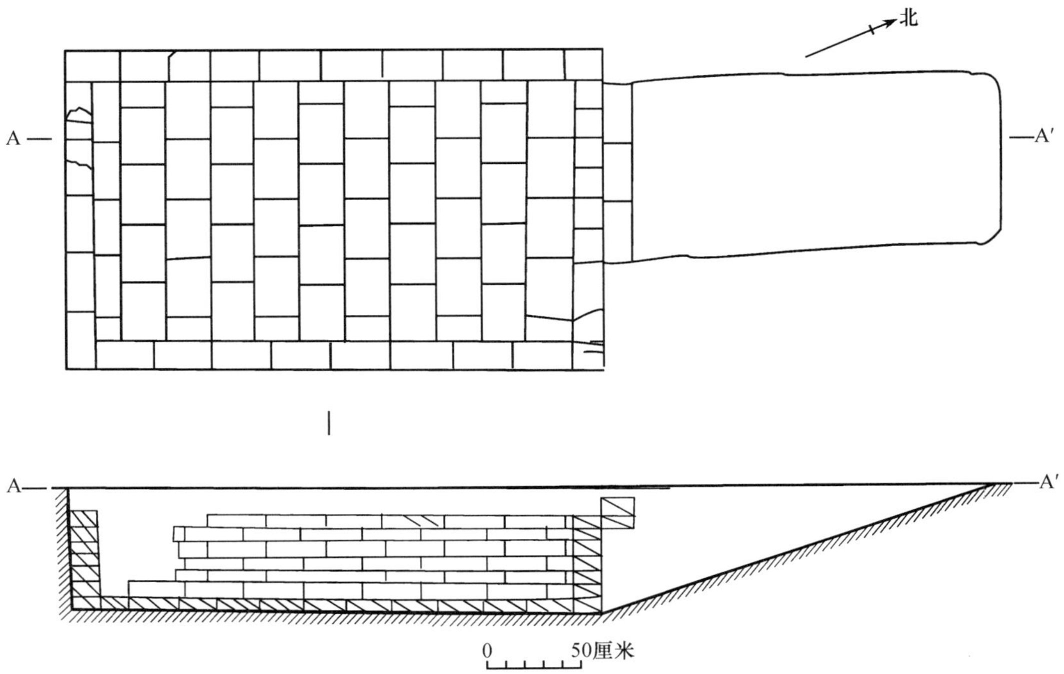

图二四五　M137平、剖面图

一二五、M138

1. 墓葬概况

位置和层位关系　该墓位于Ⅳ区T1908中部偏西，北、西与M137、M131相邻；由于雨水冲刷，墓口直接暴露于地表，墓口西南高，东北低，打破生土。

方向　40°　。

形状与结构　长方形竖穴土坑墓。墓口位于斜坡上，西南高，东北低，四壁陡直，底部较平。口底同大，口长240厘米，宽160厘米，墓深100～180厘米（图二四六）。

填土　黄褐色五花土，结构疏松，无包含物。

葬具　未见痕迹，具体不详。

人骨　保存较差，仅存几颗牙骨，位于墓室西侧东部，其中不详。

2. 出土器物

12件及部分铜钱。置于墓底的东南部，自南向北依次是铜钱、漆木器、纺轮、陶仓、陶罐、陶壶件、陶灶件、陶瓮、陶盆等，其中陶器11件：瓮1件、壶1件、灶1件、甑1件、釜2件、盆1件、仓3件、纺轮1件；漆木器1件；铜钱72枚。

图二四六　M138平、剖面图

1. 陶盆　2. 漆木器　3. 纺轮　4～6. 陶仓　7、12. 陶釜　8. 陶壶
9. 陶灶　10. 陶瓮　11. 陶甑　13. 铜钱

陶瓮　1件。标本M138：10，泥质灰陶。圆唇，敛口，矮颈，溜肩，鼓腹，平底。腹上饰四周凹弦纹。口径22厘米，腹径40厘米，底径14.8厘米，高29.2厘米（图二四七，1）。

陶壶　1件。标本M138：8，夹砂灰陶。盘口，束颈，溜肩，鼓腹，平底。高圈足，足饰一周凹弦纹，外撇。口径17.2厘米，腹径31.2厘米，底径20厘米，高44.4厘米（图二四七，7；彩版一〇，2；图版二一，2）。

小陶盆　1件。标本M138：1，夹砂灰陶。圆唇，侈口，仰折沿，弧腹，平底。腹下有刀削痕。口径12.8厘米，底径5.2厘米，高6厘米（图二四七，6）。

陶灶　1件。标本M138：9，泥质灰陶。前方后圆，前壁面有一半圆形灶门，不及底，后端置一筒状烟囱，灶面上有两个圆形火眼。灶长30.4厘米，宽16.4厘米，铜高16.8厘米（图二四七，8）。

陶釜　2件。标本M138：12，夹砂灰陶。方唇，敛口，鼓腹，平底。口径6.8厘米，腹径10.4厘米，底径4厘米，高6.8厘米（图二四七，5）。标本M138：7，泥质灰陶。尖唇，敞口，平沿，束颈，鼓腹，圜底。底部饰斜交绳纹。口径3.2厘米，腹径18厘米，高13.6厘米（图二四七，2）。

陶甑　1件。标本M138：11，夹砂灰陶。敞口，平折沿，弧腹斜收，平底。底部有五个圆形箅孔。口径13.2厘米，底径5.2厘米，高6厘米（图二四七，3）。

陶仓　3件。标本M138：4，泥质灰陶。上承一拱形盖，方唇，敛口，筒腹，平底。腹饰四周划线纹。口径11.2厘米，底径16.8厘米，通高26.4厘米（图二四七，4）。标本M138：6，泥质灰陶。方唇，敛口，筒腹，平底。腹饰四周划线纹。口径10.8厘米，底径16厘米，高25.6厘米（图二四七，10）。

陶纺轮　1件。标本M138：3，泥质红陶。平面呈圆形，中间有一圆孔，器表饰一周凹槽。顶径2厘米，底径12厘米，高4.8厘米（图二四七，9）。

铜钱　72枚。全部为五铢钱。锈蚀严重。正反有内外郭，外郭径2.4～2.5厘米。"五"字交笔略带弯曲，它与上下两横相接的地方近垂直的，"铢"字"金"头较小，呈三角形，四点呈短线或原点，低于 或平于"朱"字，"朱"头方折或近圆折，下圆折，标本M138：13-1～M138：13-8（图二四八）。

其中陶仓、漆木器各1件，无法修复。

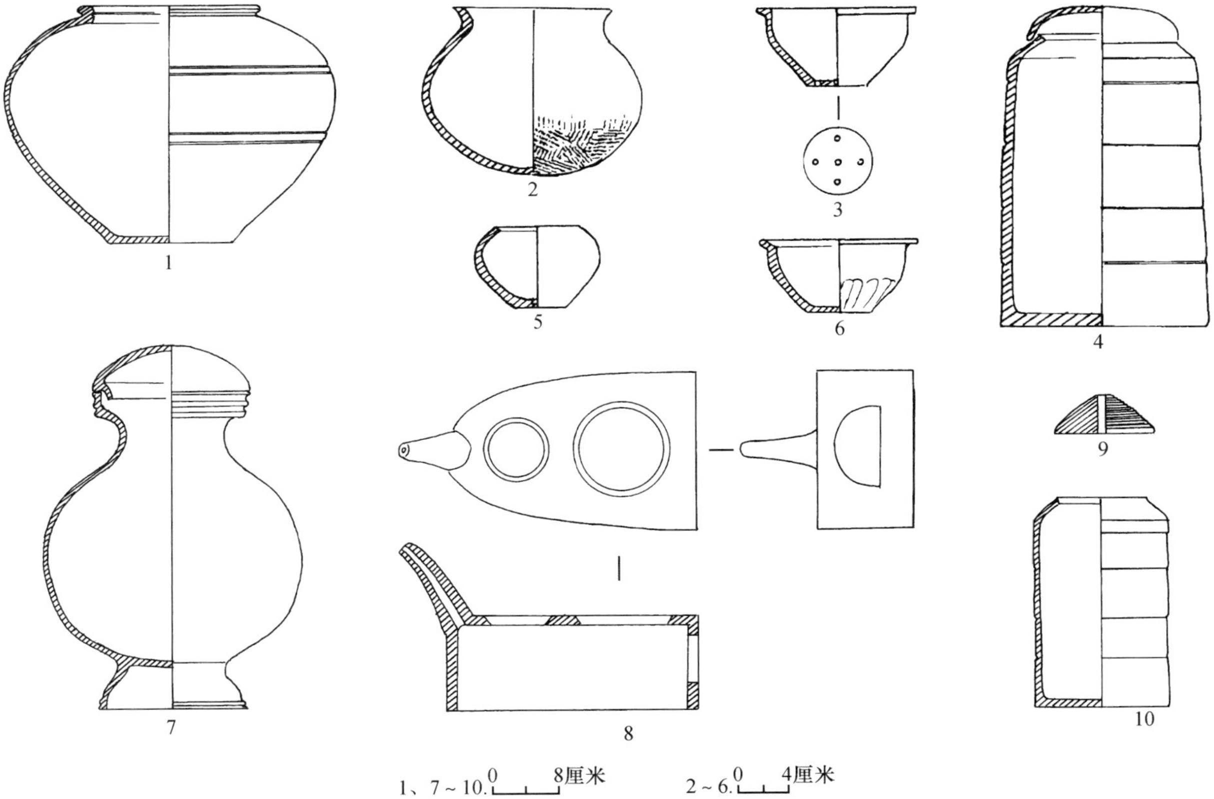

图二四七　M138出土器物

1. 陶瓮（M138：10）　2、5. 陶釜（M138：7、M138：12）　3. 陶甑（M138：11）　4、10. 陶仓（M138：4、M138：6）　6. 小陶盆（M138：1）　7. 陶壶（M138：8）　8. 陶灶（M138：9）　9. 陶纺轮（M138：3）

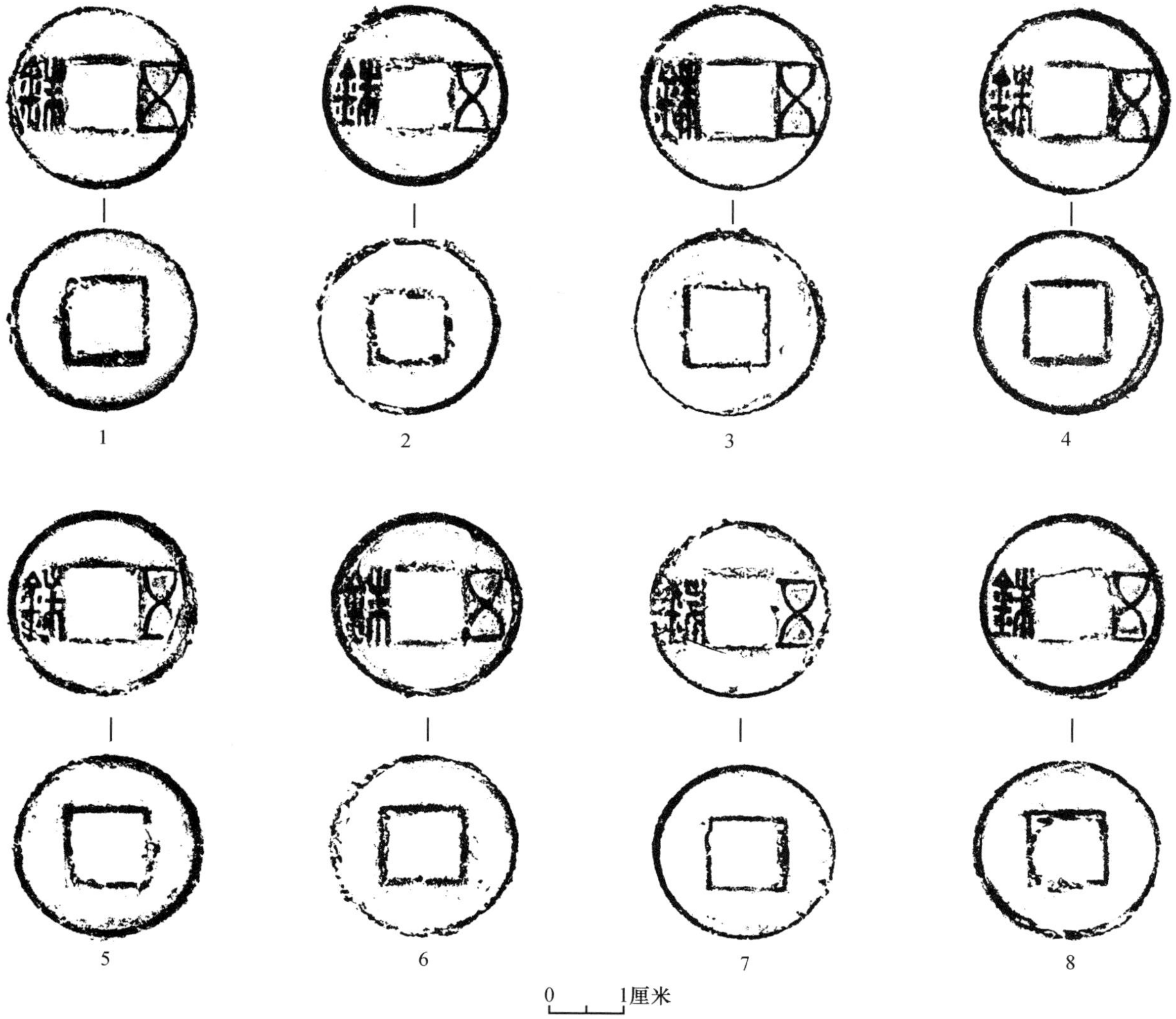

图二四八　M138出土五铢钱

1. M138：13-1　2. M138：13-2　3. M138：13-3　4. M138：13-4　5. M138：13-5　6. M138：13-6　7. M138：13-7　8. M138：13-8

一二六、M139

1. 墓葬概况

位置和层位关系　该墓位于Ⅳ区T2011北部，西与M140相邻；开口于表土层下，墓口在斜坡之上，北端高于南端，距地表15厘米，打破生土。

方向　15°。

形状与结构　长方形竖穴土坑墓。四壁陡直，底部较平。墓底铺有一层厚约1厘米的炭粒。口底同大，口长240厘米，宽190厘米，墓深40～66厘米（图二四九）。

填土　黄褐色五花土，土质松软，结构疏松，包含物中有少量炭粒及少量陶片。

葬具　具体不详。

人骨　具体不详。

2. 出土器物

该墓被盗严重，出土有少量陶片，不可辨器形。

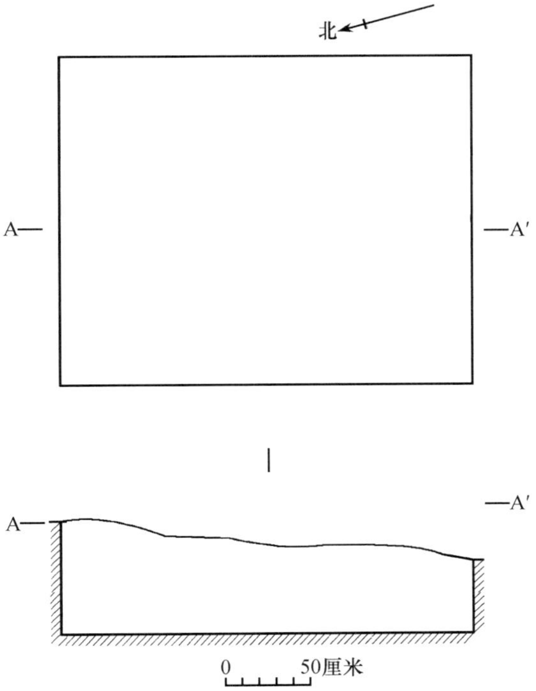

图二四九　M139平、剖面图

一二七、M140

1. 墓葬概况

位置和层位关系　该墓位于Ⅳ区T2010东北部，东与M139相邻；开口于表土层下，距地表15厘米，由于墓口在斜坡之上，北端高于南端30厘米，打破生土。

方向　20°。

形状与结构　长方形竖穴土坑墓。四壁陡直，底部较平。口底同大，口长230厘米，宽140厘米，墓底深110～140厘米（图二五〇）。

填土　黄褐色五花土，土质坚硬，结构致密，无包含物。

葬具　未见其痕，具体不详。

人骨　保存较差，具体不详。

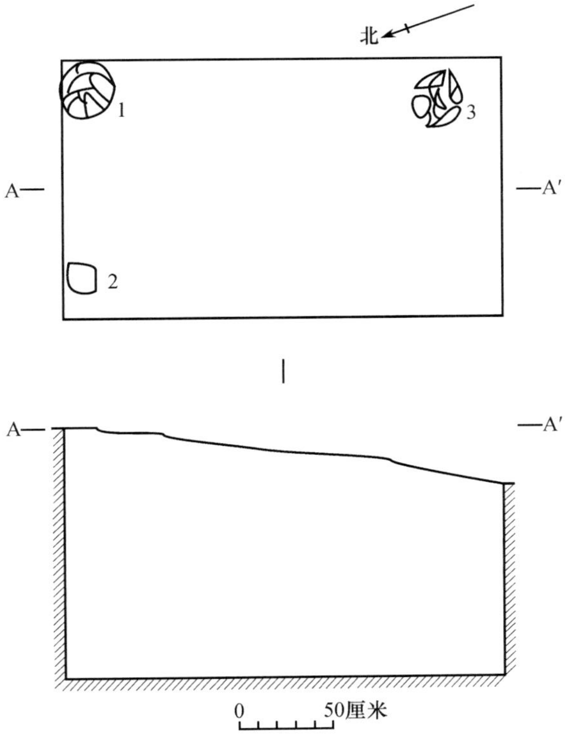

图二五〇　M140平、剖面图
1、3. 陶罐　2.漆木器

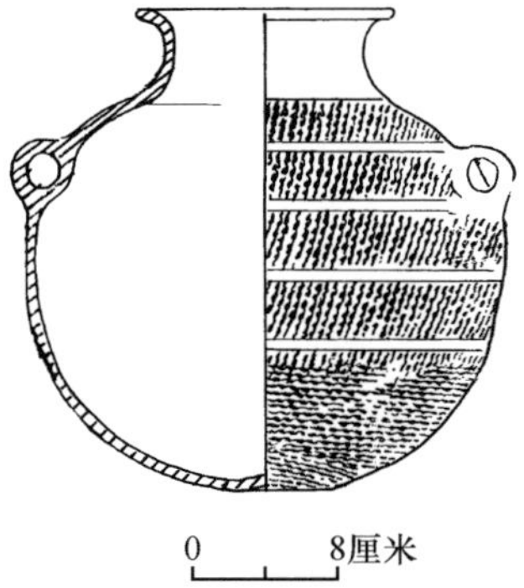

图二五一　M140出土陶罐
（M140：1）

2. 出土器物

3件。器物摆放无规律，其中陶罐2件、漆木器1件。

陶罐　2件。标本M140：1，泥质灰陶，敞口，圆唇，束颈，溜肩，鼓腹，平底微凹。肩附两个对称环形耳，腹饰弦断绳纹。口径14.4厘米，腹径26.4厘米，底径5.6厘米，高27.2厘米（图二五一）。标本M140：3，残，未能修复。

漆木器　1件。标本M140：2，未能取出。

一二八、M141

1. 墓葬概况

位置和层位关系　该墓位于Ⅳ区T0706的中部，东、南与M115、M119相邻；开口于表土层下，距地表15厘米，由于墓口在斜坡之上，北端高于南端30厘米，打破生土。

方向　26°。

形状与结构　长方形砖室墓。砖墙不存，仅存土圹，直壁规整。墓室底部残存少量铺地砖，铺地砖为单砖平铺，对缝顺铺而成。墓口长320厘米，宽240厘米，墓底深40～70厘米（图二五二）。

填土　黄褐色五花土。结构疏松，含大量残砖块以及少量陶片。

葬具　未见其痕，具体不详。墓室用砖侧面模印菱形图案纹饰，规格长34厘米，宽16厘米，厚8厘米。

人骨　保存差，具体不详。

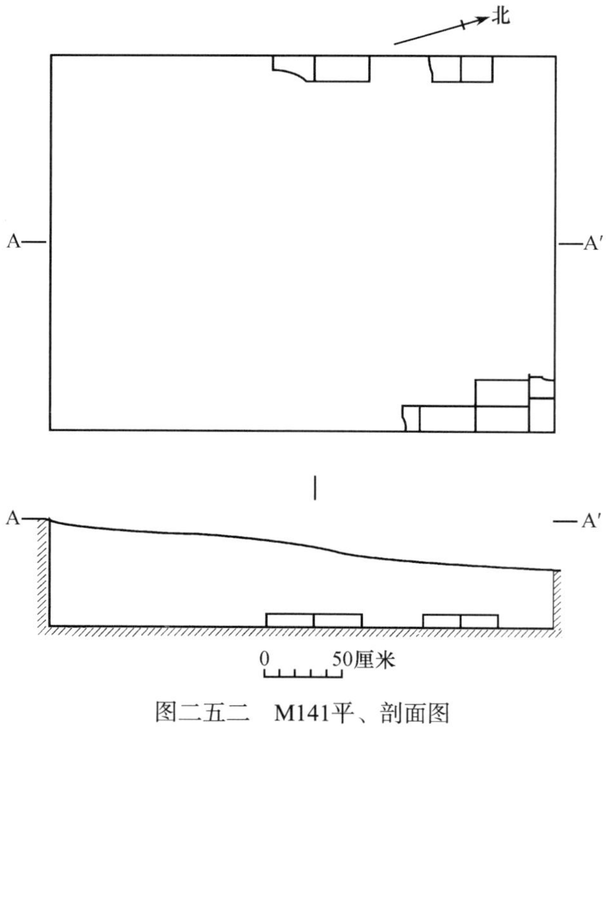

图二五二　M141平、剖面图

2. 出土器物

该墓盗扰严重，填土中出土有少量陶片，可辨器形有仓、灶、壶等。

一二九、M142

1. 墓葬概况

位置和层位关系　该墓位于Ⅳ区T1603的西北部，东侧与M100相邻；开口于表土层下，距地表15厘米，打破生土。

方向　18°。

形制与结构　长方形竖穴积炭墓。四壁陡直，底部较平。底部铺有一层炭粒。口底同大，口长280厘米，宽170厘米，墓深60厘米（图二五三）。

填土　黄褐色五花土，土质松软，结构疏松，含少量炭粒等。

葬具　未见其痕，不明。

人骨　未见其痕，不明。

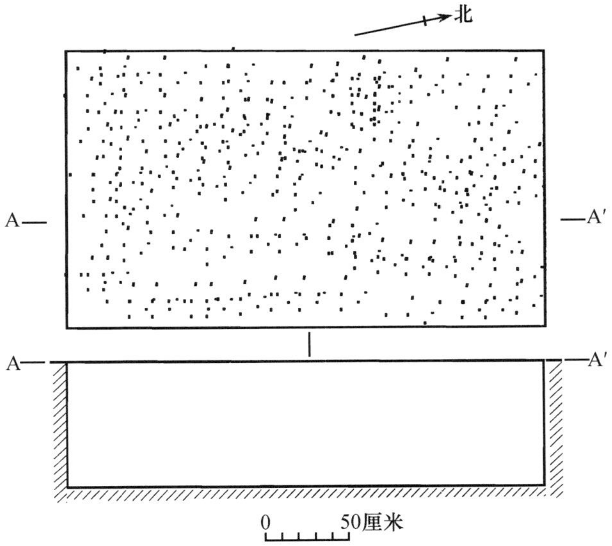

图二五三　M142平、剖面图

2. 出土器物

无。

一三〇、M143

1. 墓葬概况

位置和层位关系　该墓位于Ⅳ区T2011东北部，西与M139相邻；开口于表土层下，距地表15厘米，打破生土。

方向　195°。

形状与结构　平面呈“刀”形砖室墓。南北向，由墓道、墓室两部分组成，总长460厘米，宽210厘米。墓道位于墓室南壁偏西处，平面呈长方形，直壁，斜坡状底，长160厘米，宽86厘米，底长170厘米，深0～74厘米；墓室位于墓道之北，由于盗扰严重，仅在墓室东南，残留儿层砖墙，砌清，平砖错缝叠筑，铺底砖无残存。墓室口长300厘米，宽210厘米，墓底深60厘米（图二五四）。

填土　黄褐色五花土，结构疏松，含大量残砖及部分陶片。

葬具　未见痕迹，具体不详。砖长32厘米，宽16厘米，厚8厘米。

人骨　未见痕迹，具体不详。

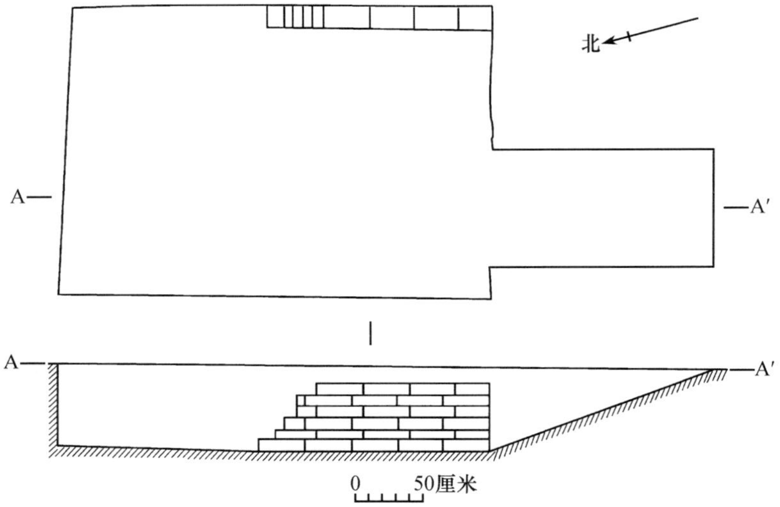

图二五四　M143平、剖面图

2. 出土器物

1件。该墓被盗严重，在填土中出土铜带钩1件以及部分陶片。

铜带钩　1件。标本M143：1，青绿色。圆条形，钩首，尾部已残。残长5.2厘米，直径0.5厘米（图二五五）。

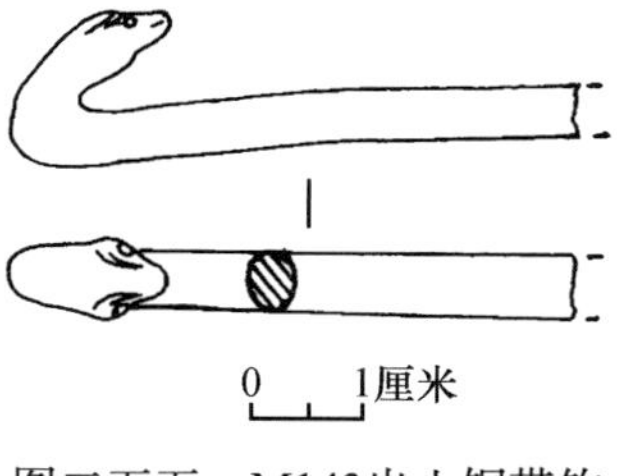

图二五五　M143出土铜带钩
（M143：1）

一三一、M144

1. 墓葬概况

位置和层位关系　该墓位于Ⅳ区T0713的西北部，东南与M145相邻；开口于表土层下，距地表15厘米，打破生土。

方向　25°。

形状与结构　长方形砖室墓。砖墙不存，仅存土圹，直壁规整。墓室底部残存少量铺地砖，铺地砖为单砖平铺，对缝顺铺而成。墓口长220厘米，宽126厘米，墓深50厘米（图二五六）。

填土　黄褐色五花土，结构疏松，含少量残砖块以及陶片。

葬具　未见其痕，具体不详。

人骨　保存差，具体不详。

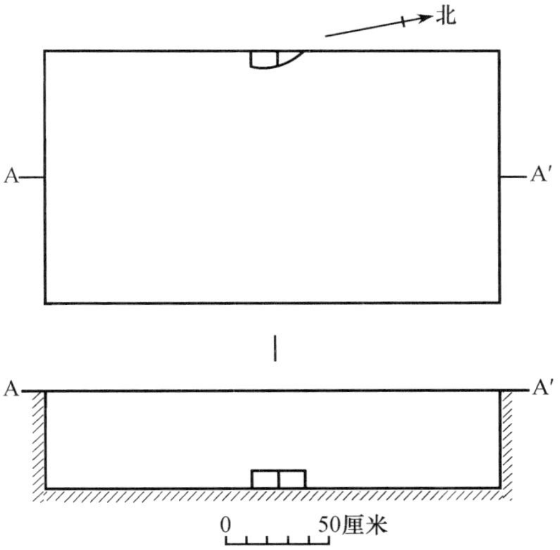

图二五六　M144平、剖面图

2. 出土器物

该墓盗扰严重，填土中出土有少量陶片，可辨器形有仓、罐、壶等以及残铜镜1面。

一三二、M145

1. 墓葬概况

位置和层位关系　该墓位于Ⅳ区T0713北部，西与M144相邻；开口于表土层下，距地表15厘米，打破生土。

方向　220°。

形状与结构　长方形竖穴土坑墓。壁斜直，底平。口大底小，口长240厘米，宽150厘米；底长220厘米，宽110厘米，墓深180～190厘米（图二五七）。

填土　黄褐色五花土，土质松散，结构疏松，无包含物。

葬具　未见痕迹，不明。

人骨　1具，保存较差，仅存上肢骨残段，位于墓室东壁下，中部偏南处，头向南，其他不明。

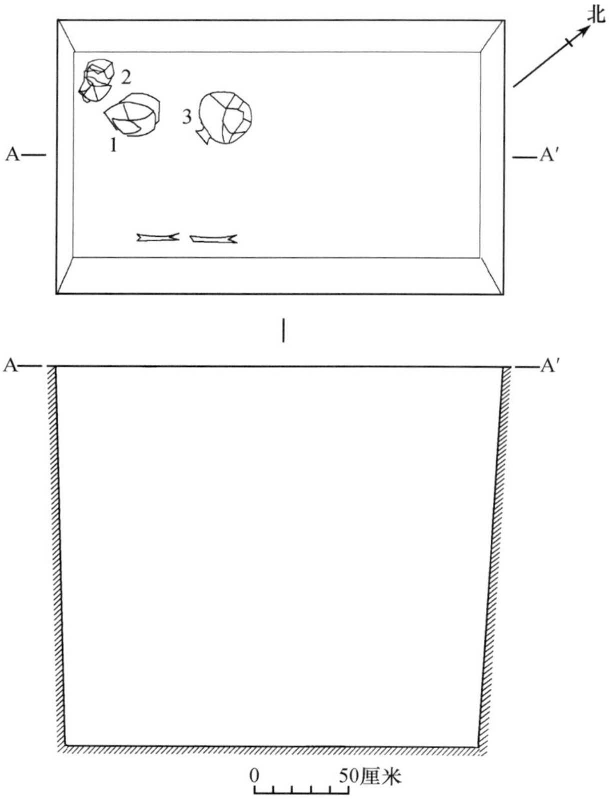

图二五七　M145平、剖面图
1. 陶甑　2. 陶釜　3. 陶罐

2. 出土器物

3件。置于墓室西南部，自南向北为甑、釜、罐各1件。

陶罐　1件。标本M145：3，泥质灰陶。圆唇，敞口，束颈，溜肩，肩部附两个对称桥形耳，鼓腹弧收成圜底，腹饰弦断绳纹。下腹饰斜绳纹，耳上饰凹凸各一周弦纹。口径10厘米，腹径25.6厘米，底径9.6厘米，高26厘米（图二五八，2；彩版一三，5；图版二四，1）。

陶釜　1件。标本M145：2，泥质灰陶。方唇，直口，矮颈，圆肩，鼓腹弧收，平底。腹上有一腰檐，口径10厘米，腹径18.4厘米，底径6厘米，高14.8厘米（图二五八，1；图版二八，1）。

陶甑　1件。M145：1，泥质灰陶。方唇，敞口，平折沿，折腹，斜收，平底。底有“十”字形五圆孔。口径19.2厘米，底径4.8厘米，高11.2厘米。（图二五八，3；图版二八，1）。

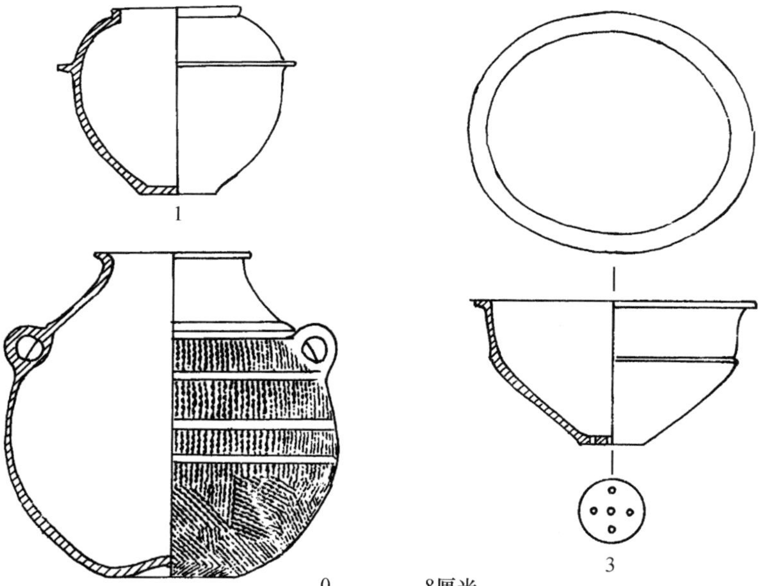

图二五八　M145出土器物
1. 陶釜（M145：2）　2. 陶罐（M145：3）　3. 陶甑（M145：1）

一三三、M146

1. 墓葬概况

位置和层位关系　该墓位于Ⅳ区T0611西部，东南与M121相邻；开口于表土层下，距地表15厘米，打破生土。

方向 105°　。

形状与结构　长方形竖穴土坑墓。四壁陡直，底部较平。口底同大，口长220厘米，宽120厘米，墓深75厘米（图二五九）。

填土　黄褐色五花土，土质松散，结构疏松，无包含物。

葬具　一棺一椁，残存椁痕长192厘米，宽96厘米，其他不详。

人骨　具体不详。

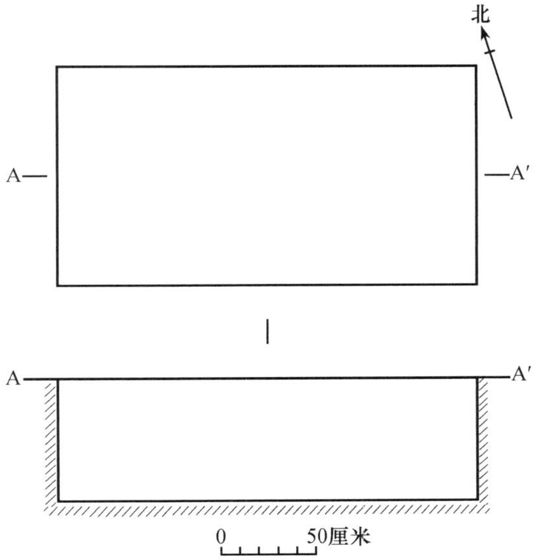

图二五九　M146平、剖面图

2. 出土器物

无。

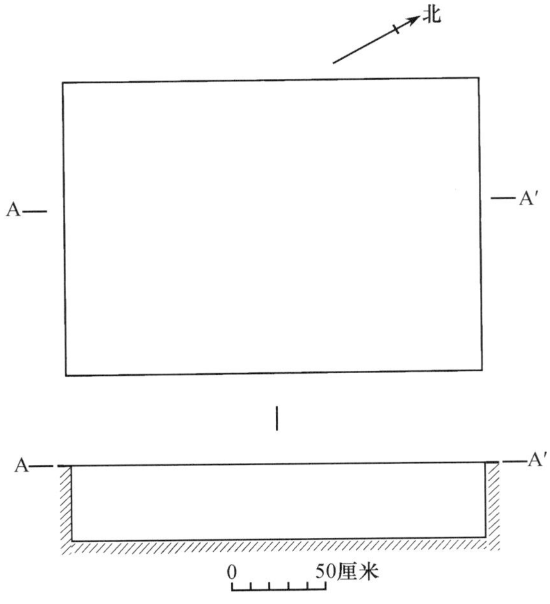

图二六〇　M147平、剖面图

一三四、M147

1. 墓葬概况

位置和层位关系　该墓位于Ⅱ区东北部（2011年发掘区）T0206的西北部，东南与M150、M149相邻；开口于表土层下，距地表15厘米，打破生土。

方向　25°　。

形制与结构　长方形竖穴积炭墓。四壁陡直，底部较平。口底同大，长220厘米，宽160厘米，墓底深50厘米（图二六〇）。

填土　黄褐色五花土，土质松散，结构疏松，含少量炭粒。

葬具　未见其痕，不详。

人骨　未见其痕，不详。

2. 出土器物

无。

一三五、M148

1. 墓葬概况

位置和层位关系　该墓位于Ⅱ区东北部（2011年发掘区）T0306的中部，东与M151相邻；开口于表土层下，距地表15厘米，打破生土。

方向　220°。

形状与结构　平面呈“刀”形竖穴积石积炭墓。由墓道、墓室两部分组成，总长810厘米，宽190厘米。墓道位于墓室南壁偏西，平面呈长方形，直壁，斜坡状底，口长490厘米，宽110厘米，深0～160厘米，坡长520厘米；墓室位于墓道北侧，平面呈长方形，北、东两壁为斜壁，西壁近直。壁与底有一薄层炭粒，墓室底部散布着鹅卵石。口大底小，口长320厘米，宽190厘米；底长320厘米，宽170厘米，墓深160厘米（图二六一；图版七，1）。

填土　黄褐色五花土，结构疏松，含大量炭粒。

葬具　未见痕迹，不详。

人骨　保存差，无发现痕迹，不详。

2. 出土器物

32件及部分铜钱。置于墓室东南部，分陶、铜两类，其中陶器11件：罐3件、瓮2件、仓2件、釜2件、壶1件、盆1件；铜器21件：洗1件、盖弓帽18件、铜饰件2件。

陶瓮　2件。标本M148：1，泥质灰陶。圆唇，敛口，矮直颈，折肩，鼓腹，平底。口径24厘米，腹径43.2厘米，底径21.6厘米，高32.4厘米（图二六二，9）。标本M148：4，泥质灰陶。方唇，敛口，矮颈，溜肩，鼓腹，平底。口径22.8厘米，腹径38.8厘米，底径20厘米，高29.2厘米（图二六二，10）。

陶罐　3件。标本M148：7，泥质灰陶。子口内敛，鼓腹弧收，平底。口径14.4厘米，腹径19.2厘米，底径12厘米，高11.2厘米（图二六二，4；图版二五，5）。标本M148：9，泥质

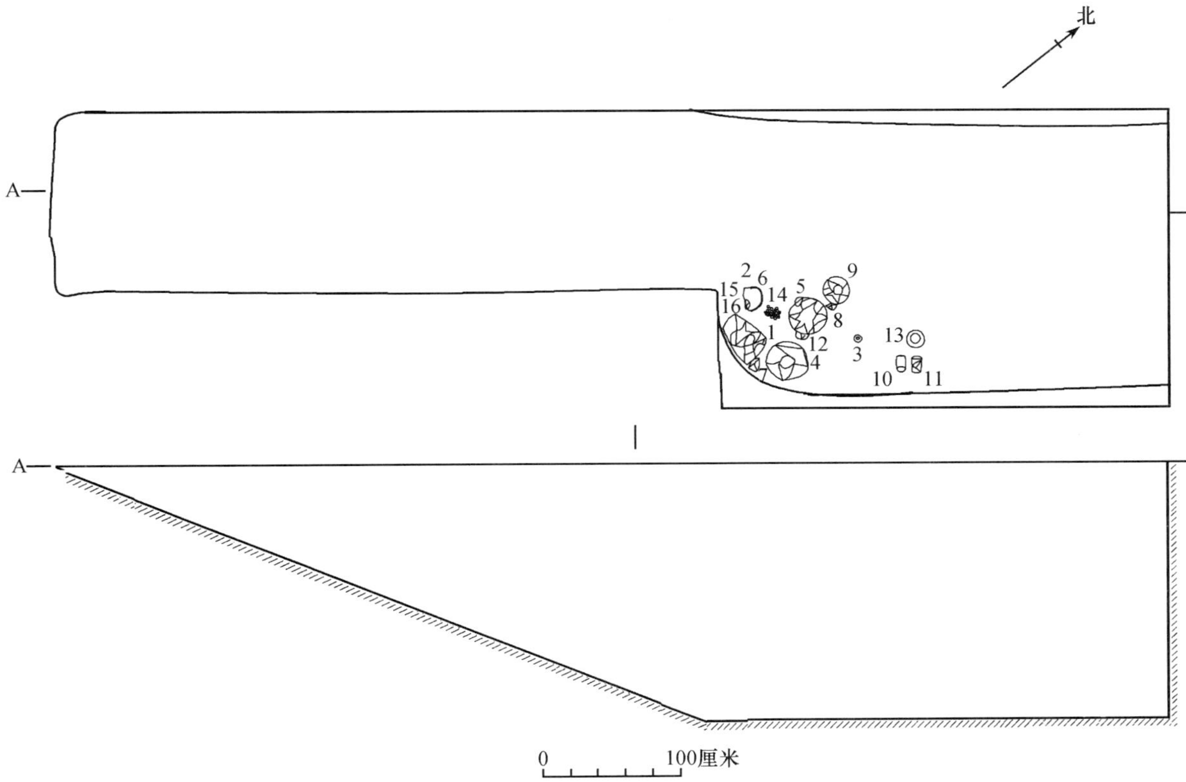

图二六一　M148平、剖面图

1、4. 陶瓮　2. 铜洗　3、8. 陶釜　5. 陶壶　6. 铜盖弓帽　7、9、13. 陶罐　10、11. 陶仓　12. 陶盆　14. 铜钱　15、16. 铜饰件

灰陶。方唇，敛口，鼓腹，平底。口径9.6厘米，腹径15.6厘米，底径12厘米，高8.4厘米（图二六二，3）。标本M148：13，泥质灰陶。方唇，敞口，束颈，溜肩，鼓腹，平底。口径8.8厘米，腹径12.8厘米，底径6.4厘米，高10.8厘米（图二六二，5）。

陶壶　1件。标本M148：5，泥质灰陶。盘口，束颈，溜肩，鼓腹弧收成圜底，圈足。肩附两个对称铺首并饰二周凹弦纹。足面饰一周凸弦纹。口径12.8厘米，腹径27.6厘米，底径8.4厘米，高30.4厘米（图二六二，11）。

陶仓　2件。标本M148：11，泥质灰陶。斜方唇，敛口，折肩，筒腹，平底。上腹饰三周凹弦纹。口径12厘米，腹径17.6厘米，底径16厘米，高16.8厘米（图二六二，1）。标本M148：10，泥质灰陶。斜方唇，敛口，溜肩，筒腹，平底。腹饰四周凹弦纹。口径10.4厘米，腹径16厘米，底径15.2厘米，高17.6厘米（图二六二，2）。

陶釜　2件。标本M148：8，夹砂灰陶。斜方唇，敛口，扁鼓腹，圜底。口径6厘米，腹径8.6厘米，高4.8厘米（图二六二，7）。标本M148：3，夹砂灰陶。敛口圆唇鼓腹，圜底。口径7.2厘米，腹径9.2厘米，高6.4厘米（图二六二，8）。

铜盖弓帽　18件。形制相同、大小相近，标本M148：6-1～M148：6-4。体呈圆筒形，弧顶，顶端细，向口端渐粗，圆銎，一侧附一曲钩。长2.8厘米，口径0.6厘米（图二六三）。

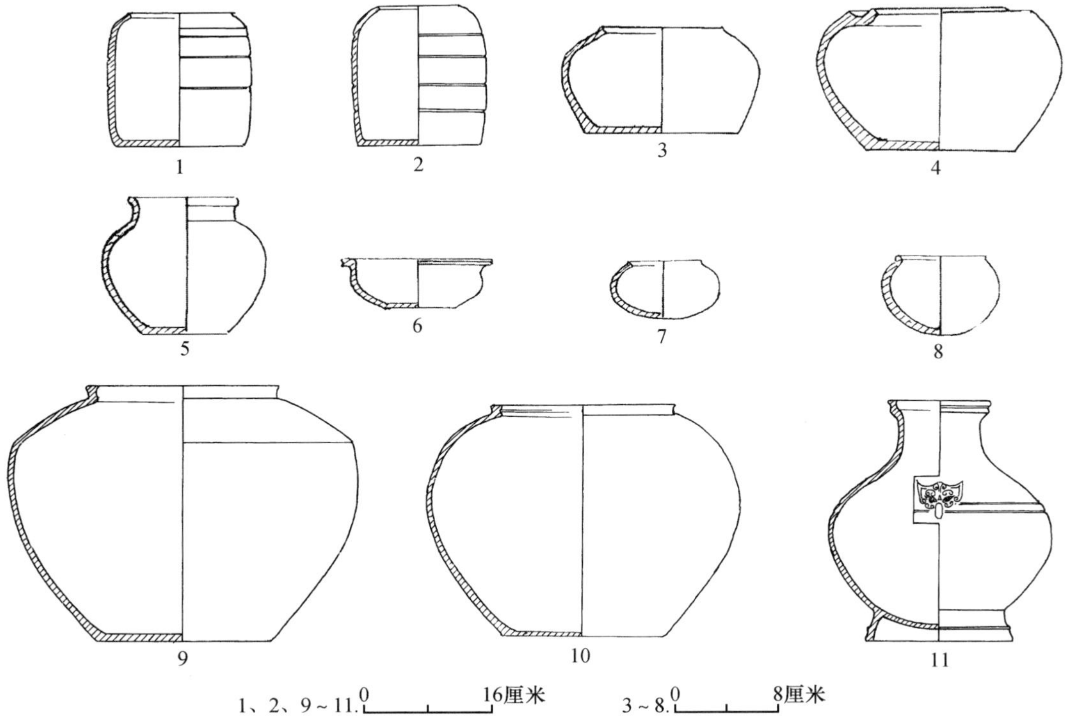

图二六二　M148出土器物

1、2. 陶仓（M148：11、M148：10）　3～5. 陶罐（M148：9、M148：7、M148：13）　6. 陶盆（M148：12）　7、8. 陶釜（M148：8、M148：3）　9、10. 陶瓮（M148：1、M148：4）　11. 陶壶（M148：5）

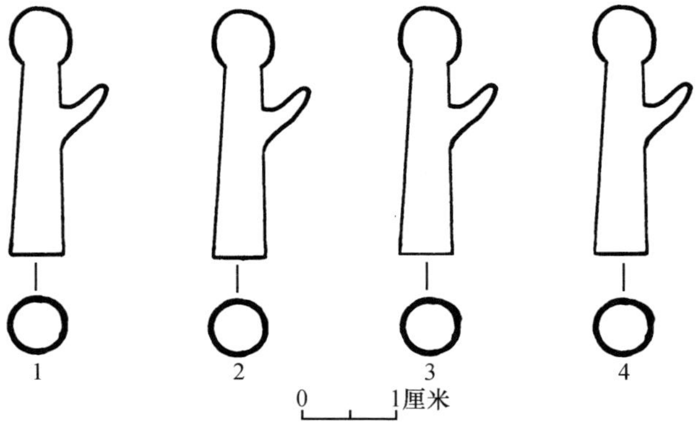

图二六三　M148出土铜盖弓帽

1. M148：6-1　2. M148：6-2　3. M148：6-3　4. M148：6-4

铜钱　112枚。全部为五铢钱。锈蚀严重。正反有内外郭，外郭径2.4～2.5厘米。根据钱文不同，可分为两类：

第一种　41枚。“五”字交笔略带弯曲，它与上下两横相接的地方近垂直的，“铢”字“金”头较小，呈三角形，四点呈原点，低于“朱”字，五字较窄，“朱”头方折，下圆折，标本M148：14-1～M148：14-4（图二六四，1～4）。

第二种　71枚。“五”字交笔略带弯曲，它与上下两横相接的地方近垂直的，“铢”字“金”头较小，呈三角形，四点呈短线或原点，低于或平于“朱”字，“朱”头方折或近圆折，下圆折，标本M148：14-5～M148：14-8（图二六四，5～8）。

其他器物无法复原。

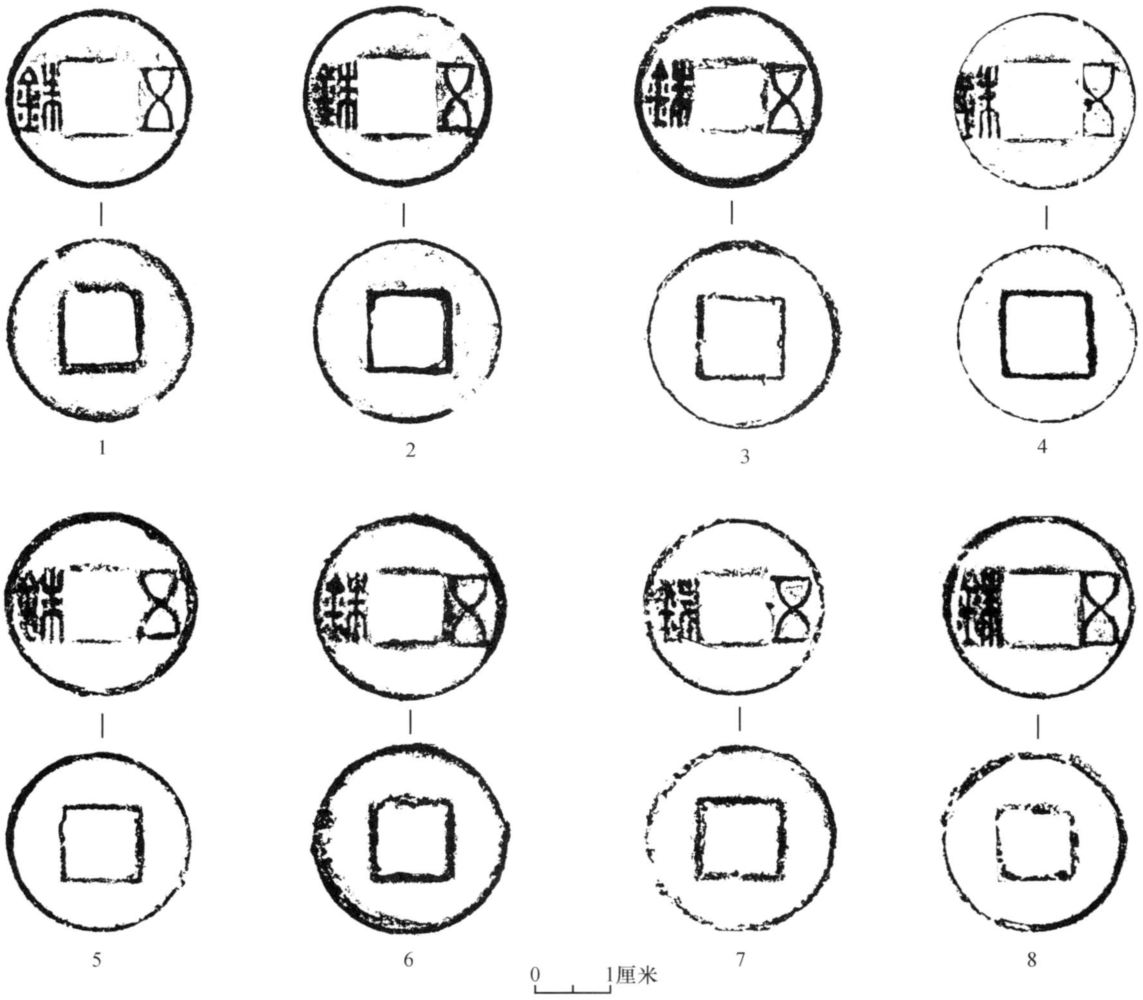

图二六四　M148出土五铢钱

1～4. 第一种（M148：14-1～M148：14-4）　5～8. 第二种（M148：14-5～M148：14-8）

一三六、M149

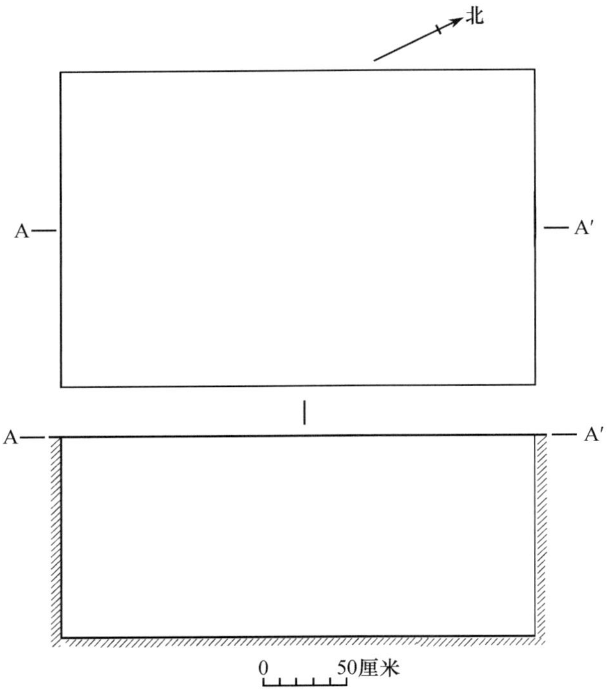

图二六五　M149平、剖面图

1. 墓葬概况

位置和层位关系　该墓位于Ⅱ区东南部（2011年发掘区）T0206的东南部，西与M150相邻；开口于表土层下，距地表15厘米，打破生土。

方向　22°。

形制与结构　长方形竖穴土坑墓。四壁陡直，底部较平。口底同大，长280厘米，宽190厘米，墓深120厘米（图二六五）。

填土　黄褐色五花土，土质松散，结构疏松，无包含物。

葬具　未见其痕，不详。

人骨　未见其痕，不详。

2. 出土器物

无。

一三七、M150

1. 墓葬概况

位置和层位关系　该墓位于Ⅱ区东北部（2011年发掘区）T0206的南部，西与M150相邻；开口于表土层下，距地表15厘米，打破生土。

方向　26°。

形制与结构　长方形竖穴土坑墓。四壁陡直，底部较平。口底同大，长260厘米，宽180厘米，墓底深70厘米（图二六六）。

填土　黄褐色五花土，土质松散，结构疏松，包含物中有少量陶片。

葬具　未见其痕，不详。

人骨　未见其痕，不详。

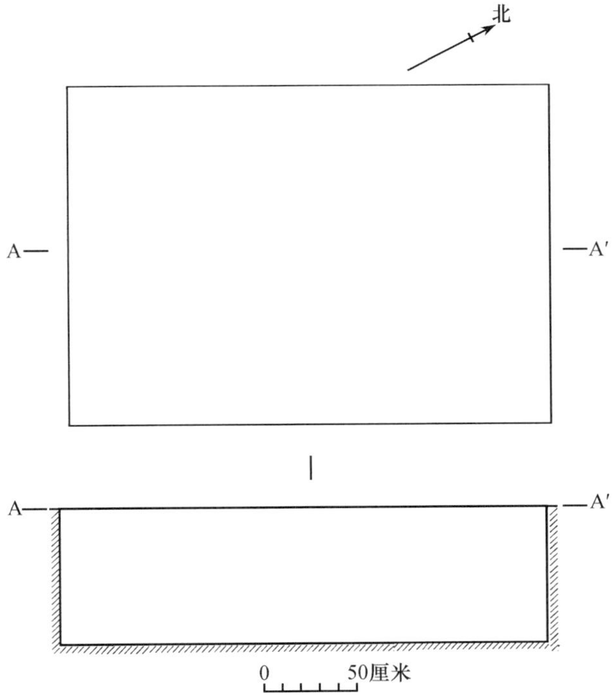

图二六六　M150平、剖面图

2. 出土器物

该墓被盗扰严重，出土有少量陶片，可辨器形有鼎、壶、灶等。

一三八、M151

1. 墓葬概况

位置和层位关系　该墓位于Ⅱ区东北部（2011年发掘区）T0306的东南部，西与M148相邻；开口于表土层下，距地表15厘米，打破生土。

方向　220°。

形状与结构　平面呈“刀”形竖穴土坑墓。由墓道、墓室两部分组成，总长760厘米，宽120～170厘米。墓道位于墓室南壁偏西，平面呈长方形，直壁，斜坡状

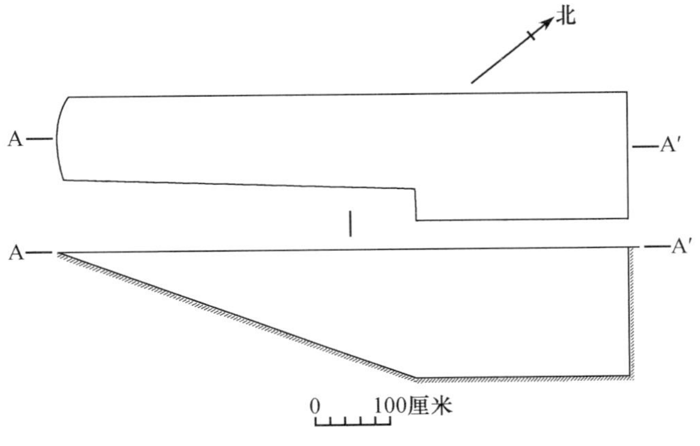

图二六七　M151平、剖面图

底，口长490厘米，宽120厘米，深0～180厘米，坡长520厘米；墓室位于墓道北侧，平面呈长方形，北、东两壁为斜壁，西壁近直，平底。口底同大，长270厘米，宽170厘米，墓底深180厘米（图二六七）。

填土　黄褐色五花土。土质松散，结构疏松，无包含物。

葬具　未见痕迹，不详。

人骨　保存差，无发现痕迹，不详。

2. 出土器物

无。

一三九、M152

1. 墓葬概况

位置和层位关系　该墓位于Ⅱ区东北部（2011年发掘区）T0305的西北部，东与M153相邻；开口于表土层下，距地表15厘米，打破生土。

方向　15°。

形制与结构　长方形竖穴土坑墓。四壁陡直，底部较平。口底同大，长220厘米，宽140厘米，墓底深100厘米（图二六八）。

填土　黄褐色五花土，土质松散，结构疏松，无包含物。

葬具　未见其痕，不详。

人骨　未见其痕，不详。

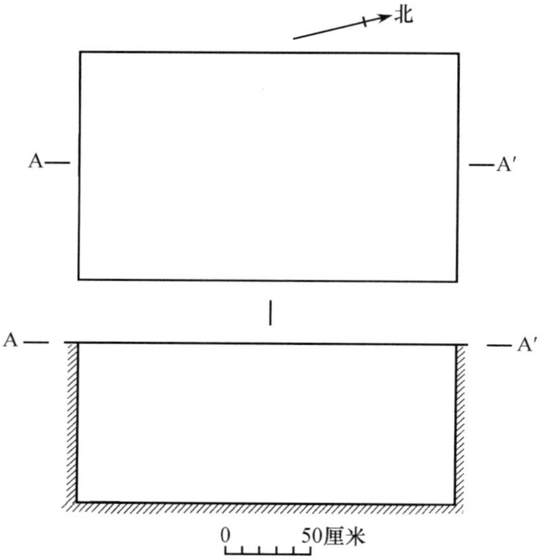

图二六八　M152平、剖面图

2. 出土器物

无。

一四〇、M153

1. 墓葬概况

位置和层位关系　该墓位于Ⅱ区东北部（2011年发掘区）T0305的东北部，西与M152相邻；开口于表土层下，距地表15厘米，打破生土。

方向　20°。

形制与结构　长方形竖穴土坑墓。四壁陡直，底部较平。口底同大，长250厘米，宽140厘米，墓底深120厘米（图二六九）。

填土　黄褐色五花土，土质松散，结构疏松，无包含物。

葬具　未见其痕，不详。

人骨　未见其痕，不详。

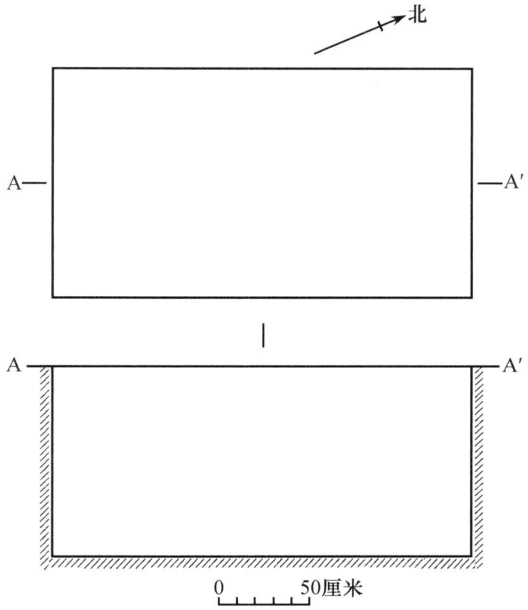

图二六九　M153平、剖面图

2. 出土器物

无。

第二节　墓葬形制分析

全寨子战国汉时期墓葬共140座，其中竖穴土坑墓119座，砖室墓21座。竖穴土坑墓中有长方形竖穴土坑墓111座、刀形竖穴土坑墓8座；砖室墓21座中有长方形砖室墓7座，刀形砖室墓5座，“甲”字形砖室墓8座，“凸”字形多室结构砖室墓1座。

一、墓葬分布

全寨子墓葬区地势中间高四周低，根据墓葬区的地形特点，可分为四个区，战国秦汉时期墓葬共140座全部分布在其中，Ⅰ区共有34座，其中土坑墓26座、砖室墓8座；Ⅱ区发掘墓葬52座，其中土坑墓49座、砖室墓3座；Ⅲ区发掘墓葬6座，其中土坑墓5座、砖室墓1座；Ⅳ区发掘墓葬48座，土坑墓39座、砖室墓9座。

二、形 制 结 构

全寨子战国秦汉时期墓葬共140座，根据它们的形制结构、特点，可分为竖穴土坑墓和砖室墓两大类，其中竖穴土坑墓119座，砖室墓21座。

1. 竖穴土坑墓

119座。根据墓葬的平面形制的不同，可分为两种型制：

A型　111座。长方形竖穴土坑墓。根据墓葬的平面长宽比，可分为窄坑墓和宽坑墓二亚型：

Aa型　窄坑墓。56座。长方形竖穴土坑墓，长、宽的比例小于1.5，一般口底同大或口略大于底，一棺一椁或单棺，有部分积石积炭墓。

M40：方向5°。长方形竖穴土坑墓，四壁陡直，规整，面光滑，底部平整。口底同大，长250厘米，宽120厘米，墓底深230厘米。随葬器物置于墓室北部。

M67：方向310°。长方形竖穴土坑墓，斜直壁，平底。口大底小，墓口长230厘米，宽150厘米；墓底长210厘米，宽130厘米，墓深180～200厘米。随葬器物置于墓底西北部。

M135：方向200°。长方形竖穴积炭墓，直壁，平底，底部铺2厘米积炭。口底同大，口长290厘米，宽130厘米，墓底深55厘米。随葬器物置于墓室的南部。

Ab型　宽坑墓。55座。长方形竖穴土坑墓，长、宽的比例大于1.5。一般口底同大或口略大于底，部分墓底有二层台，多一棺一椁或单棺，有部分积石积炭墓。

M24：方向25°。长方形竖穴土坑墓，直壁规整，表面粗糙，底平。口底同大，口长270厘米，宽190厘米，墓底深180厘米。随葬器物置于墓底北侧中部稍偏西。

M50：方向130°。长方形竖穴土坑积石积炭墓，沿墓口下120厘米处北、东、南三壁下出现积石，至墓底，墓底部积炭约2厘米。口底同大，墓口长270厘米，宽210厘米，墓底深220厘米。随葬器物置于墓底东南角。

M56：方向45°。长方形竖穴土坑墓，直壁平底，底周有生土台，台面宽19～20厘米，高125厘米。墓口长298厘米，宽210厘米，墓底长260厘米，宽180厘米，深290厘米。随葬器物置于墓底东南部。

B型　8座。刀形竖穴土坑墓，M39、M87、M88、M89、M91、M101、M148、M151全部为积炭（部分有积石）墓，根据它们墓道的不同结构可分为二亚型：

Ba型　2座。它们分别是M88和M89，墓葬由墓道、甬道、墓室三部分组成，墓道位于墓室左侧，甬道位于墓道与墓室的中间，为洞穴式，上部为拱形，拱形上部为生土，底部近平，与墓底高度一致。

M89："刀"形竖穴土坑积石积炭墓，方向315°。由墓道、甬道、墓室三部分组成，通长940厘米。墓道位于甬道的北部，呈斜坡状由北向南渐深。上口长590厘米，宽140厘米，深0～216厘米，坡长630厘米。在连接甬道口处的墓道东壁底部，距上口160厘米，深处留有一生土二层台。台长150厘米，宽40厘米，高3～56厘米；甬道位于墓道与墓室的中间，为洞穴式。上部为拱形，生土层厚100厘米。底部近平，与墓底高度一致，铺有一层厚约5厘米的炭粒。甬道长100厘米，宽100厘米，高120厘米；墓室位于甬道南部，墓壁倾斜内收，黏附一层高约100、厚约2厘米的炭粒。墓底较平，铺有一层鹅卵石，上铺一层炭粒。口大底小呈覆斗形，上口长260厘米，宽240厘米；下口长220厘米，宽180厘米，墓底深220厘米。随葬器物大部分置于墓室的东部、北部。

Bb型　6座。M39、M87、M91、M101、M148、M151。平面呈“刀”字形竖穴土坑墓。由墓道，墓室两部分组成。

M39：方向195°。平面呈“刀”字形竖穴土坑墓。由墓道，墓室两部分组成。墓道位于墓室南部西侧，为斜坡状，平面长734厘米，宽160厘米，坡长758厘米；一端底部与墓室同深，墓室西南侧与墓道相连。四壁陡直，底部平整，铺约4厘米炭粒。墓室长230厘米，宽180～200厘米，深186厘米。随葬品置于墓室中部。

M101：方向190°。“刀”形土坑墓。由墓道、墓室两部分组成。墓道位于墓室的西南侧。平面呈长方形，直壁，底斜坡状，最低处与墓底同深，表面粗糙，长320厘米，宽110厘米，深0～70厘米。墓室平面呈长方形，南角与墓道相连，壁直，面粗糙，墓底铺4厘米炭粒。口底同大，长260厘米，宽220厘米，墓底深70厘米。随葬器物置于墓道北端与墓室连接处。

2. 砖室墓

21座。根据墓葬的平面形制的不同，可分为四种型制：长方形砖室墓、刀形砖室墓、“甲”字形砖室墓、多室结构砖室墓。

A型　7座。长方形砖室墓。M2、M19、M35、M37、M38、M141、M144。破坏严重，墓顶无存，砖墙以单砖平错缝叠砌，有铺地砖，墓砖多模印有各种纹饰。

M35：方向96°。长方形砖室墓，破坏严重，墓顶无存，砖墙以单砖平错缝叠砌，起砌于生土之上。铺底砖以单砖对缝平铺，底砖上面仅存两行棺床，以平砖横砌而成，仅存一层。墓砖大小相同，有模印纹饰，其一侧面模印菱纹图案，平面模印绳纹。尺寸墓口墓底同大，长360厘米，宽280厘米，墓底深48厘米。

M38：方向15°。长方形砖室墓。被破坏严重，墓顶无存。砖墙以单砖平错缝叠砌，起砌于生土之上，铺底砖不详。墓砖大小相同，有模印纹饰，其一侧面模印四组半同心圆图案，平面模印绳纹，砖长36厘米、宽16厘米、厚6厘米。墓口长366厘米，宽144厘米，深18厘米。

B型　5座。刀形砖室墓。M90、M92、M134、M137、M143。平面为“刀”形，破坏严重，墓顶无存，由墓道，墓室两部分组成，四壁平砖错缝横铺而成，墓底有铺底砖，墓砖多模印有各种纹饰。

M90：方向32°　。刀形砖室墓。由墓道，墓室两部分组成，通长640厘米。墓道位于墓室的北部平石梯形，呈斜坡状由北向南渐深渐宽。上口长240厘米，宽128～144厘米，坡长260厘米，深0～94厘米，墓室平面呈长方形。墓室被破坏严重，四壁只留3～6层残砖。壁砖起砌于铺底砖之上，平砖错缝顺铺而成。墓底部残存部分铺底砖。平砖错缝横铺而成。墓室西北角残存两块画像砖，正面饰长青树和上山虎图案。墓砖大小相同，有模印纹饰，正面素面，背面饰绳纹，单侧画面被一短竖线分为两部分，饰对称的单线交叉“五”字文。墓砖长32厘米，宽16厘米，厚8厘米。墓口底同大，长400厘米，宽270厘米，墓底深100厘米。

M137：方向23°　。平面为“刀”形砖室墓。墓口长500厘米，宽96～174厘米。由墓道、墓室两部分组成：墓道位于墓室北壁偏西处，平面呈长方形，壁直，底斜坡状。口长212厘米，宽96厘米，坡长222厘米，深0～70厘米；墓室位于墓道南侧，由于盗扰严重，券顶已不存在，仅存六层砖墙，砌于底砖之上，四壁平错缝叠砌而筑，底砖平错缝铺底。墓砖大小相同，有模印纹饰，侧面中间以柿蒂纹间隔，将菱形纹分为两部分，平面模印绳纹，砖长32厘米，宽16厘米，厚6厘米。墓口长288厘米，宽174厘米，墓底深70厘米。

C型　8座。“甲”字形砖室墓。M3、M4、M5、M6、M28、M30、M97、M109。平面呈“甲”字形，破坏严重，墓顶无存，由墓道、甬道、墓室等部分组成，四壁平砖错缝横铺而成，墓底有铺底砖，墓室底部低于甬道底部，墓砖多模印有各种纹饰。

M3：方向132°　。砖室墓，平面呈“甲”字形，通长714厘米，由墓道、甬道、墓室三部分组成。墓道位于墓室东侧，西与甬道相连。平面呈长方形，竖穴斜坡状。墓道与甬道之间有一道封门墙，破坏严重，残存二层，复墙，平砖错缝顺砌筑，先铺底，后筑墙。口长238厘米，宽130厘米，坡长260厘米，距地表深0～120厘米；甬道位于墓道和墓室之间。破坏严重，南、北壁下部各残存几层墙砖，单墙，以平砖错缝顺砌叠筑而成。底部以平砖错缝横铺四行，顺铺一行筑成，先铺底，后筑墙。甬道长116厘米，宽130厘米，深120厘米；墓室平面呈长方形，北壁微外弧。墓室四壁下部残存墙砖，单墙，平砖错缝顺砌而成。墓底残存铺底砖，平砖横铺，先铺底，后筑墙。砖单长侧面模印单线菱形纹图案，单面模印绳纹。

M109：方向220°　。平面呈“甲”字形砖室墓，由墓道、甬道、墓室三部分组成，全长595厘米。墓道平面为长方形，壁直，底斜坡状，最深处与甬道一致。长164厘米，宽112厘米，深0～80厘米。坡长185厘米；东北部与甬道相接，甬道位于墓道北端与之相接，在墓室南侧与之相连，与墓室同底。墙砖和封门砖均残存10 层。墙砖以单砖平顺错缝叠砌而成。封门砖外弧。长106厘米，宽112厘米，深80厘米；墓室：平面呈近长方形，墓壁除与甬道相接处为直壁外，其余壁稍向外弧，后壁墙砖无存，两侧墙砖长度约325～166厘米。均以单砖平错缝叠砌而成。墓底砖为泥质灰陶。墓砖大小相同，有模印纹饰，砖侧面模印有两组单线交叉“五”字文，平面模印绳纹，砖长32厘米，宽20厘米，厚6厘米。以横错缝平铺。墓室长325厘米，宽220～250厘米，墓底深80厘米。

D型　1座。“凸”字形多室结构砖室墓。M116，方向20°　。平面呈“凸”字形多室墓，墓圹通长592厘米。由墓道、前庭、两侧耳室、后室四部分组成。墓道平面呈长方形，直壁，底斜坡状，口长190厘米，宽100厘米，深0～80厘米，坡长215厘米，壁面光滑；前室平面为长方形，北连墓道，南接后室，底部平；前室口底同大，口长256厘米，宽244厘米，墓底深80厘米；后室低于前室20厘米，两侧有耳室。西侧耳室宽184厘米，长150厘米，与后室底部同平，东侧耳室宽184厘米，长130厘米，底与后室同平。后室宽196厘米，长146厘米，深60厘米。砖墙以平砖错缝砌成。

三、葬　　具

全寨子战国秦汉时期墓葬中葬具多已腐朽，保存较差，其中可辨认葬具的墓葬中，一棺一椁21座，仅有一棺的14座。

四、墓向与葬式

全寨子墓地战国秦汉时期墓葬方向，0°～90°　73座，91°～180°　34座，181°～270°　14座，271°～360（0）°　19座。

全寨子战国秦汉时期墓葬中人骨多数已腐朽，保存较差，葬式多数不清，少数可辨认葬式的均为仰身直肢葬。

第三节　随葬器物类型分析

全寨子战国秦汉时期140座墓葬中，23座没有出土随葬器物，117座出土有随葬器物，其中23座破坏严重，仅知道出土有破碎陶器，但器形无法辨认，其他94座中共出土陶、铜、铁、铅、玉石等各类随葬器物679件以及铜钱410枚，其中陶器576件，铜器74件，铁器19件，铅器3件，玉石器3件，漆木器4件。

一、陶　　器

共576件，部分陶器出土时残损严重，无法复原，实际复原501件。按照性质可分为仿铜礼器、日用器和模型明器三类（表一）。

表一　浙川全寨子战国秦汉墓出土陶器器类统计表

器名	件数	百分比（%）	器名	件数	百分比（%）
鼎	65	11.28	炉	3	0.52
盒	49	8.51	盘	4	0.69
壶	91	15.80	钵	8	1.39
钫	8	1.39	案	3	0.52
罐	66	11.46	樽	2	0.35
瓮	35	6.08	豆	2	0.35
仓	41	7.12	勺	1	0.17
灶	26	4.51	灯	1	0.17
甑	54	9.38	鍪	5	0.87
釜	75	13.02	网坠	1	0.17
盆	22	3.82	耳杯	2	0.35
井	6	1.04	纺轮	2	0.35
狗	3	0.52	蛙形小盒	1	0.17
合计	576件				

（一）仿铜礼器

213件，占陶器总数的37.0%，均为容器。以泥质灰陶为主，并有少量泥质褐陶、红陶。纹饰多为弦纹，少量绳纹等，有少量彩绘，多以脱落，其中鼎65件、盒49件、壶91件、钫8件等。

1. 鼎

65件。可参与分型者54件，另有11件，因无法复原而形制不明。54件出土于40座墓葬中，根据鼎腹部、底部、耳部等的不同，可分为五型：

A型　17件。圜底，三兽型或兽蹄足，浅腹，弧形盖上或有三纽，体型较扁、小。根据腹部和足的变化可分四式：

Ⅰ式：4件。出自M12、M15。大小、形制相同。圜底，三矮足，浅腹，弧形盖上或有三纽，体型较扁。标本M15：3。口径15.1厘米，腹径18厘米，高14.4厘米（图二七〇，2）。标本M15：4。口径15.1厘米，腹径18厘米，高14.4厘米（图二七〇，1）。

Ⅱ式：3件。出自M23、M56。大小、形制相同。圜底，三足稍高，浅腹，盖上有三纽，体型扁。标本M56：3。口径16.8厘米，通高18.4厘米（图二七〇，3）

Ⅲ式：5件。出自M10、M18、M13、M83。大小、形制相同。圜底，三足稍高，腹稍深，弧形盖上或有三纽，体形扁，彩绘多已经脱落。标本M10：10。口径17.6厘米，通高16.8厘米

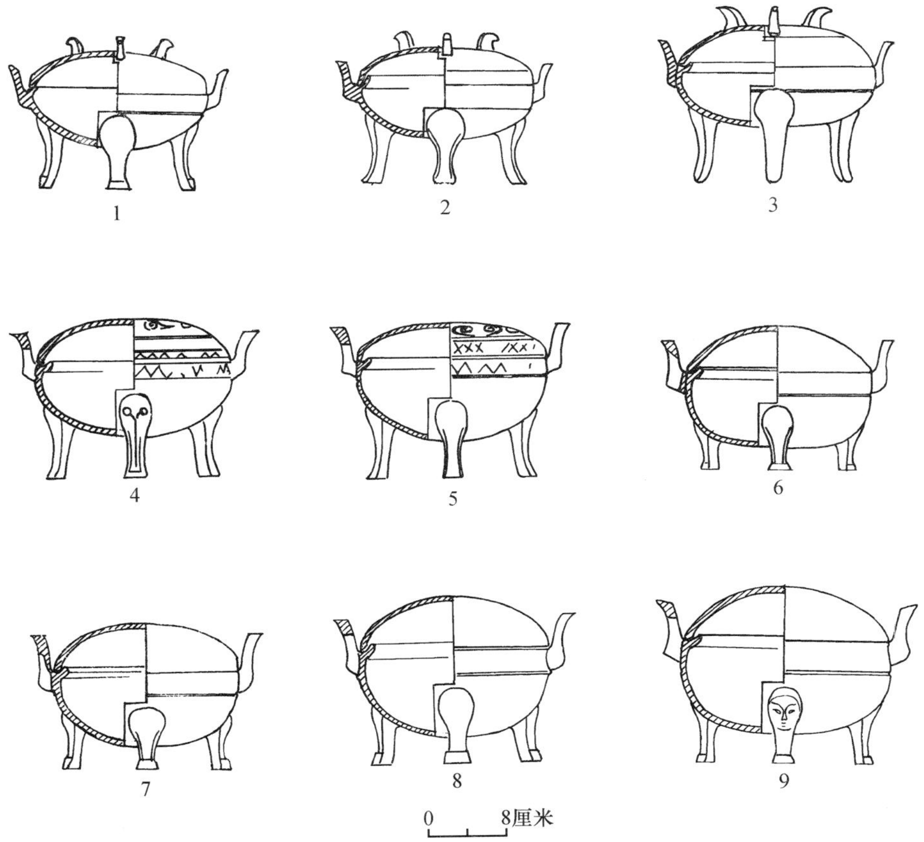

图二七〇 战国秦汉墓出土A型陶鼎

1、2. A型Ⅰ式（M15：4、M15：3） 3. A型Ⅱ式（M56：3） 4、5. A型Ⅲ式（M10：10、M18：5）
6～9. A型Ⅳ式（M65：11、M74：6、M77：9、M65：19）

（图二七一，4）；标本M18：5。口径17.4厘米，通高16.5厘米（图二七〇，5）。

Ⅳ式：5件。出自M65、M74、M77。大小、形制相同。圜底，三蹄足，腹较深，弧形盖上或有三纽，体形扁，彩绘多已经脱落。标本M65：11。口径18.4厘米，通高18.8厘米（图二七〇，6）。标本M65：19。口径16厘米，通高15.2厘米（图二七〇，9；彩版八，4）。标本M74：6。口径16.8厘米，通高15.6厘米（图二七〇，7）。标本M77：9。口径19.6厘米，通高17.6厘米（图二七〇，8）。

B型 15件。圜底，蹄型足，深腹，弧形盖上或有纽，体形较大。根据腹部、底部和足的变化可分三式：

Ⅰ式：2件。出自M18、M32。大小、形制相同。圜底，三矮足，弧形腹，较深，彩绘多已经脱落。标本M32：1。口径21.6厘米，高20厘米（图二七一，1）。

Ⅱ式：11件。出自M43、M65、M67、M69、M70、M75、M78。大小、形制相同。圜底或稍平，高足，深腹，弧形盖上或有三纽，彩绘多已经脱落。标本M69：6，泥质灰陶。子口内敛，肩附两个对称方耳，弧腹，圜底，弧形盖。下接三蹄足。腹饰一周凸弦纹。上承一弧形盖。口径20.8厘米，通高21.2厘米（图二七一，2）。

Ⅲ式：2件。出自M70。大小、形制相同。圜底或稍平，高较足，深腹。标本M70：1，弧形盖，底近平。口径22厘米，通高23.2厘米（图二七一，4）。标本M70：4，弧形盖，底近平。口径19.2厘米，通高24厘米（图二七一，3）。

C型　18件。平底，蹄型足，深腹，耳外折，弧形盖，体型较大。根据腹部、底部和足的变化可分两式：

Ⅰ式：14件。出自M9、M41、M53、M59、M66、M71、M86、M118、M119。大小、形制相同。耳外折，弧形盖，深腹，下弧内收成平底，蹄型足，体形较大，剖面呈近弧角长方形，部分器表有彩绘，多已经脱落。标本M9：7。口径17.2厘米，高15.6厘米（图二七一，6）。标本M66：3。口径21.6厘米，通高20.8厘米（图二七一，5）。

Ⅱ式：4件。出自M21、M68、 M72、M73。大小、形制相同。深腹，耳外折，弧形盖，蹄型足，下腹部折收成平底，体形较大，剖面呈近弧角正方形，部分器表有彩绘，多已经脱落。标本M72：7。口径19.6厘米，通高37.6厘米（图二七一，7）。标本M73：4。口径26.4厘米，底径18厘米，通高26厘米（图二七一，8）。

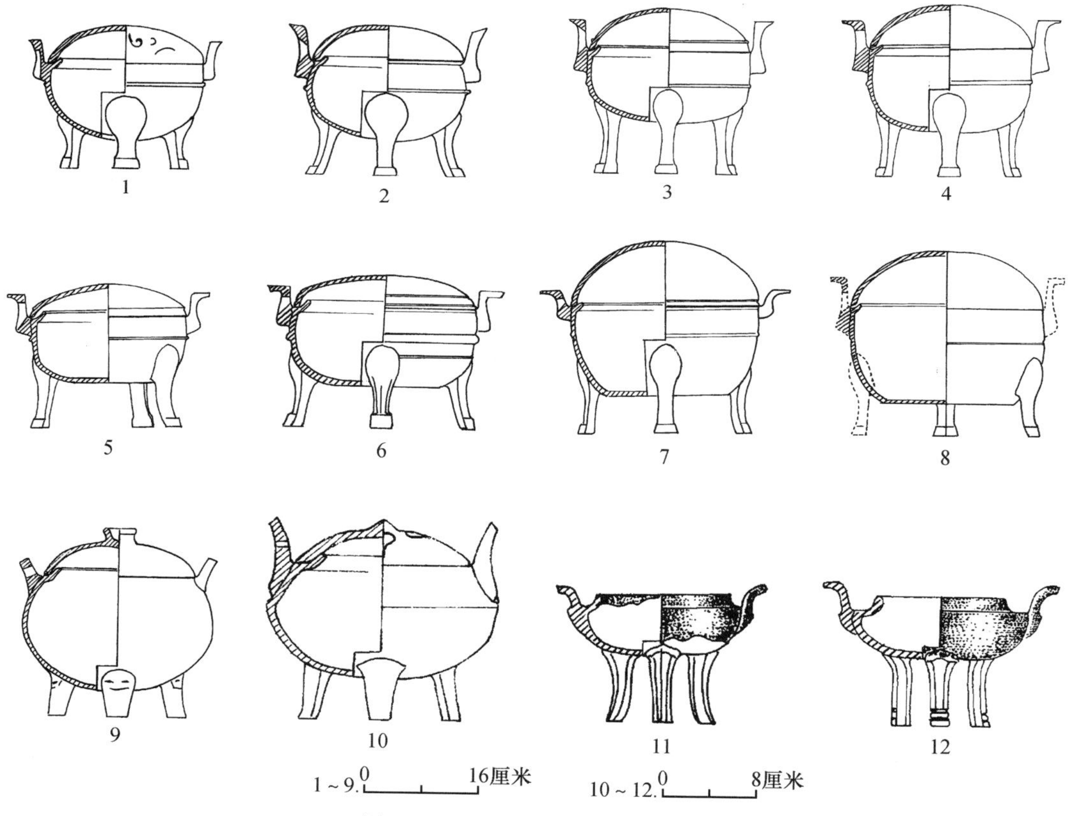

图二七一　战国秦汉墓出土陶鼎

1. B型Ⅰ式（M32：1）　2. B型Ⅱ式（M69：6）　3、4. B型Ⅲ式（M70：4、M70：1）　5、6. C型Ⅰ式（M66：3、M9：7）　7、8. C型Ⅱ式（M72：7、M73：4）　9、10. D型（M129：1 、M101：2）　11、12. E型（M28：2 、M35：21）

D型　2件。出自M129、M101。形制相同，圜底，兽足，深腹，直耳，有盖。标本M101：2，泥质灰陶。子口承盖，斜肩上附对称长方形双耳，折腹圜底，三蹄足，耳外面饰模制印纹，盖弧，中部尖凸为花心，外饰四花瓣纹。盖径16厘米，腹径20厘米，高17.6厘米（图二七一，10）。标本M129：1，夹砂灰陶。上承弧形盖。顶部有一纽。子口内敛，肩附两个对称方形耳，外撇，鼓腹，下腹弧收成圜底，人面三柱足。口径16.8厘米，腹径26厘米（图二七一，9）。

E型　2件。出自M28、M35。子母口，平底，高足，浅腹，卷耳。标本M28：2，红陶胎，泥质绿釉红陶。口径11.2厘米，高12厘米（图二七一，11；图版一七，5）。标本M35：21，红陶胎，器表施青黑釉。通高12.4厘米，口径6.4厘米（图二七一，12）。

2. 盒

49件。可参与分型者38件，另有8件，因无法复原而形制不明。38件出土于26座墓葬中，根据盒底部、顶部的不同，可分为四型：

A型　21件。盒身为平底或近假圈足，盒盖为覆碗型，上下不对称。根据盒身、盒盖的不同，可分为两式：

Ⅰ式：7件。出自M10、M74、M77、M9。大小、形制相同。子母口，盒身为近假圈足，盒盖为覆碗型，上下不对称，部分器表有彩绘，多已经脱落。标本M10：6，泥质灰陶。腹上饰凹弦纹两周，近肩处饰棱形红彩绘。口径16厘米，底径8厘米，高10厘米（图二七二，1）。标本M74：8，泥质灰陶。近口处饰两周凹弦纹，腹饰三周凹弦纹。口径17.6厘米，底径7.6厘米，通高14.4厘米（图二七二，2）。

Ⅱ式：11件。出自M17、M65、M71、M72、M76、M82、M86。大小、形制相同。子母口，盒身平底，盒盖为覆碗型，上下不对称。标本M72：4，泥质灰陶。盖呈覆碗形饰二周凹弦纹，腹饰两周凹弦纹。口径20厘米，底径8.8厘米，通高20.4厘米（图二七二，5）。标本M76：7，泥质灰陶。盒盖饰二周凹弦纹，盒身饰两周凹弦纹。口径19.2厘米，底径8厘米，通高17.6厘米（图二七二，6）。

Ⅲ式：3件。出自M59、M86、M118。大小、形制相同。子母口，盒身平底，盒盖为覆碗型，上下不对称，较高。标本M59：6，泥质灰陶，子口内敛，覆碗形盖，弧腹平底。盖、身共饰四周凹弦纹，口径14.4厘米，底径8.8厘米，通高16.8厘米（图二七二，5）。标本M118：3，夹砂灰陶。盖身扣合而成，子口承碗形盖，上腹近直，下腹斜收，平底，盖身饰凹弦纹三周。口径19.2厘米，底径9.6厘米，通高16.8厘米（图二七二，6）。

B型　4件。盒身为平底或近假圈足，弧形盖，上下不对称。根据盒身、盒盖的不同，可分为两式：

Ⅰ式：2件。出自M78。大小、形制相同。子母口，盒身为近假圈足，弧形盖，上下不对

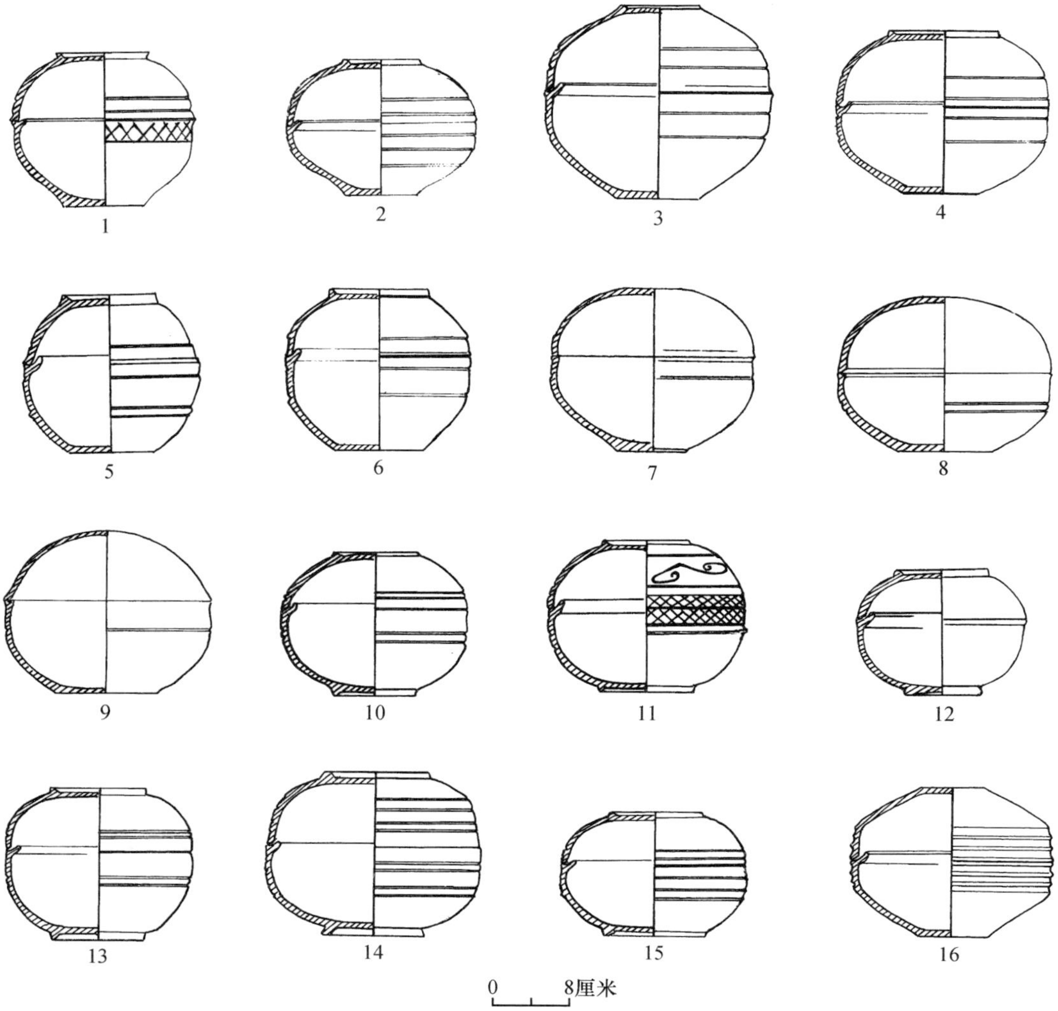

图二七二　战国秦汉墓出土陶盒

1、2. A型Ⅰ式（M10：6、M74：8）　3、4. A型Ⅱ式（M72：4、M76：7）　5、6. A型Ⅲ式（M59：6、M118：3）　7. B型Ⅰ式（M78：6）　8、9. B型Ⅱ式（M75：5、M75：8）　10. C型Ⅰ式（M12：3）　11～13. C型Ⅱ式（M13：1、M18：9、M83：3）　14、15. C型Ⅲ式（M65：5、M69：1）　16. D型（M68：4）

称。标本M78：6，夹砂灰陶。盒身敛口，上腹饰一周凹弦纹。口径21.2厘米，底径7.6厘米，高17.2厘米（图二七二，7）。

Ⅱ式　2件。出自M75。大小、形制相同。子母口，盒身平底，弧形盖，上下不对称。标本M75：5，泥质灰陶。敛口，平底，腹饰两周凹弦纹。弧形盖，顶近平。口径22.4厘米，底径11.6厘米，通高16.4厘米（图二七二，8）。标本M75：8，口径20.8厘米，底径10.8厘米，通高17.2厘米（图二七二，9）。

C型　12件。出自M8、M12、M13、M18、M52、M65、M66、M69、M83。大小、形制相同。子母口，盒身弧腹，圈足，覆碗型盖，上下对称。根据盒身、盒盖的不同，可分为三式：

Ⅰ式：1件。出自M12。标本M12：3。泥质灰陶。子口承盖，整体由盖、身相扣而成。呈扁圆形，器物敛口，圆唇，弧腹，平底，矮圈足。腹饰凹弦纹两周。上盖呈覆盘形，顶部较平。有一周凸棱，饰凹弦纹两周。口径16.8厘米，腹径19.2厘米，底径8.4厘米，通高15.2厘米（图二七二，10）。

Ⅱ式：7件。出自M18、M13、M18、M66、M83、M84。大小、形制相同。子母口，盒身为圈足，覆碗形盖，上下对称，整体近球形。标本M13：1，泥质灰陶。矮圈足。盖饰红色宝相花纹和卷云纹彩，器身口沿饰方格纹红彩绘。口径20.4厘米，底径9.6厘米，高16厘米（图二七二，11）。标本M18：9，泥质灰陶。盖顶饰数周弦纹，上刻“小”符号。口径17.6厘米，底径8厘米，通高13.2厘米（图二七二，12）。标本M83：3，夹砂灰陶。平底矮圈足。盖、身各饰两周凹弦纹。口径19.2厘米，底径9.6厘米，通高16.4厘米（图二七二，13）。

Ⅲ式：4件。出自M65、M69。大小、形制相同。子母口，盒身为圈足，覆碗形盖，上下对称，整体近长方形。标本M65：5，泥质灰陶。矮圈足。腹饰数周凹弦纹。盖身饰数周凹弦纹。口径18厘米，腹径18.4厘米，底径10.4厘米，通高17.6厘米（图二七二，14）。标本M69：1，泥质黄褐陶。盖近口部饰两周凹弦纹，盒身腹饰凸弦纹5周。口径16.8厘米，腹径17.6厘米，底径9.2厘米，通高13.2厘米（图二七二，15）。

D型　1件。平底，上下对称。标本M68：4，夹砂灰陶。由盖和身扣合而成。盖、身形制相同，敛口，上腹近直，下腹弧收，平底。盖、身各饰三周凹弦纹。口径17.6厘米，腹径20.8厘米，底径7.2厘米，通高16厘米（图二七二，16）。

3. 壶

91件。可参与分型者72件，另有19件，因无法复原而形制不明。72件陶壶根据形体大小可分为两种，其中大壶40件，小壶32件。

大壶　40件。出土于25座墓葬中，根据壶的腹部、肩部以及整体形制不同，可分为五型：

A型　7件。长颈，弧形腹下垂，高圈足，弧形盖，有三纽，素面或饰绳纹，体型较小，瘦高。根据壶的颈部、腹部、底部等不同，可分为两式：

Ⅰ式：6件。出自M7、M11、M12、M15、M56。大小、形制相同。长颈，弧形腹下垂，高圈足，弧形盖，有三纽，素面或饰绳纹。部分器表有彩绘，多已经脱落。标本M7：1，泥质黄褐陶。拱形盖，盖上附有三个等距“三角”形纽。下腹饰绳纹。口径12厘米，腹径22.8厘米，底径14.1厘米，通高38.3厘米（图二七三，1）。标本M12：1。泥质灰陶。弧形盖，上饰等距三鸟首形纽。口径11.6厘米，腹径22.4厘米，足径13.6厘米，通高37.6厘米（图二七三，2）。标本M15：3。泥质灰陶。弧形盖，顶附三三角形纽。口径12厘米，腹径22.8厘米，底径14.2厘米，通高38.4厘米（图二七三，3）。

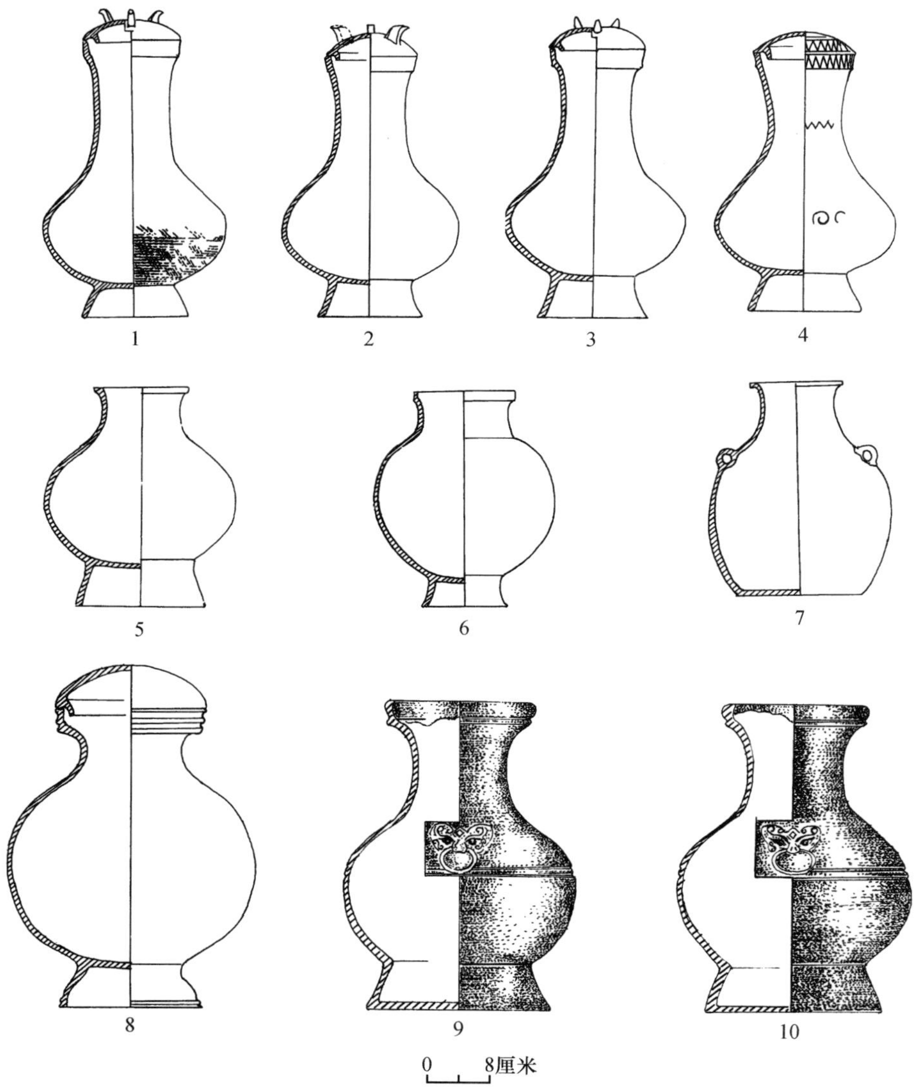

图二七三　战国秦汉墓出土陶壶

1～3. A型Ⅰ式（M7：1、M12：1、M15：3）　4. A型Ⅱ式（M13：6）　5. Ca型Ⅱ式（M114：6）　6. Ca型Ⅰ式（M23：1）　7. D型（M117：4）　8. Cb型（M138：8）　9、10. E型（M35：2、M35：10）

Ⅱ式：1件。出自M13。标本M13：6。泥质灰陶。侈口，方唇，高束颈，溜肩，鼓腹，平底，高圈足，上承拱形盖。盖、颈饰三角连贯纹红彩绘，腹饰卷云纹红彩绘。大部脱落。口径12.8厘米，腹径22.8厘米，底径14.4厘米，通高36.4厘米（图二七三，4）。

B型　26件。侈口或盘口，球形腹，有弦纹，上部有对称的两铺首衔环，圈足，弧形盖或有三纽，体型较大。根据口沿、腹部、底部的不同，可分为二亚型：

Ba型　8件。侈口，球形腹，弧形盖。根据口沿、颈部、腹部、底部的不同，可分为二式：

Ⅰ式：5件。出自M10、M77、M78。大小、形制相同。侈口，长颈，球形腹，弧形盖。标本M77：1，泥质灰陶。肩、腹饰五周凹弦纹。盖沿超出壶口沿较多。口径17.6厘米，腹径26.4厘米，底径17.6厘米，通高39.2厘米（图二七四，1；图版二〇，1）。标本M77：2，泥质灰陶。颈、肩、腹饰五周凹弦纹。拱形盖，盖沿超出壶口沿。口径17.2厘米，腹径26.4厘米，底径17.6厘米，通高40.8厘米（图二七四，2）。

Ⅱ式：3件。出自M75、M82。大小、形制相同。侈口，颈稍长，球形腹接近底部，弧形

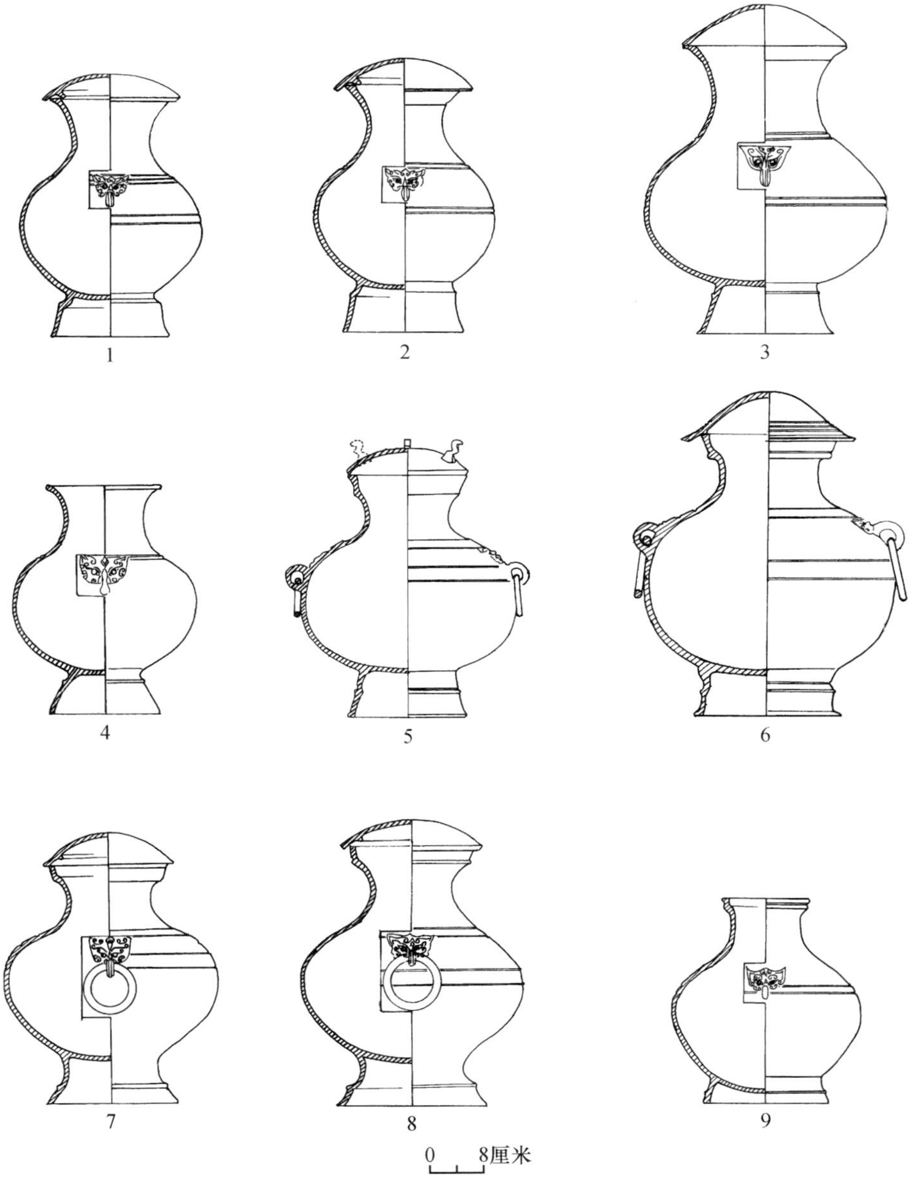

图二七四　战国秦汉出土陶壶

1、2. Ba型Ⅰ式（M77：1、M77：2）　3、4. Ba型Ⅱ式（M75：11、M82：1）　5. Bb型Ⅰ式（M43：6）　6. Bb型Ⅱ式（M9：1）　7、8. Bb型Ⅲ式（M71：1、M86：1）　9. Bb型Ⅲ式（M148：5）

盖。标本M75：11，泥质灰陶。肩、腹部各饰两周凹弦纹，足根部饰一周凸弦纹。上承一拱形盖，弧顶。口径24厘米，腹径35.2厘米，底径20厘米，通高48.8厘米（图二七四，3）。标本M82：1，泥质灰陶。高圈足外撇，肩饰两周凹弦纹。足上部有一周凸棱。口径16.8厘米，腹径26.8厘米，底径16.4厘米，高34厘米（图二七四，4）。

Bb型　18件。盘口，球形腹，弧形盖或有三纽。根据口沿、颈部、腹部、底部的不同，可分为三式：

Ⅰ式：4件。出自M43、M65。大小、形制相同。盘口，球形腹，颈部较长，高圈足，弧形盖，盖面附三折形扁纽。标本M43：6，泥质灰陶，口覆高圈足，足面上有一周凸棱。口径17.6厘米，腹径31.2厘米，底径17.6厘米，通高41.2厘米（图二七四，5）。标本M43：3形制、尺寸相同。

Ⅱ式：8件。出自M9、M66、M69、M70。大小、形制相同。盘口，鼓腹，高圈足，底近平。标本M9：1。泥质灰陶。弧形盖，盘口，束颈，溜肩。鼓腹，腹下内收成圜底，高圈足，足面饰二周凸棱。肩、腹饰凹弦纹四周。口径16.8厘米，足径17.6厘米，通高40.4厘米（图二七四，6）。

Ⅲ式：5件。出自M71、M72、M73、M86。大小、形制相同。盘口，鼓腹，高圈足，近圜形底。标本M71：1，泥质灰陶。盘口，束颈，广肩，上腹圆鼓，下腹弧收，圜底，圈足外撇。肩、腹各饰两周凹弦纹，足饰一周凸弦纹，上承一弧形盖。口径17.6厘米，腹径31.2厘米，底径19.2厘米，通高40厘米（图二七四，7）。标本M86：1，泥质灰陶。由盖和身扣合而成。盖呈覆碗形，下部饰凹弦纹两周。盒身上腹直，下腹弧收，平底微凹。盒身中上部饰三周凹弦纹。口径16.8厘米，腹径19.2厘米，底径8.0厘米，通高16.4厘米（图二七四，8）。

Ⅳ式：1件。出自M148。标本M148：5，泥质灰陶。盘口。束颈，溜肩，鼓腹弧收成圜底，圈足。足面饰一周凸弦纹。口径12.8厘米，腹径27.6厘米，底径8.4厘米，高30.4厘米（图二七四，9）。

C型　4件。侈口，鼓腹呈球形，圈足，素面，体型大。根据壶的腹部、肩部以及整体形制不同，可分为二亚型：

Ca型　3件。侈口，球形腹，溜肩，圈足。根据壶的腹部、肩部以及整体形制不同，可分为两式：

Ⅰ式：2件。出自M23。大小、形制相同。侈口，颈部较短，矮圈足。标本M23：1，泥质灰陶。口径12.8厘米，腹径22.8厘米，足径10.4厘米，高27.6厘米（图二七三，6）。

Ⅱ式：1件。出自M114。标本M114：6，泥质灰陶，敞口，尖唇，束颈，溜肩，鼓腹弧收成圜底，接高圈足，外撇。口径12厘米，腹径24厘米，底径16厘米，高28厘米（图二七三，5）。

Cb型　1件。出自M138。盘口，颈部较短，矮圈足。标本M138：8。夹砂灰陶，盘口，束颈，溜肩，鼓腹，平底，高圈足，足饰一周凹弦纹，外撇。口径17.2厘米，腹径31.2厘米，底径20厘米，高44.4厘米（图二七三，8）。

D型　1件。出自M117。标本M117：4，泥质灰陶。方唇，束颈，溜肩，弧腹，平底，肩附两个对称环形耳。口径12厘米，底径16厘米，高28.8厘米（图二七三，7）。

E型　2件。出自M35。大小、形制相同。标本M35：2，红陶胎，盘口，束颈，溜肩，鼓腹，假圈足。盘口处一周凸弦纹，肩部附两个对称兽首衔环。腹部饰弦纹二周。器表及盘口施青绿釉。口径14厘米，腹径22厘米，底径16.8厘米，高30厘米（图二七三，9）；标本M35：10，形制、尺寸相同（图二七三，10）。

小壶　32件。出土于20座墓葬中，根据壶的腹部、肩部以及整体形制不同，可分为五型：

A型　13件。侈口，卷沿，鼓腹，高假圈足，口底同大或口大底小。根据口沿、腹部、底部以及总体形制的变化，可分为二式：

Ⅰ式：6件。出自M17、M74、M77。大小、形制相同。卷沿，长颈，鼓腹，高假圈足，口底同大，素面。标本M74：10，泥质灰陶。口径4.8厘米，腹径7.4厘米，底径4.4厘米，高9.0厘米（图二七五，1）。标本M77：4，夹砂灰陶。口径5.0厘米，腹径8.0厘米，底径4.4厘米，高9.6厘米（图二七五，2）。

Ⅱ式：7件。出自M65、M75、M78、M82。大小、形制相同。卷沿，鼓腹，假圈足较矮，口底同大或口大底小。部分器表有彩绘，多已经脱落。标本M78：3，泥质灰陶。鼓腹内收，向下转成直壁，平底。口径4.8厘米，腹径8.2厘米，底径5.8厘米，高7.4厘米（图二七五，3）。标本M78：7，泥质灰陶。口径5.2厘米，腹径8.4厘米，底径5.2厘米，高8.4厘米（图二七五，4）。

B型　13件。直口无沿或卷沿，鼓腹，平底，小底大或口底同大口，最大腹径在下部，素面。根据口沿、腹部、底部的变化，可分为四式：

Ⅰ式：2件。出自M53。大小、形制相同。标本M53：8，泥质黄褐陶。素面，侈口，尖唇，溜肩，鼓腹，平底。口径4厘米，底径4.8厘米，高7.2厘米（图二七五，5）。标本M53：9，泥质黄褐陶。口径4.4厘米，腹径8.8厘米，底径5.6厘米（图二七五，6）。

Ⅱ式：5件。出自M71、M72、M73、M126。大小、形制相同。卷沿，鼓腹，平底，口小底大，最大腹径在下部。标本M72：5，泥质灰陶。侈口，圆唇，束颈，弧折肩斜直腹，小平底。口径7.2厘米，腹径12厘米，底径6.4厘米，高10厘米（图二七五，7）。

Ⅲ式：4件。出自M80、M114。大小、形制相同。直口，鼓腹，最大腹径在下部，平底，素面。标本M114：3，泥质灰陶。口径9.2厘米，底径7.2厘米，高7.2厘米（图二七五，8）。标本M114：4，泥质灰陶。口径8厘米，腹径12.8厘米，底径6.4厘米，高10.4厘米（图二七五，9）。

Ⅳ式：2件。出自M35、M3。标本M35：8，泥质灰陶。敞口，沿下垂，圆唇，束颈，鼓腹，弧形内收，平底。素面。口径4.8厘米，腹径5.2厘米，底径2.8厘米，高4.6厘米（图二七五，12）。标本M3：1，形制相同。口径4厘米，最大腹径5.2厘米，底径3.2厘米，高4.8厘米（图二七五，13）。

C型　4件。卷沿，长颈，鼓腹，平底。腹部有数周弦纹，最大腹径在下部。根据口沿、颈

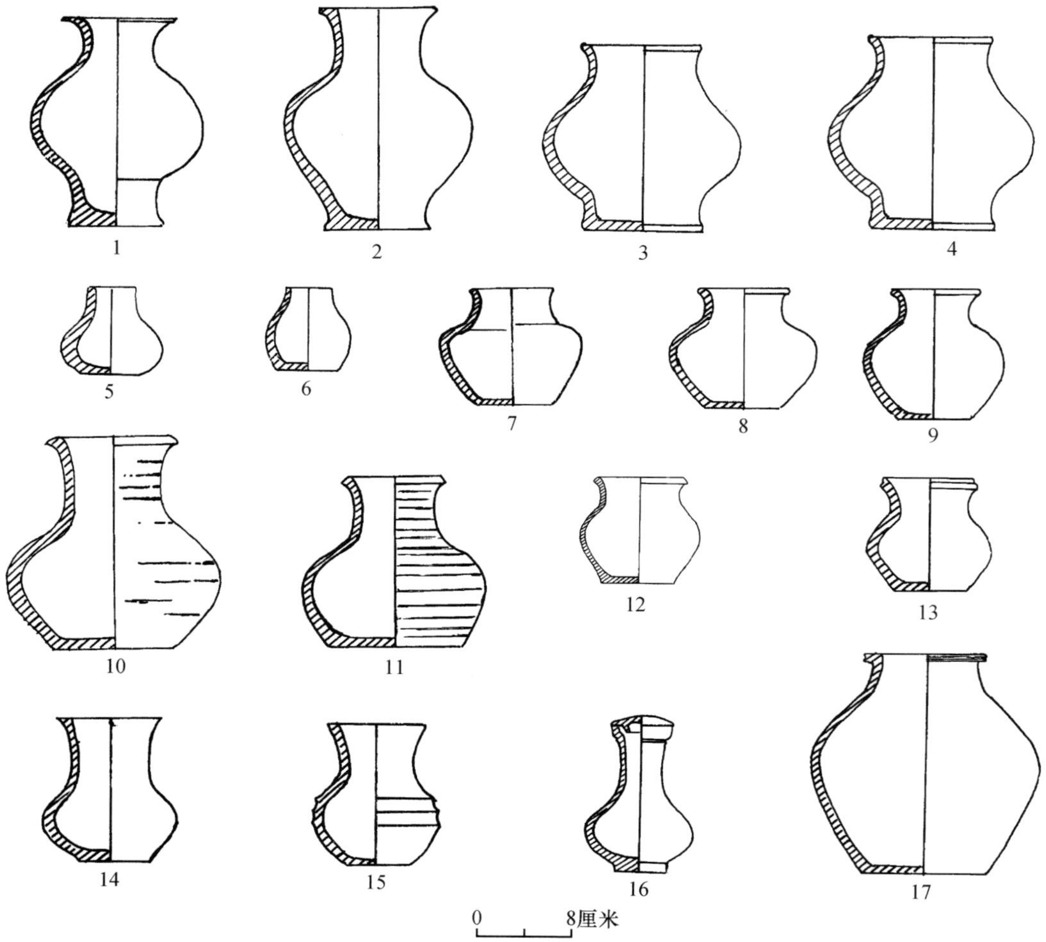

图二七五　战国秦汉墓出土小陶壶

1、2. A型Ⅰ式（M74：10、M77：4）　3、4. A型Ⅱ式（M78：3、M78：7）　5、6. B型Ⅰ式（M53：8、M53：9）　7. B型Ⅱ式（M72：5）　8、9. B型Ⅲ式（M114：3、M114：4）　10、11. C型Ⅰ式（M10：8、M10：9）　12、13. B型Ⅳ式（M35：8、M3：1）　14、15. C型Ⅱ式（M9：4、M9：5）　16. D型（M18：7）　17. E型（M80：2）

部、腹部、底部的变化，可分为两式：

Ⅰ式：2件。出自M10。大小、形制相同。泥质灰陶。敞口，平沿，下垂，尖唇，溜肩，鼓腹下内收，平底。器表饰红彩绘，已剥落。标本M10：8。口径5.6厘米，腹径9.2厘米，底径5.7厘米，高9.2厘米（图二七五，10）。标本M10：9。口径4.1厘米，腹径7.8厘米，底径5.6厘米，高7.6厘米（图二七五，11）。

Ⅱ式：2件。出自M9。大小、形制相同。泥质灰陶。敞口，溜肩，鼓腹下内收，平底。标本M9：4，腹部饰三周弦纹。口径6.8厘米，腹径9.2厘米，底径4.4厘米，高10.4厘米（图二七五，14）。标本M9：5，口径7.2厘米，腹径9.2厘米，底径4.8厘米，高10.4厘米（图二七五，15）。

D型　1件。标本M18：7。泥质灰陶。盘口，束颈，溜肩，扁鼓腹，圜底，假圈足。上承拱形盖，子口。盖沿下饰一周凹弦纹。口径4.8厘米，腹径9.2厘米，底径4.4厘米，通高13.6厘米（图二七五，16）。

E型　1件。标本M80：2，泥质灰陶。素面。敞口，仰折沿，圆唇。束颈，折肩，鼓腹，平底。口沿唇面有一凹槽。口径10.8厘米，腹径19.2厘米，底径10.4厘米，高19.2厘米（图二七五，17）。

4. 钫

8件。可参与分型者5件，另有3件，因无法复原而形制不明。5件出土于4座墓葬中，根据钫腹部、肩部的不同，可分为二型：

A型　2件。出自M18、M42。大小、形制相同。方盘口，圈足，无铺首。标本M18：1。泥质灰陶。方盘口，上承正方椎形盖，盖顶有对称四个长方形穿孔。束颈，溜肩，弧腹，平底，方圈足，足外撇。口径12厘米，腹径20.8厘米，足径14厘米（图二七六，1）。标本

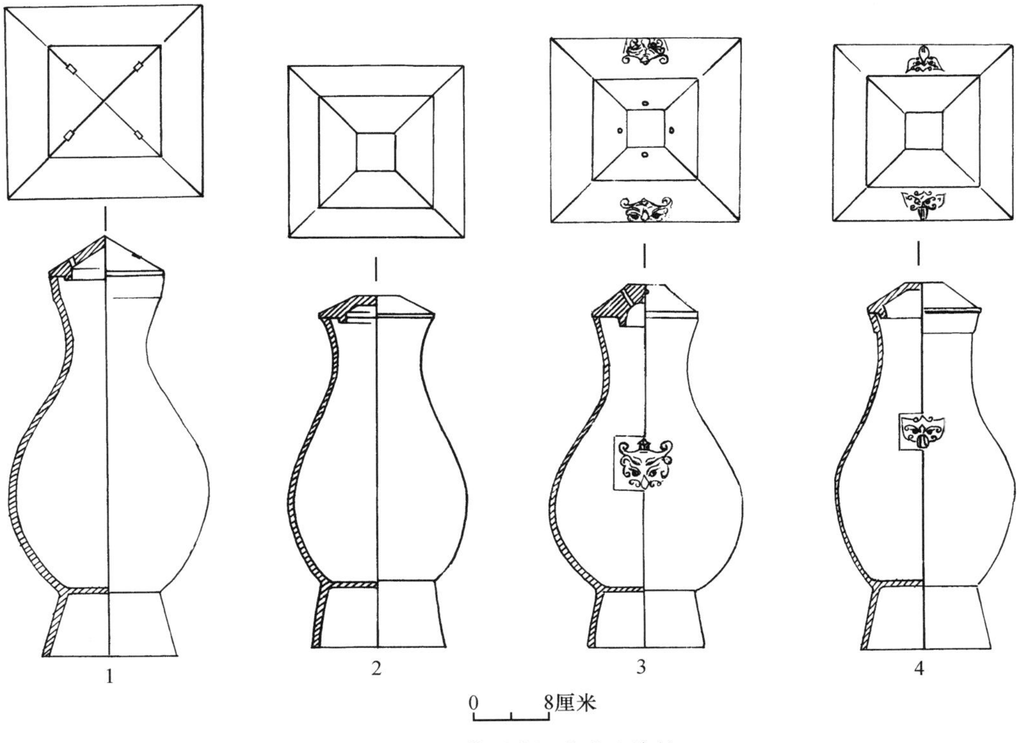

图二七六　战国秦汉墓出土陶钫

1、2. A型（M18：1、M42：1）　3. B型Ⅰ式（M13：5）　4. B型Ⅱ式（M65：7）

M42：1，泥质灰陶，侈口，上承正方椎形盖，顶平，面正方形，束颈，溜肩，弧腹平底，方圆足。口径12厘米，腹径18.4厘米，底径14.4厘米，通高37.6厘米（图二七六，2）。

B型　3件。方盘口，圈足，腹部有对称的铺首。根据口沿、腹部以及底部的不同，可分为二式：

Ⅰ式：1件。出自M13。标本M13：5。泥质灰陶。平面呈方形。侈口，方唇，束颈，溜肩，鼓腹，平底。方圈足。腹饰对称两铺首。上承覆“斗”形盖，子口。盖顶有对称四个小方孔。口径11.2厘米，腹径20厘米，底径12.4厘米，通高38.8厘米（图二七六，3）。

Ⅱ式：2件。出自M65。大小、形制相同。标本M65：7，泥质灰陶。方口，平沿，束颈，溜肩，鼓腹，平底，方圈足外撇。肩附两个对称铺首。上承一斗形盖。口边长12.4厘米，腹边长18.4厘米，底边长14.4厘米，通高36.4厘米（图二七六，4）。

（二）日　用　器

209件，占陶器总数的36.3%，均为容器。以泥质灰陶为主，并有少量泥质褐陶、红陶。纹饰多为弦纹，少量绳纹等，有少量彩绘，多以脱落，其中罐66件，瓮35件，盆 22件，釜甑24套（51件）以及钵、盘等。

1. 罐

66件。可参与分型者56件，另有10件，因无法复原而形制不明。55件罐出土于40座墓葬中，根据罐的口沿、腹部以及底部的不同，可分为七型：

A型　25件。圜底或平底稍内凹，鼓腹，肩部有两对称的耳，颈部以下饰绳纹加弦纹。根据底部的不同，可分为二亚型：

Aa型　20件。平底或稍内凹，鼓腹或球形腹。根据罐的口、颈部、腹部以及底部的不同，可分为四式：

Ⅰ式：1件。出自M145。标本M145：3，泥质灰陶。敞口、圆唇、束颈、溜肩、附两个对称桥形耳，鼓腹弧收成圜底。腹饰弦断绳纹，下腹饰斜绳纹，耳上饰凹凸各一周弦纹。口径10厘米，腹径25.6厘米，底径9.6厘米，高26厘米（图二七七，1）。

Ⅱ式：5件。出自M83、M63、M75、M113、M117。大小、形制相同或相近。长颈，鼓腹，圜底稍内凹。标本M75：3，泥质灰陶。肩及腹中部饰弦断绳纹，下腹及底饰交叉斜绳纹。口径12.5厘米，腹径26.4厘米，高26.4厘米（图二七七，2）。标本M83：1，夹砂灰褐陶。圆鼓腹，凹圜底。颈以下至腹饰弦断绳纹，下腹及底饰交叉斜绳纹。口径14.4厘米，腹径26.8厘米，底径8.8 厘米，高24.8厘米（图二七七，3）。

Ⅲ式：7件。出自M58、M68、M93、M95、M98、M135。大小、形制相同或相近。颈稍

短，球形腹，圜底稍内凹。标本M68：1，泥质灰陶。鼓腹，凹圜底。腹饰弦断绳纹。口径13.6厘米，腹径28.4厘米，高27.6厘米（图二七七，4）。标本M95：6，夹砂灰陶。球形圆鼓腹，凹圜底。口沿有一周凹槽，颈饰一周凸弦纹，肩附对称桥形双耳，腹饰弦断绳纹。口径14.8厘米，腹径27.2厘米，底径9.6厘米，高29.6厘米（图二七七，5）。标本M135：2，泥质灰陶鼓腹弧收成凹圜底。腹饰弦断绳纹。口径13.6厘米，腹径25.6厘米，底径8.4厘米，高28.4厘米（图二七七，6）。

Ⅳ式　7件。出自M62、M91、M94、M121、M124、M126。大小、形制相同或相近。短

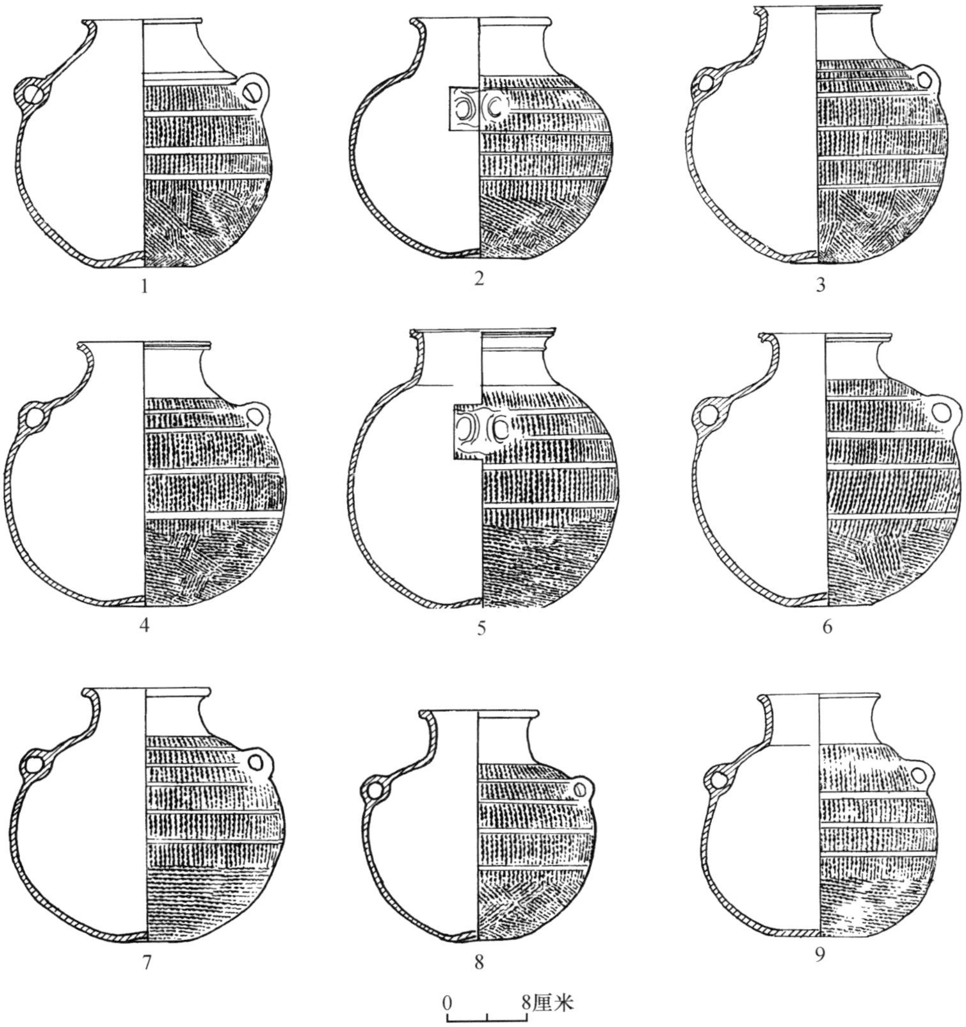

图二七七　战国秦汉墓出土陶罐

1. Aa型Ⅰ式（M145：3）　2、3. Aa型Ⅱ式（M75：3、M83：1）　4～6. Aa型Ⅲ式（M68：1、M95：6、M135：2）　7～9. Aa型Ⅳ式（M94：2、M121：1、M124：1）

颈，鼓腹，平底或稍内凹。标本M94：2，泥质灰陶。腹饰弦断绳纹。口径12.4厘米，腹径24厘米，底径9.6厘米，高24.8厘米（图二七七，7）。标本M121：1，泥质灰陶，鼓腹，下腹弧收成圜底。肩腹部饰弦断绳纹。口径12厘米，腹径23.2厘米，底径6.4厘米，高23.6厘米（图二七七，8）。标本M124：1，泥质灰陶。鼓腹，下腹弧收成圜底。肩、腹部弦断绳纹，下腹及底饰横绳纹。口径12.8厘米，腹径27.2厘米，底径8厘米，高26厘米（图二七七，9）。

Ab型　5件。圜底，鼓腹或球形腹。根据罐的口沿、颈部、腹部以及底部的不同，可分为两式：

Ⅰ式：1件。出自M84。标本M84：2，夹砂灰陶。侈口，圆唇，圆唇，束颈，溜肩，圆鼓腹，圜底。肩附对称环形双耳，肩和上腹饰弦断绳纹，下腹及底饰交叉斜绳纹。口径14厘米，腹径25.6厘米，高26.8厘米（图二七八，1）。

Ⅱ式：4件。出自M58、M99、M140。大小、形制相同。短颈，圜底，球形腹。标本M99：3，泥质灰陶，敞口，尖唇，束颈，折肩。颈下饰弦断细绳纹。口径13.6厘米，腹径24.4厘米，高26.4厘米（图二七八，2）。标本M140：1，泥质灰陶，敞口，圆唇，束颈，溜肩，鼓腹。腹饰弦断绳纹。口径14.4厘米，腹径26.4厘米，底径5.6厘米，高27.2厘米（图二七八，3）。

B型　2件。平底稍内凹，鼓腹，颈部以下饰绳纹或弦纹，体形较大。根据罐的口沿、颈部、腹部以及底部的不同，可分为二式：

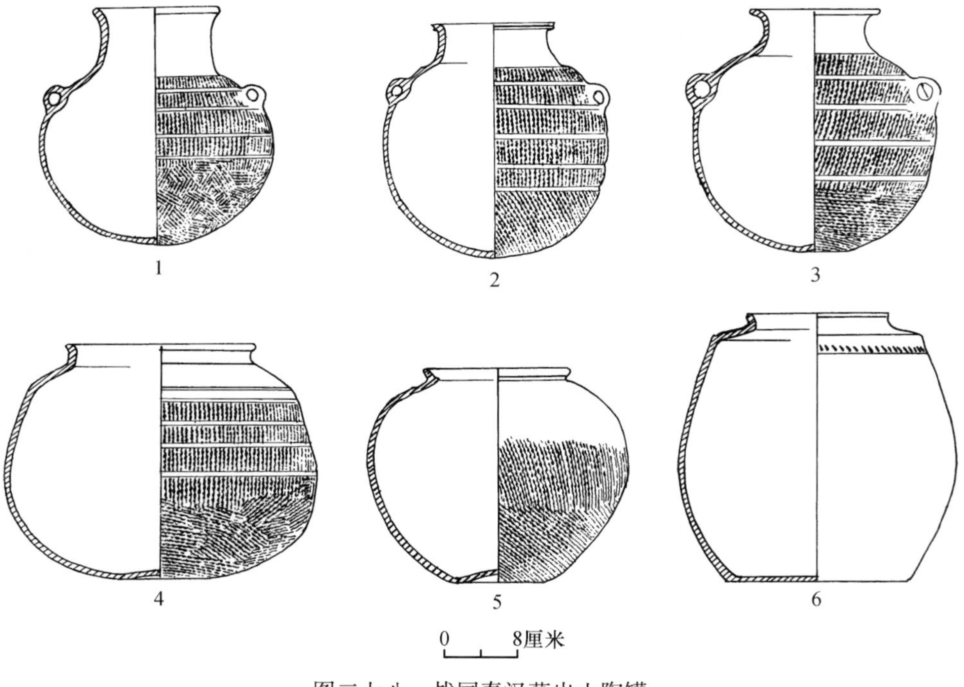

图二七八　战国秦汉墓出土陶罐

1. Ab型Ⅰ式（M84：2）　2、3. Ab型Ⅱ式（M99：3、M140：1）　4. B型Ⅰ式（M81：2）　5. B型Ⅱ式（M91：9）　6. G型（M73：9）

Ⅰ式：1件。出自M81。标本M81：2，泥质灰陶。侈口，圆唇，矮颈，折肩，弧腹，凹圜底。上腹饰弦断绳纹，下腹至底饰斜向绳绳纹。口径20.8厘米，腹径34.0厘米，底径10.4厘米，高26.0厘米（图二七八，4；图版二五，3）。

Ⅱ式：1件。出自M91。标本M91：9，泥质灰陶。侈口。圆唇，广肩，鼓腹，凹圜底。腹饰斜绳纹。口径16.0厘米，腹径28.4厘米，底径10厘米，高23.6厘米（图二七八，5）。

C型 15件。短颈，平底，鼓腹，素面或腹部饰弦纹，体形较小。根据罐的口沿、颈部、腹部以及底部的不同，可分为三式：

Ⅰ式：2件。出自M65、M114。大小、形制相同。短颈，平底，球形腹，素面。标本M114：10，泥质灰陶。敞口，圆唇，短颈，溜肩，球形腹，平底，素面。口径7.6厘米，腹径8厘米，底径6.4厘米，高7.2厘米（图二七九，1）。

Ⅱ式：9件。出自M21、M60、M65、M89、M95、M101、M148。大小、形制相同或相近。短颈，平底，鼓腹，素面或腹部饰弦纹。标本M60：10，泥质灰陶。素面。口径10.4厘米，腹径17.0厘米，底径9.6厘米，高10.4厘米（图二七九，2）。标本M89：11，泥质灰陶。直口，平底。腹饰一周划线段。口径10.8厘米，腹径16.8厘米，底径6.8厘米，高9.6厘米（图二七九，3）。

Ⅲ式：4件。出自M35、M6。大小、形制相同。短颈，平底，鼓腹，素面或腹部饰弦纹。标本M6：12。泥质灰陶。直口，方唇，矮直领，广肩，鼓腹，腹下弧内收，平底。口内壁有一周凹槽。素面。口径12厘米，腹径16.8厘米，底径8厘米，高12厘米（图二七九，4）。

D型 4件。子口，鼓腹或球形，平底。根据罐的口沿、腹部以及底部的不同，可分为三式：

Ⅰ式：1件。出自M58。标本M58：2，泥质灰陶，敛口，矮颈，广肩，肩饰一周上卷棱，鼓腹弧收，平底微凹。口径17.2厘米，腹径30.4厘米，底径14.4厘米，高22.4厘米（图二七九，14；图版二五，4）。

Ⅱ式：1件。出自M148。标本M148：7，泥质灰陶。子口内敛，鼓腹弧收，平底。口径14.4厘米，腹径19.2厘米，底径12厘米，高11.2厘米（图二七九，5）。

Ⅲ式：2件。出自M6。大小、形制相同。标本M6：4。泥质灰陶。子口稍敛、鼓腹，下腹弧形内收，平底。素面无纹。口径10厘米，腹径16.8厘米，底径10厘米，高12.4厘米（图二七九，6）。

E型 4件。双唇，短颈鼓腹，肩部以下有对称的双耳，绳纹或素面，平底。根据口沿、腹部以及底部的不同，可分为三式：

Ⅰ式：1件。出自M20。标本M20：4。泥质灰陶。直口，平折沿，圆唇，束颈，溜肩，鼓腹，圜底内凹。肩饰对称环形双耳，身饰绳纹。口径12.8厘米，腹径16.8厘米，高17.6厘米（图二七九，7）。

Ⅱ式：1件。出自M118。标本M118：5，泥质灰陶。敞口，尖唇，矮颈，溜肩，鼓腹斜收，平底，肩附两个对称桥形耳。口径4.4厘米，腹径7.2厘米，底径3.2厘米，高6厘米（图

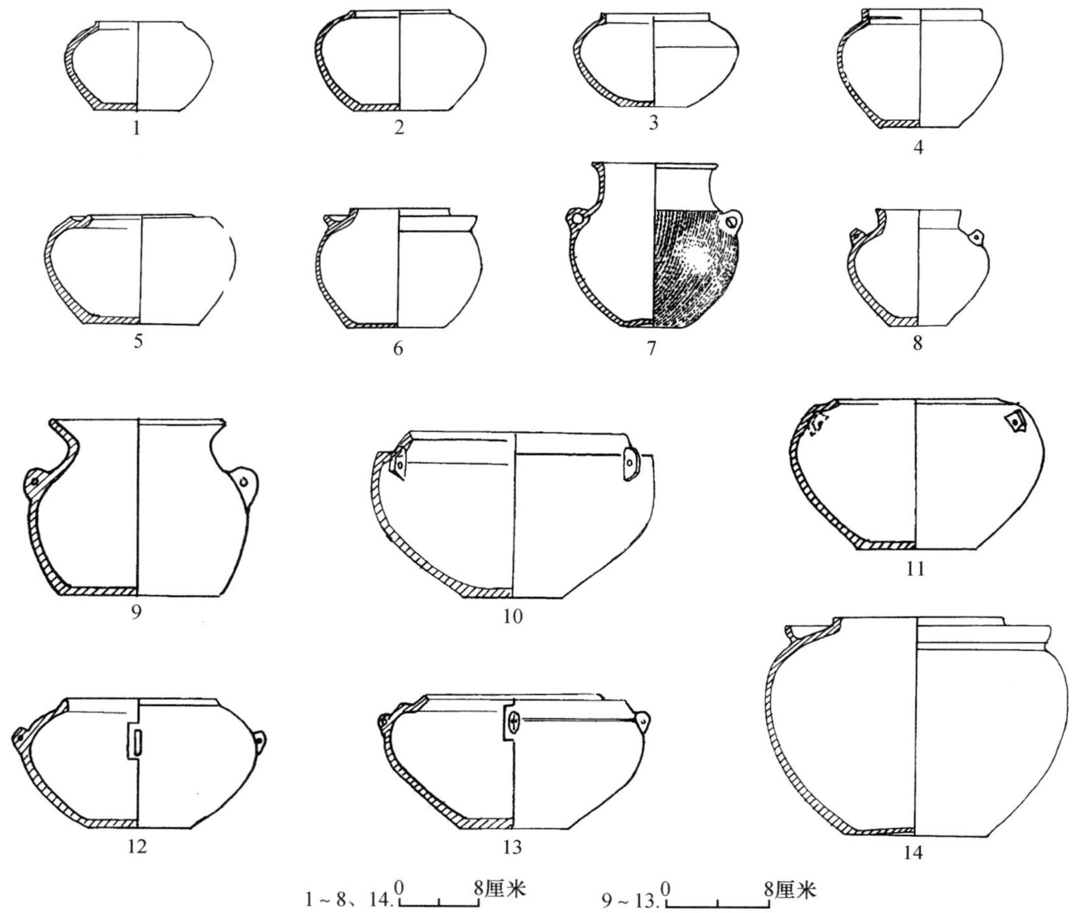

图二七九　战国秦汉墓出土C、D、E、F型罐

1. C型Ⅰ式（M114：10）　2、3. C型Ⅱ式（M60：10、M89：11）　4. C型Ⅲ式（M6：12）　5. D型Ⅱ式（M148：7）　6. D型Ⅲ式（M6：4）　7. E型Ⅰ式（M20：4）　8. E型Ⅱ式（M118：5）　9. E型Ⅲ式（M95：4）　10. Fa型Ⅰ式（M117：1）　11. Fa型Ⅱ式（M122：2）　12. Fb型Ⅰ式（M81：3）　13. Fb型Ⅱ式（M89：4）　14. D型Ⅰ式（M58：2）

二七九，8）。

Ⅲ式：2件。出自M95。形制相同、大小有别。标本M95：4，夹砂灰陶。素面。侈口，圆唇，束颈，溜肩，鼓腹，平底。肩附对称双耳。口径13.2厘米，腹径17.6厘米，底径12.8厘米，高14厘米（图二七九，9）。

F型　5件。子口，短颈，鼓腹，肩部以下有对称的三个或四个耳，平底，有盖，素面。根据口沿、腹部以及底部的不同，可分为二亚型：

Fa型　3件。根据口沿、腹部以及底部的不同，可分为两式：

Ⅰ式：1件。出自M117。子口，短颈，鼓腹，肩部以下有对称的三个耳，平底。缺盖。标本M117：1，泥质灰陶，敞口，圆唇，束颈，广肩，鼓腹。下腹弧收成圜底内凹，肩附两个对称桥形耳。腹上饰数周弦断绳纹，腹下饰斜纹。口径10.4厘米，高22厘米（图二七九，10）。

Ⅱ式　2件。出自M105、M122。大小、形制相同。子口，短颈，鼓腹，肩部以下有对称的三个耳，平底。标本M122：2，夹砂灰陶。子母口，缺盖。鼓腹，平底。上腹等距离饰三个形纽，上有穿孔。口径12.8厘米，腹径20厘米，底径9.6厘米，高12厘米，壁厚0.6～0.7厘米（图二七九，11）。

Fb型　2件。根据口沿、腹部以及底部的不同，可分为二式：

Ⅰ式：1件。出自M81。标本M81：3，泥质红陶。敛口，圆唇，鼓腹内收，平底。上腹饰四个对称扁穿孔耳。口径12.0厘米，腹径18.4厘米，底径8.8厘米，高10.4厘米（图二七九，12）。

Ⅱ式：1件。出自M89。标本M89：4，夹砂灰陶。敛口，斜方唇，鼓腹内收，平底。上腹附四个对称桥形耳。口径14厘米，腹径20.4厘米，底径8.8厘米，高11.2厘米（图二七九，13）。

G型　1件。短颈，弧腹，沿下有一周绳纹，平底。颈部以下素面。标本M73：9，泥质灰陶。敛口，仰折沿，尖唇，折肩，鼓腹，平底。腹上饰一周点状压印纹。口径15.6厘米，腹径30厘米，底径20厘米，高29.8厘米（图二七八，6；图版二七，1）。

2. 瓮

35件。可参与分型者30件，另有5件，因无法复原而形制不明。31件瓮出土于29座墓葬中，根据瓮的口沿、腹部以及底部的不同，可分为四型：

A型　27件。短颈，鼓腹，平底，有盖，腹部饰弦纹或绳纹。根据口沿、腹部以及底部整体不同，可分为三式：

Ⅰ式：2件。出自M14、M15。大小、形制相同。泥质灰陶，敛口，直颈较短，圆肩，鼓腹，平底。标本M15：6。肩部饰一周凹弦纹。口径15.2厘米，腹径28.4厘米，底径20厘米，高19.2厘米（图二八〇，1；图版二六，1）。

Ⅱ式：13件。出自M121、M72、M73、M94、M98、M105、M114、M118、M119、M125、M130、M132。大小、形制相同或相近。泥质灰陶，束颈，广肩，鼓腹斜收，平底。标本M130：9。敛口，圆唇，平沿，沿面有一周凹槽。腹饰绳纹。口径22.8厘米，腹径36.8厘米，底径21.6厘米，高30.8厘米（图二八〇，2；图版二六，2）。标本M118：2，直口，矮颈，鼓腹弧收，平底。口沿上饰一周凹槽；肩、腹饰凹弦纹三周。口径19.6厘米，腹径36.4厘米，底径19.2厘米，高39.6厘米（图二八〇，3；图版二六，3）。

Ⅲ式：12件。出自M39、M44、M67、M89、M95、M128、M138、M148。大小、形制相同或相近。泥质灰陶，广肩或溜肩，鼓腹，平底。标本M44：2，直口，溜肩，鼓腹，平底。上腹凹弦纹和堆纹各一周，下腹有绳纹残痕。口径23.2厘米，腹径40厘米，底径22.4厘米，高30厘米（图二八〇，4；图版二六，4）。标本M89：1，敛口，圆唇，广肩，上腹圆鼓，下腹弧内收，平底。腹饰二周弦断绳纹。口径24.8厘米，腹径42.0厘米，底径22.4厘米，高28.8厘米

（图二八〇，5；图版二六，5）。

B型　2件。子口，短颈，鼓腹，肩部以下有对称的三个或四个耳，平底，有盖，素面。根据口沿、腹部以及底部的不同，可分为二式：

Ⅰ式：1件。出自M10。标本M10：4，泥质灰陶。侈口，方唇，圆肩，鼓腹下斜收，平底，最大腹径于近肩处。肩部饰六周凹弦纹，腹饰竖绳纹，残留少部，上承弧形盖，盖表饰凹弦纹一周。口径18.4厘米，最大腹径31.2厘米，底径20厘米，通高26.4厘米（图二八〇，6；图版二七，2）。

Ⅱ式：1件。出自M59。标本M59：1，泥质灰陶。敛口。沿面内凹，上承弧形盖，矮颈，广肩，弧腹，平底。口径20厘米，腹径34.4厘米，底径20.8厘米，通高30.4厘米（图二八〇，7；图版二七，3）。

C型　1件。出自M123。标本M123：10，泥质灰陶。敛口，圆唇，广肩，鼓腹，下腹弧收，平底。唇上有一周凹槽，肩部饰一周凸弦纹。口径（变形）22～26厘米，腹径40厘米，底径23.2厘米，高26.4厘米（图二八〇，8；图版二六，6）。

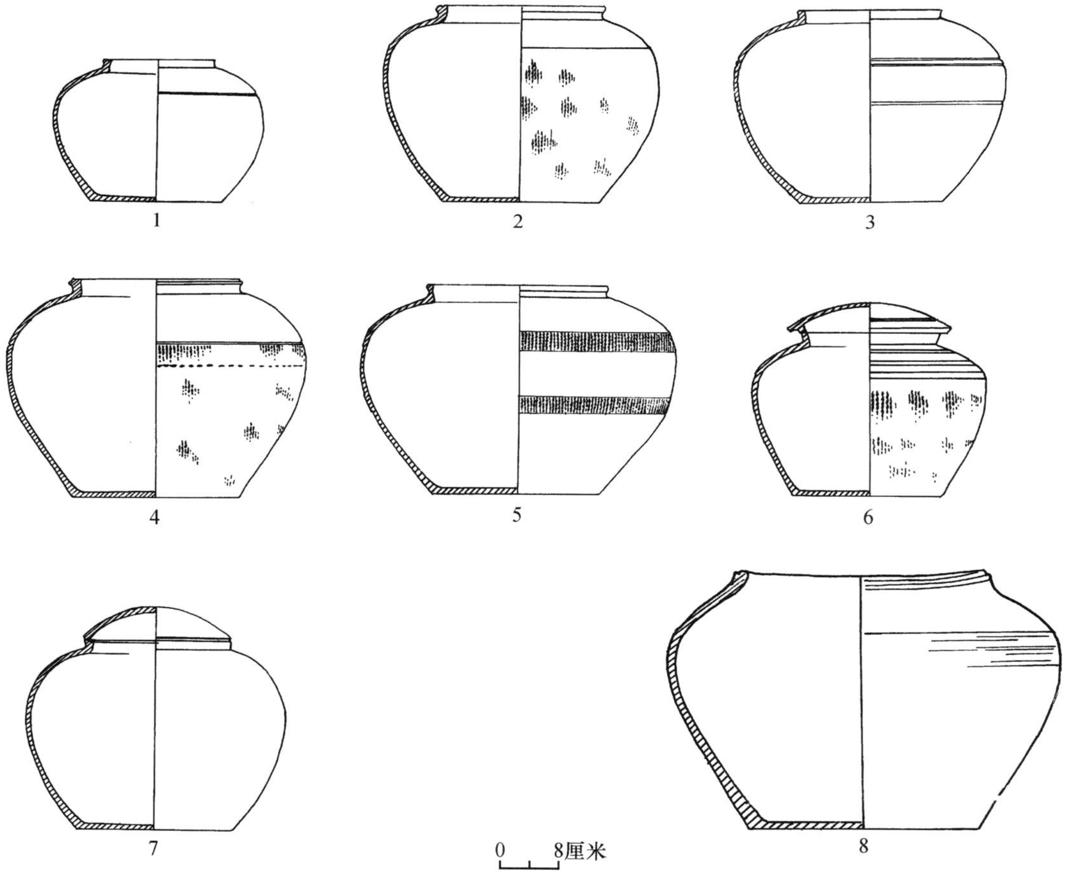

图二八〇　战国秦汉墓出土A、B、C、D型瓮

1. A型Ⅰ式（M15：6）　2、3. A型Ⅱ式（M130：9、M118：2）　4、5. A型Ⅲ式（M44：2、M89：1）　6. B型Ⅰ式（M10：4）　7. B型Ⅱ式（M59：1）　8. C型（M123：10）

3. 盆

22件。出土于19座墓葬中，根据盆的口沿、颈部、腹部的不同，可分为二型：

A型　11件。折沿或卷沿，束颈，斜腹，平底，腹部多弦纹。根据口沿、腹部以及底部的不同，可分为三式：

Ⅰ式：4件。出自M8、M13、M70。大小、形制相同。泥质灰陶。敞口，方唇，平折沿，束颈，折腹弧收，深腹，平底。标本M8：1。腹饰一周凸弦纹。口径19.2厘米，腹径17.8厘米，底径7.2厘米，高8.4厘米（图二八一，1）。标本M13：13。口径20厘米，底径8厘米，高9.6厘米（图二八一，2）。

Ⅱ式：3件。出自M126、M114、M117。大小、形制相同。泥质灰陶。敞口或侈口，方唇，卷沿或平折沿，束颈，折腹弧收，平底。标本M126：9。敞口，平折沿，鼓腹斜收。口径8.4厘米，腹径14.8厘米，高6.4厘米（图二八一，3）。标本M114：2。侈口，方唇，平沿，弧腹。口径19.28厘米，底径7.2厘米，高7.2厘米，壁厚0.4～0.6厘米（图二八一，4）。

Ⅲ式：4件。出自M60、M95、M106、M148。大小、形制相同。泥质或夹砂灰陶。方唇，卷沿或平折沿，束颈，折腹弧收，平底。标本M60：6，泥质灰陶。敛口，仰折沿，鼓腹弧收，平顶。口径14厘米，顶径5.2厘米，高6.8厘米（图二八一，5）。标本M106：2，夹砂灰陶，素面，侈口，仰折沿，圆唇，下直上弧斜内收，平底。口径15.2厘米，底径4.0厘米，高6.8厘米（图二八一，6）。

B型　11件。折沿或卷沿，无颈，斜腹，平底。素面。根据口沿、腹部以及底部的不同，可分为三式：

Ⅰ式：3件。出自M63、M75、M94。大小、形制相同。折沿或卷沿，无颈，斜浅腹，平

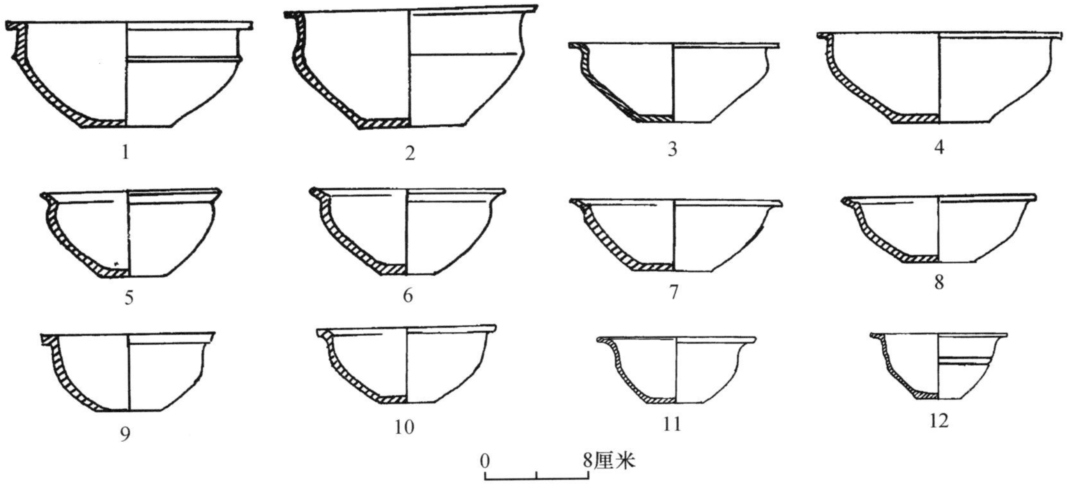

图二八一　战国秦汉墓出土A、B型盆

1、2. A型Ⅰ式（M8：1、M13：13）　3、4. A型Ⅱ式（M126：9、M114：2）　5、6. A型Ⅲ式（M60：6、M106：2）　7、8. B型Ⅰ式（M75：16、M94：5）　9、10. B型Ⅱ式（M91：2、M132：7）　11、12. B型Ⅲ式（M35：11、M35：19）

底。素面。标本M75：16。泥质灰陶。折沿。素面。口径16.8厘米，底径6.4厘米，高5.6厘米，壁厚0.4～0.6厘米（图二八一，7）。标本M94：5，泥质灰陶。素面。敞口，折沿，弧腹内收，平底。口径15.2厘米，底径5.6厘米，高5.2厘米（图二八一，8）。

Ⅱ式：4件。出自M89、M91、M132、M138。大小、形制相同。折沿或卷沿，无颈，弧腹，平底。素面。标本M91：2，泥质灰陶。敛口，斜方唇、弧腹、平底。腹饰六周划线纹。盖残。口径14.4厘米，腹径19.2厘米，底径10.4厘米，高9.2厘米（图二八一，9）。标本M132：7，泥质灰陶，敞口，折沿，方唇，弧腹内收，平底。口径14厘米，底径4.8厘米，高6厘米（图二八一，10）。

Ⅲ式：4件。出自M35、M101。大小、形制相同。折沿或卷沿，无颈，弧腹较深，平底。素面。标本M35：11，泥质灰陶。敞口，卷沿，沿面内凹，折腹下腹斜收，平底。口径12.4厘米，底径4.4厘米，高5.2厘米（图二八一，11）。标本M35：19，泥质灰陶。平折沿，圆唇，弧腹内收，平底。腹上饰二周凹弦纹。口径10.8厘米，底径3.6厘米，高5.2厘米（图二八一，12）。

4. 釜甑

24套（51件）。出自26座墓中，其中M32、M53、M66仅有釜无甑，这些墓葬均未出土有灶。根据甑、釜的口沿、腹部、底部以及整体的不同，可分为五型：

A型　4件。平底或圜底釜，甑为折沿，折腹，平底。根据釜甑整体不同变化，可分为三式：

Ⅰ式：1件。出自M7。泥质黄褐陶。甑，标本M7：2。直口，平折沿，方唇，折腹斜内收，平底。上腹饰凸弦纹一周，下腹饰凹弦纹二周，底部有五个圆孔。口径14.8厘米，底径4.8厘米，高6.4厘米。釜，标本M7：3。敛口，方唇，扁鼓腹，平底。下腹有刮削痕。口径20厘米，腹径16厘米，底径8厘米，高7.6厘米（图二八二，1；图版二七，4）。

Ⅱ式：1件。出自M83。夹砂灰陶。甑，标本M83：4，直口，平折沿，方唇。上腹直，下腹折内收，平底。上腹饰一周凸棱，底部有五个圆孔。口径18.4厘米，底径7.2厘米，高8.8厘米。釜，标本M83：5。直口，平沿，鼓腹，圜底。下饰横向绳纹。口径9.2厘米，腹径16.4厘米，高11.6厘米（图二八二，2）。

Ⅲ式：2件。出自M8、M13。大小、形制相同。圜底釜，甑为折沿，折腹，平底。泥质灰陶。甑，标本M8：2。敞口，平折沿，方唇，直颈，折腹弧内收，平底。腹饰一周凸弦纹，底有五个圆孔。口径20厘米，底径7.2厘米，高9.2厘米；釜，标本M8：3。敛口，方唇，矮直颈，鼓腹，圜底。素面。口径10.4厘米，腹径16厘米，高8.8厘米（图二八二，3）；标本M13：7、M13：9，形制大小相同（图二八二，4；图版二七，5）。

B型　1件。出自M14。釜带腰沿，三足釜，碗型甑，圈足。泥质灰陶。釜，标本M14：3。直口，方唇，扁鼓腹，圜底，三椎形足。腹饰一周腰檐。口径8.8厘米，腹径18.4

厘米，高11.2厘米。甑。标本M14：2。泥质灰陶。侈口，平折沿，圆唇，鼓腹，凹圜底，矮圈足。底部有七个箅孔。口径18.8厘米，底径11.2厘米，高9.6厘米（图二八二，5；图版二七，6）。

C型　3件。釜带腰沿，腹上部饰两对称的铺首衔环，圜底或近圜釜，碗型甑，圈足。根据釜甑整体不同变化，可分为二式：

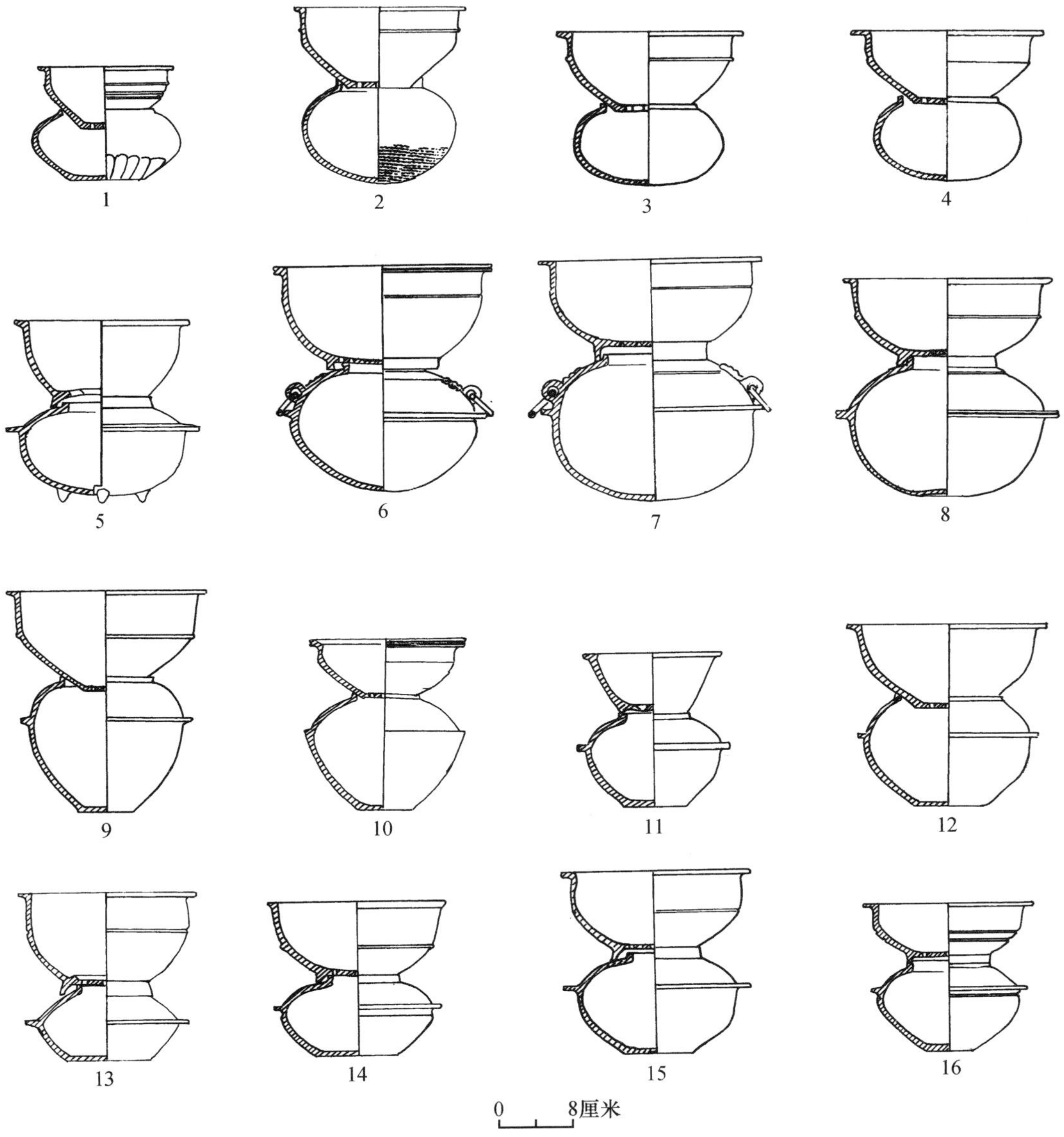

图二八二　战国秦汉墓出土釜甑

1. A型Ⅰ式（M7：3、M7：2）　2. A型Ⅱ式（M83：5、M83：4）　3、4. A型Ⅲ式（M8：3、M8：2；M13：7、M13：9）　5. B型Ⅱ式（M14：3、M14：2）　5. C型Ⅰ式（M18：4、M18：3）　7、8. C型Ⅱ式（M65：3、M65：1；M86：3、M86：5）　9～11. D型Ⅱ式（M145：2、M145：1；M75：7、M75：13；M113：2、M113：3）　12. D型Ⅰ式（M12：7、M12：6）　13、14. E型Ⅰ式（M81：7、M81：6；M74：9、M74：3）　15、16. E型Ⅱ式（M65：2、M65：16；M17：7、M17：6）

Ⅰ式：1件。出自M18。圜底釜，底部较尖。泥质灰陶。甑，标本M18：3。敞口，平折沿，弧腹，平底，圈足。唇部饰一周凹弦纹，上腹饰一周凹弦纹，底部数周三角形放射状穿孔。口径23.2厘米，底径12厘米，高11.2厘米。釜，标本M18：4。泥质灰陶。直口，矮颈，溜肩，上腹圆鼓，下腹弧内收，圜底。肩附两个对称铺首环，饰凹弦纹一周，腹饰一周凸方棱。口径9.2厘米，腹径21.6厘米，高4.4厘米（图二八二，6）。

Ⅱ式：2件。出自M65、M86。大小、形制相近。球形釜。泥质灰陶。甑，标本M65：1。直口，平折沿，方唇，直腹弧收，平底，圈足。腹饰一周凹弦纹，底部有数个三角形箅孔。口径24厘米，底径12厘米，高11.2厘米。釜，标本M65：3。腹上部饰两对称的铺首衔环和一周凸棱，圜底。口径10.4厘米，最大腹径24厘米，高16.4厘米（图二八二，7）。标本M86：3、M86：5，形制大小相近（图二八二，8）。

D型　4件。釜带腰沿，平底，平底甑。根据釜甑整体不同变化，可分为二式：

Ⅰ式：1件。出自M12。标本M12：6：泥质灰陶。敞口，圆唇，平折沿，直腹内收，平底。内、外均饰红彩，底部有长条形箅孔。釜1件。标本M12：7。泥质灰陶。敛口，尖唇，扁鼓腹，平底，覆盘形盖。腹中部有一周腰檐。口径4.8厘米，腹径15.2厘米，底径8.4厘米，高7.6厘米，通高8.4厘米（图二八二，12）。

Ⅱ式：3件。出自M75、M113 、M145。大小、形制相同或相近。釜带腰沿，平底，平底甑。甑釜，泥质灰陶。釜，标本M113：2。敛口，方唇，鼓腹，下腹斜收平底，腹饰一周腰檐。口径11.2厘米，腹径17.8厘米，底径7.2厘米，高12厘米。甑，标本M113：3，泥质灰陶。敞口，平折沿，方唇，弧腹内收，平底，底部有五个圆形箅孔。口径21.6厘米，底径6.4厘米，高9.2厘米（图二八二，11；图版二八，2）。陶釜，标本M145：2。直口，方唇。矮颈，圆肩，鼓腹弧收，平底。腹上有一腰檐，口径10厘米，腹径18.4厘米，底径6厘米，高14.8厘米。甑，标本M145：1。敞口。平折沿，方唇，折腹，斜收，平底，底有“十”字形五圆孔。口径19.2厘米，底径4.8厘米，高11.2厘米（图二八二，9）。标本M75：7、M75：13，形制相同，大小相近（图二八二，10）。

E型　12件。釜带腰沿，平底，圈足甑。根据釜甑整体不同变化，可分为二式：

Ⅰ式：8件。出自M9、M10、M42、M43、M71、M74、M76、M81。大小、形制相同或相近。釜带腰沿，平底，圈足甑，整体较矮。甑釜：甑，标本M81：6，泥质灰陶。敛口，平折沿，方唇，弧腹，平底，圈足。腹饰一周凹弦纹，底内附凸棱一周，底下有五个圆形箅孔。釜，标本M81：7，泥质灰陶。敛口，方唇，折腹，平底。腹中部附一周凸方棱。口径6.4厘米，腹径14.8厘米，底径8.8厘米，高8.4厘米（图二八二，13）。标本M74：9、M74：3，形制相同（图二八二，14）。

Ⅱ式：4件。出自M65、M73、M77、M17。大小、形制相同或相近。釜带腰沿，平底，球形腹，圈足甑。甑釜：甑，标本M65：16，泥质灰陶。直口，斜沿，圆鼓腹，圜底。上腹附两个对称铺首衔环，饰一周凹弦纹。腹中间一周腰檐。口径10.4厘米，腹径24厘米，高16厘米。釜，标本M65：2。泥质灰陶，素面。上腹饰一周凸棱。口径6.4厘米，最大腹径20厘米，底径

7.2厘米，壁厚0.5～0.7厘米，高11.2厘米（图二八二，15）。标本M17：7、M17：6，形制相同，大小相近（图二八二，16）。

5. 钵

8件。分布出自8座墓葬。根据钵的口沿、腹部的不同，可分为两型：

A型　4件。敛口，弧腹，平底。根据口沿、腹部的不同，可分为三式。

Ⅰ式：1件。出自M7。敛口，鼓腹较浅，平底。标本M7：4。泥质红陶。敛口，圆唇，上腹圆鼓，下腹斜内收，平底。口径15.2厘米，底径6.4厘米，高4.8厘米（图二八三，1；图版二九，1）。

Ⅱ式：2件。分别出自M20、M84。型制、大小相同。敛口，弧斜腹，平底。标本M84：1，泥质灰陶。敛口，斜方唇，弧腹内收，平底。口径14.4厘米，腹径15.2厘米，底径6.4厘米，高4.8厘米（图二八三，5；图版二九，2）。

Ⅲ式：1件。出自M67。敛口，鼓腹较深，平底。标本M67：1，泥质灰陶。敛口，斜方唇，弧腹内收，平底。口径14.2厘米，腹径15.2厘米，底径6.4厘米，高5.2厘米（图二八三，8；图版二九，4）。

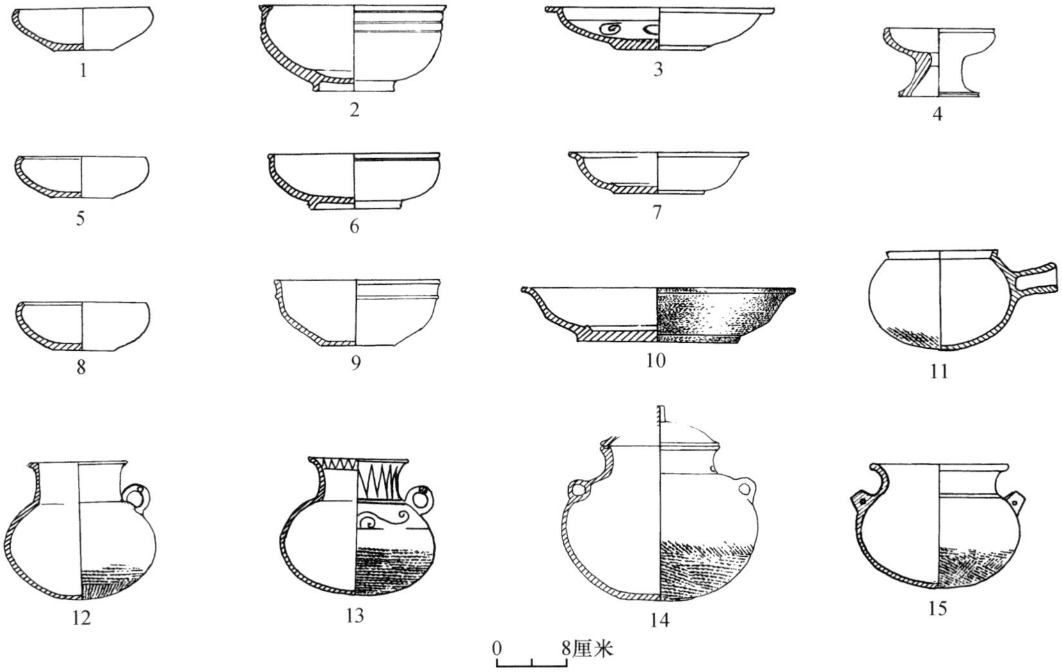

图二八三　战国秦汉墓出土陶器

1. A型Ⅰ式钵（M7：4）　2. B型Ⅰ式钵（M53：3）　3. Ⅰ式盘（M13：12）　4. 豆（M81：8）　5. A型Ⅱ式钵（M84：1）　6. B型Ⅱ式钵（M13：8）　7. Ⅲ式盘（M35：18）　8. A型Ⅲ式钵（M67：1）　9. B型Ⅲ式钵（M109：1）　10. Ⅱ式盘（M6：7）　11. B型鍪（M84：4）　12. A型Ⅰ式鍪（M20：3）　13. A型Ⅱ式鍪（M13：4）　14. C型Ⅰ式鍪（M95：12）　15. C型Ⅱ式鍪（M96：4）

B型　4件。敛口或少敛，圈足或假足。根据口沿、腹部的不同，可分为三式。

Ⅰ式：1件。出自M53。敛口，弧斜腹，较深，圈足。标本M53：3，泥质灰褐陶。敛口，折沿，弧腹内收，平底圈足。口沿下饰二周凹弦纹。口径19.2厘米，足径6.6厘米，高10厘米（图二八三，2；图版二九，5）。

Ⅱ式：2件。出自M13、M114。敛口，弧斜腹，较浅，圈足。标本M13：8，泥质灰陶。直口，方唇，弧腹，浅弧底，矮圈足。口沿下饰一周凹弦纹。口径19.6厘米，足径10.4厘米，高6.4厘米（图二八三，6；图版二九，3）。

Ⅲ式：1件。出自M109。标本M109：1，泥质灰陶。口少敛，圆唇，折弧腹，假圈足。腹上饰一周凸弦纹，口径18.4厘米，底径8厘米，高7.6厘米（图二八三，9；图版二九，6）。

6. 盘

4件。分别出自4座墓葬，其中M35出土1件无法复原。圆唇，敞口，平底，假圈足。根据口沿的不同，可分为三式。

Ⅰ式：1件。出自M13。标本M13：12。泥质灰陶。敞口，平折沿，圆唇，弧腹，假圈足，平底。内壁饰红彩绘图案。口径26厘米，底径10.4厘米，高4.8厘米（图二八三，3）。

Ⅱ式：1件。出自M6。标本M6：7。泥质灰陶。敞口，圆唇，折沿，上翘，弧腹内收，平底，假矮圈足。素面。口径20.4厘米，底径10.4厘米，高4.8厘米（图二八三，10）。

Ⅲ式：1件。出自M35。标本M35：18。泥质红胎。敞口，圆唇，微卷沿，上翘较甚，斜折腹内收，假圈足较矮。器表内外均施青黑釉，底无釉，素面。口径31.2厘米，足径18.4厘米，高6.4厘米（图二八三，7；图版三二，1）。

7. 鍪

5件。分布出自5座墓葬。根据鍪的耳、柄以及口沿的不同，可分为三型。

A型　2件。单耳鍪，圜底、单耳、高领。根据鍪的耳、口沿的不同，可分为两式。

Ⅰ式：1件。出自M20。标本M20:3。泥质灰陶。直口，卷沿，尖唇，束颈，溜肩，鼓腹，圜底。肩附环形单耳，腹饰绳纹。口径12厘米，腹径17.2厘米，高15.6厘米（图二八三，12；图版三〇，1）。

Ⅱ式：1件。出自M13。标本M13：4。泥质灰陶。敞口，圆唇，束颈，溜肩，鼓腹，圜底。肩单侧饰环形耳，颈、肩饰三角连贯纹和卷云纹彩绘，下腹饰绳纹（图二八三，13；图版三〇，2）。

B型　1件。温鍪，圜底、短沿、单柄。

标本M84：4，夹砂灰陶。侈口，方唇，鼓腹，圜底。腹上有一圆形把手，中空。底饰斜绳纹。口径12.8厘米，腹径16.8厘米，高11.6厘米。把手长5.2厘米，直径3.6厘米（图二八三，11；彩版一四，6；图版三〇，3）。

C型　2件。双耳鍪，圜底、双耳、卷沿。根据鍪的耳、口沿的不同，可分为二式：

Ⅰ式：1件。出自M95。标本M95：12，夹砂灰陶。素面。敞口，圆唇，束颈，溜肩，鼓腹，平底。肩附对称双耳。口径5.2厘米，腹径8.0厘米。底径4.0厘米，高6.6厘米（图二八三，14）。

Ⅱ式：1件。出自M96。标本M96：4，泥质灰陶。敞口，圆唇，平沿，沿面饰一周凹槽。矮束颈，广肩，鼓腹，圜底。肩附对称环形双耳，下腹饰斜绳纹。口径14.4厘米，腹径22.4厘米，高18.7厘米（图二八三，15）。

8. 豆

2件。出自M81。型制、大小相同。

标本M81：8。泥质灰陶。敛口，圆唇上有一周弦纹，深弧盘。短柄中空，喇叭形足。口径12.2厘米，底径6.5厘米，高9.2厘米（图二八三，4；图版三一，4）。

9. 樽

2件。分布出自M28、M35。型制、大小相同。

标本M28：4。泥质绿釉红陶。筒腹，直壁，方唇，平底，腹下附三个兽面矮足。腹上饰二组凹弦纹，每组二周。口径13.2厘米，底径12.8厘米，高10厘米；标本M35：17，泥质灰陶，器表外施青灰釉，直口，圆唇，直腹，平底。底缘附马面形三足，腹上有四周弦纹。口径13.6厘米，高9.2厘米（图二八四，5、6）。

10. 炉

3件。出自M28。根据其形制特征，可分为二型：

A型　1件。炙炉。标本M28：5，泥质绿釉红陶。敛口，口沿附近三角形纽，折腹内收，平底，底部有规则多个圆穿孔，圈足外撇。足内有多周凹槽。高13.6厘米（图二八四，8；图版三一，2）。

B型　2件。博山炉。标本M28：8，泥质绿釉红陶。直口圆唇，弧腹内折成圜底，高圈足，足部上内束，足下呈喇叭形，面有多个三角和圆形穿孔相间。口径12厘米，高22.4厘米（图二八四，9；彩版一六，3；图版三一，3）。标本M28：3（图二八四，10）。

11. 耳杯

2件。分布出自M6。2件型制、大小相同。

标本M6∶16、M6∶17。泥质红陶。平面呈圆形，敛口，圆唇，弧腹内收，假矮圈足。口部两侧有对称弧形耳。素面。长11.6厘米，宽8.8厘米，高4厘米，底径长6.8厘米，底径宽4厘米（图二八四，1、2；图版三一，5、6）。

12. 纺轮

2件。分布出自M89、M138。根据其形制特征，可分为二型：

A型　1件。标本M89∶23，泥质黄褐陶。平面呈圆形，正视近锥形。中间有一圆形穿孔，表面饰数周凹弦纹。顶径1.2厘米，底径6.0厘米，高2.1厘米（图二八四，3）。

B型　1件。标本M138∶3，泥质红陶。平面呈圆形，中间有一圆孔，器表饰一周凹槽。顶径2厘米，底径12厘米，高4.8厘米（图二八四，4）。

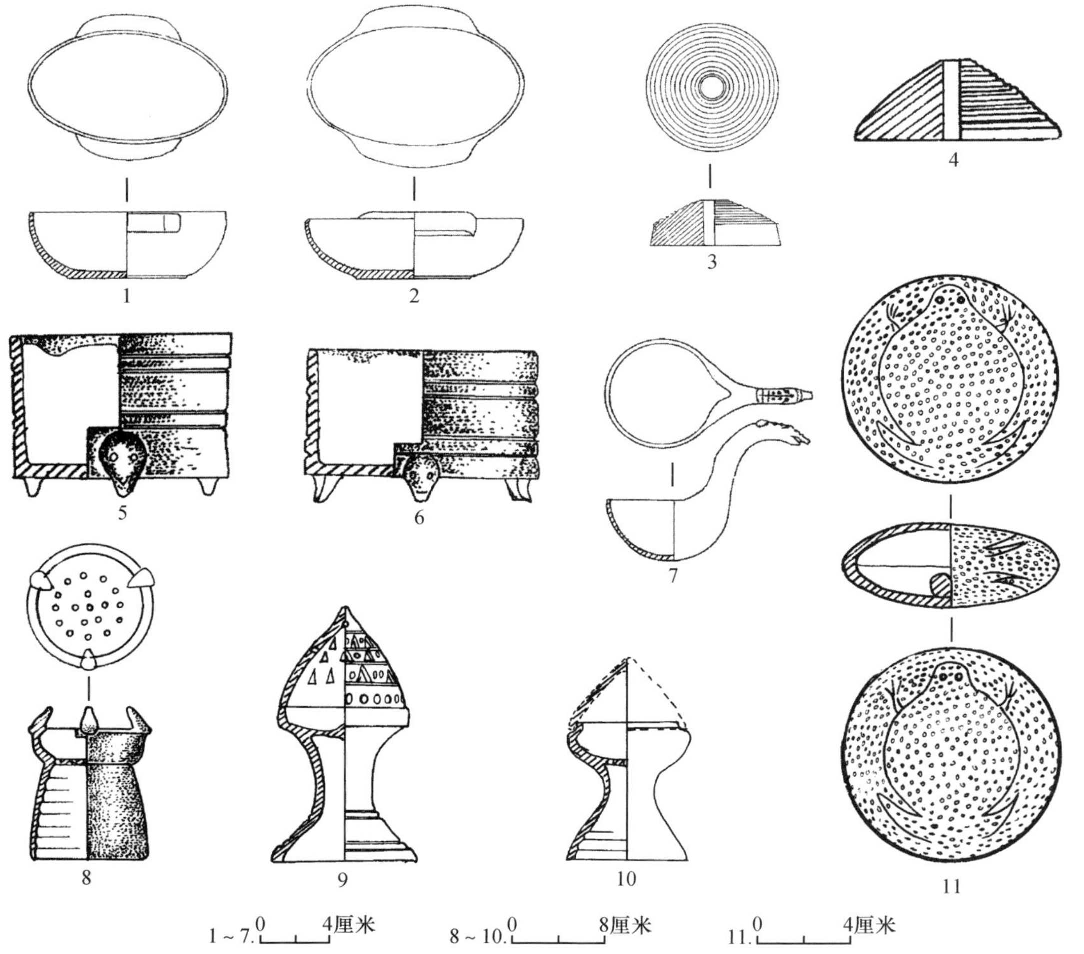

图二八四　战国秦汉墓出土陶器

1、2. 耳杯（M6∶16、M6∶17）　3. A型纺轮（M89∶23）　4. B型纺轮（M138∶3）　5、6. 樽（M28∶4、M35∶17）　7. 勺（M35∶20）　8. A型炉（M28∶5）　9、10. B型炉（M28∶8、M28∶3）　11. 蛙形盒（M13∶11）

13. 勺

1件。出自M35。标本M35：20，红陶胎，弧腹，圜底，鸭首形把。器表饰青绿釉。长12厘米，高8.6厘米（图二八四，7；图版三二，3）。

14. 蛙形小盒

1件。出自M13。标本M13：11。泥质灰陶。由盖、身相扣合呈扁圆形。盖、身形制相同。直口，方唇，浅弧腹。盖、身均由“蛙”形图案将外表分成内、外两区，区外饰谷纹。盒内置一小套球。口径9.2厘米，通高3.6厘米（图二八四，11）。

15. 案

3件。分布出自3座墓葬，其中M28出土1件无法复原。

2件型制相同。标本M6：10。泥质灰陶。长方形。案面四周起三角形凹棱，下有兽面足。长45.6厘米，宽29.2厘米，高10厘米（图二八五，1；图版三二，4）。标本M35：3，红陶胎，器表施青绿釉。长方形案面，四周有三角形凸棱，面下四角各有一个兽面足。长44厘米，宽28.8厘米，高8.4厘米（图二八五，2）。

16. 其他

另外，M28、M58分别出有灯和网坠各1件，无法复原。

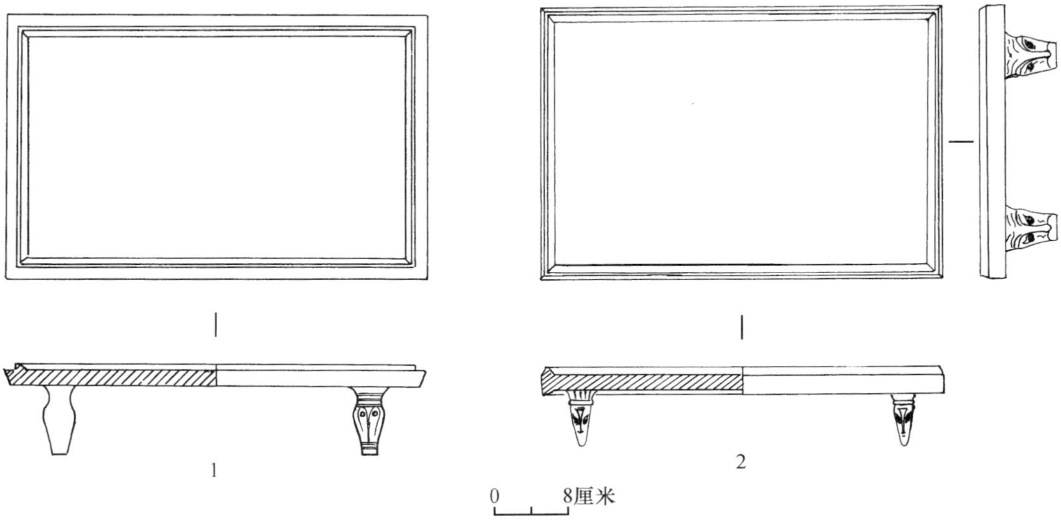

图二八五　战国秦汉墓出土陶樽案

1. 陶案（M6：10）　2. 陶案（M35：3）

（三）模型明器

154件，占陶器总数的26.7%，均为容器。以泥质灰陶为主，并有少量泥质褐陶、红陶。纹饰多为弦纹，少量绳纹等。器类有仓41、灶26（甑30、釜48）、井6、狗3件等。

1. 仓

41件。可参与分型者40件，另有1件，因无法复原而形制不明。40件仓出土于16座墓葬中，根据口沿，肩部等的不同，可分为三型：

A型　28件。敛口，折肩，筒腹，平底，腹饰数周弦纹。根据口沿、腹部及整体不同变化，可分为四式：

Ⅰ式：19件。出自M60、 M91、M95、 M96、M101 M135、M138。大小、形制相同或相近。泥质或夹砂灰陶。敛口，折肩或弧肩，筒腹，平底，多弦纹，有少量绳纹，口底同大，或底稍大。标本M60：1，泥质灰陶，方唇，折肩，筒腹，平底。腹上残留弦断绳纹痕迹。口径10.7厘米，腹径17.2厘米，底径16.4厘米，高24.8厘米（图二八六，1；图版三四，1）。标本M91：8，泥质灰陶。敛口，圆唇，折肩，筒腹，平底。腹饰五周划线纹。上承一拱形盖。口径9.6厘米，底径16.0厘米，通高25.6厘米（图二八六，2）。标本M95：2，夹砂灰陶。敛口，斜方唇，筒腹，平底。腹饰四周划线纹。口径10.4厘米，腹径16厘米，底径15.2厘米，高25.6厘米（图二八六，3）。

Ⅱ式：6件。出自M101、M148。大小、形制相同。泥质或夹砂灰陶。敛口，折肩或弧肩，筒腹，平底，多弦纹，口底同大，或底部略小。标本M101：11，泥质灰陶，素面，敛口，折肩，筒腹，平底。口径8厘米，腹径14.4厘米，底径12.4厘米，高19.6厘米（图二八六，4；图版三四，2）。标本M101：7，夹砂灰陶，敛口，折肩，筒腹，平底。腹饰五周凹弦纹。口径7.2厘米，底径12厘米，高19.6厘米（图二八六，5）。标本M101：10。泥质灰陶，素面，敛口，折肩，筒腹，平底。口径7.6厘米，腹径12.8厘米，底径11.2厘米，高19.2厘米（图二八六，6）。

Ⅲ式：2件。出自M6、M35。大小、形制相同。釉红陶或灰陶。敛口，弧肩，筒腹，平底。素面；标本M35：7，泥质灰陶，筒腹内收，平底，素面。口径7.2厘米，腹径11.2厘米，底径8.8厘米（图二八六，7；图版三四，3）。

Ⅳ式：1件。出自M28。肩宽大于底。标本M28：6，泥质绿釉红陶，敛口无肩，筒腹斜直内收，平底。口径7.2厘米，底径8厘米，高13.2厘米（图二八六，8；图版三四，4）。

B型　11件。直口，短颈，弧肩，筒腹，平底，腹饰数周弦纹，间饰绳纹。根据口沿、腹部及整体不同变化，可分为四式：

Ⅰ式：4件。出自M105、M106、M132。大小、形制相同。泥质或夹砂灰陶。直口，短

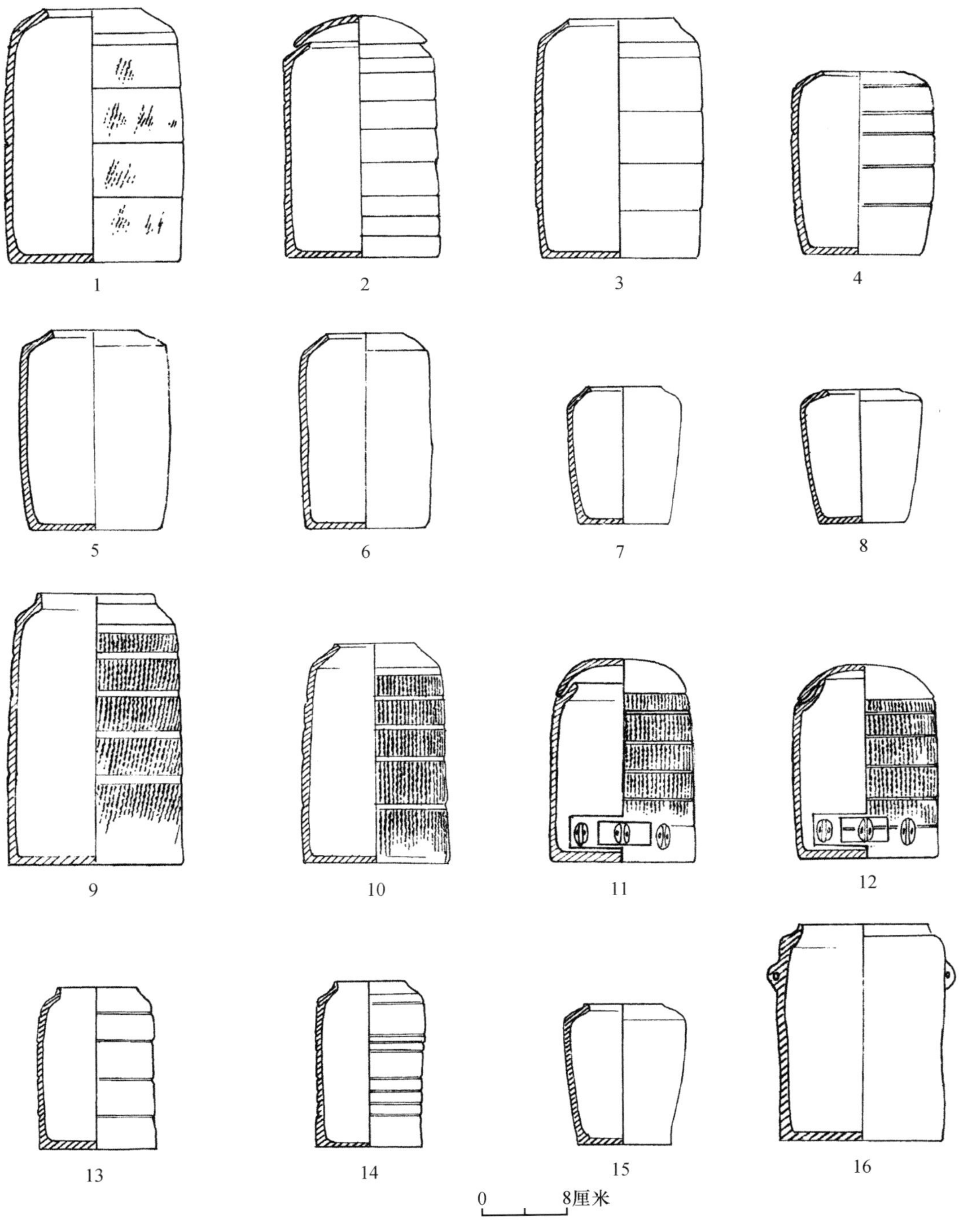

图二八六　战国秦汉墓出土陶仓

1～3. A型Ⅰ式（M60：1、M91：8、M95：2）　4～6. A型Ⅱ式（M101：11、M101：7、M101：10）　7. A型Ⅲ式（M35：7）　8. A型Ⅳ式（M28：6）　9、10. B型Ⅰ式（M105：1、M132：5）　11、12. B型Ⅱ式（M89：9、M89：20）　13、14. B型Ⅲ式（M35：9、M6：3）　15. B型Ⅳ式（M6：2）　16. C型（M125：2）

颈，尖唇，折肩，筒腹，平底。肩以下饰弦断绳纹，底大于口。标本M105：1，泥质灰陶。直口，尖唇，折肩，筒腹，平底。肩以下饰弦断绳纹。口径11.2厘米，底径16.8厘米，高26.8厘米（图二八六，9；图版三四，5）。标本M132：5，夹砂灰陶。敛口，斜折肩，直壁筒腹，平底，腹饰弦断绳纹。口径8厘米，底径14.4厘米，高21.6厘米（图二八六，10；图版三四，6）。

Ⅱ式：4件。出自M89。大小、形制相同。泥质或夹砂灰陶。直口，短颈，尖唇，折肩，筒腹，平底。肩以下饰弦断绳纹，底大于口，腹底部有长方形仓门及桥形纽。标本M89：9，泥质灰陶。敛口，直腹，平底。腹饰弦断绳纹。腹底部有长方形仓门，上饰一桥形纽，仓门两侧各饰一个桥形纽。上承一拱形盖，顶部近平。口径9.6厘米，底径14厘米，通高20厘米（图二八六，11；图版三五，2）。标本M89：20，泥质灰陶。敛口，直腹，平底。腹饰弦断绳纹。腹底部有一个长方形仓门，上附一桥形纽仓门两侧各附一个桥形纽。上承一拱形盖。口径8.8厘米，底径13.6厘米，通高19.2厘米（图二八六，12；图版三五，1）。

Ⅲ式：2件。出自M6、M35。大小、形制相同。泥质灰陶。直口，圆唇，折肩，直筒腹，平底。口底同大。标本M35：9。直口，圆唇，溜肩，筒腹，平底。腹上饰凹弦纹四周。口径7.6厘米，底径11.2厘米，高15.6厘米（图二八六，13）。标本M6：3。直口，圆唇，折肩，直筒腹，平底。腹饰八周凹弦纹。口径6.8厘米，腹径10.4厘米，底径10.4厘米，高16厘米（图二八六，14；图版三五，4）。

Ⅳ式：1件。出自M6。泥质灰陶。敞口，圆唇，圆折肩，筒腹斜直，平底。素面。底小于口。标本M6：2。口径7.6厘米，底径8.8厘米，高13.6厘米（图二八六，15；图版三五，5）。

C型　1件。出土于M125。直口，短颈，弧折肩，肩下有两对称的桥形耳，筒腹，平底，素面。标本M125：2，夹砂灰陶。直口，尖唇，短颈，斜折肩，筒腹，腹上饰对称两个桥形耳，平底。口径12.4厘米，底径16厘米，高21.2厘米（图二八六，16；图版三五，6）。

2. 灶

26（甑30、釜48）套。可参与分型者24（甑25、釜42）套，另有灶2件、甑5件、釜6件，因无法复原而形制不明。24件分布出自23座墓葬。根据灶（不包括釜甑）的整体形制的不同，可分为三型：

A型　5件。前方后圆，平面近长方形。根据烟囱、灶眼、灶门等的不同变化，可分为三式：

Ⅰ式：2件。出自M130。大小、形制相同。标本M130：8，夹砂灰陶。前方后圆，直壁，前壁面有一拱形灶门及底，后端置一柱状烟囱，灶面有两个火眼。灶身长28厘米，宽12.8厘米，高10.4厘米（图二八七，1）。

Ⅱ式：1件。出自M117。泥质灰陶，平面呈梯形，直壁，前端有一长方形灶门，面饰棱形方格纹，后置一圆柱形烟囱，灶面有两个大小相同的灶眼。烟囱较直。标本M117：3。灶长

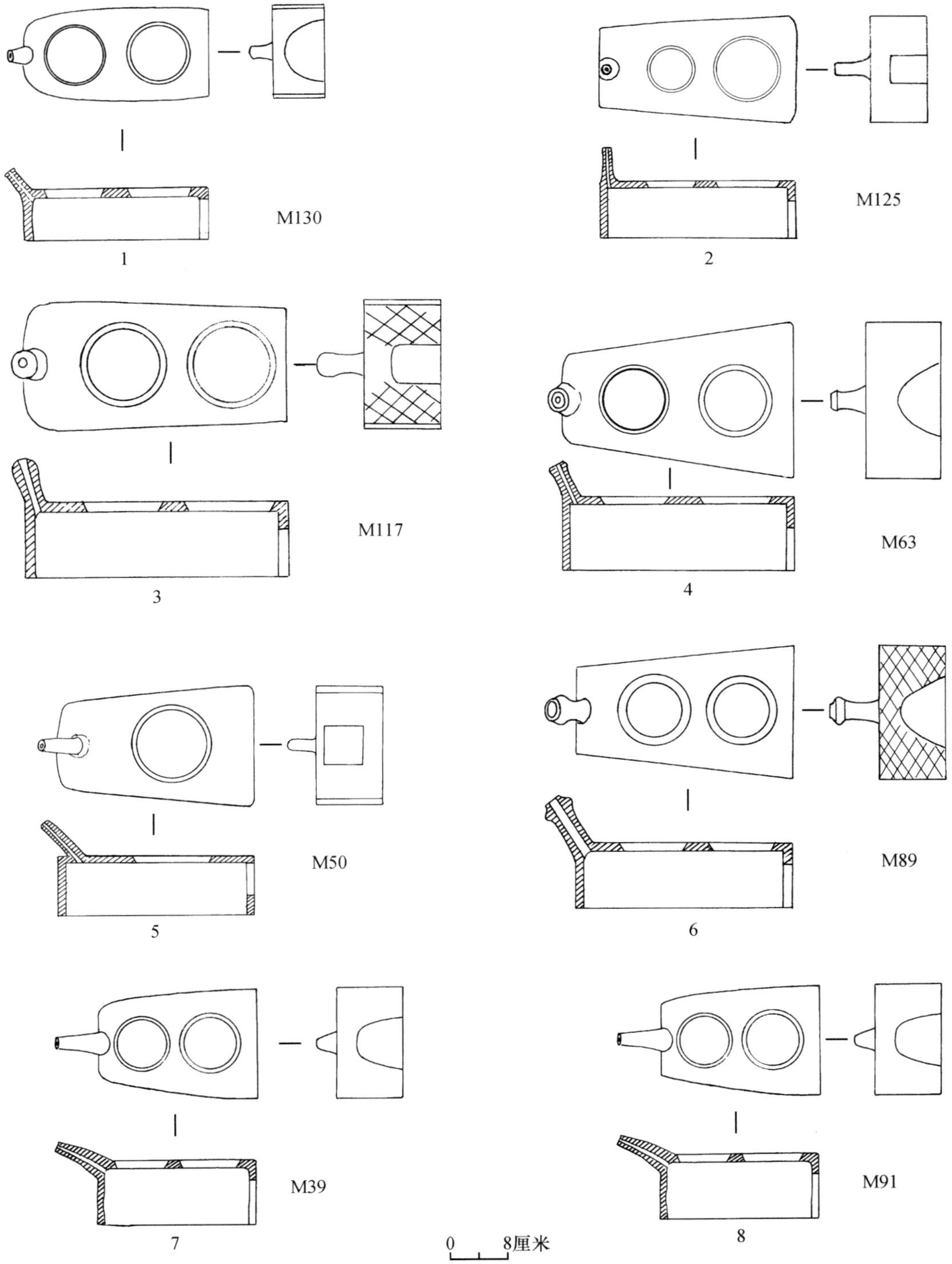

图二八七　战国秦汉墓出土陶灶

1. A型Ⅰ式（M130：8）　2. B型Ⅰ式（M125：3）　3. A型Ⅱ式（M117：3）　4. B型Ⅱ式（M63：2）　5、7. A型Ⅲ式（M50：1、M39：6）　6、8. B型Ⅲ式（M89：15、M91：1）

27.2厘米，高8厘米（图二八七，3）。

Ⅲ式：2件。出自M39、M50。大小、形制相同。泥质灰陶。平面呈梯形，壁面微弧，烟囱向后倾斜。标本M50：1，泥质灰陶，前方后弧，前侧面一正方形灶门，两侧有折棱，素面。上面有一火眼，后有一圆柱状烟囱外斜。长35.2厘米，高8.4厘米。烟囱长5.6厘米（图二八七，5）。标本M39：6。灶面置两个圆形火口，前壁有一拱形落地火门，后壁上部有一筒状烟囱。全长28.0厘米，通高12.4厘米（图二八七，7）。

B型：6件。前方后方，平面呈梯形。根据烟囱、灶眼、灶门等的不同变化，可分为三式：

Ⅰ式：1件。出自M125。平面呈梯形，壁面微弧，烟囱较直。标本M125：3。泥质灰陶，前宽后窄呈梯形，直壁，前壁有方形灶门及底，后端置柱状烟囱，灶面有两个形制相同，大小不一致灶眼。灶长27.2厘米，宽6.2～19.2厘米，高8厘米（图二八七，2）。

Ⅱ式：2件。出自M63、M132。大小、形制相同。平面呈梯形，壁面微弧，烟囱较直，稍倾斜。标本M63：2，泥质灰陶。平面呈梯形，直壁。前有一拱形灶门，后有一斜柱状烟囱，灶台上有两个大小不一的火口。灶长32厘米，宽12～22厘米，高10.4厘米（图二八七，4）。

Ⅲ式：3件。出自M89、M91、M98。大小、形制相同。平面呈梯形，壁面微弧，烟囱向后倾斜。标本M89：15，泥质灰陶。平面呈梯形，直壁。灶面有两个圆形火口。前壁有一个拱形落地火门，火门周围壁面饰网格纹。后壁上部有一个筒状烟囱，近口部凸起。长34.4厘米，宽12.4～19.2厘米，高16厘米（图二八七，6）。标本M91：1，泥质灰陶。平面呈梯形，壁面微弧。灶面置两个圆形火口，前壁有一拱形落地火门，后壁上部有一筒状烟囱。全长28.0厘米，通高12.4厘米（图二八七，8）。

C型　13件。前方后圆，平面近三角形。根据烟囱、灶眼、灶门等的不同变化，可分为四式：

Ⅰ式：3件。出自M114、 M123、M126。大小、形制相同。泥质灰陶，面呈圆角三角形，上面有大小两火眼，前壁有一灶门，后端置一柱状烟囱，烟囱与灶面成直角。标本M126：1，前壁有一圆形灶门。灶长34厘米，高6.4厘米（图二八八，1；图版三三，4）。标本M114：1。灶长35.2厘米，宽20～40厘米，高18.4厘米（图二八八，2）。

Ⅱ式：3件。出自M59、M118、M119。大小、形制相同。泥质灰陶，面呈圆角三角形，上面有一个或大小两火眼，前壁有一灶门，后端置一柱状烟囱，烟囱与灶面成45度角。标本M59：7。前方后圆，壁直，前侧有拱形灶门，后有一圆柱状烟囱，台面前有一圆形火眼，后有一方形凹线坑。灶长27.6厘米，最宽16厘米，高12厘米（图二八八，3；图版三三，5）。标本M118：1。平面近长方形，直壁，前端有拱形灶门，灶面上有一灶眼，后端设一锥形外斜烟）囱，侧面饰竖绳纹，部分残缺。长26.4厘米，高9.2厘米（图二八八，4）。

Ⅲ式：5件。出自M60、M93、M94、M95、M138。大小、形制相同。泥质或夹砂灰陶，面呈圆角三角形，上面有大小两火眼，前壁有一灶门，后端置一柱状烟囱，烟囱较高。标本M60：9。泥质灰陶前方后圆，直壁。前壁有一拱形火门，后有一圆柱形烟囱，上细下粗。灶台面有两个圆形灶眼，大小不一。灶长36厘米，宽19.5厘米，高11.6厘米。烟囱长9.2厘米

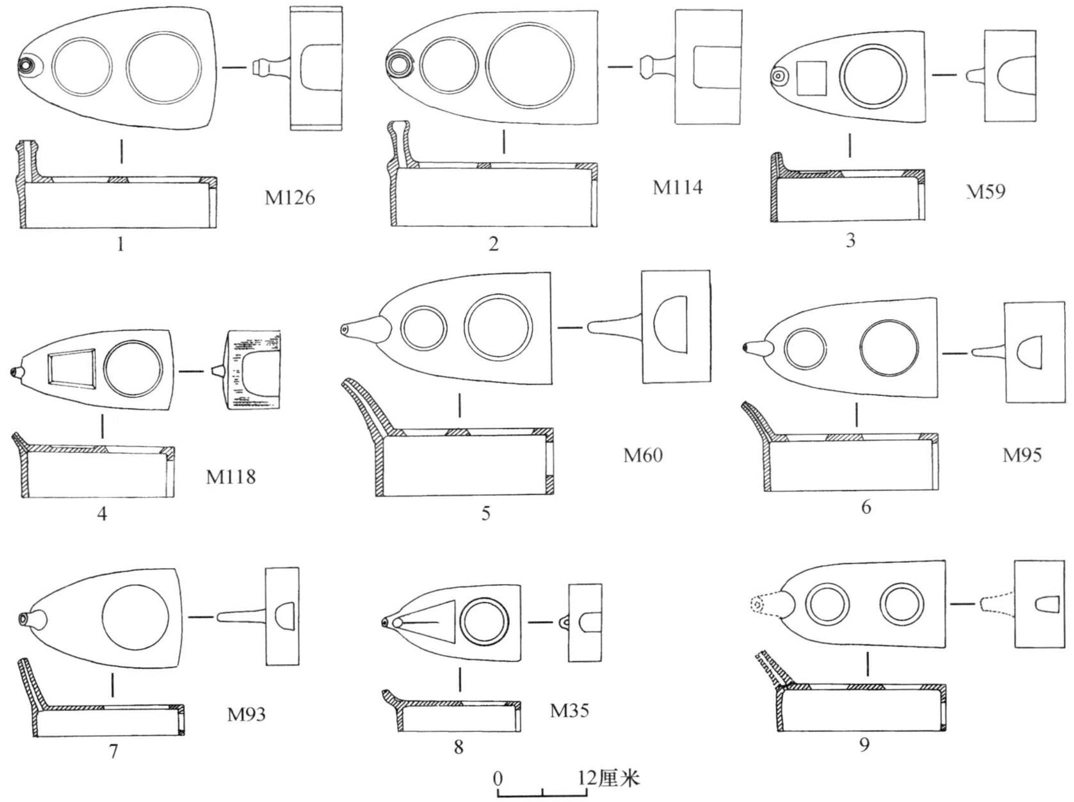

图二八八　战国秦汉墓出土陶灶

1、2. C型Ⅰ式（M126：1、M114：1）　3、4. C型Ⅱ式（M59：7、M118：1）　5～7. C型Ⅲ式（M60：9、M95：8、M93：3）　8、9. C型Ⅳ式（M35：15、M6：13）

（图二八八，5；图版三三，6）。标本M95：8，夹砂灰陶。平面近梯形，前方后圆，弧壁。前壁中间有一半圆形不落地火门，后壁上部有一圆柱状斜向烟囱，灶面有一大一小两个圆形火口。灶通长33.6厘米，宽17.6厘米，通高10厘米，壁厚0.4～1.0厘米（图二八八，6）。标本M93：3。平面近梯形，弧壁，抹角。灶面有一圆形火口，前壁中间有一半圆形不落地火门，后壁上部有一圆柱形斜烟囱。全长28.0厘米，通高14厘米（图二八八，7）。

Ⅳ式：2件。出自M6、M35。大小、形制相同。体型较小，烟囱与灶体呈45度角。标本M6：13。泥质灰陶。前方后圆，直壁，前端有一拱形灶门，灶面有两个大小相同的火眼。灶台后设有一圆筒形烟囱。身长32.4厘米，高15.6厘米，最宽15.5厘米（图二八八，9）。标本M35：15。平面呈三角形，直壁，有一火眼，拱形灶门，柱形烟囱。全长23.6厘米，通高7.6厘米（图二八八，8）。

3. 井

6件。分布出自5座墓葬。根据井的腹部以及口沿、底的不同，可分为二型：

A型　5件。侈口、卷沿、近直腹、平底。根据腹部变化，可分为二式：

Ⅰ：3件。出自M101、M4。大小、形制相同。直腹，少内弧。标本M101：3，夹砂灰陶，素面，敞口，平折沿，方唇，筒腹外斜，平底。口径15.2厘米，底径12厘米，高8.8厘米（图二八九，1；图版三〇，5）。标本M4：2。泥质灰陶。侈口、平折扣、方唇、直壁微束、平底。内壁下部饰二周凹弦纹。口径13.2厘米，底径11.2厘米，高8厘米（图二八九，2；图版三〇，4）。

Ⅱ：2件。出自M35、M6。大小、形制相同。斜腹，底大于口径。标本M35：5，泥质灰陶。敞口，平折沿，方唇筒腹下外撇，平底。素面。口径8厘米，底径11.6厘米，高10.8厘米（图二八九，3）。标本M6：5。泥质灰陶。敞口，宽平沿，斜直腹外撇，平底。素面。口径15.2厘米，底径14.6厘米，高12厘米（图二八九，4；图版三〇，6）。

B型　1件。出自M95。标本M95：11，夹砂灰陶。素面。侈口，平折沿，方唇，沿面有两个竖向对称穿孔。束颈，弧腹，平底。下腹饰对称半圆形纽，中有穿孔。口径17.6厘米，腹径16.8厘米，底径11.6厘米，高18厘米（图二八九，5）。

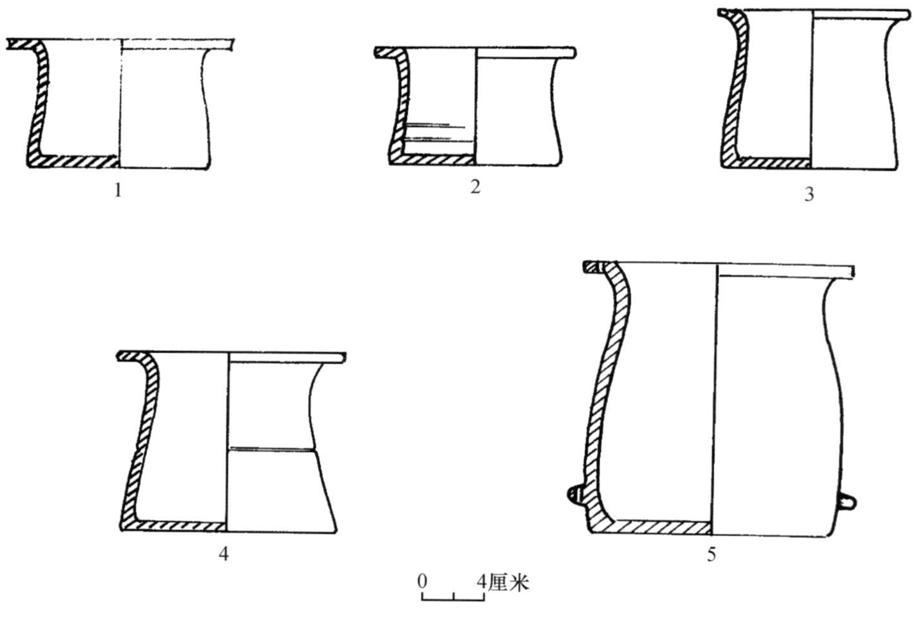

图二八九　战国秦汉墓出土陶井

1、2. A型Ⅰ式（M101：3、M4：2）　3、4. A型Ⅱ式（M35：5、M6：5）　5. B型（M95：11）

4. 狗

3件。分布出自3座墓葬，其中M28出土1件无法复原。

2件型制相同。标本M35：4。泥质红陶。外施绿釉。伏卧姿，昂首，双耳竖直，呈怒吼状，尾弯曲上翘，颈腹各有圈箍，与半环形相扣。长27.2厘米，高23.6厘米（图二九〇，1；图版三二，6）。标本M6：11。红陶胎，器表饰深绿釉。昂首，竖耳呈吼状，伏卧，尾卷曲上翘，颈、腹中空。长27.6厘米，残高22.2厘米（图二九〇，2）。

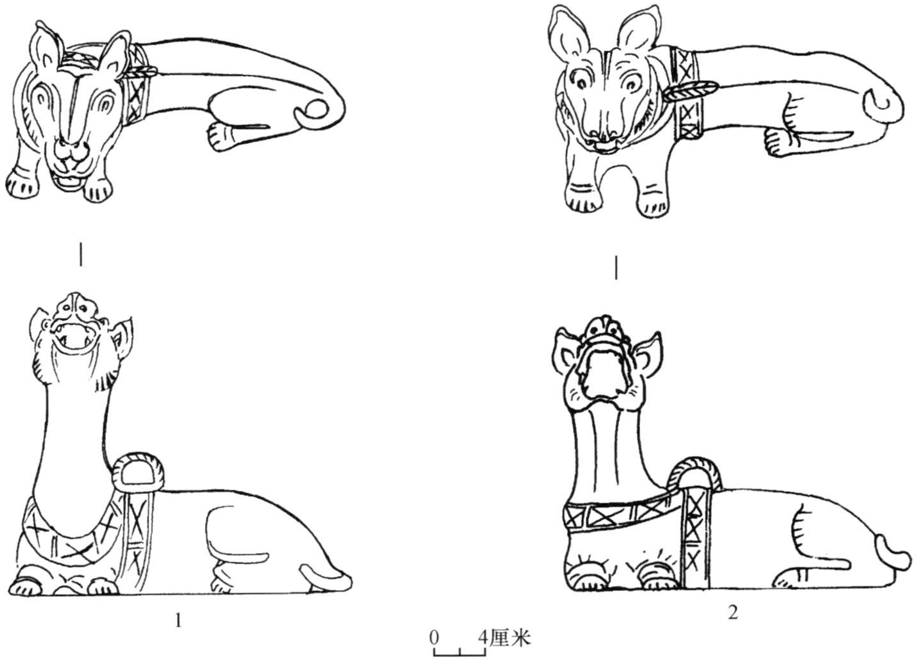

图二九〇　战国秦汉墓出土陶狗
1. M35：4　2. M6：11

二、铜、铁、铅、玉石器及漆木器等

（一）铜　　器

74件及410枚铜钱。分别出土于36座墓葬中，其中铜钱出自10座墓葬中。主要有鼎6件，钫3件，蒜头壶1件，洗15件，鍪2件，提链壶1件，带钩9件，盖弓帽18件，铃2件，镜4件，勺3件，釜1件，熏炉1件，其他饰件等8件。这批铜器铜质较薄，出土时残缺、锈蚀严重，多数器物无法复原（表二）。

表二　浙川全寨子战国秦汉墓出土铜、铁器等器类统计表

质地	器名	件数	质地	器名	件数
铜器	鼎	6	铜	钱	410
	钫	3	铁器	鼎	1
	蒜头壶	1		鍪	4
	洗	15		剑	2
	盖弓帽	18		鍤	1
	带钩	9		刀	2
	鍪	2		饼	1
	铃	2		矛	1
	镜	4		其他	7
	勺	3	铅器	耳杯	1
	熏炉	1		饰件	2
	釜	1	玉石器	璧	1
	饰件	4		砺石	2
	提链壶	1		盒	1
	其他	4	漆木器	其他	3

1. 鼎

6件。分别出土于M14、M39、M56、M89、M130座墓葬中，仅修复2件。

标本M14：5。青绿色。上承弧形盖。盖上饰等距鸟首形三纽。鼎身子口内敛，肩附对称两个长方形耳，鼓腹，圜底，三蹄足。口径15厘米，腹径15.6厘米，高15.1厘米（图二九一，1）。标本标本M56：3，青绿色，子口承弧形盖，上附三鸟形纽，深弧腹，圜底，肩腹部附对称双方耳，腹中部饰一周凸弦纹，下部接三熊足。口径12.6厘米，通高12厘米（图二九一，2）。

2. 钫

3件。分别出土于3座墓葬中，仅修复1件。标本M130：7，青绿色，平面呈正方形，盘口，方唇束颈，溜肩，鼓腹，平底，方圈足，外撇。口径7.2厘米，底径7.6厘米，高18厘米（图二九一，3；图版三六，4）。

3. 提链壶

1件。出土于M123中。标本M123：3，青铜上承钟形盖。子口内敛，高颈，溜肩，肩附两

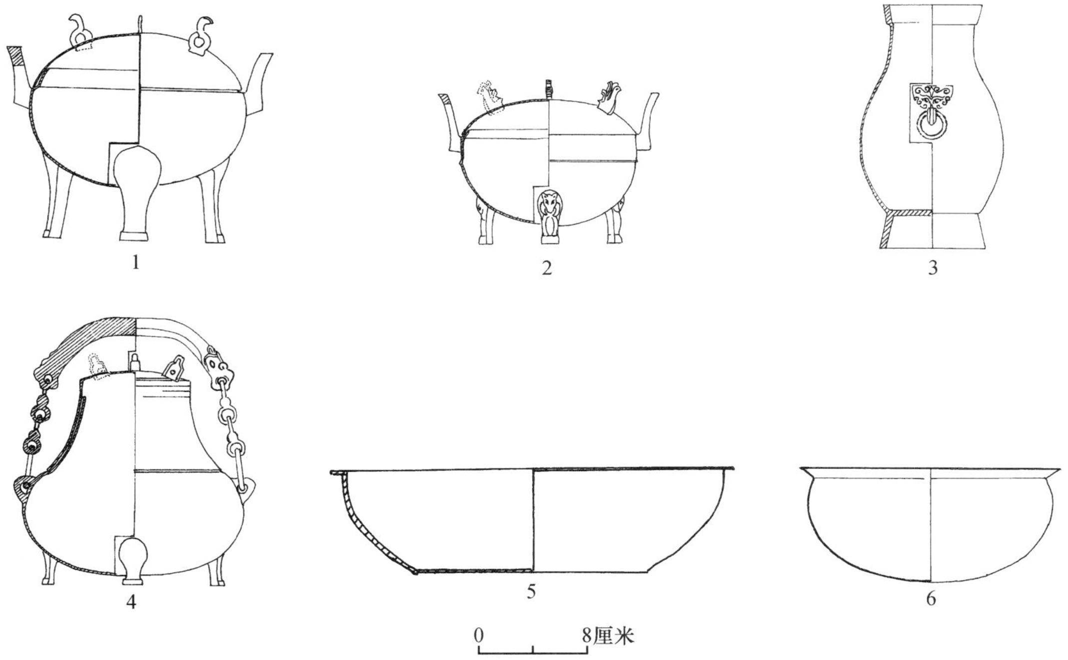

图二九一　战国秦汉墓出土铜器

1、2. 鼎（M14：5、M56：3）　3. 钫（M130：7）　4. 提链壶（M123：3）　5、6. 洗（M123：9、M59：4）

对称“凸”形耳，耳与两端饰双龙有提梁衔环相连，扁鼓腹，圜底，矮蹄足。口径8.0厘米，最大腹径16厘米，通高19.8厘米（图二九一，4；图版三六，5）。

4. 熏炉

1件。出土于M89中。标本M89：6，青铜。形似高脚酒杯。直口，方唇，鼓腹，圆柱柄，喇叭形底座。底座起台，口沿下卷。无盖。口径5.4厘米，腹径7.5厘米，足径5.0厘米，高9.0厘米。

5. 洗

15件。分别出土于14座墓葬中，仅修复3件。根据他们的底部的不同，可分为二型：

A型　1件。平底。标本M123：9，青绿色，直口折沿，圆唇，直腹下收，平底。口径28.6厘米，高8.0厘米，底径17.5厘米（图二九二，5；图版三六，6）。

B型　2件。圜底。标本M59：4。侈口，折沿，鼓腹，下弧内收，圜底。口径18.8厘米，腹径17.6厘米，高8.4厘米（图二九二，6）。

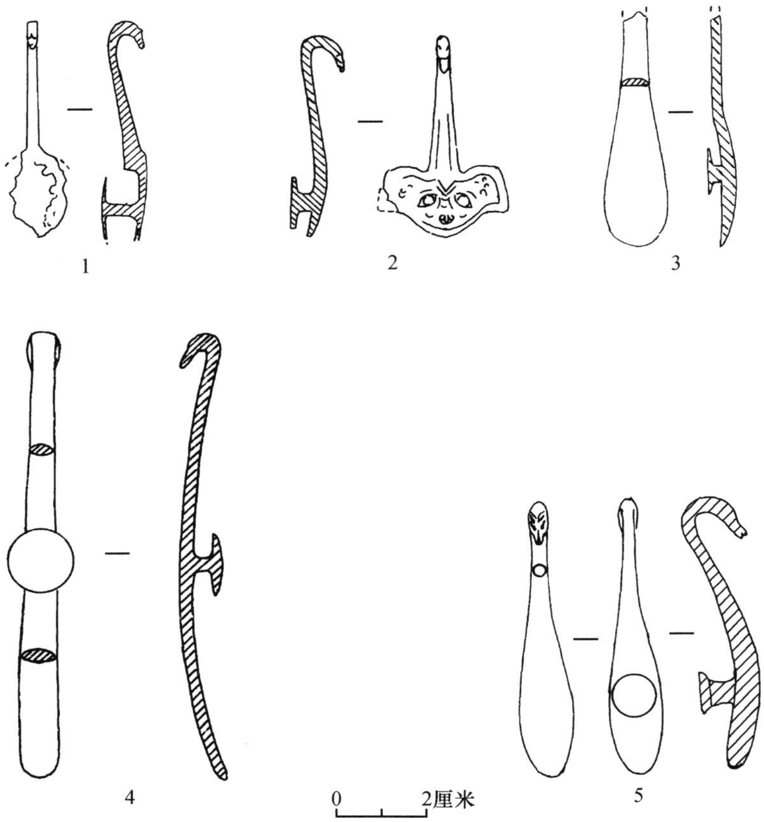

图二九二　战国秦汉墓出土铜带钩

1、2. A型（M83：6、M24：2）　3、5. B型（M76：11、M51：2）　4. C型（M4：5）

6. 带钩

9件。分别出土于9座墓葬中，仅修复5件。根据它们的不同形制，可分为三型：

A型　2件。分别出土于M24、M83中。鸟形，钩首、身呈鸟形，整器较短，纽在尾部。

标本M83：6，钩首呈鸟首状，身子呈鸟形，尾部有一圆纽，残。残长5厘米（图二九二，1）。标本M24：2，青绿色。钩呈鸟首状，身呈鸟形，钩体微凹，整器较短，纽在尾部。长4.6厘米，宽3厘米，握手高0.5厘米（图二九二，2）。

B型　2件。分别出土于M51、M76中。平面呈上端略细，下端略粗的琵琶状。

标本M76：11，青绿色。钩首残。腹呈琵琶状，圆形纽。残长5.3厘米，宽0.5～1.4厘米（图二九二，3）。标本M51：2。青绿色，钩呈鸭首状，钩体似琵琶，脊背部弧凹。上附一圆形纽。身长6.2厘米，宽0.3～1.2厘米，厚0.2～0.5厘米，纽高0.8厘米（图二九二，5；图版三六，2）。

C型　1件。出土于M4中。标本M4：5。整器较长。青绿色，鸭首形钩。扁弧身，背部有一圆形扣纽。器长10.2厘米（图二九二，4）。

7. 镜

4件。分别出土于4座墓葬中，其中一件残破严重。根据铜镜的纹饰、镜纽等的不同，可分为三型：

A型　1件。三虎镜。标本M35：14，半圆纽。纽外环绕三虎，其中两虎对持。其外一周铭文和一周直线纹，铭文为："尚方做竟出来有位置三公单采□子"。铭文首尾以圆圈纹相隔，其外一周锯齿纹和一周单线波折纹。面径9.6厘米，背径9.1厘米（图二九三，1；图版三六，1）。

B型　1件。昭明镜。标本M44：3，半圆纽，座部残，纽座外一周内向连弧纹，之外两周短斜线纹间有一周铭文带。铭文为"内而□□一而昭而□□□"。面径8.5厘米，背径8.1厘米（图二九三，2）。

C型　1件。星云镜。标本M123：5，平面为圆形，圆形连峰纽，纽上饰星云纹。纽外一周内向连弧纹与双弦纹圈带之间为主纹带，其间饰带圆座大乳钉，并间以两枚小乳钉。其外有十六个双线内向连弧纹。面径10.8厘米，背径10.5厘米（图二九三，1；图版三六，3）。

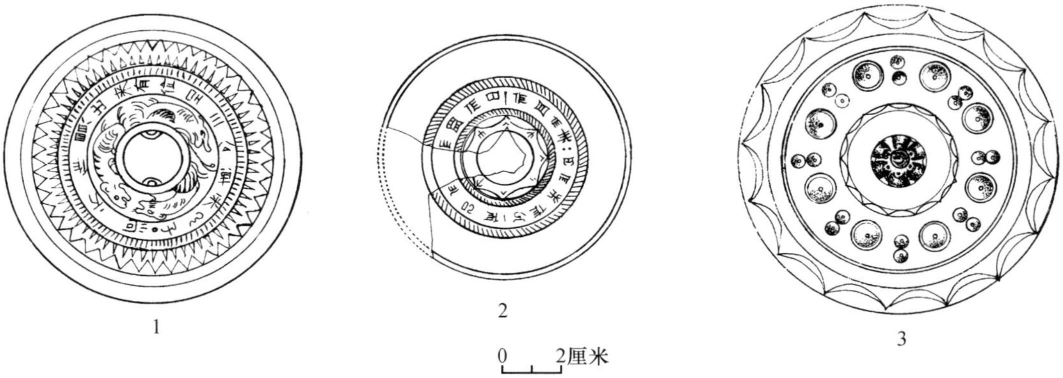

图二九三　战国秦汉墓出土铜镜

1. A型（M35：14）　2. B型（M44：2）　3. C型（M123：5）

8. 盖弓帽

18件。出土于M148中。形制相同、大小相近。标本M148：6-1。体呈圆筒形，弧顶，顶端细，向口端渐粗，圆銎，一侧附一曲钩。长2.8厘米，口径0.6厘米。

9. 五铢钱

410枚。分别出土于M35、M51、M89、M93、M95、M122、M132、M135、M138、M148，共10座墓葬中，铜钱出土时锈蚀严重，能辩钱文的共计410枚，全部为五铢。根据钱文的不同可分为四式：

Ⅰ式："五"字交笔较直，或上下两横多出头接于外郭或内郭，体型较窄，"铢"字"金"头较小，呈三角形或箭镞形，四点较短，"朱"头方折，下圆折，标本M51：1-2～M51：1-4（图二九四，1～3）。

Ⅱ式："五"字交笔略带弯曲，它与上下两横相接的地方是垂直的，"铢"字"金"头较小，呈三角形，四点较短，"朱"头方折，下圆折，标本M51：1-2（图二九四，4）。

Ⅲ式："五"字交笔略带弯曲，它与上下两横相接的地方近垂直的，"铢"字"金"头较小，呈三角形，四点呈短线或原点，低于或平于"朱"字，"朱"头方折或近圆折，下圆折，标本M148：14-7、M148：14-8（图二九四，5、6）。

Ⅳ式："五"字交笔弯曲，体型较大，"铢"字"金"头较小，呈三角形，四点较长，平

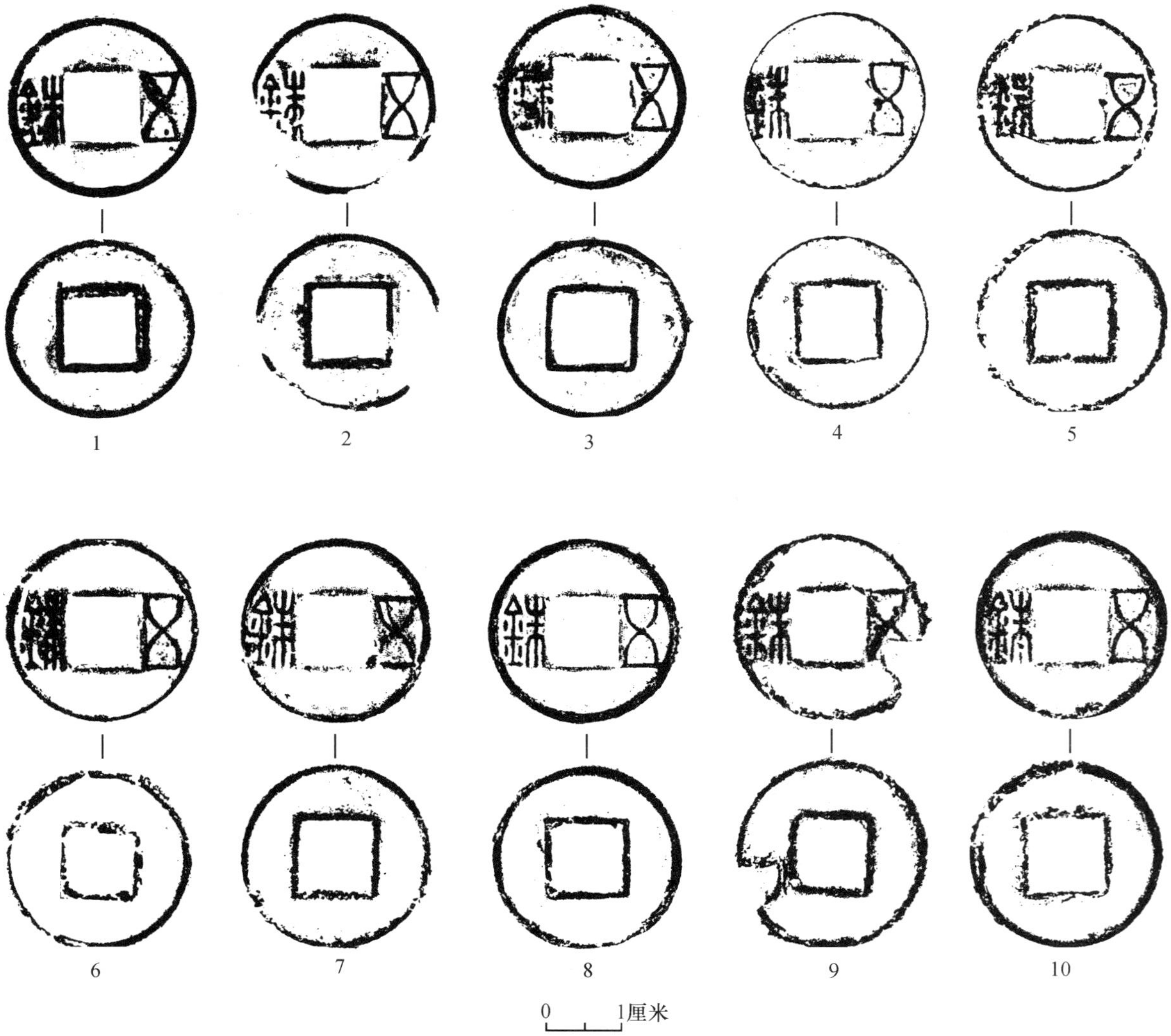

图二九四　战国秦汉墓出土五铢钱

1～3. Ⅰ式（M51：1-2～M51：1-4）　4. Ⅱ式（M89：7-2）　5、6. Ⅲ式（M148：14-7、M148：14-8）　7、8. Ⅳ式（M35：21-8、M35：21-9）　9、10. Ⅴ式（M35：21-10、M35：21-11）

于“朱”字，五字较窄，“朱”头圆折，下圆折，标本M35：21-8、M35：21-9（图二九四，7、8）。

V式：“五”字交笔弯曲，“铢”字“金”头较小，呈三角形，四点呈短线，平于“朱”字，“朱”头近圆折，两笔略外撇，下圆折，标本M35：21-10、M35：21-11（图二九四，9、10）。

其他铜器均无法复原。

（二）铅　器

1件。耳杯出自M92，另有两件铅器分别出自M59、M122，出土时锈蚀严重，无法复原。

标本M92：1。平面呈圆形，敛口，圆唇，弧腹内收，假矮圈足，口部两侧有对称弧形耳。素面。口长4.2厘米，宽3.5厘米，高1.0厘米，底径长2.4厘米。

（三）玉　器

1件。玉璧出自M24。

标本M24：1，青玉，半透明，局部有褐色沁斑，有内外廓，两面均饰隆起的谷纹，谷纹间可以看到均称的菱形格，厚薄均匀。直径14.9厘米，好径4.3厘米，厚0.4厘米，内外郭宽0.5厘米。

M129出土砺石2件。

（四）其　他

另有铁器19件、漆木器4件，仅可辨器形，无法复原。

第四节　墓葬分期与年代

全寨子战国晚期及秦汉140座墓葬中，23座没有出土随葬器物，117座出土有随葬器物，其中23座破坏严重，仅知道出土有破碎陶器，但器形辨认，其他94座中共出土陶、铜、铁、铅、玉石等各类随葬器物679件以及铜钱410枚，其中陶器576件，铜器74件，铁器19件，铅器3件，玉石器3件，漆木器4件。这批墓葬中46座没有随葬器物或器形无法辨认，另外， M25仅出1件陶罐，残破严重，无法复原，M24、M51、M92、M131、M143、M144仅出有单件玉璧、铜带钩、铅耳杯、铁矛、铜镜等，这些墓葬的组合序列无法说明，因此，这53座墓葬无法分期，只能简单的归结于西汉或东汉。其余87座墓葬，我们根据三组打破关系，M37打破M51，M79打破M80，M94打破M102和这一时期各墓葬的随葬器物组合形式、发展序列与出土同形制随葬器物墓葬的横向比较来推断的期别与年代。

一、随葬器物组合及序列

全寨子战国晚期及秦汉88座墓葬中，M3、M4、M6、M28、M35、M109这6座砖室墓盗扰严重，随葬器物组合不全，在后面的结余中单独分析，其余82座以随葬陶器为主，其主要陶器组合形式有单纯的仿铜礼器、单纯的日用陶器、单纯的模型明器以及仿铜礼器、日用陶器、模型明器之间的混合组合，此外还有陶器与铜器、铁器、漆器等不同质地器物组合。同时，在各类组合中有的还伴随出有少量的铜铁兵器、饰品、玉石器、漆器等，由于这些不是主要器物，我们在说明组合形式时不考虑在内。

1. 单纯仿铜陶礼器组合

该组合器类仅见鼎、盒、壶，鼎、壶和盒、壶三种，共4座，其中鼎、盒、壶组合的墓葬有2座，M11和M78（图二九五）；鼎、壶组合的墓葬有1座，为M41；盒、壶组合的墓葬有1座，为M82。

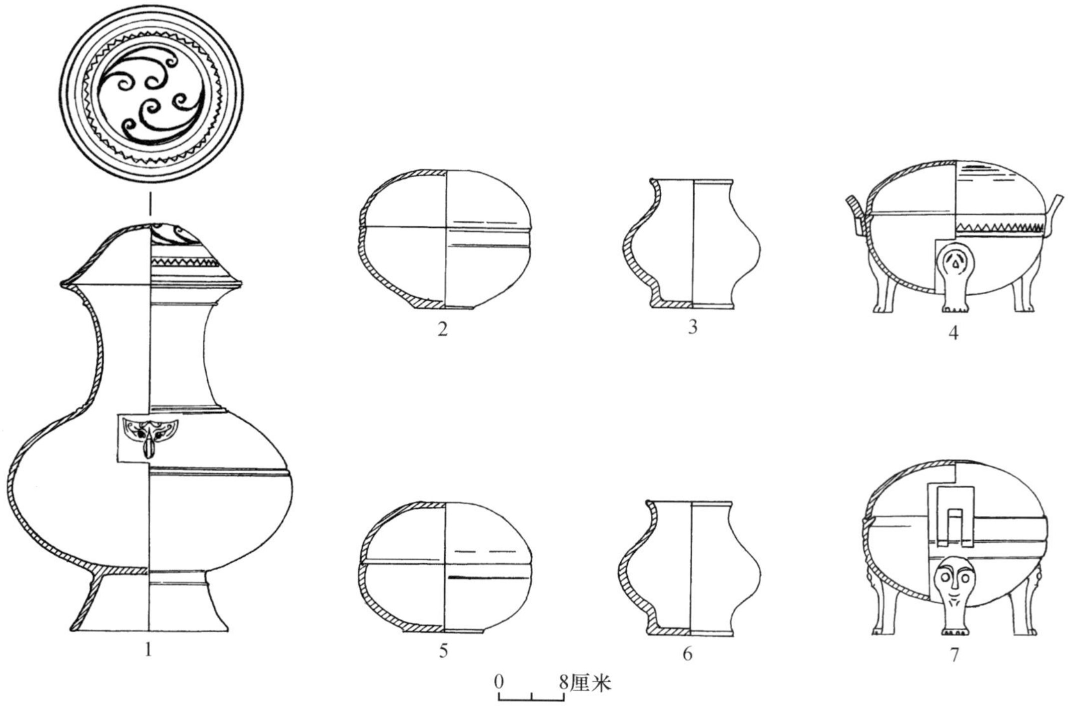

图二九五　战国秦汉墓陶器组合（M78）

2. 单纯日用陶器组合

该组合的墓葬共14座，主要组合以罐为主，其中罐、鍪、钵组合的有M20（图二九六）；罐、釜甑组合的有M40、M113（图二九七）和M145（图二九八）；罐、瓮组合的有M58（图二九九）、M121（图三〇〇）和M136；罐、釜甑、豆组合的有M81（图三〇一）；其中组合瓮、甑和铜镜的有M44；M62、M124、M140仅见罐，M128仅见瓮，M80仅见小壶。

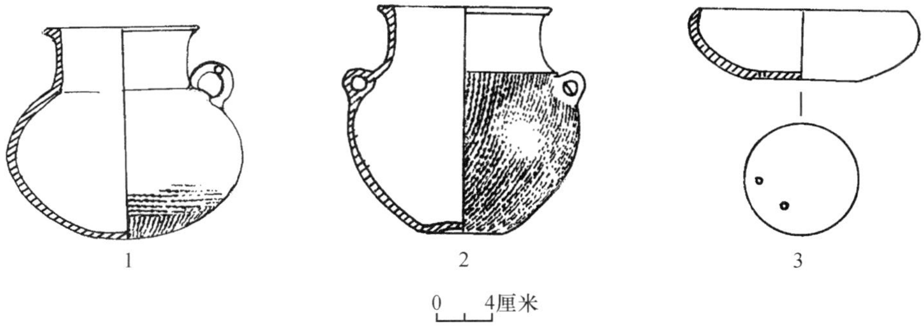

图二九六　战国秦汉墓陶器组合（M20）

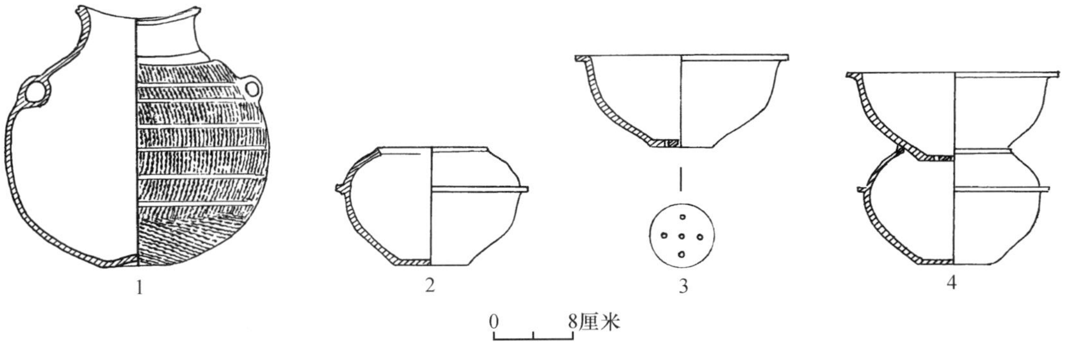

图二九七　战国秦汉墓陶器组合（M113）

3. 仿铜礼器与日用陶器组合

该组合的墓葬共34座，主要组合有几类：鼎、盒、壶、钫+釜甑等；鼎、盒、壶+釜甑（釜）等；鼎、壶+以罐为主的组合；鼎、盒+以釜甑为主的组合；单件仿铜礼器鼎或壶+釜甑、罐、瓮等的组合。

第一类　鼎、盒、壶、钫+釜甑等组合，共6座，其中鼎、盒、壶、钫+釜甑4座，即M12、M18（图三〇二）、M42、M74；鼎、盒、壶、钫+釜甑、鍪、钵、盘、盆等1座，即M13；鼎、盒、壶、钫+釜甑、罐、铁器1座，即M65（图三〇三）。

第二类　鼎、盒、壶+釜甑（釜）等组合，共16座，其中鼎、盒、壶+釜、钵组合1座，M53；鼎、盒、壶+釜甑、瓮组合1座，M10（图三〇四）；鼎、盒、壶+釜甑组合7座，分别是

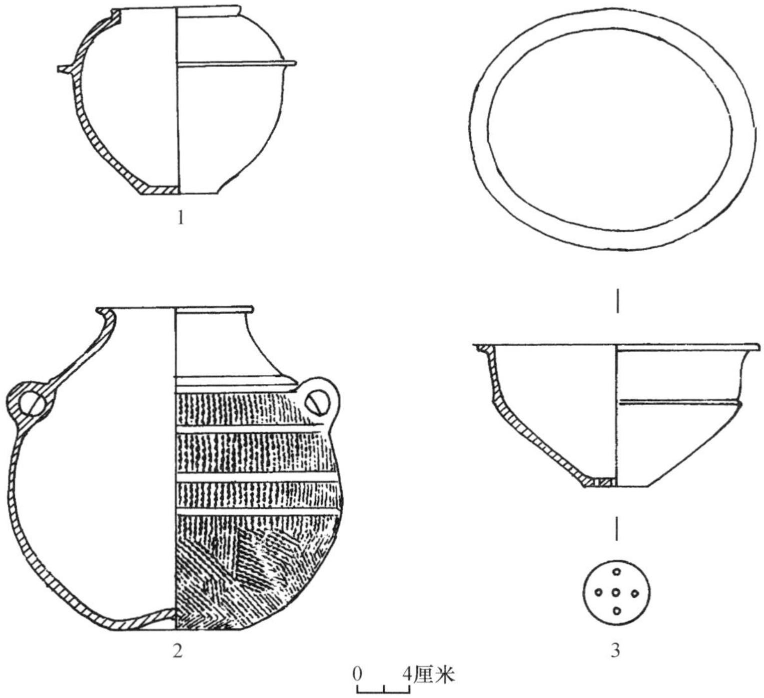

图二九八　战国秦汉墓陶器组合（M145）

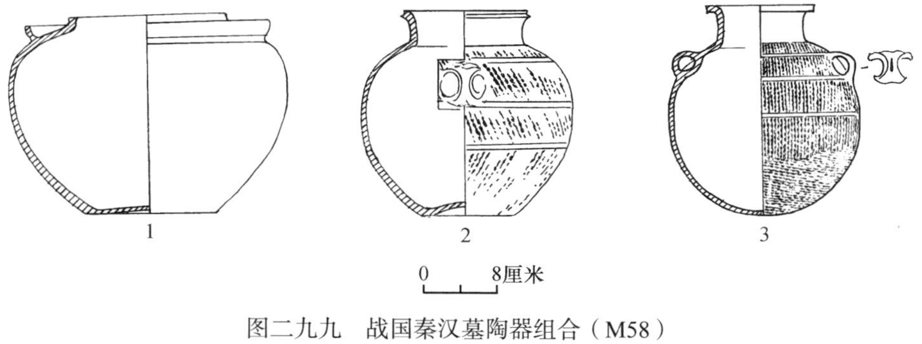

图二九九　战国秦汉墓陶器组合（M58）

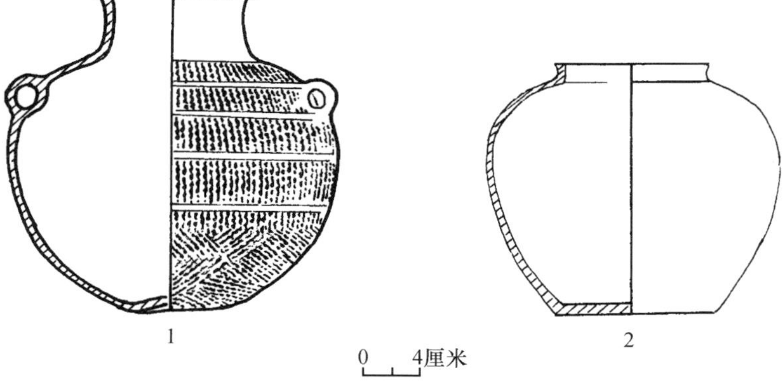

图三〇〇　战国秦汉墓陶器组合（M121）

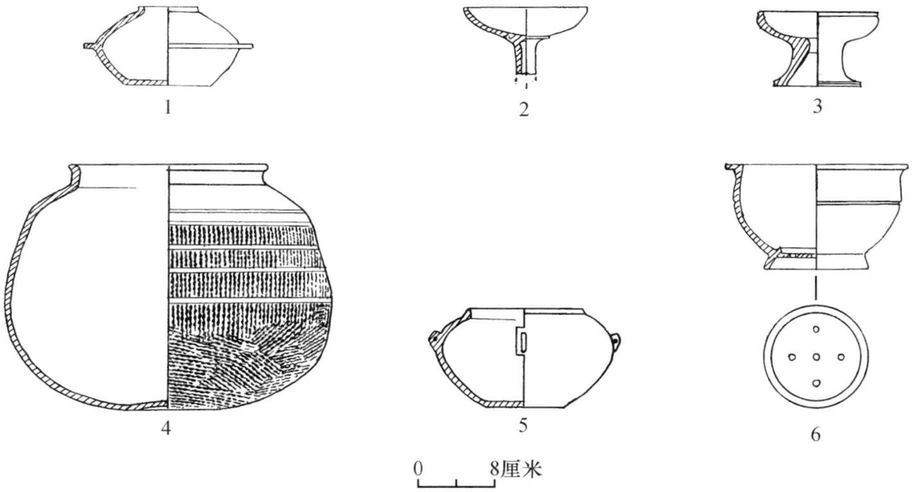

图三〇一　战国秦汉墓陶器组合（M81）

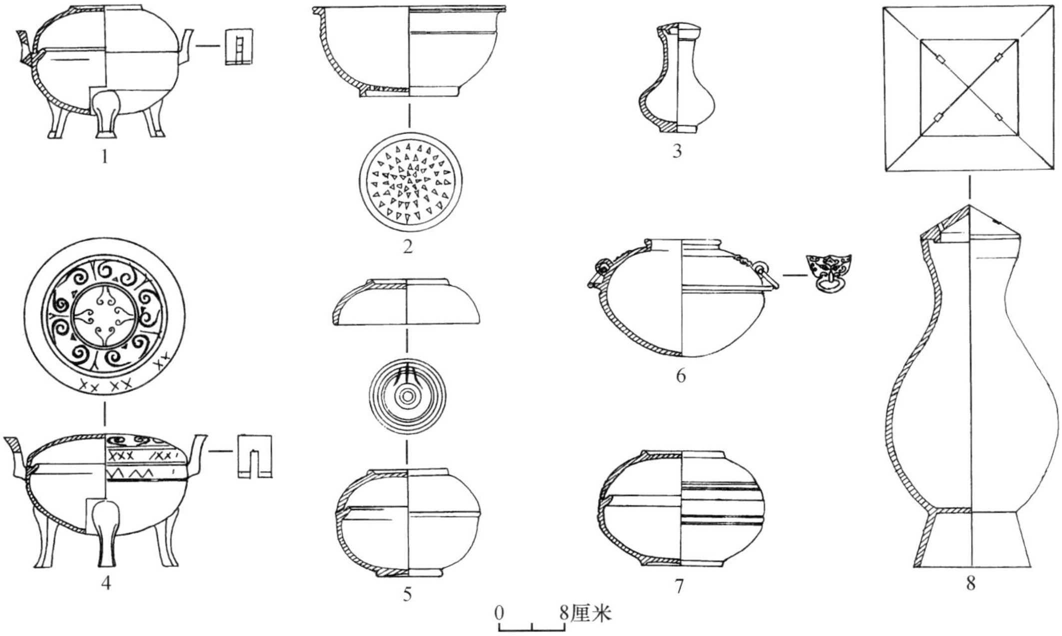

图三〇二　战国秦汉墓陶器组合（M18）

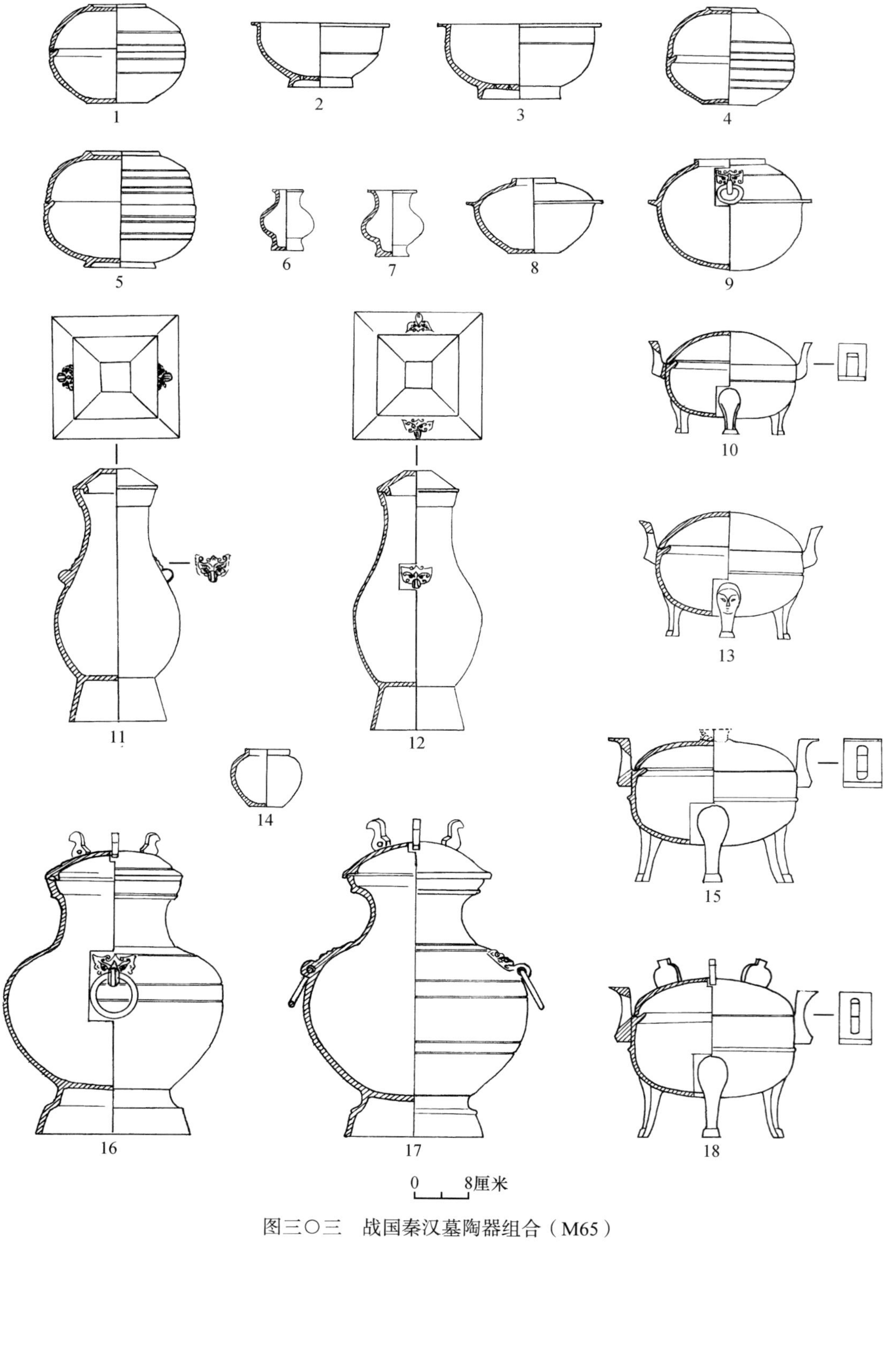

图三〇三　战国秦汉墓陶器组合（M65）

图三〇四　战国秦汉墓陶器组合（M10）

M76、M77（图三〇五）、M9、M71（图三〇六）、M86、M17、M69；鼎、盒、壶+釜甑、罐、瓮等组合2座，M21、M73（图三〇七）；鼎、盒、壶+釜等组合2座，M52、M66；鼎、盒、壶+釜甑、罐组合1座，M68；鼎、盒、壶+釜甑、罐、盆组合1座，M75；鼎、盒、壶+瓮、甑组合1座，M72（图三〇八）。

第三类　鼎、壶+以罐为主的组合，共4座，其中鼎、壶+罐、瓮组合1座，M15；鼎、壶+釜甑组合1座，M43（图三〇九）；鼎、壶+罐组合1座，M23；鼎、壶+甑、盆组合1座，M70（图三一〇）。

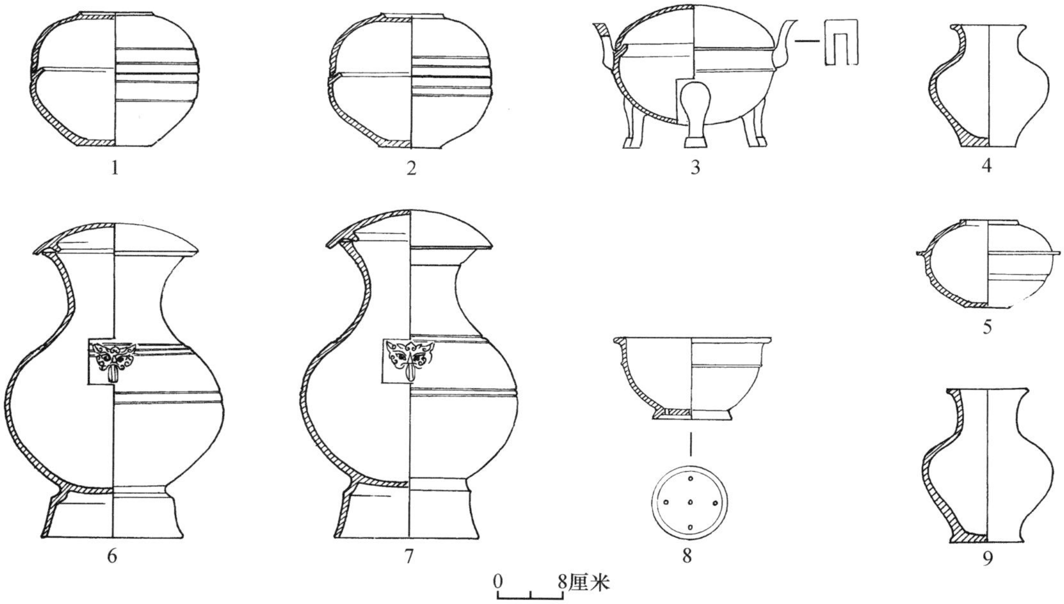

图三〇五　战国秦汉墓陶器组合（M77）

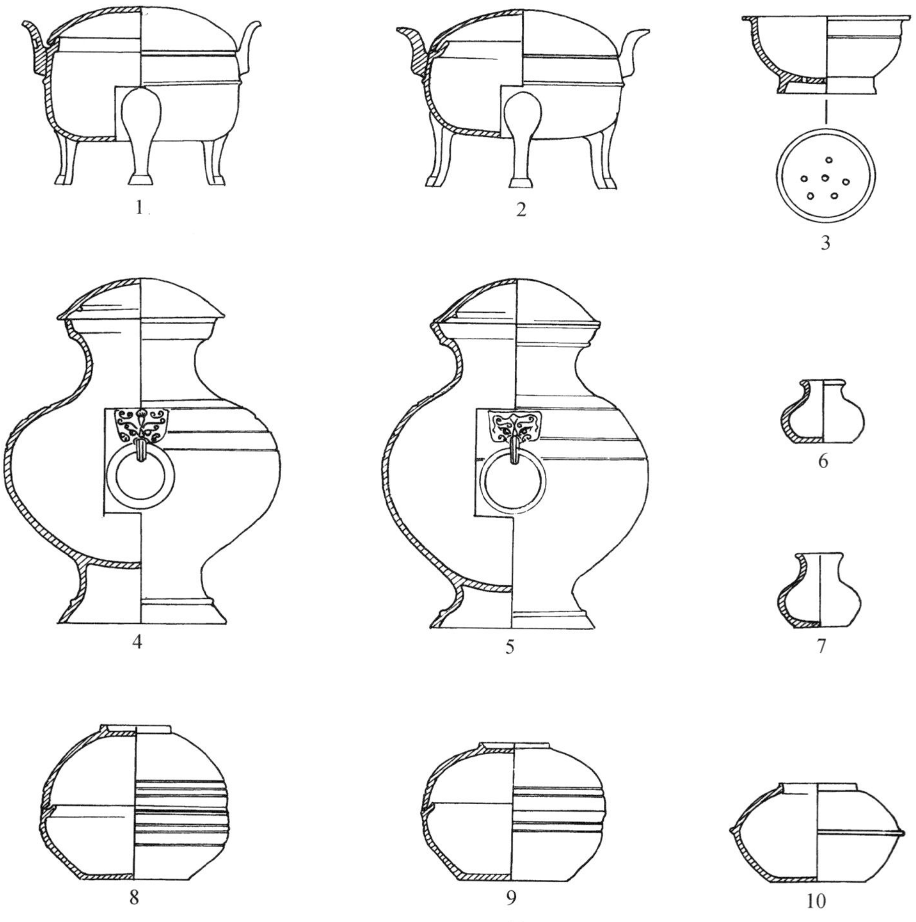

图三〇六　战国秦汉墓陶器组合（M71）

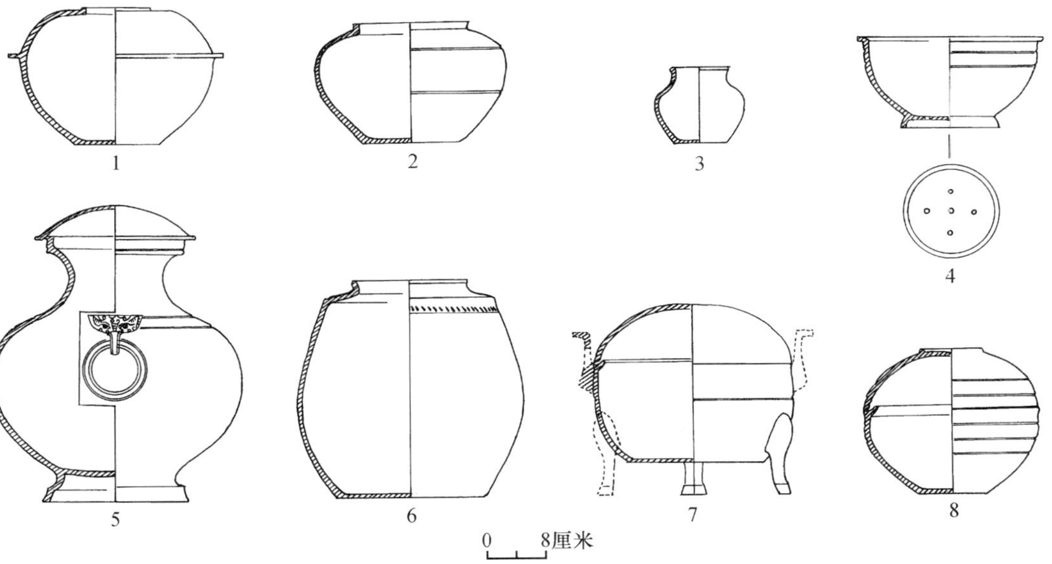

图三〇七　战国秦汉墓陶器组合（M73）

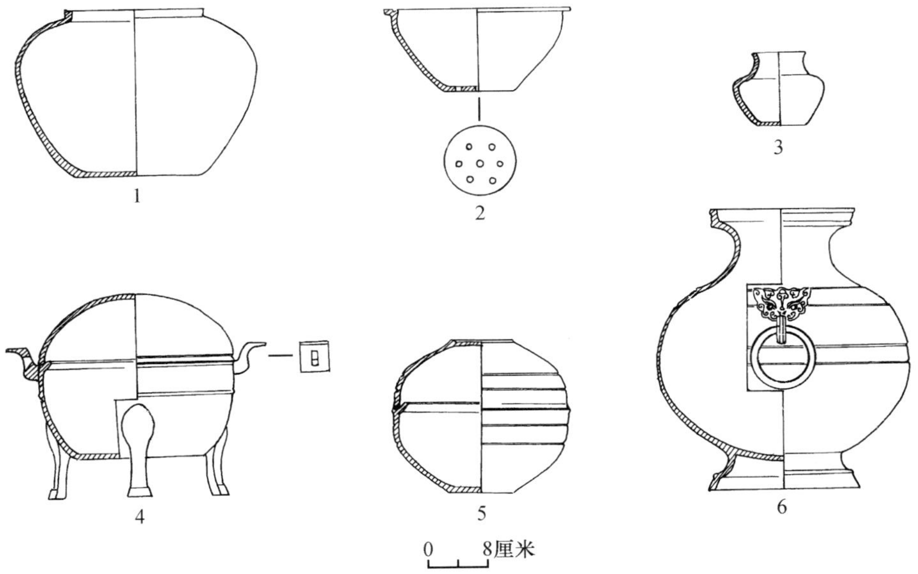

图三〇八　战国秦汉墓陶器组合（M72）

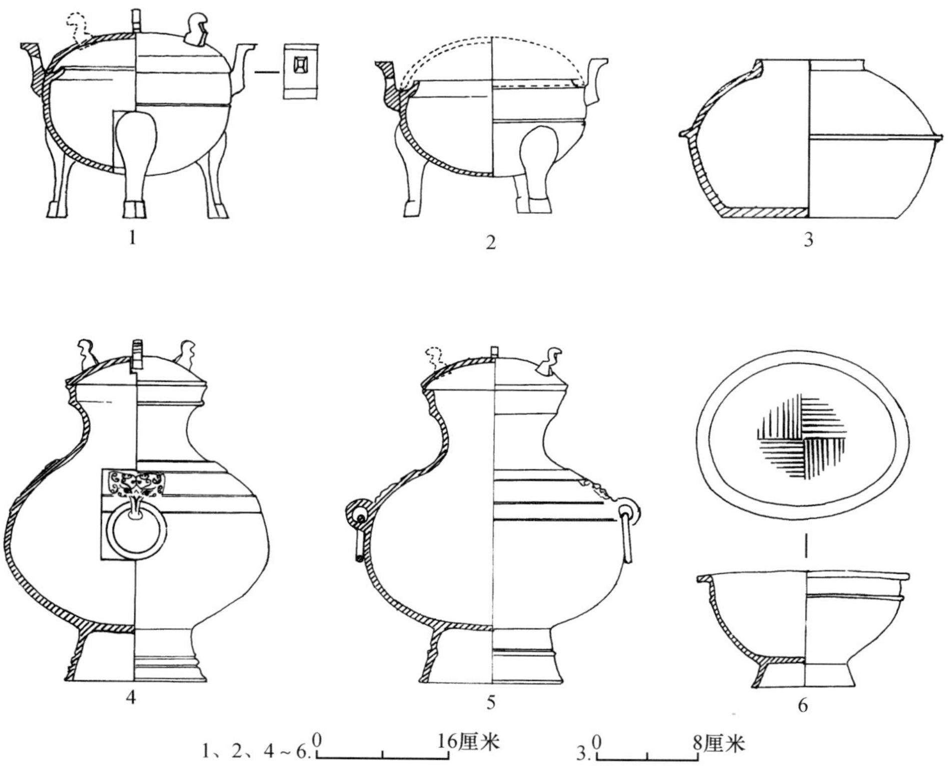

图三〇九　战国秦汉墓陶器组合（M43）

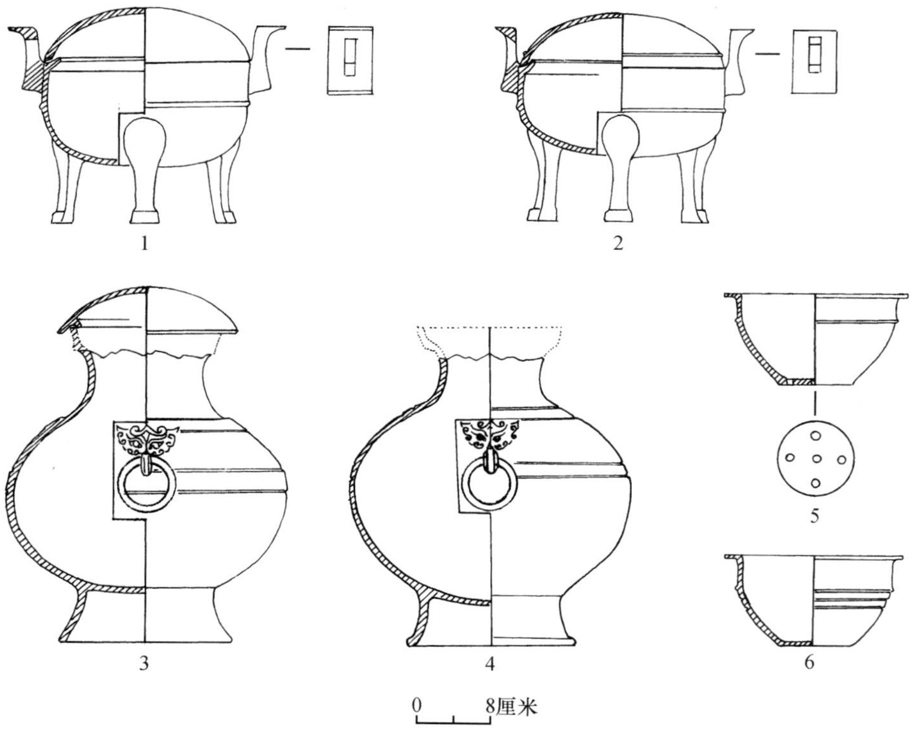

图三一〇　战国秦汉墓陶器组合（M70）

第四类　鼎、盒+以釜甑为主的组合，共4座，其中鼎、盒+釜甑、盆的组合1座，M8；鼎、盒+釜甑、罐等的组合1座，M83（图三一一）；鼎、盒+釜、罐、瓮、钵的组合1座，M67；鼎、盒+釜等的组合1座，M32。

第五类　壶、盒+罐、钵、鋬的组合1座，M84（图三一二）。

第六类　单件仿铜礼器鼎或壶+釜甑、罐、瓮等的组合，共3座，其中壶+釜甑、钵的组合1座，M7（图三一三）；鼎+瓮等组合1座，M129（图三一四）；壶+罐等组合1座，M122。

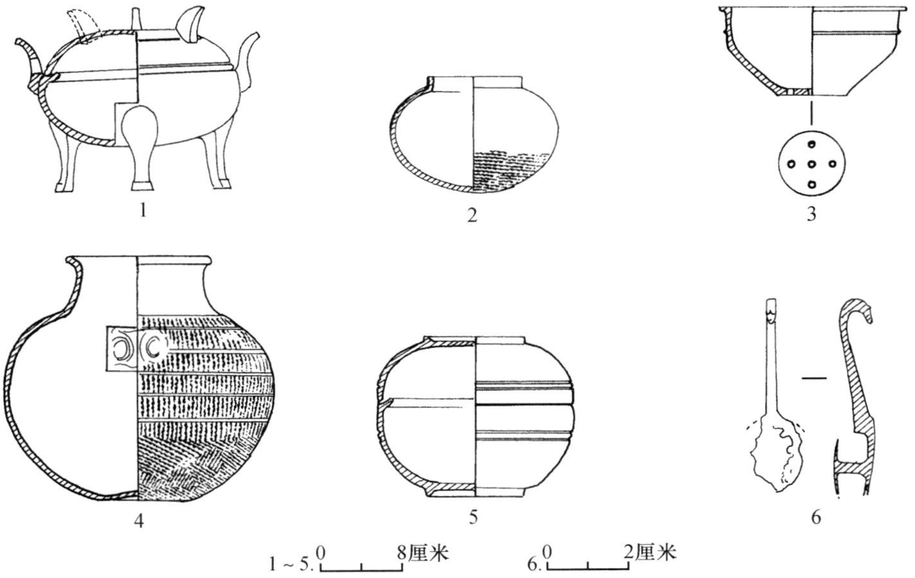

图三一一　战国秦汉墓陶器组合（M83）

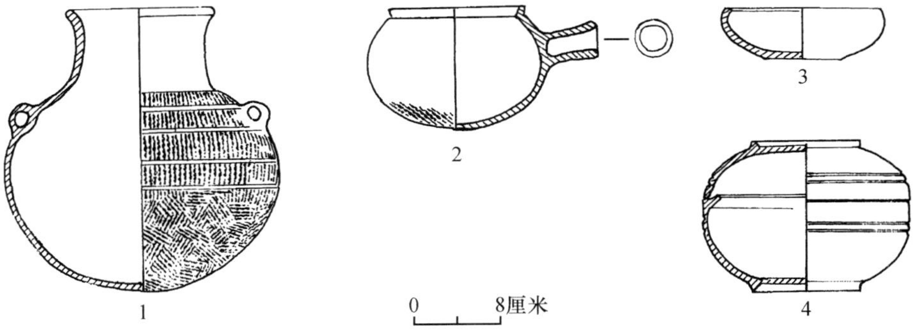

图三一二　战国秦汉墓陶器组合（M84）

4. 日用陶器与模型明器组合

该组合的墓葬共11座，日用陶器以瓮、罐等为主，模型明器以灶、仓等为主，另有少量铜器包括铜洗、钱、带钩等。主要组合有以下几种：M125，瓮+灶、仓组合（图三一五）；M98，罐、瓮+灶组合；M105、M135，罐、瓮+仓组合；M94，罐、瓮、盆+灶等组合（图

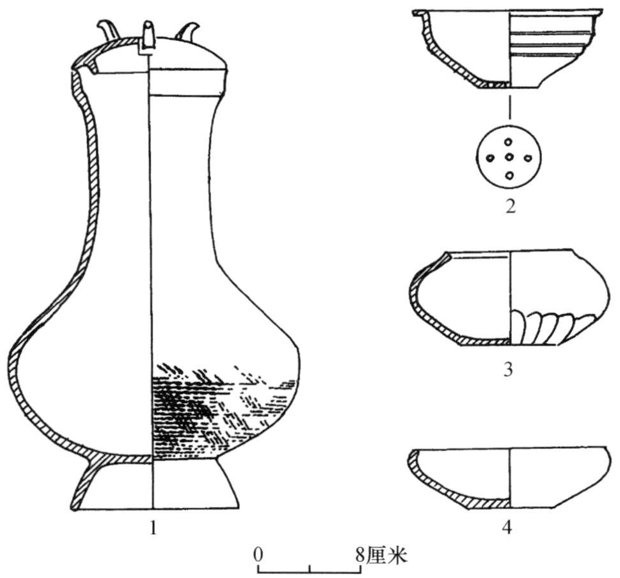

图三一三　战国秦汉墓陶器组合（M7）

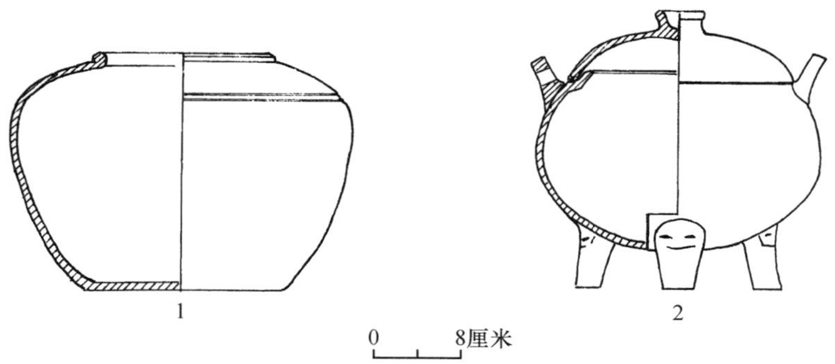

图三一四　战国秦汉墓陶器组合（M129）

三一六）；M95，罐、瓮、盆、鏊+仓、灶、井等组合；M93，罐+灶等组合；M60，罐、盆+灶、仓等组合；M96，瓮、鏊+仓组合；M132，瓮、盆+仓、灶等组合（图三一七）；M106，盆+仓组合。

该组合早中各1座，9座为西汉晚期。

5. 仿铜礼器、日用陶器与模型明器组合

该组合的墓葬共13座，组合中仿铜礼器鼎盒壶以单件居多、日用陶器以罐、瓮、盆为主、模型明器以灶为主，少数伴有铜、铁器。具体组合有以下几类：

第一类　鼎盒或鼎壶+瓮或罐、盆+灶等组合，共3座，其中M59的组合为鼎盒+瓮+灶等（图三一八）；M118的组合为鼎盒+罐、瓮+灶等（图三一九）；M101的组合为鼎壶+罐、盆+

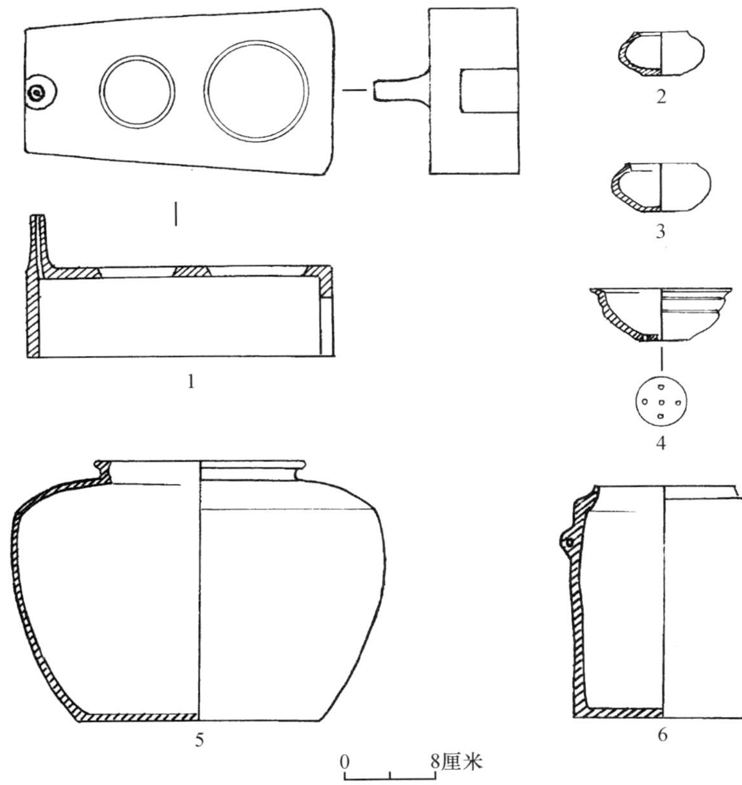

图三一五　战国秦汉墓陶器组合（M125）

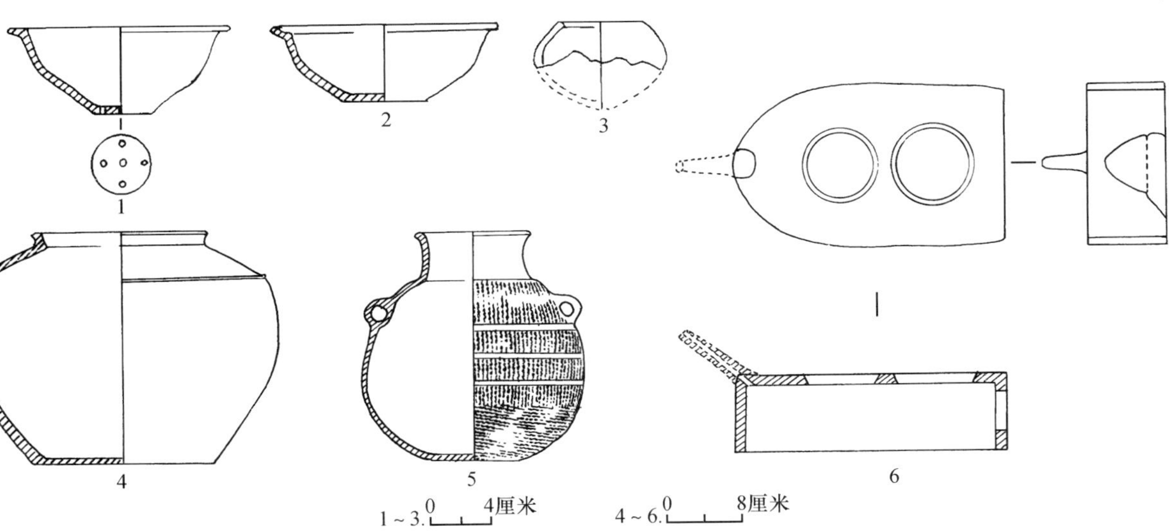

图三一六　战国秦汉墓陶器组合（M94）

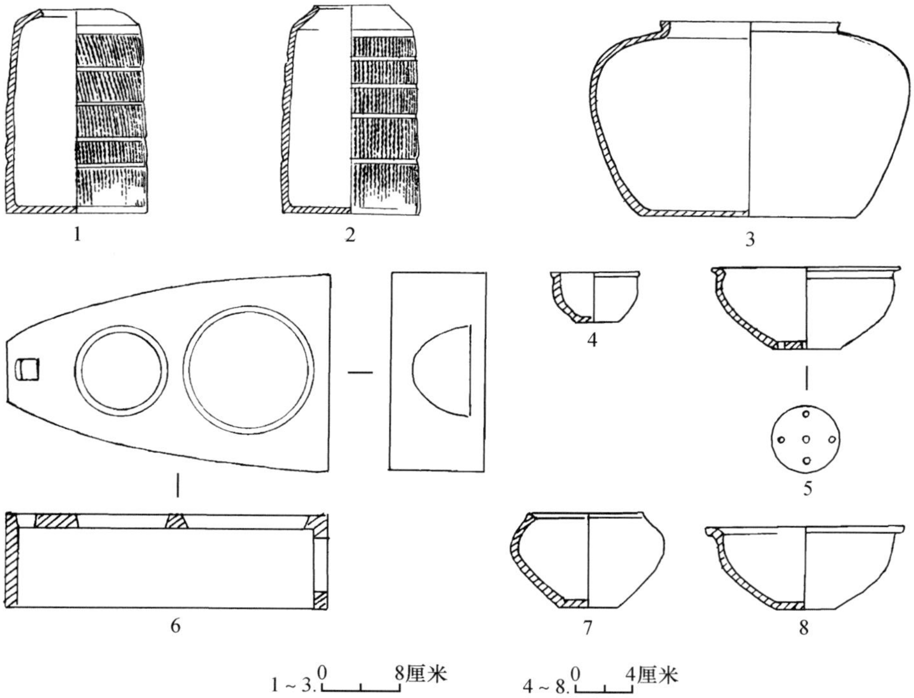

图三一七　战国秦汉墓陶器组合（M132）

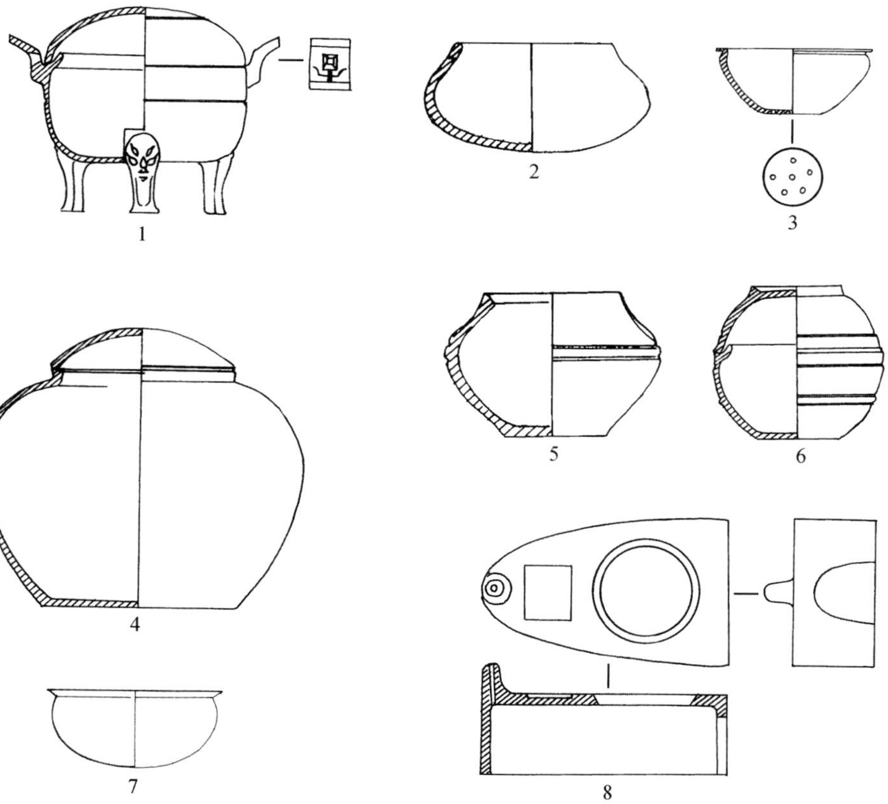

图三一八　战国秦汉墓陶器组合（M59）

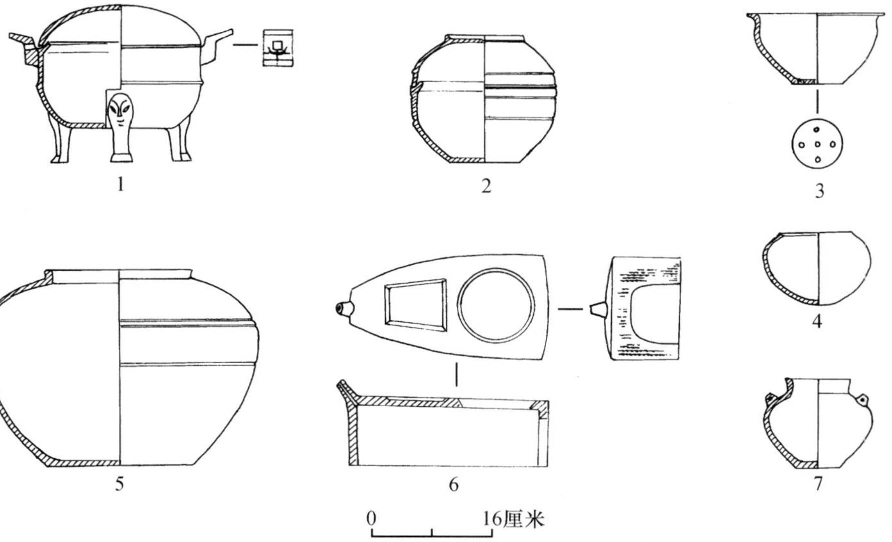

图三一九　战国秦汉墓陶器组合（M118）

灶、仓、井等。

第二类　鼎+罐、瓮+灶组合，共2座，其中M119的组合为鼎+罐、瓮+灶（图三二〇）；M50的组合为鼎+罐+灶。

第三类　壶+瓮或罐、盆+灶、仓等组合，共7座，其中壶+罐、盆+灶组合2座，M117

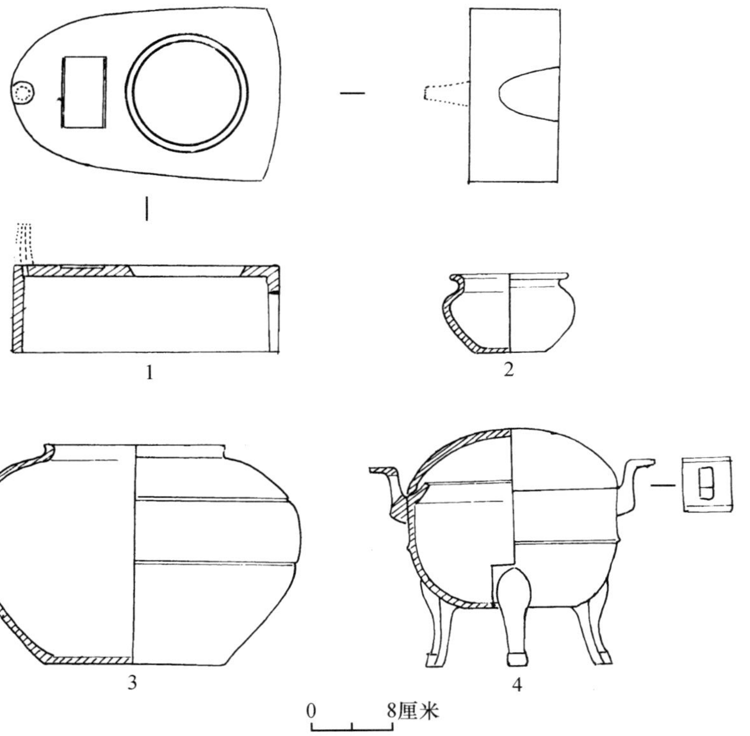

图三二〇　战国秦汉墓陶器组合（M119）

（图三二一）、M63；壶+瓮、盆+灶组合1座，M126；壶+瓮、盆+灶、仓等组合1座，M138（图三二二）；壶+罐、瓮、盆、钵+灶组合1座，M114；壶+罐、瓮、盆+仓、釜等组合1座，M148；壶+罐+灶组合1座，M99。

第四类　盒+罐、盆+灶、仓组合1座，M91（图三二三）。

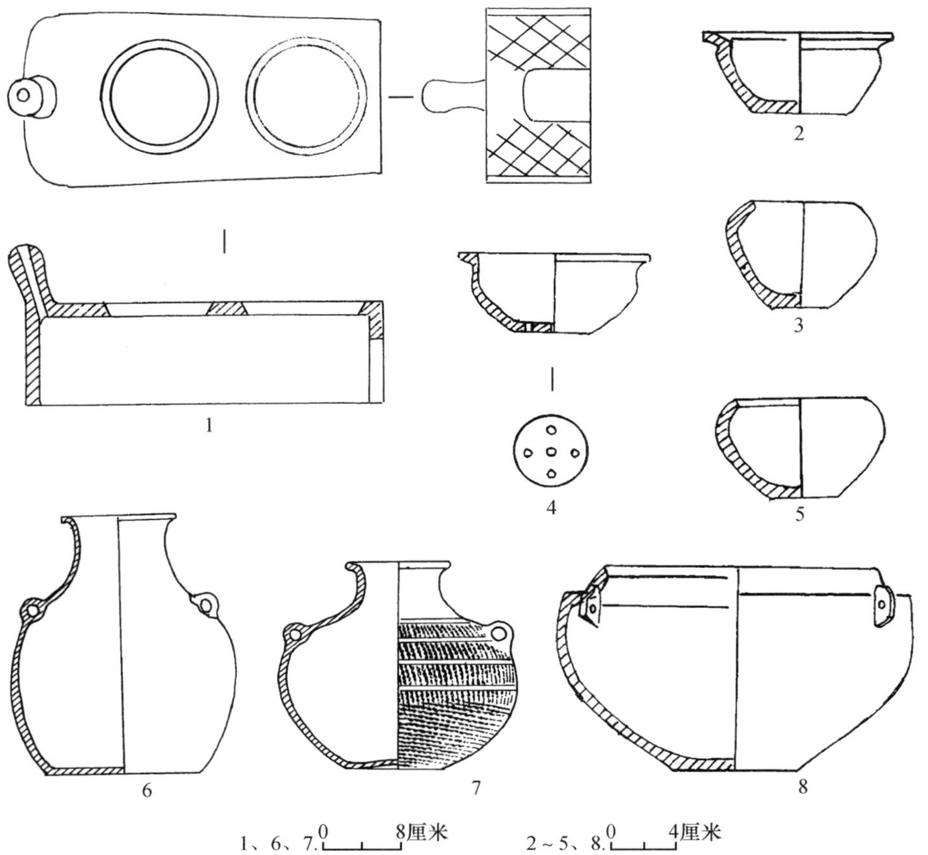

图三二一　战国秦汉墓陶器组合（M117）

6. 陶器与铜礼器混合组合

该组合的墓葬共6座，其中陶鼎、壶+铜鼎、钫组合1座，M56；陶瓮、釜甑+铜鼎、钫、蒜头壶组合1座，M14；陶瓮、灶+铜鼎、钫、洗组合1座，M130；陶瓮、灶+铜鼎、洗组合1座，M39；陶瓮、灶+铜提链壶、洗等组合1座，M123；陶鼎、盒、罐、瓮、盆、盘、仓、灶+铜鼎、洗等组合1座，M89。

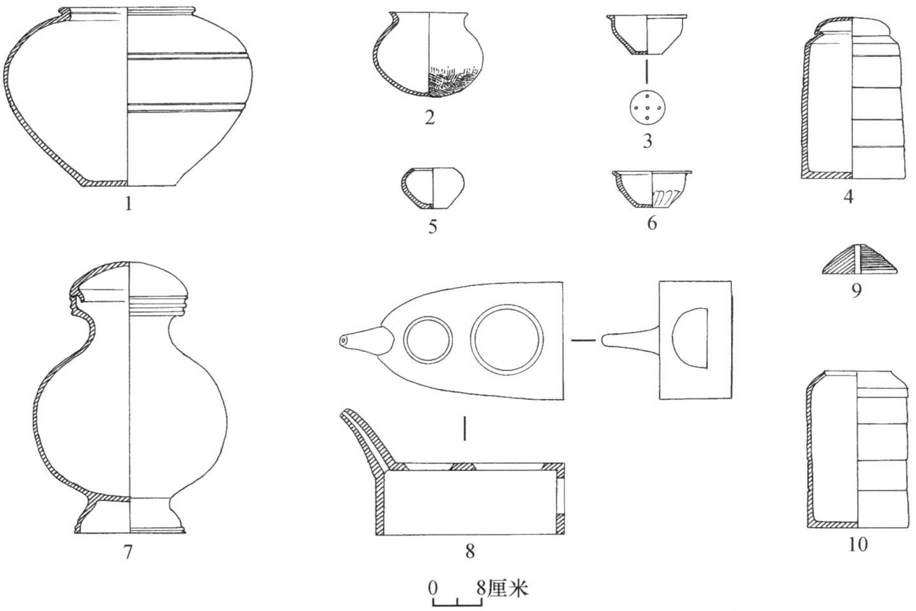

图三二二　战国秦汉墓陶器组合（M138）

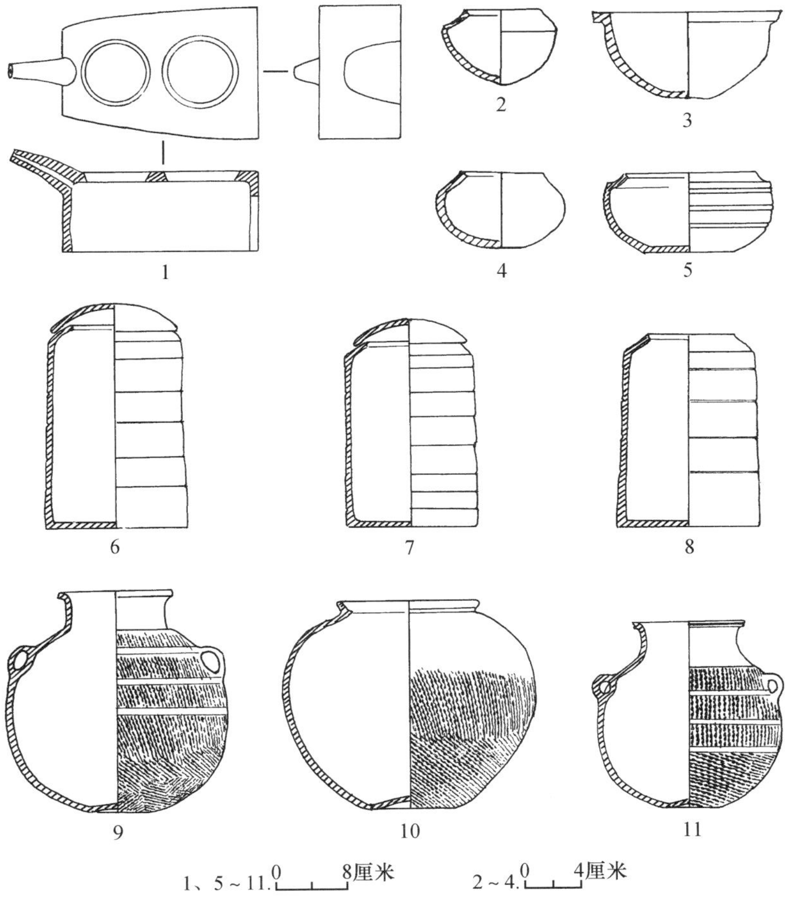

图三二三　战国秦汉墓陶器组合（M91）

7. 其他器物组合

全寨子战国晚期及秦汉140座墓葬中，有21座砖室结构墓葬，但均破坏严重，多数仅出有器物残片，无法复原，部分墓葬出土有随葬器物，但组合不全，其中M3、M4、M6、M28、M35、M109出土随葬器物组合相对较全，现仅对它们做一简要分析。

M4组合有釜、井；M6组合有罐、盘、案、耳杯以及明器仓、灶、井、狗；M28组合有鼎、壶、樽、炉、灯、案以及明器仓、狗；M35组合有鼎、壶、盒、罐、瓮、盆、案以及明器仓、灶、井、狗、铜镜、钱等。

以上几种组合形式尽管较为复杂，但主要器类集中，仿铜礼器为鼎、盒、壶、钫，日用陶器为罐、釜甑、瓮，模型明器为灶、仓。根据各类器物型别的不同及式别的变化，可以将陶器组合序列分为六组（表三、表四）。

第一组：主要是仿铜礼器、日用陶器，没有模型明器，主要器形有：A型Ⅰ、Ⅱ式鼎；A型Ⅰ壶；C型Ⅰ式盒；E型Ⅰ式罐；Fb型Ⅰ式罐；A型Ⅰ式釜甑；D型Ⅰ式釜甑；A型Ⅰ、Ⅱ式钵；A型Ⅰ式鍪。

第二组：仿铜礼器、日用陶器为主，出现模型明器灶，主要器形有：A型Ⅱ、Ⅲ式鼎；B型Ⅰ、Ⅱ式鼎；A型Ⅱ式壶；Ba型Ⅰ式壶；Bb型Ⅰ式壶；A型Ⅰ、Ⅱ式盒；B型Ⅰ式盒；C型Ⅱ、Ⅲ式盒；A型钫；B型Ⅰ式钫；Aa型Ⅰ、Ⅱ式罐；Ab型Ⅰ式罐；B型Ⅰ式罐； A型Ⅰ、Ⅱ式瓮；B型Ⅰ式瓮；D型瓮；A型Ⅱ、Ⅲ式釜甑；B型釜甑；C型Ⅰ式釜甑；D型Ⅱ、Ⅲ式釜甑；E型Ⅰ式釜甑；A型Ⅰ、Ⅱ式盆；A型Ⅱ式钵；A型Ⅱ式鍪；A型Ⅰ式灶；C型Ⅰ式灶等。

第三组：仿铜礼器、日用陶器为主，模型明器有灶，出现模型明器仓，主要器形有：A型Ⅳ式鼎；B型Ⅱ、Ⅲ式鼎；C型Ⅰ、Ⅱ、Ⅲ式鼎；Ba型Ⅱ式壶；Bb型Ⅰ、Ⅱ、Ⅲ式壶；Ca型Ⅰ式壶；D型壶；A型Ⅰ、Ⅱ、Ⅲ式盒；B型Ⅱ式盒；C型Ⅱ、Ⅲ式盒；D型盒；B型Ⅱ式钫；Aa型Ⅱ、Ⅲ式壶；Ca型Ⅰ、Ⅱ式壶；F型Ⅰ式壶；G型壶；Aa型Ⅱ、Ⅲ式罐；Ab型Ⅱ式罐；B型Ⅱ式罐；C型Ⅰ、Ⅱ式罐； A型Ⅱ、Ⅲ式瓮；B型Ⅱ式瓮；C型Ⅱ式釜甑；D型Ⅱ、Ⅲ式釜甑；D型Ⅱ式釜甑；A型Ⅰ、Ⅱ、Ⅲ式盆；B型Ⅰ式盆；A型Ⅲ式钵；B型Ⅰ式钵；A型Ⅱ式灶；B型Ⅰ、Ⅱ式灶；C型Ⅰ、Ⅱ式灶；C型仓等。

第四组：日用陶器为主，模型明器有灶、仓，出现模型明器井，主要器形有： Cb型壶；Aa型Ⅲ、Ⅳ式罐；Ab型Ⅱ式罐； C型Ⅱ式罐；D型Ⅰ式罐；E型Ⅱ、Ⅲ式罐；Fa型Ⅱ式罐；A型Ⅱ、Ⅲ式瓮； A型Ⅲ式盆；B型Ⅰ、Ⅱ、Ⅲ式盆； A型Ⅰ、Ⅱ式仓；B型Ⅰ、Ⅱ式仓；A型Ⅲ式灶；B型Ⅱ式灶；C型Ⅲ、Ⅳ式灶；A型Ⅰ式井等。

第五组：日用陶器、模型明器器物组合，出现模型明器狗，主要器形有：D型鼎； Bb型Ⅳ式壶；B型Ⅱ式罐；C型Ⅱ式罐；D型Ⅱ式罐；Fb型Ⅱ式罐；A型Ⅲ式瓮；B型Ⅲ式钵； A型Ⅰ、Ⅱ式井；C型Ⅳ式灶；A型Ⅲ式仓；B型Ⅲ式仓等。

第六组：器物组合不全，主要器形有罐、仓、灶、井、耳杯、案等。E型鼎；Ⅲ式盘；B

表三　战国秦汉墓仿铜陶礼器器形序列表

期别	段别	鼎					盒				壶							小壶					钫	
		A	B	C	D	E	A	B	C	D	A	B		C		D	E	A	B	C	D	E	A	B
												Ba	Bb	Ca	Cb									
一	1	Ⅰ Ⅱ							Ⅰ		Ⅰ													
二	2	Ⅱ Ⅲ	Ⅰ Ⅱ				Ⅰ Ⅱ	Ⅰ	Ⅱ Ⅲ		Ⅱ	Ⅰ	Ⅰ					Ⅰ	Ⅰ	Ⅰ	√		√	Ⅰ
	3	Ⅳ	Ⅱ Ⅲ	Ⅰ Ⅱ Ⅲ			Ⅰ Ⅱ Ⅲ	Ⅱ	Ⅱ Ⅲ	√		Ⅱ	Ⅰ Ⅱ Ⅲ	Ⅰ Ⅱ		√		Ⅰ Ⅱ	Ⅰ Ⅱ Ⅲ	Ⅱ		√		Ⅱ
	4													Ⅱ	√									
三	5				√								Ⅳ											
	6					√											√		Ⅳ					

期别	段别	罐									瓮				釜甑					盆	
		A		B	C	D	E	F		G	A	B	C	D	A	B	C	D	E	A	B
		Aa	Ab					Fa	Fb												
一	1						Ⅰ		Ⅰ						Ⅰ			Ⅰ			
二	2	Ⅰ Ⅱ	Ⅰ	Ⅰ							Ⅰ Ⅱ	Ⅰ		√	Ⅱ Ⅲ	√	Ⅰ	Ⅱ Ⅲ	Ⅰ Ⅱ	Ⅰ Ⅱ	
	3	Ⅱ Ⅲ	Ⅱ	Ⅱ	Ⅰ Ⅱ			Ⅰ		√	Ⅱ Ⅲ	Ⅱ					Ⅱ	Ⅱ	Ⅰ Ⅱ	Ⅰ Ⅱ Ⅲ	Ⅰ
	4	Ⅱ Ⅲ Ⅳ	Ⅱ	Ⅱ	Ⅱ	Ⅰ Ⅱ	Ⅱ Ⅲ	Ⅱ			Ⅱ Ⅲ									Ⅲ	Ⅰ Ⅱ Ⅲ
三	5			Ⅱ	Ⅱ Ⅲ	Ⅱ Ⅲ			Ⅱ												Ⅲ
	6				Ⅲ	Ⅲ															Ⅲ

期别	段别	钵		鍪			盘	炉		樽	豆	耳杯	案	勺	小盒	纺轮	
		A	B	A	B	C		A	B							A	B
一	1	Ⅰ Ⅱ		Ⅰ													
二	2	Ⅱ		Ⅱ	√		Ⅰ				√				√		
	3	Ⅲ	Ⅰ														
	4		Ⅱ Ⅲ			Ⅰ Ⅱ											
三	5						Ⅱ	√	√	√			√	√		√	√
	6						Ⅱ Ⅲ	√	√			√	√				

表四　战国秦汉墓模型明器陶器器形序列表

期别	段别	灶			仓			井		狗
		A	B	C	A	B	C	A	B	
一	1									
二	2	Ⅰ	Ⅰ	Ⅰ						
	3	Ⅱ	Ⅰ Ⅱ	Ⅰ Ⅱ			√			
	4	Ⅲ	Ⅱ Ⅲ	Ⅱ Ⅲ Ⅳ	Ⅰ Ⅱ	Ⅰ Ⅱ		Ⅰ	√	
三	5			Ⅳ	Ⅲ	Ⅲ		Ⅰ Ⅱ		√
	6			Ⅴ	Ⅲ Ⅳ	Ⅲ Ⅳ		Ⅱ		√

型Ⅳ式小壶；C型Ⅲ式罐；D型Ⅲ式罐；Ⅱ、Ⅲ式盘；B型Ⅲ式盆；C型Ⅴ式灶；A型Ⅲ、Ⅳ式仓；B型Ⅲ、Ⅳ式仓；A型Ⅱ式井；A、B型炉；以及陶案、樽、狗等。

以上六组中第一组缺少模型明器，第五、六组缺少仿铜礼器（组合不全），其他各组仿铜礼器、日用陶器、模型明器三大器类组合序列并行发展，相互对应，另外模型明器的出现有一定的规律，第二组开始出现灶、第三组开始出现仓、第四组开始出现井（表五）。

表五　战国秦汉墓出土器物组合序列表

组别	陶器	铜器	铁器	伴出铜钱等
一	A型Ⅰ、Ⅱ式鼎；A型Ⅰ式壶；C型Ⅰ式盒；E型Ⅰ式罐；Fb型Ⅰ式罐；A型Ⅰ式釜甑；D型Ⅰ式釜甑；A型Ⅰ、Ⅱ式钵；A型Ⅰ式鍪。	鼎、钫		
二	A型Ⅱ、Ⅲ式鼎；B型Ⅰ、Ⅱ式鼎；A型Ⅱ式壶；Ba型Ⅰ式壶；Bb型Ⅰ式壶；A型Ⅰ、Ⅱ式盒；B型Ⅰ式盒；C型Ⅱ、Ⅲ式盒；A型钫；B型Ⅰ式钫；Aa型Ⅰ、Ⅱ式罐；Ab型Ⅰ式罐；B型Ⅰ式罐；A型Ⅰ、Ⅱ式瓮；B型Ⅰ式瓮；D型瓮；A型Ⅱ、Ⅲ式釜甑；B型釜甑；C型Ⅰ式釜甑；D型Ⅱ、Ⅲ式釜甑；E型Ⅰ式釜甑；A型Ⅰ、Ⅱ式盆；A型Ⅱ式钵；A型Ⅱ式鍪；A型Ⅰ式灶；C型Ⅰ式灶等。	鼎、钫、蒜头壶、鍪、带钩	鍤	
三	A型Ⅳ式鼎；B型Ⅱ、Ⅲ式鼎；C型Ⅰ、Ⅱ、Ⅲ式鼎；Ba型Ⅱ式壶；Bb型Ⅰ、Ⅱ、Ⅲ式壶；Ca型Ⅰ式壶；D型壶；A型Ⅰ、Ⅱ、Ⅲ式盒；B型Ⅱ式盒；C型Ⅱ、Ⅲ式盒；D型盒；B型Ⅱ式钫；Aa型Ⅱ、Ⅲ式壶；Ca型Ⅰ、Ⅱ式壶；F型Ⅰ式壶；G型壶；Aa型Ⅱ、Ⅲ式罐；Ab型Ⅱ式罐；B型Ⅱ式罐；C型Ⅰ、Ⅱ式罐；A型Ⅱ、Ⅲ式瓮；B型Ⅱ式瓮；C型Ⅱ式釜甑；D型Ⅱ、Ⅲ式釜甑；D型Ⅱ式釜甑；A型Ⅰ、Ⅱ、Ⅲ式盆；B型Ⅰ式盆；A型Ⅲ式钵；B型Ⅰ式钵；A型Ⅱ式灶；B型Ⅰ、Ⅱ式灶；C型Ⅰ、Ⅱ式灶；C型仓等。	鼎、洗、带钩	鍪、剑	

续表

组别	陶器	铜器	铁器	伴出铜钱等
四	Cb型壶；Aa型Ⅲ、Ⅳ式罐；Ab型Ⅱ式罐；C型Ⅱ式罐；D型Ⅰ式罐；E型Ⅱ、Ⅲ式罐；Fa型Ⅱ式罐；A型Ⅱ、Ⅲ式瓮；A型Ⅲ式盆；B型Ⅰ、Ⅱ、Ⅲ式盆；A型Ⅰ、Ⅱ式仓；B型Ⅰ、Ⅱ式仓；A型Ⅲ式灶；B型Ⅱ式灶；C型Ⅲ、Ⅳ式灶；A型Ⅰ式井等。	洗、铜镜	剑	铜钱
五	D型鼎；Bb型Ⅳ式壶；B型Ⅱ式罐；C型Ⅱ式罐；D型Ⅱ式罐；Fb型Ⅱ式罐；A型Ⅲ式瓮；B型Ⅲ式钵；A型Ⅰ、Ⅱ式井；C型Ⅳ式灶；A型Ⅲ式仓；B型Ⅲ式仓等。	镜		铜钱
六	E型鼎；Ⅲ式盘；B型Ⅳ式小壶；C型Ⅲ式罐；D型Ⅲ式罐；Ⅱ、Ⅲ式盘；B型Ⅲ式盆；C型Ⅴ式灶；A型Ⅲ、Ⅳ式仓；B型Ⅲ、Ⅳ式仓；A型Ⅱ式井；A、B型炉；以及陶案、樽、狗等。			铜钱

二、期别与年代

根据对88座墓葬出土器物序列的纵向排比及墓葬的典型特征对比，可将它们分为六组，并对应着六个阶段。

由于这批墓葬的主体形制以及典型的随葬器物具有较强的时代特征，同时又有几组打破关系，这为我们划分期别和判定墓葬的相对年代提供了重要依据，通过对这批墓葬形制以及出土器物序列的变化、结合器物形制与本地区以及周边地区墓葬中同类器形对比、分析，我们可大致判明这批墓葬的期别及相对年代（详见全寨子战国秦汉墓陶器演变图三二四~图三三四）。

（一）墓葬形制的时代特征

全寨子战国晚期及秦汉140座墓葬中，其中竖穴土坑墓119座，占大多数，根据墓葬的平面形制的不同，可分为两种型制：长方形竖穴土坑墓和刀形竖穴土坑墓，其形制结构与周边泉眼沟[1]、阎杆岭[2]、马川[3]、刘家沟口[4]等同类墓葬并无明显区别；砖室墓仅21座，根据墓葬的平面形制的不同，可分为四种型制：长方形砖室墓、刀形砖室墓、“甲”字形砖室墓、多室结构砖室墓，尽管破坏严重，但这批砖室墓有一定的特点，它们砖墙普遍以单砖平错缝叠砌筑，有铺地砖，墓砖多模印有各种纹饰和图案，如绳纹、菱纹图案、同心圆图案等，时代大

[1]　四川大学历史文化学院考古学等：《河南省淅川泉眼沟汉代墓葬发掘报告》，《考古学报》，2014年。

[2]　河南省文物考古研究所等：《河南淅川县阎杆岭83号墓发掘简报》，《华夏考古》，2012年第1期；河南省文物考古研究所等，《河南淅川县阎杆岭38号墓发掘简报》，《华夏考古》，2006年第2期。

[3]　河南省文物局南水北调保护办公室，河南省文物考古研究院，驻马店市文物考古研究所：《淅川马川墓地汉代积石积炭墓的发掘》，《考古学报》，2014年第2期。

[4]　河南省文物局：《淅川刘家沟口墓地》，科学出版社，2011年。

期	段	鼎 A	鼎 B	鼎 C	鼎 D	鼎 E
一	1	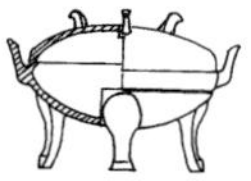 Ⅰ（M15：4） 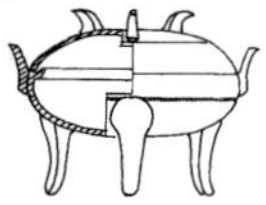 Ⅱ（M56：3）				
	2	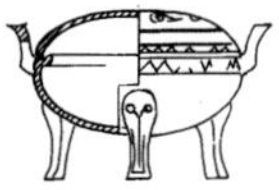 Ⅲ（M10：10）	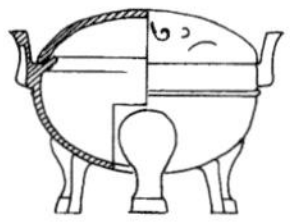 Ⅰ（M32：1）			
二	3	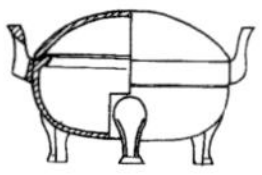 Ⅳ（M65：11）	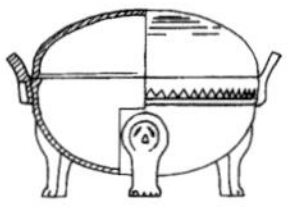 Ⅱ（M78：5）  Ⅲ（M70：1）	 Ⅰ（M66：3） 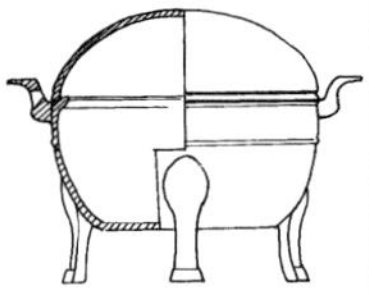 Ⅱ（M72：7）		
	4					
三	5				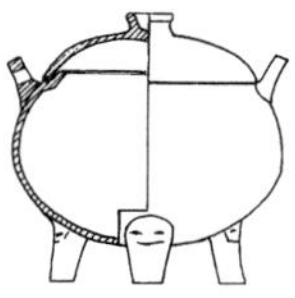 M29：1	
	6					 M35：21

图三二四　全寨子战国秦汉墓陶器演变图（一）

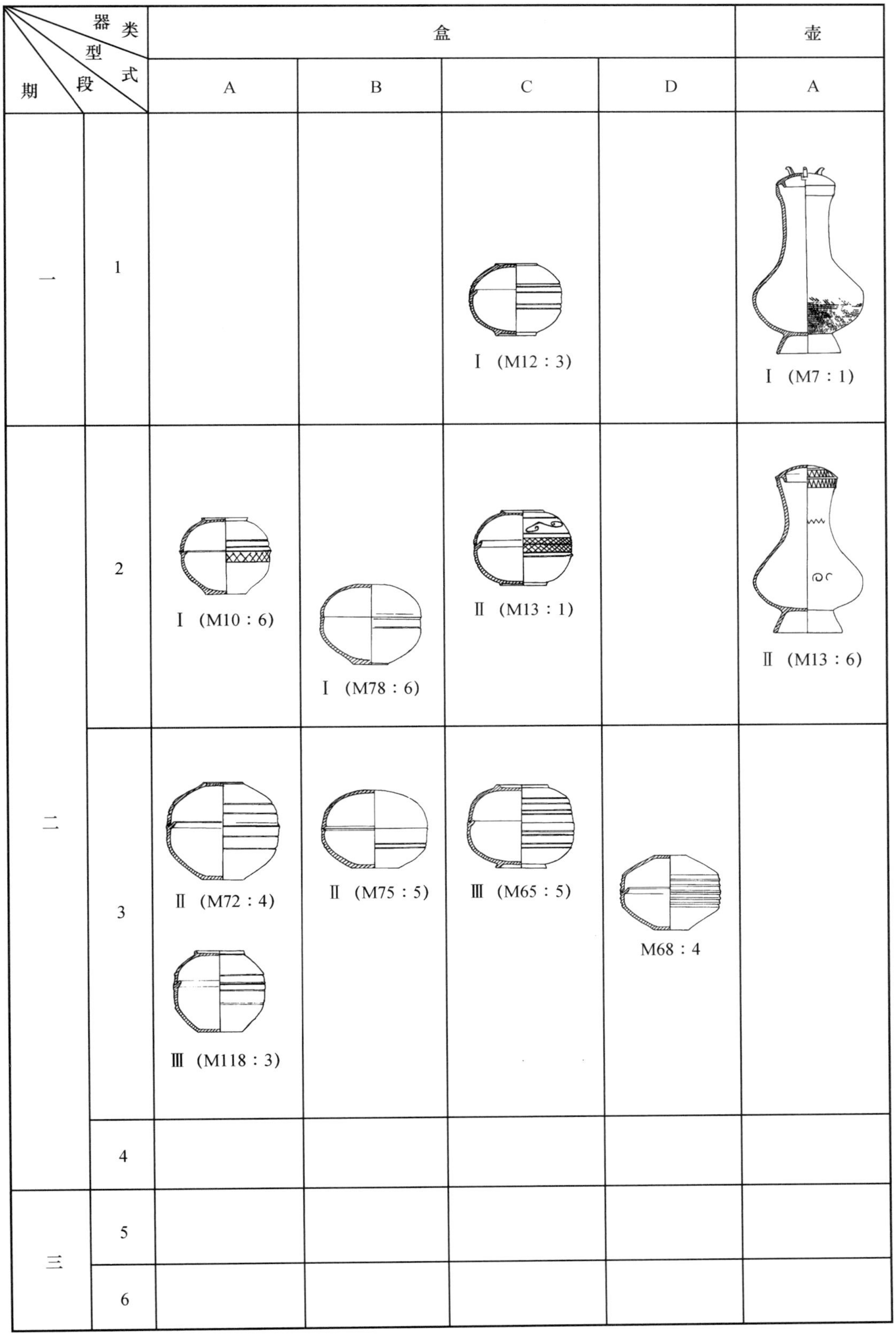

图三二五　全寨子战国秦汉墓陶器演变图（二）

器类 型式 期 段		壶				
		Ba	Bb	Ca	Cb	D
一	1					
二	2	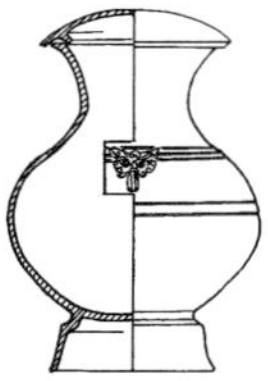 Ⅰ（M77∶1）	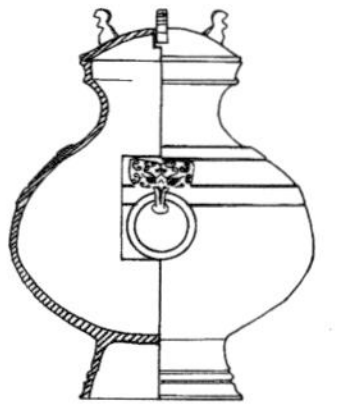 Ⅰ（M43∶6）	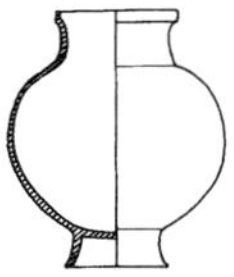 Ⅰ（M23∶1）		
	3	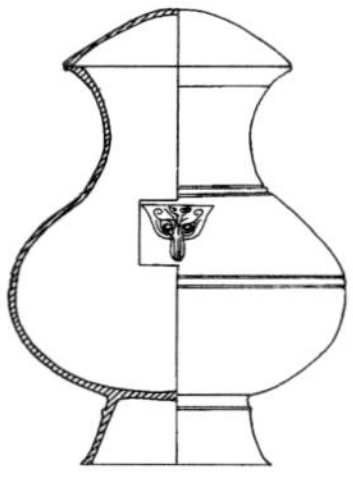 Ⅱ（M75∶11）	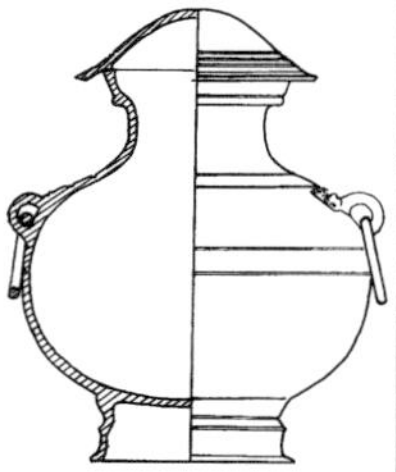 Ⅱ（M9∶1） 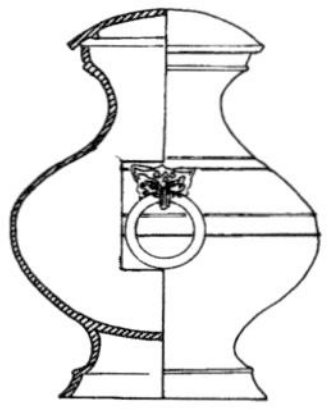 Ⅲ（M86∶1）	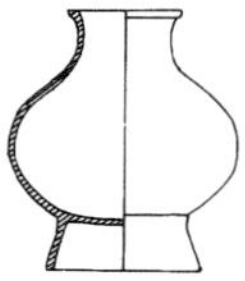 Ⅱ（M114∶6）		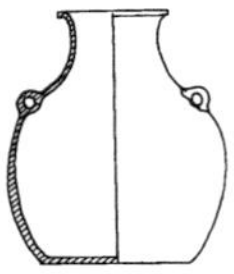 M117∶4
	4				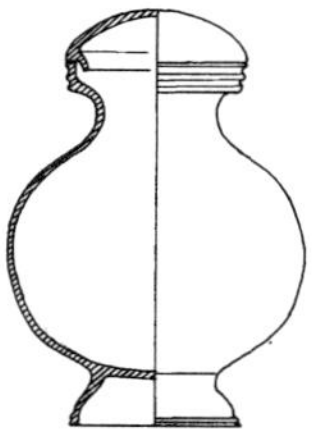 M138∶8	
三	5		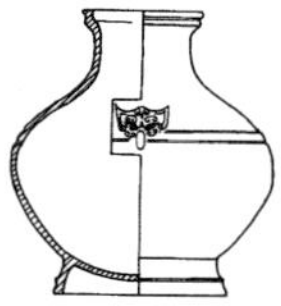 Ⅳ（M148∶5）			
	6					

图三二六　全寨子战国秦汉墓陶器演变图（三）

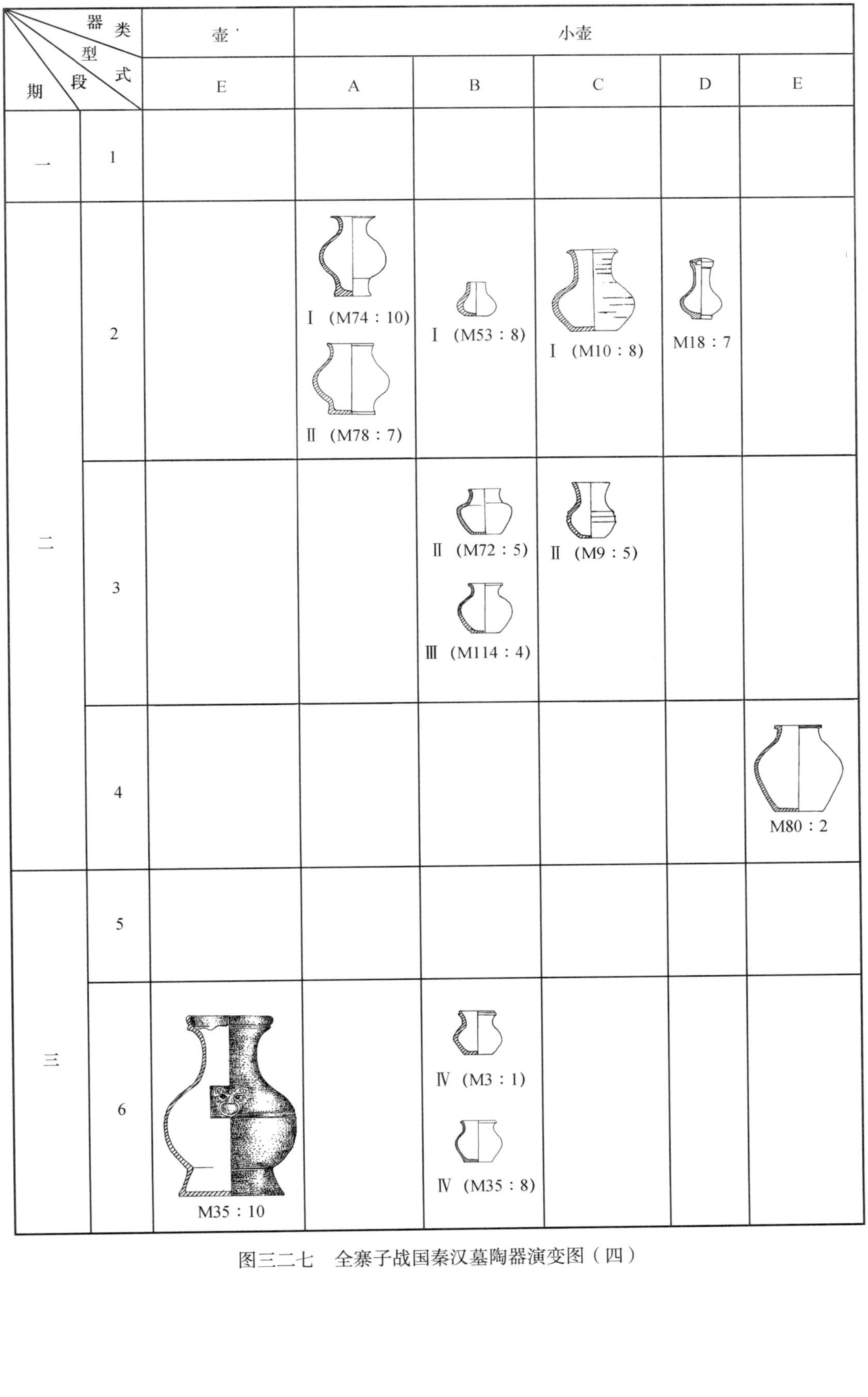

图三二七　全寨子战国秦汉墓陶器演变图（四）

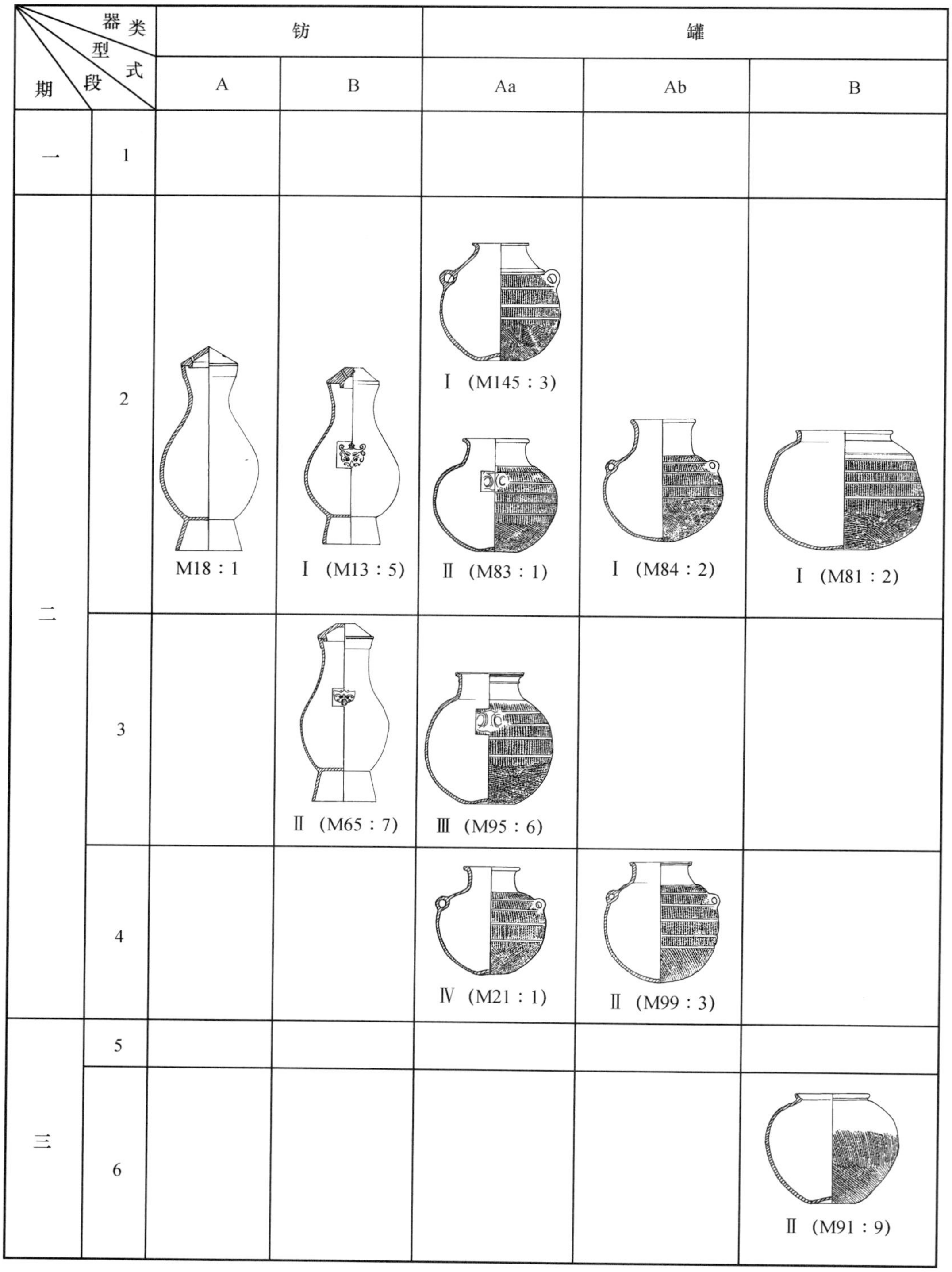

图三二八　全寨子战国秦汉墓陶器演变图（五）

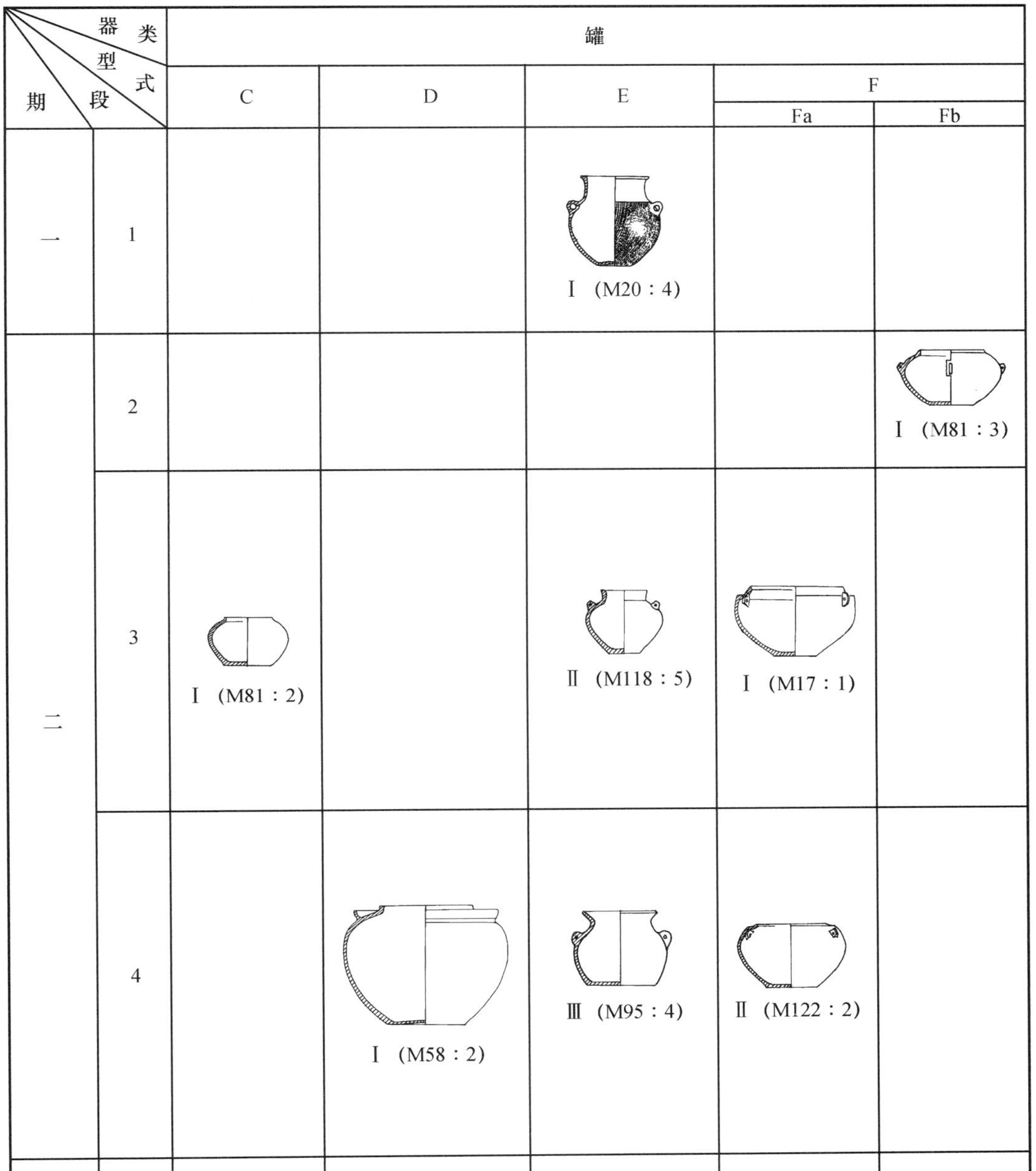

图三二九　全寨子战国秦汉墓陶器演变图（六）

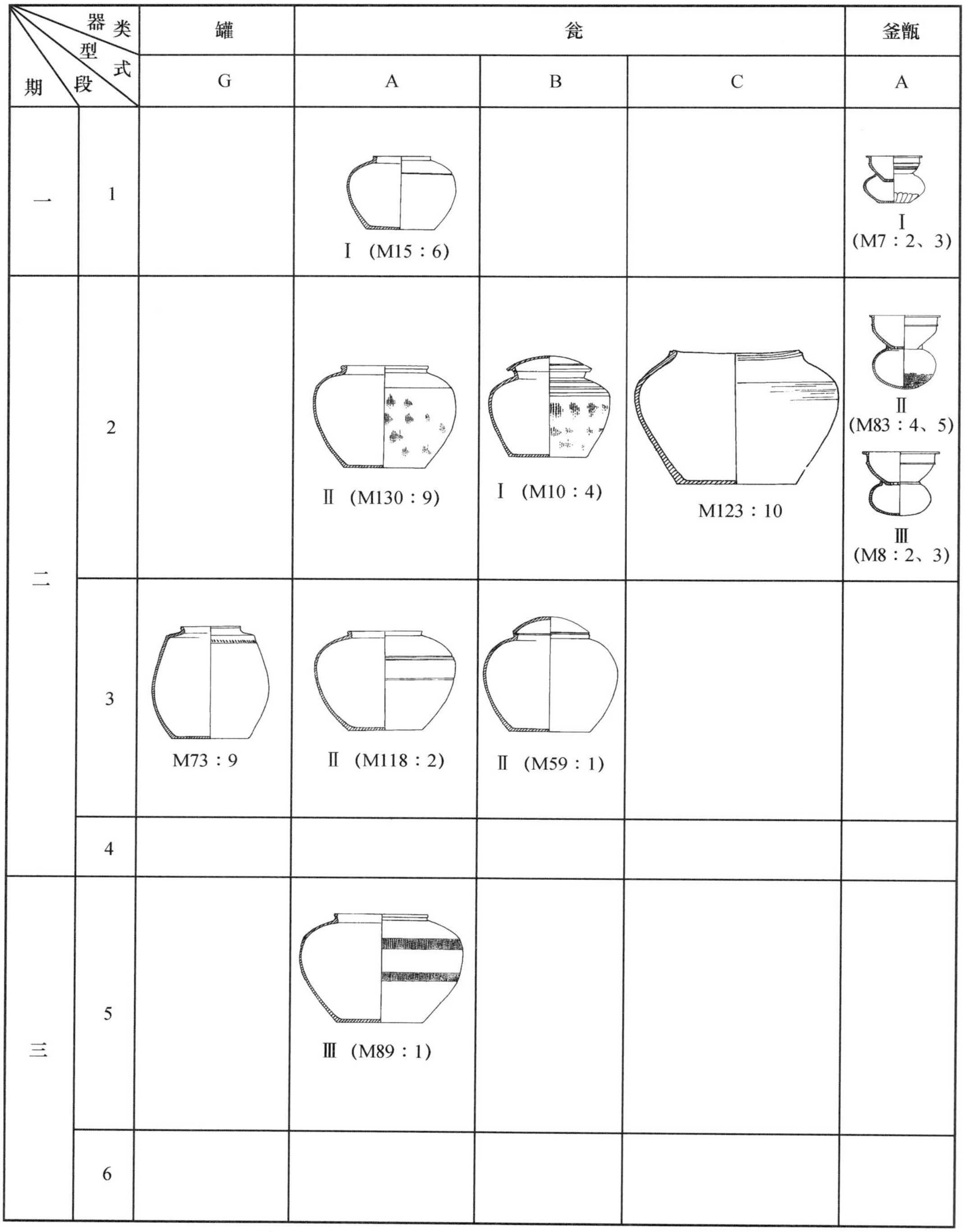

图三三〇　全寨子战国秦汉墓陶器演变图（七）

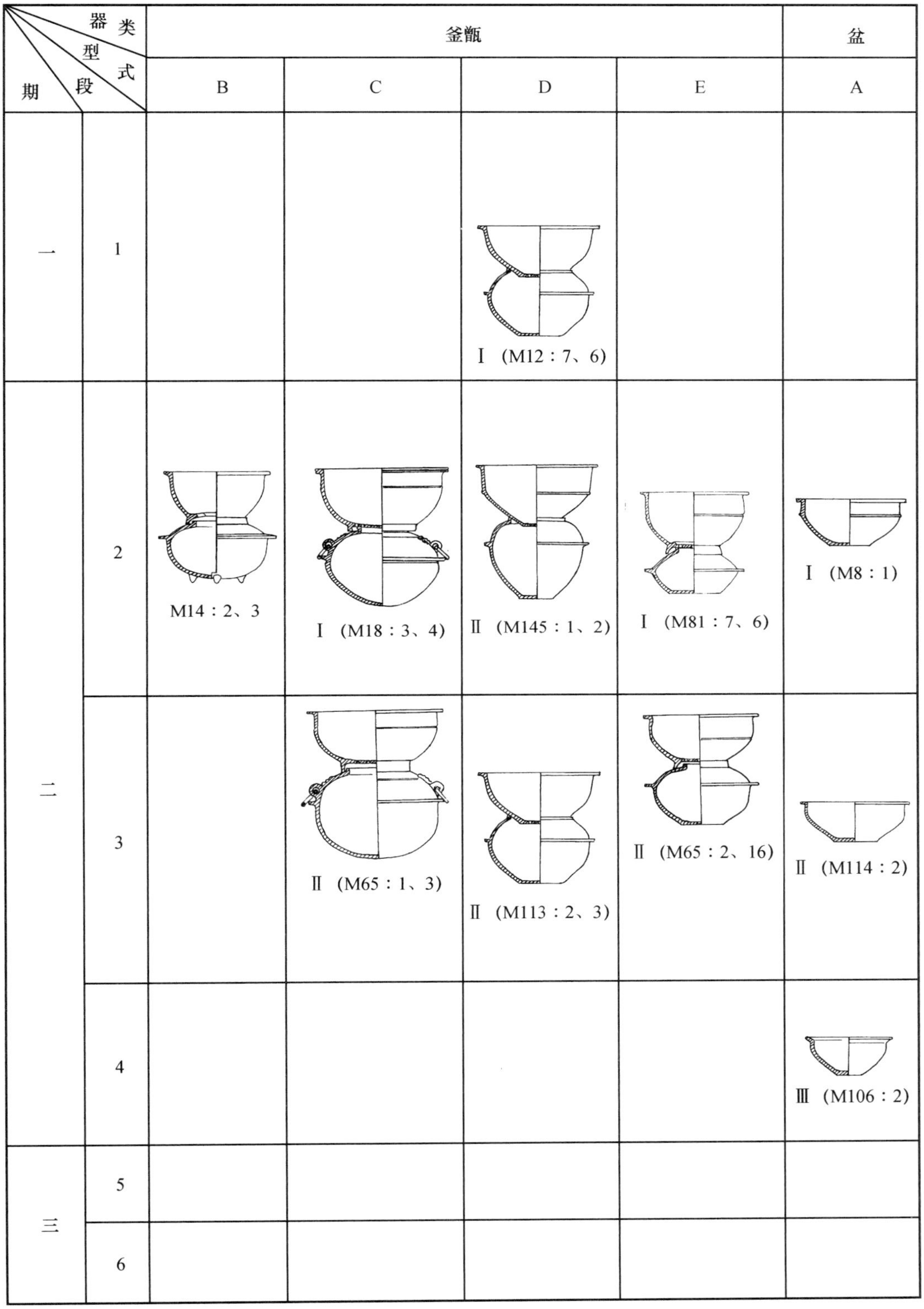

图三三一　全寨子战国秦汉墓陶器演变图（八）

期　段　型式　器类		盆	钵		鍪	
		B	A	B	A	B
一	1		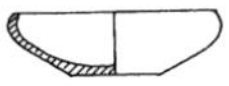 Ⅰ（M7：4）		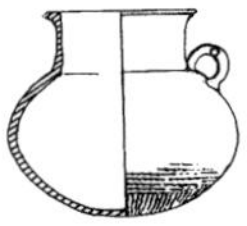 Ⅰ（M20：3）	
二	2		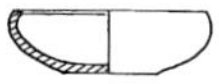 Ⅱ（M84：1）	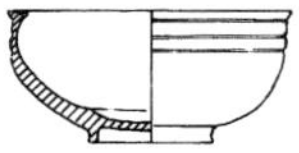 Ⅰ（M53：3） 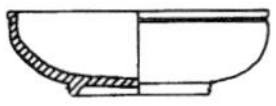 Ⅱ（M13：8）	 Ⅱ（M13：4）	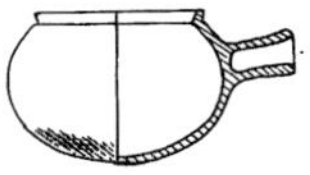 M84：4
	3	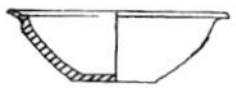 Ⅰ（M75：16）	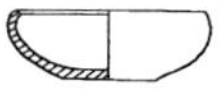 Ⅲ（M67：1）			
	4	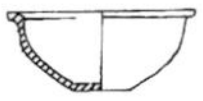 Ⅱ（M132：7）				
三	5			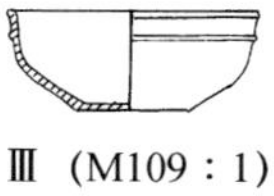 Ⅲ（M109：1）		
	6	 Ⅲ（M35：19）				

图三三二　全寨子战国秦汉墓陶器演变图（九）

器类 / 型式 / 期段		錾	盘	仓		
期	段	C		A	B	C
一	1					
二	2		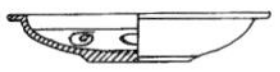 Ⅰ（M13：12）			
	3					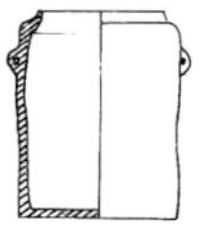 M125：2
	4	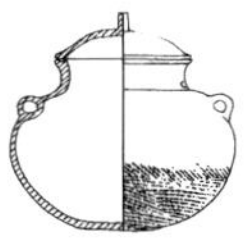 Ⅰ（M95：12） 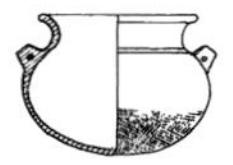 Ⅱ（M96：4）		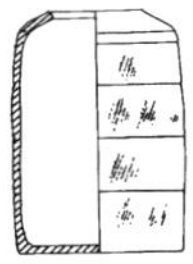 Ⅰ（M60：1）	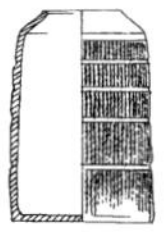 Ⅰ（M132：5）	
三	5			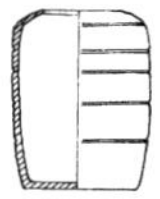 Ⅱ（M101：11）	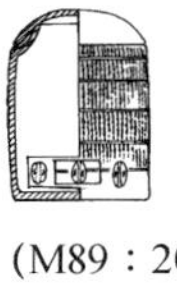 Ⅱ（M89：20）	
	6		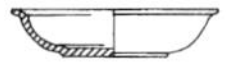 Ⅱ（M6：7）  Ⅲ（M35：18）	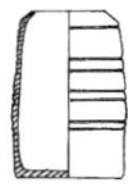 Ⅲ（M6：1）  Ⅳ（M35：7）	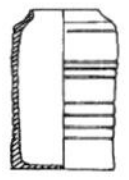 Ⅲ（M6：3）  Ⅳ（M35：9）	

图三三三　全寨子战国秦汉墓陶器演变图（一〇）

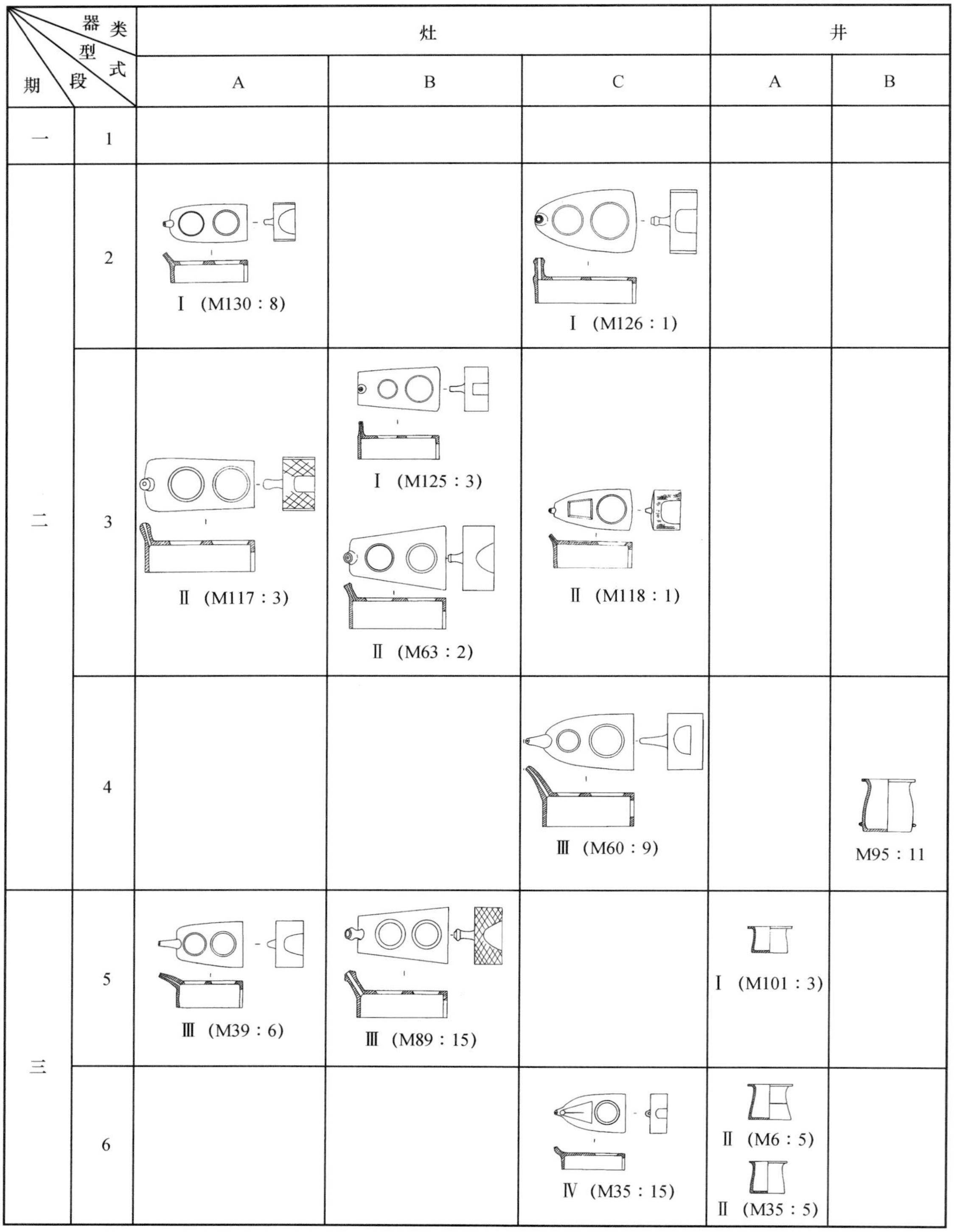

图三三四　全寨子战国秦汉墓陶器演变图（一一）

体相当于王莽时期到东汉中期，这些特征与周边新四队[1]、柳家泉[2]、鳖盖山[3]、东沟长岭[4]等同时期同类墓葬具有一致性。

（二）铜钱的时代特征

虽然本次发掘尚未出土有明确纪年的器物，但时代特征较为明确的铜钱的发现为墓葬本身的断代提供了重要的参考依据。全寨子墓葬仅有10座墓葬出有铜钱，它们分别是M35、M51、M89、M93、M95、M122、M132、M135、M138、M148，共出土铜器410枚，铜器出土时多数锈蚀严重，初步清理，铜钱多为五铢钱。

五铢钱共410枚。根据钱文的不同可分为五式（图二九四），它们与洛阳烧沟汉墓[5]出土五铢钱相一致，Ⅰ式、Ⅱ式、Ⅲ式时代相当于西汉中晚期，其中Ⅳ相当于东汉初期，Ⅴ式大约在东汉中期。根据所出铜钱，我们可以对这些墓葬进行初步的推断，其中M51出土有Ⅰ式、Ⅱ式铜钱，但未出土任何陶器，该墓的年代应该不早于西汉中期，M35出土有Ⅳ式、Ⅴ式五铢，结合该墓所出陶器，综合判断，M35大约在东汉中期，其他墓葬出土铜钱均为Ⅱ式或Ⅲ式，与所出陶器时代相当，大约为西汉晚期至东汉初年。

（三）各组墓葬的相对年代

全寨子墓葬中尽管大部分未出土特征较为明确的铜钱，但其主题器物的时代特征较为明显，我们通过与本地区以及周边区域同类同型器物的对比、分析，从而初步推断出这批墓葬的大体时代。

1. 第一组墓葬

本组墓葬中，流行A型鼎和A型壶。M12、M15出土的AⅠ式鼎与南阳丰泰小区一期3段的AaⅢ式鼎（M239：1）相近[6]，M56出土的AⅡ式鼎与襄阳王坡CⅠ式鼎（M12：2）[7]风格

[1] 河南省文物局《淅川新四队墓地》，科学出版社，2015年。
[2] 河南省文物局《淅川柳家泉墓地》，科学出版社，2013年。
[3] 无锡市考古研究所等《丹江口库区鳖盖山墓群发掘简报》，《中原文物》，2009年第6期。
[4] 河南省文物局《淅川东沟长岭楚墓》，科学出版社，2011年。
[5] 中国科学院考古研究所《洛阳烧沟汉墓》，科学出版社，1959年。
[6] 南阳市文物考古研究所，武汉大学历史学院考古学《南阳丰泰墓地》，科学出版社，2011年。
[7] 湖北省文物考古研究所，襄樊市考古队《襄阳王坡东周秦汉墓》，科学出版社，2005年。

相同；M32出土的BⅠ式鼎与南阳丰泰小区二期4段BⅡ式鼎（M88：3）[1]完全相同；M7、M11、M15出土的AⅠ式壶与襄阳黄家村一期（秦墓）AⅠ式壶（M132：1）[2]基本相同；M12出土CⅠ式盒与南阳丰泰小区一期3段的BbⅠ式盒（M176：3）[3]完全相同； M7出土的A型Ⅰ式釜甑与淅川新四队出土的DbⅠ式釜甑（M24：9）[4]相近；M20出土的AⅠ式鍪与襄阳黄家村一期（秦墓）AⅠ式（M97：1）[5]相同，其时代相当。

本组墓葬器物组合中，只有仿铜礼器和日用陶器，没有出现模型明器，AⅠ式壶、AⅠ式鍪具有秦的特点。

本组共7座墓，分别是M7、M11、M12、M15、M20、M32、M56。据以上分析，这组墓葬的时代当在战国晚期到秦，其中M7、M11、M12、M15、M20大体在前段，M32、M56在后段。

2. 第二组墓葬

本组墓葬中，A、B型鼎大量流行，A型壶逐渐消失，B型壶开始出现。M10、M13、M18等出土的AⅢ式鼎与南阳牛王庙AⅠ式鼎（M76：3）[6]相同；M13出土的BⅠ式钫与襄阳黄家村（汉代）Ⅰ式钫（M144：4）[7]接近；M42出土的A型钫与襄阳王坡Ⅲ式钫（M71：2）[8]相同；M10、M77出土的BaⅠ式壶与南阳丰泰小区二期4段AⅠ式壶（M75；3）[9]相似；M10、M74、M77出土的AⅠ式盒与南阳丰泰小区二期4段BbⅢ式（M98：3）[10]相近；M8、M13、M18出土的CⅡ式盒与南阳一中A型盒（M380：5）[11]相同；M145出土AaⅠ式罐与南阳丰泰小区一期3段的AaⅢ罐（M76：2）[12]风格相同；M81出土 BⅠ式罐与襄阳王坡Ⅱ式瓮（M48：1）[13]、南阳一中A型大口瓮（M165：1）[14]完全相同；M84出土的B型鍪与淅川泉

[1] 南阳市文物考古研究所、武汉大学历史学院考古学：《南阳丰泰墓地》，科学出版社，2011年。
[2] 襄阳市文物考古研究所：《襄阳黄家村》，科学出版社，2013年。
[3] 南阳市文物考古研究所，武汉大学历史学院考古学：《南阳丰泰墓地》，科学出版社，2011年。
[4] 河南省文物局、南开大学考古学与博物馆系：《淅川新四队墓地》，科学出版社，2015年。
[5] 襄阳市文物考古研究所：《襄阳黄家村》，科学出版社，2013年。
[6] 南阳市文物考古研究所：《南阳牛王庙》，科学出版社，2011年。
[7] 襄阳市文物考古研究所：《襄阳黄家村》，科学出版社，2013年。
[8] 湖北省文物考古研究所、襄樊市考古队：《襄阳王坡东周秦汉墓》，科学出版社，2005年。
[9] 南阳市文物考古研究所、武汉大学历史学院考古学：《南阳丰泰墓地》，科学出版社，2011年。
[10] 南阳市文物考古研究所、武汉大学历史学院考古学：《南阳丰泰墓地》，科学出版社，2011年。
[11] 南阳市文物考古研究所：《南阳一中汉墓》，科学出版社，2012年。
[12] 南阳市文物考古研究所、武汉大学历史学院考古学：《南阳丰泰墓地》，科学出版社，2011年。
[13] 湖北省文物考古研究所、襄樊市考古队：《襄阳王坡东周秦汉墓》，科学出版社，2005年。
[14] 南阳市文物考古研究所：《南阳一中汉墓》，科学出版社，2012年。

眼沟出土的鐎斗（M34：7）[1]、刘家沟口出土的Ⅰ式温鍪（M48：2）[2]比较接近；M83出土AⅡ式釜甑，M18出土的CⅠ式釜甑分别与淅川新四队出土的Da型釜甑（M17：2）、C型Ⅰ式釜甑（M23：1）[3]相近；M123、M126出土的CⅠ式灶、M130出土的AⅠ式灶分别与襄阳王坡Ⅱ式灶（M85：3）、Ⅳ式灶（M171：2）[4]形制比较接近。

本组墓葬器物组合中，主要为仿铜礼器和日用陶器，一期出现的釜甑，本期进一步出现在陶器阻组合中，该组晚段出现模型明器灶，出现釜甑的陶器组合中没有发现陶灶。

本组墓葬共21座，分别是M8、M10、M13、M14、M17、M18、M23、M42、M43、M53、M74、M77、M78、M81、M82、M83、M84、M123、M126、M130、M145。据以上分析，这组墓葬的时代当在西汉早期，其中M13、M14、M23、M43、M83、M84、M145大体在前段，其余在后段，其中M83、M84具有秦墓的特征。这批墓葬中M123、M126、M130的陶器组合中开始出现模型明器陶灶。

3. 第三组墓葬

本组墓葬中，A型鼎逐渐减少，B型、C型鼎大量流行，A型壶不再出现，B型壶大量流行，A、C型盒流行。M65、M70、M75等出土的B型Ⅱ式鼎与襄阳黄家村AⅣ式鼎（M336：2）[5]、南阳一中二期4段AⅣ式鼎（M36：9）相近[6]；M9、M71、M66的出土的CⅠ式型鼎与刘家沟口（M43：1）、（M72：4）[7]基本相同；M75、M78、M82等出土的BaⅡ式壶与南阳一中AbⅢ式鼎（M224：1）[8]形制完全相同；M65、M70、M71等出土的BbⅡ式壶与丰泰小区三期8段BcⅢ式H壶（M303：3）[9]、襄阳黄家村AaⅠ式壶（M336：7）形制风格相近[10]；M71、M72、M86、M118出土的AⅡ式盒与南阳一中BⅣ盒（M229：5）[11]接近；M66、M69出土的CⅡ、Ⅲ式盒与南阳一中A型盒（M380：5）[12]相同；C、D釜甑以及B、C型灶流行，M17、M76出土的E型Ⅰ式釜甑与淅川新四队出土的C型Ⅳ式釜甑

[1] 四川大学历史文化学院考古学等，《河南省淅川泉眼沟汉代墓葬发掘报告》，《考古学报》，2014年第3期。
[2] 河南省文物局：《淅川刘家沟口墓地》，科学出版社，2011年。
[3] 河南省文物局：《淅川新四队墓地》，科学出版社，2015年。
[4] 湖北省文物考古研究所、襄樊市考古队：《襄阳王坡东周秦汉墓》，科学出版社，2005年。
[5] 襄阳市文物考古研究所：《襄阳黄家村》，科学出版社，2013年。
[6] 南阳市文物考古研究所：《南阳一中汉墓》，科学出版社，2012年。
[7] 河南省文物局：《淅川刘家沟口墓地》，科学出版社，2011年。
[8] 南阳市文物考古研究所：《南阳一中汉墓》，科学出版社，2012年。
[9] 南阳市文物考古研究所、武汉大学历史学院考古学：《南阳丰泰墓地》，科学出版社，2011年。
[10] 襄阳市文物考古研究所：《襄阳黄家村》，科学出版社，2013年。
[11] 南阳市文物考古研究所：《南阳一中汉墓》，科学出版社，2012年。
[12] 南阳市文物考古研究所：《南阳一中汉墓》，科学出版社，2012年。

（M18：7）[1]完全一致；M63、M98出土的B型灶与襄阳王坡Ⅳ式灶（M171：2）[2]完全相同；M114、M118出土的C型Ⅰ式灶分别与襄阳王坡Ⅱ式灶（M85：3）相近或相同。

本组墓葬器物组合中，主要为仿铜礼器和日用陶器，釜甑进一步出现在陶器组合中，该组大量出现模型明器灶，出现釜甑的陶器组合中没有发现陶灶，本组开始出现陶仓。

本组共有25座墓，分别是M9、M21、M41、M52、M59、M63、M65、M66、M67、M68、M69、M70、M71、M72、M73、M75、M76、M86、M98、M113、M114、M117、M118、M119、M125。据以上分析，这组墓葬的时代当在西汉中期，其中M9、M65、M66、M67、M68、M69、M71、M75、M119、M125大体在前段，其余在后段。

4. 第四组墓葬

本组墓葬中，鼎、盒、壶已经很少见到，不见釜甑，陶灶继续流行，本组出现大量陶仓、井。M121出土的Aa型Ⅳ式罐与襄阳黄家村出土的A型Ⅳ式罐（M138：1）[3]相同；M80出土的E型壶与襄阳黄家村出土的B型罐（M115：1）[4]相同；M138出土的Cc型壶与襄阳黄家村出土的Aa型Ⅲ式壶（M332：6）[5]相同；M60、M135出土的A型Ⅰ、Ⅱ式仓与淅川刘家沟口出土的仓（M81：3）[6]相近；M89、M132出土B型Ⅱ式仓与襄阳王坡Ⅰ仓（M156：4）[7]相同。M93出土的C型Ⅳ式灶与淅川刘家沟口出土的B型灶（M74：20）[8]接近。

本组墓葬器物组合中，主要为日用陶器和模型明器，釜甑不见陶器组合中，该组大量出现模型明器灶，本组出现大量陶仓、井。

本组共有墓葬22座，分别是M40、M44、M50、M58、M60、M62、M80、M93、M94、M95、M96、M99、M105、M106、M121、M122、M124、M132、M135、M136、M138、M140。据以上分析，这组墓葬的时代当在西汉晚期，其中M60、M69、M80、M93、M94、M95、M96大体在前段，其余在后段。

[1] 河南省文物局：《淅川新四队墓地》，科学出版社，2015年。
[2] 湖北省文物考古研究所、襄樊市考古队：《襄阳王坡东周秦汉墓》，科学出版社，2005年。
[3] 襄阳市文物考古研究所：《襄阳黄家村》，科学出版社，2013年。
[4] 襄阳市文物考古研究所：《襄阳黄家村》，科学出版社，2013年。
[5] 襄阳市文物考古研究所：《襄阳黄家村》，科学出版社，2013年。
[6] 河南省文物局：《淅川刘家沟口墓地》，科学出版社，2011年。
[7] 湖北省文物考古研究所、襄樊市考古队：《襄阳王坡东周秦汉墓》，科学出版社，2005年。
[8] 河南省文物局：《淅川刘家沟口墓地》，科学出版社，2011年。

5. 第五组墓葬

本组墓葬以日用陶器和模型明器为主，其中M129、M101出土的C型鼎与南阳一中三期8段的B型鼎（M299：13）[1]、淅川马川汉墓M156出土陶鼎（M156：8）[2]相同；M148出土的Bb型Ⅳ式壶与淅川马川汉墓M53出土的陶壶（M53：7）[3]相同；M89出土的B型Ⅱ式灶与襄阳王坡Ⅳ式灶（M171：2）[4]比较接近；M109出土陶钵与丰泰小区出土的陶钵（M12：4）[5]相似；

本组共有墓葬8座，分别是M39、M89、M91、M101、M109、M128、M129、M148。据以上分析，综合墓葬的形制特点，这组墓葬的时代当在西汉末年到东汉初。

6. 第六组墓葬

本组墓葬中，陶器组合均不全，但墓葬中出现釉陶以及陶案、炉、狗等。M6出土的A型Ⅲ式仓、盘分别与丰泰小区A型Ⅴ式仓（M12：1）、B型盘比较接近（M12：16）；M6出土的A型Ⅱ式井与淅川柳家泉出土的A型井（M81：3）[6]形制完全相同。M35出土E型壶、A型Ⅳ式仓分别与南阳一中四期9段Bb型仓（M40：1）[7]、襄阳王坡Ⅱ式仓（M163：2）[8]相近。

本组墓葬共有5座，分别是M3、M4、M6、M28、M35。据以上分析，综合墓葬的形制特点，这组墓葬的时代当在东汉中期或略晚。

通过分析，我们认为淅川全寨子140座战国秦汉墓葬中，以上分析的88座墓葬可以分为三期6段，其余仅基本判定时代为西汉或东汉（图三二四~图三三四）。

这三期6段分别为：

第一期1段：共7座，包括M7、M11、M12、M15、M20、M32、M56，时代为战国晚期至秦。

第二期2段：共21座，包括M8、M10、M13、M14、M17、M18、M23、M42、M43、M53、M74、M77、M78、M81、M82、M83、M84、M123、M126、M130、M145，时代为西

[1] 南阳市文物考古研究所：《南阳一中汉墓》，科学出版社，2012年。

[2] 河南省文物局南水北调保护办公室、河南省文物考古研究院、驻马店市文物考古研究所：《淅川马川墓地汉代积石积炭墓的发掘》，《考古学报》，2014年第2期。

[3] 河南省文物局南水北调保护办公室，河南省文物考古研究院，驻马店市文物考古研究所：《淅川马川墓地汉代积石积炭墓的发掘》，《考古学报》，2014年第2期。

[4] 湖北省文物考古研究所、襄樊市考古队：《襄阳王坡东周秦汉墓》，科学出版社，2005年。

[5] 南阳市文物考古研究所、武汉大学历史学院考古学：《南阳丰泰墓地》，科学出版社，2011年。

[6] 河南省文物局：《淅川柳家泉墓地》，科学出版社，2013年。

[7] 南阳市文物考古研究所：《南阳一中汉墓》，科学出版社，2012年。

[8] 湖北省文物考古研究所、襄樊市考古队：《襄阳王坡东周秦汉墓》，科学出版社，2005年。

汉早期。

第二期3段：共25座，包括M9、M21、M41、M52、M59、M63、M65、M66、M67、M68、M69、M70、M71、M72、M73、M75、M76、M86、M98、M113、M114、M117、M118、M119、M125，时代为西汉中期。

第二期4段：共22座，包括M40、M44、M50、M58、M60、M62、M80、M93、M94、M95、M96、M99、M105、M106、M121、M122、M124、 M132、M135、M136、M138、M140，即西汉晚期。

第三期5段：共8座，包括M39、M89、M91、M101、M109、M128、M129、M148，时代为西汉末年到东汉初。

第三期6段：共5座，包括M3、M4、M6、M28、M35，时代为东汉中期或稍晚。

第五节　小　　结

全寨子墓地共发掘墓葬151座，其中Ⅰ区发掘墓葬34座和灰坑1座，其中战国秦汉时期土坑墓26座、砖室墓8座，二里头时期灰坑1座；Ⅱ区发掘墓葬59座，其中战国秦汉时期土坑墓49座、砖室墓3座，明代土坑墓3座、砖室墓4座；Ⅲ区发掘墓葬10座，其中秦汉时期土坑墓5座、砖室墓1座，明代土坑墓4座；Ⅳ区发掘墓葬48座，秦汉时期土坑墓39座、砖室墓9座。

1. 全寨子战国晚期及秦汉140座墓葬中，我们对88座墓葬出土器物序列的纵向排比及墓葬的典型特征对比，可将它们分为六组，并对应着六个阶段，即三期6段，尤其是第三2、3、4段较为集中，共67座，而第一期仅有8座、第三期5段8座、第三期4段仅5座。根据它们的形制结构、特点，可分为竖穴土坑墓和砖室墓两大类，其中竖穴土坑墓119座，砖室墓21座。这六期的墓葬形制和随葬器物也呈现出发展变化的不同特点。

2. 墓葬形制在第一期1段、二期2、3段均为无墓道长方形竖穴土坑墓，第二期4段出现有带墓道的竖穴土坑墓，第三期5、6段多为刀型土坑墓以及砖室结构的单室、多室墓，竖穴土坑墓与砖室墓分界明显。

3. 第一期1段墓葬仅7座，随葬器物既有秦的特征又有当地楚文化文化因素，比如M32、M56、M84出土器物鼎、壶等均具有秦的特点，但综合考虑，将这两座墓葬归入战国晚期。

4. 全寨子战国秦汉时期21座砖室墓，根据墓葬的平面形制的不同，可分为四种型制：长方形砖室墓、刀形砖室墓、“甲”字形砖室墓、多室结构砖室墓，尽管破坏严重，但这批砖室墓有一定的地方特点，它们砖墙普遍以单砖平错缝叠砌筑，有铺地砖，墓砖多模印有各种纹饰和图案，如绳纹、菱纹图案、同心圆图案等，时代大体相当于王莽时期到东汉中期。

5. 全寨子战国秦汉时期墓葬中葬具多已腐朽，保存较差，其中可辨认葬具的墓葬中，一棺一椁21座，仅有一棺的14座；全寨子墓地秦汉时期墓葬方向，0°~90° 73座，91°~ 180° 34座，181°~ 270° 14座，271°~360（0）° 19座；全寨子战国秦汉时期墓葬中人骨已腐朽，保存较差，葬式多数不清，少数可辨认葬式的均为仰身直肢葬。

6. 全寨子战国秦汉时期140座墓葬中，23座没有出土随葬器物，117座出土有随葬器物，其中23座破坏严重，仅知道出土有破碎陶器，但器形无法辨认，其他94座中共出土陶、铜、铁、铅、玉石等各类随葬器物679件以及铜钱410枚，其中陶器576件，铜器74件，铁器19件，铅器3件，玉石器3件，漆木器4件。

7. 陶器共576件，部分陶器出土时残损严重，无法复原，实际复原501件。按照性质可分为仿铜礼器、日用器和模型明器三类，其中仿铜礼器213件，占陶器总数的37.0%，均为容器。以泥质灰陶为主，并有少量泥质褐陶、红陶。纹饰多为弦纹，少量绳纹等，有少量彩绘，多以脱落，其中鼎65件、盒49件、壶91件、钫8件等；日用器209件，占陶器总数的36.3%，以泥质灰陶为主，并有少量泥质褐陶、红陶。纹饰多为弦纹，少量绳纹等，有少量彩绘，多以脱落，其中罐65件，瓮36件，盆 22件，釜甑24套（51件）以及钵、盘等；模型明器154件，占陶器总数的26.7%，均为容器。以泥质灰陶为主，并有少量泥质褐陶、红陶。纹饰多为弦纹，少量绳纹等，器类主要有仓41件、灶26件（甑30件、釜48件）、井6件、狗3件等。

8. 铜器共74件及部分铜钱。分别出土于36座墓葬中，其中铜钱出自10座中。主要有鼎6件，钫3件，蒜头壶1件，洗15件，鍪2件，提链壶1件，带钩9件，盖弓帽18件，铃2件，镜4件，勺3件，釜1件，熏炉1件，其他饰件等8件。这批铜器铜质较薄，出土时残缺、锈蚀严重，多数器物无法复原。

9. 主要陶器组合形式有单纯的仿铜礼器、单纯的日用陶器以及仿铜礼器与日用陶器、日用陶器与模型明器、仿铜礼器与日用陶器、模型明器之间的混合组合，此外还有陶器与铜器、铁器、漆器等不同质地器物组合。以上几种组合形式尽管较为复杂，但主要器类集中，仿铜礼器为鼎、盒、壶、钫，日用陶器为罐、釜甑、瓮，模型明器为灶、仓。全寨子墓葬各类组合中没有发现仿铜礼器与模型明器以及单纯的模型明器的组合。

10. 全寨子战国秦汉的主要陶器组合中，第一1段、二期2段以仿铜礼器和日用陶器为主，第二期3、4段多仿铜礼器、日用陶器、模型明器混合组合，第三期5、6段陶器组合多数不全，但墓葬中出现了大量釉陶等。

11. 全寨子墓葬陶器组合中具有明显的地方特点，比如战国晚期到西汉中期日用陶器中普遍流行釜甑，西汉中期以后模型明器中普遍流行灶，早西汉中期以后不见釜甑，而且釜甑不与灶同组出现；就陶灶形制来看，该地区流行前方后圆、近梯形、三角形等形制的灶，而不见中原地区普遍流行的长方形灶，这些特点与南方地区比较接近，地方特色明显。全寨子汉墓陶灶出现于西汉早期，与襄阳、丹江地区相同，而南阳市区周边汉墓中的陶灶多出现于西汉中期，这些也反映了这一地区南北相互交融的特点。

12. 全寨子战国墓葬集中分布在Ⅰ区以及Ⅱ区的南部；西汉早期墓葬主要分布在Ⅰ区、Ⅱ区北部；西汉中期墓葬主要分布在Ⅰ区、Ⅱ区、Ⅳ区，其中Ⅱ区较为集中；西汉晚期墓葬主要分布在Ⅱ区的南部和Ⅳ区；东汉时期的墓葬主要分布在Ⅰ区和Ⅳ区。

13. 从墓葬分布位置上看，Ⅰ区M11和M12、M13和M14、M15和M16、M17和M18，Ⅱ区

北部的M69和M70、M67和M68、M72和M73、M75和M76、M77和M78、M127和M128、M149和M150、M148和M151、M152和M153，Ⅳ区的M91和M92、M94和M95、M98和M99、M100和M142、M135和M136、M119和M126、M125和M130、M113和M118等墓葬两两并列，相距1到3米，其墓葬形制和随葬器物组合基本相同或相近，时代相差不大，它们应该是夫妻异穴合葬墓。部分墓葬如M17和M18、M77和M78、M91和M92等，它们之间的时代有所差别，综合分析它们也应是夫妻异穴合葬墓，M17和M18、 M77和M78从随葬器物形制上分析，其时代有差别；M91和M92其时代一个西汉末年，一个东汉初年，随葬器物组合及形制的不同，正式它们时代有所区别的反映。

14. 全寨子的墓葬中西汉中期以后开始出现了一种积石、积炭的习俗，在墓底部和棺椁四周铺砌一层木炭，这种习俗在丹江地区其他地区如淅川阎杆岭[1]、新四队[2]、柳家沟口[3]、马川[4]以及赵杰娃山[5]普遍流行。根据以往南阳地区的发掘资料，积石积炭墓相对较少，而且多出现在大中型墓葬中，小型墓葬中比较少见，“在淅川的小型西汉墓中发现四壁和墓室底部积石积炭现象，或可认为是这一地区的地方特点，同时也为汉墓的研究提供了有价值的资料”[6]。

15. 淅川全寨子战国秦汉墓葬分布于江边台地，相对较为密集，根据墓葬的规模看，一般较小，随葬器物的品种以及数量较少，质地相对单一，因此墓葬的等级普遍较低，个别墓葬等级相对较高者可能为低级官吏或中小地主，等级低着为一般贫民。综合分析淅川全寨子战国秦汉墓地的性质应该是家族墓，但整个墓地是由多个等级相对不高的家族墓地组成的综合性墓地。

16. 全寨子墓地包含了战国秦汉墓140座以及明清墓葬11座，墓地以汉墓为主体，这批墓葬的发掘，尤其为我们了解西汉时期丹江流域以及周边地区历史文化发展、变迁提供了极为宝贵的资料。

---

[1] 河南省文物考古研究所等：《河南淅川县阎杆岭83号墓发掘简报》，《华夏考古》，2012年第1期；河南省文物考古研究所等：《河南淅川县阎杆岭38号墓发掘简报》，《华夏考古》，2006年第2期。

[2] 河南省文物局：《淅川新四队墓地》，科学出版社，2015年。

[3] 河南省文物局：《淅川刘家沟口墓地》，科学出版社，2011年。

[4] 河南省文物局南水北调保护办公室、河南省文物考古研究院、驻马店市文物考古研究所：《淅川马川墓地汉代积石积炭墓的发掘》，《考古学报》，2014年第2期。

[5] 河南省文物局：《淅川赵杰娃山墓地》，待出版。

[6] 河南省文物考古研究所等：《河南淅川县阎杆岭38号墓发掘简报》，《华夏考古》，2006年第2期。

第四章　明代墓葬

全寨子墓葬区共发掘明代墓葬11座，分别是M36、M45、M46、MM47、M48、M49、M61、M108、M110、M111、M112，其中土坑墓7座，砖室墓4座。这批墓葬中5座没有随葬品，其他6座墓葬共出土瓷器、铜器、铁器、银器等各类随葬品17件以及8枚铜钱。

第一节　墓葬资料

一、M36

1. 墓葬概况

位置和层位关系　该墓位于Ⅱ区（2010年发掘）的西南部T0603东部，并向T0602西部延伸，东与M45、M46、M47相邻；开口于表土层下，距地表20厘米，打破生土。

方向　290°。

形状结构　长方形竖穴砖室墓。券顶遭破坏无存，四壁砖墙以平砖错缝叠砌。北侧墙砖残存11层，西侧墙砖残存15层，东侧墙砖残留13层；铺底砖全被破坏。西墙中有一壁龛，内置一瓷碗，两棺西侧有一楔砖。墓口土圹长320厘米，宽220厘米，砖墙墓圹长264厘米，宽182～188厘米，深150～170厘米（图三三五；彩版一九，1）。

填土　黄褐色五花土，土质较软，结构疏松，内含白灰。

葬具　依棺痕可辨，双棺皆为木质，各长200厘米，宽60厘米。

人骨　人骨二具，保存较好，初步鉴定北侧为男性，南侧为女性。

2. 出土器物

随葬品6件，其中瓷器3件：碗1件，壶1件，罐1件；铜器2件：簪、戒指各1件；银耳环1件。瓷碗置于西壁龛内，两个瓷罐分别置于西墙底中部和西南角，头饰件二件，置于南侧人骨头侧，一件位于左侧手骨处。

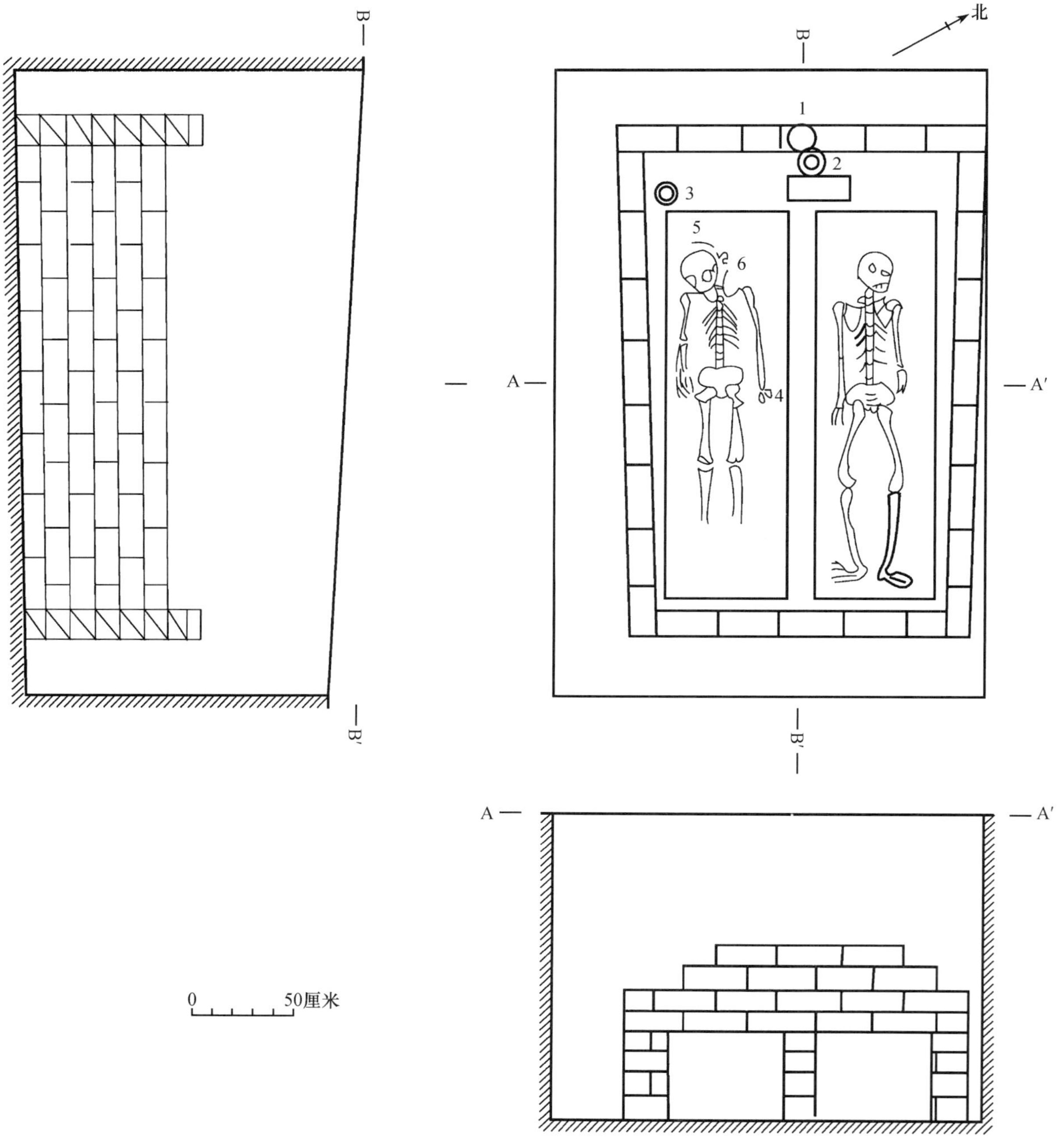

图三三五　M36平、剖面图
1. 瓷碗　2. 瓷罐　3. 瓷壶　4. 铜戒指　5. 铜簪　6. 银耳环

瓷碗　1件。标本M36：1，青瓷。圆唇，敞口，弧腹鼓收，平底圈足，上部施青灰釉，下部及圈足无釉。口径15.6厘米，底径5.6厘米，高6.8厘米（图三三六，1；彩版二〇，4）。

瓷罐　1件。标本M36：2，青瓷。圆唇，敛口，仰折沿，溜肩，上腹弧鼓，下腹弧收，平底矮圈足。彩绘。口径10厘米，腹径12厘米，底径6.4厘米，高9.2厘米（图三三六，2；彩版二〇，5）。

瓷壶　1件。标本M36：3，青瓷。敛口，一侧带流，肩饰一周凹弦纹，腹二周凹弦纹，自肩至腹之弦纹附一与溜对称握手，鼓腹，平底。下腹至底部无釉，余大施浅青釉。口径7.2厘米，腹径12.8厘米，底径7.2厘米（图三三六，3）。

铜簪　1件。标本M36：4，铜绿色。U形，体元圆柱形，末端呈锥状。长10.3厘米，直径0.3厘米（图三三七，2）。

铜戒指　1枚。标本M36：5，青绿色。环状，相对接口，与口对称附梯形体，上饰两周凸弦纹。直径2厘米，梯体高0.6厘米（图三三七，1）。

银耳环　1件。标本M36：6，黑色。呈钩状，一端钩尖外撇，另一端附一球体。面饰四瓣形花纹。钩环径3厘米，钩径0.2厘米（图三三七，3）。

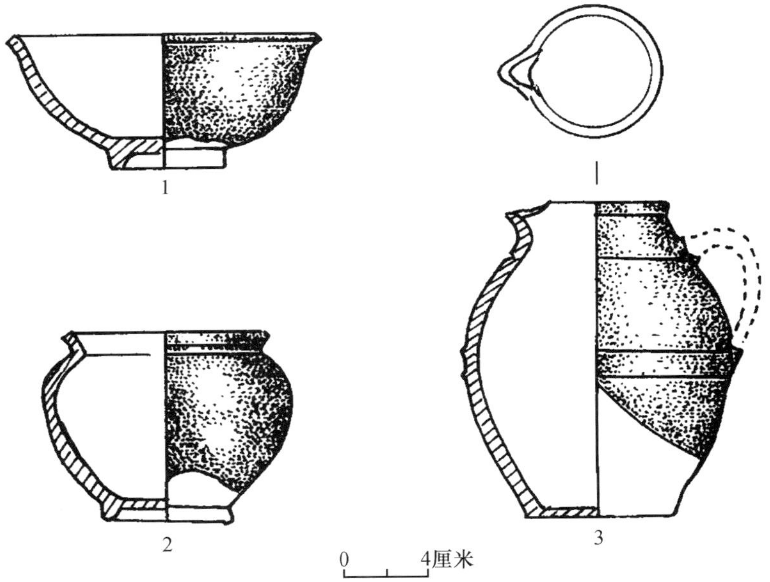

图三三六　M36出土器物（一）

1. 瓷碗（M36：1）　2. 瓷罐（M36：2）　3. 瓷壶（M36：3）

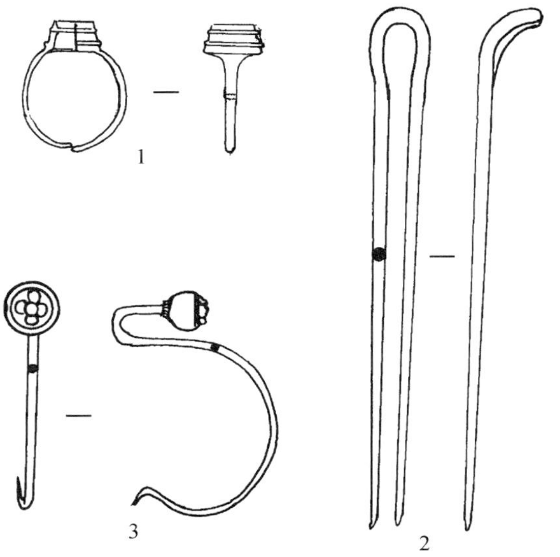

图三三七　M36出土器物（二）

1. 铜戒指（M36：5）　2. 铜簪（M36：4）　3. 银耳环（M36：6）

二、M45

1. 墓葬概况

位置和层位关系　该墓位于Ⅱ区（2010年发掘）的西南部T0602西北部，西、南、北分别与M36、M46、M61相邻；开口于表土层下，距地表20厘米，打破生土。

方向　275°。

形状与结构　长方形砖室墓。壁直，粗糙。墓室由北室和南室组成，券顶无存。南室长232厘米。宽90～128厘米。西南东三壁残留墙砖13层，夹墙残存两层，北室北东西残在墙砖13层，均以平砖错缝顺砌，北室和南室共用一道夹墙。墓口长310厘米，宽250厘米，墓底深130厘米（图三三八）。

填土及包含物　黄褐色五花土，内含大量残砖和少量石灰粉粒及炭粒。

葬具　两墓室内均为木质单棺，棺已朽为痕，北室棺痕长190厘米，宽50～60厘米，南室棺痕长180厘米，宽50～60厘米。

人骨　人骨保存较好，南北室各一具，均为仰身直肢，初步鉴定为一男一女。

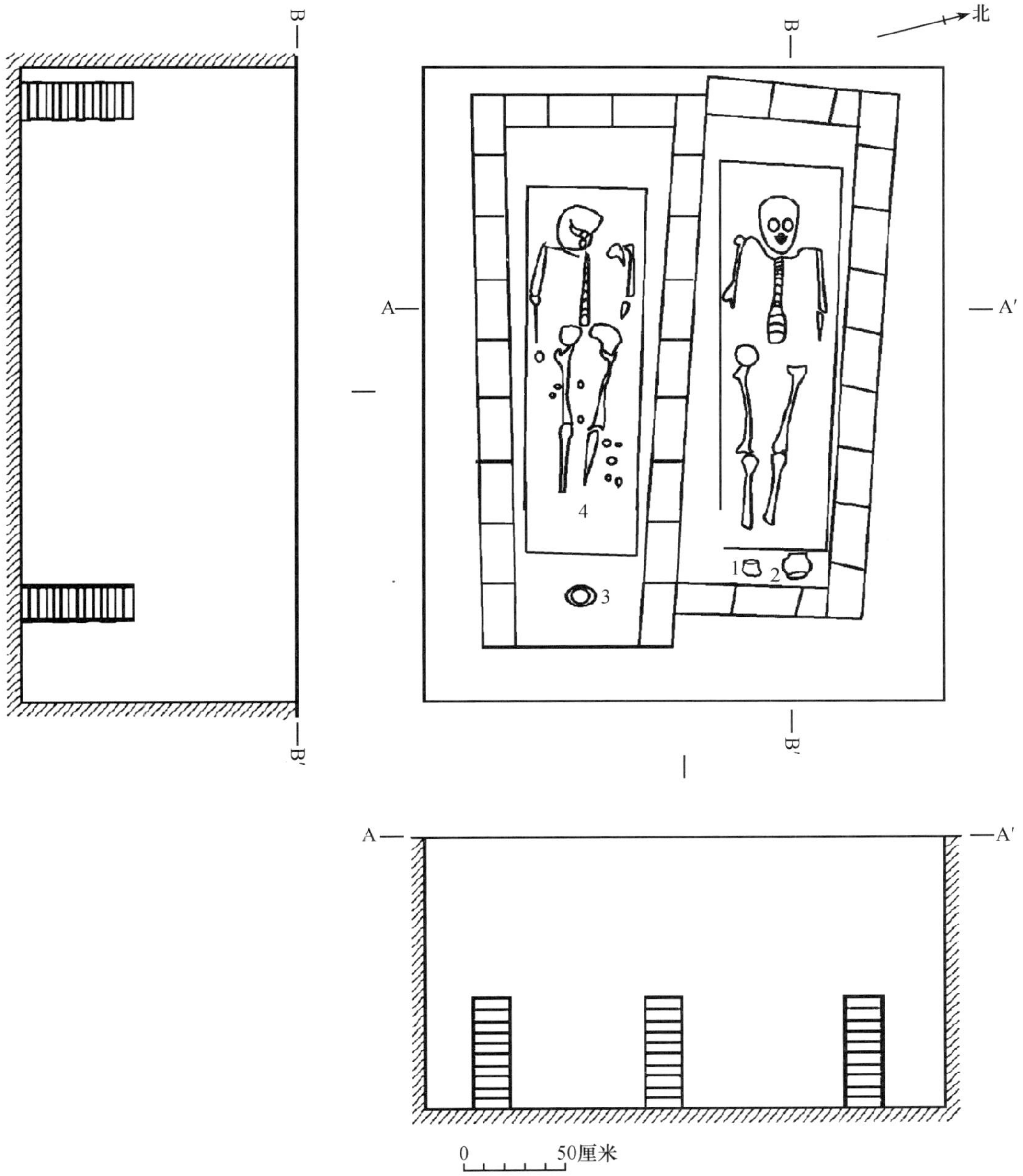

图三三八 M45平、剖面图
1、2. 瓷壶 3. 瓷碗 4. 铜钱

2. 出土器物

3件及少量铜钱，瓷罐两件分别置于两棺外东侧，铜钱置于南室内腿骨间与两侧，其中瓷壶2件，瓷碗1件，铜钱8枚。

瓷壶　2件。标本M45：1，褐胎。圆唇，敛口，口部饰一舌溜，平对称自颈至腹附一握手，弧腹，平底。上腹表层施青黑釉，下腹饰八周凸弦纹。口径6.4厘米，腹径11.2厘米，底径8厘米，高13.6厘米（图三三九，1；彩版二〇，1）。标本M45：2，深褐胎。圆唇，直口，圆唇，弧腹，平底。口部施青黑釉，饰一沿溜，与溜对称至肩附一握手（残），腹饰轮饰凸棱八周。口径6厘米，腹8.8厘米，底径6厘米，高10厘米（图三三九，3；彩版二〇，2）。

瓷碗　1件。标本M45：3，青瓷。圆唇，敞口，上弧腹鼓收，平底圈足。大部饰浅青釉，下部无釉。口径14.8厘米，底径6.4厘米，高6.8厘米（图三三九，2）。

铜钱　8枚。标本M45：4。锈蚀严重，多不可辨，可辨钱文中有绍圣元宝、政和通宝、皇宋通宝各1枚。

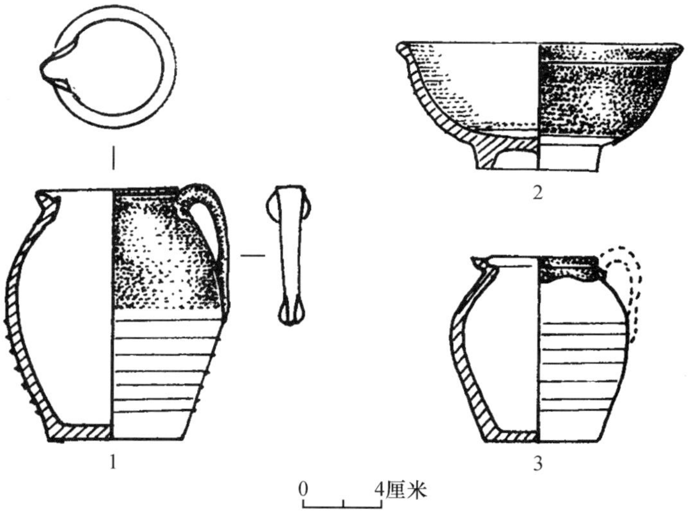

图三三九　M45出土器物
1. 瓷壶（M45：1）　2. 瓷碗（M45：3）　3. 瓷壶（M45：2）

三、M46

1. 墓葬概况

位置和层位关系　该墓位于Ⅱ区（2010年发掘）的西南部T0602中部偏南，南、北分别与M47、M45相邻；开口于表土层下，距地表20厘米，打破生土。

方向　275°。

形状与结构　长方形竖穴土坑墓。墓壁粗糙，陡直向下，墓底平坦。墓口与墓地同大，长208厘米，宽70～90厘米，墓底深80厘米（图三四〇）。

填土及包含物　黄褐色五花土，内含大量残砖和少量石灰粉粒及炭粒。

葬具　不详。

人骨　人骨保存差。

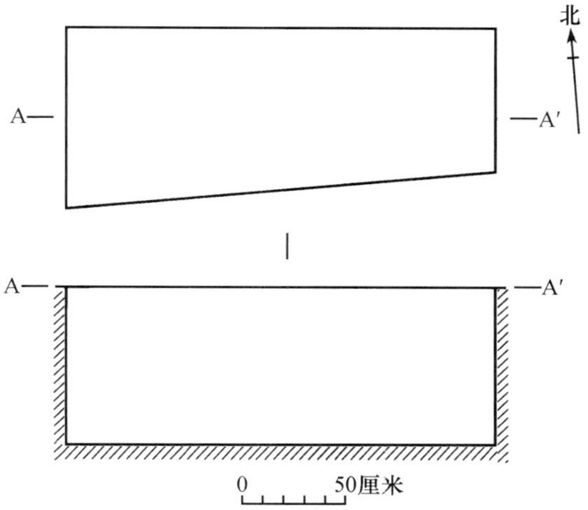

图三四〇　M46平、剖面图

2. 出土器物

无。

四、M47

1. 墓葬概况

位置和层位关系　该墓位于Ⅱ区（2010年发掘）的西南部T0602中部偏南，南、北分别与M49、M46相邻；开口于表土层下，距地表20厘米，打破生土。

方向　295°。

形状与结构　长方形竖穴土坑墓。墓壁粗糙，陡直向下，墓底平坦。墓口与墓地同大，长206厘米，宽70～90厘米，墓底深100厘米（图三四一）。

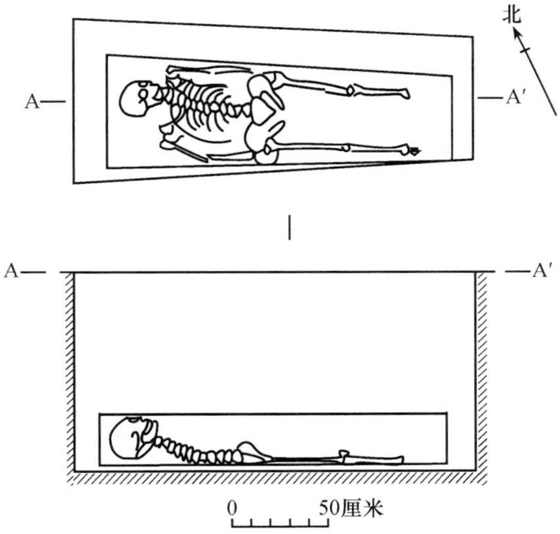

图三四一　M47平、剖面图

填土及包含物　黄褐色五花土。内含大量残砖和少量石灰粉粒及炭粒。

葬具　仅留棺痕，长184厘米，宽40～60厘米，残高24厘米。

人骨　人骨保存较好，一具，均为仰身直肢，其他不详。

2. 出土器物

无。

五、M48

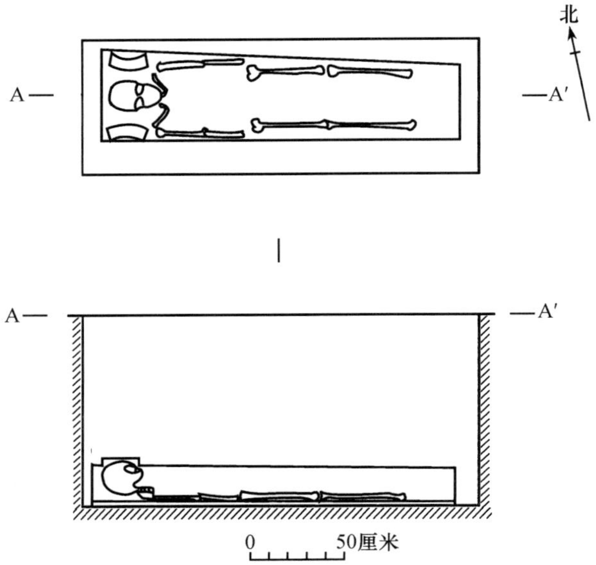

图三四二　M48平、剖面图

1. 墓葬概况

位置和层位关系　该墓位于Ⅱ区（2010年发掘）的西南部T0602中部偏南，北与M49相邻；开口于表土层下，距地表20厘米，打破生土。

方向　275°。

形状与结构　长方形竖穴土坑墓。墓壁规整，陡直向下，墓底平坦。墓口与墓地同大，长210厘米，宽70厘米，墓底深100厘米（图三四二）。

填土及包含物　黄褐色五花土，内含大量残砖和少量石灰粉粒及炭粒。

葬具　仅留棺痕，长190厘米，宽46～50厘米。棺底有约2厘米的炭粒。

人骨　人骨保存较好，一具，均为仰身直肢，其他不详。

2. 出土器物

无。

六、M49

1. 墓葬概况

位置和层位关系　该墓位于Ⅱ区（2010年发掘）的西南部T0502东北部，北、南与M47、M48相邻；开口于表土层下，距地表20厘米，打破生土。

方向　200°。

形状与结构　长方形竖穴砖室墓。墓圹长280厘米，宽120厘米，深140厘米。砖室破坏严重，顶部不存，墓壁以单平砖错缝叠砌，筑于生土之上，铺底砖无残存。砖室长250厘米，宽90厘米，墓底深140厘米（图三四三）。

填土　黄褐色五花土，土质松软，内含砖块炭粒等物。

葬具　朽尽，无痕，不明。

人骨　1具。保存较差，头向南，面向下，葬式、年龄、性别不详。

2. 出土器物

3件。铜发簪子2件置于头骨东侧，瓷罐1件，置于墓底东南角。

瓷罐　1件。标本M49：2，圆唇，直口，溜肩，肩部附对称双桥形耳。鼓腹，平底，圈足。外饰青灰釉。腹饰数周凹弦纹。口径10.4厘米，腹径12.8厘米，底径7.2厘米，高10.8厘米（图三四四）。

铜簪子　2件。标本M49：1，铜质，绿色。长扁条形，由宽渐窄，窄端顶部有一弯钩。长9.2厘米（图三四五，1）。M49：3，铜质，青绿色。残长8.2厘米（图三四五，2）。

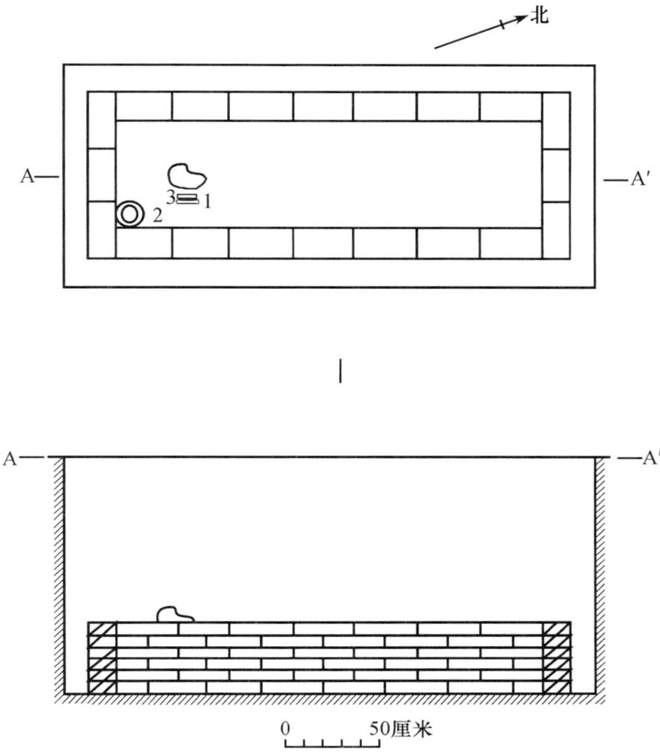

图三四三　M49平、剖面图
1、3. 铜簪　2. 瓷罐

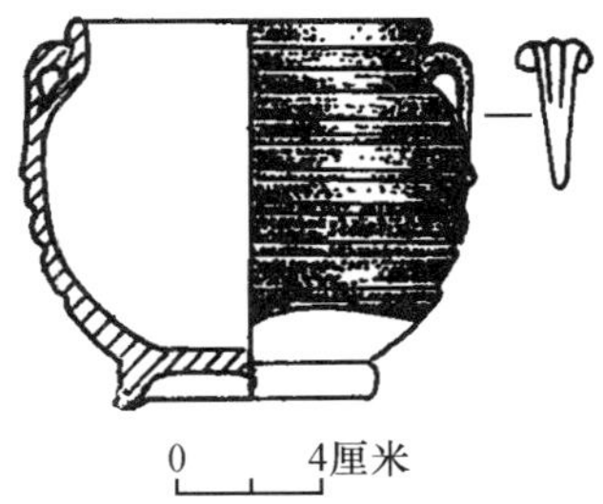

图三四四　M49出土瓷罐（M49：2）

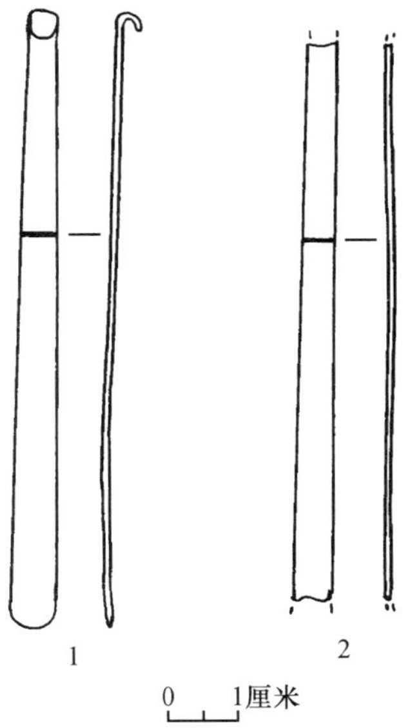

图三四五　M49出土铜簪子
1. M49：1　2. M49：3

七、M61

1. 墓葬概况

位置和层位关系　该墓位于Ⅱ区（2010年发掘）的西南部T0702南部，南与M36、M46相邻；开口于表土层下，距地表20厘米，打破生土。

方向　32°。

形状与结构　长方形砖室墓。直壁平底。墓圹长320厘米，宽160厘米，深110厘米。墓壁施单砖错缝平砌，残高60厘米，砖长32厘米，宽16厘米，厚4厘米。近头部有一方形墓表砖，边长32厘米，厚5厘米。砖室平面呈梯形，长280厘米，宽90～125厘米，墓底深110厘米（图三四六；彩版一九，2）。

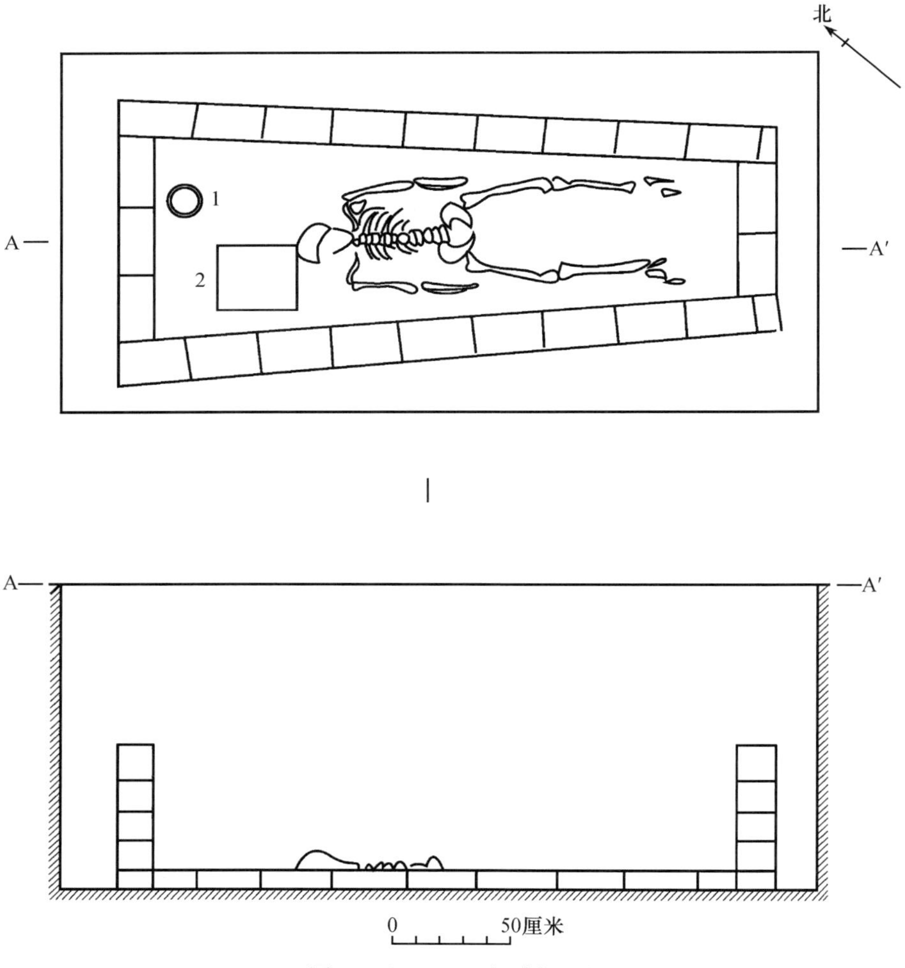

图三四六　M61平、剖面图
1. 瓷罐　2. 方砖

填土　黄褐色五花土，土质较疏松，无包含物。

葬具　不详。

人骨　1具。头向北，面向上，仰身直肢，性别、年龄不详。

2. 出土器物

瓷罐1件。置于砖室的东北角。

瓷罐　1件。标本M61：1，方唇，直口，溜肩，鼓腹，平底，矮圈足。器表大部分施灰黑釉，下腹及底露胎。口径8.8厘米，腹径12厘米，底径5.0厘米，高9.2厘米（图三四七；彩版二〇，6）。

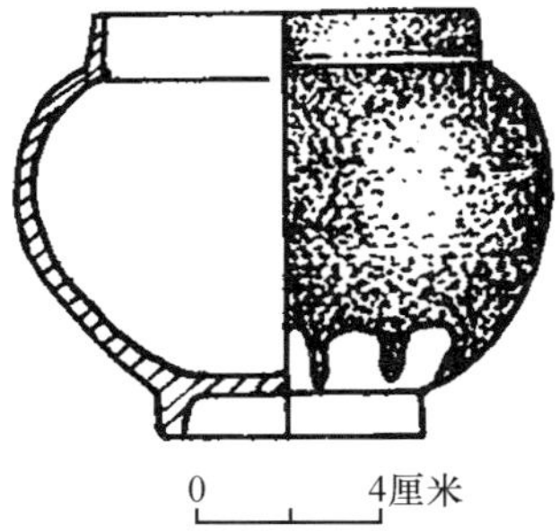

图三四七　M61出土瓷罐（M61：1）

八、M108

1. 墓葬概况

位置和层位关系　该墓位于Ⅲ区北部T0406东侧，西北与M109相临；开口于地表层下，距地表10厘米，打破生土。

方向　225°。

形状与结构　长方形竖穴土坑墓。壁直，规整，面粗糙，平底。口底同大，长190厘米，宽110厘米，墓底深30厘米（图三四八）。

填土　黄褐色五花土，土质较软，结构疏松，内含大量石灰粉。

葬具　未见痕迹，不详。

人骨　未见痕迹，不详。

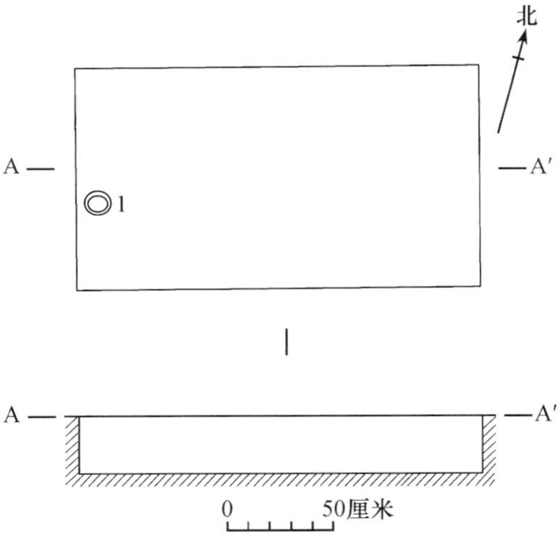

图三四八　M108平、剖面图
1. 瓷罐

2. 出土器物

瓷罐1件。标本M108：1，置于墓底西侧偏南，未能修复。

九、M110

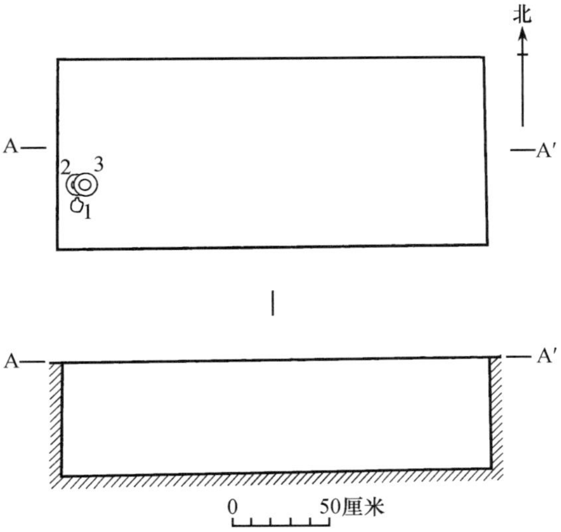

图三四九　M110平、剖面图

1. 铁灯　2、3. 瓷壶

1. 墓葬概况

位置和层位关系　该墓位于Ⅲ区北部T0305中部，北与M111相临，西南与M108、M109相邻；开口于地表层下，距地表15厘米，打破生土。

方向　270°。

形状与结构　长方形竖穴土坑墓。直壁，面粗糙，底平。口底同大，长220厘米，宽100厘米，墓底深65厘米（图三四九）。

填土　黄褐色五花土，土质较硬，结构致密，内含白石灰粉粒。

葬具　未见痕迹，不详。

人骨　未见痕迹，不详。

2. 出土器物

共3件。置于墓室西侧偏南，分瓷、铁两类，其中瓷壶2件，铁灯1件。

瓷壶　2件。标本M110：2，黄白胎夹砂。圆唇，侈口，短束颈，鼓腹，平底，矮圈足。颈附对称桥形双耳（一残），腹饰六周凹弦纹，器表饰青黑釉。口径11.2厘米，腹径14.4厘米，足径7.2厘米，高20.4厘米（图三五〇，1）。标本M110：3，黄白胎夹砂。整体瘦高。尖圆唇，敞口，平沿，鼓腹，下腹弧形内收成圜底，圈足外撇。器表饰青灰釉，釉不及底。口径

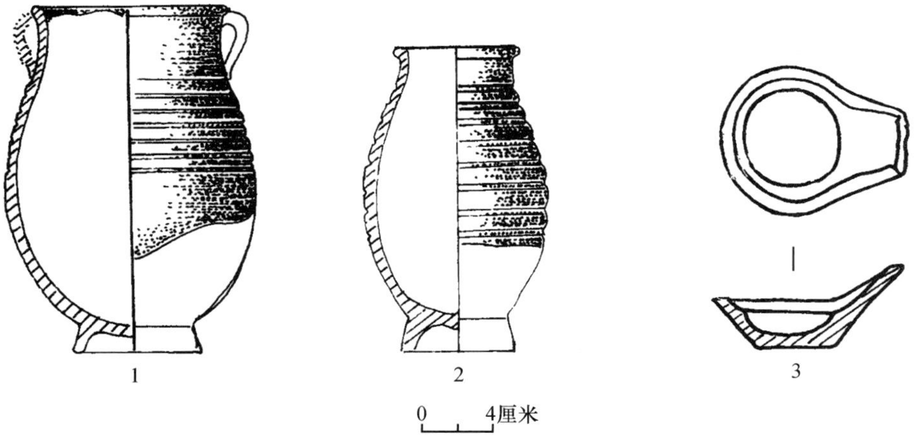

图三五〇　M110出土器物

1. 瓷壶（M110：2）　2. 瓷壶（M110：3）　3. 铁灯（M110：1）

7.2厘米，腹径10.4厘米，足径6.4厘米，高18厘米（图三五〇，2）。

铁灯　1件。标本M110：1，铸铁横制。圆形扣，方唇，弧腹，平底窄流，断面近弧形流上翘。口径8.8厘米，底径4.8厘米，高5.2厘米。流长3.8厘米，流宽4厘米（图三五〇，3；彩版二〇，3）。

一〇、M111

1. 墓葬概况

位置和层位关系　该墓位于Ⅲ区北部T0205中部，南与M110相临，西与M112相邻；开口于地表层下，距地表10厘米，打破生土。

方向　5°。

形状与结构　长方形竖穴土坑墓。直壁，面粗糙，底平。口底同大，长220厘米，宽160厘米，墓底深50厘米（图三五一）。

填土　黄褐色五花土，土质松软，结构疏散，内含白石灰粉粒。

葬具　未见痕迹，不详。

人骨　未见痕迹，不详。

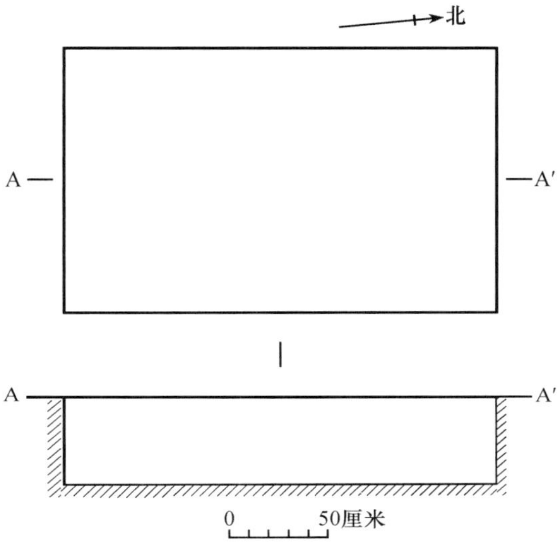

图三五一　M111平、剖面图

2. 出土器物

无。

一一、M112

1. 墓葬概况

位置和层位关系　该墓位于Ⅲ区北部T0207中部，东与M111相临；开口于地表层下，距地表15厘米，打破生土。

方向　50°。

形状与结构　长方形竖穴土坑墓。直壁，面粗糙，底平。口底同大，长290厘米，宽180厘米，墓底深60厘米（图三五二）。

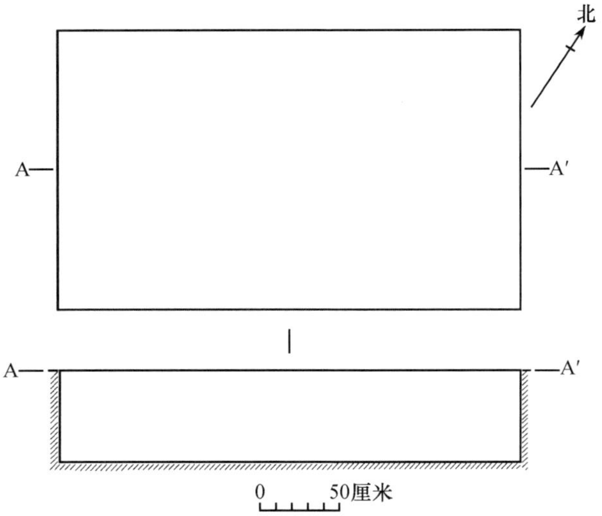

图三五二　M112平、剖面图

填土　黄褐色五花土，土质松软，结构疏散，内含白石灰粉粒等。

葬具　未见痕迹。不详。

人骨　未见痕迹，不详。

2. 出土器物

无。

第二节　墓葬分析与年代推断

一、墓葬的分布与分组

淅川全寨子发现的以上这11座墓葬分布相对集中，根据分布位置可分为两组，一组分布于Ⅱ区东南部，共7座，分别是M36、M45、M46、M47、M48、M49、M61，它们方向大体一致，排列紧密，独立成区，墓葬之间没有打破和叠压关系。这批墓葬中竖穴土坑3座，砖室墓4座；另一组，分布于Ⅲ区北部，共4座，分别是M108、M110、M111、M112，它们之间排列没有一定规律，墓葬之间没有打破和叠压关系。

二、墓葬形制与随葬器物

（一）墓葬形制

11座墓葬中根据墓葬形制结构分为竖穴土坑墓和砖室墓两大类，其中竖穴土坑墓7座，砖室墓4座。根据墓葬下葬棺的数量又可分为同穴夫妻合葬墓和单人墓，其中同穴夫妻合葬墓2座，均为砖室结构，即M36和M45，棺内葬一男一女，应为夫妻合葬墓；其余9座均为单人墓。墓葬填土中多有大量石灰颗粒，部分墓底铺有一层炭灰。这批明墓的墓圹长约190～320厘米，单人墓宽70～180厘米，夫妻合葬墓宽220～250厘米。

（二）随葬器物

墓葬的随葬器物较少，11座墓葬中有5座没有随葬品，其他6座墓葬共出土瓷器、铜器、铁器、银器等各类随葬品17件以及8枚铜钱，其中瓷壶5件、瓷罐4件、瓷碗2件、铜簪子3件、铜戒指1件、银耳环1件、铁灯1件。

1. 瓷器

共11件，其中瓷壶5件、瓷罐4件、瓷碗2件。

瓷罐　4件。除M108出土1件无法修复，其余3件分别出自M36、M49、M61，根据其形制特征，可分为二型：

A 型 1件。标本M49：2，双耳罐。圆唇，直口，溜肩，肩部附对称双桥形耳。鼓腹，平底，圈足。腹饰数周凹弦纹（图三五三，8）。

B型　2件。圆腹罐。圆唇，敞口，弧腹鼓收，平底，圈足。标本M36：2、M61：1（图三五三，9、10）。

瓷碗　2件。分别出自M36、M45。圆唇，敞口，弧腹鼓收，平底圈足。标本M45：3、M36：1（图三五三，6、7）。

瓷壶　5件。分别出自M36、M45、M110，根据其形制特征，可分为二型：

A型　3件。单把带流平底壶。圆唇，敛口，口部饰一舌溜，平对称自颈至腹附一握手，弧腹，平底。标本M36：3、M45：1、M45：2（图三五三，1～3）。

B型　2件。无把无流圈足壶。短束颈，鼓腹，平底，矮圈足。颈附对称桥形双耳或无耳。标本M110：2、M110：1（图三五三，4、5）。

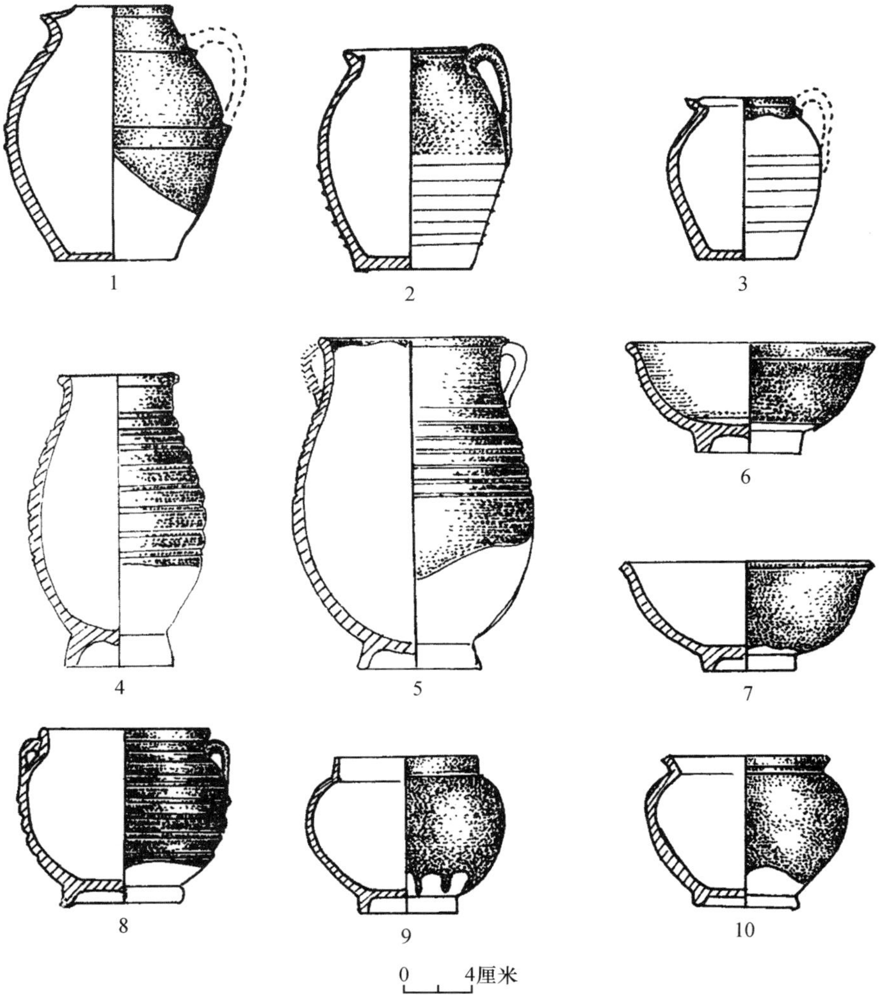

图三五三　明清墓出土瓷器

1～3. A型壶（M36：3、M45：1、M45：2）　4、5. B型壶（M110：2、M110：1）　6、7. 碗（M45：3、M36：1）　8. A型罐（M49：2）　9、10. B型罐（M36：2、M61：1）

2. 铁灯

1件。出自M110，铸铁横制。圆形扣，方唇，弧腹，平底窄流，断面近弧形流上翘。

3. 铜簪子

3件。分别出自M36、M49。U形，体元圆柱形，末端呈锥状。

4. 铜戒指

1件。出自M36。环状，相对接口，与口对称附梯形体，上饰两周凸弦纹。

5. 银耳环

1件。呈钩状，一端钩尖外撇，另一端附一球体。面饰四瓣形花纹。

6. 铜钱

8枚。出自M45。锈蚀严重，多不可辨，可变钱文中有绍圣元宝、政和通宝、皇宋通宝各1枚。

三、墓葬年代分析

淅川全寨子墓地发现的上述11座墓葬，分布相对集中，一组分布于Ⅱ区东南部，共7座，排列紧密，独立成区，墓葬之间没有打破和叠压关系；另一组，分布于Ⅲ区北部，共4座，墓葬之间没有打破和叠压关系。墓葬形制结构各分为竖穴土坑墓和砖室墓两大类，墓葬填土中多用有大量石灰颗粒，部分墓底铺有一层碳灰，这种墓葬的大小、形制以及结构方法等与淅川新四队[1]、柳家泉明清墓葬[2]以及南阳市区出土的明墓[3]基本相同。

根据11座墓葬下葬棺的数量可分为同穴夫妻合葬墓和单人墓，其中同穴夫妻合葬墓2座，均为砖室结构，即M36和M45，棺内葬一男一女，应为夫妻同穴合葬墓；其余9座均为单人墓。其中M46与M47的大小，形制等均较接近，且两者并列存在，距离较近，时代当相差不远。

11座墓葬，随葬器物较少，仅出少量瓷碗、罐等，出土铜器锈蚀严重，可辨明钱文的均为宋钱。这批瓷器中单把带流壶、双耳罐的特征以及铁灯，与南阳镇平程庄墓地明清墓[4]、淅川柳家泉墓地明清墓[5]出土的同类器相同或比较接近，初步判断这批墓葬的时代大体应该为明代，其中分布在Ⅲ区的4座墓有可能要晚到清初。

以上11座墓葬的规模均比较小，随葬器物较少或无，M36、M45、M49、M61虽用砖修筑墓室，但多为残砖，而且不规整，因此，初步推测11座墓葬的墓主人身份较低，可能为一般贫民或百姓。

[1] 河南省文物局：《淅川新四队墓地》，科学出版社，2015年。
[2] 河南省文物局：《淅川柳家泉墓地》，科学出版社，2013年。
[3] 南阳市文物考古研究所：《南阳明墓》，大象出版社，2010年。
[4] 河南省文物局：《南阳镇平程庄墓地》，科学出版社，2011年。
[5] 河南省文物局：《淅川柳家泉墓地》，科学出版社，2013年。

第五章　结　　语

全寨子墓地位于淅川县西约20千米的丹江水库南岸由南向北延伸的长岭之上，墓地东北和西北被丹江库区环绕，属于丹江南岸的丘陵地带，墓地中部高，周围渐低，对面不远即为丹水和淅水的交汇处——双河镇，自古为西出关中的交通要道，六十年代丹江水库建成后，这里成为县城通往丹江西岸以及湖北等地的重要码头（狮子岗码头）。全寨子墓葬区东北约500米为下王岗码头（下王岗遗址），西南约600米为全岗遗址、马川遗址、马山根遗址，隔丹江水库与狮子岗码头相望，丹江对岸有双河镇、狮子岗墓葬区等。

全寨子墓地包含战国秦汉墓群以及少量明清墓葬，墓地以秦汉墓为主体，为我们了解西汉时期丹江地区历史文化发展、变迁提供了极为宝贵的资料。

全寨子战国秦汉墓地的性质应该是家族墓。全寨子墓地地势中间高四周低，墓葬集中分布于四个区域，其中全寨子战国墓葬集中分布在Ⅰ区以及Ⅱ区的南部；西汉早期墓葬主要分布在Ⅰ区中部、Ⅱ区北部；西汉中期墓葬主要分布在Ⅰ区、Ⅱ区、Ⅳ区，其中Ⅱ区较为集中；西汉晚期主要分布在Ⅱ区的南部和Ⅳ区；王莽及东汉时期墓葬主要分布在Ⅰ区和Ⅳ区。各区墓葬或灰坑中，除H1、M2、M15、M37、M51、M79、M80、M94、M102间有打破关系外，其余探方墓葬无论形制大小均相对独立，没有叠压和打破关系。总体来看，各时代的墓葬在分布排列上皆显示有一定的规律性。根据分布情况，可将该墓地各时期墓葬分成几个相对独立区域，它们分别代表了不同的家族墓地，彼此之间紧密相邻，而又区分明显，体现出家族墓地的特征。全寨子战国秦汉家族墓地中可以确认夫妻合葬墓的很多，主要合葬形式以夫妻异穴合葬墓为主，从墓葬分布位置上看，如Ⅰ区M11和M12、M13和M14、M15和M16、M17和M18，Ⅱ区北部的M69和M70、M67和M68、M72和M73、M75和M76、M77和M78、M127和M128、M149和M150、M148和M151、M152和M153，Ⅳ区的M91和M92、M94和M95、M98和M99、M100和M142、M135和M136、M119和M126、M125和M130、M113和M118等墓葬两两并列，相距1到3米，其墓葬形制和随葬器物组合基本相同或相近，时代相差不大，它们应该是夫妻异穴合葬墓。

综合分析淅川全寨子战国秦汉墓地的性质应该是家族墓，但整个墓地是由多个等级相对不高的家族墓地组成的综合性墓地。

淅川全寨子战国秦汉墓葬墓主人身份相对较低，这主要表现在墓葬的规模以及随葬器物的单一性。这批墓葬分布于江边台地，相对较为密集，根据墓葬的规模看，一般较小，随葬器物的品种以及数量较少，质地相对单一。全寨子战国秦汉时期墓葬共140座，根据它们的形制结构、特点，可分为竖穴土坑墓和砖室墓两大类，其中竖穴土坑墓119座，砖室墓21座。墓葬形制在战国晚期、西汉早中期均为无墓道长方形竖穴土坑墓，西汉晚期出现有带墓道的竖穴土坑墓，王莽到东汉时期多为砖室结构的多室墓，竖穴土坑墓与砖室墓分界明显。全寨子战国秦汉墓的主要陶器组合中，战国晚期、西汉早期以仿铜礼器和日用陶器为主，西汉中晚期多仿铜礼器、日用陶器、模型明器混合组合，王莽到东汉时期陶器组合多数不全，但墓葬中出现了大量釉陶等。战国秦汉墓出土陶器共576件。按照性质可分为仿铜礼器、日用器和模型明器三类，其中仿铜礼器213件，占陶器总数的37.0%；日用器209件，占陶器总数的36.3%；模型明器154件，占陶器总数的26.7%。

因此墓葬的等级普遍较低，个别墓葬等级相对较高者可能为低级官吏或中小地主，等级低着为一般贫民。

全寨子战国秦汉墓中早期流行鼎、盒、壶仿铜陶礼器的组合，同时生活器具中西汉中期以前普遍流行釜甑组合器，另外一些墓葬普遍流行双耳罐等生活用具，也反映了秦汉文化的传承和延续，晚期仓、灶、井等流行、砖室墓的出现，也说明当时丹江地区已经纳入了汉文化的统一进程。

同样需要注意的是，全寨子墓葬陶器组合中具有明显的地方特点，比如战国晚期到西汉中期日用陶器中普遍流行釜甑，西汉中期以后模型明器中普遍流行灶，西汉中期以后不见釜甑，而且釜甑多数不与灶同组出现；就陶灶形制来看，该地区流行前方后圆、近梯形、三角形等形制的灶，而不见中原地区普遍流行的长方形灶，这些特点与南方地区比较接近，地方特色明显。同时，西汉时期尤其是中期以后的墓葬中开始出现了一中积石、积炭的习俗，在墓底部和棺椁四周铺砌一层木炭，这种习俗在丹江地区其他地区如淅川阎杆岭[1]、新四队[2]、柳家沟口[3]、马川[4]以及赵杰娃山、双河镇[5]普遍流行。这些情况在一定程度上也反映了这一地区南北相互交融的特点。

全寨子墓葬区共发掘明代墓葬11座，其中土坑墓7座，砖室墓4座，其中5座没有随葬品，其他6座墓葬共出土瓷器、铜器、铁器、银器等各类随葬品17件以及8枚铜钱。根据墓葬下葬棺的数量可分为同穴夫妻合葬墓和单人墓，其中同穴夫妻合葬墓2座，均为砖室结构，即M36和M45，棺内葬一男一女，应为夫妻合葬墓；其余9座均为单人墓。墓葬填土中多用有大量石灰颗粒，部分墓底铺有一层碳灰。全寨子明清墓的规模均比较小，随葬器物较少或无，其中4座墓虽用砖修筑墓室，但多为残砖，而且砌筑不规整，因此，初步推测这批明清墓的墓主人身份较低，可能为一般贫民或百姓。

[1] 河南省文物考古研究所等：《河南淅川县阎杆岭83号墓发掘简报》，《华夏考古》，2012年第1期；河南省文物考古研究所等：《河南淅川县阎杆岭38号墓发掘简报》，《华夏考古》，2006年第2期；

[2] 河南省文物局：《淅川新四队墓地》，科学出版社，2015年。

[3] 河南省文物局：《淅川刘家沟口墓地》，科学出版社，2011年。

[4] 河南省文物局南水北调保护办公室、河南省文物考古研究院、驻马店市文物考古研究所：《淅川马川墓地汉代积石积炭墓的发掘》，《考古学报》，2014年第2期。

[5] 淅川赵杰娃山汉墓、双河镇汉墓、裴岭汉墓中均流行积石积炭墓，资料现存南阳市文物考古研究所，详见《淅川赵杰娃山墓地》、《淅川裴岭墓地》、《淅川双河镇墓地》，待出版。

附表　淅川全寨子墓葬登记表

编号	方向	位置	墓葬形制	墓葬尺寸（厘米） 长×宽—距地表深	葬具葬式 （厘米）	随葬品	时代	备注
M1	43°	Ⅰ区T0203的西南部，东北与M2相邻	长方形竖穴土坑墓	墓口：400×150—30 墓底：400×150—105	不详	无	西汉	
M2	108°	Ⅰ区T0203的东部，东北与M1相邻，东端被G1打破	长方形砖室墓	墓口：316×195—30 墓底：316×195—50	不详	少量陶片无法辨器形	东汉	
M3	132°	Ⅰ区T0304的东部，墓道部分延伸至ⅠT0303，北与M4相邻	“甲”字形砖室墓	墓道：238×130—40～160 甬道：116×130—160 墓室：360×230～250—160	不详	陶壶1件，其他多仅可辨器形，有罐、鼎、灶、仓、盆等	三期6段	
M4	128°	Ⅰ区T0403的中南部，东北部与M5相邻，西南与M3相邻	“甲”字形砖室墓	墓道：182×132—30～170 甬道：128×132—200 墓室：424×290—200	不详	4件，其中陶器3件：陶釜1件、井2件，其他可辨器型有壶、井、灶、案、釜等；铜带钩1件	三期6段	
M5	114°	Ⅰ区T0403中北部，东北部与M6相邻，西南与M4相邻	“甲”字形砖室墓	墓道：112×110—30～44 甬道：48×112—44 墓室：420×200—44	不详	陶片不可辨器形	东汉	
M6	135°	Ⅰ区T0402西北部，西南与M5相邻，M3、M4、M5与M6形制相同，排列有序	“甲”字形砖室墓	墓道：376×100—25～209 墓室：454×272—209	不详	17件，全部为陶器：罐5件、仓3件、灶1件、釜1件、甑1件、盘1件、案1件、耳杯2件、井1件、狗1件	三期6段	

续表

编号	方向	位置	墓葬形制	墓葬尺寸（厘米） 长×宽—距地表深	葬具葬式 （厘米）	随葬品	时代	备注
M7	312°	Ⅰ区T0403东南部，西、西北与M4、M5相邻	长方形竖穴土坑墓	墓口：200×100—20 墓底：200×100—200	棺长190，宽50，厚180；1具，仰身直肢，其他不详	4件，全部为陶器：壶1件、甑1件、钵1件、釜1件	一期1段	
M8	45°	Ⅰ区T0305中部，西北与M23相邻	长方形竖穴土坑墓	墓口：266×176—30 墓底：266×176—354	不详	5件，全部为陶器：鼎1件、甑1件、釜1件、盆1件、盒1件	二期2段	
M9	135°	Ⅰ区T0402东南部，西、北分别与M7、M10相邻	长方形竖穴土坑墓	墓口：250×130—25 墓底：250×130—405	不详	10件，全部为陶器：大壶2件、小壶2件、鼎2件、甑1件、盒2件、釜1件	二期3段	
M10	130°	Ⅰ区T0402西北部，西南、东南分别与M6、M9相邻	长方形竖穴土坑墓	墓口：290×196—25 墓底：290×196—415	棺长200，宽122，高60；1具，其他不详	11件，全部为陶器：鼎2件、盒2件、大壶2件、小壶2件、瓮1件、釜1件、甑1件	二期2段	
M11	130°	Ⅰ区T0404北部，北部与M12相邻	长方形竖穴土坑墓	墓口：277×150—15 墓底：277×150—435	1具，其他不详	6件，全部为陶器：鼎2件、盒2件、壶2件	一期1段	
M12	130°	Ⅰ区T0404北部，南与M11相邻	长方形竖穴土坑墓	墓口：287×160—15 墓底：287×160—425	不详	7件，全部为陶器：鼎2件、盒1件、壶1件、甑1件、釜1件、钫1件	一期1段	
M13	320°	Ⅰ区T0603南部，北与M14相邻	长方形竖穴土坑墓	墓口：352×220—35 墓底：330×212—395 四周生土台宽6～22、高90	一棺一椁，椁长320宽180～210，高90；棺长200宽70；1具，其他不详	13件，全部为陶器：鼎2件、盒1件、蛙形小盒1件、壶1件、钵1件、钫1件、盘1件、鋬1件、盆2件、甑1件、釜1件	二期2段	
M14	317°	Ⅰ区T0603东北部，西南与M13相邻	长方形竖穴土坑墓	墓口：275×225—35 墓底：230×180—575 四周生土台宽20～25、高70	一棺一椁，椁长226，宽175，高120；其他不详	8件，其中陶器3件：瓮1件、釜1件、甑1件；铜器4件：鼎2件，蒜头壶1件、钫1件；铁锸1件	二期2段	
M15	127°	Ⅰ区T0902东北部，西北、西南分别M19、M16相邻，打破H1北部	长方形竖穴土坑墓	墓口：326×240—20 墓底：326×180—350	一棺一椁，椁长234，宽114，高60；其他不详	6件，全部为陶器：鼎2件、壶2件、瓮1件、罐1件	一期1段	

续表

编号	方向	位置	墓葬形制	墓葬尺寸（厘米） 长×宽—距地表深	葬具葬式 （厘米）	随葬品	时代	备注
M16	130°	Ⅰ区T0902西南部，东北与M15相邻	长方形竖穴土坑墓	墓口：280×190—20 墓底：280×190—320	不详	无	西汉	
M17	320°	Ⅰ区T0702南部，北与M18相邻	长方形竖穴土坑墓	墓口：288×170—40 墓底：288×170—470	不详	11件，其中陶器9件：鼎2件、盒1件、大壶2件、小壶2件、甑1件、釜1件；铁器2件：鏊1件、刀1件	二期2段	
M18	320°	Ⅰ区T0702东北部，西南与M17相邻	长方形竖穴土坑墓	墓口：296×180—40 墓底：296×180—370	一棺一椁，椁长234，宽126；棺长200，宽60；一具，其他不详	9件，全部为陶器：鼎2件、盒2件、大壶1件、钫1件、小壶1件、甑1件、釜1件	二期2段	
M19	22°	Ⅰ区T0902的北部，东南与M15相邻	长方形砖室墓	墓口：370×230—20 墓底：370×230—38	不详	出土少量陶片，可辨器形有红釉陶壶、灰陶井、罐	东汉	
M20	40°	Ⅰ区T0904东部，南与M21、M22相邻	长方形竖穴土坑墓	墓口：244×168—10 墓底：244×168—240~250 二层台宽14~34、高40	一棺一椁，椁长210，宽110，高40；棺长210，宽70；1具，其他不详	4件，全部为陶器：钵1件、鏊1件、罐2件	一期1段	
M21	40°	Ⅰ区T0804东南部，西北与M22相邻	长方形竖穴土坑墓	墓口：250×170—20 墓底：250×170—110	不详	9件，其中陶器7件：鼎1件、壶1件、罐1件、甑1件、瓮1件、盒1件，釜1件；铜铃2件	二期3段	
M22	30	Ⅰ区T0804中部，东南与M21相邻	长方形竖穴土坑墓	墓口：380×200—20 墓底：380×200—600	不详	无	西汉	
M23	40°	Ⅰ区T0405西部，东南与M8相邻	长方形竖穴土坑墓	墓口：320×220—15 墓底：320×220—405	一棺一椁，椁长270，宽180，高60；棺长250，宽100；1具，其他不详	5件，全部为陶器：鼎2件、壶2件、罐1件	二期2段	
M24	25°	Ⅰ区T1304的西侧，东、东北与M25、M26相邻	长方形竖穴土坑墓	墓口：270×190—10 墓底：270×190—190	一具，其他不详	2件，其中玉璧1件、铜带钩1件	西汉	

续表

编号	方向	位置	墓葬形制	墓葬尺寸（厘米） 长×宽—距地表深	葬具葬式 （厘米）	随葬品	时代	备注
M25	30°	Ⅰ区T1304北部、T1404南侧，南、西南与M26、M24相邻	长方形竖穴土坑墓	墓口：250×160—5～10 墓底：250×160—180～185	不详	陶罐1件	西汉	
M26	15°	Ⅰ区T1304南部，西北、北部与M24、M25相邻	长方形竖穴土坑墓	墓口：320×210～250—5～10 墓底：320×210—260～280	不详	陶片，器形无法辨认	西汉	
M27	320°	Ⅰ区T0501西部，东南与M28相邻	长方形竖穴土坑墓	墓口：254×160—35 墓底：254×160—255	不详	无	西汉	
M28	220°	Ⅰ区T0501南部，西北与M27相邻	“甲”字形砖室墓	墓道：282×104～124—35～209 甬道：154×124—233 墓室：410×300—209	不详	10件，全部为陶器：鼎1件、仓1件、樽1件、炉（炙炉、博山炉、燻炉）3件、狗1件、壶1件、灯1件、案1件	三期6段	
M29	220°	Ⅰ区T0605西北部，东北与M30相邻	长方形竖穴土坑墓	墓口：220×170—15 墓底：220×170—315	不详	无	西汉	
M30	128°	Ⅰ区T0705的西南部，西南与M29相邻	“甲”字形砖室墓	墓道：232×80—75 甬道：108×120—95 墓室：380×300—75	不详	陶器残片	东汉	
M31	26°	Ⅰ区T0309中南部，南与M32相邻	长方形竖穴土坑墓	墓口：280×180—0 墓底：280×180—100	有棺痕，尺寸不详，其他不详	陶器残片，可辨器形有鼎、釜、盆等	西汉	
M32	30°	Ⅰ区T0209的中部，南北分别与M33、M31相邻	长方形竖穴土坑墓	墓口：326×220—0 墓底：286×170—244～304 四周生土台宽20～22、高144	一棺一椁，椁长248，宽118，其他不详	共4件，其中陶器3件：鼎、釜、盒各1件；铜鍪1件	一期1段	
M33	32°	Ⅰ区T0109中部，北部与M32相邻	长方形竖穴土坑墓	墓口：280×180—0 墓底：280×180—90	一棺一椁，椁长220，宽160；棺痕长164，宽80，高度不详	陶器残片，可辨器形有鼎等	西汉	

续表

编号	方向	位置	墓葬形制	墓葬尺寸（厘米） 长×宽—距地表深	葬具葬式 （厘米）	随葬品	时代	备注
M34	40°	Ⅰ区T0508中部	长方形竖穴土坑墓	墓口：280×160—0 墓底：280×160—110～160	有棺痕，尺寸不详	陶器残片，有鼎、壶等	西汉	
M35	96°	Ⅱ区的西南部T0604中部，东、北分别与M39、M40相邻	长方形砖室墓	墓口：360×280—20 墓底：360×280—68	不详	20件及铜钱32枚，其中陶器19件：罐3件，壶、仓、盆各2件，鼎、案、井、灶、盘、勺、瓮、樽、狗、小壶各1件；铜镜1件	三期6段	
M36	290°	Ⅱ区的西南部T0603东部，并向T0602西部延伸，东与M45、M46、M47相邻	长方形砖室墓	墓口： 320×220—20 砖墙：264×182～188—170～190	两棺：长200，宽60；2具，男女各一，其他不详	6件，其中瓷器3件：碗1件，壶1件，罐1件；铜器2件：簪、戒指各1件；银耳环1件	明代	
M37	20°	Ⅱ区的西南部T0603北部，南部打破M51，东、西分别与M39、M40、M50相邻	长方形砖室墓	墓口：360×200—20 墓底：360×200—32	不详	陶片，无法辨器形	东汉	
M38	15°	Ⅱ区的西南部T0603西南部，西南与M37相邻	长方形砖室墓	墓口：366×144—15 墓底：366×144—33	不详	陶片，无法辨器形	东汉	
M39	195°	Ⅱ区的西南部T0604东部，西侧与M35、M40为邻	“刀”字形竖穴土坑积炭墓	墓道：734×160—20～203 墓室：230×180—200～206	不详	6件，其中陶器4件：瓮、灶、釜、甑各1件；铜器2件：鼎、洗各1件	三期5段	
M40	5°	Ⅱ区的西南部T0604北部，东与M39相临，南与M35相邻	长方形竖穴土坑积炭墓	墓口：250×120—20 墓底：250×120—250	1具，其他不详	3件，全部为陶器：甑、釜、罐各1件	二期4段	
M41	30°	Ⅱ区的西南部T1506南部，东与M53相邻	长方形竖穴土坑墓	墓口：240×150—15 墓底：210×124—277 四周二层台宽10～18、高40	一棺一椁。椁长210，宽124；1具，其他不详	2件，全部为陶器：鼎、壶各1件	二期3段	

续表

编号	方向	位置	墓葬形制	墓葬尺寸（厘米） 长×宽—距地表深	葬具葬式 （厘米）	随葬品	时代	备注
M42	310°	Ⅱ区的西南部T1508西北部，西、北分别与M52、M43相邻	长方形竖穴土坑积炭墓	墓口：250×160—15 墓底：250×160—165	1具，其他不详	6件，全部为陶器：鼎1件、盒1件、壶1件、钫1件、釜1件、甑1件	二期2段	
M43	300°	Ⅱ区的西南部T1608中部，南侧与M42相邻	长方形竖穴土坑墓	墓口：270×188—0 墓底：270×188—228～300	棺长180，宽90；1具，其他不详	7件，全部为陶器：鼎2件、壶2件、小壶1件、釜1件、甑1件	二期2段	
M44	30°	Ⅱ区的西南部T1508东南部，北与M42相临	长方形竖穴土坑墓	墓口：262×172—15 墓底：262×172—245	1具，仰身直肢，其他不详	3件，其中陶器2件：甑1件、瓮1件；铜镜1件	二期4段	
M45	275°	Ⅱ区的西南部T0602西北部，西、南、北分别与M36、M46、M61相邻	长方形砖室墓	墓口：310×250—20 墓底：310×250—150	两棺，北棺长190，50～60；南棺长180，宽50～60；两具，仰身直肢，其他不详	3件及铜钱8枚，其中瓷器3件：碗1件，壶2件	明代	
M46	275°	Ⅱ区的西南部T0602中部偏南，南、北分别与M47、M45相邻	长方形竖穴土坑墓	墓口：208×70～90—20 墓底：208×70～90—100	不详	无	明代	
M47	295°	Ⅱ区的西南部T0602中部偏南，南、北分别与M49、M46相邻	长方形竖穴土坑墓	墓口：206×70～90—20 墓底：206×70～90—120	棺长184，宽40～60，残高24；1具，仰身直肢，其他不详	无	明代	
M48	275°	Ⅱ区的西南部T0602中部偏南，北与M49 相邻	长方形竖穴土坑墓	墓口：210×70—20 墓底：210×70—120	棺长190，宽46～50；1具，仰身直肢，其他不详	无	明代	
M49	200°	Ⅱ区的西南部T0502东北部，北、南与M47、M48相邻	长方形砖室墓	墓口：280×120—20 土圹：280×120—140 砖室：250×90—140	1具，其他不详	3件，其中瓷罐1件；铜簪子2件	明代	
M50	130°	Ⅱ区的西南部T0603北部，西侧与M51相邻	长方形竖穴土坑积石积炭墓	墓口：270×210—20 墓底：270×210—220	不详	5件，全部为陶器：灶1件、釜1件、甑1件、鼎1件、罐1件	二期4段	

续表

编号	方向	位置	墓葬形制	墓葬尺寸（厘米） 长×宽—距地表深	葬具葬式 （厘米）	随葬品	时代	备注
M51	150°	Ⅱ区的西南部T0603西北部，东侧与M50相邻，北端北M37打破	长方形竖穴土坑积炭墓	墓口：240×180—15 墓底：240×180—165	不详	铜带钩1件、铜钱27枚	西汉	
M52	125°	Ⅱ区的西南部T1509东部，东北与M42相邻	长方形竖穴土坑墓	墓口：250×180—0 墓底：250×180—100～160	不详	4件，全部为陶器：鼎、壶、盒、釜各1件	二期3段	
M53	125°	Ⅱ区的西南部T1506东部，与M41相临	长方形竖穴土坑墓	墓口：260×170—15 墓底：260×170—133	不详	9件，全部为陶器：鼎、大壶、小壶各2件，盒、钵、釜各1件	二期2段	
M54	30°	Ⅱ区的西南部T1805西部，东、南分别与M55、M56相邻	长方形竖穴土坑墓	墓口：260×160—0 墓底：260×160—46～70	不详	陶片，可辨器形有鼎、釜、甑等	西汉	
M55	45°	Ⅱ区的西南部T1805东北部，西、南分别与M54、M56相邻	长方形竖穴土坑积炭墓	墓口：254×180—0 墓底：254×180—330	不详	无	西汉	
M56	45°	Ⅱ区的西南部T1805南部，北与M54、M55相临	长方形竖穴土坑墓	墓口：298×210—0 墓底：260×180—290 四周生土层宽19—20、高125	不详	4件，其中陶器2件：鼎、壶各1件；铜器2件：鼎、钫各1件	一期1段	
M58	110°	Ⅱ区的西南部T0406西部，北侧与M60、M59相邻	长方形竖穴土坑积炭墓	墓口：200×140—0 墓底：200×140—150	不详	3件，全部为陶器：罐3件	二期4段	
M59	120°	Ⅱ区的西南部T0506东北部，西、南分别与M58、M60相邻	长方形竖穴土坑积炭墓	墓口：230×150—0 墓底：230×150—160	不详	10件，其中陶器8件：瓮1件、网坠1件、鼎1件、盒1件、灶1件、釜2件、甑1件；铜洗1件；铅饰件1件	二期3段	
M60	135°	Ⅱ区的西南部T0506中部，东与M59，南与M58相邻	长方形竖穴土坑积石积炭墓	墓口：280×200—0 墓底：280×200—230	不详	12件，其中陶器10件：仓4件、罐1件、灶1件、釜2件、盆1件、甑1件；铜洗1件；铁刀1件	二期4段	

续表

编号	方向	位置	墓葬形制	墓葬尺寸（厘米） 长×宽—距地表深	葬具葬式 （厘米）	随葬品	时代	备注
M61	32°	Ⅱ区的西南部T0702南部，南与M36、M46相邻	长方形砖室墓	墓口：320×160—20 土圹：320×160—130 砖室：280×90~125—130	1具，仰身直肢，其他不详	瓷罐1件	明代	
M62	15°	Ⅱ区的西南部T0505东北部，西与M63相邻	长方形竖穴土坑墓	墓口：320×140—15 墓底：320×140—215	不详	陶罐1件	二期4段	
M63	15°	Ⅱ区的西南部T0505北部，东与M62相邻	长方形竖穴土坑积炭墓	墓口：230×170—15 墓底：230×170—215	1具，仰身直肢，其他不详	8件，其中陶器7件：罐1件、壶1件、灶1件、釜2件、陶盆1件、甑1件；铁鼎1件	二期3段	
M64	115°	Ⅱ区东北部T0905西部，西与M77、M78相邻	长方形竖穴土坑墓	墓口：240×160—15 墓底：240×160—345	不详	无	西汉	
M65	310°	Ⅱ区东北部T1107西北部，东北与M67相邻，西北与M66相邻	长方形竖穴土坑积炭墓	墓口：280×190—0 墓底：264×150—450	一棺一椁，椁长264，宽150；棺长，240宽90；其他不详	20件，其中陶器19件：甑2件、釜2件、鼎4件、盒4件、壶2件、钫2件、小壶2件、罐1件；铁器1件	二期3段	
M66	312°	Ⅱ区东北部T1208东部，北、东、南分别与M70、M67、M68、M79相邻	长方形竖穴土坑墓	墓口：270×180—15 墓底：230×120—255~265	一棺一椁，椁长240宽120；1具，仰身直肢，其他不详	8件，其中陶器6件：壶2件、鼎2件、盒1件、釜1件；铜带钩1件；漆盒1件	二期3段	
M67	310°	Ⅱ区东北部T1207南部，南、西、北分别与M65、M66、M68相邻	长方形竖穴土坑墓	墓口：230×150—15 墓底：210×130—195~215	不详	7件，全部为陶器：鼎1件、盒2件、釜1件、钵1件、瓮1件、罐1件	二期3段	
M68	310°	Ⅱ区东北部T1207中部略偏东南，南部与M67相邻	长方形竖穴土坑墓	墓口：230×140—15 墓底：200×112—189~197	一棺一椁，椁长200，宽112；棺长184，宽40，其他不详	6件，全部为陶器：鼎1件、壶1件、盒1件、釜1件、罐1件、甑1件	二期3段	
M69	45°	Ⅱ区东北部T1408南部偏西，少部分延伸至T1308，东与M70相邻	长方形竖穴土坑积炭墓	墓口：280×180—15 墓底：280×180—295~315	一椁一棺，椁痕长238，宽160，其他不详	9件，其中陶器8件：鼎2件、壶2件、盒2件、釜1件、甑1件；铁1整件	二期3段	

续表

编号	方向	位置	墓葬形制	墓葬尺寸（厘米） 长×宽—距地表深	葬具葬式 （厘米）	随葬品	时代	备注
M70	30°	Ⅱ区东北部T1408、T1308之间，西与M69相邻	长方形竖穴土坑墓	墓口：260×170—15 墓底：260×170—245～265	不详	陶器6件：鼎2件、壶2件、甑1件、盆1件	二期3段	
M71	20°	Ⅱ区东北部T1306西南部，北与M72相邻，东与M79相邻	长方形竖穴土坑墓	墓口：240×160—10 墓底：240×160—240～260	棺长182，宽50，其他不详	10件，全部为陶器：鼎2件、壶2件、盒2件、小壶2件、釜1件、甑1件	二期3段	
M72	17°	Ⅱ区东北部T1406南部，东、南分别与M73、M71相邻	长方形竖穴土坑积炭墓	墓口：260×160—15 墓底：260×160—285～295	一棺一椁，椁长230，宽120，高80，其他不详	8件，其中陶器6件：鼎1件、壶2件、盒1件、瓮1件、甑1件；铜洗1件；铁錾1件	二期3段	
M73	26°	Ⅱ区东北部T1406和T1306之间，东南与M79相邻，西与M72相邻	长方形竖穴土坑积炭墓	墓口：260×175—15 墓底：250×160—325	一棺一椁，椁长240，宽130高80，其他不详	9件，其中陶器8件：鼎1件、壶2件、盒1件、罐1件、瓮1件、甑1件、釜1件；铜洗1件	二期3段	
M74	45°	Ⅱ区东北部T1008东北部，北与M66相邻，东与M75、M76相邻	长方形竖穴土坑墓	墓口：250×160—10 墓底：250×160—190	1具，仰身直肢，其他不详	10件，全部为陶器：鼎2件、钫2件、盒2件、小壶2件、甑1件、釜1件	二期2段	
M75	132°	Ⅱ区东北部T1007中部，北、南、西分别与M66、M77、M74相邻	长方形竖穴土坑墓	墓口：260×180—10 墓底：260×180—190	棺长210宽80； 1具，仰身直肢，其他不详	16件，其中陶器13件：鼎2件、壶2件、盒2件、小壶2件、甑2件、罐1件、盆1件、釜1件；铜器2件：勺1件、洗1件；铁錾1件	二期3段	
M76	130°	Ⅱ区东北部TI007东北部，南、西分别与M75，M74相邻	长方形竖穴土坑积炭墓	墓口：282×192—15 墓底：270×180—355	一棺一椁，椁长230，宽140，其他不详	11件，其中陶器7件：鼎2件、盒2件、小壶1件、甑1件、釜1件；铜器3件：勺1件、洗1件、带钩1件；铁器1件	二期3段	
M77	52°	Ⅱ区东北部T0907的东北部，南与M78相邻	长方形竖穴土坑墓	墓口：260×160—15 墓底：260×160—235～255	一棺一椁，椁长238，宽132，棺长236，宽64；1具，其他不详	9件，全部为陶器：鼎1件、壶2件、盒2件、小壶2件、甑1件、釜1件	二期2段	

续表

编号	方向	位置	墓葬形制	墓葬尺寸（厘米） 长×宽—距地表深	葬具葬式 （厘米）	随葬品	时代	备注
M78	50°	Ⅱ区东北部T0907的东部，北与M77相邻	长方形竖穴土坑墓	墓口：230×160—15 墓底：230×160—235	一棺一椁，椁长198，宽140，高40；1具，其他不详	7件，全部为陶器：鼎2件、壶1件、盒2件、小壶2件	二期2段	
M79	0°	Ⅱ区东北部T1305西部，西北与M71、M72、M73相邻，打破M80的东端	长方形竖穴土坑墓	墓口：200×190—15 墓底：200×190—45	不详	无	西汉	
M80	290°	Ⅱ区东北部T1305西部，东南与M81、M82相邻，东端被M79打破	长方形竖穴土坑墓	墓口：234×134—15 墓底：234×134—99	不详	2件，全部为陶器：陶壶2件	二期4段	
M81	310°	Ⅱ区东北部T1204西北部，东南、西北分别与M82、M80相邻	长方形竖穴土坑墓	墓口：230×168—15 墓底：230×168—175	棺长180，宽50；1具，其他不详	8件，其中陶器6件：罐2件、豆2件、甑1件、釜1件；铜带钩1件；铁器1件	二期2段	
M82	125°	Ⅱ区东北部T1204的中部，西北与M80、M81相邻	长方形竖穴土坑墓	墓口：240×150—15 墓底：240×150—355	不详	4件，其中陶器3件：壶1件、盒1件、小壶1件；漆木器1件	二期2段	
M83	20°	Ⅱ区东北部T1504西南部，北与M84相邻	长方形竖穴土坑墓	墓口：210×120—15 墓底：190×92—215	不详	6件，其中陶器5件：鼎1件、罐1件、盒1件、甑1件、釜1件；铜带钩1件	二期2段	
M84	20°	Ⅱ区东北部T1504北部，南与M83相邻	长方形竖穴土坑墓	墓口：230×140—15 墓底：230×140—195～205	不详	6件，全部为陶器：盒2件、罐1件、钵1件、小壶1、温鳌1件	二期2段	
M86	32°	Ⅱ区东北部T1509（2011年发掘）东南部，东南部与M60、M70相邻	长方形竖穴土坑墓	墓口：250×160—15 墓底：230×120—165	棺长205，宽50；1具，其他不详	5件，全部为陶器：鼎1件、盒1件、壶1件、釜1件、甑1件	二期3段	
M87	28°	Ⅳ区T0803西北部，东南与M88相邻	“刀”形竖穴土坑积炭墓	墓道口：400×110～130—15 墓室口：300×200—15 墓室底：300×200—175	不详	无	西汉	

续表

编号	方向	位置	墓葬形制	墓葬尺寸（厘米） 长×宽—距地表深	葬具葬式（厘米）	随葬品	时代	备注
M88	125°	Ⅳ区T0803与T0903之间，北与M87相邻	“刀”形竖穴土坑积石积炭墓	墓道口：300×120—15 甬道：110×120—90（高） 墓室：290×250—185	不详	陶器仅可辨器形有仓、灶、壶等。	西汉	
M89	315°	Ⅳ区T0604与T0504之间，北、东、西分别与M97、M93、M132相邻	“刀”形竖穴土坑积石积炭墓	墓道口：590×140—10 甬道：100×100×120（高） 墓室口：260×240—230 墓室底：220×180—230	不详	23件及铜钱33枚，其中陶器17件：鼎1件、罐3件、仓4件、瓮2件、甑2件、盆1件、釜2件、盘1件、纺轮1件、灶1件；铜器5件：鼎1件、洗1件、熏炉1件、其他2件；铁器1件；另有铜钱数枚	三期5段	
M90	32°	Ⅳ区T1203西部，西南与M91、M92相邻	“刀”形砖室墓	墓道口：240×128～144—15 墓室：400×270—115	不详	陶器仅可辨器形有仓、壶等	西汉	
M91	30°	Ⅳ区T1302东南部，北与M90，西与M92，南与M94、M95、M96相邻	“刀”形竖穴土坑积炭墓	墓道口：380×100～110 墓室底：270×170—125	1人，其他不详	11件，全部为陶器：罐3件、仓3件、盒1件、灶1件、盆1件、釜2件	三期5段	
M92	28°	ⅣT1302中部，北、东、南分别与M90、M91、M94、M95、M96相邻	“刀”形砖室墓	墓道口：220×94—15 墓室：280×200—115	不详	1件铅质耳杯以及部分陶片，不可辨器形	东汉	
M93	315°	Ⅳ区T0505的中部偏西，西、南分别与M97、M89相邻	长方形竖穴土坑积石积炭墓	墓口；310×212—10 墓底：280×180—250	不详	7件以及铜钱29枚，其中陶器4件：罐1件、灶1件、釜1件、甑1件；铜器3件：鍪1件、其他2件	二期4段	
M94	192°	Ⅳ区T1402东侧，西邻M95、M96，东北部打破M102的西北部	长方形竖穴土坑墓	墓口；290×170—15 墓底：270×170—195	不详	7件，其中陶器6件：罐1件、灶1件、釜1件、甑1件、盆1件、瓮1件；铜器1件	二期4段	

续表

编号	方向	位置	墓葬形制	墓葬尺寸（厘米） 长×宽—距地表深	葬具葬式 （厘米）	随葬品	时代	备注
M95	25°	Ⅳ区T1402中部，东、西分别与M94、M96相邻	长方形竖穴土坑墓	墓口；230×140—15 墓底：230×140—45	棺长200，宽60；1具，其他不详	18件及铜钱12枚，其中陶器16件：仓3件、罐3件、小罐1件、鏊1件、灶1件、釜3件、甑1件、井1件、瓮1件、盆1件；铜洗1件、铜勺1件	二期4段	
M96	16°	Ⅳ区T1402的西部，东与M95相邻	长方形竖穴土坑墓	墓口；240×164—15 墓底：240×164—95	一棺一椁。椁长240，宽110，棺长194，宽70，其他不详	5件，全部为陶器：仓3件、鏊1件、瓮1件	二期4段	
M97	132°	Ⅳ区T0504的中部，东南分别与M97、M89相邻	“甲”字形砖室墓	墓道口：160×130—10 墓室：270×240—50~66	不详	出土少量碎陶片，器形不可辨	东汉	
M98	19°	Ⅳ区T1602中西部，东与M99相邻	长方形竖穴土坑墓	墓口；238×168—15 墓底：238×168—55	不详	7件，全部为陶器：灶1件、釜3件、甑1件、罐1件、瓮1件	二期3段	
M99	20°	Ⅳ区T1602中部，西与M98相邻	长方形竖穴土坑墓	墓口：220×140—15 墓底：220×140—135	不详	3件，全部为陶器：灶1件、罐1件、壶1件	二期4段	
M100	15°	Ⅳ区T1603的西北部，西北、东南分别与M142、M101相邻	长方形竖穴积炭墓	墓口：280×200—15 墓底：280×200—135	不详	出土部分陶片，可辨器形有瓮、罐、仓等	西汉	
M101	190°	Ⅳ区T1603东南部，西与M100相邻	“刀”形竖穴土坑积炭墓	墓道：320×110—0~15 墓室口：260×220—15 墓底：260×220—85	不详	16件，其中陶器15件：鼎1件、井1件、盆2件、仓5件、罐1件、釜2件、甑1件、灶1件、壶1件；铜饰1件	三期5段	
M102	165°	Ⅳ区T1405中西部，西与M95、M96相邻，西北部被M94打破	长方形竖穴土坑墓	墓口；230×130—15 墓底：230×130—135	有棺痕，尺寸不详	无	西汉	
M103	115°	Ⅲ区东南部，T1302北部，南与M104相邻	长方形竖穴土坑积炭墓	墓口：240×170—0 墓底：240×170—40~140	不详	无	西汉	

续表

编号	方向	位置	墓葬形制	墓葬尺寸（厘米） 长×宽—距地表深	葬具葬式 （厘米）	随葬品	时代	备注
M104	110°	Ⅲ区东部，T1302中部，南北分别与M105、M103相邻	长方形竖穴土坑积炭墓	墓口：260×160—0 墓底：260×160—50～140	1具，其他不详	无	西汉	
M105	120°	Ⅲ区东部，T1302南部，北与M104相临，南与M106相临	长方形竖穴土坑积炭墓	墓口：220×140—0 墓底：220×140—50～100	1具，其他不详	3件，全部为陶器：仓1件、瓮1件、罐1件	二期4段	
M106	110°	Ⅲ区东南部，T1402西北侧，北与M105相临，南与M107相临	长方形竖穴土坑积炭墓	墓口：270×190—0 墓底：270×190—70～100	不详	2件，全部为陶器：仓1件、盆1件	二期4段	
M107	110°	Ⅲ区东部T1402中部，北与M106相邻	长方形竖穴土坑积炭墓	墓口：270×190—0 墓底：270×190—90～120	不详	出土部分陶片，可辨器形有瓮、仓等	西汉	
M108	225°	Ⅲ区北部T0406东侧，西北与M109相临	长方形竖穴土坑墓	墓口：190×110—10 墓底：190×110—40	不详	瓷罐1件，未修复	明代	
M109	220°	Ⅲ区北部T0406北部，南与M108相临	“甲”字形砖室墓	墓道口：164×112—0 甬道：106×112—90 墓室：325×250～250—90	不详	陶钵1件	三期5段	
M110	270°	Ⅲ区北部T0305中部，北与M111相临，西南与M108、M109相邻	长方形竖穴土坑墓	墓口：220×100—15 墓底：220×100—75	不详	3件，其中瓷壶2件；铁灯1件	明代	
M111	5°	Ⅲ区北部T0205中部，南与M110相临，西与M112相邻	长方形竖穴土坑墓	墓口：220×160—10 墓底：220×160—60	不详	无	明代	
M112	50°	Ⅲ区北部T0207中部，东与M111相临	长方形竖穴土坑墓	墓口：290×180—15 墓底：290×180—75	不详	无	明代	
M113	10°	Ⅳ区T0708南部，西临M114	长方形竖穴土坑墓	墓口：210×140—15 墓底：210×140—95	不详	3件，全部为陶器：罐1件、釜1件、甑1件	二期3段	

续表

编号	方向	位置	墓葬形制	墓葬尺寸（厘米）长×宽—距地表深	葬具葬式（厘米）	随葬品	时代	备注
M114	23°	ⅣT0708南部，东与M113、M118相邻	长方形竖穴土坑墓	墓口：240×170—15 墓底：240×170—175	1具，其他不详	11件，全部为陶器：灶1件、釜1件、甑1件、盆1件、小壶3件、钵1件、罐1件、瓮1件、壶1件	二期3段	
M115	30°	Ⅳ区T0707西北部，北、东、西与M124、M141、M117相邻	长方形竖穴土坑墓	墓口：260×140—15 墓底：260×120—41～50	不详	无	西汉	
M116	20°	Ⅳ区T0403东南部，东与M97相邻	“凸”字形多室砖室墓	墓道：190×100—0～80 前室：256×224—80 西耳室：174×150—60 东耳室：184×130—60 后室：196×146—60	不详	陶片仅可辨器形有瓮、罐、壶、灶	东汉	
M117	290°	Ⅳ区T0707南部，东与M114相邻	长方形竖穴土坑墓	墓口：200×110—15 墓底：200×110—165	不详	8件，全部为陶器：灶1件、罐2件、釜2件、甑1件、盆1件、壶1件	二期3段	
M118	190°	Ⅳ区T0709西南角，西、北与M113、M120相邻	长方形竖穴土坑墓	墓口：230×130—15 墓底：230×130—195	棺长206，宽56；1具，其他不详	7件，全部为陶器：鼎1件、灶1件、釜1件、甑1件、盒1件、罐1件、瓮1件	二期3段	
M119	20°	Ⅳ区T0706西南部，北、东、西与M141、M117、M126相邻	长方形竖穴土坑墓	墓口：220×133～140—15 墓底：220×133～140—85	不详	5件，全部为陶器：鼎1件、灶1件、罐1件、釜1件、瓮1件	二期3段	
M120	15°	Ⅳ区T0709北部，西、南与M129、M118相邻	长方形竖穴土坑积炭墓	墓口：250×170—15 墓底：250×170—55	不详	陶片仅可辨器形，有瓮等	西汉	
M121	290°	Ⅳ区T0711北部，西北与M146相邻	长方形竖穴土坑墓	墓口：210×110—15 墓底：210×110—125	椁长192，宽96，其他不详	2件，全部为陶器：罐1件、瓮1件	二期4段	
M122	30°	Ⅳ区T0511中部，南与M123相邻	长方形竖穴土坑墓	墓口：210×160—15 墓底：210×160—75	1具，其他不详	3件和铜钱1枚：其中陶器2件：罐1件、壶1件；铅饰1件	二期4段	

续表

编号	方向	位置	墓葬形制	墓葬尺寸（厘米）长×宽—距地表深	葬具葬式（厘米）	随葬品	时代	备注
M123	300°	Ⅳ区T0511东南角，延伸至探方外，北与M122相邻	长方形竖穴土坑墓	墓口：240×170—15 墓底：240×170—95	1具，其他不详	12件，其中陶器4件：灶1件、釜2件、瓮1件；铜器5件：提链壶1件、洗2件、镜1件、带钩1件；铁器3件：剑1件、饼1件、其他1件	二期2段	
M124	40°	Ⅳ区T0607西南部，北、东、南与M125、M129、M115相邻	长方形竖穴土坑墓	墓口：220×140—15 墓底：220×140—165	1具，其他不详	陶罐1件	二期4段	
M125	20°	Ⅳ区T0607东北部，东南与M130、M124相邻	长方形竖穴土坑积炭墓	墓口：230×130—15 墓底：190×130—75	1具，其他不详	6件，全部为陶器：灶1 件、釜2件、甑1件、仓1件、瓮1件	二期3段	
M126	220°	Ⅳ区T0705中部，北、东与M132、M119相邻	长方形竖穴土坑积炭墓	墓口：310×220—15 墓底：310×220—255	不详	9件，其中陶器7件：壶1件、灶1件、甑1件、釜2件、盆1件、瓮1件；铜洗1件；铁器1件	二期2段	
M127	15°	Ⅱ区东北部T0107西部，东与M128相邻	长方形竖穴墓	墓口：200×140—15 墓底：200×140—145	不详	无	西汉	
M128	20°	Ⅱ区东北部T0107西部，西与M127	长方形竖穴积炭墓	墓口：280×180—15 墓底：230×160—195	不详	陶瓮1件	三期5段	
M129	20°	Ⅳ区T0608南部，北东与M130、M120相邻	长方形竖穴土坑积炭墓	墓口：250×170—15 墓底：250×140—225	不详	6件，其中陶器2件；鼎1件、瓮1件；铜饰件1件；铁剑1件；砺石1件、方石1件	三期5段	
M130	20°	Ⅳ区T0608西北部，西南与M125、M129相临	长方形竖穴土坑积炭墓	墓口：240×170—15 墓底：220×150—235	不详	10件，其中陶器7件：灶2件、釜2件、甑2件、瓮1件；铜器3件：鼎1件、钫1件、洗1件	二期2段	
M131	23°	Ⅳ区T1907东北部，西、东分别与M133、M138相邻	长方形竖穴土坑积炭墓	墓口：240×200—15 墓底：240×200—75	不详	铁矛1件及部分残陶片，无法修复	西汉	

续表

编号	方向	位置	墓葬形制	墓葬尺寸（厘米）长×宽—距地表深	葬具葬式（厘米）	随葬品	时代	备注
M132	30°	Ⅳ区T0605东部，北、南、西分别与M93、M126、M89相邻	长方形竖穴土坑积炭墓	墓口：250×180—15 墓底：220×130—125	不详	随葬品10件及铜钱31枚。陶器9件：灶1件、盆1件、甑1件、釜2件、仓2件、瓮2件；铜洗1件	二期4段	
M133	25°	Ⅳ区T1906北部，东与M131相邻	长方形竖穴土坑积炭墓	墓口：220×170—15 墓底：220×170—75	不详	陶片仅可辨器形，有灶、罐等	西汉	
M134	190°	Ⅳ区T1905东北部，东与M133相邻	“刀”形竖穴砖室墓	墓道口：240×90—15 墓室口：210×180—15 墓室底：210×180—65	不详	无	东汉	
M135	200°	Ⅳ区T1806的东北部，西、南分别与M136、M133相邻	长方形竖穴土坑积炭墓	墓口：290×130—15 墓底：290×130—70	不详	8件及部分铜钱61枚，其中陶器7件：仓3件、罐3件、瓮1件；铁器1件	二期4段	
M136	250°	Ⅳ区T1806西北部，西与M135相邻	长方形竖穴土坑墓	墓口：240×160—15 墓底：240×160—65	不详	2件，全部为陶器：罐1件、瓮1件	二期4段	
M137	23°	Ⅳ区T1808南部，南与M138相邻	“刀”形砖室墓	墓道口：212×96—15 墓室口：288×174—15 墓室底：288×174—85	不详	无	东汉	
M138	40°	Ⅳ区T1908中部偏西，北、西与M137、M131相邻	长方形竖穴土坑墓	墓口：240×160—0 墓底：240×160—100～180	1具，头朝东，其他不详	12件及铜钱72枚，其中陶器11件：壶1件、瓮1件、灶1件、甑1件、釜2件、盆1件、仓3件、纺轮1件；漆木器1件	二期4段	
M139	15°	Ⅳ区T2011东部，西与M140相邻	长方形竖穴土坑积炭墓	墓口：240×190—15 墓底：240×190—55～81	不详	陶片不可辨器形	西汉	
M140	20°	Ⅳ区T2010东北部，东与M139相邻	长方形竖穴土坑墓	墓口：230×140—15 墓底：230×140—125～155	不详	3件，其中陶罐2件、漆木器1件	二期4段	
M141	26°	Ⅳ区T0706的中部，东、南与M115、M119相邻	长方形砖室墓	墓口：320×240—15 墓圹：320×240—55～85	不详	出土有少量陶片，可辨器形有仓、灶、壶等	东汉	

续表

编号	方向	位置	墓葬形制	墓葬尺寸（厘米） 长×宽—距地表深	葬具葬式 （厘米）	随葬品	时代	备注
M142	18°	Ⅳ区T1603西北部，东侧与M100相邻	长方形竖穴土坑墓	墓口：280×170—15 墓底：280×170—75	不详	无	西汉	
M143	195°	Ⅳ区T2011东北部，西与M139相邻	“刀”形砖室墓	墓道口：160×86—15 墓室口：300×210—15 墓室底：300×210—75	不详	铜带钩1件，另有部分陶片不可辨器形	东汉	
M144	25°	Ⅳ区T0713的西北部，东南与M145相邻	长方形砖室墓	墓口：220×126—15 墓底：220×126—66	不详	残铜镜1面以及少量陶片，可辨器形有仓、罐、壶等	东汉	
M145	220°	Ⅳ区T0713西北部，西与M144相邻	长方形竖穴土坑墓	墓口：240×150—15 墓底：220×110—195~205	1具，其他不详	3件，全部为陶器：罐1件、釜1件、甑1件	二期2段	
M146	105°	Ⅳ区T0611西部，东南与M121相邻	长方形竖穴土坑墓	墓口：220×120—15 墓底：220×120—90	一棺一椁，残存椁痕长192，宽96，其他不详	无	西汉	
M147	25°	Ⅱ区东北部T0206的西北部，东南与M150、M149相邻	长方形竖穴土坑积炭墓	墓口：220×160—15 墓底：220×160—65	不详	无	西汉	
M148	220°	Ⅱ区东北部T0306的中部，东与M151相邻	“刀”形竖穴土坑积石积炭墓	墓道口：490×110—15 墓室口：320×190 墓室底：320×190—175	不详	32件及铜钱112枚，其中陶器11件：罐3件、瓮2件、仓2件、壶1件、盆1件、釜2件；铜器21件：洗1件、盖弓帽18件、铜盖弓帽2件	三期5段	
M149	22°	Ⅱ区东北部T0206的东南部，西与M150相邻	长方形竖穴土坑墓	墓口：280×190—15 墓底：280×190—135	不详	无	西汉	
M150	26°	Ⅱ区东北部T0206的东南部，西与M150相邻	长方形竖穴土坑墓	墓口：260×180—15 墓底：260×180—85	不详	出土有少量陶片，可辨器形有鼎、壶、灶等	西汉	

续表

编号	方向	位置	墓葬形制	墓葬尺寸（厘米） 长×宽—距地表深	葬具葬式 （厘米）	随葬品	时代	备注
M151	220°	Ⅱ区东北部T0206的东南部，西与M148相邻	“刀”形竖穴土坑墓	墓道口：490×120—15 墓室口：270×170—15 墓室：270×170—195	不详	无	西汉	
M152	15°	Ⅱ区东北部T0305的西北部，东与M153相邻	长方形竖穴土坑墓	墓口：220×140—15 墓底：220×140—115	不详	无	西汉	
M153	20°	Ⅱ区东北部T0305的东北部，西与M152相邻	长方形竖穴土坑墓	墓口：250×140—15 墓底：250×140—135	不详	无	西汉	

后　　记

本报告是南水北调中线工程丹江淹没区文物保护工作成果之一，是集体智慧的结晶。报告编写由乔保同、刘国奇、刘新、范海、李长周、袁东山等共同完成，最终由乔保同定稿。项目由河南省文物考古研究所委托南阳市文物考古研究所、淅川县文广新局以及重庆市文化遗产研究院进行考古发掘，项目领队柴中庆、袁东山，工地负责人刘国奇、李长周、李玉山。参加发掘的其他人员先后有李聪、周光田、赵军、张广俊、曾谦、郭建民、龚玉龙、刘丰一等。摄影、照相由袁东山、刘国奇、李玉山、乔保同负责，刘国奇、龚玉龙、乔保同负责绘图、描图，刘国奇、龚玉龙负责器物修复，拓片由王丽丽、雷金玉完成。

本次考古发掘工作得到了河南省文物局、河南省文物考古研究院、南阳市文物局、南阳市文物考古研究所、重庆市文化遗产研究院、淅川县文化局、淅川县博物馆等单位和部门的大力支持和协助。在此深表感谢！特别感谢河南省文物局陈爱兰局长、孙英民副局长、马啸林副局长及河南省文物局南水北调文物保护办公室张志清主任、秦文波、董睿，河南省考古研究院贾连敏、胡永庆先生，中山大学人类学系王宏教授，重庆市文化遗产研究院袁东山，南阳市文物局赫玉建、陈杰，南阳市文物考古研究所刘新、柴中庆、蒋宏杰、崔本信、乔保同、李长周，淅川县文化局刘国奇等的支持和帮助！

本报告编写过程中南阳市文物考古研究所刘新、蒋宏杰、乔保同、李长周，重庆市文化遗产研究院袁东山、淅川县文广新局刘国奇、潘陟、李玉山、马新常、齐延光、龚玉龙给予了极大帮助，河南省文物局南水北调文物保护办公室对本书的出版提供了经费支持，科学出版社文物考古分社闫向东先生和责任编辑张亚娜、李文静女士对本书的出版给予了大力支持。

本报告即将出版付梓之际，谨向关注、关心、参与并给予支持和帮助的所有单位和个人表示衷心的感谢！

由于水平有限，书中难免会有疏漏和错误之处，敬请同仁、专家学者和广大读者批评指正。

编　者

2015年6月18日

1. 全寨子墓地全景（东北—西南）

2. 全寨子Ⅰ区2010年发掘现场（北—南）

1. M9、M10全景

2. M10全景

1. M65全景

2. M65局部

战国秦汉时期墓葬

1. M89全景（西北—东南）

2. M101全景（北—南）

1. M28全景（东—南）

2. M137局部花纹转

3. M90出土画像砖

战国秦汉时期墓葬

1. M15组合

2. M78组合

战国秦汉时期墓葬陶器组合

1. M59组合

2. M113组合

战国秦汉时期墓葬陶器组合

1. A型Ⅰ式鼎 (M15：4)

2. A型Ⅲ式鼎 (M10：10)

3. A型Ⅲ式鼎 (M18：5)

4. A型Ⅳ式鼎 (M65：19)

5. D型鼎 (M129：1)

6. E型鼎 (M28：2)

战国秦汉时期墓葬出土陶器

1. A型钫 (M42：1)

2. B型Ⅰ式钫 (M13：5)

3. A型Ⅰ式壶 (M7：1)

4. A型Ⅱ式壶 (M13：6)

战国秦汉时期墓葬出土陶器

1. Bb型Ⅱ式壶（M65：13）

2. Cb型壶（M138：8）

3. Bb型Ⅰ式壶（M9：1）

4. Bb型Ⅰ式壶（M43：6）

战国秦汉时期墓葬出土陶器

1. A型Ⅰ式盒（M77：3）

2. A型Ⅱ式盒（M17：8）

3. A型Ⅱ式盒（M72：4）

4. C型Ⅱ式盒（M13：1）

5. C型Ⅰ式盒（M12：3）

6. D型盒（M68：4）

战国秦汉时期墓葬出土陶器

1. A型Ⅰ式釜甑（M7：3、M7：2）

2. D型Ⅱ式（M113：2、M113：3）

3. E型Ⅰ式釜甑（M74：9、M74：3）

4. E型Ⅱ式釜甑（M73：2、M73：5）

5. A型Ⅰ式钵（M7：4）

6. A型Ⅱ式钵（M84：1）

战国秦汉时期墓葬出土陶器

1. A型Ⅱ式瓮 (M130：9)

2. A型Ⅱ式瓮 (M118：2)

3. A型Ⅰ式瓮 (M15：6)

4. B型Ⅰ式瓮 (M10：4)

5. Aa型Ⅰ式罐 (M145：3)

6. Aa型Ⅱ式罐 (M75：3)

战国秦汉时期墓葬出土陶器

1. Ab型Ⅰ式罐（M84：2）

2. B型Ⅰ式罐（M81：2）

3. D型Ⅰ式罐（M58：2）

4. D型Ⅲ式罐（M6：4）

5. A型Ⅱ式鍪（M13：4）

6. B型鍪（M84：4）

战国秦汉时期墓葬出土陶器

1. C型Ⅰ式灶（M126：1）

2. C型Ⅱ式灶（M59：7）

3. C型Ⅲ式灶（M60：9）

4. A型Ⅰ式仓（M60：1）

5. A型Ⅲ式仓（M35：7）

6. B型Ⅱ式仓（M89：19）

战国秦汉时期墓葬出土陶器

1. A型Ⅰ式井(M101：3)

2. A型Ⅱ式井 (M6：5)

3. B型炉 (M28：8)

4. 陶勺 (M35：20)

5. Ⅱ式盘(M35：18)

6. 陶耳杯 (M6：16)

战国秦汉时期墓葬出土陶器

1. 陶案 (M6：10)

2. 陶狗 (M35：4)

3. 玉璧 (M24：1)

4. A型镜 (M35：14)

5. B型镜 (M44：3)

6. C型镜 (M123：5)

战国秦汉时期墓葬出土陶、玉、铜器

1. A型带钩（M24：2）

2. B型带钩（M51：2）

3. C型带钩（M4：1）

4. 铜钫（M130：7）

5. 铜提链壶（M123：3）

6. A型洗（M123：9）

战国秦汉时期墓葬出土铜器

1. M36全景

2. M61全景

明代墓葬

1. A型壶 (M45：1)

2. A型壶 (M45：2)

3. B型壶 (M110：1)

4. 瓷碗 (M36：1)

5. B型瓷罐 (M36：2)

6. B型瓷罐 (M61：1)

明代墓葬出土器物

1. 发掘现场全景（东北—西南）

2. 发掘现场局部

图版二

1. M69全景

2. M69局部

1. M73全景

2. M75全景

战国秦汉时期墓葬

1. M81全景

2. M132全景

战国秦汉时期墓葬

1. M87全景（北—南）

2. M101全景（北—南）

战国秦汉时期墓葬

图版六

1. M89全景（西北—东南）

2. M89局部

3. M89局部

战国秦汉时期墓葬

1. M148全景 (西南—东北)

2. M28全景 (东—南)

战国秦汉时期墓葬

1. M109全景（南—北）

2. M137全景（南—北）

1. M12器物组合

2. M17器物组合

战国秦汉时期墓葬陶器组合

1. M18组合

2. M20组合

战国秦汉时期墓葬陶器组合

1. M7组合

2. M13组合

战国秦汉时期墓葬陶器组合

图版一二

1. M59组合

2. M15组合

战国秦汉时期墓葬陶器组合

1. M75组合

2. M78组合

战国秦汉时期墓葬陶器组合

1. M101组合

2. M118组合

战国秦汉时期墓葬陶器组合

1. A型Ⅰ式鼎 (M15：2)

2. A型Ⅱ式鼎 (M56：3)

3. A型Ⅲ式鼎 (M10：10)

4. A型Ⅲ式鼎 (M18：5)

5. A型Ⅳ式鼎 (M65：11)

6. A型Ⅳ式鼎 (M74：6)

战国秦汉时期墓葬出土陶鼎

图版一六

1. A型Ⅳ式鼎 (M77：9)

2. A型Ⅳ式鼎 (M65：19)

3. B型Ⅰ式鼎 (M32：1)

4. B型Ⅱ式鼎 (M69：6)

5. B型Ⅱ式鼎 (M70：4)

6. B型Ⅱ式鼎 (M70：1)

战国秦汉时期墓葬出土陶鼎

1. C型Ⅰ式鼎（M66：3）

2. C型Ⅱ式鼎（M73：4）

3. D型鼎（M129：1）

4. D型鼎（M101：2）

5. E型鼎（M28：2）

6. E型鼎（M35：16）

战国秦汉时期墓葬出土陶鼎

图版一八

1. A型钫 (M18：1)

2. A型钫 (M42：1)

3. B型Ⅰ式钫 (M13：5)

4. B型Ⅱ式钫 (M65：7)

战国秦汉时期墓葬出土陶器

1. A型Ⅰ式壶（M7：1）

2. A型Ⅱ式壶（M13：6）

3. Ca型Ⅰ式壶（M114：6）

4. Ca型Ⅱ式壶（M23：1）

战国秦汉时期墓葬出土陶器

1. Ba型Ⅰ式壶 (M77：1)

2. Ba型Ⅱ式壶 (M75：11)

3. Bb型Ⅰ式壶 (M9：1)

4. Bb型Ⅰ式壶 (M43：6)

战国秦汉时期墓葬出土陶器

1. Bb型Ⅱ式壶（M65：13）

2. Cb型壶（M138：8）

3. E型壶（M35：2）

4. E型壶（M35：10）

战国秦汉时期墓葬出土陶器

图版二二

1. A型Ⅰ式盒 (M77：3)

2. A型Ⅱ式盒 (M17：8)

3. A型Ⅱ式盒 (M72：4)

4. A型Ⅱ式盒 (M76：7)

5. B型Ⅰ式盒 (M78：6)

6. B型Ⅱ式盒 (M75：5)

战国秦汉时期墓葬出土陶器

1. B型Ⅱ式盒（M75：8）

2. C型Ⅰ式盒（M12：3）

3. C型Ⅱ式盒（M13：1）

4. C型Ⅱ式盒（M83：3）

5. C型Ⅲ式盒（M69：1）

6. D型盒（M68：4）

战国秦汉时期墓葬出土陶器

图版二四

1. Aa型Ⅰ式罐 (M145：3)

2. Aa型Ⅱ式罐 (M75：3)

3. Aa型Ⅱ式罐 (M83：1)

4. Aa型Ⅲ式罐 (M135：2)

5. Aa型Ⅳ式罐 (M121：1)

6. Aa型Ⅳ式罐 (M124：1)

战国秦汉时期墓葬出土陶器

1. Ab型Ⅰ式罐（M84：2）

2. Ab型Ⅱ式罐（M40：3）

3. B型Ⅰ式罐（M81：2）

4. D型Ⅰ式罐（M58：2）

5. D型Ⅱ式罐（M148：7）

6. D型Ⅲ式罐（M6：4）

战国秦汉时期墓葬出土陶器

图版二六

1. A型Ⅰ式瓮 (M15：6)

2. A型Ⅱ式瓮 (M130：9)

3. A型Ⅱ式瓮 (M118：2)

4. A型Ⅲ式瓮 (M44：2)

5. A型Ⅲ式瓮 (M89：1)

6. C型瓮 (M123：10)

战国秦汉时期墓葬出土陶瓮

1. G型罐（M73：9）

2. B型Ⅰ式瓮（M10：4）

3. B型Ⅱ式瓮（M59：1）

4. A型Ⅰ式釜甑（M7：3、M7：2）

5. A型Ⅲ式釜甑（M13：9、M13：7）

6. B型釜甑（M14：3、M14：2）

战国秦汉时期墓葬出土陶器

图版二八

1. D型Ⅰ式（M145：2、M145：1）

2. D型Ⅱ式（M113：2、M113：3）

3. E型Ⅰ式釜甑（M74：9、M74：3）

4. E型Ⅰ式釜甑（M42：3、M42：2）

5. E型Ⅱ式釜甑（M73：2、M73：5）

6. C型Ⅱ式釜甑（M86：4、M86：5）

战国秦汉时期墓葬出土陶器

1. A型Ⅰ式钵（M7：4）

2. A型Ⅱ式钵（M84：1）

3. B型Ⅱ式钵（M13：8）

4. A型Ⅲ式钵（M67：1）

5. B型Ⅰ式钵（M53：3）

6. B型Ⅲ式钵（M109：1）

战国秦汉时期墓葬出土陶器

图版三〇

1. A型Ⅰ式鍪(M20：3)

2. A型Ⅱ式鍪(M13：4)

3. B型鍪(M84：4)

4. A型Ⅰ井(M4：2)

5. A型Ⅰ式(M101：3)

6. A型Ⅱ式井(M6：5)

战国秦汉时期墓葬出土陶器

1. A型Ⅱ式井 (M35：5)

2. A型炉(M28：5)

3. B型炉 (M28：8)

4. 陶豆 (M81：8)

5. 陶耳杯 (M6：16)

6. 陶耳杯 (M6：17)

战国秦汉时期墓葬出土陶器

图版三二

1. Ⅲ式盘(M35：18)

2. 蛙形盒 (M13：11)

3. 陶勺 (M35：20)

4. 陶案 (M6：10)

5. M90出土画像砖

6. 陶狗 (M35：4)

战国秦汉时期墓葬出土遗物

1. B型Ⅰ式灶（M125：3）

2. B型Ⅱ式灶（M63：2）

3. B型Ⅲ式灶（M89：15）

4. C型Ⅰ式灶（M126：1）

5. C型Ⅱ式灶（M59：7）

6. C型Ⅲ式灶（M60：9）

战国秦汉时期墓葬出土陶器

图版三四

1. A型Ⅰ式仓（M60：1）

2. A型Ⅱ式仓（M101：11）

3. A型Ⅲ式仓（M35：7）

4. A型Ⅳ式仓（M28：6）

5. B型Ⅰ式仓（M105：1）

6. B型Ⅰ式仓（M132：5）

战国秦汉时期墓葬出土陶器

1. B型Ⅱ式仓(M89：20)

2. B型Ⅱ式仓 (M89：19)

3. BⅢ式仓 (M35：9)

4. B型Ⅲ式陶仓 (M6：3)

5. B型Ⅳ式仓 (M6：2)

6. C型仓 (M125：2)

战国秦汉时期墓葬出土陶器

图版三六

1. A型镜（M35：14）

2. B 型带钩（M51：2）

3. C型镜（M123：5）

4. 铜钫（M130：7）

5. 铜提链壶（M123：3）

6. A型洗（M123：9）

战国秦汉时期墓葬出土铜器